FALAR COM DEUS

FRANCISCO FERNÁNDEZ-CARVAJAL

FALAR COM DEUS

Tempo Comum. Semanas I-XII

Tradução: Luiz Fernando Cintra

Tempo Comum. Semanas XIII-XVIII

Tradução: Ricardo Pimentel Cintra

QUADRANTE
São Paulo
2023

Título original
Hablar con Dios

Capa
Gabriela Haeitmann

Dados Internacionais de Catalogação na Publicação (CIP)

Fernández-Carvajal, Francisco
Falar com Deus: meditações para cada dia do ano, Tempo Comum. Semanas I-XII [tradução de Luiz Fernando Cintra] e Tempo Comum. Semanas XIII-XVIII [tradução de Ricardo Pimentel Cintra] / Francisco Fernández-Carvajal. – São Paulo : Quadrante, 2023.

Título original: *Hablar con Dios*
ISBN: 978-85-7465-464-5

1. Ano litúrgico - Meditações 2. Meditações I. Título
CDD-242.2

Índice para catálogo sistemático:

1. Ano litúrgico : Uso diário : Cristianismo 242.2

QUADRANTE EDITORA
Rua Bernardo da Veiga, 47 - Tel.: 3873-2270
CEP 01252-020 - São Paulo - SP
www.quadrante.com.br / atendimento@quadrante.com.br

SUMÁRIO

TEMPO COMUM. SEMANAS I-XVIII

Tempo Comum. Semanas I-XVIII

TEMPO COMUM. PRIMEIRA SEMANA. SEGUNDA-FEIRA

1. A CHAMADA DOS PRIMEIROS DISCÍPULOS

— O Senhor chama os discípulos no meio do seu trabalho, como também nos chama a nós nos nossos afazeres.
— A santificação do trabalho. O exemplo de Cristo.
— Trabalho e oração.

I. DEPOIS DO BATISMO, com o qual inaugura o seu ministério público, Jesus procura aqueles que fará participar da sua missão salvífica. E encontra-os no seu trabalho profissional. São homens habituados ao esforço, rijos, de costumes simples. *Caminhando ao longo do mar da Galileia*, lê-se no Evangelho da Missa de hoje[1], *Jesus viu Simão e André, que lançavam as redes ao mar, pois eram pescadores. E disse-lhes: "Vinde após mim e eu vos farei pescadores de homens"*. E muda a vida desses homens.

Os apóstolos foram generosos perante a chamada de Deus. Esses quatro discípulos — Pedro, André, João e Tiago — já conheciam o Senhor[2], mas é neste momento exato que, respondendo à chamada divina, decidem segui-lo completamente, sem condições, sem cálculos, sem reservas. A partir de agora, Cristo será o centro das suas vidas e exercerá sobre eles uma atração indescritível.

O Senhor procura-os no meio da sua tarefa cotidiana, tal como fez com os Magos ao chamá-los por meio daquilo que lhes podia ser mais familiar: o brilho de uma estrela; tal como o anjo chamou os pastores de Belém, enquanto cumpriam o seu dever de guardar o rebanho, para que fossem adorar o Menino-Deus e acompanhassem Maria e José naquela noite...

No meio do nosso trabalho, dos nossos afazeres, Jesus convida-nos a segui-lo, para que o coloquemos no centro da nossa existência, para que o sirvamos na tarefa de evangelizar o mundo. "Deus tira-nos das trevas da nossa ignorância, do nosso caminhar incerto por entre as vicissitudes da história, e, seja qual for o posto que ocupemos no mundo, chama-nos com voz forte, como o fez um dia com Pedro e com André: *Venite post me, et faciam vos fieri piscatores hominum* (Mt 4, 19), segui-me, e eu vos tornarei pescadores de homens"[3]. Escolhe-nos e, na maioria dos casos, deixa-nos no lugar em que estamos: na família, no trabalho que realizamos, na associação cultural ou esportiva a que pertencemos..., para que nesse lugar e nesse ambiente o amemos e o demos a conhecer.

Desde o momento em que nos decidimos a ter Cristo por centro da nossa vida, tudo o que fazemos é afetado por essa decisão. Devemos perguntar-nos se somos conscientes do que significa termos sido chamados para crescer na amizade com Jesus Cristo precisamente no lugar em que estamos.

II. O SENHOR PROCURA-NOS e envia-nos ao nosso ambiente e à nossa profissão. Mas quer que agora esse trabalho cotidiano seja diferente. "Escreves-me na cozinha, junto ao fogão. Está começando a tarde. Faz frio. A teu lado, a tua irmãzinha — a última que descobriu a loucura divina de viver a fundo a sua vocação cristã — descasca batatas. Aparentemente — pensas — o seu trabalho é igual ao de antes. Contudo, há tanta diferença! — É verdade: antes "só" descascava batatas; agora, santifica-se descascando batatas"[4].

Para nos santificarmos através dos afazeres do lar, das gazes e das pinças do hospital (com esse sorriso habitual para os doentes!), no escritório, na cátedra, dirigindo um trator, limpando a casa ou descascando batatas..., o nosso trabalho deve assemelhar-se ao de Cristo — a quem pudemos contemplar na oficina de José há poucos dias — e ao trabalho dos apóstolos que hoje, no Evangelho da Missa, vemos ocupados em pescar. Devemos fixar a nossa atenção no Filho de Deus feito Homem enquanto trabalha e perguntar-nos: que faria Jesus no meu lugar? Como realizaria as tarefas que me absorvem?

O Evangelho diz-nos que o Senhor *fez tudo bem feito*[5], com perfeição humana, sem coisas mal acabadas. Entregaria as encomendas no prazo combinado; arremataria o seu trabalho de artesão com amor, pensando na alegria dos seus clientes ao receberem peças simples, mas perfeitas; chegaria cansado ao fim do dia... Além disso, Jesus executou ainda as suas tarefas com plena eficácia sobrenatural, pois ao mesmo tempo, com esse trabalho, realizava a redenção da humanidade, unido a seu Pai por amor e com amor, e unido aos homens por amor deles também[6].

Ainda que se ocupe num trabalho aparentemente pouco importante, nenhum cristão pode pensar que basta realizá-lo de qualquer maneira, de uma forma desleixada, descuidada e sem perfeição. Esse trabalho é visto por Deus e tem uma importância que nem podemos imaginar. "Perguntaste o que é que podias oferecer ao Senhor. — Não preciso pensar a minha resposta: as coisas de sempre, mas melhor acabadas, com um arremate de amor que te leve a pensar mais nEle e menos em ti"[7].

III. PARA UM CRISTÃO que vive de olhos postos em Deus, o trabalho deve ser oração, pois seria uma pena que *só* descascasse batatas, em vez de santificar-se enquanto as descasca bem; deve ser uma forma de estar com o Senhor ao longo do dia.

Orar é conversar com Deus, elevar a alma e o coração até Ele para louvá-lo, agradecer-lhe, desagravá-lo, pedir-lhe novas ajudas. Pode-se fazê-lo por meio de pensamentos, de palavras, de afetos: é a chamada oração mental, que deve estar presente nas próprias orações vocais. Mas pode-se fazê-lo ainda através de ações capazes de mostrar a Deus quanto o amamos e quanto necessitamos dEle. Neste sentido, também é oração *todo o trabalho bem acabado e realizado com senso sobrenatural*[8], isto é, com a consciência de se estar colaborando com Deus na perfeição das coisas criadas e de se estar impregnando todas elas com o amor de Cristo, completando assim a sua obra de redenção realizada não só no Calvário, mas também na oficina de Nazaré.

O cristão que estiver unido a Cristo pela graça converte as suas obras retas em oração. Mas o valor dessa oração que é o trabalho dependerá do amor que puser ao realizá-lo, isto é, da intenção com que o executar. Quanto mais atualizar a intenção de convertê-lo em instrumento de redenção, não só o realizará com outra perfeição humana, como será maior a ajuda que prestará a toda a Igreja.

Pela natureza de alguns trabalhos, que exigem uma grande concentração, não nos é fácil ter a mente habitualmente em Deus enquanto trabalhamos; mas, se nos acostumarmos a elevar o coração ao Senhor no começo de uma tarefa ou de um período de trabalho, e depois brevemente ao longo das horas, Ele estará presente como uma "música de fundo" em tudo o que fazemos.

Se desempenharmos assim as nossas tarefas, o trabalho e a vida interior não sofrerão interrupções, "como o bater do coração não interrompe a atenção às nossas atividades, seja de que tipo forem"[9]. Pelo contrário, acabarão por complementar-se, tal como se enlaçam harmonicamente as vozes e os instrumentos. O trabalho não só não dificultará a vida de oração, como se converterá no seu veículo. E há de tornar-se realidade então o que pedimos ao Senhor numa belíssima prece[10]: *Actiones nostras, quaesumus, Domine, aspirando praeveni et adiuvando prosequere: ut cuncta nostra oratio et operatio a te semper incipiat et per te coepta finiatur* — que todo o nosso dia, a nossa oração e o nosso trabalho, ganhem a sua força e comecem sempre em Vós,

Senhor, e que tudo o que começamos por Vós chegue ao seu termo[11].

Se Jesus Cristo, a quem constituímos como centro da nossa existência, estiver na raiz de tudo o que fazemos, ser-nos-á cada vez mais natural aproveitar todas as pausas que surgem em qualquer trabalho para que essa "música de fundo" se transforme numa autêntica canção. Ao mudarmos de atividade, ao pararmos com o carro diante do sinal vermelho de um semáforo, ao finalizarmos o estudo de uma matéria, enquanto não conseguimos uma ligação telefônica, ao devolvermos as ferramentas ao seu lugar..., aflorará essa jaculatória, esse olhar a uma imagem de Nossa Senhora ou ao Crucifixo, um pedido sem palavras ao Anjo da Guarda, que nos hão de reconfortar por dentro e nos hão de ajudar a prosseguir os nossos afazeres.

Como o amor é engenhoso, saberemos descobrir alguns "expedientes humanos", alguns lembretes, que nos ajudem a não esquecer que temos de ir para Deus através das coisas humanas. "Coloca na tua mesa de trabalho, no teu quarto, na tua carteira..., uma imagem de Nossa Senhora, e dirige-lhe o olhar ao começares a tua tarefa, enquanto a realizas e ao terminá-la. Ela te alcançará — garanto! — a força necessária para fazeres, da tua ocupação, um diálogo amoroso com Deus"[12].

(1) Mc 1, 14-20; (2) Jo 1, 35-42; (3) São Josemaria Escrivá, *É Cristo que passa*, Quadrante, São Paulo, 1975, n. 45; (4) São Josemaria Escrivá, *Sulco*, Quadrante, São Paulo, 1987, n. 498; (5) Mc 7, 37; (6) cf. J. L. Illanes, *A santificação do trabalho*, 2ª ed., Quadrante, São Paulo, 1982, p. 70 e segs.; (7) São Josemaria Escrivá, *Sulco*, n. 495; (8) cf. R. Gómez Pérez, *La fe y los días*, 3ª ed., Palabra, Madri, 1973, pp. 107-110; (9) São Josemaria Escrivá, *Carta*, 15-X-1948; (10) *Enchiridion indulgentiarum*, Tip. Poliglota Vaticana, Roma, 1968, n. 1; (11) cf. Salvador Canals, *Reflexões espirituais*, 2ª ed., Quadrante, São Paulo, 1988, p. 98; (12) São Josemaria Escrivá, *Sulco*, n. 531.

2. FILHOS DE DEUS

— O sentido da filiação divina define o nosso dia.
— Algumas consequências: fraternidade, atitude perante as dificuldades, confiança na oração.
— Coerdeiros com Cristo. A alegria, uma antecipação da glória que não devemos perder por causa das contrariedades.

I. "*EU, PORÉM, fui constituído por Ele rei sobre Sião, seu monte santo, para promulgar a sua Lei. Disse-me o Senhor: Tu és meu filho, eu te gerei hoje* (Sl 2, 6-7). A misericórdia de Deus Pai deu-nos por Rei o seu Filho [...]. Tu és meu filho: o Senhor dirige-se a Cristo e dirige-se a ti e a mim, se estamos decididos a ser *alter Christus, ipse Christus*, outro Cristo, o próprio Cristo"[1]; e isso é o que pretendemos, apesar das nossas fraquezas: imitar Cristo, identificar-nos com Ele, ser bons filhos de Deus ao realizarmos o nosso trabalho e as tarefas normais de todos os dias.

No domingo passado, contemplávamos Jesus que ia ter com João, como um entre tantos, para ser batizado no Jordão. O Espírito Santo pousou sobre Ele e ouviu-se a voz do Pai: *Tu és o meu Filho muito amado*[2]. Jesus Cristo é, desde sempre, o Filho Único de Deus, *o Amado: nascido do Pai antes de todos os séculos [...], gerado, não criado, consubstancial ao Pai, por quem todas as coisas foram feitas*, tal como confessamos no Credo da Missa. Em Cristo e por Cristo — Deus e Homem verdadeiro — fomos feitos filhos de Deus e herdeiros do Céu.

Ao longo do Novo Testamento, a filiação divina ocupa um lugar central na pregação da *boa-nova* cristã, como uma realidade bem expressiva do amor de Deus pelos homens: *Vede que grande amor nos mostrou o Pai em querer que sejamos chamados filhos de Deus; e nós o somos realmente*[3]. O próprio Jesus Cristo mostrou com muita frequência esta verdade aos seus discípulos: de um modo direto, ensinando--os a dirigir-se a Deus como Pai[4], indicando-lhes a santidade como imitação filial[5]; e também através de numerosas parábolas em que Deus é representado como pai. É-nos particularmente familiar a figura do nosso Pai-Deus na parábola do filho pródigo.

Pela sua infinita bondade, Deus criou e elevou o homem à ordem sobrenatural para que, com a graça santificante, pudesse penetrar na intimidade da Santíssima Trindade, na vida do Pai, do Filho e do Espírito Santo, sem destruir, sem forçar a sua própria natureza de criatura. Mediante este precioso dom[6], constituiu-nos seus filhos; a nossa filiação não é um simples título, mas uma elevação real, uma transformação efetiva do nosso ser mais íntimo. Por isso, *Deus enviou o seu Filho, nascido de mulher [...], a fim de que recebêssemos a adoção de filhos. E, posto que sois filhos, enviou aos nossos corações o Espírito de seu Filho, que clama: Abba, Pai! De maneira que já não és servo, mas filho, e, se filho, herdeiro pela graça de Deus*[7].

O Senhor ganhou para nós o Dom mais precioso: o Espírito Santo, que nos faz exclamar *Abba, Pai!*, que nos identifica com Cristo e nos torna filhos de Deus. "Ele nos diz: *Tu és meu filho*. Não um estranho, não um servo benevolamente tratado, não um amigo, o que já seria muito. Filho! Concede-nos livre trânsito para vivermos com Ele a piedade de filhos e também — atrevo-me a afirmar — a desvergonha de filhos de um Pai que é incapaz de lhes negar seja o que for"[8].

Disse-me o Senhor: Tu és meu filho, eu te gerei hoje. Estas palavras do Salmo II, que se referem principalmente a Cristo, dirigem-se também a cada um de nós e definem os nossos dias e a nossa vida inteira, se estivermos decididos — no meio das nossas fraquezas — a seguir Jesus, a procurar imitá-lo, a identificar-nos com Ele, nas nossas circunstâncias peculiares. Será muito conveniente que, ao menos em certas épocas, nos esforcemos por aprofundar nas consequências da nossa filiação divina e façamos dela objeto de uma atenção especial na nossa luta ascética e até do nosso *exame particular.*

II. A FILIAÇÃO DIVINA não é um aspecto mais da nossa vida: define o nosso próprio ser sobrenatural e determina a maneira de nos situarmos perante cada acontecimento; não é uma virtude particular que tenha os seus atos próprios, mas *uma condição permanente do nosso ser*, que afeta todas as virtudes[9]. Somos, antes de mais nada e sobretudo, filhos de Deus, em cada circunstância e em todas as atuações. Esta convicção domina a nossa vida e a nossa ação: "Não podemos ser filhos de Deus só de vez em quando, embora haja alguns momentos especialmente dedicados a considerá-lo, a compenetrarmo-nos desse sentido da nossa filiação divina que é a essência da piedade"[10].

Se considerarmos com frequência esta verdade — sou filho de Deus! —, se aprofundarmos no seu significado, o nosso dia se encherá de paz, de serenidade e de alegria. Apoiar-nos-emos resolutamente em nosso Pai-Deus, de quem tudo depende, tanto nas dificuldades como nas contradições, quando porventura tudo se tornar desabrido e custoso[11]. Voltaremos mais facilmente à Casa paterna, como o filho pródigo, quando nos tivermos afastado dela pelas nossas faltas e pecados; não perderemos de vista que o nosso Pai está sempre à nossa espera para nos dar um abraço, para nos devolver a dignidade de filhos caso a tenhamos perdido, e para nos cumular de bens numa festa esplêndida, ainda que nos tenhamos comportado mal, uma ou mil vezes.

A oração — como neste momento que dedicamos exclusivamente a Deus — será verdadeiramente a conversa de um filho com seu pai, que sabe que este o entende bem, que o escuta, que está atento à sua pessoa como nunca ninguém esteve. É um falar com Deus confiante, que nos move com frequência à oração de petição porque somos filhos necessitados; uma conversa com Deus cujo tema é a nossa vida: "tudo o que nos palpita na cabeça e no coração: alegrias, tristezas, esperanças, dissabores, êxitos, malogros, e até os menores detalhes da nossa jornada. Porque teremos comprovado que tudo o que é nosso interessa ao nosso Pai Celestial"[12].

E, à luz da nossa oração de filhos, descobriremos com outra profundidade que as pessoas com quem nos relacionamos têm também a Deus por Pai, isto é, que todos somos *irmãos*. É este o único fundamento da fraternidade que une os homens. Não se pode baseá-la apenas nos vínculos de família, de amizade, de pátria, de uma obra comum a realizar; não se pode invocar genericamente a "fraternidade universal" que deve reinar no gênero humano. Isso tudo é muito pobre e precário, se não mergulha as suas raízes na consciência de que somos filhos, e filhos amadíssimos, do nosso Pai-Deus. Por isso compreendemos que os pagãos comentassem dos primeiros cristãos, ao vê-los apoiarem-se uns aos outros, solidários na vida e na morte: "Vede como se amam; eles descobriram que são irmãos"[13].

III. O FILHO É TAMBÉM herdeiro, tem como que um certo "direito" aos bens do pai; somos *herdeiros de Deus, coerdeiros com Cristo*[14]. O Salmo II, com o qual começamos esta oração, Salmo da realeza de Cristo e da filiação divina, continua com estas palavras: *Pede-me e eu te darei as nações por herança e estenderei os teus domínios até os confins da terra*[15].

Recebemos já nesta vida a antecipação da herança prometida: é o *gaudium cum pace*[16], a alegria profunda de nos sabermos filhos de Deus, uma alegria que não se baseia nos nossos méritos, nem na saúde ou no êxito, nem sequer na ausência de dificuldades, mas que nasce da união com Deus. Alicerça-se na consideração de que o Senhor nos ama, nos acolhe, nos perdoa sempre... e nos preparou um Céu junto dEle para toda a eternidade. E perdemo-la quando deixamos cair no esquecimento a verdade consoladora de que temos o próprio Deus por Pai, e não descortinamos a sua Vontade, sempre sábia, providente e amorosa, nas dificuldades e contratempos que vêm com cada dia. O nosso Pai não quer que percamos esta alegria de raízes profundas; Ele deseja ver-nos sempre felizes, como os pais da terra desejam ver sempre contentes os seus filhos.

Além disso, com essa atitude serena e feliz perante esta vida, o cristão faz muito bem à sua volta. A alegria verdadeira é um admirável meio de apostolado. "O cristão é um semeador de alegria, e por isso realiza grandes coisas. A alegria é um dos poderes mais irresistíveis que há no mundo: acalma, desarma, conquista, arrasta. Uma alma alegre é um apóstolo: atrai os homens para Deus, manifestando-lhes o que o amor de Deus nela produz. Por isso o Espírito Santo nos dá este conselho: *Não vos aflijais nunca, porque a alegria em Deus é a vossa força* (Ne 8, 10)"[17].

(1) São Josemaria Escrivá, *É Cristo que passa*, n. 185; (2) cf. Mc 1, 9-12; (3) 1 Jo 3, 1; (4) cf. Mt 6, 9; (5) cf. Mt 5, 48; (6) cf. F. Ocáriz, *El sentido de la filiación divina*, 2ª ed., EUNSA, Pamplona, 1985, p. 173 e segs.; (7) Gl 4, 5-7; (8) São Josemaria Escrivá, *op. cit.*, n. 185; (9) cf. F. Ocáriz, *op. cit.*, p. 193; (10) São Josemaria Escrivá, *Entrevistas com Mons. Josemaria Escrivá*, 3ª ed., Quadrante, São Paulo, 2016, n. 102; (11) cf. J. Lucas, *Nosotros, hijos de Dios*, Rialp, Madri, 1973, p. 103 e segs.; (12) São Josemaria Escrivá, *Amigos de Deus*, Quadrante, São Paulo, 1979, n. 245; (13) Tertuliano, *Apologético*, 34, 7; (14) Rm 8, 17; (15) Sl 2, 8; (16) Missal Romano, *Preparação para a Missa. Formula intentionis*; (17) M. V. Bernadot, *Da Eucaristia à Trindade*.

Tempo Comum. Primeira Semana. Quarta-feira

3. ORAÇÃO E APOSTOLADO

— O coração do homem foi feito para amar a Deus, e Deus deseja e procura o encontro pessoal com cada um.
— Não desperdiçar as ocasiões de apostolado. Manter firme a esperança apostólica.
— Oração e apostolado.

I. CERTO DIA, JESUS, depois de ter passado a tarde anterior curando doentes, pregando e atendendo as pessoas que vinham ter com Ele, *muito antes do amanhecer*, saiu da casa de Simão, *foi a um lugar deserto e ali orava*. Simão e os que estavam com ele saíram em sua busca e, *achando-o, disseram-lhe: Todos estão à tua procura*. É São Marcos quem o relata no Evangelho da Missa[1].

Todos estão à tua procura. Também nos nossos dias as multidões têm "fome" de Deus. Continuam a ser atuais as palavras de Santo Agostinho no início das suas *Confissões*: "Criaste-nos, Senhor, para Ti e o nosso coração está inquieto enquanto não descansar em Ti"[2].

O coração da pessoa humana foi feito para procurar e amar a Deus. E o Senhor facilita esse encontro, pois Ele também procura cada pessoa através de inúmeras graças, de atenções cheias de delicadeza e de amor. Quando vemos alguém ao nosso lado, quando a imprensa, o rádio ou a televisão falam de alguém, podemos pensar, sem receio de nos enganarmos: Cristo chama essa pessoa, preparou para ela graças eficazes. "Repara bem: há muitos homens e mulheres no mundo, e nem a um só deles deixa o Mestre de chamar. — Chama-os a uma vida cristã, a uma vida de santidade, a uma vida de eleição, a uma vida eterna"[3]. É nisto que se baseia a nossa esperança apostólica: Cristo, de uma maneira ou de outra, está à procura de todos. A missão de que Deus nos encarrega é a de facilitarmos esses encontros com a graça.

A propósito da passagem do Evangelho que comentamos, escreve Santo Agostinho: "O gênero humano está enfermo, afetado não por uma doença corporal, mas pelos seus pecados. Está acamado em todo o orbe terrestre, do Oriente ao Ocidente, como um grande doente. Para curar este moribundo, o Médico onipotente desceu à terra. Humilhou-se até o extremo de tomar carne mortal, ou seja, até se aproximar do leito do enfermo"[4].

Passaram poucas semanas desde que pudemos contemplar Jesus na gruta de Belém, pobre e indefeso, assumindo a natureza humana para estar muito perto dos homens e salvá-los. Meditamos depois a sua vida oculta em Nazaré, ocupado em trabalhar como outra pessoa qualquer, para nos ensinar a procurá-lo na vida normal, para estar acessível a todos e possibilitar-nos, através da sua Santa Humanidade, o acesso à Santíssima Trindade. Nós, como Pedro, vamos também ao seu encontro na oração — no nosso diálogo pessoal com Ele — e lhe dizemos: *Todos estão à tua procura*. Ajudai-nos, Senhor, a fazer com que os nossos parentes, os nossos amigos e colegas vos encontrem, bem como toda a alma que se cruze conosco no nosso caminho. No fundo, necessitam de Vós; ensinai-nos a dar-vos a conhecer com o exemplo de uma vida alegre, através do trabalho bem feito, com uma palavra que estimule os corações.

II. UMA POVOAÇÃO ALEMÃ que ficou praticamente destruída durante a segunda Guerra Mundial possuía numa igreja um crucifixo muito antigo a que as pessoas do lugar tinham muita devoção. Quando iniciaram a reconstrução da igreja, os homens da aldeia encontraram entre os escombros a magnífica talha, mas sem braços. Não sabiam muito bem o que fazer: uns foram partidários de que se devolvesse ao culto restaurada, com uns braços novos; outros acharam que se devia fazer uma réplica da antiga. Por fim, depois de muitas deliberações, optaram pelo crucifixo que sempre havia presidido ao retábulo, tal como o haviam achado, mas com a seguinte inscrição: *Vós sois os meus braços*... E ainda hoje pode ser visto assim sobre o altar[5].

Nós somos os braços de Deus no mundo, pois o Senhor quis ter necessidade dos homens. Ele nos envia para assim poder aproximar-se deste mundo doente, que muitas vezes não sabe encontrar o Médico que o poderia curar. Por isso não devemos deixar passar — por preguiça, cansaço ou respeitos humanos — uma única oportunidade; devemos aproveitar tanto os acontecimentos normais de todos os dias — o comentário sobre uma notícia do jornal, uma ajuda que prestamos ou que nos prestam... — como também os acontecimentos extraordinários: uma doença, a morte de um parente... Diz um documento do Concílio Vaticano II: "Os que viajam por força das suas tarefas internacionais, dos seus negócios ou para descansar, não esqueçam que são em toda a parte como testemunhas itinerantes de Cristo e que devem portar-se sinceramente como tais"[6]. O Papa João Paulo I, na sua primeira mensagem aos fiéis, exortava a que se estudassem todas as possibilidades para anunciar *oportuna e importunamente*[7] a salvação a todas as pessoas. "Se todos os filhos da Igreja — dizia o Sumo Pontífice — fossem missionários incansáveis do Evangelho, brotaria uma nova floração de santidade e de renovação neste mundo sedento de amor e de verdade"[8].

Mantenhamos com firmeza a esperança na eficácia da nossa ação apostólica, por mais difícil que seja o ambiente em que nos movemos. Os caminhos da graça são imperscrutáveis, mas Deus quis contar conosco para salvar as almas. Que pena se, por omissão da nossa parte, muitos homens continuassem a viver longe de Deus! Devemos sentir a responsabilidade pessoal de que nenhum amigo, colega ou vizinho possa queixar-se a Deus: *Hominem non habeo*[9]: Senhor, não encontrei quem me falasse de Vós, ninguém me ensinou o caminho.

"O cristianismo possui o grande dom de enxugar e curar a única ferida profunda da natureza humana, e isso vale mais para o seu êxito do que toda uma enciclopédia de conhecimentos científicos e toda uma biblioteca de controvérsias; por isso o cristianismo há de durar enquanto durar a natureza humana", diz o Cardeal Newman[10]. Perguntemo-nos hoje: quantas pessoas ajudei a viver cristãmente o tempo de Natal que acabamos de celebrar?

III. O SENHOR QUER que sejamos seus instrumentos para tornar presente a sua obra redentora no meio das tarefas seculares, na vida normal. Mas como poderemos ser bons instrumentos de Deus se não cuidamos com esmero da vida de piedade, se não mantemos um trato verdadeiramente pessoal com Cristo na oração? *Por acaso pode um cego guiar outro cego? Não cairão ambos no abismo?*[11]

O apostolado é fruto do amor a Cristo. Ele é a luz com que iluminamos, a Verdade que devemos ensinar, a Vida que comunicamos. E isto só será possível se formos homens e mulheres unidos a Deus pela oração. Comove contemplar como o Senhor, no meio de tanta atividade apostólica, se levantava de madrugada, *muito antes do amanhecer*, para dialogar com seu Pai-Deus e confiar-lhe o novo dia que começava.

Devemos imitá-lo, pois é na oração, no trato de intimidade com Jesus, que aprendemos a prestar atenção, a compreender e a valorizar as pessoas que Deus põe no nosso caminho. Sem oração, o cristão seria como uma planta sem raízes; acabaria por secar, e não teria assim a menor possibilidade de dar fruto.

Podemos e devemos dirigir-nos ao Senhor muitas vezes ao longo do dia. Ele não está longe; está perto, ao nosso lado, e ouve-nos sempre, especialmente nesses momentos em que, tal como agora, nos dedicamos expressamente a falar-lhe sem anonimato, cara a cara. À medida que nos abrirmos às chamadas divinas, o nosso dia será divinamente eficaz. Na realidade, a nossa vida de apóstolos vale o que valer a nossa oração[12].

A oração nunca deixa de dar os seus frutos. Dela tiraremos a coragem necessária para enfrentar as dificuldades com a dignidade dos filhos de Deus, bem como para perseverar no convívio com os amigos que desejamos levar a Deus. Por isso a nossa amizade com Cristo há de ser cada dia mais profunda e sincera. Por isso devemos esforçar-nos seriamente por evitar todo o pecado deliberado, guardar o coração para Deus, procurar afastar os pensamentos inúteis — que frequentemente dão lugar a faltas e pecados —, purificar muitas vezes a intenção, depondo aos pés do Senhor o nosso ser e as nossas obras... E jamais abandonar estes minutos diários de diálogo interior com Deus, ainda que estejamos cansados e não possamos concentrar-nos inteiramente, ainda que não experimentemos nenhum afeto, ainda que nos assaltem involuntariamente muitas distrações. A oração é o suporte de toda a nossa vida e a condição de todo o apostolado.

Ao terminarmos este tempo de oração, recorremos à intercessão poderosa de São José, mestre de vida interior. Pedimos àquele que viveu tantos anos junto de Jesus, que nos ensine a dirigir-nos a Ele com confiança durante todos os dias da nossa vida, sobretudo naqueles em que o trabalho aperta mais e nos parece difícil poder dedicar-lhe este tempo costumeiro de oração, condição imprescindível para a eficácia do nosso apostolado pessoal. A nossa Mãe Santa Maria intercederá por nós, junto com o Santo Patriarca.

(1) Mc 1, 29-39; (2) Santo Agostinho, *Confissões*, 1, 1, 1; (3) São Josemaria Escrivá, *Forja*, Quadrante, São Paulo, 1987, n. 13; (4) Santo Agostinho, *Sermão 87*, 13; (5) cf. F. Fernández Carvajal, *La tibieza*, 6ª ed., Palabra, Madri, 1986, p. 149; (6) Conc. Vat. II, Decr. *Apostolicam*

actuositatem, 14; (7) 2 Tm 4, 2; (8) João Paulo I, *Alocução*, 27-VIII--1978; (9) Jo 5, 7; (10) São John Henry Newman, *O sentido religioso*, p. 417; (11) Lc 6, 39; (12) cf. São Josemaria Escrivá, *Caminho*, 7ª ed., Quadrante, São Paulo, 1989, n. 108.

TEMPO COMUM. PRIMEIRA SEMANA. QUINTA-FEIRA

4. A COMUNHÃO SACRAMENTAL

— Jesus Cristo espera-nos todos os dias.
— Presença real de Cristo no Sacrário.
— O Senhor nos sara e purifica na Sagrada Comunhão.

I. UM LEPROSO aproximou-se do lugar em que Jesus se encontrava[1], pôs-se de joelhos e disse-lhe: *Se quiseres, podes limpar-me*. E o Senhor, que sempre deseja o nosso bem, compadeceu-se dele, tocou-o e disse-lhe: *Quero, fica limpo. E imediatamente desapareceu dele a lepra e ficou limpo*.

"Aquele homem ajoelha-se prostrando-se por terra — o que é sinal de humildade —, para que cada um de nós se envergonhe das manchas da sua vida. Mas a vergonha não deve impedir a confissão: o leproso mostrou a chaga e pediu o remédio. A sua oração está, além disso, repleta de piedade, isto é, reconheceu que o poder de ser curado estava nas mãos do Senhor"[2]. E nas mãos divinas continua a estar o remédio de que necessitamos.

Cristo espera-nos cada dia na Sagrada Eucaristia. Está ali *verdadeira, real e substancialmente* presente, com o seu Corpo, Sangue, Alma e Divindade. Encontra-se ali com todo o resplendor da sua glória, pois *Cristo ressuscitado já não morre*[3]. O Corpo e a Alma permanecem inseparáveis e unidos para sempre à Pessoa do Verbo. Todo o mistério da Encarnação do Filho de Deus está contido na Hóstia Santa, em toda a riqueza profunda da sua Santíssima Humanidade e na infinita grandeza da sua Divindade, ambas veladas e ocultas. Na Sagrada Eucaristia encontramos o mesmo Jesus Cristo que disse ao leproso: *Quero, fica limpo*, o mesmo que é contemplado e louvado pelos anjos e santos por toda a eternidade.

Quando nos aproximamos de um Sacrário, encontramo-lo ali. Talvez tenhamos repetido muitas vezes na sua presença o hino com que São Tomás expressou a fé e a piedade da Igreja e que tantos cristãos converteram numa oração pessoal:

Adoro-vos com devoção, Deus escondido, que sob estas aparências estais presente. A Vós se submete o meu coração por inteiro, e ao contemplar-vos se rende totalmente.

A vista, o tato, o gosto enganam-se sobre Vós, mas basta o ouvido para crer com firmeza. Creio em tudo o que disse o Filho de Deus; nada de mais verdadeiro que esta palavra de verdade.

Na Cruz estava oculta a divindade, mas aqui se esconde também a humanidade; creio, porém, e confesso uma e outra, e peço o que pediu o ladrão arrependido.

Não vejo as chagas, como as viu Tomé, mas confesso que sois o meu Deus. Fazei que eu creia mais e mais em Vós, que em Vós espere, que Vos ame[4].

Esta maravilhosa presença de Jesus entre nós deveria renovar a nossa vida cada dia. Quando o recebemos, quando o visitamos, podemos dizer em sentido estrito: *Hoje estive com Deus*. Tornamo-nos semelhantes aos apóstolos e aos discípulos, às santas mulheres que acompanhavam o Senhor pelos caminhos da Judeia e da Galileia. "*Non alius sed aliter*", não é outro, mas está de outro modo, costumam dizer os teólogos[5]. Encontra-se aqui conosco; em cada cidade, em cada vilarejo. Com que fé o visitamos? Com que amor o recebemos? Como preparamos a nossa alma e o nosso corpo quando vamos comungar?

II. SÃO TOMÁS DE AQUINO[6] ensina que o Corpo de Cristo está presente na Sagrada Eucaristia tal como é em si mesmo, e a Alma de Cristo está presente com a sua inteligência e vontade; excluem-se apenas aquelas relações que dizem respeito à quantidade, pois Cristo não está presente na Hóstia Santa do modo como uma quantidade está localizada no espaço[7]. Está presente com o seu Corpo glorioso de um modo misterioso e inexplicável.

A Segunda Pessoa da Santíssima Trindade está, pois, nesse Sacrário que podemos visitar todos os dias, talvez muito perto da nossa casa ou do escritório, na capela da Universidade, do hospital em que trabalhamos ou do aeroporto; e está presente com o soberano poder da sua Divindade. Ele, o Filho Unigênito de Deus, em cuja presença tremem os Tronos e as Dominações, por quem tudo foi feito, que tem o mesmo poder, sabedoria e misericórdia que as outras Pessoas da Santíssima Trindade, permanece perpetuamente conosco, como um de nós, sem nunca deixar de ser Deus. Efetivamente, *no meio de vós está quem vós não conheceis*[8]. Será que, apesar de estarmos absortos nos nossos negócios, no trabalho, com as suas preocupações diárias, pensamos com frequência em que, muito perto da nossa residência ou do local de trabalho, mora realmente o Deus misericordioso e onipotente?

O nosso grande fracasso, o maior erro da nossa vida, seria que em algum momento pudessem aplicar-se a nós aquelas palavras que o Espírito Santo pôs na pena de São João: *Veio aos que eram seus e os seus não o receberam*[9], porque estavam ocupados nas suas coisas e nos seus trabalhos — podemos acrescentar —, em assuntos que sem Ele não têm a menor importância. Mas fazemos hoje o propósito firme de permanecer com um amor vigilante: alegrando-nos muito quando vemos a torre de uma igreja, fazendo durante o dia muitas comunhões espirituais, atos de fé e de amor, manifestando o nosso desejo de desagravar o Senhor por aqueles que passam ao seu lado sem lhe dirigirem um pensamento sequer.

III. *SENHOR JESUS, bom pelicano, limpai-me a mim, imundo, com o vosso Sangue, com esse Sangue do qual uma só gota pode salvar do pecado o mundo inteiro*[10].

O Senhor dá a cada homem em particular, na Sagrada Eucaristia, a mesma vida da graça que trouxe ao mundo pela sua Encarnação[11]. Se tivéssemos mais fé, realizar-se-iam em nós verdadeiros milagres, como os que se operaram nas pessoas que Jesus curou: ficaríamos limpos das nossas fraquezas e imperfeições, até o mais fundo da alma. *Fazei que eu creia mais e mais em Vós*, é o que nos convida a clamar e a suplicar interiormente o hino eucarístico. Se tivermos fé, ouviremos as mesmas palavras que foram dirigidas ao leproso: *Quero, fica limpo*. Ou veremos como o Senhor se levanta perante as ondas, tal como no lago de Tiberíades, para acalmar a tempestade; e far-se-á também na nossa alma uma grande bonança.

Senhor Jesus, bom pelicano... Na Comunhão, o Senhor não só nos oferece um alimento espiritual, como Ele próprio se dá a nós como Alimento. Antigamente, pensava-se que, quando morria o filhote de um pelicano, este feria o seu próprio peito e com o seu sangue alimentava o filhote morto, que assim retornava à vida... Cristo dá-nos a vida eterna. A Comunhão, recebida com as devidas disposições, traz-nos o Mestre que vem até nós com o seu amor pessoal, eficaz, criador e redentor, como o Salvador que é das nossas vidas.

A nossa alma purifica-se ao contato com Cristo. Obtemos então o vigor necessário para praticar a caridade, para viver exemplarmente os deveres próprios, para proteger a nossa pureza, para realizar o apostolado que Ele mesmo nos indicou...

A Sagrada Eucaristia é remédio para as fraquezas diárias, para esses pequenos desleixos e faltas de correspondência que não matam a alma, mas a debilitam e conduzem à tibieza. Faz-nos vencer as nossas covardias.

Na Sagrada Eucaristia, Jesus espera-nos para restaurar as nossas forças: *Vinde a mim todos os que estais fatigados e sobrecarregados, e eu vos aliviarei*[12]. Jesus não exclui ninguém: *Vinde a mim todos*. Se alguém quiser aproximar-se de mim, *eu não o lançarei fora*[13]. Enquanto durar o tempo da Igreja militante, Jesus permanecerá conosco como a fonte de todas as graças que nos são necessárias. Sem Ele, não poderíamos viver. Com palavras de São Tomás em outra oração, podemos dizer a Jesus presente na Sagrada Eucaristia: "Aproximo-me de Vós como um doente do médico da vida, como um imundo da fonte de misericórdia, como um cego da luz da claridade eterna, como um pobre e necessitado do Senhor do Céu e da terra. Imploro a abundância da vossa infinita generosidade para que vos digneis curar a minha enfermidade, lavar a minha impureza, iluminar a minha cegueira, remediar a minha pobreza e vestir a minha nudez, a fim de que me aproxime a receber o Pão dos anjos, o Rei dos reis e o Senhor dos senhores, com tanta reverência e humildade, com tanta contrição e piedade, com tanta pureza e fé, e com tal propósito e intenção como convém à saúde da minha alma"[14].

A Virgem Maria, nossa Mãe, anima-nos sempre a relacionar-nos cada vez mais intimamente com Jesus sacramentado: "Aproxima-te mais do Senhor..., mais! — Até que se converta em teu Amigo, teu Confidente, teu Guia"[15].

(1) Mc 1, 40-45; (2) São Beda, *Comentário ao Evangelho de São Marcos*; (3) Rm 6, 9; (4) Hino *Adoro te devote*; (5) cf. M. M. Philipon, *A nossa transformação em Cristo*, p. 116; (6) cf. São Tomás, *Suma teológica*, III, q. 76, a. 5, ad. 3; (7) cf. *ib.*, III, q. 81, a. 4; (8) Jo 1, 26; (9) Jo 1, 11; (10) Hino *Adoro te devote*; (11) cf. São Tomás, *op. cit.*, I, q. 3, a. 79; (12) Mt 11, 28; (13) cf. Jo 6, 37; (14) Missal Romano, *Praeparatio ad Missam*; (15) São Josemaria Escrivá, *Sulco*, n. 680.

TEMPO COMUM. PRIMEIRA SEMANA. SEXTA-FEIRA

5. AS VIRTUDES HUMANAS NO APOSTOLADO

— A cura do paralítico de Cafarnaum. Fé operativa, sem respeitos humanos. Otimismo.
— A prudência e a "falsa prudência".
— Outras virtudes. Devemos ser bons instrumentos da graça.

I. O EVANGELHO DA MISSA[1] apresenta-nos Jesus que ensina a multidão vinda de muitas aldeias da Galileia e da Judeia; *juntaram-se tantos que nem mesmo diante da porta cabiam.* Mesmo assim, *aproximaram-se quatro homens, trazendo-lhe um paralítico.*

Apesar dos esforços denodados que desenvolvem, essas pessoas não conseguem chegar até Jesus, mas não renunciam ao seu propósito de aproximar-se do Mestre com o amigo que traziam deitado num catre. Quando outros já haviam desistido pelas dificuldades que lhes impediam a passagem, eles subiram ao telhado, descobriram as telhas por cima do lugar onde o Senhor se encontrava e, depois de fazerem uma abertura, desceram o catre com o paralítico. Jesus ficou admirado com a fé e a audácia daqueles homens e realizou um grande milagre: o perdão dos pecados do doente e a cura da sua paralisia.

Comentando esta passagem, Santo Ambrósio exclama: "Como é grande o Senhor, que pelos méritos de alguns perdoa outros!”[2] Os amigos que levam até o Senhor o enfermo incapacitado são um exemplo vivo de ação apostólica. Nós, cristãos, somos instrumentos do Senhor para que Ele realize verdadeiros milagres naqueles dos nossos amigos que, por tantos motivos, se encontram como que incapacitados para chegarem por si próprios até Cristo que os espera.

A tarefa apostólica deve estar dominada pela ânsia de ajudar os homens a encontrarem Jesus. Para isso é necessário, entre outras coisas, um conjunto de *virtudes sobrenaturais*, como as que vemos na atuação desses amigos do paralítico de Cafarnaum. São homens que têm uma grande fé no Mestre, a quem provavelmente já conheciam de outras ocasiões; talvez tivesse sido o próprio Jesus quem lhes sugerira que o levassem até Ele. E têm uma fé com obras, pois empregam os meios ordinários e extraordinários que o caso exige. São homens cheios de esperança e de otimismo, convencidos de que a única coisa de que o amigo realmente necessita é de ser levado a Jesus Cristo.

A narração do Evangelho deixa-nos entrever também nesses homens muitas *virtudes humanas*, igualmente necessárias em toda a ação apostólica. Antes de mais nada, *são homens para quem os respeitos humanos não existem*; pouco lhes importa o que os outros venham a pensar da sua atuação, que podia ser facilmente tida por exagerada, inoportuna ou ao menos diferente da dos outros que tinham ido ouvir o Mestre. Só lhes importava uma coisa: chegar até Jesus com o amigo, custasse o que custasse.

Ora, isto só é possível quando se tem uma grande retidão de intenção, quando a única coisa que realmente importa é o juízo de Deus, e nada ou muito pouco o juízo dos homens. Nós também atuamos assim? Não haverá ocasiões em que nos preocupe mais o que as pessoas possam pensar ou dizer do que o juízo de Deus? Não teremos receio de nos distinguirmos dos outros, quando Deus e os que veem as nossas ações esperam justamente que nos distingamos fazendo aquilo que devemos fazer? Sabemos manter em público, sempre que necessário, a nossa fé e o nosso amor a Jesus Cristo?

II. OS QUATRO AMIGOS do paralítico viveram na cena que meditamos a virtude da *prudência*, que leva a procurar o melhor caminho para atingir um fim. Deixaram de lado a "falsa prudência", que é chamada por São Paulo *prudência da carne*[3], e que facilmente se identifica com a covardia, inclinando a procurar apenas o que é útil para o bem corporal, como se esse fosse o único fim da vida.

A "falsa prudência" é um disfarce da hipocrisia, da astúcia, do cálculo interesseiro e egoísta, que visa principalmente os interesses materiais. Na realidade, não é senão medo, temor, covardia, soberba, preguiça.... Se aqueles homens se tivessem deixado levar pela *prudência da carne*, o paralítico não teria chegado à presença de Jesus, e eles não se teriam deixado contagiar pela imensa alegria que viram brilhar no olhar do Mestre, quando lhes curou o amigo. Teriam ficado à entrada da casa abarrotada de gente, e dali nem sequer teriam ouvido Jesus.

Viveram, pois, plenamente a virtude da prudência, que é a que nos diz em cada caso *o que se deve fazer* ou deixar de fazer, quais os *meios* que conduzem ao fim que pretendemos, *quando* e *como* devemos atuar. Os amigos do paralítico conheciam bem o seu fim — chegar até o Senhor —, e lançaram mão dos meios adequados para realizá-lo: subiram ao telhado da casa, fizeram nele uma abertura e por ela desceram o paralítico no seu catre até que estivesse diante de Jesus. Não se importaram com as palavras falsamente "prudentes" dos que porventura os aconselhavam a esperar por uma ocasião mais propícia.

Estes homens de Cafarnaum foram, além disso, verdadeiros amigos daquele que não podia chegar até o Mestre por si próprio, pois "é próprio do amigo fazer bem aos amigos, principalmente aos que se encontram mais necessitados"[4], e não existe maior necessidade que a necessidade de Deus. A primeira manifestação de apreço pelos nossos amigos é aproximá-los cada vez mais de Cristo, fonte de todo o bem. Não podemos contentar-nos com que não façam mal a ninguém ou não tenham um comportamento desregrado, mas devemos conseguir que, como nós, aspirem à santidade a que todos fomos chamados e para a qual Deus nos dá as graças necessárias. Não podemos fazer-lhes maior favor que o de ajudá-los no seu caminho para Deus. Não encontraremos nenhum bem maior para lhes dar.

A *amizade* foi desde os começos do cristianismo o caminho pelo qual muitos encontraram a fé em Jesus Cristo e a vocação para uma entrega mais plena. É um caminho natural e simples, que elimina muitos obstáculos e dificuldades. O Senhor serve-se com frequência deste meio para se dar a conhecer. Os primeiros discípulos foram comunicar a Boa-nova àqueles que amavam, antes que a qualquer outro. André trouxe Pedro, seu irmão; Filipe trouxe o seu amigo Natanael; João certamente encaminhou para Jesus o seu irmão Tiago[5]. E nós, fazemos assim? Desejamos comunicar quanto antes, àqueles por quem temos mais apreço, o maior bem que podíamos ter achado?

III. PARA SER BOM INSTRUMENTO do Senhor na tarefa de recristianização do mundo, o cristão deve praticar muitas outras virtudes humanas na sua tarefa apostólica: *fortaleza* perante os obstáculos que se apresentam, de um modo ou de outro, em toda a ação apostólica; *constância e paciência*, porque as almas, tal como as sementes, às vezes demoram a dar o seu fruto, e porque não se pode conseguir em alguns dias o que talvez Deus tenha previsto que se realize em meses ou anos; *audácia* para iniciar uma conversa sobre temas profundos, que não surgem se não são provocados oportunamente, e também para propor metas mais altas, que os nossos amigos não vislumbram por si próprios; *veracidade e autenticidade*, sem as quais é impossível que haja uma verdadeira amizade...

O nosso mundo está necessitado de homens e mulheres de uma só peça, exemplares nas suas tarefas, sem complexos, serenos, profundamente humanos, firmes, compreensivos e intransigentes na doutrina de Cristo, afáveis, leais, alegres, otimistas, generosos, simples, valentes..., para que assim sejam bons colaboradores da graça, pois "o Espírito Santo serve-se do homem como de um instrumento"[6], e então as suas obras ganham uma eficácia divina, tal como a ferramenta que por si própria não seria capaz de produzir nada, mas nas mãos de um bom profissional pode chegar a produzir obras-primas.

Que alegria a daqueles homens quando voltaram com o amigo são de corpo e de alma! O encontro com Cristo fortaleceu ainda mais a amizade entre eles, tal como acontece em todo o verdadeiro apostolado. Lembremo-nos de que não existe doença alguma que Cristo não possa curar, para que não consideremos irrecuperável nenhuma das pessoas com quem nos relacionamos habitualmente. Apoiados na graça, podemos e devemos levá-las ao Senhor. E o que nos impulsionará a uma fé operativa, sem respeitos humanos, será um grande amor a Cristo. Hoje, quando nos encontrarmos diante do Sacrário, não deixemos de falar ao Mestre desses amigos que desejamos levar-lhe para que Ele os cure.

(1) Mc 2, 1-12; (2) Santo Ambrósio, *Tratado sobre o Evangelho de São Lucas*; (3) cf. Rm 8, 6-8; (4) São Tomás, *Ética a Nicômaco*, 9, 13; (5) cf. Jo 1, 41 e segs.; (6) São Tomás, *Suma teológica*, 2-2, q. 177, a. 1.

Tempo Comum. Primeira Semana. Sábado

6. CONVIVER COM TODOS

— Um cristão não pode estar fechado em si mesmo. Jesus Cristo, modelo de convivência.
— A virtude humana da *afabilidade*.
— Outras virtudes necessárias para o convívio diário: gratidão, cordialidade, amizade, alegria, otimismo, respeito mútuo...

I. DEPOIS DE ACEITAR a chamada do Senhor, Mateus deu um banquete a que assistiram Jesus, os seus discípulos e muitos outros. Entre estes, havia *muitos publicanos e pecadores*, todos amigos de Mateus. Os fariseus surpreenderam-se ao verem Jesus sentar-se para comer com esse tipo de pessoas, e por isso disseram aos seus discípulos: *Por que come ele com publicanos e gente de má vida?*[1]

Mas Jesus encontra-se à vontade entre pessoas tão diferentes dEle. Sente-se bem com todos porque veio salvar a todos. *Não têm necessidade de médico os sãos, mas os enfermos*. Jesus dá-se bem com os tipos humanos e caracteres mais variados: com um ladrão convicto, com as crianças cheias de inocência e simplicidade, com homens cultos e sérios como Nicodemos e José de Arimateia, com mendigos, com leprosos... Esse interesse revela-nos as suas ânsias salvadoras, que se estendem a todas as criaturas de qualquer classe e condição.

O Senhor teve amigos como os de Betânia, onde é convidado ou se faz convidar em diversas ocasiões; Lázaro é *o nosso amigo*[2]. Tem amigos em Jerusalém, os quais lhe emprestam uma sala para celebrar a Páscoa com os seus discípulos; e conhece tão bem aquele que lhe emprestará um burrinho para a sua entrada solene em Jerusalém, que os discípulos poderão desatá-lo e trazê-lo sem pedir licença a ninguém[3].

Jesus revelou também um grande apreço pela família, que é o lugar por antonomásia onde se devem praticar as virtudes da convivência e onde se dá o primeiro e o principal relacionamento social. É o que nos mostram os seus anos de vida oculta em Nazaré, o que o Evangelista ressalta sublinhando — ao invés de muitos outros pequenos fatos que poderia ter-nos deixado — que Jesus menino estava sujeito aos seus pais[4]. A fim de ilustrar o amor de Deus Pai para com os homens, o Senhor serve-se da imagem de um pai que não dá uma pedra ao filho se este lhe pede um pão, ou uma serpente se lhe pede um peixe[5]. Ressuscita o filho da viúva de Naim porque se compadece da sua solidão e da sua pena, pois era o único filho daquela mulher[6]. E Ele próprio, no meio dos sofrimentos da Cruz, cuida da sua Mãe confiando-a a João[7].

Jesus é um exemplo vivo para nós porque devemos aprender a conviver com todos, independentemente dos seus defeitos, ideias e modos de ser. Devemos aprender dEle a ser pessoas abertas, com capacidade de cultivar muitas amizades, dispostos a compreender e a desculpar. Um cristão, se segue de verdade os passos de Cristo, não pode estar fechado em si mesmo, despreocupado e indiferente ao que acontece à sua volta.

II. BOA PARTE da nossa vida está composta de pequenos encontros com pessoas que vemos no elevador, na fila do ônibus, na sala de espera do médico, no meio do trânsito da cidade grande ou na única farmácia da cidadezinha onde vivemos... E ainda que sejam momentos esporádicos e fugazes, são muitos por dia e incontáveis ao longo de uma vida. Para um cristão, são importantes, porque são ocasiões que Deus lhe dá para rezar por essas pessoas e mostrar-lhes o seu apreço, tal como deve suceder entre os que são filhos de um mesmo Pai. Fazemos isto normalmente através desses pormenores de educação e de cortesia que temos habitualmente com qualquer pessoa, e que se transformam facilmente em veículos da virtude sobrenatural da caridade. São pessoas muito diferentes, mas todas esperam alguma coisa do cristão: *aquilo que Cristo teria feito se estivesse no nosso lugar*.

Também nos relacionamos com pessoas dos mais diversos modos de ser e de comportar-se na própria família, no trabalho, entre os vizinhos...; são pessoas com temperamentos e caracteres muito diferentes dos nossos. É preciso que saibamos conviver harmonicamente com todos. São Tomás indica a importância de uma virtude particular que regula "as relações dos homens com os seus semelhantes, tanto nas obras como nas palavras", e que reúne em si muitas outras: é a *afabilidade*[8], que nos inclina a tornar a vida mais grata àqueles que vemos todos os dias.

É uma virtude que deve formar como que a trama da convivência. Talvez não seja uma virtude chamativa, mas, quando não está presente, nota-se muito a sua falta, pois torna tensas e ásperas as relações entre os homens, e leva frequentemente a faltar à caridade. Opõe-se pela sua própria natureza ao egoísmo, ao gesto ofensivo, ao mau humor, à falta de educação, ao desinteresse pelos gostos e preocupações dos outros. "Destas virtudes — escrevia São Francisco de Sales — deve-se ter uma grande provisão e bem à mão, porque devem ser usadas quase continuamente"[9].

O cristão saberá converter os inúmeros detalhes da virtude humana da afabilidade em outros tantos atos da virtude da caridade, vivendo-os também por amor a Deus. A caridade torna a afabilidade mais forte, mais rica em conteúdo e de horizontes muito mais elevados. Uma e outra devem ser praticadas também quando se faz necessário tomar uma atitude firme: "Tens que aprender a dissentir dos outros — quando for preciso — com caridade, sem te tornares antipático"[10].

Mediante a fé e a caridade, o cristão sabe ver nos seus irmãos, os homens, filhos de Deus, que sempre merecem o maior respeito e as melhores provas de consideração e de delicadeza[11]. Como não há de estar atento às mil oportunidades que qualquer dos seus dias lhe oferece?

III. SÃO MUITAS AS VIRTUDES que facilitam e tornam possível a convivência.

A *benignidade* e a *indulgência* levam-nos a julgar as pessoas e as suas atuações de forma favorável, sem nos determos excessivamente nos seus defeitos e erros.

A *gratidão* é essa evocação afetuosa de um benefício recebido, com o desejo de retribuí-lo de alguma forma, quanto mais não seja com um *obrigado* ou coisa parecida. Custa muito pouco sermos agradecidos, e o bem que fazemos é enorme. Se estivermos atentos aos que estão à nossa volta, notaremos como é grande o número de pessoas que nos prestam constantes favores.

A *cordialidade* e a *amizade* facilitam muito a convivência diária. Como seria formidável que pudéssemos chamar *amigos* àqueles com quem trabalhamos ou estudamos, àqueles com quem convivemos ou com quem nos relacionamos! *Amigos*, e não apenas colegas ou companheiros. Isso seria sinal de que vamos desenvolvendo muitas virtudes humanas que fomentam e tornam possível a abertura aos outros: o ânimo desinteressado, a compreensão, o espírito de colaboração, o otimismo, a lealdade. Amizade particularmente profunda é a que deve existir no seio da própria família: entre irmãos, com os filhos, com os pais.

No convívio diário, a *alegria*, manifestada num sorriso oportuno ou num pequeno gesto amável, abre as portas de muitas almas que estavam a ponto de fechar-se ao diálogo ou à compreensão. A alegria anima e ajuda a superar as inúmeras contrariedades que a vida nos traz. Uma pessoa que se deixe dominar habitualmente pela tristeza e pelo pessimismo, que não lute por sair desse estado rapidamente, será sempre um lastro, um pequeno câncer para os que convivem com ela.

É virtude da convivência o *respeito mútuo*, que nos leva a olhar os outros como imagens irrepetíveis de Deus. No relacionamento pessoal com o Senhor, o cristão aprende a "venerar [...] a imagem de Deus que há em cada homem"[12], mesmo naqueles que por alguma razão nos parecem pouco amáveis, antipáticos ou insossos. O respeito é condição para contribuir para a melhora dos outros, porque, quando se esmagam os outros, o conselho, a correção ou a advertência tornam-se ineficazes.

O exemplo de Cristo inclina-nos a viver amavelmente abertos aos outros; a *compreendê-los*, a olhá-los com uma simpatia prévia e sempre crescente, que nos leva a aceitar com otimismo o entrançado de virtudes e defeitos que existe na vida de qualquer homem. É um olhar que chega às profundezas do coração e sabe encontrar a parte de bondade que há em todos.

Muito próxima da compreensão está a capacidade de *desculpar* prontamente. Viveríamos mal a nossa vida cristã se ao menor choque se esfriasse a nossa caridade e nos sentíssemos distantes das pessoas da família ou daqueles com quem trabalhamos.

Hoje, sábado, podemos concluir a nossa oração formulando o propósito de viver com esmero, em honra de Santa Maria, os detalhes de caridade fina com o próximo.

(1) Mc 2, 13-17; (2) Jo 11, 11; (3) cf. Mc 11, 3; (4) cf. Lc 2, 51; (5) cf. Mt 9, 7; (6) cf. Lc 7, 11; (7) cf. Jo 19, 26-27; (8) São Tomás, *Suma teológica*, 2-2, q. 114, a. 1; (9) São Francisco de Sales, *Introdução à vida devota*, III, 1; (10) São Josemaria Escrivá, *Sulco*, n. 429; (11) cf. F. Fernández-Carvajal, *Antología de textos*, 9ª ed., Palabra, Madri, 1987, verbete "Afabilidade"; (12) São Josemaria Escrivá, *Amigos de Deus*, n. 230.

TEMPO COMUM. SEGUNDO DOMINGO. CICLO A

7. O CORDEIRO DE DEUS

— Figura e realidade deste título com que o Batista designa Jesus no começo da sua vida pública.
— A esperança de sermos perdoados. O *exame*, a *contrição* e o *propósito* de emenda.
— A confissão frequente, caminho para a delicadeza de alma e para alcançar a santidade.

I. HÁ POUCOS DIAS, contemplávamos Jesus nascido em Belém, adorado pelos pastores e pelos Magos, "mas o Evangelho deste domingo leva-nos uma vez mais às margens do Jordão, onde, trinta anos depois do seu nascimento, João Batista prepara os homens para a vinda do Senhor. E quando ele vê Jesus *que vinha ao seu encontro*, diz: *Eis o Cordeiro de Deus que tira o pecado do mundo* (Jo 1, 29) [...]. Estamos acostumados às palavras *Cordeiro de Deus*, e, no entanto, são palavras sempre maravilhosas, misteriosas, são palavras poderosas"[1].

Que ressonância não teria essa expressão nos ouvintes que conheciam o significado do cordeiro pascal, cujo sangue fora derramado na noite em que os judeus tinham sido libertados da escravidão no Egito! Além disso, todo o israelita conhecia bem o texto em que Isaías comparava os sofrimentos do *Servo de Javé*, o Messias, ao sacrifício de um cordeiro[2]. O cordeiro pascal que se sacrificava cada ano no Templo evocava não só a libertação, mas também o pacto que Deus tinha feito com o seu povo: era promessa e figura do verdadeiro Cordeiro, Cristo, que se ofereceria como Vítima no sacrifício do Calvário em favor de toda a humanidade. *Ele é o verdadeiro Cordeiro que tirou o pecado do mundo, que morrendo destruiu a morte e ressuscitando nos deu a vida*[3]. Por sua vez, São Paulo dirá aos primeiros cristãos de Corinto que Cristo, *nosso Cordeiro pascal, foi imolado*[4], e convida-os a uma vida nova, a uma vida santa.

A expressão "Cordeiro de Deus" foi muito meditada e comentada pelos teólogos e autores espirituais; trata-se de um título "rico em conteúdo teológico. É um desses recursos da linguagem humana que tenta expressar uma realidade plurivalente e divina. Ou, para dizê-lo melhor, é uma dessas expressões cunhadas por Deus para revelar algo muito importante sobre si mesmo"[5].

Desde os primeiros tempos, a arte cristã representou Jesus Cristo, Deus e Homem, sob a figura do Cordeiro pascal. Quando a iconografia o retrata recostado sobre o *Livro da vida*, quer recordar um ensinamento fundamental da nossa fé: Jesus é Aquele que tira o pecado do mundo, Aquele que foi sacrificado e possui todo o poder e sabedoria. Diante dEle prostram-se em adoração os vinte e quatro anciãos, segundo a visão do Apocalipse[6]; é Ele quem preside à grande ceia das bodas nupciais, quem recebe a Esposa, quem purifica com o seu sangue os bem-aventurados..., e quem é o único que pode abrir o livro dos sete selos: o Princípio e o Fim, o Alfa e o Ômega, o Redentor cheio de mansidão e o Juiz onipotente que há de vir retribuir a cada um segundo as suas obras[7].

Este é o Cordeiro de Deus que tira o pecado do mundo, anuncia São João Batista; e este *pecado do mundo* engloba todo o gênero de pecados: o original, que em Adão afetou também os seus descendentes, e os pessoais dos homens de todos os tempos. No Cordeiro de Deus está a nossa esperança de salvação.

A profecia de Isaías cumpriu-se no Calvário e torna a atualizar-se em cada Missa, tal como se recorda hoje na oração sobre as oferendas: *Todas as vezes que celebramos este sacrifício, torna-se presente a nossa redenção*[8]. A Igreja quer que agradeçamos ao Senhor por ter Ele querido entregar-se até à morte pela nossa salvação, por ter querido ser alimento das nossas almas[9].

II. *O CORDEIRO DE DEUS que tira o pecado do mundo.* Jesus converteu-se no Cordeiro imaculado[10], que se imolou com docilidade e mansidão absolutas para reparar as faltas dos homens, os seus crimes, as suas traições. É um título muito expressivo "porque — comenta Frei Luís de Granada — a palavra *Cordeiro*, referida a Cristo, significa três coisas: mansidão de condição, pureza e inocência de vida, satisfação de sacrifício e de oferenda"[11].

É notável a insistência de Cristo na sua constante chamada aos pecadores: *Pois o Filho do homem veio salvar o que estava perdido*[12]. *Ele lavou os nossos pecados no seu sangue*[13]. A maior parte dos seus contemporâneos conhecia-o precisamente por essa atitude misericordiosa; os escribas e fariseus murmuravam e diziam: *Ele recebe os pecadores e come com eles*[14]. E surpreendem-se porque perdoa a mulher adúltera com umas palavras muito simples: *Vai e não peques mais*[15]. E dá-nos a mesma lição na parábola do publicano e do fariseu: *Senhor, tem piedade de mim, que sou um pecador*[16], e na parábola do filho pródigo... A relação dos seus ensinamentos e dos seus encontros misericordiosos seria interminável, *gozosamente interminável*. Podemos nós perder a esperança de conseguir o perdão, quando é Cristo quem perdoa? Podemos nós perder a esperança de receber as graças necessárias para sermos santos, quando é Cristo quem no-las pode dar? Isto nos cumula de paz e de alegria.

Como prova concreta desses sentimentos do Senhor, contamos com o sacramento do perdão, que nos concede as graças necessárias para lutarmos e vencermos os defeitos que talvez estejam arraigados no nosso caráter, e que são muitas vezes a causa do nosso desalento. Como é que o aproveitamos? Como é que nos esforçamos por extrair dele todas as graças que o Senhor nos quer conceder?

Para isso, vejamos como são o nosso *exame de consciência*, a *dor* dos nossos pecados e o nosso *propósito* de emenda. "Poder-se-ia dizer que são, respectivamente, atos próprios da fé, que nos leva ao conhecimento sobrenatural da nossa conduta, de acordo com as nossas obrigações; do amor, que agradece os dons recebidos e chora a sua falta de correspondência; e da esperança, que vai à luta no tempo que Deus concede a cada um para que se santifique. E assim como dessas três virtudes a maior é o amor, assim a dor — a compunção, a contrição — é o elemento mais importante do exame de consciência; se não desemboca na dor, talvez isso indique que estamos dominados pela cegueira, ou que o objetivo da nossa revisão de vida não procede do amor a Deus. Mas, quando as nossas faltas nos levam a essa dor [...], o propósito brota de um modo imediato, decidido, eficaz"[17].

Senhor, ensinai-me a arrepender-me, indicai-me o caminho do amor! Movei-me com a vossa graça à contrição quando eu tropeçar! Que as minhas fraquezas me levem a amar-vos cada vez mais!

III. "JESUS CRISTO traz-nos a chamada à santidade e dá-nos continuamente a ajuda necessária para a nossa santificação. Dá-nos continuamente o *poder de chegarmos a ser filhos de Deus*, como proclama a liturgia de hoje no canto do *Aleluia*. Esta força de santificação do homem [...] é o dom do Cordeiro de Deus"[18].

O caminho da santidade percorre-se mediante uma contínua purificação do fundo da alma, que é condição essencial para amarmos cada dia mais a Deus. Por isso o amor à *confissão frequente* é um sintoma claro de delicadeza interior, de amor a Deus; e o desprezo ou indiferença por ela — que se revelam quando surgem facilmente a desculpa ou o atraso — indicam falta de finura de alma e talvez tibieza, grosseria e insensibilidade para as moções que o Espírito Santo suscita no coração.

De cada vez que recebemos o sacramento da Penitência, ouvimos, como Lázaro, aquelas palavras de Cristo: *Desatai-o e deixai-o ir*[19], porque as faltas, as fraquezas, os pecados veniais... atam e prendem o cristão, não o deixando seguir o seu caminho com rapidez. "E assim como o defunto saiu ainda atado, aquele que vai confessar-se ainda é réu. Para que fique livre dos seus pecados, o Senhor diz aos seus ministros: *Desatai-o e deixai-o ir...*"[20] O sacramento da Penitência rompe todos os liames com que o demônio tenta segurar-nos para que não apressemos o passo no seguimento de Cristo.

A confissão frequente dos nossos pecados *está muito relacionada com a santidade*, pois nela o Senhor afina a nossa alma e nos ensina a ser humildes. A tibieza, pelo contrário, cresce onde aparecem o desleixo e o descaso, as negligências e os pecados veniais sem arrependimento sincero. Na confissão contrita, deixamos a alma clara e limpa. E, como somos fracos, só a confissão frequente permitirá um estado permanente de limpeza e de amor.

"Um dos principais motivos para o alto apreço em que devemos ter a confissão frequente é que, se bem praticada, torna totalmente impossível um estado de tibieza. Esta é convicção que leva a Santa Igreja a recomendar com tanta insistência [...] a confissão frequente ou a confissão semanal"[21]. E é por isso que devemos esforçar-nos por cuidar da sua pontualidade e por aproximar-nos dela com seriedade cada vez maior.

Cristo, Cordeiro imaculado, veio limpar-nos dos nossos pecados, não só dos graves, mas também das impurezas e das faltas de amor da vida diária. Examinemos hoje com que amor nos aproximamos do sacramento da Penitência e vejamos se o fazemos com a frequência que o Senhor nos pede.

(1) João Paulo II, *Homilia*, 18-III-1981; (2) cf. Is 53, 7; (3) Missal Romano, *Prefácio pascal I*; (4) 1 Cor 5, 7; (5) A. García Moreno, "Jesucristo, Cordero de Dios", em *Cristo, Filho de Deus e Redentor do homem*, III Simpósio Internacional de Teologia, EUNSA, Pamplona, 1982, p. 269; (6) Cf. Ap 19; (7) A. García Moreno, *op. cit.*, pp. 292-293; (8)

Missal Romano, Segundo domingo do Tempo Comum, *Oração sobre as oferendas*; (9) cf. Sagrada Bíblia, *Santos Evangelhos*, 2a ed., EUNSA, Pamplona, 1985, pp. 1154-1155; (10) cf. João Paulo II, *op. cit.*; (11) Frei Luis de Granada, *Los nombres de Cristo*, em "Obras Completas Castellanas", BAC, Madri, 1957, I, p. 806; (12) Mt 18, 11; (13) Ap 1, 5; (14) Mt 11, 19; (15) Jo 8, 11; (16) Lc 18, 13; (17) A. del Portillo, *Carta*, 8-XII-1976, n. 16; (18) João Paulo II, *op. cit.*; (19) Jo 11, 44; (20) Santo Agostinho, *Comentário ao Evangelho de São João*, 29, 24; (21) B. Baur, *La confesión frecuente*, Herder, Barcelona, 1974, pp. 106-107.

TEMPO COMUM. SEGUNDO DOMINGO. CICLO B

8. PUREZA E VIDA CRISTÃ

— A santa pureza, condição indispensável para amar a Deus e para o apostolado.
— Necessidade de uma boa formação para viver esta virtude.
— Meios para vencer.

I. PASSADAS JÁ AS FESTAS do Natal, em que consideramos principalmente os mistérios da vida oculta do Senhor, vamos contemplar neste tempo, seguindo a liturgia, os anos da sua vida pública.

Desde o começo da sua missão, vemos Jesus que procura os seus discípulos e os chama ao seu serviço, tal como fez Javé em épocas anteriores. É o que nos mostra a primeira Leitura da Missa de hoje, ao narrar a vocação de Samuel[1], bem como o Evangelho, ao relatar como Jesus se faz encontrar por aqueles três primeiros discípulos que seriam mais tarde o fundamento da sua Igreja[2]: Pedro, João e Tiago.

Seguir o Senhor, tanto naquela época como hoje, significa entregar-lhe o coração, o mais íntimo, o mais profundo do nosso ser, a nossa própria vida. Entende-se, pois, que para corresponder ao chamamento de Jesus, seja necessário guardar a santa pureza e purificar o coração. É São Paulo quem no-lo diz na segunda Leitura[3]: *Fugi da fornicação... Ou não sabeis que o vosso corpo é templo do Espírito Santo que habita em vós, que o recebestes de Deus e que, portanto, não vos pertenceis? Fostes comprados por um grande preço. Glorificai, pois, a Deus no vosso corpo.* Jamais ninguém como a Igreja ensinou a dignidade do corpo. "A pureza é glória do corpo humano perante Deus. É a glória de Deus no corpo humano"[4].

A castidade, fora ou dentro da vida matrimonial, segundo o estado e a peculiar vocação recebida por cada um, é absolutamente necessária para se poder seguir a Cristo e exige, juntamente com a graça divina, uma grande luta e esforço pessoais. As feridas do pecado original (na inteligência, na vontade, nas paixões e nos afetos), que não desaparecem com o Batismo, introduziram um princípio de desordem na nossa natureza: a alma, de maneiras muito diversas, tende a rebelar-se contra Deus, e o corpo resiste a submeter-se à alma; e os pecados pessoais revolvem o fundo ruim que o pecado original deixou em nós e aumentam as feridas que causou na alma.

A santa pureza, parte da virtude da temperança, inclina-nos a moderar prontamente e com alegria o uso da faculdade geradora, segundo os ditames da razão ajudada pela fé[5]. O seu contrário é a *luxúria*, que destrói a dignidade do homem, enfraquece a vontade na busca do bem e dificulta que a inteligência possa conhecer e amar a Deus, bem como as coisas humanas. A impureza acarreta frequentemente uma forte carga de egoísmo e arrasta a pessoa para atitudes próximas da violência e da crueldade. Se não se lhe põe remédio, faz perder o sentido do divino e do transcendente: cega para aquilo que é realmente importante.

Os atos de renúncia ("não olhar", "não fazer", "não imaginar", "não desejar"), ainda que sejam imprescindíveis, não são tudo na guarda da castidade; a essência desta virtude é o amor: delicadeza e ternura com Deus, respeito pelas pessoas, que devem ser encaradas como filhos de Deus. A castidade "mantém a juventude do amor, em qualquer estado de vida"[6].

É, portanto, um requisito indispensável para amar. Ainda que não seja nem a primeira nem a mais importante das virtudes, e ainda que a vida cristã não possa reduzir-se a ela, no entanto, sem castidade não há caridade, e esta é a primeira virtude e a que dá a sua perfeição e o fundamento às demais[7].

Os primeiros cristãos, a quem São Paulo diz que devem glorificar a Deus no seu corpo, estavam rodeados de um clima corrompido, e muitos deles provinham desse ambiente. *Não vos iludais*, diz-lhes o Apóstolo. *Nem os impuros, nem os idólatras, nem os adúlteros... possuirão o reino de Deus. E alguns de vós éreis isso...*[8] O Apóstolo indica-lhes que devem viver uma virtude que era pouco apreciada e até desprezada naquela época e naquela cultura. Cada um deles devia ser um exemplo vivo da fé em Cristo que traziam no coração e da riqueza espiritual que possuíam. O mesmo devemos nós fazer.

II. DEVEMOS TER a firme convicção de que é sempre possível viver a santa pureza, ainda que a pressão do ambiente seja muito forte, desde que se empreguem os meios que Deus nos dá para vencer e se evitem as ocasiões de perigo.

O primeiro passo para isso é adquirir ideias muito claras sobre a matéria, encará-la com finura e sentido sobrenatural, e depois tratar do tema com clareza e sem ambiguidades na conversa com quem orienta a nossa alma, para assim completarmos ou retificarmos as ideias pouco exatas que possamos ter. Às vezes, certos assim chamados escrúpulos resultam de não se ter falado completamente a fundo deles, e resolvem-se quando os fatos objetivos são referidos com toda a clareza na direção espiritual e na confissão.

Deve-se ainda unir à pureza do corpo a pureza da alma, orientando os afetos de tal modo que Deus ocupe a todo o momento o centro da alma. Por isso, é preciso que a luta por viver esta virtude e por crescer nela se estenda também a todas as matérias que possam indiretamente facilitá-la ou dificultá-la: a mortificação da vista, do comodismo, da imaginação, da memória.

Outra condição para a eficácia desta luta é a *humildade*. Tem humilde consciência da sua fraqueza todo aquele que foge decididamente das ocasiões perigosas, que admite contrita e sinceramente os seus descuidos reais, que pede a ajuda necessária, que reconhece com agradecimento o valor do seu corpo e da sua alma.

Às vezes, de acordo com a época ou as circunstâncias, pode ser necessário lutar mais intensamente num ou noutro campo relacionado com esta virtude: no da *sensibilidade*, que, sem a devida mortificação, pode estar mais viva por não se terem evitado causas voluntárias mais ou menos remotas; no das *leituras*, que podem mergulhar a alma num clima de sensualidade, mesmo que não sejam claramente impuras; no da *guarda da vista*...

Outro campo relacionado com a pureza é o dos *sentidos internos* (imaginação, memória), que, ainda que não se detenham em pensamentos diretamente contrários ao nono mandamento, são frequentemente ocasião de tentação e denotam muito pouca generosidade com Deus.

E por último a *guarda do coração*, que está feito para amar, e que por isso deve estar preenchido por um amor limpo de acordo com a vocação de cada um, um amor em que Deus deve ocupar sempre o primeiro lugar. Não podemos andar com o coração na mão, como quem oferece uma mercadoria[9].

III. PARA SEGUIRMOS o Senhor com um coração limpo, é necessário que pratiquemos um conjunto de virtudes humanas e sobrenaturais, apoiados sempre na graça, que nunca nos há de faltar se a pedimos com humildade e se desenvolvemos todos os esforços ao nosso alcance.

Entre as virtudes humanas que ajudam a viver a santa pureza, conta-se em primeiro lugar a *laboriosidade*, o trabalho constante e intenso; muitas vezes, os problemas de pureza são uma questão de ociosidade ou de preguiça. Também são necessárias a *valentia* e a *fortaleza*, para fugirmos da tentação, para não cairmos na ingenuidade de pensar que isto ou aquilo não nos faz mal nem invocarmos falsos pretextos de idade ou de experiência. E deve-se procurar a *sinceridade* plena, contando toda a verdade com clareza, e estando prevenidos contra o "demônio mudo"[10], que tende a enganar-nos tirando importância ao pecado ou à tentação, ou aumentando-a para fazer-nos cair nessa outra tentação que é a "vergonha de falar". A sinceridade é completamente necessária para vencer, pois sem ela a alma fica privada de uma ajuda imprescindível.

Nenhum meio humano seria suficiente se não recorrêssemos ao trato íntimo com o Senhor na *oração* e na *Sagrada Eucaristia*. Nelas encontramos sempre a ajuda necessária, as forças que vêm em socorro da nossa fraqueza pessoal, o amor que nos cumula o coração, criado para o que é eterno, e portanto sempre insatisfeito com tudo o que há neste mundo. E o *sacramento da Penitência* purifica-nos a consciência, concede-nos as graças específicas do sacramento para vencermos naquilo em que fomos vencidos, seja em matéria grave ou leve.

Se quisermos entender o amor a Jesus Cristo tal como os apóstolos, os primeiros cristãos e os santos de todos os tempos o entenderam, é necessário que vivamos a virtude da santa pureza. Caso contrário, ficaremos grudados à terra e não compreenderemos nada.

Recorremos a Santa Maria, *Mater Pulchrae Dilectionis*[11], Mãe do Amor Formoso, porque Ela gera na alma do cristão uma ternura filial que lhe permite crescer nesta virtude. E Ela nos concederá esta virtude própria das almas rijas, se lha pedirmos com amor e confiança.

(1) Cf. 1 Sm 3, 3-10; (2) cf. Jo 1, 35-42; (3) cf. 1 Cor 6, 13-15; 17--20; (4) João Paulo II, *Audiência geral*, 18-III-1981; (5) cf. São Tomás, *Suma teológica*, 2-2, q. 151, a. 2, ad. 1; (6) São Josemaria Escrivá, *É Cristo que passa*, n. 25; (7) cf. J. L. Soria, *Amar y vivir la castidad*, Palabra, Madri, 1976, p. 45; (8) cf. 1 Cor 6, 9-10; (9) cf. São Josemaria Escrivá, *Caminho*, n. 146; (10) cf. *ib.*, n. 236; (11) Eclo 24, 24.

TEMPO COMUM. SEGUNDO DOMINGO. CICLO C

9. O PRIMEIRO MILAGRE DE JESUS

— O milagre de Caná. A Virgem Maria é chamada *Onipotência suplicante*.
— A conversão da água em vinho. As nossas tarefas também podem converter-se em graça.
— Generosidade de Jesus; Ele sempre nos dá mais do que pedimos.

I. EM CANÁ, uma cidade a pouca distância de Nazaré, onde vivia a Mãe de Jesus, realizava-se uma festa de casamento. Por amizade ou parentesco, Maria encontrava-se presente, como também Jesus, que fora convidado a participar da festa com os seus primeiros discípulos.

Nessas ocasiões, era costume que as mulheres amigas da família se encarregassem de preparar tudo. Começou a festa e, por falta de previsão ou por uma afluência inesperada de convidados, começou a faltar vinho. A Virgem Maria, que presta a sua ajuda, percebe o que se passa. Mas Jesus, seu Filho e seu Deus, está ali; acaba de iniciar-se o seu ministério público. E Ela sabe melhor que ninguém que o seu Filho é o Messias. E dá-se então um diálogo cheio de ternura e simplicidade entre a Mãe e o Filho, que o Evangelho da Missa de hoje nos relata[1]: *A Mãe de Jesus disse-lhe: Não têm vinho*. Pede sem pedir, expondo uma necessidade. E desse modo nos ensina a pedir.

Jesus respondeu-lhe: *Mulher, que nos importa isso a mim e a ti? Ainda não chegou a minha hora*. Parece que Jesus vai negar à sua Mãe o que Ela lhe pede. Mas a Virgem, que conhece bem o coração do seu Filho, comporta-se como se tivesse sido atendida e pede aos servos: *Fazei o que Ele vos disser*.

Maria é uma Mãe atentíssima a todas as nossas necessidades, de uma solicitude que mãe alguma sobre a terra jamais teve ou terá. O milagre acontecerá porque Ela intercedeu; só por isso.

"Por que terão tamanha eficácia as súplicas de Maria diante de Deus? As orações dos santos são orações de servos, ao passo que as de Maria são orações de Mãe, e daí procedem a sua eficácia e o seu caráter de autoridade; e como Jesus ama entranhadamente a sua Mãe, não pode Ela suplicar sem ser atendida [...]. Em Caná, ninguém pede à Santíssima Virgem que interceda junto do seu Filho pelos consternados esposos. Mas o coração de Maria, que não pode deixar de se compadecer dos infelizes [...], impele-a a assumir por iniciativa própria o ofício de intercessora e a pedir ao Filho o milagre [...]. Se a Senhora procedeu assim sem que lhe tivessem dito nada, que teria feito se lhe tivessem pedido que interviesse?"[2] Que não fará quando — tantas vezes ao longo do dia! — lhe dizemos "rogai por nós"? Que não iremos conseguir se recorremos a Ela?

Onipotência suplicante. Assim a chamou a piedade cristã, porque o seu Filho é Deus e não lhe pode negar nada[3]. Maria está sempre atenta às nossas necessidades espirituais e materiais; deseja até, mais do que nós próprios, que não cessemos de implorar a sua intervenção diante de Deus em nosso favor. E nós somos tão remissos em pedir-lhe! Tão desconfiados e tão pouco pacientes quando o que lhe pedimos parece que tarda em chegar!

Não deveríamos suplicar o seu socorro com mais frequência? Não deveríamos implorar-lhe com outra confiança, sabendo que Ela nos conseguirá o que nos é mais necessário? Se conseguiu do seu Filho o vinho, que era dispensável, não haverá de remediar tantas necessidades urgentes como as que temos? "Quero, Senhor, abandonar o cuidado de todas as minhas coisas nas tuas mãos generosas. A nossa Mãe — a tua Mãe! —, a estas horas, como em Caná, já fez soar aos teus ouvidos: — Não têm!..."[4]

II. SÓ EM OUTRA OCASIÃO São João chama a Maria *Mãe de Jesus*: ao relatar-nos a cena do Calvário[5]. Entre os dois acontecimentos — Caná e o Calvário — há diversas analogias. O primeiro está situado no começo e o outro no fim da vida pública de Jesus, como que para indicar que toda a obra do Senhor se desenvolve acompanhada pela presença de Maria. Os dois episódios indicam a especial solicitude de Santa Maria para com os homens; em Caná, intercede quando ainda *não chegou a hora*[6]; no Calvário, oferece ao Pai a morte redentora do seu Filho e aceita a missão, que Jesus lhe confere, de ser a Mãe de todos os fiéis[7].

"Em Caná da Galileia, evidencia-se apenas um aspecto concreto da indigência humana, aparentemente pequeno e de pouca importância: *Não têm vinho*. Mas é algo que tem um valor simbólico: esse ir ao encontro das necessidades do homem significa, ao mesmo tempo, introduzir essas carências no âmbito da missão messiânica e do poder salvífico de Cristo. Dá-se, portanto, uma mediação: Maria põe-se de permeio entre o seu Filho e os homens na realidade das suas privações, das suas indigências e dos seus sofrimentos. Põe-se "de permeio", isto é, faz de medianeira, não como uma estranha, mas na posição de mãe, consciente de que como tal pode — ou antes, *tem o direito de* — tornar presentes ao Filho as necessidades dos homens"[8].

Disse a sua Mãe aos servidores: Fazei o que Ele vos disser. E os servidores obedeceram com prontidão e eficácia: encheram *seis talhas de pedra para as purificações*, tal como o Senhor lhes dissera. São João indica que *as encheram até à borda*.

Tirai agora, disse-lhes Jesus, *e levai-o ao mestre-sala*. E o vinho foi o melhor de todos os que os convidados beberam. As nossas vidas, tal como a água, eram também insípidas e sem sentido até que Jesus chegou a elas. Ele transforma o nosso trabalho, as nossas alegrias, as nossas penas; a própria morte se torna diferente junto de Cristo.

O Senhor só espera que cumpramos os nossos deveres *usque ad summum*, até à borda, acabadamente, para depois realizar o milagre. Se os que trabalham na Universidade, nos hospitais, nas tarefas do lar, na economia, nas fábricas..., o fizessem com perfeição humana e espírito cristão, amanhã haveríamos de levantar-nos num mundo diferente. O mundo seria semelhante a uma festa de casamento, seria um lugar mais habitável e digno do homem, a que a presença de Jesus e de Maria teria conferido uma alegria especial.

Enchei de água as talhas, diz-nos o Senhor. Não permitamos que a rotina, a impaciência e a preguiça nos façam deixar pela metade a realização dos nossos deveres diários. É muito pouco o que podemos oferecer a Deus, mas Ele quer dispor disso. O Senhor poderia ter realizado o milagre com talhas vazias, mas quis que os homens começassem por cooperar com o seu esforço e com os meios ao seu alcance.

Que alegria a dos servidores obedientes e eficazes quando viram a água transformada em vinho! Foram testemunhas silenciosas do poder do Mestre. Que alegria não há de ser a nossa quando, pela misericórdia divina, contemplarmos no Céu todos os nossos afazeres convertidos em glória!

III. JESUS NÃO NOS NEGA NADA; e concede-nos de modo particular tudo o que lhe pedimos através de sua Mãe. Ela se encarrega de endireitar as nossas súplicas se estão um pouco tortas, tal como fazem as mães. Sempre nos concede mais, muito mais do que pedimos, tal como aconteceu naquela festa em Caná da Galileia, em que teria bastado um vinho normal, até pior do que o que já se tinha servido, e muito provavelmente em quantidade bem menor, para satisfazer os convidados.

São João tem um interesse especial em sublinhar que se tratava de *seis talhas de pedra com capacidade de duas ou três medidas cada uma*, para deixar clara a abundância do dom, tal como o fará ao narrar o milagre da multiplicação dos pães[9], pois um dos sinais da chegada do Messias era a abundância. Os comentaristas calculam que Cristo converteu em vinho uma quantidade que oscila entre 480 e 720 litros, de acordo com a capacidade desses grandes recipientes judaicos[10].

Concorrem aqui também duas imagens proféticas com que se descrevera o tempo do Messias: o banquete e os desposórios. *Serás como a coroa brilhante na mão do Senhor e como diadema real na palma do teu Deus*, diz-nos o profeta Isaías numa belíssima imagem, recolhida na primeira Leitura da Missa. *Nunca mais serás chamada "desamparada", nem a tua terra "abandonada"; serás chamada "minha preferida" e a tua terra "desposada", porque o Senhor se deliciará em ti e a tua terra terá um esposo. Assim como um jovem desposa uma jovem, aquele que te tiver construído te desposará; e como a recém-casada faz a alegria do seu marido, assim tu farás a alegria do teu Deus*[11]. É a alegria e a intimidade que Deus deseja ter com todos nós.

Aqueles primeiros discípulos, entre os quais se encontrava São João, não saíam do seu assombro. O milagre serviu para que dessem um passo adiante na sua fé incipiente. Jesus confirmou-os na fé, tal como faz com todos aqueles que decidem segui-lo.

Fazei o que Ele vos disser. Foram as últimas palavras de Nossa Senhora registradas pelo Evangelho. E não poderiam ter sido melhores.

(1) Cf. Jo 2, 1-12; (2) Santo Afonso Maria de Ligório, *Sermões abreviados*, serm. 45: "Da confiança na Mãe de Deus"; (3) cf. João Paulo II, *Homilia no Santuário de Pompeia*, 21-X-1979, ns. 4-6; (4) São Josemaria Escrivá, *Forja*, n. 807; (5) cf. Jo 19, 25; (6) cf. Jo 2, 4; (7) cf.

Conc. Vaticano II, Const. *Lumen gentium*, 58; (8) João Paulo II, Enc. *Redemptoris Mater*, 25-III-1987, 20; (9) Jo 6, 12-13; (10) Sagrada Bíblia, *Santos Evangelhos*, EUNSA, Pamplona, 1983, nota a Jo 2, 6; (11) Is 62, 3-5.

TEMPO COMUM. SEGUNDA SEMANA. SEGUNDA-FEIRA

10. SANTIDADE DA IGREJA

— A Igreja é santa e produz frutos de santidade.
— Santidade da Igreja e membros pecadores.
— Temos de ser bons filhos da Igreja.

I. O ANTIGO TESTAMENTO anuncia e prefigura de mil formas diferentes tudo o que se realiza no Novo. E este é a plenitude e o cumprimento daquele. Cristo, no entanto, sublinha o contraste entre o espírito que traz e o do judaísmo da época. O espírito do Evangelho não haverá de ser algo acrescentado ao que já existe, mas um princípio pleno e definitivo que substituirá as realidades provisórias e imperfeitas da antiga Revelação. A novidade da mensagem de Cristo, a sua plenitude, tal como o vinho novo, já não cabe nos moldes da Antiga Lei. *Ninguém lança vinho novo em odres velhos...*[1]

Aqueles que o escutam entendem bem as imagens que emprega para falar do Reino dos Céus. Ninguém deve cometer o erro de remendar uma peça de roupa velha com um pedaço de tecido novo, porque o remendo encolherá ao ser molhado, rasgará ainda mais o vestido velho e ambos se perderão ao mesmo tempo.

A Igreja é esta veste nova, sem rasgões; é o recipiente novo preparado para receber o espírito de Cristo e levar generosamente até os confins do mundo, enquanto existirem homens sobre a terra, a mensagem e a força salvífica do seu Senhor.

Com a Ascensão, encerra-se uma etapa da Revelação e, com o Pentecostes, começa o tempo da Igreja[2], Corpo Místico de Cristo, que continua a ação santificadora de Jesus, principalmente através dos sacramentos, mas também através dos ritos externos que institui: as bênçãos, a água benta... A sua doutrina ilumina a nossa inteligência, dá-nos a conhecer o Senhor, permite-nos relacionar-nos com Ele e amá-lo.

É por isso que a nossa Mãe a Igreja jamais transigiu com o erro em questões de fé, com a verdade parcial ou deformada; esteve sempre vigilante para manter a fé em toda a sua pureza e ensinou-a pelo mundo inteiro. Graças à sua fidelidade indefectível, pela assistência do Espírito Santo, podemos conhecer no seu sentido original, sem nenhuma mudança ou variação, a doutrina que Jesus Cristo ensinou. Desde os dias de Pentecostes até hoje, a voz de Cristo continua a fazer-se ouvir por toda a face da terra.

Toda a árvore boa dá bons frutos[3], e a Igreja dá frutos de santidade[4]. Desde os primeiros cristãos, que se chamavam entre si *santos*, até os nossos dias, têm resplandecido na Igreja os santos de qualquer idade, raça ou condição. A santidade não está normalmente em coisas chamativas, não faz barulho, é sobrenatural; mas repercute imediatamente, porque a caridade, que é a essência da santidade, tem manifestações externas: impregna o modo de viver as virtudes, a forma de realizar o trabalho, a ação apostólica... "Vede como se amam", diziam os contemporâneos dos primeiros cristãos[5]; e os habitantes de Jerusalém contemplavam-nos com admiração e respeito, porque notavam neles os sinais da ação do Espírito Santo[6].

Hoje, neste tempo de oração e durante o dia, podemos agradecer a Deus por todos os bens que recebemos por meio da nossa Mãe a Igreja. São dons sem preço. O que seria da nossa vida sem esses meios de santificação que são os sacramentos? Como poderíamos conhecer a Palavra de Jesus e os seus ensinamentos — *palavras de vida eterna!* —, se não tivessem sido guardados pela Igreja com tanta fidelidade?

II. DESDE A SUA FUNDAÇÃO, o Senhor teve na sua Igreja um *povo santo cheio de boas obras*[7]. Pode-se afirmar que em todos os tempos "a Igreja de Deus, sem nunca deixar de oferecer aos homens o sustento espiritual, gera e forma novas gerações de santos e santas para Cristo"[8].

Santidade na sua Cabeça que é Cristo, e santidade em muitos dos seus membros também. Santidade pela prática exemplar das virtudes humanas e sobrenaturais. Santidade heroica daqueles que "são de carne, mas não vivem segundo a carne. Moram na terra, mas a sua pátria é o Céu... Amam os outros, mas são perseguidos. São caluniados e, no entanto, abençoam. São injuriados, mas honram os seus detratores... A sua atitude [...] é uma manifestação do poder de Deus"[9].

São incontáveis os fiéis que viveram a sua fé heroicamente: todos estão no Céu, embora a Igreja tenha canonizado apenas alguns. São incontáveis, aqui na terra, as mães de família que levam adiante as suas famílias, cheias de fé, com generosidade, sem pensarem nelas próprias; incontáveis os trabalhadores de todas as profissões que santificam o seu trabalho; os estudantes que realizam um apostolado eficaz e sabem avançar alegremente contra a correnteza; e tantos os doentes que, em casa ou num hospital, oferecem com alegria e com paz as suas vidas pelos seus irmãos na fé...

Esta santidade radiante da Igreja fica velada às vezes pelas misérias pessoais dos homens que a compõem. Mas, por outro lado, essas mesmas deslealdades e fraquezas contribuem para manifestar por contraste — tal como as sombras de um quadro realçam a luz e as cores — a presença santificadora do Espírito Santo na Igreja, que a mantém limpa no meio de tantas debilidades. Apoiados na fé e no amor, entendemos que a Igreja seja santa e que, ao mesmo tempo, os seus membros tenham defeitos e sejam pecadores. Nela "estão reunidos bons e maus; está ela formada por uma diversidade de filhos, porque os gera a todos na fé, mas de tal maneira que não consegue conduzi-los a todos — por culpa deles — à liberdade da graça mediante a renovação das suas vidas"[10].

Não é razoável, portanto — e vai contra a fé e contra a justiça —, julgar a Igreja pela conduta de alguns dos seus membros que não sabem corresponder à chamada de Deus; é uma deformação grave e injusta que esquece a entrega de Cristo, *o qual amou a sua Igreja e se sacrificou por ela, para santificá-la, limpando-a no batismo da água, a fim de fazê-la comparecer diante dEle cheia de glória, sem mancha nem ruga ou coisa semelhante, mas santa e imaculada*[11].

Não esqueçamos Santa Maria, São José, tantos mártires e santos; tenhamos presente sempre a santidade da doutrina, do culto, dos sacramentos e da moral da Igreja; consideremos frequentemente as virtudes cristãs e as obras de misericórdia que adornam e adornarão sempre a vida de tantos cristãos... Isso nos moverá a portar-nos sempre como bons filhos da Igreja, a amá-la cada vez mais, a rezar por aqueles dos nossos irmãos que mais necessitam de que nos lembremos deles.

III. A IGREJA não deixa de ser santa pelas fraquezas dos seus filhos — que são sempre estritamente pessoais —, ainda que essas faltas tenham muita influência no resto dos seus irmãos. Por isso um bom filho não tolera insultos à sua Mãe, nem que lhe atribuam defeitos que não tem, ou que a critiquem e maltratem.

Por outro lado, mesmo nos tempos em que o verdadeiro rosto da Igreja esteve velado pela infidelidade de muitos que deveriam ter sido fiéis, e em que só se observavam vidas de muito pouca piedade, nesses mesmos momentos houve almas santas e heroicas, talvez ocultas ao olhar dos outros. Mesmo nas épocas mais obscurecidas pelo materialismo, pela sensualidade e pelo desejo de bem-estar como a nossa, sempre houve e há homens e mulheres fiéis que, no meio dos seus afazeres, foram e são a alegria de Deus no mundo.

A Igreja é Mãe; a sua missão é "gerar filhos, educá-los e dirigi-los, guiando com cuidado maternal a vida dos indivíduos e dos povos"[12]. Ela, que é santa e mãe de todos nós[13], proporciona-nos todos os meios para conseguirmos a santidade. Ninguém pode chegar a ser um bom filho de Deus se não acolhe com amor e piedade filiais esses meios de santificação, porque "não pode ter a Deus por Pai quem não tiver a Igreja por Mãe"[14]. Por isso não se concebe um grande amor a Deus sem um grande amor à Igreja.

Se a Igreja é, por vontade de Jesus Cristo, Mãe — uma boa mãe —, nós devemos ter a atitude dos bons filhos. Não permitamos que seja tratada como se fosse uma sociedade humana, esquecendo o mistério profundo que nela se esconde; não queiramos sequer escutar críticas contra sacerdotes, bispos... E se alguma vez virmos erros e defeitos naqueles que talvez devessem ser mais exemplares, saibamos desculpar, ressaltar outros aspectos positivos dessas pessoas, rezar por elas... e, se for o caso, ajudá-las com a correção fraterna, sempre que nos seja possível.

"Amor com amor se paga". A Igreja oferece-nos continuamente os sacramentos, a liturgia, o tesouro da fé que guardou fielmente ao longo dos séculos... Olhamos para ela com um olhar de fé e de amor que quer traduzir-se em obras.

Terminamos a nossa oração invocando Santa Maria, *Mater Ecclesiae*, Mãe da Igreja, para que nos ensine a amá-la cada dia mais.

(1) Mc 2, 22; (2) cf. Conc. Vat. II, Const. *Lumen gentium*, 4; (3) Mt 7, 17; (4) cf. *Catecismo romano*, 1, 10, n. 15; (5) Tertuliano, *Apologético*, 39, 7; (6) cf. At 2, 33; (7) Tt 2, 14; (8) Pio XI, Enc. *Quas primas*, 11-XII-1925, 4; (9) *Epístola a Diogneto*, 5, 6, 16; 7, 9; (10) São Gregório Magno, *Homilia 38*, 7; (11) Ef 5, 25-27; (12) João XXIII, Enc. *Mater et magistra*, Introd.; (13) São Cirilo de Jerusalém, *Catequeses*, 18, 26; (14) São Cipriano, *Sobre a unidade da Igreja Católica*, 6.

TEMPO COMUM. SEGUNDA SEMANA. TERÇA-FEIRA

11. DIGNIDADE DA PESSOA

— A grandeza e a dignidade da pessoa humana.
— Dignidade da pessoa no trabalho. Princípios de doutrina social da Igreja.
— Uma sociedade justa.

I. JESUS ATRAVESSAVA certa vez um campo, e os discípulos que o acompanhavam iam arrancando espigas para comê-las. Era um dia de sábado, e os fariseus dirigiram-se ao Mestre pedindo-lhe que lhes chamasse a atenção, pois — segundo a sua casuística — não era lícito entregar-se àquele "trabalho" aos sábados. Jesus defendeu os seus discípulos e o próprio descanso sabático recorrendo à Sagrada Escritura: *Nunca lestes o que fez Davi quando teve necessidade e sentiu fome, ele e os seus? Como entrou na casa de Deus, sob o pontífice Abiatar, e comeu os pães da proposição, que não é lícito comer senão aos sacerdotes, e os deu igualmente aos seus? E acrescentou: O sábado foi feito para o homem, e não o homem para o sábado*. E a seguir deu-lhes uma razão ainda mais alta: *O Filho do homem é senhor também do sábado*[1]. Tudo está ordenado em função de Cristo e do ser humano; mesmo o descanso do sábado.

Os pães da proposição eram doze pães que se colocavam todas as semanas na mesa do santuário em homenagem às doze tribos de Israel[2]; os que eram retirados do altar ficavam reservados aos sacerdotes que cuidavam do culto.

A atitude de Davi antecipou a doutrina que Cristo ensina nesta passagem. Já no Antigo Testamento, Deus estabelecera uma ordem nos preceitos da Lei, de forma que os de menor importância cediam a vez aos principais. Assim se explica que um preceito cerimonial, como este dos pães, cedesse o lugar a um preceito da lei natural[3]. O preceito do sábado também não estava acima das necessidades elementares de subsistência.

O Concílio Vaticano II inspirou-se nesta passagem para sublinhar o valor da pessoa humana para além do desenvolvimento econômico e social[4]. Depois de Deus, o homem é quem vem em primeiro lugar; se não fosse assim, instaurar-se-ia uma verdadeira desordem sobre a face da terra, tal como infelizmente vemos acontecer com frequência.

A Santíssima Humanidade de Cristo confere-nos uma luz que ilumina o nosso ser e a nossa vida, pois só em Cristo conhecemos realmente o valor incomensurável de um homem. "Quando vocês se perguntarem pelo mistério de si próprios — dizia João Paulo II a uma multidão de jovens —, olhem para Cristo, que é quem dá sentido à vida"[5]. Somente Ele, e nenhum outro, pode dar sentido à existência humana, e por isso não se pode definir o homem a partir das realidades da criação inferiores, e menos ainda pela produção do seu trabalho, pelo resultado material do seu esforço. A grandeza do ser humano provém da realidade espiritual da alma, da filiação divina, do seu destino eterno recebido de Deus. E isto eleva-o acima de toda a natureza criada.

O título que, em última análise, fundamenta a dignidade humana está em que é a única realidade da criação visível que Deus amou em si mesma, criando-a à sua imagem e semelhança e elevando-a à ordem da graça. Mas, além disso, o homem adquiriu um novo valor depois de o Filho de Deus ter assumido a nossa natureza através da Encarnação e de ter dado a sua vida por todos os homens: *propter nos homines et propter nostram salutem descendit de coelis et incarnatus est*, por nós homens e para a nossa salvação desceu dos céus e se encarnou. É por isso que todas as almas que nos rodeiam devem despertar o nosso interesse mais profundo; não há nenhuma que esteja excluída do amor de Cristo, nenhuma que possa ser excluída do nosso respeito e consideração.

Olhemos à nossa volta, para as pessoas que vemos e cumprimentamos diariamente, e examinemo-nos na presença de Deus se realmente lhes manifestamos esse apreço e essa veneração.

II. A DIGNIDADE DA CRIATURA HUMANA — imagem de Deus — é o critério adequado para apreciarmos os verdadeiros progressos da sociedade, do trabalho, da ciência..., e não ao contrário[6]. E a dignidade do homem manifesta-se em toda a sua atuação pessoal e social, particularmente no campo do trabalho, em que se realiza o preceito do seu Criador, que o tirou do nada e o pôs sem pecado numa terra *ut operaretur*, para que trabalhasse[7] e assim desse glória a Deus.

Por isso, a Igreja defende a dignidade da pessoa que trabalha. É uma dignidade que se empobrece quando a pessoa é avaliada somente em função do que produz, quando o trabalho é encarado como mera mercadoria, e se valoriza mais "a obra que o operário", "o objeto mais do que o sujeito que a realiza"[8], como diz expressivamente o Papa João Paulo II.

Não se trata somente de respeitar umas formas externas, de tratar amavelmente os que trabalham a nosso serviço, pois mesmo com umas maneiras cordiais se pode atentar contra a dignidade dos outros, se os subordinamos a fins meramente utilitários, como uma simples peça na engrenagem da produtividade e do lucro, ou se os tratamos com o único propósito de preservar a paz na empresa.

Estaríamos longe de uma visão cristã se mantivéssemos de alguma forma uma visão rebaixada, colada à terra: os indicadores mais fiéis da justiça nas relações sociais não são o volume da riqueza criada nem a sua distribuição... É necessário examinar "se as estruturas, o funcionamento, os ambientes de um sistema econômico não comprometem a dignidade humana daqueles que desenvolvem a sua atividade nele..."[9] Devemos ter presente que o critério supremo no uso dos bens materiais deve ser "o de facilitar e promover o aperfeiçoamento espiritual dos seres humanos tanto no âmbito natural como no sobrenatural"[10], a começar, como é lógico, por aqueles que os produzem.

A dignidade do trabalho expressa-se num *salário justo*, base de toda a justiça social. Mesmo no caso em que se trate de um contrato livremente pactuado, ou que o salário estipulado esteja de acordo com a letra da lei, isso não legitima qualquer retribuição que se combine. E se quem contrata (o diretor de uma escola, o construtor, o empresário, a dona de casa...) quisesse aproveitar-se de uma situação em que há excesso de mão de obra, por exemplo, para pagar um salário contrário à dignidade das pessoas, ofenderia essas pessoas e o Criador, pois elas têm um direito natural e irrenunciável aos meios suficientes para o seu sustento e para o das suas famílias, que está por cima do direito à livre contratação[11].

III. É PRECISO TER PRESENTE que a principal finalidade do desenvolvimento econômico "não é um mero crescimento da produção, nem o lucro ou o poder, mas o serviço do homem integral, tendo em conta as suas necessidades de ordem material e as exigências da sua vida intelectual, moral, espiritual e religiosa"[12].

Isto não significa negar a legítima autonomia da ciência econômica, a autonomia própria da ordem temporal, que levará a estudar as causas dos problemas econômicos, sugerir soluções técnicas e políticas etc. Mas essas soluções devem submeter-se sempre a um critério superior, de ordem moral, pois não são absolutamente independentes e autônomas. Além disso, não se deve confiar em medidas puramente técnicas quando nos encontramos diante de problemas que têm claramente a sua origem numa desordem moral.

É longo o caminho a percorrer até se chegar a uma sociedade justa em que a dignidade da pessoa, filha de Deus, seja plenamente reconhecida e respeitada. Porém, essa tarefa não é responsabilidade apenas de alguns, mas de todos os homens de boa vontade. Porque "não se ama a justiça, se não se deseja vê-la estendida aos outros. Como também não é lícito encerrar-se numa religiosidade cômoda, esquecendo as necessidades alheias. Quem deseja ser justo aos olhos de Deus esforça-se também por fazer com que se pratique de fato a justiça entre os homens"[13].

Devemos viver o respeito pela pessoa com todas as suas consequências e nos campos mais variados: defendendo a vida já concebida, uma vez que se trata de um filho de Deus com um direito à vida que lhe foi dado pelo Senhor e que ninguém lhe pode tirar; amparando os anciãos e os mais fracos, que devemos tratar com essa misericórdia que o mundo parece estar perdendo; se formos empregados ou operários, sendo bons trabalhadores e profissionais capacitados; ou, no caso de sermos empresários, conhecendo muito bem a doutrina social da Igreja para levá-la à prática.

Também devemos reconhecer a dignidade da pessoa humana no relacionamento normal da vida: considerando os que estão à nossa volta, independentemente dos seus possíveis defeitos, como filhos de Deus, evitando até a menor murmuração e tudo aquilo que possa fazer-lhes mal. "Acostuma-te a recomendar cada uma das pessoas das tuas relações ao seu Anjo da Guarda, para que a ajude a ser boa e fiel, e alegre"[14]. Então o relacionamento será mais fácil e aumentarão a cordialidade, a paz e o respeito mútuo.

O Filho do homem é senhor também do sábado. Devemos orientar tudo para Cristo — Sumo Bem — e para a pessoa humana, por quem Ele se imolou no Calvário a fim de salvá-la. Nenhum bem terreno é superior ao homem.

(1) Mc 2, 23-28; (2) cf. Lv 24, 5-9; (3) cf. Sagrada Bíblia, *Santos Evangelhos*, EUNSA, Pamplona, 1983; (4) cf. Conc. Vat. II, Const. *Gaudium et spes*, 26; (5) João Paulo II, *Alocução no Madison Square Garden*, Nova York, 3-X-1979; (6) cf. idem, *Discurso*, 15-VI-1982, 7;

(7) Gn 2, 15; (8) João Paulo II, *Discurso*, 24-XI-1979; (9) João XXIII, Enc. *Mater et magistra*, 15-V-1961, 83; (10) *ib.*, 246; (11) cf. Paulo VI, Enc. *Populorum progressio*, 24-III-1967, 59; (12) Conc. Vat. II, *op. cit.*, 64; (13) São Josemaria Escrivá, *É Cristo que passa*, n. 52; (14) São Josemaria Escrivá, *Forja*, n. 1012.

TEMPO COMUM. SEGUNDA SEMANA. QUARTA-FEIRA

12. VIVER A FÉ NO DIA A DIA

— A fé é para ser vivida e deve influir nos pequenos acontecimentos do dia.
— Fé e "sentido sobrenatural".
— Fé e virtudes humanas.

I. JESUS ENTROU NUMA SINAGOGA e ali encontrou um homem *que tinha uma mão seca*, paralisada. São Marcos diz que todos o observavam para ver se curava em dia de sábado[1]. O Senhor não se esconde nem dissimula as suas intenções, antes pelo contrário, pede ao homem que se coloque no meio, para que todos o possam ver bem. E diz: *É lícito em dia de sábado fazer o bem ou fazer o mal, salvar uma vida ou perdê-la? E eles permaneceram calados.* Então Jesus, indignado com tanta hipocrisia, olhou-os irado e, ao mesmo tempo, *triste pela cegueira dos seus corações.* Todos notaram esse olhar de Jesus cheio de indignação perante a dureza daquelas almas. E disse ao homem: *Estende a tua mão. Ele estendeu-a e ficou curado.*

Aquele doente, no centro da vasta roda dos circunstantes, enche-se de confiança em Jesus e manifesta a sua fé pela prontidão com que obedece ao Senhor e faz aquilo que sabia muito bem que não podia fazer: estender a mão. A sua confiança no Senhor, que o levou a prescindir da sua experiência pessoal, fez o milagre. Tudo é possível com Jesus. A fé permite-nos alcançar metas que sempre tínhamos julgado inatingíveis, resolver velhos problemas pessoais ou questões relacionadas com a tarefa apostólica que pareciam insolúveis, eliminar defeitos que estavam arraigados.

A vida deste homem tomou certamente um novo rumo depois do pequeno esforço exigido por Cristo. É o que o Senhor nos pede também nos assuntos mais corriqueiros da vida diária. Devemos considerar hoje "como o cristão, na sua existência habitual e corrente, nos pormenores mais simples, nas circunstâncias normais da sua jornada de trabalho, põe em prática a fé, a esperança e a caridade, porque é nisso que reside a essência da conduta de uma alma que conta com o auxílio divino"[2]. E necessitamos dessa ajuda do Senhor para sair da nossa incapacidade.

A fé é para ser vivida, e deve informar as pequenas e grandes decisões, como também deve manifestar-se habitualmente no modo de encarar os deveres de cada dia. Não basta assentir às grandes verdades do Credo, e talvez até ter uma boa formação; é necessário, além disso, viver essas verdades, praticá-las, de modo a chegar a ter uma "vida de fé" que seja ao mesmo tempo manifestação e fruto daquilo que se crê.

Deus pede-nos que o sirvamos com a vida, com as obras, com todas as forças do corpo e da alma. A fé é um valor sobrenatural que se refere à vida, à vida de todos os dias, e a existência cristã nada mais é que um desdobramento da fé, um viver de acordo com aquilo que se crê[3], com aquilo que se sabe ser o querer de Deus para a vida. Temos uma "vida de fé"? Uma fé que influa no comportamento e nas decisões que tomamos?

II. O EXERCÍCIO DA VIRTUDE da fé na vida cotidiana traduz-se naquilo que em geral se denomina "sentido sobrenatural". Consiste em ver as coisas, mesmo as mais corriqueiras, mesmo as que parecem intranscendentes, em função do plano de Deus para cada criatura, orientado para a sua salvação e para a de muitos outros; é um acostumar-se "a andar como que olhando para Deus pelo canto do olho nas tarefas diárias, para ver se a vontade divina é realmente aquela, se é esse o modo como Ele quer que façamos as coisas; é habituar-se a descobrir Deus através das criaturas, adivinhá-lo por trás daquilo a que o mundo chama acaso, perceber as suas pegadas por toda a parte"[4].

A vida cristã, a santidade, *não é um verniz externo* que recobre o cristão, deixando intocado aquilo que é propriamente humano. As virtudes sobrenaturais influem no comportamento do cristão e fazem dele um homem honrado, exemplar no seu trabalho e na sua família, extremamente sensível ao sentido da honra e da justiça, superior ao comum dos mortais por um estilo de conduta em que se destacam a lealdade, a veracidade, a rijeza, a coragem, a alegria... *Estai atentos a tudo o que há de justo, de puro, de amável, de louvável*[5], recordava São Paulo aos primeiros cristãos de Filipos.

A vida de fé, portanto, leva o cristão a ser um homem com virtudes humanas, porque torna realidade os critérios da fé na sua atuação normal. Leva-o a realizar um ato de fé, não só ao divisar as torres de uma igreja, mas também perante um problema do trabalho ou da família, à hora de uma contrariedade, em face da dor ou da doença, no momento em que recebe uma boa notícia ou quando resolve prosseguir por amor um trabalho que estava a ponto de abandonar por cansaço. Leva-o a viver a fé quando quereria desistir de uma tarefa apostólica por não ver os frutos, talvez porque ainda esteja a dar os primeiros passos em relação a determinada alma, e "a relha que rotura e abre o sulco não vê a semente nem o fruto"[6].

Num cristão, a fé está, pois, em contínuo exercício, tal como a esperança e a caridade. Perante problemas e obstáculos que talvez já sejam velhos, esse cristão ouve o Senhor que lhe diz: *Estende a tua mão...* Examinemo-nos hoje com que frequência tornamos realidade o ideal cristão que dá vida e um *sentido novo* a todas as situações da vida, a todas as coisas humanas que realizamos, ampliando-as e tornando-as sobrenaturalmente fecundas.

III. ENTRE OUTRAS CONSEQUÊNCIAS, a fé leva-nos a imitar Jesus Cristo, que, além de "perfeito Deus", foi "homem perfeito"[7]. As virtudes humanas são próprias do homem enquanto homem e, por isso, Jesus Cristo, perfeito homem, viveu-as plenamente. Até os seus inimigos se assombravam com a força humana da sua figura: *Mestre* — dizem-lhe em certa ocasião —, *sabemos que és veraz, e que não tens respeitos humanos, e que ensinas o caminho de Deus com autoridade...*[8] "A primeira coisa que nos chama a atenção ao estudarmos a fisionomia humana de Cristo é a sua clarividência viril na ação, a sua impressionante lealdade, a sua áspera sinceridade, ou seja, o caráter heroico da sua personalidade. Era isso o que antes de mais nada atraía os seus discípulos"[9].

O Senhor considera tão importante a perfeição das virtudes humanas que diz aos seus discípulos: *Se não entendeis as coisas da terra, como entendereis as celestiais?*[10] Se não se vive a rijeza humana perante uma dificuldade, perante o frio ou o calor ou perante uma pequena doença, onde se poderá assentar a virtude cardeal da fortaleza? Como poderá ser responsável e prudente um estudante que não se preocupa com o seu estudo? Ou como poderá chegar a viver a caridade quem descuida a cordialidade, a afabilidade ou os detalhes de educação? Ainda que a graça divina possa transformar por inteiro uma pessoa — e a Sagrada Escritura e a vida da Igreja oferecem-nos exemplos disso —, o normal é que o Senhor conte com a colaboração das virtudes humanas.

A vida cristã revela-se através da atuação humana, que é dignificada e elevada ao plano sobrenatural. Por sua vez, os aspectos humanos da personalidade constituem a base de sustentação das virtudes sobrenaturais. Talvez tenhamos encontrado ao longo da nossa vida "tantos que se dizem cristãos — por terem sido batizados e por receberem outros Sacramentos —, mas que se mostram desleais, mentirosos, insinceros, soberbos... E caem de repente. Parecem estrelas que brilham um instante no céu e, de súbito, precipitam-se irremediavelmente"[11]. Faltou-lhes a base humana e não puderam manter-se de pé.

Deus procura mães fortes que testemunhem a sua fé através da sua maternidade e da sua alegria; e homens de negócios justos; e médicos que não descurem a sua formação profissional por saberem reservar umas horas para o estudo, que atendam os pacientes com compreensão, tal como eles gostariam de ser tratados nessas mesmas circunstâncias: com eficiência e amabilidade; e estudantes com prestígio que se interessem pelos seus colegas de faculdade; e camponeses, artesãos, operários das fábricas e da construção civil... Deus quer homens e mulheres verdadeiros, que expressem na discreta realidade da sua vida o grande ideal que encontraram.

São José é modelo do *varão justo*[12] que viveu da fé em todas as circunstâncias da sua vida. Peçamos-lhe que nos ajude a ser, no nosso ambiente e nas nossas circunstâncias, aquilo que Cristo espera de cada um de nós: um exemplo vivo para o mundo que nos rodeia.

(1) Mc 3, 1-6; (2) São Josemaria Escrivá, *É Cristo que passa*, n. 169; (3) cf. P. Rodriguez, *Fe y vida de fe*, EUNSA, Pamplona, 1974, p. 172; (4) F. Suárez, *El sacerdote y su ministerio*, Rialp, Madri, 1969, p. 194; (5) Fl 4, 8; (6) São Josemaria Escrivá, *Sulco*, n. 215; (7) Símbolo *Quicumque*; (8) Mt 22, 16; (9) K. Adam, *Jesus Cristo*, Quadrante, São Paulo, p. 13; (10) Jo 3, 5; (11) São Josemaria Escrivá, *Amigos de Deus*, n. 75; (12) Mt 1, 19.

TEMPO COMUM. SEGUNDA SEMANA. QUINTA-FEIRA

13. UMA TAREFA URGENTE: DAR DOUTRINA

— Necessidade premente deste apostolado.
— Formação nas verdades da fé. Estudar e ensinar o *Catecismo*.
— A oração e a mortificação devem acompanhar todo o apostolado. Só a graça pode mover a vontade a concordar com as verdades da fé.

I. O EVANGELHO DIZ em várias ocasiões que as multidões se aglomeravam à volta do Senhor para que pudessem ser curadas[1]. Lemos hoje no Evangelho da Missa[2] que *uma numerosa multidão da Galileia e da Judeia, de Jerusalém, da Idumeia, da Transjordânia e dos arredores de Tiro e de Sidon* seguia Jesus. Era tanta a gente que o Senhor mandou aos seus discípulos que preparassem uma barca *por causa da multidão, para que esta não o oprimisse. Pois Ele curava muitos, e quantos padeciam de algum mal lançavam-se sobre Ele para o tocarem.*

São pessoas necessitadas que recorrem a Cristo. E Ele as atende porque tem um coração compassivo e misericordioso. Durante os três anos da sua vida pública, curou muitos, livrou os endemoninhados, ressuscitou mortos... Mas não curou todos os enfermos do mundo nem suprimiu todos os sofrimentos desta vida, porque *a dor não é um mal absoluto* — ao passo que o pecado o é —, e pode ter um valor redentor incomparável se a unirmos aos sofrimentos de Cristo.

Muitos dos milagres que Jesus realizou foram remédio para inúmeras dores e sofrimentos, mas eram antes de mais nada um sinal e uma prova da sua missão divina, da redenção universal e eterna. E os cristãos continuam no tempo a missão de Cristo: *Ide, pois, e ensinai a todos os povos, batizando-os... e ensinando-os a observar tudo quanto vos mandei. E eis que eu estou convosco todos os dias até à consumação do mundo*[3].

As multidões andam hoje tão necessitadas como naquela época. Também hoje vemos que são *como ovelhas sem pastor*, que estão desorientadas e não sabem para onde dirigir as suas vidas. A humanidade, apesar de todos os progressos destes vinte séculos, continua a sofrer dores físicas e morais, mas padece sobretudo de uma grande falta da doutrina de Cristo, salvaguardada sem erro pelo Magistério da Igreja. As palavras do Senhor continuam a ser palavras de vida eterna, que ensinam a fugir do pecado, a santificar a vida ordinária, o trabalho, as alegrias, as derrotas e a doença..., e abrem os caminhos da salvação. Esta é a grande necessidade do mundo.

Quando avaliamos a situação da sociedade com os olhos da fé, não precisamos de muito esforço para descobrir que as pessoas "andam desejosas de ouvir a palavra de Deus, embora o dissimulem exteriormente. Talvez alguns se tenham esquecido da doutrina de Cristo; outros — sem culpa sua — nunca a aprenderam, e veem a religião como uma coisa estranha. Mas convencei-vos de uma realidade sempre atual: chega sempre um momento em que a alma não pode mais, em que não lhe bastam as explicações habituais, em que não a satisfazem as mentiras dos falsos profetas. E, mesmo que nem então o admitam, essas pessoas sentem fome de saciar a sua inquietação nos ensinamentos do Senhor"[4].

Está nas nossas mãos este tesouro da doutrina, para que possamos dá-lo *a tempo e a destempo*[5], oportuna e inoportunamente, através de todos os meios ao nosso alcance.

E esta é a tarefa verdadeiramente urgente que incumbe a todos os cristãos.

II. PARA PODERMOS DAR a doutrina de Jesus Cristo, é preciso que a tenhamos no entendimento e no coração: que a meditemos e amemos. Todos os cristãos, cada um segundo os dons que recebeu — talento, estudos, circunstâncias... —, tem que servir-se dos meios necessários para adquiri-la. E não serão poucas as vezes em que essa formação começará por um conhecimento aprofundado do *Catecismo*, que são esses livros "fiéis aos conteúdos essenciais da Revelação e atualizados quanto ao método, capazes de educar numa fé robusta as gerações de cristãos dos novos tempos"[6], como diz João Paulo II.

A vida de fé leva a um fluxo contínuo de aquisição e transmissão das verdades reveladas: *Tradidi quod accepi... Transmito-vos aquilo que recebi*[7], dizia São Paulo aos cristãos de Corinto. A fé da Igreja é fé viva, porque é continuamente recebida e entregue. De Cristo aos apóstolos, destes aos seus sucessores. Assim até hoje: é sempre idêntica a fé que ressoa no Magistério vivo da Igreja[8]. Que bons alto-falantes não teria o Senhor se todos os cristãos se decidissem — cada um no seu lugar — a proclamar a sua doutrina salvadora, a ser elos dessa corrente que se prolongará até o fim dos tempos! *Ide e ensinai...*, diz o próprio Cristo a todos nós.

Trata-se de difundir espontaneamente a doutrina, de um modo às vezes informal, mas que será extraordinariamente eficaz, tal como aconteceu com os primeiros cristãos: de família para família; entre colegas de trabalho ou de estudo, entre os pais dos alunos de uma escola; nos bairros, nos mercados, nas ruas.

O trabalho, a rua, a associação profissional, a Universidade, os estabelecimentos comerciais, a vida civil... convertem-se então em veículos de uma catequese discreta e atraente, que penetra até o fundo dos costumes da sociedade e da vida dos homens. "Acredita em mim: o apostolado, a catequese, de ordinário, tem de ser capilar: um a um. Cada homem de fé com o seu companheiro mais próximo. — Aos que somos filhos de Deus, importam-nos todas as almas, porque nos importa cada alma"[9].

Como devem comover o coração de Deus essas mães que, talvez sem tempo disponível, explicam pacientemente as verdades do *Catecismo* aos seus filhos... e talvez aos filhos das suas vizinhas e amigas! Ou o estudante que vai a um bairro longínquo, para explicar essas verdades aos meninos da localidade, ainda que depois tenha de sacrificar o sono para preparar a prova que terá na semana seguinte!

"Perante tanta ignorância e tantos erros a respeito de Cristo, da sua Igreja..., das verdades mais elementares, os cristãos não podem ficar passivos, pois o Senhor nos constituiu como *sal da terra* (Mt 5, 13) e *luz do mundo* (Mt 5, 14). Todos os cristãos devem participar na tarefa de formação cristã, devem sentir a urgência de evangelizar, *que não é para mim motivo de glória, mas uma obrigação* (1 Cor 9, 16)"[10].

Ninguém pode desentender-se desta urgente missão. "Tarefa do cristão: afogar o mal em abundância de bem. Não se trata de campanhas negativas, nem de ser antinada. Pelo contrário: viver de afirmação, cheios de otimismo, com juventude, alegria e paz; ver com compreensão a todos: os que seguem a Cristo e os que o abandonam ou não o conhecem. — Mas compreensão não significa abstencionismo nem indiferença, e sim atividade"[11], iniciativa, anelo profundo de dar a conhecer a todos o rosto amável do Senhor.

III. AO PERCEBERMOS A EXTENSÃO da tarefa de difundir a doutrina de Jesus Cristo, devemos começar por pedir ao Senhor que nos aumente a fé: *Fac me tibi semper magis credere*, fazei com que eu creia mais e mais em Vós, suplicamos no *Adoro te devote*, o hino eucarístico de São Tomás de Aquino. E assim poderemos dizer também com palavras desse hino: "Creio em tudo o que me disse o Filho de Deus;

nada mais verdadeiro que esta Palavra de verdade". Com uma fé robustecida, estaremos preparados para ser instrumentos nas mãos do Senhor.

Só a graça de Deus pode mover a vontade a aceitar as verdades da fé. Por isso, na nossa tarefa de atrair os nossos amigos à verdade cristã, devemos renovar constantemente a nossa fé com uma oração humilde e contínua; e, juntamente com a oração, a penitência: um espírito habitual de mortificação, provavelmente em detalhes pequenos relativos à vida familiar, ao trabalho..., mas sempre sobrenatural e concreta. Lembremo-nos sempre de que a oração se valoriza com o sacrifício: "A ação nada vale sem a oração; a oração valoriza-se com o sacrifício"[12].

Perante as barreiras que encontraremos por vezes em ambientes difíceis, e perante obstáculos que poderiam parecer insuperáveis, encher-nos-emos de otimismo se nos recordarmos de que a graça de Deus pode mover os corações mais duros, e de que a ajuda sobrenatural é tanto maior quanto maiores forem as dificuldades que encontremos.

Senhor, ensinai-nos a fazer com que muitos Vos conheçam! Também nos nossos dias as multidões andam perdidas e necessitadas de Vós, cheias de ignorância e tantas vezes sem luz e sem caminho. Santa Maria, ajudai-nos a não desperdiçar nenhuma ocasião de dar a conhecer o vosso Filho Jesus Cristo! Fazei com que saibamos entusiasmar muitos dos nossos amigos e animá-los a seguir-nos nesta nobre tarefa de difundir a Verdade que salva!

(1) Cf. Lc 6, 19; 8, 45; etc.; (2) Mc 3, 7-12; (3) Mt 28, 19-20; (4) São Josemaria Escrivá, *Amigos de Deus*, n. 260; (5) cf. 2 Tm 4, 2; (6) João Paulo II, Exort. apost. *Catechesi tradendae*, 16-X-1979, p. 50; (7) cf. 1 Cor 11, 23; (8) cf. P. Rodríguez, *Fe y vida de fe*, p. 164; (9) São Josemaria Escrivá, *Sulco*, n. 943; (10) João Paulo II, *Discurso em Granada*, 15--XI-1982; (11) São Josemaria Escrivá, *Sulco*, n. 864; (12) São Josemaria Escrivá, *Caminho*, n. 81.

TEMPO COMUM. SEGUNDA SEMANA. SEXTA-FEIRA

14. VOCAÇÃO PARA A SANTIDADE

— Vocação dos *Doze*. Deus é quem chama e quem dá as graças para perseverar.

— No cumprimento da sua vocação, o homem dá glória a Deus e encontra a grandeza da sua vida.

— Fiéis à chamada pessoal que recebemos de Deus.

I. DEPOIS DE UMA NOITE em oração[1], Jesus escolheu os doze apóstolos para que o acompanhassem ao longo da sua vida pública e depois continuassem a sua missão na terra. Os Evangelistas deixaram-nos consignados os seus nomes e hoje os recordamos na leitura do Evangelho da Missa[2]. Havia vários meses que, juntamente com outros discípulos, seguiam o Mestre pelos caminhos da Palestina, dispostos a uma entrega sem limites. E agora são objeto de uma predileção muito particular.

Ao escolhê-los, Cristo estabelece os alicerces da sua Igreja: estes doze homens hão de ser como que os doze patriarcas do novo povo de Deus, a sua Igreja: um povo que há de formar-se não pela descendência segundo a carne, como acontecera com Israel, mas por uma descendência espiritual. Por que chegaram os apóstolos a gozar de um favor tão grande da parte de Deus? Por que precisamente eles e não outros?

A pergunta não faz sentido. Simplesmente, foram chamados pelo Senhor. E foi nessa libérrima escolha de Cristo — *chamou os que quis* — que radicou a honra e a essência da vocação que receberam. *Não fostes vós que me escolhestes* — dir-lhes-á mais tarde —, *mas eu que vos escolhi*[3].

A escolha é sempre coisa de Deus. Os apóstolos não se distinguiam pelo seu saber, poder ou importância; eram homens normais e correntes, mas foram escolhidos por Deus.

Cristo escolhe os seus colaboradores, e esse chamamento é o único título que eles possuem. São Paulo, por exemplo, para sublinhar a autoridade com que ensina e admoesta os fiéis, começa com frequência as suas Epístolas com estas palavras: *Paulo, pela vontade de Deus Apóstolo de Cristo Jesus, para anunciar a promessa de vida em Cristo Jesus*[4]. Chamado e escolhido *não pelos homens nem por intermédio de algum homem, mas por Jesus Cristo e Deus Pai*[5]. Em todo o seu discurso está presente esta realidade: a escolha divina.

Jesus chama com autoridade e ternura, tal como Javé tinha chamado os seus profetas e enviados: Moisés, Samuel, Isaías... Nunca os chamados mereceram de forma alguma, nem pela sua boa conduta, nem pelas suas condições pessoais, a vocação para a qual foram escolhidos. São Paulo sublinha-o explicitamente: *Chamou-nos com uma vocação santa, não por causa das nossas obras, mas em virtude do seu desígnio*[6]. Mais ainda, Deus costuma escolher, para o seu serviço e para as suas obras, pessoas com virtudes e qualidades desproporcionadamente pequenas para aquilo que realizarão com a ajuda divina. *Considerai o vosso chamamento, pois não há entre vós muitos sábios segundo a carne*[7].

O Senhor também nos chama para que continuemos a sua obra redentora no mundo, e as nossas fraquezas não nos podem surpreender e muito menos desanimar, como também não nos há de assustar a desproporção entre as nossas condições pessoais e a tarefa que Deus põe diante de nós. Ele sempre dá o incremento; apenas nos pede a nossa boa vontade e a pequena ajuda que as nossas mãos lhe podem prestar.

II. *CHAMOU OS QUE QUIS*. A vocação é sempre e em primeiro lugar uma escolha divina, sejam quais forem as circunstâncias que tenham acompanhado o momento em que se aceitou essa escolha. Por isso, uma vez recebida, não tem cabimento discuti-la com raciocínios humanos, que sempre são pobres e curtos. O Senhor sempre dá as graças necessárias para perseverar, pois, como ensina São Tomás, quando Deus escolhe determinadas pessoas para uma missão, prepara-as e cuida de que sejam idôneas para que possam levar a cabo aquilo para que foram escolhidas[8].

No cumprimento dessa missão, o homem descobre a grandeza da sua vida, "porque a chamada divina e, em última análise, a revelação que Deus faz do seu ser é, simultaneamente, uma palavra que revela o sentido e o ser da vida do homem. É na escuta e na aceitação da palavra divina que o homem chega a compreender-se a si próprio e a adquirir, portanto, uma coerência no seu ser [...]. Por isso o comportamento mais forte perante mim mesmo, a mais completa honestidade e coerência com o meu próprio ser acontecem no meu compromisso perante esse Deus que me chama"[9].

O Senhor também hoje chama os seus apóstolos *para que estejam com Ele*, pela recepção dos sacramentos e pela vida de oração, pela santidade pessoal, e para serem enviados a pregar, mediante uma presença apostólica ativa em todos os ambientes. E, ainda que o Mestre faça algumas chamadas específicas, a vida cristã de qualquer fiel, mesmo a mais normal e corrente, implica uma vocação singular: a de seguir o Senhor com uma nova vida cuja chave Ele possui: *Se alguém quiser vir após mim...*[10] "Todos os fiéis de qualquer estado e condição de vida estão chamados à plenitude da vida cristã e à perfeição da caridade", diz o Concílio Vaticano II[11].

Esta plenitude de vida cristã pede a heroicidade das virtudes. O Senhor nos quer *santos*, no sentido estrito dessa palavra, no meio das nossas ocupações, com uma santidade alegre, atraente. Ele nos dá a força e as ajudas necessárias para isso.

Saibamos dizer a Jesus muitas vezes que Ele pode contar conosco, com a nossa boa vontade em segui-lo no lugar em que estamos, e sem estabelecer-lhe limites ou condições.

III. A DESCOBERTA DA VOCAÇÃO pessoal é o momento mais importante de toda a vida. Da resposta fiel a essa chamada divina dependem a felicidade própria e a de muitos outros. Deus cria-nos, prepara-nos e chama-nos em função de um desígnio eterno. "Se hoje em dia tantos cristãos vivem à deriva, com pouca profundidade e limitados por horizontes pequenos, isso se deve sobretudo à falta de uma consciência clara da sua própria razão de ser e de existir [...]. O que eleva o homem, o que realmente lhe confere uma personalidade, é a consciência da sua vocação, a consciência da sua tarefa concreta. Isso é o que enche uma vida de conteúdo"[12].

A decisão inicial de seguir o Senhor é, porém, a base de muitas outras chamadas ao longo da vida. A fidelidade realiza-se dia após dia, normalmente em coisas que parecem de pouca importância, nos pequenos deveres cotidianos, no cuidado em afastar tudo aquilo que possa ferir o que é a essência da própria vida. Não basta preservar a vocação; é preciso renová-la, reafirmá-la constantemente: quando parece fácil e nos momentos em que tudo custa; quando os ataques do mundo, do demônio e da carne se manifestam em toda a sua violência.

Teremos sempre a ajuda necessária para sermos fiéis. Quanto mais dificuldades, mais graças. E com a luta ascética bem determinada — com um *exame particular* bem concreto —, o amor cresce e se robustece com o passar do tempo; e a entrega, afastada toda a rotina, torna-se mais consciente, mais madura. "Não se trata de um crescimento de tipo quantitativo, como o de um montão de trigo, mas de um crescimento qualitativo, como o do calor que se torna mais intenso, ou como o da ciência que, sem chegar a novas conclusões, se torna mais penetrante, mais profunda, mais unificada, mais certa. Assim, pela caridade tendemos a amar mais perfeitamente, de modo mais puro, mais intimamente, a Deus acima de tudo, e ao próximo e a nós mesmos para que glorifiquemos a Deus neste tempo e na eternidade"[13]. É esse o crescimento que o Senhor nos pede.

Esforçar-se por crescer em santidade, em amor a Cristo e a todos os homens por Cristo, é assegurar a fidelidade e consequentemente uma vida plena de sentido, de amor e de alegria. São Paulo servia-se de uma comparação tirada das corridas no estádio para explicar que a luta ascética do cristão deve ser alegre, como um autêntico esporte sobrenatural. E ao considerar que não tinha atingido a perfeição, dizia que lutava por alcançar o que fora prometido: *Uma só coisa é a que busco: lançar-me em direção ao que tenho pela frente, correr para a meta, para alcançar o prêmio a que Deus nos chama das alturas*[14].

Desde que Cristo irrompeu na sua vida na estrada de Damasco, Paulo entregou-se com todas as suas forças à tarefa de procurá-lo, amá-lo e servi-lo. Foi o que fizeram os demais apóstolos a partir do dia em que Jesus passou por eles e os chamou. Os defeitos que tinham não desapareceram naquele instante, mas eles seguiram o Mestre numa amizade crescente e souberam ser-lhe fiéis. Nós devemos fazer o mesmo, correspondendo diariamente às graças que recebemos, sendo fiéis cada dia. Assim chegaremos à meta em que Cristo nos espera.

(1) Cf. Lc 6, 12; (2) Mc 3, 13-19; (3) Jo 15, 16; (4) 2 Tm 1, 1; (5) Gl 1, 1; (6) 2 Tm 1, 9; (7) 1 Cor 1, 26; (8) cf. São Tomás, *Suma teológica*, 3, q. 27, a. 4; (9) P. Rodríguez, *Vocación, trabajo, contemplación*, EUNSA, Pamplona, 1986, p. 18; (10) Mt 16, 24; (11) Conc. Vat. II, Const. *Lumen gentium*, 40; (12) F. Suárez, *A Virgem Nossa Senhora*, Aster, Lisboa, p. 29; (13) R. Garrigou-Lagrange, *La Madre del Salvador*, Rialp, Madri, 1976, p. 106; (14) cf. Fl 3, 13-14.

TEMPO COMUM. SEGUNDA SEMANA. SÁBADO

15. A ALEGRIA

— Tem o seu fundamento na filiação divina.
— Cruz e alegria. Causas da tristeza. Remédios.
— O apostolado da alegria.

I. QUANDO O MUNDO saiu das mãos de Deus, tudo transbordava de bondade; de uma bondade que teve o seu ponto culminante na criação do homem[1]. Mas com o pecado chegou o mal ao mundo e, qual erva daninha, arraigou-se na natureza humana e injetou nela pessimismo e tristeza.

A alegria verdadeira, unida sempre ao bem, veio plenamente à terra no dia em que Nossa Senhora deu o seu consentimento ao plano divino e o Filho de Deus se encarnou no seu seio. Na Virgem Maria já reinava uma profunda alegria, porque fora concebida sem o pecado original e a sua união com Deus Pai, Deus Filho e Deus Espírito Santo era total. Com a sua resposta amorosa aos desígnios divinos, converteu-se em causa — no sentido pleno da palavra — da nova alegria do mundo, porque nEla veio a nós Jesus Cristo, que é o júbilo total do Pai, dos anjos e de todos os homens, Aquele em quem Deus Pai pôs todas as suas complacências[2]. E a missão de Santa Maria, tanto naquela ocasião como agora, é dar-nos Jesus, o seu Filho. Por isso chamamos a Nossa Senhora *Causa da nossa alegria*.

Há poucas semanas, contemplávamos o anúncio do anjo aos pastores: *Não temais, pois anuncio-vos uma grande alegria, que é para todo o povo: nasceu-vos hoje na cidade de Davi...*[3] A alegria verdadeira, aquela que perdura apesar das contradições e da dor, tal como a vemos no Evangelho, é a dos que se encontraram com Deus nas mais diversas circunstâncias e souberam segui-lo: é a alegria exultante do velho Simeão por ter o Menino Jesus nos seus braços[4]; ou a imensa felicidade dos Magos — *sentiram grandíssima alegria*[5] — ao verem de novo a estrela que os conduzia a Jesus, Maria e José; e a de todos aqueles que num dia inesperado descobriram Cristo; e a de Pedro no Tabor: *Senhor, é bom estarmos aqui*[6]; ou o júbilo que os dois discípulos que caminhavam desalentados para Emaús recuperaram ao reconhecerem Jesus[7]; e o alvoroço dos apóstolos cada vez que Cristo ressuscitado lhes aparece...[8] E, acima de todas, a alegria de Maria: *A minha alma glorifica o Senhor e o meu espírito exulta de alegria em Deus, meu salvador*[9]. Ela possui Jesus plenamente e a sua alegria é a maior que um coração humano pode conter.

A alegria é a consequência imediata de certa plenitude de vida. E esta plenitude de vida consiste, antes de mais nada, na sabedoria e no amor[10]. Deus, na sua infinita misericórdia, fez-nos em Jesus Cristo partícipes da sua natureza, que é precisamente plenitude de Vida, Sabedoria infinita, Amor incomensurável. Não podemos alcançar maior alegria do que aquela que mergulha as suas raízes no fato de sermos filhos de Deus pela graça, e que é uma alegria capaz de subsistir na doença e no fracasso: *Eu vos darei uma alegria* — havia prometido o Senhor na Última Ceia — *que ninguém vos poderá tirar*[11]. Quanto mais perto estivermos de Deus, tanto maior será a nossa participação no seu Amor e na sua Vida; quanto mais crescermos na consciência da nossa filiação divina, tanto maior e mais tangível será a nossa alegria.

II. COMO É DIFERENTE esta felicidade daquela que depende do bem-estar material, da saúde — tão frágil! —, dos estados de ânimo — tão variáveis! —, da ausência de dificuldades, do não passar por nenhuma necessidade!... Somos filhos de Deus e coisa alguma nos deve perturbar.

São Paulo recordava aos primeiros cristãos de Filipos: *Alegrai-vos sempre no Senhor; eu vo-lo repito, alegrai--vos*[12]. E indicava-lhes imediatamente a razão: *O Senhor está perto*. Naquele ambiente difícil, às vezes duro e agressivo, em que se moviam, o Apóstolo indica-lhes o melhor remédio: *Alegrai-vos*. E essa indicação é admirável, pois estava preso quando escreveu a Epístola em que a fez. E escreverá ainda em outra ocasião, numas circunstâncias extraordinariamente difíceis: *Transbordo de alegria em todas as minhas tribulações*[13].

As circunstâncias que nos rodeiam nunca são determinantes nem definitivas para a verdadeira alegria, porque a verdadeira alegria resulta da fidelidade a Deus, do cumprimento do dever, da aceitação da Cruz. "Como é possível estarmos alegres diante da doença e atingidos pela doença, diante da injustiça e atingidos pela injustiça? Não será essa alegria uma falsa ilusão ou um subterfúgio irresponsável? Não! É Cristo quem nos dá a resposta: somente Cristo! Só nEle se encontra o verdadeiro sentido da vida pessoal e a chave da história humana. Só nEle — na sua doutrina, na sua Cruz Redentora, cuja força de salvação se faz presente nos Sacramentos da Igreja — encontramos sempre a energia para melhorar o mundo, para torná-lo mais digno do homem — imagem de Deus —, para torná-lo mais alegre.

"Cristo na Cruz: esta é a única chave verdadeira. Ele aceita o sofrimento na Cruz para nos fazer felizes; e nos ensina que, unidos a Ele, podemos também nós dar um valor de salvação ao nosso sofrimento, que se transforma então em alegria: na alegria profunda do sacrifício pelo bem dos outros e na alegria da penitência pelos pecados pessoais e pelos pecados do mundo.

"À luz da Cruz de Cristo, portanto, não há motivo para termos medo à dor, porque entendemos que é na dor que se manifesta o amor: a verdade do amor, do nosso amor a Deus e a todos os homens"[14].

Já no Antigo Testamento o Senhor tinha dito por intermédio de Neemias: *Não vos entristeçais, porque a alegria de Javé é a vossa fortaleza*[15]. Só perdemos este grande bem quando nos afastamos de Deus pelo pecado, pelo egoísmo de pensarmos em nós mesmos, ou quando não aceitamos a Cruz que nos chega sob formas muito diversas: dor, fracassos, contrariedades, mudança de planos, humilhações...

A tristeza provoca muito mal em nós e à nossa volta. É uma erva daninha que devemos arrancar logo que aparece: *Anima-te e alegra o teu coração, e afasta para longe de ti a tristeza; pois a tristeza já matou a muitos. E não há nela utilidade alguma*[16].

Podemos recuperar a alegria, em qualquer circunstância que tenda a abater-nos, se soubermos recorrer à oração ou abeirar-nos contritamente do sacramento da Confissão, sobretudo quando a perdemos por causa do pecado ou por descuidos culpáveis no relacionamento com Deus.

O esquecimento próprio, que nos impede de andar excessivamente preocupados com as coisas pessoais — a humildade, em última análise —, é outra condição imprescindível para nos abrirmos a Deus como bons filhos e alcançarmos a verdadeira alegria. Se sairmos de nós mesmos e falarmos com Deus numa oração confiante, surgirá a aceitação de uma contrariedade (talvez a causa oculta desse estado de tristeza), ou a decisão de abrirmos a alma na direção espiritual para contar aquilo que nos preocupa, ou de sermos generosos naquilo que Deus nos pede e que talvez nos custe dar-lhe.

III. O APOSTOLADO QUE O SENHOR nos pede é, em boa medida, superabundância da alegria sobrenatural e humana que acompanha todo aquele que está perto de Deus. Quando ela "se derrama sobre os demais homens, gera esperança, otimismo, impulsos de generosidade no meio da fadiga cotidiana, contagiando toda a sociedade. Meus filhos — dizia o Papa João Paulo II —, só se tiverdes a graça divina, que é alegria e paz, é que podereis construir algo de válido para os homens"[17]

Um campo importante em que devemos semear alegria a mãos cheias é a família. A tônica dominante no lar deve ser a do sorriso habitual, mesmo que estejamos cansados ou haja assuntos que nos preocupem. Este estilo otimista, cordial e afável de nos comportarmos é também "a pedra caída no lago"[18], que provoca uma onda mais ampla, e esta outra, e mais outra, criando um clima grato em que é possível conviver e em que se desenvolve com naturalidade um apostolado fecundo com os filhos, com os pais, com os irmãos... Pelo contrário, um gesto severo, intolerante, pessimista, reiterativo..., afasta os outros tanto da pessoa que assim se descontrola como de Deus; cria novas tensões e leva facilmente a faltas contra a caridade. São Tomás diz que ninguém pode suportar por um dia sequer uma pessoa triste e desagradável e que, portanto, todos os homens estão obrigados, por um certo dever de honestidade, a conviver amavelmente com os outros[19]. Vencer os estados de ânimo, as preocupações pessoais, o cansaço, sempre deve ser encarado como um dever, cujo cumprimento é muito grato a Deus.

Devemos estender este espírito alegre, otimista, sorridente, que tem o seu fundamento último na filiação divina, ao trabalho, aos amigos, aos vizinhos, a essas pessoas com as quais talvez tenhamos somente um breve encontro na vida: o vendedor que não se voltará a ver, o paciente que, uma vez curado, não quererá mais saber do médico, essa pessoa que nos perguntou onde ficava tal rua... Receberão de nós um gesto cordial e uma oração ao seu Anjo da Guarda... E muitos encontrarão na alegria do cristão o caminho que conduz a Deus, um caminho que talvez de outra forma não encontrassem.

"Como seria o olhar alegre de Jesus! O mesmo que brilharia nos olhos de sua Mãe, que não pode conter a alegria — «*Magnificat anima mea Dominum!*» — e a sua alma glorifica o Senhor desde que o traz dentro de si e a seu lado. — Oh Mãe! Que a nossa alegria, como a tua, seja a alegria de estar com Ele e de o ter”[20].

Junto dEla, fazemos hoje um “propósito sincero: tornar amável e fácil o caminho aos outros, que já bastantes amarguras traz a vida consigo”[21].

(1) Cf. Pr 8, 30-31; (2) cf. Mt 3, 17; (3) Lc 2, 10; (4) cf. Lc 2, 29-30; (5) cf. Mt 2, 10; (6) Mc 9, 5; (7) cf. Lc 24, 13-35; (8) cf. Jo 16, 22; (9) Lc 1, 46-47; (10) cf. São Tomás, *Suma teológica*, 2-2, q. 28, a. 4 e segs.; (11) Jo 16, 22; (12) Fl 4, 4; (13) 2 Cor 7, 4; (14) A. del Portillo, *Homilia na Missa para os participantes no Jubileu da juventude*, 12-IV-1984; (15) Ne 8, 10; (16) Eclo 30, 24-25; (17) João Paulo II, *Discurso*, 10--IV-1979; (18) cf. São Josemaria Escrivá, *Caminho*, n. 831; (19) São Tomás, *op. cit.*, 2-2, q. 114, a. 2, ad. 2; (20) São Josemaria Escrivá, *Sulco*, n. 95; (21) *ib.*, n. 63.

TEMPO COMUM. TERCEIRO DOMINGO. CICLO A

16. A LUZ NAS TREVAS

— Jesus traz a luz a um mundo mergulhado em trevas. A fé ilumina toda a vida.
— Os cristãos são a *luz do mundo*. Exemplaridade nas tarefas profissionais. Competência profissional.
— Eficácia do bom exemplo. Formação doutrinal e vida interior para santificar as realidades terrenas.

I. *DOMINUS ILLUMINATIO mea et salus mea: quem timebo?* O Senhor é a minha luz e a minha salvação, a quem temerei?[1]

Estas palavras do salmo responsorial são uma confissão de fé e uma manifestação da nossa segurança: fé em Deus, que é a Luz das nossas vidas; segurança, porque em Cristo encontramos as forças necessárias para percorrermos o nosso caminho cotidiano. *Luz da luz*, dizemos no Credo da Missa, referindo-nos ao Filho de Deus.

A humanidade caminhou nas trevas até que a luz brilhou na terra quando Jesus nasceu em Belém, como pudemos considerar nas semanas passadas. Essa *estrela brilhante da manhã*[2] envolveu com a sua luminosidade Maria, José, os pastores e os Magos. Depois, ocultou-se durante anos na pequena cidade de Nazaré, e o Senhor viveu a vida normal dos seus conterrâneos. Na realidade, continuava a iluminar a vida dos homens, pois com esse ocultamento ao longo dos anos de Nazaré nos mostrou que a vida normal pode e deve ser santificada. Agora, depois de ter deixado Nazaré e de ter sido batizado no Jordão, vai a Cafarnaum para iniciar o seu ministério público[3].

São Mateus refere no Evangelho da Missa a profecia de Isaías segundo a qual o Messias iluminaria toda a terra. *O povo que jazia nas trevas viu uma grande luz; sobre os que habitavam uma região tenebrosa resplandeceu uma luz*[4]. Tal como o sol que acaba de nascer, Jesus traz o resplendor da verdade ao mundo e uma luz sobrenatural às inteligências que não querem continuar a permanecer na escuridão da ignorância e do erro.

São Mateus narra também que os primeiros que, no início da vida pública do Senhor, receberam eficazmente o influxo dessa luz foram aqueles discípulos — primeiro Simão e André, e depois os outros dois irmãos, Tiago e João — que Ele chamou *enquanto caminhava junto ao mar da Galileia.* Estes homens "experimentaram o fascínio da luz secreta que emanava dEle e seguiram-na sem demora para que iluminasse com o seu fulgor o caminho das suas vidas. Mas essa luz de Jesus resplandece para todos"[5].

Cumpre-se também nos nossos tempos aquela profecia de Isaías que nos é recordada na primeira Leitura da Missa: *O povo que jazia nas trevas viu uma grande luz; sobre os que habitavam uma região tenebrosa resplandeceu a luz. Vós suscitais, Senhor, um grande regozijo, provocais uma grande alegria; rejubilam-se todos na vossa presença como se rejubilam os que ceifam, como exultam os que repartem os despojos*[6]. É a alegria da fé que ilumina toda a nossa conduta; é a maravilha de Jesus que dá sentido a todas as nossas coisas.

II. JESUS CRISTO, *luz do mundo*[7], chamou primeiro uns homens simples da Galileia, iluminou as suas vidas, ganhou-os para a sua causa e pediu-lhes uma entrega sem condições. Aqueles pescadores da Galileia saíram da penumbra de uma vida sem relevo nem horizonte para seguirem o

Mestre, tal como outros o fariam logo após, e depois já não cessariam de fazê-lo inúmeros homens e mulheres ao longo dos séculos. Seguiram-no até darem a vida por Ele. Nós seguimo-lo também.

O Senhor chama-nos agora para que o sigamos e para que iluminemos a vida dos homens e as suas atividades nobres com a luz da fé; sabemos bem que o remédio para tantos males que afetam a humanidade é a fé em Jesus Cristo, nosso Mestre e Senhor; sem Ele, os homens caminham às escuras e por isso tropeçam e caem. E a fé que devemos comunicar é luz na inteligência, uma luz incomparável: "Fora da fé estão as trevas, a escuridão natural diante da verdade sobrenatural, bem como a escuridão infranatural, que é consequência do pecado"[8].

As palavras chegarão ao coração dos nossos amigos se antes lhes tiver chegado o exemplo da nossa atuação: as virtudes humanas próprias do cristão — o otimismo, a cordialidade, a firmeza de caráter, a lealdade... Não iluminaria com a sua fé o cristão que não fosse exemplar no seu trabalho ou no seu estudo, que perdesse o tempo, que não fosse sereno no meio das dificuldades, perfeito no cumprimento do seu dever, que lesasse algum aspecto da justiça nas suas relações profissionais...

E pode muito bem acontecer que essa generosidade e esse sentido da justiça no comportamento profissional entrem mais ou menos abertamente em choque com os costumes usuais entre os colegas, ou simplesmente com o egoísmo e o aburguesamento do meio ambiente. O Senhor espera que cada um dos seus discípulos seja realmente fiel à verdade, que se conduza sempre com fortaleza e valentia, porque dessa forma ajudará muitos outros a voltarem a questionar o seu modo de agir, o sentido com que encaram a vida. E talvez tenha que apoiar-se por vezes naquela advertência de São Paulo aos cristãos de Corinto: *Nós pregamos Cristo crucificado, escândalo para os judeus, loucura para os gentios*[9]. A mensagem de Cristo sempre entrará em choque com uma sociedade contagiada pelo materialismo e por uma atitude conformista e aburguesada perante a vida.

Viriliter age: sê forte[10]. Poderíamos perguntar-nos hoje se no nosso círculo de relações somos conhecidos por essa coerência de vida, pela exemplaridade na atuação profissional — ou no estudo, se somos estudantes —, pelo exercício diário das virtudes humanas e sobrenaturais, com a coragem e o esforço perseverante a que nos incita o Espírito Santo.

III. DEUS CHAMA-NOS a todos para que sejamos *luz do mundo*[11], e essa luz não pode ficar escondida: "Somos lâmpadas que foram acesas com a luz da verdade"[12].

Para podermos dar a conhecer a doutrina de Jesus Cristo, para que toda a nossa vida seja um facho de luz, devemos empregar os meios necessários para conhecê-la em profundidade, com a profundidade que nos pedem a nossa formação humana, a idade, a responsabilidade perante os filhos, perante o ambiente que nos circunda, perante a sociedade.

Devemos conhecer com precisão os deveres de justiça do nosso trabalho e as exigências da caridade, e cumpri-los; descobrir o bem que podemos fazer, e fazê-lo; refletir sobre o mal que poderia resultar desta ou daquela atuação, e evitá-lo; admitir que em certas ocasiões, talvez não infrequentes, teremos necessidade de pedir conselho, atuando depois com a responsabilidade pessoal de um bom cristão que é ao mesmo tempo um bom cidadão, um homem fiel.

O Senhor depositou na sua Igreja o tesouro da sua doutrina. Devemos guiar-nos pelo seu Magistério assim como os barcos se guiam pelo farol, para encontrarmos luz e orientação em muitos problemas que afetam a salvação e a dignidade da pessoa humana.

Se somos cristãos que vivem imersos na trama da sociedade, santificando-nos *em e através do trabalho*, devemos conhecer muito bem os princípios da ética profissional, e aplicá-los depois no exercício diário da profissão, ainda que esses critérios sejam exigentes e nos custe levá-los à prática. Para isso são necessárias vida interior e formação doutrinal.

"Sê exigente contigo! Tu — cavalheiro cristão, mulher cristã — deves ser sal da terra e luz do mundo, porque tens obrigação de dar exemplo com uma santa desvergonha.

"— Há de urgir-te a caridade de Cristo e, ao te sentires e saberes outro Cristo desde o momento em que lhe disseste que o seguias, não te separarás dos teus iguais — parentes, amigos, colegas —, tal como o sal não se separa do alimento que condimenta.

"A tua vida interior e a tua formação abrangem a piedade e o critério que deve ter um filho de Deus, para temperar tudo com a sua presença ativa.

"Pede ao Senhor que sejas sempre esse bom condimento na vida dos outros"[13].

Recorremos também à Virgem Maria. Pedimos-lhe coragem e simplicidade para vivermos no meio do mundo sem sermos mundanos, como os primeiros cristãos, para sermos luz de Cristo na nossa profissão e em todos os ambientes de que participamos.

(1) Sl 26, 1; (2) Ap 22, 16; (3) cf. João Paulo II, *Homilia*, 25-I-1981; (4) Mt 4, 16; cf. Is 9, 1-4; (5) João Paulo II, *ib.*; (6) Is 9, 2-3; (7) Jo 8, 12; (8) São Josemaria Escrivá, *Carta*, 19-III-1967; (9) 1 Cor 1, 23; (10) Sl 26, 14; (11) Mt 5, 14; (12) Santo Agostinho, *Tratado sobre o Evangelho de São João*, 23, 3; (13) São Josemaria Escrivá, *Forja*, n. 450.

TEMPO COMUM. TERCEIRO DOMINGO. CICLO B

17. DESPRENDIMENTO PARA SEGUIR O SENHOR

— Os discípulos, *deixando todas as coisas*, seguem Jesus. Necessidade de um desprendimento completo para corresponder às chamadas que o Senhor nos dirige.
— Alguns detalhes de pobreza cristã e de desprendimento.
— A esmola e o desprendimento dos bens materiais.

I. O EVANGELHO DA MISSA de hoje narra a chamada que Cristo dirigiu a quatro dos seus discípulos: Pedro, André, Tiago e João[1]. Os quatro eram pescadores e encontravam-se entregues ao trabalho, lançando as redes ou consertando-as, quando Jesus passou e os chamou.

Estes apóstolos já conheciam o Senhor[2] e tinham-se sentido profundamente atraídos pela sua pessoa e pela sua doutrina. A chamada que recebem agora é a definitiva: *Vinde após mim e eu vos farei pescadores de homens*.

Estes homens deixaram tudo *imediatamente* e seguiram o Mestre. Noutra passagem, o Evangelho relata com palavras parecidas a vocação de Mateus: *relictis omnibus*, deixando todas as coisas, *levantando-se, o seguiu*. E os demais apóstolos, cada um nas circunstâncias peculiares em que Jesus os encontrou, devem ter feito o mesmo.

Para seguirmos o Senhor, é preciso que tenhamos a alma livre de todo o apegamento; em primeiro lugar, do amor próprio, da preocupação excessiva pela saúde, pelo futuro..., pelas riquezas e bens materiais. Porque, quando o coração se enche dos bens da terra, já não resta lugar para Deus.

A alguns, o Senhor pede uma renúncia absoluta, para dispor deles mais plenamente, tal como fez com os apóstolos, com o jovem rico[3], com tantos e tantos ao longo dos séculos, que encontraram nEle o seu tesouro e a sua riqueza. E a todo aquele que pretenda segui-lo, exige um *desprendimento efetivo* de si mesmo e daquilo que tem e usa.

Se esse desprendimento for real, manifestar-se-á em muitos momentos da vida diária, porque, como o mundo criado é bom, o coração tende a apegar-se de forma desordenada às criaturas e às coisas. Por isso o cristão necessita de uma vigilância contínua, de um exame frequente, para que os bens criados não o impeçam de unir-se a Deus, antes sejam um meio de amá-lo e servi-lo. "Cuidem todos, portanto, de dirigir retamente os seus afetos — adverte o Concílio Vaticano II —, para que, por causa das coisas deste mundo e do apego às riquezas, não encontrem um obstáculo que os afaste, contra o espírito de pobreza evangélica, da busca da caridade perfeita, segundo a admoestação do Apóstolo: *Os que usam deste mundo não se detenham nele, porque os atrativos deste mundo passam* (cf. 1 Cor 7, 31)"[4].

Estas palavras de São Paulo aos cristãos de Corinto, apresentadas na segunda Leitura da Missa, são um convite para que ponhamos o nosso coração todo inteiro no eterno: em Deus.

II. O DESPRENDIMENTO CRISTÃO não é desprezo pelos bens materiais, desde que sejam adquiridos e utilizados de acordo com a vontade de Deus, mas é tornar realidade na própria vida aquele conselho do Senhor: *Buscai primeiro o reino de Deus e a sua justiça, e o resto vos será dado por acréscimo*[5].

Um coração tíbio e dividido, inclinado a compaginar o amor a Deus com o amor aos bens, às comodidades e ao aburguesamento, bem cedo desalojará Cristo do seu coração e se achará prisioneiro desses bens, que para ele se converterão em males. Não devemos esquecer que todos trazemos dentro de nós, como consequência do pecado original, a tendência para uma vida mais fácil, para o supérfluo, para as ânsias de domínio, para a preocupação com o futuro.

Esta tendência da natureza humana agrava-se com a corrida desenfreada pela posse e utilização dos meios materiais, como se fossem a coisa mais importante da vida, uma corrida que vemos estender-se cada vez mais na sociedade em que vivemos. Nota-se por toda a parte uma inclinação clara não já para o legítimo conforto, mas para o luxo, para não abrir mão de nada que dê prazer. É uma pressão violenta que se observa por toda a parte e que não devemos esquecer se queremos realmente manter-nos livres desses liames para seguir o Senhor e ser exemplos vivos de temperança, no meio de uma sociedade que devemos conduzir para Deus.

A abundância e a fruição dos bens materiais nunca darão felicidade ao mundo; o coração só encontrará a plenitude para a qual foi criado no seu Deus e Senhor. Quando não se atua com a fortaleza necessária para viver interiormente desprendido, "o coração fica triste e insatisfeito; penetra por caminhos de um eterno descontentamento e acaba escravizado já aqui na terra, convertendo-se em vítima desses mesmos bens que talvez tenha conseguido à custa de esforços e renúncias sem número"[6].

A pobreza e o desprendimento cristãos não têm nada a ver com a sujidade e o desleixo, com o desalinho ou a falta de educação. Jesus apresentou-se sempre bem vestido. A sua túnica, certamente confeccionada pela sua Mãe, foi objeto de sorteio no Calvário porque *era inconsútil, tecida de alto a baixo*[7]; era uma veste orlada[8]. Observamos também como, na casa de Simão, o Senhor reparou que se tinham omitido com Ele as regras usuais da boa educação e fez ver ao anfitrião que não lhe tinha oferecido água para lavar os pés, nem o tinha cumprimentado com o ósculo da paz nem ungido a sua cabeça com óleo...[9]

A pobreza do cristão que deve santificar-se no meio do mundo está ligada ao trabalho de que vive e com o qual sustenta a sua família; no estudante, a um estudo sério e ao bom aproveitamento do tempo, com a clara consciência de que contraiu uma dívida para com a sociedade e para com os seus, e de que deve preparar-se com competência para ser útil; na mãe de família, ao cuidado do lar, da roupa, dos móveis para que durem, à poupança prudente, que levará a evitar caprichos pessoais, ao exame da qualidade do que compra, o que suporá em muitos casos ir de loja em loja para comparar preços...

E, quanto aos filhos, como agradecem depois de terem sido criados com essa austeridade que entra pelos olhos e que não necessita de muitas explicações quando veem que é vivida pelos pais! E isto ainda que se trate de uma família de posição econômica desafogada. Os pais deixam aos filhos uma grande herança quando lhes fazem ver com o seu exemplo que o trabalho é o melhor capital e o mais sólido, quando lhes mostram o valor das coisas e os ensinam a gastar tendo em conta a situação de aperto em que muitos se encontram na terra.

III. O DESPRENDIMENTO EFETIVO dos bens exige sacrifício. Um desprendimento que não custe é pouco real. O estilo de vida cristã implica uma mudança radical de atitude em face dos bens terrenos, os quais não hão de ser procurados e utilizados como se fossem um fim, mas como meio para servir a Deus, à família, à sociedade.

O fim que um cristão tem em vista não é *possuir cada vez mais*, mas *amar mais e mais* a Cristo através do seu trabalho, da sua família e também através dos bens materiais. A generosa preocupação pelas necessidades alheias que os primeiros cristãos viviam[10], e que São Paulo ensinou também a viver aos fiéis das comunidades que ia fundando, será sempre um exemplo de vigência permanente; um cristão nunca poderá contemplar com indiferença as necessidades espirituais ou materiais dos outros e deve contribuir generosamente para solucionar essas necessidades. E há de ser consciente de que então *não só se remedeiam as necessidades dos santos* (dos outros irmãos na fé), *mas também se contribui muito para a glória do Senhor*[11].

A generosidade na *esmola* a pessoas necessitadas ou a obras boas sempre foi uma manifestação — embora não a única — de desprendimento real dos bens e de espírito de pobreza evangélica. Não somente esmola do supérfluo, mas aquela que se compõe principalmente de sacrifícios pessoais, de um passar necessidade em algum campo. Esta oferenda, feita com o sacrifício daquilo que talvez nos parecesse necessário, é muito grata a Deus. A esmola brota de um coração misericordioso, e "é mais útil para quem a dá do que para aquele que a recebe. Porque quem a dá tira um proveito espiritual, ao passo que quem a recebe tira somente um proveito material"[12].

Tal como aos apóstolos, o Senhor convidou-nos a segui-lo — cada um nas suas condições peculiares —, e, para respondermos a essa chamada, devemos estar atentos e ver se também nós *deixamos todas as coisas*, ainda que tenhamos que servir-nos delas. Vejamos se somos generosos com o que temos e usamos, se estamos desapegados do tempo, da saúde, se os nossos amigos nos conhecem como pessoas que vivem sobriamente, se somos magnânimos na esmola, se evitamos gastos que no fundo são um capricho, vaidade, aburguesamento, se cuidamos daquilo que usamos: livros, instrumentos de trabalho, roupa.

Jesus passa também ao nosso lado. Não deixemos que, por causa de meia dúzia de bagatelas — São Paulo chama-as *lixo*[13] —, estejamos adiando indefinidamente uma união mais profunda com Ele.

(1) Mc 1, 14-20; (2) Jo 1, 35-42; (3) Mc 10, 21; (4) Conc. Vat. II, Const. *Lumen gentium*, 42; (5) Mt 6, 33; (6) São Josemaria Escrivá, *Amigos de Deus*, n. 118; (7) Jo 19, 23; (8) Mt 9, 20; 14, 36; (9) Lc 7, 36-50; (10) cf. At 2, 44-47; (11) 2 Cor 9, 12; (12) São Tomás, *Comentário à segunda Epístola aos Coríntios*, 8, 10; (13) Fl 3, 8.

TEMPO COMUM. TERCEIRO DOMINGO. CICLO C

18. FORMAÇÃO DOUTRINAL

— Ouvir com fé e devoção a Palavra de Deus. A leitura do Evangelho. A ignorância, "o maior inimigo de Deus no mundo".
— A formação do cristão prossegue durante toda a sua vida. Necessidade de uma boa formação.
— Tempo e constância para adquirir a boa doutrina. A leitura espiritual.

I. A PRIMEIRA LEITURA da Missa[1] narra com grande emoção o regresso do povo escolhido para a Judeia depois de tantos anos de desterro na Babilônia.

Já em solo judaico, um dos sacerdotes, Esdras, explica ao povo o conteúdo da Lei que tinham esquecido naqueles anos transcorridos em "terras estranhas". Leu o livro sagrado *desde o amanhecer até o meio-dia*, e todos de pé seguiam a leitura com atenção, e *o povo inteiro chorava*. É um pranto em que se misturam naqueles homens a alegria de reconhecerem novamente a Lei de Deus e a tristeza de perceberem que o seu antigo esquecimento da Lei fora a causa de que tivessem sido desterrados.

Quando nos reunimos para participar na Santa Missa, escutamos de pé, em atitude vigilante, a Boa-nova que o Evangelho nunca deixa de nos trazer. Devemos ouvi-lo com uma disposição atenta, humilde e agradecida, porque sabemos que o Senhor se dirige a cada um de nós em particular.

"Devemos ouvir o Evangelho — diz Santo Agostinho — como se o Senhor estivesse presente e nos falasse. Não devemos dizer: «Felizes aqueles que puderam vê-lo». Porque muitos dos que o viram crucificaram-no; e muitos dos que não o viram creram nele. As mesmas palavras que saíam da boca do Senhor foram escritas, guardadas e conservadas para nós"[2].

Só se ama o que se conhece. Por isso, muitos cristãos reservam todos os dias alguns minutos para lerem e meditarem o Evangelho, e assim chegam espontaneamente a um conhecimento profundo e à contemplação de Jesus Cristo. O Evangelho ensina-nos a ver Cristo tal como os apóstolos o viram, a observar as suas reações, o seu modo de comportar-se, as suas palavras sempre cheias de sabedoria e de autoridade; mostra-nos Jesus ora compadecido perante a desgraça, ora santamente irado, sempre compreensivo com os pecadores, firme diante dos fariseus que falsificavam a religião, cheio de paciência com os discípulos que por vezes não entendiam o sentido das suas palavras.

Seria muito difícil amar a Cristo, conhecê-lo de verdade, se não se escutasse frequentemente a Palavra de Deus, se não se lesse o Evangelho com atenção, todos os dias. Essa leitura — bastam cinco minutos diários — alimenta a nossa piedade.

Ao terminar a leitura da Sagrada Escritura, o sacerdote diz: *Palavra do Senhor*. E todos os fiéis respondem: *Glória a Vós, Senhor*. E como é que lhe damos glória? O Senhor não se contenta com o mero assentimento às suas palavras: quer também um louvor com obras. Não podemos arriscar-nos a esquecer a lei de Deus, a permitir que os ensinamentos do Evangelho estejam em nós como verdades difusas e inoperantes, ou conhecidas apenas superficialmente; isso representaria para a nossa vida um desterro muito mais amargo que o da Babilônia. O grande inimigo de Deus no mundo é a ignorância, "que é a causa e a raiz de todos os males que envenenam os povos e perturbam muitas almas"[3]. E se essa ignorância diz respeito à pessoa de Cristo e à doutrina por Ele anunciada, a nossa vida não terá eixo em torno do qual girar.

II. NA MISSA DE HOJE, lemos o começo do Evangelho de São Lucas[4], em que o Evangelista nos diz ter resolvido passar a vida de Cristo a escrito para que conhecêssemos a solidez dos ensinamentos que recebemos.

A obrigação de conhecer profundamente a doutrina de Jesus — cada um de acordo com as circunstâncias da sua vida — estende-se a todos e dura enquanto prosseguir a nossa caminhada sobre a terra. "O crescimento da fé e da vida cristã necessita de um esforço decidido e de um exercício permanente da liberdade pessoal, sobretudo no ambiente adverso em que vivemos. Este esforço começa com a estima pela fé, encarada como o valor mais importante da nossa vida. A partir dessa estima, nasce o interesse por conhecer e praticar tudo o que está contido na fé em Deus e nas exigências do seguimento de Cristo, no contexto complexo e variável da vida real de cada dia"[5].

Nunca devemos considerar-nos suficientemente formados, nunca devemos conformar-nos com o conhecimento de Jesus Cristo e dos seus ensinamentos que já possuímos. O amor pede que se conheçam sempre mais coisas da pessoa amada. Na vida profissional, um médico, um arquiteto, um advogado, se querem ser bons profissionais, nunca dão por concluídos os seus estudos ao saírem da Faculdade; estão sempre em contínua formação. Com o cristão acontece o mesmo. Pode-se aplicar-lhe também aquela frase de Santo Agostinho: "Disseste basta? Pereceste"[6].

A qualidade do instrumento pode melhorar, desenvolver novas possibilidades, e nós somos instrumentos nas mãos de Deus, e todos os dias podemos amar um pouco mais e ser mais exemplares. Não o conseguiremos se a nossa inteligência não receber continuamente o alimento da doutrina sadia. "Não sei quantas vezes me disseram — comenta um autor dos nossos dias — que um velho irlandês que só saiba rezar o terço pode ser mais santo do que eu com todos os meus estudos. É bem possível que seja assim; e, pelo próprio bem desse homem, espero que seja assim. No entanto, se o único motivo para se fazer tal afirmação é que ele sabe menos teologia do que eu, então essa razão não me convence e não o convence. Não o convence porque todos os velhos irlandeses devotos do terço e do Santíssimo Sacramento que eu conheci [...] estavam desejosos de conhecer a sua fé mais a fundo. Não me convence porque, se é evidente que um homem ignorante pode ser virtuoso, é evidente também que a ignorância não é uma virtude. Houve mártires que não teriam sido capazes de anunciar corretamente a doutrina da Igreja, apesar de o martírio ser a máxima prova de amor. No entanto, se tivessem conhecido mais a Deus, o seu amor teria sido maior"[7].

A chamada "fé do carvoeiro" (eu creio em tudo, ainda que não saiba de que se trata) não é suficiente para o cristão que, no meio do mundo, encontra cada vez maior confusão e falta de luz a respeito da doutrina de Jesus Cristo e dos problemas éticos, novos e velhos, com que tropeça no exercício da sua profissão, na vida familiar, no ambiente que o rodeia.

O cristão deve conhecer bem os argumentos necessários para enfrentar os ataques dos inimigos da fé, e deve saber apresentá-los de forma atraente (não se ganha nada com a intemperança, a discussão e o mau humor), com clareza (sem atenuar o que não pode ser atenuado) e com precisão (sem dúvidas nem hesitações).

A "fé do carvoeiro" talvez possa salvar o carvoeiro, mas, nos outros cristãos, a ignorância do conteúdo da fé significa geralmente falta de fé, desleixo, desamor: "Frequentemente, a ignorância é filha da preguiça", diz São João Crisóstomo[8]. Na luta contra a incredulidade, é muito importante ter um conhecimento preciso e completo da teologia católica. Por isso "qualquer criança bem instruída no *Catecismo* é, sem sabê-lo, um autêntico missionário"[9]. Que valor damos à cultura religiosa, ao preenchimento das nossas lacunas, ao esclarecimento das dúvidas junto de quem nos pode elucidar? Como já vimos, não se ama aquilo que não se conhece. E se não conhecemos bem o Senhor e os seus ensinamentos, então não o amamos.

III. A BOA FORMAÇÃO exige tempo e constância. A continuidade ajuda a compreender e a assimilar, a tornar vida própria a doutrina que chega à nossa inteligência. Para isso devemos antes de mais nada esforçar-nos por manter livres e desimpedidos os canais por onde circula a sã doutrina. Devemos dedicar, portanto, o maior interesse à nossa formação e persuadir-nos da importância transcendental da prática da *leitura espiritual*, de acordo com um plano bem orientado, de modo que o seu conteúdo vá sedimentando na nossa alma.

Já se disse que, para curar um doente, basta ser médico; não é necessário contrair a mesma doença. Ninguém deve ser "tão ingênuo a ponto de pensar que, para adquirir formação teológica, seja necessário ingerir todo o tipo de beberagens..., ainda que estejam envenenadas. Isto é de senso comum, não apenas de senso sobrenatural; e a experiência de cada um pode corroborar nesse sentido com muitos exemplos"[10]. Por isso, *pedir conselho à hora de selecionar as leituras* é uma parte importante da virtude da prudência, de modo muito particular se se trata de livros teológicos ou filosóficos que possam afetar essencialmente a nossa formação e a nossa fé. Como é importante acertar na leitura de um livro! Mas essa importância aumenta quando se trata de livros que se destinam especificamente à formação da nossa alma.

Se formos constantes nessa preocupação, se cuidarmos de todos os meios pelos quais nos chega a boa doutrina (leitura espiritual, retiros, círculos de estudo, palestras de formação, direção espiritual...), adquiriremos quase sem o percebermos uma grande riqueza interior, que integraremos pouco a pouco na nossa vida.

Além disso, no que diz respeito aos outros, estaremos então na situação de um lavrador que possui um alforje repleto de sementes, e se encontra diante de um campo já preparado para receber a semeadura, pois aquilo que recebemos é útil para a nossa alma e para transmiti-lo aos outros. A semente perde-se quando não há o cuidado de fazê-la frutificar, e o mundo é um sulco imenso em que Cristo quer que semeemos a sua doutrina.

(1) Ne 8, 2-6; 8-10; (2) Santo Agostinho, *Tratado sobre o Evangelho de São João*, 30; (3) João XXIII, Enc. *Ad Petri cathedram*, 29-VI-1959; (4) Lc 1, 1-14; 4, 14-21; (5) Conferência Episcopal Espanhola, *Testemunhas do Deus vivo*, 28-VI-1985, 29; (6) Santo Agostinho, *Sermão* 169, 18; (7) F. J. Sheed, *Teologia para todos*, Palabra, Madri, 1977, pp. 15-16; (8) São João Crisóstomo, em *Catena aurea*, vol. III, p. 78; (9) São John Henry Newman, *Sermão na inauguração do Seminário de S. Bernardo*, 3-X-1873; (10) cf. P. Rodríguez, *Fe y vida de fé*, p. 162.

TEMPO COMUM. TERCEIRA SEMANA. SEGUNDA-FEIRA

19. JUSTIÇA NAS PALAVRAS E NOS JUÍZOS

— Os "pecados da língua". Calar-se quando não se pode louvar.
— Não fazer juízos precipitados. O amor à verdade deve levar-nos a procurar uma informação veraz e a contribuir com os meios ao nosso alcance para a veracidade nos meios de comunicação.
— O respeito à intimidade.

I. AS PESSOAS DE CORAÇÃO simples ficavam pasmadas ante os milagres e a pregação do Senhor, mas havia aqueles que, perante os fatos mais prodigiosos, não queriam crer na divindade de Jesus.

O Senhor acaba de expulsar um demônio — diz São Marcos no Evangelho da Missa[1] — e, ao passo que a multidão ficou assombrada[2], *os escribas que haviam descido de Jerusalém diziam: Está possuído por Belzebu e é por virtude do príncipe dos demônios que expulsa os demônios*. Por falta de boas disposições, as obras do Senhor são interpretadas como obras do demônio. Tudo pode ser confundido se falta retidão na consciência! No auge da obcecação, chegam a dizer que Jesus *tinha um espírito imundo*[3]. Ele que era a própria santidade!

Por amor a Deus e ao próximo, por amor à justiça, o cristão deve ser justo também ao falar, num mundo em que tanto se maltratam os outros com as palavras. "Deve-se ao homem o bom nome, o respeito, a consideração, a fama que mereceu. Quanto mais conhecemos o homem, tanto mais se revelam aos nossos olhos a sua personalidade, o seu caráter, a sua inteligência e o seu coração, e tanto mais nos apercebemos [...] do critério com que devemos «medi-lo», e o que quer dizer sermos justos com ele"[4].

Todas as pessoas têm o direito de conservar o seu bom nome, enquanto não demonstrarem com fatos indignos, públicos e notórios, que não o merecem. A calúnia, a maledicência, a murmuração... constituem grandes faltas de justiça para com o próximo, pois *o bom nome é preferível às grandes riquezas*[5], já que, com a sua perda, o homem se torna incapaz de realizar boa parte do bem que poderia levar a cabo[6].

Frequentemente, o pouco domínio da língua, "a leviandade no agir e no dizer", são manifestações de "estouvamento e de frivolidade"[7], de falta de conteúdo interior e de sentido da presença de Deus. E quantas injustiças não podemos cometer ao emitirmos juízos irresponsáveis sobre o comportamento daqueles que convivem, trabalham ou se relacionam conosco! Não esqueçamos, além disso, que a origem mais frequente da difamação, da crítica negativa, da murmuração, é a inveja, que não suporta as boas qualidades do próximo, o prestígio ou o êxito de uma pessoa ou de uma instituição. Diz-nos o apóstolo São Tiago que a língua pode chegar a ser *um mundo de iniquidade*[8].

Difamam e murmuram não só os que divulgam notícias desabonadoras da honra dos outros, mas os que comentam levianamente rumores infundados; ou os que cooperam para a propagação da maledicência através da palavra, da imprensa ou de qualquer outro meio de comunicação, fazendo-se eco e dando publicidade a palavras caluniosas comentadas ao ouvido; ou então os que o fazem através do silêncio, omitindo-se quando deveriam sair em defesa da pessoa injuriada, pois o silêncio — não poucas vezes — equivale a uma aprovação daquilo que se ouve. Como também se pode difamar "elogiando", se se rebaixa injustamente o bem realizado.

E não são só as pessoas que têm direito à honra e à boa fama, mas também as instituições. A difamação que se comete contra estas tem a mesma gravidade que a que se comete contra as pessoas, e frequentemente maior, pelas consequências — às vezes irreversíveis — que o desprestígio público lançado sobre o bom nome dessas instituições pode ocasionar[9].

Podemos perguntar-nos hoje na nossa oração se, nos ambientes em que se passa a nossa vida, somos conhecidos como pessoas que nunca falam mal do próximo; e se realmente vivemos aquele sábio conselho: "Quando não puderes louvar, cala-te"[10].

II. DEVEMOS PEDIR AO SENHOR que nos ensine a dizer aquilo que convém, a não pronunciar palavras vãs, a conhecer o momento certo e a medida exata de falar, a saber dizer o necessário e a dar a resposta oportuna, "a não conversar tumultuadamente e a não deixar cair as palavras que nos vêm à cabeça como uma chuva de granizo, pela impetuosidade no falar"[11]. Coisa que, por desgraça, é frequente em muitos ambientes.

Viveremos exemplarmente este aspecto da caridade e da justiça se mantivermos no nosso interior um clima de presença de Deus ao longo do dia e se evitarmos com prontidão os juízos negativos. Devemos viver as virtudes da justiça e da caridade primeiro no nosso coração, pois *da abundância do coração fala a boca*[12]. É aí, no nosso interior, que devemos preservar habitualmente uma atitude de benevolência para com o próximo, evitando o juízo estreito e a medida mesquinha, pois "muitas pessoas, mesmo entre as que se consideram cristãs [...], antes de mais nada, imaginam o mal. Sem prova alguma, pressupõem-no; e não só admitem essa ordem de pensamentos, como ainda se atrevem a manifestá-los num juízo aventurado, diante da multidão"[13].

O amor à justiça deve levar-nos a não formar juízos precipitados sobre pessoas e acontecimentos, baseados numa informação superficial. É necessário manter um são espírito crítico em face das informações que nos chegam, muitas das quais podem ser tendenciosas ou simplesmente incompletas. É frequente que os fatos objetivos se apresentem envolvidos em opiniões pessoais; e quando se trata de notícias sobre a fé, a Igreja, o Papa, os bispos etc., se essas notícias são dadas por pessoas sem fé ou cheias de preconceitos, é fácil que nos cheguem deformadas na sua realidade mais íntima.

O amor à verdade deve defender-nos de um cômodo conformismo e levar-nos a discernir, a fugir das simplificações apressadas, a deixar de lado os canais informativos sectários, a desprezar o "ouvi dizer" e a contribuir positivamente para a boa informação dos outros: enviando cartas de esclarecimento aos jornais, aproveitando uma notícia parcial ou sectária para retificá-la com veracidade e sentido positivo no círculo das nossas relações... e, evidentemente, não colaborando nem com um centavo para a manutenção do jornal, da revista ou do boletim que a publicou. Se todos nós, cristãos, atuássemos assim, muito em breve mudaríamos a situação confusa de desrespeito à dignidade das pessoas que se observa em muitos países.

Outra manifestação clara de amor à justiça e à verdade será retificarmos a opinião — se necessário também publicamente — quantas vezes percebermos que, apesar da nossa boa intenção, nos enganamos ou tivemos conhecimento de um dado novo que nos obrigava a reformular uma afirmação anterior.

Sejamos intransigentes nesta matéria tão pegajosa. Comecemos nós mesmos por ser justos nos nossos juízos, nas nossas palavras, e procuremos que essa virtude seja vivida à nossa volta, sem permitir nunca a calúnia, nem a difamação, nem a maledicência, por nenhum motivo.

III. QUEM TEM A VISTA DEFORMADA vê os objetos deformados; e quem tem os olhos da alma doentes vê intenções retorcidas e pouco claras onde há somente desejos de servir a Deus; ou vê defeitos que, na realidade, são dele mesmo. Já Santo Agostinho aconselhava: "Procurai adquirir as virtudes que julgais faltarem aos vossos irmãos, e já não vereis os seus defeitos, porque vós mesmos não os tereis"[14]. Peçamos com insistência ao Senhor a graça de vermos sempre e em primeiro lugar tudo o que há de bom — e que é muito — naqueles que convivem conosco. Assim saberemos desculpar-lhes os erros e ajudá-los a superar essas falhas.

Viver a justiça nas palavras e nos juízos significa também respeitar a intimidade das pessoas, protegê-la de curiosidades estranhas, não expondo em público o que deve permanecer em privado, no âmbito da família ou da amizade. É um direito elementar que vemos ferido e maltratado frequentemente.

"Não custaria nenhum trabalho apontar na nossa época casos dessa curiosidade agressiva que leva a indagar morbidamente da vida privada dos outros. Um mínimo senso de justiça exige que, mesmo na investigação de um presumível delito, se proceda com cautela e moderação, sem tomar por certo o que é apenas uma possibilidade. Compreende-se até que ponto se deva qualificar como perversão a curiosidade malsã em desentranhar o que não só não é um delito, como pode até ser uma ação honrosa.

"Perante os mercadores da suspeita, que dão a impressão de organizarem um *tráfico da intimidade*, é preciso defender a dignidade de cada pessoa, o seu direito ao silêncio. Costumam estar de acordo nesta defesa todos os homens honrados, sejam ou não cristãos, porque está em jogo um valor comum: a legítima decisão de cada qual ser como é, de não se exibir, de conservar em justa e púdica reserva as suas alegrias, as suas penas e dores de família"[15].

"«*Sancta Maria, Sedes Sapientiae*» — Santa Maria, Sede da Sabedoria. — Invoca com frequência, deste modo, a Nossa Mãe, para que Ela cumule os seus filhos — no seu estudo, no seu trabalho, na sua convivência — da Verdade que Cristo nos trouxe"[16].

(1) Mc 3, 22-30; (2) cf. Lc 11, 14; (3) Mc 3, 30; (4) João Paulo II, *Alocução*, 8-XI-1978; (5) Pr 22, 1; (6) cf. São Tomás, *Suma teológica*, 2-2, q. 73, a. 2; (7) São Josemaria Escrivá, *Caminho*, n. 17; (8) Tg 3, 6; (9) F. Fernández Carvajal, *Antología de textos*, verbete "Difamação"; (10) São Josemaria Escrivá, *op. cit.*, n. 443; (11) São Gregório de Nissa, *Homilia I, Sobre os pobres que hão de ser amados*; (12) Mt 12, 34; (13) São Josemaria Escrivá, *É Cristo que passa*, n. 67; (14) Santo Agostinho, *Comentário ao Salmo 30*; (15) São Josemaria Escrivá, *É Cristo que passa*, n. 69; (16) São Josemaria Escrivá, *Sulco*, n. 607.

TEMPO COMUM. TERCEIRA SEMANA. TERÇA-FEIRA

20. A VONTADE DE DEUS

— Santa Maria e o cumprimento da vontade divina. A "nova família" de Jesus.
— Manifestações do querer de Deus. O cumprimento dos deveres próprios.
— Averiguar na oração quais os planos de Deus sobre nós.

I. SÃO MARCOS DIZ-NOS no Evangelho da Missa de hoje[1] que a Mãe de Jesus o procurou certa vez, acompanhada por alguns parentes, quando Ele falava a um grande número de pessoas.

Talvez por causa da multidão que abarrotava a casa, Maria ficou fora e mandou recado ao seu Filho. Então Ele respondeu a quem lhe falava: *Quem é minha mãe e quem são os meus irmãos? E, lançando um olhar sobre os que estavam sentados ao seu redor, disse: Eis a minha mãe e os meus irmãos. Pois todo aquele que faz a vontade de meu Pai que está nos céus, esse é meu irmão e minha irmã e minha mãe*. É a nova família de Cristo, unida por laços mais fortes que os do sangue, e à qual Maria pertence em primeiro lugar, já que ninguém cumpriu a vontade divina com mais amor e maior profundidade do que Ela.

Santa Maria está unida a Jesus por um duplo vínculo. Em primeiro lugar porque, ao aceitar a mensagem do anjo, uniu-se intimamente à vontade de Deus, de um modo que nós mal podemos vislumbrar, e adquiriu uma maternidade espiritual sobre o Filho concebido que a fez pertencer a essa família de vínculos mais fortes que Jesus Cristo proclama diante dos seus discípulos. "A maternidade corporal teria servido de pouco a Maria — comenta Santo Agostinho —, se Ela, da maneira mais bem-aventurada, não tivesse concebido primeiro o Filho no seu coração e só depois no seu corpo"[2]. Maria é Mãe de Jesus por tê-lo concebido no seu seio, por ter cuidado dEle, alimentando-o e protegendo-o, como toda a mãe faz com o seu filho. Mas Jesus veio formar a grande família dos filhos de Deus, e "nela incluiu benignamente Maria, pois Ela cumpria a vontade do Pai [...]; e, ao referir-se diante dos seus discípulos a esse parentesco celestial, o Senhor mostrou que a Virgem Maria estava unida a Ele numa nova linhagem de família"[3]; Maria é Mãe de Jesus segundo a carne, e é também a "primeira" de todos aqueles que ouvem a Palavra de Deus e a cumprem plenamente[4].

Todos nós temos a enorme alegria de *podermos pertencer*, com laços mais fortes que os do sangue, *à família de Jesus*, na medida em que cumprimos a vontade divina. Por isso o discípulo de Cristo deve dizer, como o seu Mestre: *O meu alimento é fazer a vontade daquele que me enviou*[5], mesmo que para isso tenha que sacrificar — colocando-os no seu devido lugar — os sentimentos naturais da família. São Tomás explica as palavras com que Jesus antepõe o vínculo da graça ao da ordem familiar, dizendo que o Senhor tinha uma geração eterna e outra temporal, e antepôs a eterna à temporal. E todo o fiel que cumpre a vontade divina é irmão de Cristo porque se faz semelhante Àquele que sempre cumpriu a vontade do Pai[6].

Podemos examinar nestes momentos de oração se desejamos cumprir sempre o que Deus quer de nós, no que é grande e no que é pequeno, no que nos é grato e no que nos desagrada. E pedir a Nossa Senhora que nos ensine a amar a vontade divina em todos os acontecimentos, mesmo naqueles que nos custa entender ou interpretar adequadamente. Assim passamos a ser da família de Jesus.

II. A SANTIDADE a que devemos aspirar consiste, pois, em identificarmos o nosso querer com o de Cristo: "Esta é a chave para abrir a porta e entrar no Reino dos Céus: «*Qui facit voluntatem Patris mei qui in coelis est, ipse intrabit in regnum coelorum*» — quem faz a vontade de meu Pai..., esse entrará!"[7]

Em contraste com a atitude daqueles que encaram com uma triste resignação o cumprimento da tarefa redentora do Mestre, Ele ama ardentemente a vontade de seu Pai-Deus, e assim o manifesta em muitas ocasiões[8]. E se nós queremos imitar Cristo, a nossa atitude há de ser a mesma: amar o que Deus quer, porque, entendamo-lo ou não, esse é sempre o caminho que conduz ao Céu. Santa Catarina de Sena põe nos lábios do Senhor estas palavras consoladoras: "A minha vontade só quer o vosso bem, e tudo o que permito ou dou, Eu o permito ou dou para que alcanceis o fim para o qual vos criei"[9]. Ele só deseja o nosso bem.

Deus manifesta-nos a sua vontade através dos *Mandamentos*, que são a expressão de todas as nossas obrigações e a norma prática para que a nossa conduta se oriente para o Senhor; quanto mais fielmente os cumprirmos, tanto melhor amaremos o que Ele quer de nós. Deus manifesta-se igualmente através das indicações, conselhos e mandamentos da nossa Mãe a Igreja, "que nos ajudam a guardar os Mandamentos da lei de Deus"[10]. E a par desses preceitos, também as obrigações de estado determinam o que Deus quer de nós, segundo as circunstâncias pessoais em que a nossa vida se desenvolve. Nunca amaremos a Deus, nunca poderemos santificar-nos, se não cumprirmos com fidelidade essas obrigações. Reconhecer e amar a vontade de Deus nos deveres cotidianos é haurir a força necessária para executá-los com perfeição humana e sentido sobrenatural.

Por fim, a vontade de Deus manifesta-se nos acontecimentos que o Senhor permite, e que sempre nos hão de proporcionar um bem muito maior, se soubermos permanecer ao lado do nosso Pai-Deus com confiança, com amor. Há sempre uma providência oculta por trás de cada acontecimento.

Acostumar-se a realizar atos de identificação com a vontade de Deus em todas as circunstâncias é ter a certeza de que se produzirão abundantes frutos na alma: "Jesus, o que Tu «quiseres»..., eu o amo"[11]. E eu só desejo amar o que Tu queres que eu ame.

III. *TODO AQUELE QUE faz a vontade de meu Pai que está nos Céus, esse é meu irmão e minha irmã e minha mãe.* O cumprimento da vontade de Deus deve ser o único anseio do cristão. Por isso devemos perguntar-nos com frequência em face dos acontecimentos diários: Que quer Deus de mim neste assunto?, no relacionamento com esta pessoa? E fazê-lo.

A oração pessoal sobre a nossa conduta diária, sobre o comportamento na vida familiar, com os amigos, no trabalho, dá-nos uma grande luz para não errarmos no cumprimento da vontade divina. Esses momentos diários a sós com Deus, num colóquio sem palavras, hão de induzir-nos muitas vezes a atuar de uma determinada maneira, e não raramente a mudar ou retificar a nossa vida e o nosso comportamento para que estejam mais de acordo com o querer divino.

Sempre que notemos que Deus quer alguma coisa de nós, devemos executá-la com prontidão e alegria. Porque há muitos que se insurgem quando os projetos do Senhor não coincidem com os seus; outros que aceitam a vontade de Deus com resignação, como se tivessem que dobrar-se diante dos planos divinos por não terem outra saída; outros, enfim, que simplesmente baixam a cabeça, mas sem amor. O Senhor, porém, quer que amemos o querer divino com uma disposição de ânimo positiva e confiante, que descansa plenamente em Deus-Pai, sem por isso deixar de empregar os meios humanos exigidos por cada situação. Senhor, que queres que eu faça? Como são poucas as pessoas que alimentam no seu íntimo esta disposição de obediência plena, que renunciam à sua vontade a tal ponto que nem os desejos do seu próprio coração lhes pertencem![12]

Para adquirirmos estes vínculos fortes — mais fortes que os do sangue — de que Cristo nos fala no Evangelho, temos que procurar entregar-nos a Deus cada dia, abandonar-nos em seus braços sem reservas, mesmo sem entendermos tudo aquilo que Ele permite; ser incondicionalmente dóceis à sua ação, manifestada nas provas interiores e exteriores com que deseja purificar-nos a alma; acolher com agradecimento as inúmeras alegrias da vida familiar, do trabalho, do descanso...; aceitar e acolher também as dificuldades, obstáculos e penas que a vida traz consigo, as tentações, a secura na vida de piedade quando não se deve à tibieza...

"Devemos aceitar essa ação de Deus e essas permissões da sua Providência sem a menor reserva, sem qualquer curiosidade, inquietação ou desconfiança, porque sabemos que Deus sempre quer o nosso bem; aceitá-las com agradecimento, confiando na proximidade divina e na assistência da sua graça. Que a nossa única resposta à ação de Deus em nós seja sempre: «Seja como tu queres, Senhor; faça-se a tua vontade»"[13].

E isto perante a dor, a doença, o fracasso ou um desastre que parece irreparável... E, imediatamente, pedir forças ao nosso Pai-Deus e empregar os meios humanos que razoavelmente se possam empregar; pedir que essas contrariedades passem, se for essa a vontade divina, e pedir a graça de obter fruto sobrenatural e humano de todos os transes da vida. O que acontece cada dia no pequeno universo da nossa profissão e família, no círculo dos nossos amigos e conhecidos, pode e deve ajudar-nos a encontrar Deus providente. A aceitação e o cumprimento do querer divino são fonte de serenidade e de agradecimento. Não raras vezes acabaremos por acolher com agradecimento aquilo que a princípio nos parecia um desastre irremediável.

"A Virgem Santa Maria, Mestra de entrega sem limites. — Lembras-te? Com palavras que eram um louvor dirigido a Ela, Jesus Cristo afirma: «Aquele que cumpre a Vontade de meu Pai, esse — essa — é minha mãe!...»"[14].

(1) Mc 3, 31-35; (2) Santo Agostinho, *Sobre a virgindade*, 3; (3) idem, *Carta 243*, 9-10; (4) cf. João Paulo II, Enc. *Redemptoris Mater*, 25-III-1987, 20-21; (5) Jo 4, 34; (6) cf. São Tomás, *Comentário sobre São Mateus*, 14, 49-50; (7) São Josemaria Escrivá, *Caminho*, n. 754; (8) cf. Lc 22, 42; Jo 6, 38; (9) Santa Catarina de Sena, *O diálogo*, 2, 6; (10) *Catecismo de São Pio X*, n. 472; (11) São Josemaria Escrivá, *op. cit.*, n. 773; (12) cf. São Bernardo, *Sermão I, Sobre a conversão de S. Paulo*; (13) B. Baur, *En la intimidad con Dios*, Herder, Barcelona, 1962, p. 219-220; (14) São Josemaria Escrivá, *Sulco*, n. 33.

Tempo Comum. Terceira Semana. Quarta-feira

21. A SEMEADURA E A COLHEITA

— Parábola do semeador. Nós somos colaboradores do Senhor. Dar doutrina. As disposições das almas podem mudar.

— Otimismo no apostolado. O Senhor permite que em muitas ocasiões não vejamos os frutos. Paciência e constância. "As almas, como o bom vinho, melhoram com o tempo".

— O fruto é sempre superior à semente que se perde. Muitos dos nossos amigos estão esperando que lhes falemos de Cristo.

I. *SAIU O SEMEADOR a semear a sua semente*, diz-nos o Senhor no Evangelho[1]. O campo, o caminho, os espinhos e as pedras receberam a semente: o semeador semeia a mãos cheias e a semente cai em toda a parte.

Com esta parábola, Cristo quis declarar que Ele derrama a sua graça em todos com muita generosidade. Assim como o lavrador não escolhe a terra que pisa com os seus pés, lançando a sua semente de forma natural e indiscriminada, assim também o Senhor não distingue o pobre do rico, o sábio do ignorante, o tíbio do fervoroso, o valente do covarde[2]. Deus semeia em todos; dá a cada homem as ajudas necessárias para a sua salvação.

No escritório, na empresa, na farmácia, no consultório, na oficina, na loja, nos hospitais, na lavoura, no teatro..., onde quer que nos encontremos, podemos dar a conhecer a mensagem do Senhor. É Ele próprio que espalha a semente nas almas. "Nós somos simples trabalhadores, porque é Deus quem semeia"[3]. Somos colaboradores de Deus, e no seu campo: Jesus "por intermédio dos cristãos, prossegue a sua semeadura divina. Cristo aperta o trigo em suas mãos chagadas, embebe-o no seu sangue, limpa-o, purifica-o e lança-o no sulco que é o mundo"[4] com infinita generosidade.

Assim como não nos cabe senão preparar a terra e semeá-la em nome do Senhor, assim também não somos nós que fazemos crescer a semente; é tarefa do Senhor fazer com que a semente germine e chegue a dar os frutos desejados[5]. Devemos recordar sempre que "os homens não são mais do que instrumentos, de quem Deus se serve para a salvação das almas; e deve-se procurar que esses instrumentos estejam em bom estado para que Deus possa utilizá-los"[6]. A grande responsabilidade de quem se sabe instrumento é esta: manter-se em bom estado.

A semente caiu em toda parte: no campo, no caminho, entre os espinhos, sobre pedras. "E qual a razão para semear entre os espinhos, sobre pedras, sobre o caminho? Tratando-se de semente e de terra, certamente não haveria razão para isso, pois não é possível que a pedra se converta em terra, nem que o caminho já não seja caminho ou os espinhos deixem de sê-lo; mas com as almas não é assim. Porque é possível que a pedra se transforme em terra boa e que o caminho já não seja pisado nem permaneça aberto a todos os que passam, antes se torne um campo fértil, e que os espinhos desapareçam e a semente frutifique nesse terreno"[7]. Não há terrenos demasiado duros ou baldios para Deus. A nossa oração e a nossa mortificação, se formos humildes e pacientes, podem conseguir do Senhor a graça necessária para transformar as condições interiores das almas que queremos aproximar de Deus.

II. O TRABALHO COM AS ALMAS é sempre eficaz. Deus faz com que os nossos esforços deem fruto, muitas vezes de uma forma insuspeitada. *Os meus escolhidos não trabalharão em vão*[8], prometeu-nos o Senhor.

A missão apostólica ora é semeadura, sem frutos visíveis, ora é colheita daquilo que outros semearam com a sua palavra, com a sua dor no leito de um hospital ou com um trabalho escondido e monótono que passou desapercebido aos olhos humanos. Em ambos os casos, o Senhor quer *que se alegrem juntos aquele que semeia e aquele que recolhe*[9]. O apostolado é tarefa alegre e ao mesmo tempo sacrificada: na semeadura e na colheita.

É também *tarefa paciente e constante*. Assim como o lavrador sabe esperar dias e dias até ver despontar a semente, e mais ainda até à colheita, assim também devemos nós saber esperar no nosso empenho por aproximar as almas de Deus. O Evangelho e a nossa própria experiência nos ensinam que a graça normalmente necessita de tempo para frutificar nas almas. Sabemos também da resistência que muitos corações oferecem à graça, tal como pode ter acontecido conosco noutros tempos. A nossa ajuda aos outros manifestar-se-á, pois, numa maior paciência — virtude muito relacionada com a da fortaleza — e numa constância sem desânimos. Não tentemos arrancar o fruto antes de estar maduro. "E é esta paciência a que nos leva também a ser compreensivos com os outros, persuadidos de que as almas, como o bom vinho, melhoram com o tempo"[10].

A espera não se confunde com o desleixo nem com a desistência. Pelo contrário, leva a empregar os meios mais adequados para a situação em que se encontra a pessoa que queremos ajudar: abundância de luz da doutrina, mais oração e alegria, espírito de sacrifício, amizade mais íntima...

E quando parece que a semente caiu em terreno pedregoso ou cheio de espinhos, e que o fruto desejado tarda a chegar, devemos afastar qualquer sombra de pessimismo. "É muito frequente que nos enganemos quando dizemos: «Errei na educação dos meus filhos», ou «não soube fazer o bem à minha volta». O que acontece é que *ainda* não conseguimos o resultado que pretendíamos, *ainda* não vemos o fruto que desejaríamos, porque a messe não está madura. O que importa é que tenhamos semeado, que tenhamos dado

Deus às almas. Quando Deus quiser, essas almas voltarão para Ele. Pode ser que não estejamos ali para vê-lo, mas haverá outros para recolher o que foi semeado"[11]. Sobretudo, ali estará Cristo, para quem nos esforçamos.

Trabalhar quando não se veem os frutos é um bom sintoma de fé e de retidão de intenção, um bom sinal de que vamos realizando verdadeiramente uma tarefa que é só para a glória de Deus. "A fé é um requisito imprescindível no apostolado, que muitas vezes se manifesta na constância em falar de Deus, ainda que os frutos demorem a vir. Se perseverarmos, se insistirmos, bem convencidos de que o Senhor assim o quer, também à tua volta, por toda a parte, se irão notando sinais de uma revolução cristã: uns haverão de entregar-se, outros tomarão a sério a sua vida interior, e outros — os mais fracos — ficarão pelo menos alertados"[12].

III. OUTRA PARTE DA SEMENTE, no entanto, *caiu em terra boa e deu fruto, uma cem, outra sessenta, outra trinta.*

Ainda que uma parte se tenha perdido por ter caído em mau terreno, outra parte deu uma colheita excelente. A fertilidade da boa terra compensou de longe a semente que deixou de dar o fruto devido. Não devemos esquecer nunca o otimismo radical que impregna a mensagem cristã; o apostolado sempre dá um fruto infinitamente superior ao dos meios empregados. Se formos fiéis, o Senhor há de permitir-nos ver na outra vida todo o bem produzido pela nossa oração, pelas horas de trabalho que oferecemos pelos outros, pelas conversas que tivemos com os nossos amigos, pelas horas de doença oferecidas, por aquele encontro com alguém que nunca mais nos deu um ar da sua graça, por tudo aquilo que nos pareceu um fracasso; há de mostrar-nos para quem serviu aquele terço que rezamos quando voltávamos da Faculdade ou do escritório...

Nada ficou sem fruto: uma parte deu cem, outra sessenta, outra trinta. O grande erro do semeador seria não lançar a semente por medo de que uma parte caísse em terreno pouco propício para frutificar: deixar de falar de Cristo pelo receio de não saber semear bem a semente, ou de que alguém possa interpretar mal as suas palavras, ou lhe diga que não está interessado, ou...

Na ação apostólica, devemos ter presente que Deus já sabe que haverá pessoas que corresponderão à nossa chamada e outras que se recusarão. Ao fazer do homem uma criatura livre, Deus — na sua Sabedoria infinita — contou com o risco de que usasse mal da sua liberdade e aceitou que alguns homens não quisessem dar fruto: "Cada alma é dona do seu destino, para bem ou para mal [...]. Sempre nos impressiona esta terrível capacidade — que possuímos tu e eu, que todos possuímos —, e que revela ao mesmo tempo o sinal da nossa nobreza"[13].

Deus poderia ter-nos criado sem liberdade, de modo que lhe déssemos glória tal como a dão os animais e as plantas, que se movem segundo as leis necessárias da sua natureza, dos seus instintos, submetidos à servidão de uns estímulos externos ou internos. Poderíamos ter sido uns animais mais aperfeiçoados, mas sem liberdade. Deus, porém, *quis criar-nos livres*, para que reconhecêssemos voluntariamente a nossa dependência dEle por amor. Digamos livremente como Maria: *Eis aqui a escrava do Senhor*[14]. Tornarmo-nos escravos de Deus por amor compensa todas as ofensas que os outros possam fazer-lhe por utilizarem mal a sua liberdade.

Vivamos a alegria da semeadura, "cada um conforme as suas possibilidades, faculdades, carismas e ministérios. Todos, por conseguinte, tanto os que semeiam como os que colhem, tanto os que plantam como os que regam, devem ser necessariamente um só, para que assim, «trabalhando livre e ordenadamente para o mesmo fim», empenhem unanimemente as suas forças na edificação da Igreja"[15].

(1) Mc 4, 1-20; (2) cf. São João Crisóstomo, *Homilias sobre São Mateus*, 44, 3; (3) Santo Agostinho, *Sermão 73*, 3; (4) São Josemaria Escrivá, *É Cristo que passa*, n. 157; (5) cf. 1 Cor 3, 7; (6) São Pio X,

Enc. *Haerent animo*; (7) São João Crisóstomo, *op. cit.*, 44; (8) Is 65, 23; (9) cf. Jo 4, 36; (10) São Josemaria Escrivá, *Amigos de Deus*, n. 78; (11) G. Chevrot, *El pozo de Sicar*, Rialp, Madri, 1981, p. 267; (12) São Josemaria Escrivá, *Sulco*, n. 207; (13) São Josemaria Escrivá, *Amigos de Deus*, n. 33; (14) Lc 1, 38; (15) Conc. Vat. II, Decr. *Ad gentes*, 28.

TEMPO COMUM. TERCEIRA SEMANA. QUINTA-FEIRA

22. CRESCER EM VIDA INTERIOR

— A vida interior está destinada a crescer. Corresponder às graças recebidas.
— A fidelidade através dos pormenores e o espírito de sacrifício.
— A contrição e o crescimento interior.

I. NALGUMAS OCASIÕES, Jesus, ao expor aos apóstolos a sua doutrina, pede-lhes que prestem toda a atenção; noutras, reúne-os para explicar-lhes de novo, a sós, uma parábola, ou para fazê-los observar algum episódio de que devem extrair um ensinamento, pois receberam um tesouro para toda a Igreja do qual terão depois que prestar contas.

Prestai atenção..., disse-lhes Jesus certa vez. E transmitiu-lhes este ensinamento: *A quem tem, dar-se-lhe-á; e a quem não tem, mesmo aquilo que parece ter ser-lhe-á tirado*[1]. E a este propósito comenta São João Crisóstomo: "A quem é diligente e fervoroso, dar-se-lhe-á toda a ajuda que depende de Deus; mas a quem não tem amor nem fervor, nem faz o que está ao seu alcance, também não lhe será dado o que depende de Deus. Porque *perderá* — diz o Senhor — *ainda aquilo que parece ter*; não porque Deus lho tire, mas porque se incapacita para novas graças"[2].

A quem tem, dar-se-lhe-á... É um ensinamento fundamental para a vida interior de cada cristão. Àquele que corresponde à graça, dar-se-lhe-á ainda mais graça; mas quem não faz frutificar as inspirações, moções e ajudas do Espírito Santo, ficará cada vez mais empobrecido. Os que negociaram com os talentos que tinham recebido em depósito, vieram a receber uma fortuna ainda maior; mas aquele que enterrou o seu, perdeu-o[3]. A vida interior, tal como o amor, está destinada a crescer; exige sempre que se progrida, que se esteja aberto a novas graças. "Se dizes «basta», já estás morto"[4]; quando não se avança, retrocede-se.

Deus prometeu-nos que nos concederia sempre as ajudas necessárias. Podemos dizer a cada instante com o salmista: *O Senhor anda solícito por mim*[5]. As dificuldades, as tentações, os obstáculos internos ou externos nada mais são do que ocasiões para crescer; quanto mais forte for a dificuldade, maior será a graça; e se as tentações ou contradições forem muito fortes, maiores serão as ajudas de Deus para convertermos aquilo que parecia dificultar ou impossibilitar a santidade num motivo de progresso espiritual e de eficácia na ação apostólica.

Só o desamor e a tibieza é que fazem adoecer ou morrer a vida da alma. Só a má vontade, a falta de generosidade com Deus, é que atrasa ou impede a união com Ele. "Conforme for a capacidade que o cântaro da fé leva à fonte, assim será o que dela há de receber"[6]. Jesus Cristo é uma fonte inesgotável de ajuda, de amor, de compreensão: com que capacidade — com que desejos — nos aproximamos dEle? Senhor — dizemos-lhe na nossa oração —, dai-me mais e mais sede de Vós, que eu Vos deseje mais intensamente que o infeliz que anda perdido no deserto e a ponto de morrer por falta de água.

II. AS CAUSAS que levam a não progredir na vida interior e, portanto, a retroceder e a dar lugar ao desalento, podem ser muito diversas, mas por vezes podem reduzir-se a poucas: ao desleixo, à falta de vigilância nas pequenas coisas que dizem respeito ao serviço e à amizade com Deus, e ao recuo perante os sacrifícios que essa amizade nos pede[7].

Tudo o que possuímos para oferecer ao Senhor são pequenos atos de fé e de amor, ações de graças, uma breve visita ao Santíssimo Sacramento, as orações costumeiras ao longo do dia; e esforço no trabalho profissional, amabilidade nas respostas, delicadeza ao prestar ou ao pedir um favor... Muitas pequenas coisas feitas com amor e por amor constituem o nosso tesouro deste dia que levaremos para a eternidade.

Normalmente, a vida interior alimenta-se, pois, do corriqueiro realizado com atenção e com amor. Pretender outra coisa seria errar de caminho, não achar nada, ou muito pouco, para oferecer a Deus. "Vem a propósito — diz-nos Mons. Escrivá — recordar a história daquele personagem imaginado por um escritor francês, que pretendia caçar leões nos corredores da sua casa e, naturalmente, não os encontrava. A nossa vida é comum e corrente: pretender servir o Senhor com coisas grandes seria como tentar ir à caça de leões pelos corredores. Assim como o caçador do conto, acabaríamos de mãos vazias"[8], sem nada que oferecer.

As nossas pequenas obras são como as gotas de água que, somadas umas às outras, fecundam a terra sedenta: um olhar a uma imagem de Nossa Senhora, uma palavra de alento a um amigo, uma genuflexão reverente diante do Sacrário, um movimento imperceptível de domínio da vista pela rua, um pequeno ato de força de vontade para fugir de um dissimulado convite à preguiça... criam os bons hábitos, as virtudes, que conservam e fazem progredir a vida da alma. Se formos fiéis em realizar esses pequenos atos, quando tivermos de enfrentar alguma coisa mais importante — uma doença mais séria, um fracasso profissional... —, saberemos também tirar fruto dessa situação que o Senhor quis ou permitiu. Cumprir-se-ão então as palavras de Jesus: *Aquele que é fiel no pouco também o é no muito*[9].

Outra causa de retrocesso na vida da alma é "negarmo-nos a aceitar os sacrifícios que Deus nos pede"[10], esquivando-nos a essas ocasiões em que devemos dar combate ao nosso egoísmo para procurar Cristo durante o dia, ao invés de nos procurarmos a nós mesmos. O amor a Deus "adquire-se na fadiga espiritual"[11]. Não existe amor, nem humano nem divino, sem este sacrifício voluntário. "O amor cresce e desenvolve-se em nós no meio das contradições, entre as resistências que o interior de cada um de nós lhe opõe, e ao mesmo tempo entre os obstáculos que provêm «de fora», isto é, das múltiplas forças que lhe são estranhas e até hostis"[12].

Como o Senhor nos prometeu que não nos faltaria com a ajuda da sua graça, o nosso progresso só depende da nossa correspondência, do nosso empenho em recomeçar constantemente, sem desanimar, apoiando-nos nos "muitos poucos"[13] que compõem a nossa vida e que estão sempre ao nosso alcance, como um convite ao sacrifício por amor.

III. A VIDA INTERIOR tem uma oportunidade muito particular de crescer quando depara com situações adversas. E não existe obstáculo maior para a alma do que aquele que resulta do seu próprio desleixo e das suas faltas de amor. Mas o Espírito Santo ensina-nos e estimula-nos a reagir de modo sobrenatural, com um ato de contrição: *Tem piedade de mim, Senhor, que sou um pecador*[14]. Os atos de contrição são um meio eficaz de progresso espiritual.

Pedir perdão é também amar, pois é contemplar Cristo cada vez mais inclinado à compreensão e à misericórdia. E como somos pecadores[15], o nosso caminho há de estar repleto de atos de dor, de amor, que inundam a alma de esperança e de novos desejos de reempreender a luta pela santidade.

É necessário que regressemos ao Senhor uma vez e outra e mil, sem desânimo e sem angústias, ainda que tenham sido muitas as vezes em que não fomos fiéis ao Amor. Devemos fazer como o filho pródigo que, em lugar de permanecer longe da casa paterna, num país estranho, vivendo mal e coberto de vergonha, *caindo em si, disse:... Levantar-me-ei e irei para meu pai*[16]. "De certo modo, a vida humana é um constante retorno à casa do nosso Pai. Retorno mediante a contrição [...]. Deus espera-nos como o pai da parábola, de braços estendidos, ainda que não o mereçamos. O que menos importa é a nossa dívida. Como no caso do filho pródigo, basta simplesmente abrirmos o coração, termos saudades do lar paterno, maravilharmo-nos e alegrarmo-nos perante o dom divino de nos podermos chamar e ser verdadeiramente filhos de Deus, apesar de tanta falta de correspondência da nossa parte"[17]. Ele nunca nos abandona.

Devemos pensar frequentemente nessas coisas que, mesmo sendo pequenas, nos separam de Deus. Sentir-nos-emos assim movidos à dor e à contrição, e, portanto, muito mais perto do Senhor. E assim também a nossa vida interior sairá enriquecida não só dos obstáculos, mas também das fraquezas, dos erros e dos pecados.

Façamos muitos atos de contrição no dia de hoje. Repitamos humildemente a oração do publicano: *Tem piedade de mim, Senhor, que sou um pobre pecador*. Ou a oração do rei Davi: *Cor contritum et humiliatum, Deus, non despicies:* Não desprezarás, ó Deus, um coração contrito e humilhado[18]. Ser-nos-á de grande ajuda pronunciarmos mentalmente essas ou outras jaculatórias quando avistarmos uma igreja, sabendo que ali está, em pessoa, Jesus Sacramentado, fonte de toda a misericórdia.

A Virgem Maria, que é Mãe de graça, de misericórdia, de perdão, avivará sempre em nós a meta ambiciosa de sermos santos. Ponhamos nas suas mãos o fruto desta oração, convencidos de que quem corresponde à graça recebe ainda mais graça.

(1) Mc 4, 24-25; (2) São João Crisóstomo, *Homilias sobre o Evangelho de São Mateus*, 45, 1; (3) cf. Mt 25, 14-30; (4) Santo Agostinho, *Sermão 51*, 3; (5) Sl 39, 18; (6) Santo Agostinho, *Tratado sobre o Evangelho de São João*, 17; (7) cf. Garrigou-Lagrange, *Las tres edades de la vida interior*, 4ª ed., Palabra, Madri, 1982, vol. I, p. 531 e segs.; (8) São Josemaria Escrivá, *Carta*, 24-III-1930; (9) cf. Lc 16, 10; (10) R. Garrigou-Lagrange, *op. cit.*, p. 533; (11) João Paulo II, *Homilia*, 3-II-1980; (12) *ib.*; (13) São Josemaria Escrivá, *Caminho*, n. 827; (14) Lc 18, 13; (15) cf. 1 Jo 1, 8-8; (16) Lc 15, 17-18; (17) São Josemaria Escrivá, *É Cristo que passa*, n. 64; (18) Sl 50, 19.

TEMPO COMUM. TERCEIRA SEMANA. SEXTA-FEIRA

23. A FIDELIDADE À GRAÇA

— A graça de Deus sempre dá os seus frutos, se nós não lhe opomos obstáculos.
— Os frutos da correspondência.
— Evitar o desalento pelos defeitos que não desaparecem e pelas virtudes que não se alcançam. Recomeçar muitas vezes.

I. O EVANGELHO DA MISSA de hoje apresenta-nos uma pequena parábola que só é relatada por São Marcos[1]. O Senhor fala-nos nela do crescimento da semente lançada à terra; uma vez semeada, cresce independentemente de que o dono do campo durma ou esteja acordado, e sem que ele saiba como isso se dá. Assim é a semente da graça que cai nas almas; se não lhe levantam obstáculos, se lhe é permitido crescer, dá o seu fruto necessariamente, sem depender de quem semeia ou de quem rega, *mas de Deus que dá o crescimento*[2].

Considerar frequentemente que "a doutrina, a mensagem que devemos propagar, tem uma fecundidade própria e infinita que não é nossa, mas de Cristo"[3], dá-nos uma grande confiança na nossa atuação apostólica. E, na própria vida interior, também nos cumula de esperança, pois nos dá a saber que a graça de Deus, se nós não a dificultamos, realiza silenciosamente na alma uma profunda transformação, quer durmamos, quer estejamos acordados, a toda a hora, fazendo brotar no nosso interior — talvez agora mesmo, nestes minutos de oração — resoluções de fidelidade, de correspondência, de entrega.

O Senhor oferece-nos constantemente a sua graça para nos ajudar a ser fiéis, isto é, a cumprir o dever de cada momento. Da nossa parte, resta-nos aceitar essas ajudas e cooperar com elas generosamente e com docilidade. Dá-se na alma algo de semelhante ao que acontece com o corpo: os pulmões necessitam continuamente de aspirar oxigênio para renovar o sangue; quem não respira morre asfixiado. Pois bem, quem não recebe docilmente a graça que lhe é dada por Deus em cada momento, acaba por morrer de asfixia espiritual[4].

Receber a graça com docilidade é empenhar-se em realizar aquilo que o Espírito Santo sugere na intimidade do coração: quando nos incita, por exemplo, a cumprir o dever até o fim, primordialmente naquilo que se refere aos compromissos espirituais; a esforçar-nos decididamente por alcançar uma meta mais alta em determinada virtude; a aceitar com elegância sobrenatural e simplicidade uma contradição que talvez se prolongue.

Quanto maior for a nossa fidelidade a essas graças, melhor nos prepararemos para receber outras, maior a facilidade que teremos para realizar boas obras, maior a alegria que experimentaremos na nossa vida, porque a alegria sempre está estreitamente relacionada com a correspondência à graça.

II. A DOCILIDADE ÀS INSPIRAÇÕES do Espírito Santo é necessária para conservarmos a vida da graça e para obtermos frutos sobrenaturais. Como o Senhor nos diz na parábola que meditamos, a semente tem a força necessária para germinar, crescer e dar frutos no nosso coração.

Mas, em primeiro lugar, é necessário deixar que chegue à alma, recebê-la no nosso interior, acolhê-la sem a calcar ou marginalizar, pois "as oportunidades de Deus não esperam. Chegam e passam. A palavra de vida não aguarda; se não nos apossamos dela, será levada pelo demônio, que não é preguiçoso, que tem os olhos sempre abertos e está sempre preparado para saltar e levar o dom não utilizado"[5]. A resistência à graça produz na alma o mesmo efeito que "o granizo sobre a florada de uma árvore que prometia frutos abundantes; as flores são afetadas e o fruto não chega a amadurecer"[6]. A vida interior debilita-se e morre.

O Espírito Santo concede-nos inúmeras graças para evitarmos o pecado venial deliberado, bem como essas faltas que, sem serem propriamente um pecado, desagradam a Deus. Os santos foram sempre os que com maior delicadeza souberam corresponder a essas ajudas sobrenaturais. Nós também recebemos incontáveis graças para santificar as ações da vida ordinária. Chegam-nos sob a forma de pequenas inspirações, de um rebate de consciência, da sugestão para uma reconciliação, para um ato de caridade com alguém que não o espera, de um impulso que leva a concluir o trabalho começado, de uma luz inesperada sobre algum aspecto defeituoso da nossa maneira de ser... Se formos fiéis da manhã até à noite a esses auxílios, os nossos dias terminarão repletos de atos de amor a Deus e ao próximo, tanto nos momentos agradáveis como naqueles em que nos sentimos cansados, com menos forças e ânimo: todos são bons para dar fruto.

Uma graça traz outra consigo — *a quem tem, dar-se--lhe-á*, líamos ontem no Evangelho da Missa[7] —, e a alma vai-se fortalecendo no bem à medida que o pratica. Cada dia é um grande presente que Deus nos faz para que o cumulemos de amor numa correspondência alegre, contando com obstáculos e com o impulso divino para superá-los e convertê-los em ocasião de santidade e de apostolado. Todas as coisas são bem diferentes quando as realizamos por amor e para o Amor.

III. "O HOMEM LANÇA a semente na terra quando forma no seu coração um bom propósito [...]; e a semente germina e cresce sem que ele o perceba, porque, ainda que não possa notar o seu crescimento, a virtude, uma vez concebida, caminha para a perfeição, e a terra frutifica por si mesma: com a ajuda da graça, a alma do homem levanta-se espontaneamente para fazer o bem. Não esqueçamos, contudo, que a terra primeiro produz o talo, depois a espiga e por fim o trigo"[8]. A vida interior necessita de tempo, cresce e amadurece como o trigo no campo.

A fidelidade aos impulsos que o Senhor nos quer dar também se manifesta em evitarmos o desalento pelas nossas faltas e a impaciência ao vermos que talvez continue a custar-nos dedicar uns minutos diários à oração mental, arrancar um defeito ou lembrar-nos mais vezes de Deus enquanto trabalhamos.

O lavrador é paciente: não desenterra a semente nem abandona o campo por não encontrar o fruto esperado no tempo que ele julgava suficiente para colhê-lo. O lavrador sabe muito bem que deve trabalhar e esperar, contar com o frio e com os dias ensolarados; sabe que a semente vai amadurecendo *sem que ele perceba como*, e que o tempo da colheita não deixará de chegar.

"Em geral, a graça atua como a natureza: por graus. Não podemos propriamente antecipar-nos à ação da graça: mas, naquilo que depende de nós, temos de preparar o terreno e cooperar, quando Deus no-la concede.

"É mister conseguir que as almas apontem muito alto: empurrá-las para o ideal de Cristo; levá-las até às últimas consequências, sem atenuantes nem paliativos de espécie alguma, sem esquecer que a santidade não é primordialmente questão de braços. Normalmente, a graça segue as suas horas, e não gosta de violências.

"Fomenta as tuas santas impaciências..., mas não percas a paciência"[9], tal como não a perde o lavrador na sua sabedoria de séculos. Aprendamos a "apontar muito alto" na santidade e no apostolado, esperando o tempo oportuno, sem nunca desanimar, retomando muitas vezes os nossos propósitos audazes.

Devemos ser cada vez mais conscientes de que a superação de um defeito ou a aquisição de uma virtude não depende normalmente de esforços violentos e esporádicos, mas da continuidade humilde na luta, da constância em tentar e voltar a tentar, contando com a misericórdia infinita do Senhor. Não podemos deixar de ser fiéis às graças por impaciência. "É preciso que tenhamos paciência com todos — diz São Francisco de Sales —, mas, em primeiro lugar, conosco próprios"[10].

Nada é irremediável para quem espera no Senhor; nada está perdido; sempre há possibilidade de perdão e de tornar a começar: humildade, sinceridade, arrependimento... e tornar a começar, correspondendo ao Senhor, que está mais empenhado do que nós em que vençamos os obstáculos. Há uma profunda alegria de cada vez que recomeçamos. E teremos que fazê-lo muitas vezes ao longo da nossa passagem pela terra, porque sempre teremos faltas, deficiências, fragilidades e pecados.

Sejamos humildes e pacientes. Deus conta com os nossos fracassos, mas espera também muitas pequenas vitórias ao longo dos nossos dias; vitórias que se alcançam sempre que somos fiéis a uma inspiração, a uma moção do Espírito Santo, por pequena que seja.

(1) Mc 4, 26-32; (2) cf. 1 Cor 3, 5-9; (3) São Josemaria Escrivá, *É Cristo que passa*, n. 159; (4) cf. R. Garrigou-Lagrange, *Las tres edades de la vida interior*, vol. I, p. 104; (5) São John Henry Newman, *Sermão para o domingo da Sexagésima. Chamadas da graça*; (6) R. Garrigou-Lagrange, *op. cit.*, p. 105; (7) Mc 4, 25; (8) São Gregório Magno, *Homilias sobre Ezequiel*, 2, 3; (9) São Josemaria Escrivá, *Sulco*, n. 668; (10) São Francisco de Sales, *Cartas*, frag. 139, in *Obras selectas de San Francisco de Sales*, BAC, Madri, 1959, II, p. 774.

Tempo Comum. Terceira Semana. Sábado

24. A CORREÇÃO FRATERNA

— O dever da correção fraterna. A sua eficácia sobrenatural.
— A correção fraterna era praticada com frequência entre os primeiros cristãos. Falsas desculpas para não fazê-la. Ajuda que prestamos.
— Virtudes que se devem viver ao fazer a correção fraterna. Modo de recebê-la.

I. JÁ NO ANTIGO TESTAMENTO a Sagrada Escritura nos mostra como Deus se serve frequentemente de homens cheios de fortaleza e de caridade para fazer notar a outros o seu afastamento do caminho que conduz ao Senhor. O Livro de Samuel apresenta-nos o profeta Natã, enviado por Deus ao rei Davi[1] para falar-lhe dos pecados gravíssimos que este havia cometido. Apesar da evidência desses pecados tão graves (adultério com a mulher do seu fiel servidor, cuja morte provocou) e de que o rei fosse um bom conhecedor da Lei, "o desejo havia-se apoderado de todos os seus pensamentos e a sua alma estava completamente adormecida, como que num torpor. Necessitou da luz e das palavras do profeta para tomar consciência do que tinha feito"[2]. Naquelas semanas, Davi vivia com a consciência adormecida pelo pecado.

Para fazê-lo perceber a gravidade do seu delito, Natã expôs-lhe uma parábola: *Havia numa cidade dois homens;*

um rico e outro pobre. O rico tinha muitos rebanhos de ovelhas e de bois; o pobre só tinha uma ovelhinha que havia comprado; ia criando-a e ela crescia com ele e com os seus filhos, comendo do seu pão e bebendo da sua taça, dormindo nos seus braços: era para ele como uma filha. Certo dia, chegou uma visita à casa do rico e este, não querendo perder uma ovelha ou um boi para dar de comer ao seu hóspede, subtraiu a ovelha do pobre e preparou-a para o seu hóspede. Davi pôs-se furioso contra aquele homem e disse a Natã: Pela vida de Deus! Aquele que fez isso é réu de morte!

Natã respondeu então ao rei: *Tu és esse homem.* E Davi tomou consciência dos seus pecados, arrependeu-se e desafogou a sua dor num Salmo que a Igreja nos propõe como modelo de contrição. Começa assim: *Tem piedade de mim, ó Deus, segundo a tua bondade; e conforme a imensidão da tua misericórdia, apaga a minha iniquidade...*[3] Davi fez penitência e foi grato a Deus. Tudo graças a uma advertência oportuna e cheia de fortaleza.

Um dos maiores bens que podemos prestar àqueles a quem mais queremos e a todos, é a ajuda, muitas vezes heroica, da *correção fraterna.* No convívio diário, observamos que os nossos familiares, amigos ou conhecidos — como, aliás, nós mesmos — podem chegar a formar hábitos que destoam de um bom cristão e que os afastam de Deus. Podem ser faltas de laboriosidade habituais, impontualidades, modos de falar que beiram a murmuração ou a difamação, brusquidões, impaciências... Podem ser também faltas de justiça nas relações de trabalho, atitudes pouco exemplares no modo de viver a sobriedade ou a temperança, gula, embriaguez, gastos de pura ostentação, desperdícios de dinheiro no jogo ou nas loterias, amizades ou familiaridades que põem em perigo a fidelidade conjugal ou a castidade... É fácil compreender que uma correção fraterna feita a tempo, oportuna, cheia de caridade e de compreensão, a sós com o interessado, pode evitar muitos males: um escândalo, um dano irreparável à família...; ou, simplesmente, pode ser um estímulo eficaz para que a pessoa em questão corrija um defeito e se aproxime mais de Deus.

Esta ajuda espiritual nasce da caridade e é uma das suas principais manifestações. Por vezes, é também uma exigência da virtude da justiça, quando existe para com a pessoa que deve ser corrigida uma especial obrigação de prestar-lhe essa ajuda.

Devemos pensar com frequência se não nos omitimos nesta matéria. "Por que não te decides a fazer uma correção fraterna? — Sofre-se ao recebê-la, porque custa humilhar-se, pelo menos no começo. Mas, fazê-la, custa sempre. Bem o sabem todos. — O exercício da correção fraterna é a melhor maneira de ajudar, depois da oração e do bom exemplo"[4].

II. A CORREÇÃO FRATERNA tem sabor evangélico; os primeiros cristãos praticavam-na frequentemente, tal como o Senhor a tinha estabelecido — *Vai e corrige-o a sós*[5] —, e ocupava um lugar muito importante nas suas vidas[6], pois conheciam a sua eficácia. São Paulo escreve aos fiéis de Tessalônica: *Se alguém não obedecer ao que dizemos nesta carta..., não o olheis como inimigo, antes corrigi-o como a um irmão*[7]. Na Epístola aos Gálatas, o Apóstolo diz que a correção fraterna deve ser feita *com espírito de mansidão*[8].

O apóstolo São Tiago incentiva da mesma forma os primeiros cristãos a praticá-la, recordando-lhes a recompensa que o Senhor lhes dará: *Se algum de vós se desviar da verdade e um outro conseguir reconduzi-lo, saiba que quem converte um pecador do seu extravio salvará a alma dele da morte e cobrirá a multidão dos seus próprios pecados*[9]. Não é uma recompensa pequena. Não podemos desculpar-nos e repetir as palavras de Caim: *Por acaso sou eu o guardião do meu irmão?*[10]

Entre as desculpas que podemos dar no nosso coração para não fazer ou para adiar a correção fraterna, está antes de mais nada o medo de entristecer aquele que a deve receber. É paradoxal que o médico não deixe de dizer ao paciente que, se quer ser curado, deve sofrer uma dolorosa operação, e nós, cristãos, relutemos às vezes em dizer àqueles que nos rodeiam que está em jogo a saúde da sua alma. "É grande o número dos que, para não desagradarem ou para não impressionarem uma pessoa que tenha entrado nos últimos dias e nos momentos extremos da sua existência terrena, lhe silenciam o seu estado real, causando-lhe desse modo um mal de dimensões incalculáveis. Mas é mais elevado o número daqueles que veem os seus amigos no erro ou no pecado, ou prestes a cair num ou noutro, e permanecem mudos, e não mexem um dedo para lhes evitar esses males. Poderíamos considerar amigo a quem se comportasse conosco desse modo? Certamente que não. E, no entanto, as pessoas à nossa volta adotam frequentemente essa atitude para não nos magoarem"[11].

Com a prática da correção fraterna, cumpre-se verdadeiramente o que nos diz a Sagrada Escritura: *O irmão ajudado pelo seu irmão é como uma cidade amuralhada*[12]. Nada nem ninguém pode derrotar uma caridade bem vivida. Com essa demonstração de amor cristão, não são só as pessoas que melhoram, mas toda a sociedade. Evitam-se ao mesmo tempo críticas e murmurações que tiram a paz da alma e conturbam as relações entre os homens. A amizade, se for verdadeira, torna-se mais profunda e autêntica com a correção fraterna; e cresce também a amizade com Cristo.

III. QUANDO SE PRATICA a correção fraterna, deve-se viver uma série de virtudes sem as quais não estaríamos diante de uma autêntica manifestação de caridade. "Quando tiveres de corrigir, faze-o com caridade, no momento oportuno, sem humilhar... e com ânimo de aprender e de melhorares tu mesmo naquilo que corriges"[13], tal como Cristo a praticaria se estivesse no nosso lugar, com a mesma delicadeza, com a mesma firmeza.

Às vezes, uma certa irritabilidade e falta de paz interior pode levar-nos a ver nos outros defeitos que na realidade são nossos. "Devemos corrigir, pois, por amor; não com o desejo de ferir, mas com a intenção carinhosa de conseguir que a pessoa se emende [...]. Por que a corriges? Porque te irrita teres sido ofendido por ela? Queira Deus que não. Se o fazes por amor-próprio, nada fazes. Se é o amor que te move, atuas bem"[14].

A *humildade* ensina-nos, mais talvez do que qualquer outra virtude, a encontrar as palavras certas e o modo de falar que não ofende, ao recordar-nos que nós também precisamos de muitas ajudas semelhantes. A *prudência* leva-nos a fazer a advertência com prontidão e no momento mais adequado; esta virtude é-nos necessária para levarmos em conta o modo de ser da pessoa e as circunstâncias por que está passando: "como os bons médicos, que não curam de uma só maneira"[15], não dão a mesma receita a todos os pacientes.

Depois de corrigirmos alguém, não devemos deixar-nos impressionar se parece que não reage, antes é preciso ajudá-lo ainda um pouco mais com o exemplo, com a oração e a mortificação por ele, e com uma maior compreensão.

Quando somos nós que recebemos uma correção, devemos aceitá-la com humildade e em silêncio, sem nos desculparmos, reconhecendo a mão do Senhor nesse bom amigo, que o é pelo menos a partir daquele momento; com um sentimento de gratidão viva, porque alguém se interessou de verdade por nós; com a alegria de pensar que não estamos sós no esforço por dirigir sempre os nossos passos para Deus.

"Depois de teres recebido com provas de carinho e de reconhecimento as advertências que te fazem, procura segui-las como um dever, não só pelo benefício que representa corrigir-se, mas também para fazeres ver à pessoa que te advertiu que não foram em vão os seus esforços e que tens muito em conta a sua benevolência. O soberbo, ainda que se corrija, não quer aparentar que seguiu os conselhos que lhe deram, porque os despreza; quem é verdadeiramente humilde tem por ponto de honra submeter-se a todos por amor a Deus, e vive os sábios conselhos que recebe como vindos do próprio Deus, seja qual for o instrumento de que Ele se tenha servido"[16].

Ao terminarmos a nossa oração, recorramos à Santíssima Virgem, *Mater boni consilii*, Mãe do bom conselho, para que nos ajude a viver sempre que for necessário essa prova de amizade verdadeira, de apreço sincero por aqueles com quem temos um contato mais frequente, que é a correção fraterna.

(1) Cf. 2 Sm 12, 1-17; (2) São João Crisóstomo, *Homilias sobre São Mateus*, 60, 1; (3) Sl 50; (4) São Josemaria Escrivá, *Forja*, n. 641; (5) cf. Mt 18, 15; (6) cf. *Didaqué*, 15, 13; (7) 2 Ts 3, 14-15; (8) Gl 6, 1; (9) Tg 5, 19-20; (10) Gn 4, 9; (11) Salvador Canals, *Reflexões espirituais*, p. 133; (12) Pr 18, 19; (13) São Josemaria Escrivá, *Forja*, n. 455; (14) Santo Agostinho, *op. cit.*; (15) São João Crisóstomo, *op. cit.*, 29; (16) Leão XIII, *Prática da humildade*, 41.

TEMPO COMUM. QUARTO DOMINGO. CICLO A

25. O CAMINHO DAS BEM-AVENTURANÇAS

— As bem-aventuranças, caminho de santidade e de felicidade.
— A nossa felicidade vem de Deus.
— Não perderemos a alegria se em tudo procurarmos a Deus.

I. UMA IMENSA MULTIDÃO vinda de todos os lugares rodeia o Senhor. Esperam dEle a sua doutrina salvadora, que dará sentido às suas vidas. *Vendo Jesus a multidão, subiu a um monte onde se sentou; e, tendo-se aproximado dEle os seus discípulos, abrindo a boca, ensinava-lhes*[1].

É esta a ocasião que Jesus aproveita para traçar uma imagem profunda do verdadeiro discípulo: *Bem-aventurados os pobres em espírito, porque deles é o reino dos céus. Bem-aventurados os mansos, porque possuirão a terra. Bem-aventurados os que choram...*

Não é difícil imaginar a impressão — talvez de desconcerto, ou mesmo de decepção — que estas palavras devem ter causado nos que o escutavam. Jesus acabava de formular o espírito novo que viera trazer à terra; um espírito que significava uma revolução completa nos juízos de valor habituais na sociedade, como os dos fariseus, que viam na felicidade terrena a bênção e o prêmio de Deus, e, na infelicidade e na desgraça, o castigo[2]. Em geral, "o homem antigo, mesmo no povo de Israel, procurava a riqueza, o gozo, a estima, o poder, e considerava tudo isso como a fonte de toda a felicidade. Jesus rasga um caminho diferente. Exalta e abençoa a pobreza, a doçura, a misericórdia, a pureza e a humildade"[3].

Ao tornarmos a meditar agora nestas palavras do Senhor, vemos que ainda hoje se instala nas pessoas o desconcerto perante esse contraste entre a tribulação que o caminho das Bem-aventuranças traz consigo e a felicidade que Jesus promete. "O pensamento fundamental que Jesus queria inculcar nos ouvintes era este: só o servir a Deus torna o homem feliz. No meio da pobreza, da dor, do abandono, o verdadeiro servo de Deus pode dizer, como dizia São Paulo: *Superabundo de gozo em todas as minhas tribulações*. E, pelo contrário, um homem pode ser infinitamente desgraçado embora nade em opulência e viva na posse de todos os gozos da terra"[4]. Não é em vão que o Evangelho de São Lucas refere depois das Bem-aventuranças aquelas exclamações do Senhor: *Ai de vós, os que vos saciais agora [...]. Ai de vós, todos os que sois aplaudidos pelos homens, porque assim fizeram os pais deles com os falsos profetas!*[5]

Quem escutava o Senhor entendeu bem que aquelas Bem-aventuranças não se referiam a certas classes de pessoas, não prometiam a salvação a determinados grupos da sociedade, mas indicavam de forma inequívoca as disposições religiosas e a conduta moral que Jesus exige de todo aquele que queira segui-lo. "Ou seja, a referência aos pobres em espírito, aos mansos, aos que choram [...] não aponta para pessoas diferentes, mas configura as diversas exigências de santidade que Cristo dirige a todos aqueles que queiram ser seus discípulos"[6].

O conjunto de todas as Bem-aventuranças traça, pois, um único ideal: o da santidade. Ao escutarmos hoje novamente, em toda a sua radicalidade, essas palavras do Senhor, reavivamos em nós esse ideal como eixo de toda a nossa vida. Porque "Jesus Cristo Nosso Senhor pregou a boa-nova a todos, sem distinção alguma. Uma só panela e um só alimento: *O meu alimento é fazer a vontade dAquele que me enviou e consumar a sua obra* (Jo 4, 34). Chama cada um à santidade e a cada um pede amor: a jovens e velhos, a solteiros e casados, a sãos e enfermos, a cultos e ignorantes; trabalhem onde trabalharem, estejam onde estiverem"[7].

Sejam quais forem as circunstâncias por que atravessemos na vida, temos que sentir-nos convidados a viver em plenitude a vida cristã. Não pode haver desculpas, não podemos dizer a Deus: "Esperai, Senhor, que se solucione este problema, que me recupere desta doença, que deixe de ser caluniado ou perseguido..., e então começarei de verdade a buscar a santidade". Seria um triste engano não aproveitarmos precisamente essas circunstâncias *duras* para nos unirmos mais a Deus.

II. EMPREGAR OS MEIOS OPORTUNOS para evitar a dor, a doença, a pobreza, a injustiça, não desagrada a Deus. Mas as *Bem-aventuranças* ensinam que o verdadeiro êxito da nossa vida está em amarmos e cumprirmos a vontade de Deus a nosso respeito.

Mostram-nos, ao mesmo tempo, o único caminho capaz de levar o homem a possuir a plena dignidade que condiz com a sua condição de pessoa. Numa época em que tantas coisas inclinam ao aviltamento e à degradação pessoal, as Bem-aventuranças são um convite à retidão e à dignidade de vida[8]. Pelo contrário, tentar a todo o custo aliviar o peso da tribulação — como se se tratasse de um mal absoluto —, ou buscar o êxito humano como um fim em si mesmo, são caminhos que o Senhor não pode abençoar e que não conduzem à felicidade.

"Bem-aventurado" significa "feliz", "ditoso", e em cada uma das Bem-aventuranças "Jesus começa por prometer a felicidade e por indicar os meios para consegui-la. Por que será que começa por falar da felicidade? Porque em todos os homens há uma tendência irresistível para serem felizes;

esse é o fim que têm em vista em todos os seus atos; mas muitas vezes buscam a felicidade no lugar em que ela não se encontra, em que só acharão tristeza"[9].

Buscai o Senhor, vós todos, humildes da terra, que observais a sua lei [...]. Deixarei subsistir no meio de ti um povo humilde e modesto, que porá a sua confiança no nome do Senhor, é o que se lê na primeira Leitura da Missa[10].

O espírito de pobreza, a fome de justiça, a misericórdia, a limpeza de coração, o suportar injúrias por causa do Evangelho são aspectos de uma única atitude da alma: o abandono em Deus, a confiança absoluta e incondicional no Senhor. É a atitude de quem não se contenta com os bens e consolos das coisas deste mundo, antes põe a sua esperança definitiva em outros bens que não esses, sempre pobres e pequenos para uma capacidade tão grande como a do coração humano.

Bem-aventurados os pobres em espírito... E no *Magnificat* da Virgem Maria ouvimos: *Cumulou de bens os famintos e despediu de mãos vazias os ricos*[11]. Quantos não se transformam em homens vazios porque se agarram satisfeitos ao que têm! O Senhor convida-nos a não nos contentarmos com a felicidade que nos possam dar uns bens passageiros, e anima-nos a desejar aqueles que Ele preparou para nós.

III. JESUS DIZ aos que o seguem — naquele tempo e agora — que não será obstáculo para serem felizes que os homens *vos insultem, vos persigam e vos caluniem de qualquer modo por minha causa. Estai alegres e contentes porque grande será a vossa recompensa no céu*[12].

Assim como nenhuma coisa da terra nos pode proporcionar a felicidade que todos procuramos, assim nada nos pode tirá-la se estivermos unidos a Deus. A nossa felicidade e a nossa plenitude procedem de Deus. "Ó vós que sentis mais pesadamente o peso da cruz! Vós que sois pobres e desamparados, que chorais, que sois perseguidos por amor à justiça, que sois esquecidos, vós os sofredores desconhecidos, tende ânimo; sois os preferidos do Reino de Deus, do Reino da esperança, da bondade e da vida; sois irmãos de

Cristo paciente e com Ele, se quiserdes, salvareis o mundo"[13]. Peçamos ao Senhor que transforme as nossas almas, operando uma mudança radical nos nossos critérios sobre a felicidade e a infelicidade.

Seremos necessariamente felizes se estivermos abertos aos caminhos de Deus em nossas vidas. E isto ainda que haja quem pareça alcançar todos os bens que se podem conseguir nesta vida curta. "O rico não se deve ter por felizardo somente pelas suas riquezas — diz São Basílio —; nem o poderoso pela sua autoridade e dignidade; nem o forte pela saúde do seu corpo; nem o sábio pela sua grande eloquência. Todas estas coisas são instrumentos da virtude para os que as usam retamente; mas elas, em si mesmas, não contêm a felicidade"[14].

Quando os homens, para encontrarem a felicidade, experimentam caminhos diferentes do da vontade de Deus, diferentes daquele que o Mestre nos traçou, no fim só encontram solidão e tristeza. Longe do Senhor, só se colhem frutos amargos e, de uma forma ou de outra, acaba-se como o filho pródigo enquanto esteve longe da casa paterna: *comendo bolotas e cuidando de porcos*[15].

São felizes aqueles que seguem o Senhor, aqueles que lhe pedem e fomentam dentro de si o desejo de santidade. Em Cristo estão já presentes todos os bens que constituem a felicidade. "«*Laetetur cor quaerentium Dominum*» — Alegre-se o coração dos que procuram o Senhor. — Luz, para que investigues os motivos da tua tristeza"[16].

Quando nos falta alegria, não será porque, nesses momentos, não procuramos a Deus de verdade, no trabalho, naqueles que nos rodeiam, nas dificuldades? Não será, talvez, porque ainda não estamos inteiramente desprendidos? *Alegre-se o coração dos que procuram o Senhor!*

(1) Mt 5, 1-2; (2) cf. Sagrada Bíblia, *Santos Evangelhos*, nota a Mt 5, 2; (3) Pérez de Urbel, *Vida de Cristo*, Quadrante, São Paulo, 1967, p. 157; (4) *ib.*, p. 159; (5) Lc 6, 24-26; (6) Sagrada Bíblia, *Santos Evangelhos*, cit. nota a Mt 5, 2; (7) São Josemaria Escrivá, *Amigos de*

Deus, n. 294; (8) cf. J. Orlandis, *Las ocho Bienaventuranzas*, EUNSA, Pamplona, 1982, p. 30; (9) R. Garrigou-Lagrange, *Las tres edades de la vida interior*, vol. I, p. 188; (10) Sof 2, 3; 3, 12-13; (11) Lc 1, 53; (12) Mt 5, 11-12; (13) Conc. Vat. II, *Mensagem à humanidade. Aos pobres, aos doentes, a todos os que sofrem*, 6; (14) cf. São Basílio, *Homilia sobre a inveja*, Rialp, Madri, 1964, p. 81; (15) cf. Lc 15, 11 e segs.; (16) São Josemaria Escrivá, *Caminho*, n. 666.

TEMPO COMUM. QUARTO DOMINGO. CICLO B

26. A ESCRAVIDÃO DO PECADO

— Cristo veio livrar-nos do demônio e do pecado.
— A malícia do pecado.
— O caráter libertador da Confissão. A luta para evitar os pecados veniais.

I. O EVANGELHO DA MISSA deste domingo[1] fala-nos da cura de um endemoninhado. A vitória sobre o espírito imundo — isso é o que significa Belial ou Belzebu, nome que a Escritura dá ao demônio[2] — é mais um sinal da chegada do Messias, que vem libertar os homens da sua escravidão mais perigosa: a do demônio e do pecado.

Este homem atormentado de Cafarnaum dizia aos gritos: *Que há entre ti e nós, Jesus Nazareno? Vieste perder-nos? Conheço-te; és o Santo de Deus!* E Jesus mandou-lhe de forma imperativa: *Cala-te e sai dele. Todos ficaram estupefatos.*

João Paulo II ensina que não é de excluir que em certos casos o espírito maligno chegue a exercer o seu domínio não só sobre as coisas materiais, mas também sobre o corpo do homem, motivo pelo qual se fala de "possessões diabólicas"[3].

Nem sempre é fácil distinguir o que há de preternatural nesses casos, nem a Igreja é condescendente ou apoia facilmente a propensão para considerar muitos fatos como intervenções diretas do demônio; mas, em princípio, não se pode negar que, na sua ânsia de fazer mal e de induzir ao mal, Satanás chegue a essa expressão extrema da sua superioridade[4].

A possessão diabólica aparece no Evangelho acompanhada normalmente de manifestações patológicas: epilepsia, mudez, surdez... Os possessos perdem frequentemente o domínio sobre si mesmos, sobre os seus gestos e palavras; há casos em que chegam a tornar-se instrumentos do demônio. Por isso, os milagres que o Senhor realizou neste campo manifestavam o advento do Reino de Deus e a consequente expulsão do diabo dos domínios do Reino: *Agora o príncipe deste mundo será lançado fora*[5]. Quando os setenta e dois discípulos voltaram da sua missão apostólica, cheios de alegria pelos resultados colhidos, disseram a Jesus: *Senhor, até os demônios se nos submetiam em teu nome.* E o Mestre respondeu-lhes: *Vi Satanás cair do céu como um raio*[6].

Desde a chegada de Cristo, o demônio bate em retirada, mas o seu poder é ainda muito grande e "a sua presença torna-se mais forte à medida que o homem e a sociedade se afastam de Deus"[7]; devido ao pecado mortal, não poucos homens ficam sujeitos à escravidão do demônio[8], afastam-se do Reino de Deus para penetrarem no reino das trevas, do mal; convertem-se, em diferentes graus, em instrumento do mal no mundo e ficam submetidos à pior das escravidões.

Devemos permanecer vigilantes para saber identificar e repelir as armadilhas do tentador, que não descansa no seu propósito de fazer-nos mal, já que, a partir do pecado original, ficamos sujeitos às paixões e expostos aos assaltos da concupiscência e do demônio: fomos *vendidos como escravos ao pecado*[9]. "Toda a vida humana, individual e coletiva, se apresenta como luta — luta dramática — entre o bem e o mal, entre a luz e as trevas. Mais ainda: o homem sente-se incapaz de neutralizar com eficácia os ataques do mal por si mesmo, a ponto de sentir-se preso entre grilhões"[10]. Por isso devemos dar todo o seu sentido à última das súplicas que Cristo nos ensinou no Pai-Nosso: *livrai-nos do mal.*

Além do fato histórico concreto que o trecho do Evangelho de hoje nos relata, podemos ver nesse possesso todo o pecador que quer livrar-se de Satanás e do pecado, pois Jesus não veio libertar-nos "dos povos dominadores, mas do demônio; não da prisão do corpo, mas da malícia da alma"[11].

"Livrai-nos, Senhor, do Mal, do Maligno; não nos deixeis cair em tentação. Fazei, pela vossa infinita misericórdia, que não cedamos perante a infidelidade a que nos seduz aquele que foi infiel desde o começo"[12].

II. A EXPERIÊNCIA DA OFENSA a Deus é uma realidade. E o cristão não demora a descobrir essa profunda marca do mal e a ver o mundo escravizado pelo pecado[13].

São Paulo recorda-nos que fomos resgatados por um preço muito alto[14] e exorta-nos firmemente a não voltar à escravidão. "O primeiro requisito para desterrar esse mal [...] é procurar comportar-se com a disposição clara, habitual e atual, de aversão ao pecado. Energicamente, com sinceridade, devemos sentir — no coração e na cabeça — horror ao pecado grave"[15].

O pecado mortal é a pior desgraça que nos pode acontecer. Quando um cristão se deixa conduzir pelo amor, tudo lhe serve para a glória de Deus e para o serviço dos seus irmãos, os homens, e as próprias realidades terrenas são santificadas: o lar, a profissão, o esporte, a política... Pelo contrário, quando se deixa seduzir pelo demônio, o seu pecado introduz no mundo um princípio de desordem radical, que o afasta do seu Criador e é a causa de todos os horrores que se aninham no seu íntimo. Nisto está a maldade do pecado: em que os homens, *conhecendo a Deus, não o glorificaram como Deus, nem lhe deram graças, mas perverteram os seus pensamentos em vaidades, vindo a obscurecer-se o seu coração insensato [...]. Trocaram a glória do Deus incorruptível pela semelhança da imagem do homem corruptível, e de aves, e de quadrúpedes, e de répteis*[16].

O pecado — um só pecado — exerce uma misteriosa influência, umas vezes oculta, outras visível e palpável, sobre a família, os amigos, a Igreja e a humanidade inteira. Se um ramo de videira é atacado por uma praga, toda a planta se ressente; se um ramo fica estéril, a videira já não produz o fruto que se esperava dela; além disso, outros ramos podem também secar e morrer.

Renovemos hoje o propósito firme de repelir tudo aquilo que possa ser ocasião, mesmo remota, de ofender a Deus: espetáculos, leituras inconvenientes, ambientes em que destoa a presença de um homem ou uma mulher que segue o Senhor de perto... Amemos muito o sacramento da Penitência. Meditemos com frequência a Paixão de Cristo para entender melhor a maldade do pecado. Peçamos a Deus que seja uma realidade nas nossas vidas a sentença popular tão cheia de sentido: "Antes morrer que pecar".

III. EMBORA NUNCA PENETREMOS suficientemente na realidade do *mistério de iniquidade* que é o pecado, basta que nos apercebamos da sua profunda malícia para que nunca queiramos colocar o combate espiritual na fronteira entre o grave e o leve, pois o maior perigo está em "desprezar a luta nessas escaramuças que calam pouco a pouco na alma, até a tornarem frouxa, quebradiça e indiferente, insensível aos apelos de Deus"[17].

Os pecados veniais — que não causam a morte espiritual, como o pecado mortal, mas, pelo desleixo e pela falta de contrição que implicam, são um convite aos pecados graves — produzem esse efeito funesto nas almas que não lutam por evitá-los, e constituem um excelente aliado do demônio. Sem matarem a vida da graça, debilitam-na, tornam mais difícil o exercício da virtude e mal permitem ouvir as insinuações do Espírito Santo. "Que pena me dás enquanto não sentires dor dos teus pecados veniais! — Porque, até então, não terás começado a ter verdadeira vida interior"[18].

Para lutar eficazmente contra os pecados veniais, o cristão deve começar por encará-los na sua real importância: causam mediocridade espiritual e tibieza, e tornam realmente difícil o caminho da vida interior.

Os santos recomendaram sempre a confissão frequente, sincera e contrita, como meio eficaz de combater essas faltas e pecados, e caminho seguro de progresso interior. "Deves ter sempre verdadeira dor dos pecados que confessas, por leves que sejam — aconselha São Francisco de Sales —, e fazer o *firme* propósito de emendar-te daí por diante. Há muitos que perdem grandes bens e muito proveito espiritual porque, ao confessarem os pecados veniais como que por costume e só por cumprir, sem pensarem em corrigir-se, permanecem toda a vida carregados deles"[19].

Oxalá não endureçais os vossos corações quando ouvirdes a sua voz[20], exorta-nos o Salmo responsorial da Missa. Peçamos ao Espírito Santo que nos ajude a ter um coração cada vez mais limpo e forte, capaz de cortar o menor laço que nos aprisione, e de se abrir a Deus tal como Ele espera de cada cristão.

(1) Mc 1, 21-28; (2) cf. João Paulo II, *Audiência geral*, 13-VIII-1986; (3) cf. Mc 5, 2-9; (4) cf. João Paulo II, *op. cit.*; (5) Jo 12, 31; (6) Lc 10, 17-18; (7) João Paulo II, *op. cit.*; (8) cf. Conc. de Trento, *Sessão XIV*, cap. I; (9) cf. Rm 8, 14; (10) Conc. Vat. II, Const. *Gaudium et spes*, 13; (11) Santo Agostinho, *Sermão 48*; (12) João Paulo II, *op. cit.*; (13) cf. Conc. Vat. II, *op. cit.*, 2; (14) cf. 1 Cor 7, 23; (15) São Josemaria Escrivá, *Amigos de Deus*, n. 243; (16) Rm 1, 21-25; (17) São Josemaria Escrivá, *É Cristo que passa*, n. 77; (18) São Josemaria Escrivá, *Caminho*, n. 330; (19) São Francisco de Sales, *Introdução à vida devota*, II, 19; (20) *Salmo responsorial* da Missa do quarto domingo do Tempo Comum, ciclo B, Sl 194, 1-2.

TEMPO COMUM. QUARTO DOMINGO. CICLO C

27. A VIRTUDE DA CARIDADE

— A essência da caridade.
— Qualidades desta virtude.
— A caridade perdura eternamente. Na terra, constitui as primícias e o começo do Céu.

I. A SEGUNDA LEITURA da Missa recorda-nos o chamado *hino da caridade*, uma das mais belas páginas das Epístolas de São Paulo[1].

O Espírito Santo fala-nos hoje, por intermédio do Apóstolo, de umas relações entre os homens completamente desconhecidas do mundo pagão, pois têm um fundamento totalmente novo: o amor a Cristo. *Todas as vezes que o fizestes a um destes meus irmãos mais pequeninos, foi a mim que o fizestes*[2]. Com a ajuda da graça, o cristão descobre Deus no seu próximo; sabe que todos somos filhos do mesmo Pai e irmãos de Jesus Cristo.

A virtude sobrenatural da caridade não é um mero humanitarismo. "O nosso amor não se confunde com a atitude sentimental, nem com a simples camaradagem, nem com o propósito pouco claro de ajudar os outros para provarmos a nós mesmos que somos superiores. É conviver com o próximo, venerar [...] a imagem de Deus que há em cada homem, procurando que também ele a contemple, para que saiba dirigir-se a Cristo"[3].

O Senhor deu um conteúdo inédito e incomparavelmente mais alto ao amor ao próximo, destacando-o como *mandamento novo* e verdadeiro distintivo dos cristãos[4]. A medida do amor que devemos ter pelos outros é o próprio amor divino: *como eu vos amei*; trata-se, portanto, de um amor sobrenatural, que o próprio Deus põe em nossos corações. É ao mesmo tempo um amor profundamente humano, enriquecido e fortalecido pela graça.

Sem caridade, a vida ficaria vazia... A eloquência mais sublime e todas as boas obras — se pudessem dar-se — seriam como o som de um sino ou de um címbalo, que dura um instante e desaparece. Sem caridade, diz-nos o Apóstolo, de pouco servem os dons mais preciosos: *Se não tiver caridade, nada sou*. Muitos doutores e escribas sabiam mais de Deus, imensamente mais, que a maioria daqueles que acompanhavam Jesus — *gente que ignora a lei*[5] —, mas a sua ciência ficou sem fruto. Não entenderam o fundamental: a presença do Messias entre eles e a sua mensagem de compreensão, de respeito, de amor.

A falta de caridade embota a inteligência para o conhecimento de Deus e da dignidade do homem. O amor, pelo contrário, desperta, afina e aguça as potências. Somente a caridade — amor a Deus e ao próximo por Deus — nos prepara e dispõe para entender Deus e o que a Deus se refere, até onde uma criatura pode fazê-lo. *Quem não ama não conhece a Deus* — ensina São João —, *porque Deus é amor*[6]. A virtude da esperança também se torna estéril sem a caridade, "pois é impossível alcançar aquilo que não se ama"[7]; e todas as obras são vãs sem a caridade, mesmo as mais custosas e as que comportam sacrifícios: *Se eu repartir todos os meus bens e entregar o meu corpo ao fogo, mas não tiver caridade, isso de nada me aproveita*. A caridade não pode ser substituída por nada.

II. SÃO PAULO APONTA as qualidades que adornam a caridade e diz em primeiro lugar que *a caridade é paciente*. Para fazer o bem, deve-se antes de mais nada saber suportar o mal.

A paciência denota uma grande fortaleza. É necessária para nos fazer aceitar com serenidade os possíveis defeitos, as suscetibilidades ou o mau-humor das pessoas com quem convivemos. É uma virtude que nos levará a esperar o momento adequado para corrigir; a dar uma resposta afável, que muitas vezes será o único meio de conseguir que as nossas palavras calem fundo no coração da pessoa a quem nos dirigimos. É uma grande virtude para a convivência. Por meio dela imitamos a Deus, que é paciente com os nossos inúmeros erros e sempre *tardo em irar-se*[8]; imitamos Jesus Cristo que, conhecendo bem a malícia dos fariseus, "condescendeu com eles para ganhá-los, à semelhança dos bons médicos, que dão os melhores remédios aos doentes mais graves"[9].

A caridade é benigna, isto é, está disposta de antemão a acolher a todos com benevolência. A benignidade só se enraíza num coração grande e generoso; o melhor de nós mesmos deve ser para os outros.

A caridade não é invejosa. Da inveja nascem inúmeros pecados contra a caridade: a murmuração, a detração, a satisfação perante a adversidade do próximo e a tristeza perante a sua prosperidade. A inveja é frequentemente a causa de que se abale a confiança entre amigos e a fraternidade entre irmãos. É como um câncer que corrói a convivência e a paz. São Tomás de Aquino chama-a "mãe do ódio".

A caridade não é jactanciosa, não se ensoberbece. Sem humildade, não pode haver nenhuma outra virtude, e particularmente não pode haver amor. Em muitas faltas de caridade houve previamente outras de vaidade e orgulho, de egoísmo, de vontade de aparecer. "O horizonte do orgulhoso é terrivelmente limitado: esgota-se em si mesmo. O orgulhoso não consegue olhar para além da sua pessoa, das suas qualidades, das suas virtudes, do seu talento. É um horizonte sem Deus. E neste panorama tão mesquinho, nunca aparecem os outros, não há lugar para eles"[10].

A caridade não é interesseira. Não pede nada para a própria pessoa; dá sem calcular o que pode receber de volta.

Sabe que ama a Jesus nos outros e isso lhe basta. Não só não é interesseira, mas nem sequer anda à busca do que lhe é devido: busca Jesus.

A caridade não guarda rancor, não conserva listas de agravos pessoais; *tudo desculpa*. Não somente nos leva a pedir ajuda ao Senhor para desculpar a palha que possa haver no olho alheio, mas nos faz sentir o peso da trave no nosso, as nossas muitas infidelidades.

A caridade tudo crê, tudo espera, tudo tolera. Tudo, sem nenhuma exceção.

Podemos dar muito aos outros: fé, alegria, um pequeno elogio, carinho... Nunca esperemos nada em troca, nem sequer um olhar de agradecimento. Não nos incomodemos se não somos correspondidos: a caridade não busca o seu, aquilo que, considerado humanamente, poderia parecer que lhe é devido. Não busquemos nada e teremos encontrado Jesus.

III. *A CARIDADE NÃO TERMINA nunca. As profecias desaparecerão, as línguas cessarão, a ciência findará [...]. Agora permanecem estas três coisas: a fé, a esperança e a caridade; mas a mais excelente delas é a caridade*[11].

Estas três virtudes são as mais importantes da vida cristã porque têm o próprio Deus por objeto e fim. Mas a fé e a esperança não subsistem no Céu: a fé é substituída pela visão beatífica; a esperança, pela posse de Deus. A caridade, no entanto, perdura eternamente; é, já aqui na terra, um começo do Céu, e a vida eterna consistirá num ato ininterrupto de caridade[12].

Esforçai-vos por alcançar a caridade[13], urge-nos o apóstolo São Paulo. É o maior dom e o principal mandamento do Senhor. Será o distintivo pelo qual se reconhecerá que somos discípulos de Cristo[14]; é uma virtude que, para bem ou para mal, estaremos pondo à prova em cada instante da nossa vida.

Porque a qualquer hora podemos prestar ajuda numa necessidade, ter uma palavra amável, evitar uma murmuração, dirigir uma palavra de alento, fechar os olhos a uma desconsideração, interceder junto de Deus por alguém, dar um bom conselho, sorrir, ajudar a criar um clima mais descontraído e risonho na família ou no trabalho... Podemos fazer o bem ou omiti-lo; ou então, além das omissões, causar um mal direto aos outros, magoá-los e talvez, em casos extremos, contribuir para a sua destruição. E a caridade insta-nos continuamente a ser ativos no amor, com obras de serviço, com oração e também com penitência.

Quando crescemos na caridade, todas as virtudes se enriquecem e se tornam mais fortes. E nenhuma delas é verdadeira virtude se não estiver impregnada de caridade: "Tens tanto de virtude quanto de amor, e não mais"[15].

Se recorrermos frequentemente à Virgem, Ela nos ensinará a relacionar-nos com os outros e a amá-los, pois é *Mestra de caridade*. "A imensa caridade de Maria pela humanidade faz com que também nEla se cumpra a afirmação de Cristo: *Ninguém tem maior amor que aquele que dá a vida pelos seus amigos* (Jo 15, 13)"[16]. A nossa Mãe Santa Maria também se entregou por nós.

(1) 1 Cor 12, 31; 13, 13; (2) Mt 25, 40; (3) São Josemaria Escrivá, *Amigos de Deus*, n. 230; (4) cf. Jo 13, 34; (5) Jo 7, 49; (6) 1 Jo 4, 8; (7) Santo Agostinho, *Tratado sobre a fé, a esperança e a caridade*, 117; (8) cf. Sl 145, 8; (9) São Cirilo, in *Catena aurea*, vol. VI, p. 46; (10) Salvador Canals, *Reflexões espirituais*, p. 65; (11) 1 Cor 13, 8-13; (12) cf. São Tomás, *Suma teológica*, 1-2, q. 114, a. 4; (13) 1 Cor 14, 1; (14) cf. Jo 13, 35; (15) F. de Osuna, *Abecedario espiritual*, 16, 4; (16) São Josemaria Escrivá, *op. cit.*, n. 287.

TEMPO COMUM. QUARTA SEMANA. SEGUNDA-FEIRA

28. DESPRENDIMENTO E VIDA CRISTÃ

— A presença de Jesus na nossa vida pode por vezes significar a perda de bens materiais. Jesus vale mais.
— Todas as coisas devem ser meios que nos aproximem de Cristo.
— Desprendimento. Alguns detalhes.

I. DIZ-NOS SÃO MARCOS no Evangelho da Missa[1] que Jesus chegou à região dos gerasenos, uma terra de não-judeus, do outro lado do lago de Genesaré. Logo depois de deixar a barca, saiu-lhe ao encontro um endemoninhado que, prostrando-se diante dEle, gritava: *Que há entre ti e mim, Jesus, Filho de Deus Altíssimo? Por Deus te conjuro que não me atormentes*. Porque Jesus dizia-lhe: *Sai desse homem, espírito impuro*. Jesus perguntou-lhe pelo nome e ele respondeu: *Legião é o meu nome, porque somos muitos. E suplicava-lhe insistentemente que não os lançasse fora daquela região*. Perto do lugar, havia uma grande vara de porcos.

A chegada do Messias traz consigo a derrota do reino de Satanás, e é por isso que o vemos resistir e esbravejar em diversas passagens do Evangelho. Como nos demais milagres, quando Jesus expulsa o demônio, põe em relevo o seu poder redentor. O Senhor sempre se apresenta na vida dos homens livrando-os dos males que os oprimem:

Passou fazendo o bem e curando todos os oprimidos pelo diabo[2], dirá São Pedro, resumindo esta e outras expulsões de demônios operadas pelo Senhor.

Os demônios falam pela boca daquele homem e queixam-se de que Jesus tenha vindo destruir-lhes o seu reinado na terra. E pedem-lhe para ficar naquele lugar. Por isso querem entrar nos porcos. Talvez fosse também uma maneira de prejudicarem e de se vingarem das pessoas da região, e de as predisporem contra Jesus. O Senhor, contudo, cede ao pedido dos demônios. A vara correu então com ímpeto pelo despenhadeiro até ao mar e pereceu na água. Os que cuidavam dos porcos fugiram e espalharam a notícia pela cidade e pelo campo. E a gente do povoado foi ver o que tinha acontecido.

São Marcos indica-nos expressamente que os porcos que se afogaram eram ao redor de dois mil. Deve ter significado uma grande perda para aqueles gentios. Talvez fosse o resgate que se pedia a esse povo para livrar um deles do poder do demônio: perderam uns porcos, mas recuperaram um homem. E este endemoninhado, este homem "rebelde e dividido, miseravelmente dominado por uma multidão de espíritos imundos, não tem porventura uma certa semelhança com um tipo humano que não é alheio ao nosso tempo? Em qualquer caso, o alto custo pago pela sua libertação, a hecatombe da vara de dois mil porcos afogados nas águas do mar da Galileia, talvez seja um índice do elevado preço que se deve pagar pelo resgate do homem pagão contemporâneo. Um custo que se pode avaliar também em riquezas que se perdem; um resgate cujo custo é a pobreza daquele que generosamente tenta redimi-lo. A pobreza real dos cristãos talvez seja o valor que Deus tenha fixado pelo resgate do homem de hoje. E vale a pena pagá-lo [...]; um só homem vale muito mais do que dois mil porcos"[3].

II. PARA OS HOMENS daquele povoado, no entanto, pesou mais o dano material que a libertação do endemoninhado. Na troca de um homem por uns porcos, inclinaram-se pelos porcos. Ao verem o que havia acontecido, pediram a Jesus *que se retirasse da sua região*. Coisa que Jesus fez imediatamente.

A presença de Jesus nas nossas vidas pode significar por vezes perdermos uma ocasião única de fecharmos um bom negócio, porque não era inteiramente honesto, ou porque não podíamos concorrer em igualdade de condições com alguns colegas inescrupulosos..., ou, simplesmente, porque o Senhor queria que lhe ganhássemos o coração com a nossa pobreza. Pode significar termos de renunciar a um cargo público ou de mudar de emprego....

Nunca caiamos na aberração de dizer a Jesus que se retire da nossa vida pelo risco de sofrermos um prejuízo material de qualquer tipo. Antes pelo contrário, devemos dizer-lhe muitas vezes, com as palavras que o sacerdote pronuncia em voz baixa antes da Comunhão na Santa Missa: *Fac me tuis semper inhaerere mandatis, et a te numquam separari permittas* — fazei-me cumprir sempre a vossa vontade e jamais separar-me de Vós. É mil vezes preferível estar com Cristo sem nada, a ter todos os tesouros do mundo sem Ele. "A Igreja sabe bem que só Deus, a quem ela serve, satisfaz as aspirações mais profundas do coração do homem"[4].

Todas as coisas da terra são meios para nos aproximarmos de Deus. Se não servem para isso, já não servem para nada. Jesus vale mais que qualquer negócio, mais que a própria vida. "Se o afastas de ti e o perdes, aonde irás, a quem buscarás por amigo? Não podes viver sem um amigo; e se Jesus não for o teu grande amigo, estarás muito triste e desconsolado"[5]. Perderás muito nesta vida e tudo na outra.

Os primeiros cristãos e, com eles, muitos homens e mulheres ao longo dos séculos, preferiram o martírio a perder Cristo. "Durante as perseguições dos primeiros séculos, as penas habituais eram a morte, a deportação e o exílio. Hoje, uniram-se à prisão, aos campos de concentração ou de trabalhos forçados e à expulsão da própria pátria, outras penas menos chamativas mas mais sutis: já não se trata de uma morte *sangrenta*, mas de uma espécie de morte *civil*; não apenas de segregação numa prisão ou num campo, mas de uma restrição permanente à liberdade pessoal ou de uma discriminação social [...]"[6]. Seríamos nós capazes de perder, se fosse necessário, a honra ou a fortuna, para podermos permanecer com Deus?

Seguir Jesus não é compatível com qualquer coisa. É preciso escolher, é preciso renunciar a tudo o que seja um impedimento para estar com Ele. Para tanto, devemos pedir ao Senhor e à sua Mãe que afastem de nós a menor coisa que nos separe dEle: "Mãe, livrai os vossos filhos de toda a mancha, de tudo o que nos afaste de Deus, ainda que tenhamos que sofrer, ainda que nos custe a vida"[7]. Para que quereríamos o mundo inteiro se perdêssemos Jesus?

III. "PELO DESENLACE de todo este episódio — diz São João Crisóstomo —, vê-se claramente que entre os moradores daquela região havia gente tola. Porque, quando deveriam ter-se prostrado em adoração, admirando o poder do Senhor, mandaram-lhe um recado pedindo-lhe que se fosse embora da sua região"[8]. Jesus fora visitá-los e eles não souberam compreender quem estava ali, apesar dos prodígios que fez. Esta foi a maior tolice daquelas pessoas: não reconhecerem Jesus.

O Senhor passa ao lado da nossa vida todos os dias. Se tivermos o coração apegado às coisas materiais, não o reconheceremos; e há muitas formas, algumas delas extremamente sutis, de dizer-lhe que se retire dos nossos domínios, da nossa vida, já que *ninguém pode servir a dois senhores; pois, ou odiando um, amará o outro, ou aderindo a um, menosprezará o outro. Não podeis servir a Deus e às riquezas*[9].

Conhecemos por experiência própria o perigo que corremos de nos escravizarmos aos bens terrenos, nas suas múltiplas manifestações: pela avidez sempre crescente de mais bens, pelo aburguesamento, pelo apego às comodidades, ao luxo, aos caprichos, aos gastos desnecessários etc. E vemos também o que acontece à nossa volta: "Não poucos homens parecem como que dominados pela realidade econômica, de tal modo que toda a sua vida pessoal e social se acha impregnada de um certo espírito materialista"[10].

Nós devemos estar desprendidos de tudo o que temos. Assim saberemos utilizar os bens da terra tal como Deus o dispôs, e teremos o coração nEle e nos bens que nunca se esgotam. O desprendimento faz da vida um caminho saboroso de austeridade e eficácia. O cristão deve examinar-se com frequência e averiguar se se mantém vigilante para não cair no comodismo ou num aburguesamento absolutamente incompatível com o seguimento de Cristo; se procura não criar necessidades falsas; se as coisas da terra o aproximam ou o afastam de Deus. Podemos e devemos sempre ser parcos nas necessidades pessoais — tem sempre mais aquele que precisa de menos[11] —, reduzindo os gastos supérfluos, não cedendo aos caprichos, vencendo a propensão para comparar o que possuímos com o que os outros possuem, sendo generosos na esmola.

O Senhor vale infinitamente mais do que todos os bens criados. Não há de suceder na nossa vida o que sucedeu àqueles gerasenos: *Toda a cidade saiu ao encontro de Jesus e, ao vê-lo, pediram-lhe que se retirasse da sua região*[12]. Digamos-lhe, pelo contrário, com as palavras de São Boaventura na oração para depois da Comunhão: *Que só Vós sejais sempre [...] a minha herança, a minha posse, o meu tesouro, no qual estejam sempre fixa e firme e inabalavelmente arraigadas a minha alma e o meu coração*[13].

Senhor, para onde iria eu sem Vós?

(1) Mc 5, 1-20; (2) At 10, 38; (3) J. Orlandis, *La vocación cristiana del hombre de hoy*, 2ª ed., Rialp, Madri, 1964, p. 186; (4) Conc. Vat. II, Const. *Gaudium et spes*, 41; (5) T. Kempis, *Imitação de Cristo*, II, 8, 3; (6) João Paulo II, *Meditação-oração*, Lourdes, 14-VIII-1983; (7) A. del Portillo, *Carta*, 31-V-1987, n. 5; (8) São João Crisóstomo, *Homilias sobre São Mateus*, 28, 3; (9) Mt 6, 24; (10) Conc. Vat. II, *op. cit.*, 63; (11) cf. São Josemaria Escrivá, *Caminho*, n. 630; (12) Mt 8, 34; (13) Missal Romano, *Oração para a ação de graças da Comunhão*.

TEMPO COMUM. QUARTA SEMANA. TERÇA-FEIRA

29. COMUNHÕES ESPIRITUAIS

— O nosso encontro com Cristo na Eucaristia.
— As comunhões espirituais. Desejo de receber a Cristo.
— A Comunhão sacramental. Preparação e ação de graças.

I. *SENHOR, OUVI A MINHA ORAÇÃO e chegue até Vós o meu clamor. Não oculteis de mim a vossa face no dia da minha angústia. Inclinai para mim o vosso ouvido e, quando Vos invocar, socorrei-me prontamente*[1].

O Evangelho da Missa[2] relata os milagres que Jesus realizou certa vez, depois de ter voltado *à outra margem do lago*, provavelmente a Cafarnaum. São Lucas diz-nos que todos estavam à sua espera[3]; agora mostram-se contentes por tê-lo de novo com eles. E o Senhor toma imediatamente o caminho para a cidade, seguido dos seus discípulos e da multidão que o rodeia por todos os lados.

No meio de tantos que caminham num círculo apertado à sua volta, uma mulher vacilante ora consegue aproximar-se dEle, ora se vê atirada para longe, enquanto não cessa de repetir para si mesma: *Se eu tocar nem que seja a orla do seu manto, ficarei curada*. Estava doente havia doze anos e já tinha recorrido sem nenhum sucesso a todos os remédios humanos ao seu alcance: *Sofrera muito nas mãos de vários médicos, gastando tudo o que possuía, sem achar nenhum alívio*. Mas naquele dia compreendeu que Jesus era o seu único remédio: não só para uma doença que a tornava impura perante a Lei, mas para toda a sua vida. A certa altura, conseguiu esticar a mão e tocar a orla do manto do Senhor. E nesse exato momento Jesus deteve-se e ela sentiu-se curada.

Quem tocou as minhas vestes?, perguntou Jesus, dirigindo-se aos que o cercavam. *Eu sei que uma força saiu de mim*[4]. Naquele instante, a mulher viu fixarem-se nela aqueles olhos que chegavam até o fundo do coração. *Atemorizada, trêmula* e cheia de alegria, tudo ao mesmo tempo, *lançou-se aos seus pés*.

Nós também necessitamos do contato com Cristo, porque são muitas as nossas doenças e grande a nossa fraqueza. E chegamos a ter esse encontro com Ele sempre que o recebemos na Comunhão, oculto nas espécies sacramentais. E são tantos os bens que então recebemos que o Senhor nos fita e nos pode dizer: *Eu sei que uma força saiu de mim*. É uma torrente de graças que nos inunda de alegria, que nos dá a firmeza necessária para continuarmos a caminhar e que causa assombro aos anjos.

Quando a nossa amizade com Cristo cresce sempre mais, passamos a desejar que chegue o momento de cada Comunhão. Procuramos o Senhor com a mesma persistência daquela mulher doente, servindo-nos para isso de todos os meios ao nosso alcance, tanto humanos como sobrenaturais. Se, em alguma ocasião, devido a uma viagem, a um contratempo na família, a uma época de exames ou de trabalho mais intenso etc., se torna mais difícil comungar, fazemos um esforço maior, somos mais engenhosos em vencer os obstáculos, pomos mais amor. Procuramos então o Senhor com o mesmo empenho com que Maria Madalena foi ao sepulcro ao raiar do terceiro dia, sem se importar com os soldados que estavam de guarda, nem com a pedra que lhe impedia a passagem...

Santa Catarina de Sena explica com um exemplo a importância de se desejar vivamente a Comunhão. Suponhamos — diz-nos — que várias pessoas têm uma vela de peso e tamanho diferentes. A primeira tem uma vela de cem gramas, a segunda de duzentos, a terceira de trezentos, e outra de um quilo. Cada uma acende a sua vela. A que tem a vela de cem gramas tem menos capacidade de iluminar do que a que possui a vela de um quilo. Assim acontece com os que vão comungar. Cada um leva um círio, que são os santos desejos com que recebe este sacramento[5]. Esses "santos desejos" são a condição de uma Comunhão fervorosa.

II. PARA QUEM ESTÁ EM GRAÇA, todas as condições para receber sempre com fruto a Comunhão sacramental podem resumir-se numa: *ter fome da Sagrada Eucaristia*[6]. Esta fome e esta sede de Cristo não podem ser substituídas por nada.

O vivo desejo de comungar, sinal de fé e de amor, há de levar-nos a muitas *comunhões espirituais* antes de recebermos o Senhor sacramentalmente, e isso durante o dia, no meio da rua ou do trabalho. "A comunhão espiritual consiste num desejo ardente de receber Jesus Sacramentado e num abraço amoroso como se já o tivéssemos recebido"[7]. Prolonga de certa maneira os frutos da Comunhão anterior, prepara para a seguinte e ajuda-nos a desagravar o Senhor pelas vezes em que talvez não nos tenhamos preparado para recebê-lo com a delicadeza e o amor que Ele esperava, e também por todos aqueles que comungam com pecados graves na consciência ou que, de um modo ou de outro, se esqueceram de que Cristo ficou neste sacramento.

"A comunhão espiritual pode ser feita sem que ninguém nos veja, sem que se esteja em jejum, e a qualquer hora, porque consiste num ato de amor; basta dizer de todo o coração: [...] *Creio, ó meu Jesus, que estais no Santíssimo Sacramento; eu Vos amo e desejo muito receber-Vos, vinde ao meu coração; eu Vos abraço; não Vos ausenteis de mim*"[8]. Ou, como muitos outros cristãos, que o aprenderam talvez por ocasião da sua Primeira Comunhão: *Eu quisera, Senhor, receber-Vos com aquela pureza, humildade e devoção com que Vos recebeu a vossa Santíssima Mãe, com o espírito e o fervor dos santos*[9].

Devemos praticar especialmente as comunhões espirituais nas horas que antecedem a Missa e a Comunhão: à noite, quando chega a hora do descanso; de manhã, a partir do momento em que nos levantamos. Se pusermos um pouco de esforço e pedirmos ajuda ao nosso Anjo da Guarda, a Eucaristia presidirá à nossa vida e será "o centro e o cume"[10] para o qual se dirigem todos os nossos atos do dia que começa.

Recorramos hoje ao nosso Anjo da Guarda para que nos recorde frequentemente a proximidade de Cristo nos sacrários da cidade onde vivemos ou onde nos encontramos, e nos consiga abundantes graças para que cada dia seja maior o nosso desejo de receber Jesus, e maior o nosso amor, particularmente nesses minutos em que o temos sacramentalmente em nosso coração.

III. DEVEMOS PÔR O MAIOR empenho em abeirar-nos de Cristo com a fé daquela mulher, com a sua humildade, com o seu grande desejo de ficar curada. "Quem somos nós, para estarmos tão perto dEle? Tal como àquela pobre mulher no meio da multidão, o Senhor ofereceu-nos uma oportunidade. E não só para tocar uma ponta da sua túnica, ou, num breve momento, o extremo do seu manto, a orla. Temo-lo inteiro. Entrega-se totalmente a cada um de nós, com o seu Corpo, com o seu Sangue, com a sua Alma e com a sua Divindade. Comemo-lo todos os dias, falamos intimamente com Ele, como se fala com o pai, como se fala com o Amor"[11]. É uma realidade, tanto quanto o é a nossa existência ou o mundo e as pessoas que encontramos todos os dias.

A Comunhão não é um prêmio à virtude, mas alimento para os fracos e necessitados: para nós. E a nossa Mãe a Igreja exorta-nos a comungar com frequência, se possível diariamente, e ao mesmo tempo insiste em que nos esforcemos a fundo por afastar a rotina, a tibieza, a falta de amor, em que purifiquemos a alma dos pecados veniais através de atos de contrição e da confissão frequente e, antes de mais nada, em que nunca comunguemos com a menor sombra de pecado grave, isto é, sem termos recebido previamente o sacramento do perdão[12]. Quanto às faltas leves, o Senhor pede-nos o que está ao nosso alcance: arrependimento e desejo de evitar que se repitam.

O amor a Jesus presente na Sagrada Eucaristia manifesta-se também no modo de lhe mostrarmos o nosso agradecimento depois da Comunhão; o amor é inventivo e sabe encontrar modos próprios para expressar a sua gratidão, mesmo que a alma se ache mergulhada na aridez mais completa. A aridez não é tibieza, mas amor com ausência de sentimento, que impele, no entanto, a pôr mais esforço e a pedir ajuda aos intercessores do Céu, como o nosso Anjo da Guarda, que nos prestará grandes serviços numa ocasião como esta, tal como o faz em tantas outras.

As próprias distrações devem ajudar-nos a alcançar um maior fervor à hora de darmos graças a Deus pelo bem incomparável de nos ter visitado. Tudo nos deve servir para que, nesses minutos em que temos o próprio Deus conosco, nos encontremos nas melhores disposições possíveis dentro das nossas limitações. "Quando o receberes, diz-lhe: — Senhor, espero em Ti; adoro-te, amo-te, aumenta-me a fé. Sê o apoio da minha debilidade, Tu, que ficaste na Eucaristia, inerme, para remediar a fraqueza das criaturas"[13].

A Virgem Nossa Senhora ajudar-nos-á a preparar a nossa alma *com aquela pureza, humildade e devoção* com que Ela o recebeu depois da mensagem do anjo.

(1) Sl 101; (2) Mc 5, 21-43; (3) cf. Lc 8, 41-56; (4) cf. Lc 8, 46; (5) Santa Catarina de Sena, *O diálogo*, p. 385; (6) cf. R. Garrigou-Lagrange, *Las tres edades de la vida interior*, vol. I, p. 484; (7) Santo Afonso Maria de Ligório, *Visitas ao Santíssimo Sacramento*, Rialp, Madri, 1965, p. 40; (8) *ib.*, p. 41; (9) *Orações do cristão*, Quadrante, São Paulo, p. 16; (10) cf. Conc. Vat. II, Decr. *Ad gentes*, 9; (11) São Josemaria Escrivá, *Amigos de Deus*, n. 199; (12) cf. 1 Cor 11, 27-28; Paulo VI, Instr. *Eucharisticum mysterium*, 37; (13) São Josemaria Escrivá, *Forja*, n. 832.

TEMPO COMUM. QUARTA SEMANA. QUARTA-FEIRA

30. TRABALHAR BEM

— Vida de trabalho de Jesus em Nazaré. A santificação do trabalho.
— O trabalho é participação na obra criadora de Deus. Jesus e o mundo do trabalho.
— Sentido redentor do trabalho. Recorrer a São José para que nos ensine a trabalhar com competência e a corredimir com as nossas tarefas.

I. DEPOIS DE ALGUM TEMPO, Jesus voltou à sua cidade, Nazaré, com os seus discípulos[1]. Esperava-o ali a sua Mãe, com enorme alegria. Talvez tenha sido a primeira vez que aqueles primeiros seguidores do Mestre conheceram o lugar em que Jesus se tinha criado; e devem ter recuperado as energias em casa da Virgem, que os teria rodeado de particulares atenções, servindo-os com uma solicitude que ninguém tivera com eles até então.

Em Nazaré, todos conhecem Jesus. Conhecem-no pelo seu ofício e pela sua família: é o artesão, filho de Maria. Tal como acontece com tantas pessoas, o Senhor seguiu o ofício daquele que fizera as vezes de pai junto dEle, aqui na terra. Por isso chamam-no também *filho do artesão*[2]; teve a profissão de José, que possivelmente já morrera havia anos. A sua família, que guardava o maior dos tesouros — o Verbo de Deus feito homem —, foi como outra qualquer entre as da vizinhança.

Jesus deve ter permanecido vários dias em casa de sua Mãe, e provavelmente visitou outros parentes e conhecidos. *E chegado o sábado pôs-se a ensinar na sinagoga.* Os ouvintes ficaram surpreendidos. Aquele que até há pouco tempo fabricava móveis e arados para a lavoura, e que os consertava quando se estragavam, fala-lhes agora com suma autoridade e sabedoria, tal como ninguém lhes havia falado até então. Só veem nEle o lado humano, aquilo que tinham observado durante trinta anos: a mais completa normalidade. Custa-lhes descobrir o Messias por trás dessa "normalidade".

A oficina de José, herdada depois por Jesus, era como as outras que havia naquele tempo na Palestina. Talvez fosse a única em Nazaré. Cheirava a madeira e a limpeza. José, como também depois Jesus, devia cobrar o normal; talvez desse todas as facilidades possíveis a quem estivesse em apuros econômicos, mas não deixaria de cobrar o justo. E os trabalhos que José e Jesus realizavam nessa pequena oficina eram os próprios desse ofício, em que se fazia um pouco de tudo: construir uma viga, fabricar um armário simples, ajustar uma mesa que balançava, aplainar uma porta que não fechava bem... Ali não se fabricavam cruzes de madeira, como querem fazer-nos crer alguns quadros piedosos: quem se lembraria de encomendar-lhes semelhantes objetos? Também as madeiras não eram importadas do Céu, mas adquiridas nos bosques vizinhos.

Os habitantes de Nazaré *escandalizaram-se dEle.* A Virgem Maria, não. Ela sabe que o seu filho é o Filho de Deus. Olha-o com imenso amor e admiração. Compreende-o bem.

A meditação desta passagem, em que se reflete indiretamente a vida anterior de Jesus em Nazaré, ajuda-nos a examinar se a nossa vida corrente, cheia de trabalho e de normalidade, é caminho de santidade, tal como foi a da Sagrada Família.

II. O SENHOR MOSTROU conhecer muito bem o mundo do trabalho. Na sua pregação, utiliza frequentemente imagens, parábolas, comparações da vida de trabalho vivida por Ele ou pelos seus conterrâneos.

Os que o ouvem entendem bem a linguagem que emprega, porque não podem deixar de recordar que Jesus fez o seu trabalho em Nazaré com perfeição humana, com competência profissional, concluindo-o com esmero. Por isso, no momento em que volta à sua cidade, é conhecido precisamente pelo seu ofício, como *o artesão*. E desse modo ensina-nos a todos nós como devemos desempenhar as tarefas de cada dia[3].

Se as nossas disposições forem realmente sinceras, o Senhor haverá de conceder-nos sempre a luz sobrenatural necessária para imitarmos o seu exemplo, procurando não apenas desincumbir-nos friamente da ocupação profissional, mas exceder-nos no seu cumprimento com abnegação e sacrifício, empenhando-nos nela de boa vontade, com amor.

O nosso exame pessoal diante de Deus e a nossa conversa com Ele hão de versar frequentemente sobre essas tarefas que nos ocupam para ver se nos dedicamos a elas a fundo, com valentia: se procuramos trabalhar conscienciosamente, se nos esforçamos por fazer render o tempo, *espremendo-o* ao máximo; se conseguimos atualizar, completar e enriquecer dia a dia a nossa preparação profissional; se abraçamos com amor a Cruz, a fadiga e os contratempos do trabalho de cada dia.

O trabalho, qualquer trabalho nobre realizado conscienciosamente, faz-nos partícipes da Criação e corredentores com Cristo. "Esta verdade — ensina João Paulo II —, segundo a qual o homem, através do seu trabalho, participa na obra do próprio Deus, seu Criador, foi particularmente posta em relevo por Jesus Cristo, aquele Jesus perante o qual muitos dos seus primeiros ouvintes em Nazaré ficavam estupefatos e diziam: *Onde aprendeu ele estas coisas? E que sabedoria é a que lhe foi dada?... Não é este o artesão?*"[4]

Os anos de Jesus em Nazaré são o livro aberto em que aprendemos a santificar as tarefas de cada dia.

III. O ASSOMBRO DOS VIZINHOS de Nazaré é um ensinamento luminoso para nós; revela-nos que a maior parte da vida do Redentor foi de trabalho, como a vida dos demais homens. E esta tarefa realizada dia após dia foi instrumento de redenção, como o foram todas as ações de Cristo. Sendo uma tarefa humana simples, converteu-se num feixe de ações de valor infinito e redentor, por ter sido realizada pela Segunda Pessoa da Santíssima Trindade feita homem.

O cristão, que é outro Cristo pelo Batismo, deve converter os seus afazeres humanos retos em tarefa de corredenção. O nosso trabalho, unido ao de Jesus, ainda que segundo o conceito dos homens seja pequeno e pareça de pouca importância, adquire assim um valor incomensurável. O próprio cansaço que qualquer trabalho traz consigo, como consequência do pecado original, adquire um sentido novo. O que parecia um castigo é redimido por Cristo e converte-se em mortificação gratíssima a Deus, que nos serve para purificarmos os nossos próprios pecados e para corredimirmos com o Senhor a humanidade inteira. Aí está a diferença profunda entre o trabalho humanamente bem realizado por um pagão e o de um cristão que, além de estar bem acabado, é oferecido em união com Cristo.

A união com o Senhor, buscada no trabalho diário, reforçará em nós o propósito de fazermos tudo *somente* para a glória de Deus e para o bem das almas. O nosso prestígio, conseguido nobremente, atrairá os nossos colegas e servirá de alavanca para animarmos muitas outras pessoas a enveredarem pelo caminho de uma intensa vida cristã. Desse modo caminharão unidas na nossa vida a santificação do trabalho e o ímpeto apostólico no ambiente do nosso labor profissional, indicador claro de que realmente trabalhamos com retidão de intenção.

Peçamos hoje a São José que nos ensine a trabalhar bem e a amar os nossos afazeres. José é um Mestre excepcional do trabalho bem realizado, pois ensinou o seu ofício ao Filho de Deus; teremos muito a aprender dele, se recorrermos ao seu patrocínio enquanto trabalhamos. Podemos invocá-lo com esta oração antes de iniciarmos as nossas tarefas:

"Ó glorioso São José, modelo de todos os que se consagram ao trabalho! Alcançai-me a graça de trabalhar com espírito de penitência, em expiação dos meus pecados; de trabalhar com consciência, pondo o cumprimento do meu dever acima das minhas naturais inclinações; de trabalhar com agradecimento e alegria, olhando como uma honra o poder de desenvolver por meio do trabalho os dons recebidos de Deus. Alcançai-me a graça de trabalhar com ordem, constância, intensidade e presença de Deus, sem jamais retroceder ante as dificuldades; de trabalhar, acima de tudo, com pureza de intenção e desapego de mim mesmo, tendo sempre diante dos olhos todas as almas e as contas que prestarei a Deus do tempo perdido, das habilidades inutilizadas, do bem omitido e das estéreis vaidades em meus trabalhos, tão contrárias à obra de Deus. Tudo por Jesus, tudo por Maria, tudo à vossa imitação, ó Patriarca São José! Esse será o meu lema na vida e na morte. Amém"[5].

(1) Mc 6, 1-6; (2) cf. Mt 13, 55; (3) cf. J. L. Illanes, *A santificação do trabalho*, pp. 24-25; (4) João Paulo II, Enc. *Laborem exercens*, 14-IX-1981; (5) *Oração a São José*; cf. *Orações do cristão*, 2ª ed., Quadrante, São Paulo, 1989, p. 11.

TEMPO COMUM. QUARTA SEMANA. QUINTA-FEIRA

31. OS DOENTES, PREDILETOS DO SENHOR

— Imitar Cristo no amor e no cuidado dos doentes.
— A Unção dos Enfermos.
— Valor corredentor da dor e da doença. Aprender a santificá-la.

I. O EVANGELHO DA MISSA[1] fala-nos da missão que os Doze empreenderam pelas aldeias e regiões da Palestina. Pregaram a necessidade de fazer penitência para entrar no Reino de Deus *e expulsavam os demônios e ungiam com óleo muitos doentes e os curavam*.

O azeite era utilizado com frequência para curar as feridas[2], e o Senhor determinou que fosse essa a matéria do sacramento da Unção dos Enfermos. Nas breves palavras do Evangelho de São Marcos a Igreja viu insinuado este sacramento[3], que foi instituído pelo Senhor e mais tarde promulgado e recomendado aos fiéis pelo apóstolo São Tiago[4]. É mais uma demonstração da solicitude de Cristo e da sua Igreja pelos cristãos mais necessitados.

O Senhor mostrou sempre a sua compaixão infinita pelos enfermos. Ele próprio se revelou aos discípulos enviados pelo Batista chamando-lhes a atenção para o que estavam vendo e ouvindo: os cegos recuperavam a vista e os coxos andavam; os leprosos ficavam limpos e os surdos ouviam; os mortos ressuscitavam e os pobres eram evangelizados[5].

Na parábola do banquete das bodas, os criados recebem esta ordem: *Saí pelos caminhos... e trazei os pobres, os aleijados, os cegos, os coxos...*[6] São inúmeras as passagens em que Jesus se mostra compadecido ao contemplar a dor e a doença, e em que cura muitos como sinal da cura espiritual que realizava nas almas.

Ora, Jesus quis que nós, os seus discípulos, o imitássemos numa compaixão eficaz por aqueles que sofrem na doença e em toda a dor. "A Igreja cerca de amor todos os afligidos pela fraqueza humana; mais ainda, reconhece nos pobres e nos que sofrem a imagem do seu Fundador pobre e sofredor. Faz o possível por mitigar-lhes a pobreza e neles procura servir a Cristo"[7].

Nos doentes, vemos o próprio Cristo que nos diz: *O que fizestes por um destes, a mim o fizestes*[8]. "Quem ama verdadeiramente o próximo deve fazer-lhe bem ao corpo tanto como à alma — escreve Santo Agostinho —, e isso não consiste apenas em acompanhar os outros ao médico, mas também em cuidar de que não lhes falte alimentação, bebida, roupa, moradia, e em proteger-lhes o corpo contra tudo o que possa prejudicá-lo... São misericordiosos os que usam de delicadeza e humanidade quando proporcionam aos outros o necessário para resistirem aos males e às dores"[9].

Entre as atenções que podemos ter com os doentes está o cuidado de visitá-los com a frequência oportuna, de procurar que a doença não os intranquilize, de facilitar-lhes o descanso e o cumprimento de todas as prescrições do médico, de fazer com que o tempo que estejamos com eles lhes seja grato. Não esqueçamos que os doentes são o "tesouro da Igreja" e que têm um poder muito grande diante de Deus, pois o Senhor os olha com particular predileção. "Criança. — Doente. — Ao escrever estas palavras, não sentis a tentação de as pôr com maiúsculas? É que, para uma alma enamorada, as crianças e os doentes são Ele"[10].

II. DEVEMOS PREOCUPAR-NOS pela saúde física dos que estão doentes e também pela sua alma. Procuraremos ajudá-los com os meios humanos ao nosso alcance e, sobretudo, procuraremos fazê-los ver que, se unirem essa dor aos padecimentos de Cristo, ela se converterá num bem de valor incalculável: será ajuda eficaz para toda a Igreja, purificação das faltas passadas e uma oportunidade que Deus lhes dá para progredirem muito na santidade pessoal, porque não raras vezes Cristo abençoa com a Cruz.

O sacramento da Unção dos Enfermos é um dos cuidados que a Igreja reserva para os seus filhos doentes. Este sacramento foi instituído para ajudar os homens a alcançar o Céu, mas não pode ser administrado aos sãos, nem mesmo aos que não padecem de uma doença grave, ainda que se achem em perigo de vida, porque foi instituído a modo de remédio espiritual, e os remédios não se dão aos que estão bem de saúde, mas aos doentes[11].

A Igreja também não deseja que se espere até os momentos finais para recebê-lo, mas quando se começa a estar em perigo de morte por doença ou velhice[12]; pode-se, porém, reiterá-lo, se o doente se recupera depois da Unção ou se, durante a mesma doença, se acentua o perigo ou a gravidade[13]; pode-se administrá-lo também a quem vai submeter-se a uma intervenção cirúrgica, desde que a causa da operação seja uma doença grave[14].

O maior bem deste sacramento é livrar o cristão do abatimento e da fraqueza que contraiu pelos seus pecados[15].

Deste modo a alma sai fortalecida e recupera a juventude e o vigor que tinha perdido em consequência das suas faltas e debilidades.

O Papa Paulo VI, citando o Concílio de Trento, explicava e resumia assim os efeitos deste sacramento: outorga "a graça do Espírito Santo, cuja unção tira os pecados, se ainda resta algum por apagar, como também os vestígios do pecado; alivia e fortalece também a alma do doente, despertando nela uma grande confiança na misericórdia divina; permite-lhe, sustentado dessa forma, suportar facilmente as provas e penalidades da doença, bem como resistir com maior facilidade às tentações do demônio *que está à espreita* (Gn 3, 15), e por vezes recuperar a saúde corporal, se for conveniente para a saúde da alma"[16].

É um sacramento que infunde uma grande paz e alegria na alma do doente que esteja lúcido, movendo-o a unir-se a Cristo na Cruz e a corredimir com Ele, e que "prolonga o interesse que o Senhor manifestou pelo bem-estar corporal e espiritual de quem está doente, como testemunham os Evangelhos, e que Ele desejava que os seus discípulos também manifestassem"[17].

Examinemos hoje se sabemos ver Cristo dolente nos enfermos, em cada um deles, se os atendemos com carinho e respeito, se lhes prestamos essas pequenas ajudas que tanto agradecem. Sobretudo, vejamos junto do Senhor se os ajudamos com sentido de oportunidade a santificar a dor, a corredimir com Cristo.

III. QUANDO O SENHOR nos fizer experimentar a sua Cruz através da dor e da doença, deveremos considerar-nos filhos prediletos. Ele pode enviar-nos a dor física ou outros sofrimentos: humilhações, fracassos, injúrias, desgostos na família... Não devemos esquecer então que a obra redentora de Cristo prossegue através de nós.

Por muito pouco que possamos valer, o sofrimento converte-nos em corredentores com Cristo, e a dor — que era inútil e má — transforma-se em alegria e num tesouro. E podemos dizer com o apóstolo São Paulo: *Agora alegro-me com os meus padecimentos por vós, e supro na minha carne o que falta às tribulações de Cristo pelo seu corpo que é a Igreja*[18].

João Paulo II afirma que a dor "não só é útil aos outros, como também lhes presta um serviço insubstituível. No Corpo de Cristo [...] o sofrimento, impregnado do espírito de sacrifício de Cristo, é o mediador insubstituível e o autor dos bens indispensáveis à salvação do mundo. Mais do que qualquer outra coisa, é o sofrimento que abre caminho à graça que transforma as almas humanas. Mais do que qualquer outra coisa, é ele que torna presentes na história da humanidade as forças da Redenção”[19].

Para aproveitarmos esta riqueza de graças, precisamos de “uma preparação remota, feita cada dia com um santo desapego de nós mesmos, para que nos disponhamos a carregar com garbo — se o Senhor assim o permite — a doença ou a desventura. Sirvamo-nos desde já das ocasiões normais, de alguma privação, da dor nas suas pequenas manifestações habituais, da mortificação, para pôr em prática as virtudes cristãs”[20].

Recorremos à nossa Mãe, Santa Maria. Ela, “que no Calvário, permanecendo de pé valorosamente junto à Cruz do Filho (cf. Jo 19, 25), participou da sua paixão, sabe sempre convencer novas almas a unirem os seus próprios sofrimentos ao sacrifício de Cristo, num «ofertório» que, transpondo o tempo e o espaço, abraça e salva toda a humanidade”[21].

Peçamos-lhe que as penas — inevitáveis nesta vida — nos ajudem a unir-nos mais ao seu Filho, e que, quando chegarem, saibamos entendê-las como uma bênção para nós mesmos e para toda a Igreja.

(1) Mc 6, 7-13; (2) cf. Is 1, 6; Lc 10, 34; (3) cf. Conc. de Trento, Sess. XIV, *Doctrina de sacramento extremae unctionis*, cap. I; (4) cf. Tg 5, 14 e segs.; (5) cf. Mt 11, 5; (6) cf. Lc 14, 21; (7) cf. Conc. Vat. II, Const. *Lumen gentium*, 8; (8) cf. Mt 25, 40; (9) Santo Agostinho, *Sobre os costumes da Igreja Católica*, 1, 28, 56; (10) São Josemaria Escrivá, *Caminho*, n. 419; (11) cf. *Catecismo romano*, II, 6, 9; (12) Conc. Vat. II, Const. *Sacrossanctum Concilium*, 73; (13) cf. Ritual da Unção, *Praenotanda*, n. 8; (14) cf. *ib.*, n. 10; (15) *Catecismo romano*, II, 6, 14; (16) Paulo VI, Const. apost. *Sacram Unctionem infirmorum*, 30-XI-1972; (17) Ritual da Unção, *Praenotanda*, n. 5; (18) Cl 1, 24; (19) João Paulo II, Carta apost. *Salvifici doloris*, 11-II-1984, 27; (20) São Josemaria Escrivá, *Amigos de Deus*, n. 124; (21) João Paulo II, *Homilia*, 11-XI-1980.

TEMPO COMUM. QUARTA SEMANA. SEXTA-FEIRA

32. FORTALEZA NA VIDA DIÁRIA

— O exemplo dos mártires. O nosso testemunho de cristãos correntes. A virtude da fortaleza.
— Fortaleza para seguirmos o Senhor, para sermos fiéis nos pormenores, para vivermos o desprendimento efetivo dos bens, para sermos pacientes.
— Heroísmo na vida simples e normal do cristão. Exemplaridade.

I. O EVANGELHO DA MISSA de hoje relata-nos o martírio de João Batista[1], que foi fiel à missão recebida de Deus, ao ponto de dar a vida por ela. Se tivesse permanecido calado ou à margem dos acontecimentos nos momentos difíceis, não teria morrido degolado no calabouço de Herodes. Mas João não era como *uma cana agitada por qualquer vento*. Foi coerente até o fim com a sua vocação e com os princípios que davam sentido à sua existência. O sangue que derramou — e depois dele os mártires de todos os tempos — unir-se-ia ao Sangue redentor de Cristo para nos dar um exemplo de amor e de firmeza na fé, de valentia e de fecundidade.

O martírio é a maior expressão da virtude da fortaleza e o testemunho supremo de uma verdade que se confessa até dar a vida por ela. O exemplo do mártir "traz-nos à memória que se deve à fé um testemunho [...] pessoal, preciso e — se chegar o caso — custoso, intrépido; recorda-nos, enfim, que o mártir de Cristo não é um herói estranho, mas é para nós, é nosso"[2]; ensina-nos que todo o cristão deve estar disposto a renunciar à sua própria vida, se for necessário, em testemunho da sua fé.

Os mártires não são apenas um exemplo incomparável que nos vem do passado; a nossa época atual também é tempo de mártires, de perseguição, mesmo sangrenta. "As perseguições pela fé são hoje muitas vezes semelhantes às que o martirológio da Igreja registrou durante os séculos pretéritos. Elas assumem diversas formas de discriminação dos fiéis e de toda a comunidade da Igreja [...].

"Há hoje centenas e centenas de milhares de testemunhas da fé, muito frequentemente desconhecidas ou esquecidas pela opinião pública, cuja atenção está absorvida por outros fatos; com frequência só Deus as conhece. Elas suportam privações diárias nas mais diversas regiões de cada um dos continentes.

"Trata-se de fiéis obrigados a reunir-se clandestinamente porque a sua comunidade religiosa é considerada ilegal. Trata-se de bispos, de sacerdotes, de religiosos a quem se proíbe o exercício do santo ministério nas suas igrejas ou em reuniões públicas [...].

"Trata-se de jovens generosos, a quem se impede de entrar num seminário ou num local de formação religiosa para realizarem aí a sua própria vocação [...]. Trata-se de pais a quem se nega a possibilidade de assegurarem aos seus filhos uma educação inspirada na sua fé.

"Trata-se de homens e mulheres, trabalhadores manuais, intelectuais e de todas as profissões que, pelo simples fato de professarem a sua fé, enfrentam o risco de se verem privados de um futuro brilhante para as suas carreiras ou estudos"[3].

Quanto à maioria dos cristãos, o Senhor não lhes pede que derramem o seu sangue em testemunho da fé que professam. Mas exige de todos uma firmeza análoga que os leve a proclamar a verdade com a vida e com a palavra em ambientes que podem ser difíceis e hostis aos ensinamentos de Cristo, e a viver plenamente as virtudes cristãs no meio do mundo, nas circunstâncias em que a vida os colocou. Este é o caminho que deverão percorrer e em que deverão ser igualmente heroicos.

O cristão de hoje necessita particularmente da virtude da fortaleza, que, além de ser humanamente atraente, é imprescindível em face da mentalidade materialista de muitos, do comodismo e do horror por tudo o que supõe mortificação, renúncia ou sacrifício... Qualquer ato de virtude inclui um ato de coragem, de fortaleza; sem ela, não se pode ser fiel a Deus.

São Tomás ensina[4] que esta virtude tem duas vertentes; por um lado, leva-nos a *acometer o bem* sem nos determos perante as dificuldades e perigos que possa ocasionar; por outro, a *resistir aos males e dificuldades* de modo a não cairmos na tristeza. No primeiro caso, encontram o seu campo próprio de atuação as virtudes da coragem e da audácia; no segundo, a paciência e a perseverança. São virtudes que temos ocasião de praticar todos os dias, em ponto pequeno talvez, mas constantemente. Somos *heroicos* em aproveitar essas oportunidades?

II. PÔR A META da nossa vida em seguir o Senhor de perto e progredir sempre nesse seguimento já requer fortaleza, porque a imitação de Jesus Cristo nunca foi uma tarefa cômoda; é um ideal alegre, extremamente alegre, mas sacrificado. E depois da primeira decisão, vem a de cada momento, a de cada dia. O cristão deve ser forte para empreender o caminho da santidade e para reempreendê-lo a cada uma das suas etapas, para perseverar sem amolecer, apesar de todos os obstáculos externos e internos que possam apresentar-se.

Necessitamos de fortaleza *para ser fiéis* nas pequenas coisas de cada dia, que são, em última análise, as que nos aproximam ou nos afastam de Deus. Essa atitude de firmeza manifesta-se no trabalho, na vida familiar, perante a dor e a doença, diante dos possíveis desânimos que tirariam a paz se não houvesse um esforço decidido por superá-los, apoiados sempre na consideração de que Deus é nosso Pai e permanece junto de cada um dos seus filhos.

Precisamos da virtude da fortaleza para evitar que nos extraviemos, para deixar de lado as bugigangas da terra, não permitindo que o coração se apegue a elas. Muitos cristãos parecem ter esquecido que Cristo é verdadeiramente o *tesouro escondido, a pérola preciosa*[5], por cuja posse vale a pena não encher o coração de bens minúsculos e relativos, pois "quem conhece as riquezas de Cristo Nosso Senhor, despreza por elas todas as coisas; para esse homem, as posses, as riquezas e as honras são como lixo. Porque não há nada que se possa comparar àquele supremo tesouro, nem que se possa trazer à sua presença"[6]. Para estarmos realmente desprendidos dos bens que devemos utilizar e não os convertermos em fins, devemos ser fortes.

A virtude da fortaleza leva-nos também a ser *pacientes* perante os acontecimentos e notícias desagradáveis e perante os obstáculos que se apresentam todos os dias. Não é próprio de um cristão que vive na presença de seu Pai-Deus, andar com um aspecto azedo, mal-humorado ou triste por causa de uma espera que se prolonga, de uns planos que tem de mudar à última hora, ou de um pequeno (ou grande) fracasso.

A paciência leva-nos a ser compreensivos com os outros, quando parece que não melhoram ou não põem todo o interesse em corrigir-se, e a tratá-los sempre com caridade, com apreço humano e sentido sobrenatural. Quem tem ao seu cuidado a formação de outras pessoas (pais, mestres, superiores...) necessita particularmente desta virtude, porque "governar, muitas vezes, consiste em saber «ir puxando» pelas pessoas, com paciência e carinho"[7].

Para fazermos o nosso exame nesta matéria, há de servir-nos de muito este conselho: "Nas relações com os que te cercam, tens de conduzir-te cada dia com muita compreensão, com muito carinho, juntamente — é claro — com toda a energia necessária: de outro modo, a compreensão e o carinho se convertem em cumplicidade e egoísmo"[8]. A caridade nunca é fraqueza, e a fortaleza, por sua vez, não deve supor uma atitude irritada, áspera e mal-humorada.

III. EM COMPARAÇÃO COM TODOS os fiéis que compõem a Igreja, são poucos aqueles a quem o Senhor pede um testemunho de fé mediante o derramamento de sangue, mas a ninguém deixa Ele de pedir a entrega da vida, pouco a pouco, com um heroísmo escondido, no cumprimento do dever, na luta por uma maior coerência com a fé cristã, exteriorizada mediante um exemplo que arraste e estimule.

Não basta viver interiormente a doutrina de Cristo: seria falsa uma fé que não tivesse manifestações externas. Os cristãos não podem dar a impressão — pela sua passividade ou por não quererem comprometer-se — de que não encaram a sua fé como o valor mais importante da sua vida ou de que não consideram os ensinamentos da Igreja como um elemento vital da sua conduta. "O Senhor necessita de almas fortes e audazes, que não pactuem com a mediocridade e penetrem com passo firme em todos os ambientes"[9].

E existem épocas em que pode haver graves razões de caridade para confortarmos com o testemunho da nossa fé os que andam vacilantes: mediante uma confissão decidida e sem complexos como a de João Batista, que arraste e mova.

A honra de Deus está acima das conveniências pessoais. Não podemos permanecer passivos quando se quer colocar Deus entre parêntesis na vida pública, ou quando homens sectários pretendem confiná-lo no fundo das consciências. Não podemos estar calados quando há tantas pessoas ao nosso lado que nos olham à espera de um testemunho coerente com a fé que professamos.

Este testemunho consistirá umas vezes na exemplaridade ao longo das muitas horas de trabalho profissional, na caridade e na compreensão com todos, na alegria que revela aos demais homens uma paz nascida do relacionamento com Deus... Outras, estará na defesa serena e firme do Sumo Pontífice ou da hierarquia da Igreja, na refutação de uma doutrina errônea ou confusa... Sempre com serenidade e sem destemperos — que não fazem bem e não são próprios de um cristão —, mas com firmeza.

A fortaleza de João e a sua vida coerente são para nós um exemplo a ser imitado. Se o seguirmos nos acontecimentos diários, correntes e simples, muitos dos nossos amigos perceberão a têmpera da nossa vida e se deixarão arrastar pelo nosso testemunho sereno, assim como outrora muitos se convertiam ao contemplarem o martírio — o testemunho de fé — dos primeiros cristãos.

(1) Mc 6, 14-29; (2) Paulo VI, *Alocução*, 3-XI-1965; (3) João Paulo II, *Meditação-oração*, Lourdes, 14-VIII-1983; (4) São Tomás, *Suma teológica*, 2-2, q. 123, a. 6; (5) cf. Mt 13, 44-46; (6) *Catecismo romano*, IV, 11, 15; (7) São Josemaria Escrivá, *Sulco*, n. 405; (8) *ib.*, n. 803; (9) *ib.*, n. 416.

33. SANTIFICAR O DESCANSO

— Cansaço de Jesus. Contemplar a sua Santa Humanidade.
— O nosso cansaço não é em vão; aprender a santificá-lo.
— Dever de descansar; para servir melhor a Deus e aos outros.

I. *OS APÓSTOLOS VOLTARAM a reunir-se com Jesus e contaram-lhe tudo quanto haviam feito e ensinado. Ele disse-lhes: Vinde, vós sozinhos, e retiremo-nos a um lugar deserto para que descanseis um pouco*[1]. São palavras do Evangelho da Missa que nos mostram a solicitude de Jesus pelos seus. Os apóstolos, depois de uma missão apostólica intensa, sentem-se cansados, e o Senhor apercebe-se disso imediatamente e cuida deles: *Retiraram-se numa barca para um lugar tranquilo e afastado.*

Noutras ocasiões, é Jesus quem está verdadeiramente *cansado do caminho*[2] e se senta junto de um poço porque não pode dar mais um passo sequer. Experimentou algo tão próprio da natureza humana como a fadiga. Experimentou-a no seu trabalho, ao longo dos trinta anos de vida oculta, tal como nós todos os dias. Muitas vezes, terminava a jornada extenuado. Os Evangelistas contam-nos que certa vez adormeceu na popa da barca durante uma tempestade no lago: tinha passado todo o dia pregando[3] e o seu cansaço foi tão grande que não acordou apesar das ondas. Não fingiu estar dormindo para provar a fé dos seus discípulos; estava realmente esgotado. Que grande consolo é para nós contemplarmos o Senhor exausto! Como Jesus está perto de nós nesses momentos!

No cumprimento dos nossos deveres, ao empenharmo-nos generosamente na nossa tarefa profissional, ao gastarmos muitas energias nas iniciativas apostólicas e de serviço aos outros, é natural que nos apareça o cansaço como um companheiro inseparável. Longe de nos queixarmos perante essa realidade comum a todos os mortais, devemos aprender a descansar junto de Deus, de modo a podermos dizer no nosso interior: "Ó Jesus! — Descanso em Ti"[4].

O Senhor entende bem as nossas fadigas e convida-nos a recuperar as forças junto dEle: *Vinde a mim, todos os que estais fatigados e carregados, e eu vos aliviarei*[5]. Cristo alivia-nos da nossa carga quando unimos o nosso cansaço ao seu, quando o oferecemos pela redenção das almas, quando praticamos uma caridade amável com aqueles que nos rodeiam, especialmente nesses momentos em que nos pode custar um pouco mais.

Nunca devemos esquecer que o descanso é uma situação que também temos de santificar. Esses momentos de distração não devem ser parcelas isoladas da nossa vida nem pretexto para nos permitirmos alguma compensação egoísta. O Amor não tira férias.

II. JESUS SERVE-SE TAMBÉM dos momentos em que repõe as forças para ajudar as almas. Enquanto descansa junto do poço de Jacó, aparece uma mulher que vem encher o seu cântaro de água. Essa será a oportunidade que o Senhor aproveitará para levar a samaritana a uma mudança radical de vida[6].

Também nós sabemos que nem os nossos momentos de cansaço devem passar em vão. "Só depois da morte é que saberemos quantos pecadores ajudamos a salvar-se com o oferecimento do nosso cansaço. Só então compreenderemos que a nossa inatividade forçosa e os nossos sofrimentos podem ser mais úteis ao próximo do que os nossos serviços efetivos"[7]. Não deixemos nunca de oferecer ao Senhor esses períodos de prostração ou de inutilidade devidos ao esgotamento ou à doença; nem deixemos de ajudar os outros nessas circunstâncias.

O cansaço ensina-nos a viver muitas virtudes. Antes de mais nada, ensina-nos a ser humildes, porque nos faz perceber que não podemos tudo e que necessitamos dos outros; deixarmo-nos ajudar quando nos sentimos esgotados favorece sobremaneira a humildade.

Ensina-nos a desprender-nos de muitas coisas que gostaríamos de fazer e a que não chegamos pela limitação das nossas forças.

Ajuda-nos ainda a crescer na virtude da fortaleza e na correspondente virtude humana da rijeza, pois não há dúvida de que nem sempre nos encontraremos na plenitude das nossas forças físicas para trabalhar, estudar, levar a cabo uma tarefa difícil que, no entanto, temos de executar. Uma parte não pequena da virtude da fortaleza consiste em nos acostumarmos a trabalhar cansados ou, pelo menos, sem nos encontrarmos fisicamente tão bem dispostos como gostaríamos de estar para desempenhar essas tarefas. Se as empreendermos pelo Senhor, Ele as abençoará particularmente.

O cansaço, enfim, ensina-nos a ser prudentes. O cristão considera a vida como um bem imenso, que não lhe pertence e que deve proteger; devemos viver os anos que Deus queira, tendo deixado realizada a tarefa que nos foi encomendada. E, consequentemente, devemos viver, por Deus e pelos demais, as normas da prudência no cuidado da nossa própria saúde e na daqueles que dependem de nós de uma forma ou de outra. Entre essas normas, contam-se "os descansos oportunos para distrair o ânimo e para consolidar a saúde do espírito e do corpo"[8].

Dedicar o tempo conveniente ao descanso em família e ao sono, dar um passeio periodicamente ou fazer uma pequena excursão, são meios de que devemos lançar mão habitualmente, sem encará-los como um capricho ou um luxo, mas como uma obrigação. Comportar-se de outra forma revelaria talvez descuido e preguiça, e essa atitude seria mais daninha ainda se nos levasse a esmorecer na vida interior, a cair no ativismo, a perder a serenidade com frequência etc. Uma pessoa que assegure um mínimo de ordem na sua vida encontra sempre o modo de viver habitualmente um prudente descanso no meio de uma atividade exigente e abnegada.

III. APRENDAMOS A DESCANSAR. E, se podemos evitar o esgotamento, não deixemos de fazê-lo. O Senhor quer que cuidemos da saúde, que saibamos recuperar as forças; é parte do quinto mandamento.

O descanso é necessário sobretudo para servir melhor a Deus e aos outros. "Pensai que Deus ama apaixonadamente as suas criaturas, e, aliás..., como é que trabalhará o burro se não lhe dão de comer nem dispõe de algum tempo para restaurar as forças, ou se lhe quebram o vigor com excessivas pauladas? O teu corpo é como um burrico — um burrico foi o trono de Deus em Jerusalém — que te leva ao lombo pelas veredas divinas da terra: é preciso dominá-lo para que o seu trote seja tão alegre e brioso quanto é possível esperar de um jumento"[9].

Quando se está esgotado, tem-se menos facilidade para fazer as coisas bem feitas, tal como Deus quer que as façamos, e também podem ser mais frequentes as faltas de caridade, ao menos por omissão. São Jerônimo observa com humor: "A experiência ensinou-me que, quando o burro caminha cansado, apoia-se em todas as esquinas".

Já se disse que "o descanso não é não fazer nada; é distrair-se em atividades que exigem menos esforço"[10]. Não se confunde com a preguiça.

É importante, pois, que o descanso não seja um "andar no vazio", que não seja um mero vazio. Às vezes — dizia João Paulo II, comentando os momentos de descanso de Jesus em casa de Lázaro, Marta e Maria —, convirá ir ao encontro da natureza, das montanhas, do mar e do verde. E, evidentemente, sempre será necessário preencher o descanso com um conteúdo novo, que lhe advirá do encontro com Deus: abrir o olhar interior da alma à sua Palavra de verdade[11].

Percebemos bem que não são poucas as pessoas que dedicam os seus períodos de descanso a passatempos e atividades que não facilitam, antes dificultam esse encontro com Cristo. Longe de nos deixarmos arrastar por um ambiente mais ou menos vazio e oco, a escolha do local de férias, o programa de uma viagem ou de um fim de semana devem estar orientados por esta perspectiva: a de que deve servir-nos para o descanso a mesma norma que deve presidir ao trabalho, isto é, o amor a Deus e ao próximo.

O amor não admite espaços em branco. Sempre é tempo de amar. Sempre é tempo de nos preocuparmos pelos outros, de atendê-los, de ajudá-los, de nos interessarmos pelos seus gostos. Jesus descansou por obediência à Lei de Moisés, por exigências familiares, de amizade, ou simplesmente porque estava cansado..., tal como qualquer pessoa. Não o fez nunca por ter-se cansado de servir aos outros. Jamais se isolou ou se mostrou inacessível, como quem diz: "Agora é a minha vez". Nunca devemos deixar-nos dominar por motivos egoístas, mesmo à hora de parar para recuperar as energias. Nesses momentos, também estamos junto de Deus; o descanso não é um tempo pagão, alheio à vida interior.

O Senhor deixa-nos no Evangelho da Missa de hoje uma prova muito particular de amor: a de se ter preocupado pelo descanso e pela saúde dos que tinha ao seu lado. E, junto do poço de Sicar, extenuado, deu-nos um exemplo formidável: não perdeu a oportunidade de converter a mulher samaritana. E isso apesar de que *os judeus e os samaritanos não se falavam*. Quando há amor, não há desculpas para não praticarmos o bem, para não nos interessarmos pela sorte espiritual dos outros.

(1) Mc 6, 30-31; (2) cf. Jo 4, 6; (3) cf. Jo 4, 38; (4) São Josemaria Escrivá, *Caminho*, n. 732; (5) Mt 11, 28; (6) cf. Jo 4, 8 e segs.; (7) G. Chevrot, *Jesus e a samaritana*, Aster, Lisboa, 1956, p. 25; (8) Conc.

Vat. II, Const. *Gaudium et spes*, 61; (9) São Josemaria Escrivá, *Amigos de Deus*, n. 137; (10) São Josemaria Escrivá, *Caminho*, n. 357; (11) cf. João Paulo II, *Angelus*, 20-VII-1980.

TEMPO COMUM. QUINTO DOMINGO. CICLO A

34. SER LUZ COM O EXEMPLO

— Os cristãos devem ser *sal* e *luz* no meio do mundo.
— Exemplaridade na vida familiar, profissional etc.
— Exemplares na caridade e na temperança. O sal insípido não serve para nada.

I. NO EVANGELHO DA MISSA deste Domingo[1], o Senhor fala-nos da nossa responsabilidade perante o mundo: *Vós sois o sal da terra... Vós sois a luz do mundo*. E diz isso a cada um de nós, àqueles que queremos ser seus discípulos.

O *sal* dá sabor aos alimentos, torna-os agradáveis, preserva da corrupção e era outrora um símbolo da sabedoria divina. No Antigo Testamento, prescrevia-se que tudo o que se oferecesse a Deus devia estar condimentado com sal[2], para significar o desejo de que a oferenda fosse agradável. A *luz* é a primeira obra da criação[3], e é símbolo do Senhor, do Céu e da vida. As trevas, pelo contrário, significam a morte, o inferno, a desordem e o mal.

Os discípulos de Cristo são o *sal da terra*: dão um sentido mais alto a todos os valores humanos, evitam a corrupção, trazem com as suas palavras a sabedoria aos homens. São também *luz do mundo*, que orienta e indica o caminho no meio da escuridão. Quando os cristãos vivem segundo a sua fé e têm um comportamento *irrepreensível e simples, brilham como astros no mundo*[4], no meio do trabalho e dos seus afazeres, na sua vida normal.

Um olhar à nossa volta é suficiente para vermos que, hoje em dia, é como se os homens houvessem perdido o *sal* e a *luz* de Cristo. "A vida civil encontra-se marcada pelas consequências das ideologias secularizadas, que vão da negação de Deus ou da limitação da liberdade religiosa à preponderante importância atribuída ao êxito econômico em detrimento dos valores humanos do trabalho e da produção; do materialismo e do hedonismo — que atacam os valores da família numerosa e unida, os da vida recém-concebida e os da tutela moral da juventude — a um «niilismo» que desarma a vontade perante problemas cruciais (como os dos novos pobres, dos emigrantes, das minorias étnicas e religiosas, do reto uso dos meios de informação), enquanto arma as mãos do terrorismo"[5]. Há muitos males que derivam do "abandono por parte de batizados e fiéis das razões profundas da sua fé e do vigor doutrinal e moral dessa visão cristã da vida que garante o equilíbrio às pessoas e às comunidades"[6]. Chegou-se a essa situação — em que é preciso evangelizar novamente o mundo[7] — pelo cúmulo de omissões de tantos cristãos que não foram *sal* e *luz* como o Senhor lhes pedia.

Cristo deixou-nos a sua doutrina e a sua vida para que os homens encontrassem o sentido da sua existência e achassem a felicidade e a salvação. *Não se pode ocultar uma cidade situada sobre um monte, nem se acende uma lâmpada para pô-la debaixo do alqueire, mas no candelabro, para que alumie todos os que estão na casa*, continua a dizer-nos o Senhor no Evangelho da Missa. *Assim brilhe a vossa luz diante dos homens, a fim de que, vendo as vossas boas obras, glorifiquem o vosso Pai que está nos céus.* E para isso é necessário, em primeiro lugar, o exemplo de uma vida reta, a pureza da conduta, o exercício das virtudes humanas e cristãs na vida simples de todos os dias. A luz, o bom exemplo, deve abrir caminho.

II. PERANTE A ONDA DE MATERIALISMO e de sensualidade que afoga os homens, o Senhor "quer que das nossas almas saia outra onda — branca e poderosa, como a destra do Senhor —, que afogue com a sua pureza a podridão de todo o materialismo e neutralize a corrupção que inundou o orbe: é para isso que vêm — e para mais — os filhos de Deus"[8]: para levar Cristo a tantos que convivem conosco, para que Deus não seja um estranho na sociedade.

Transformaremos verdadeiramente o mundo — a principiar por esse pequeno mundo em que se desenvolve a nossa atividade — na medida em que o ensinamento começar com o testemunho da nossa própria vida. Se formos exemplares, competentes e honrados no trabalho profissional; se dedicarmos à família o tempo de que os filhos ou os pais necessitam; se os que nos rodeiam virem que estamos alegres, mesmo no meio das contrariedades e da dor; se formos cordiais..., então "crerão nas nossas obras mais do que em qualquer outro discurso"[9] e sentir-se-ão atraídos pelo ideal de vida que as nossas ações lhes revelam.

O exemplo prepara a terra em que a palavra frutificará. Sem cairmos em atitudes grotescas, impróprias de um cristão corrente, podemos mostrar ao mundo o que significa seguir verdadeiramente o Senhor na tarefa cotidiana, tal como fizeram os primeiros cristãos. São Paulo instava com os fiéis de Éfeso: *Eu vos exorto a andar de uma maneira digna da vocação a que fostes chamados*[10].

Devemos ser conhecidos como homens e mulheres leais, simples, verazes, alegres, trabalhadores, otimistas; devemos comportar-nos como pessoas que cumprem retamente os seus deveres e que sabem atuar a todo o momento como filhos de Deus, que não se deixam arrastar por qualquer vento. A vida do cristão constituirá então um sinal claro da presença do espírito de Cristo na sociedade.

Por isso devemos perguntar-nos com frequência na nossa oração pessoal se os nossos colegas de trabalho, os nossos familiares e amigos se veem levados a glorificar a Deus quando presenciam as nossas ações, porque veem nelas a luz de Cristo. Seria um bom sinal de que em nós há luz e não escuridão, amor a Deus e não tibieza.

"Ele tem necessidade de vós..., diz-nos o Papa João Paulo II. De alguma forma vós lhe emprestais os vossos rostos, o vosso coração, toda a vossa pessoa, na medida em que vos entregais ao bem dos outros e vos tornais servidores fiéis do Evangelho. Então é o próprio Jesus a ficar bem; mas se fordes fracos e vis, obscurecereis a sua autêntica identidade e não o honrareis"[11]. Não percamos nunca de vista esta realidade: os outros devem ver Cristo no nosso comportamento diário simples e sereno.

III. NA PRIMEIRA LEITURA[12], o profeta Isaías enumera algumas obras de misericórdia que darão ao cristão a possibilidade de manifestar a caridade do seu coração: compartilhar o pão e o teto, vestir o nu, desterrar os gestos ameaçadores e as maledicências. Então — canta o Salmo responsorial — *a vossa luz irromperá como a aurora [...], a vossa luz brilhará nas trevas, a vossa escuridão tornar-se-á meio-dia*[13]. A caridade exercida à nossa volta, nas circunstâncias mais diversas, será um testemunho que atrairá muitos à fé de Cristo, pois Ele mesmo disse: *Nisto se conhecerá que sois meus discípulos*[14].

As próprias normas habituais da convivência, que muitas pessoas encaram como algo meramente exterior e que só praticam porque lhes tornam mais fácil o trato social, para um cristão devem ser também fruto da caridade — da sua união com Deus, que impregna esses gestos de conteúdo sobrenatural. E a partir dessa raiz devem necessariamente exteriorizar-se. "Agora percebo — escreve Santa Teresa de Lisieux — que a verdadeira caridade consiste em suportar todos os defeitos do próximo, em não estranhar as suas debilidades, em edificar-se com as suas menores virtudes. Mas aprendi especialmente que a caridade não deve ficar encerrada no fundo do coração, pois *não se acende uma luz para pô-la debaixo do alqueire, mas sobre o candelabro, a fim de que alumie todos os que estão na casa*. Parece-me que esta tocha representa a caridade que deve iluminar e alegrar não só aqueles a quem mais quero, mas todos os que estão na casa"[15], toda a família, cada um dos que compartilham o nosso trabalho... Caridade que se manifestará em muitos casos através das formas usuais da educação e da cortesia.

Outro aspecto importante em que os cristãos devem ser *sal* e *luz* é a *temperança*, a *sobriedade*. A nossa época "caracteriza-se pela busca do bem-estar material a qualquer custo, e pelo correspondente esquecimento — melhor seria dizer medo, autêntico pavor — de tudo o que possa causar sofrimento. Com esta perspectiva, palavras como Deus, pecado, cruz, mortificação, vida eterna..., são incompreensíveis para um grande número de pessoas, que desconhecem o seu significado e o seu conteúdo"[16].

Por isso é particularmente urgente dar testemunho generoso de temperança e de sobriedade, que manifestam o espírito senhoril dos filhos de Deus e levam a utilizar os bens "segundo as necessidades e deveres, com a moderação de quem os usa, e não de quem os valoriza excessivamente e se vê arrastado por eles"[17].

Pedimos hoje à Virgem Maria que saibamos ser *sal* que impeça a corrupção das pessoas e da sociedade, e *luz* que não só ilumine mas aqueça com a vida e com a palavra; que estejamos sempre acesos no amor, não apagados; que a nossa conduta reflita com toda a luminosidade possível o rosto amável de Jesus Cristo. Com a confiança que Ela nos inspira, peçamos a Deus por seu intermédio, na intimidade do nosso coração: "Senhor nosso Deus, Vós que fizestes dos santos uma lâmpada que ao mesmo tempo ilumina e dá calor no meio dos homens, concedei-nos que possamos caminhar com esse ardor de espírito, como *filhos da luz*"[18].

(1) Mt 5, 13-16; (2) cf. Lv 2, 13; (3) Gn 1, 1-5; (4) cf. Fl 2, 15; (5) João Paulo II, *Discurso*, 9-XI-1982; (6) *ib.*; (7) idem, *Discurso*, 11-X--1985; (8) São Josemaria Escrivá, *Forja*, n. 23; (9) São João Crisóstomo, *Homilias sobre São Mateus*, 15, 9; (10) Ef 4, 1; (11) João Paulo II,

Homilia, 29-V-1983; (12) Is 58, 7-10; (13) cf. Sl 3, 4-5; (14) cf. Jo 13, 35; (15) Santa Teresa de Lisieux, *História de uma alma*, IX, 24; (16) A. del Portillo, *Carta*, 25-XII-1985, n. 4; (17) Santo Agostinho, *Sobre os costumes da Igreja Católica*, I, 21; (18) cf. *Oração coleta* da Missa de São Bernardo, Abade.

TEMPO COMUM. QUINTO DOMINGO. CICLO B

35. DIFUNDIR A VERDADE

— Urgência e responsabilidade de levar a doutrina do Senhor a todos os ambientes.
— O apostolado nasce da convicção de se possuir a verdade, a única verdade salvadora. Quando se perde essa convicção, não se encontra sentido na difusão da fé.
— Fidelidade à doutrina que se deve transmitir.

I. JESUS LEVANTOU-SE DE MADRUGADA, como em muitas outras ocasiões, e retirou-se para um lugar fora da cidade a fim de orar. Os apóstolos encontraram-no ali e disseram-lhe: *Todos andam à tua procura*. E o Senhor respondeu-lhes: *Vamos a outra parte, às aldeias próximas, para ali pregar, pois para isso vim*[1].

A missão de Cristo é evangelizar, levar a Boa-nova até o último recanto da terra, através dos apóstolos[2] e dos cristãos de todos os tempos. Esta é a missão da Igreja, que assim cumpre o que o Senhor lhe preceituou: *Ide e pregai a todos os povos..., ensinando-os a observar tudo quanto vos mandei*[3]. Os Atos dos Apóstolos narram muitos pormenores daquela primeira evangelização; no próprio dia de Pentecostes, São Pedro prega a divindade de Jesus Cristo, a sua Morte redentora e a sua Ressurreição gloriosa[4]. São Paulo, citando o profeta Isaías, exclama com entusiasmo: *Como são formosos os pés dos que anunciam a Boa-nova!*[5] E a segunda Leitura da Missa fala-nos da responsabilidade deste anúncio alegre da verdade salvadora: *Porque evangelizar não é glória para mim, mas necessidade. Ai de mim se não evangelizar!*[6]

Com essas mesmas palavras de São Paulo, a Igreja tem recordado com frequência aos fiéis a chamada que o Senhor lhes dirige para levarem a doutrina de Cristo a todos os cantos do mundo, aproveitando qualquer ocasião[7].

São João Crisóstomo vai ao encontro das possíveis desculpas perante esta gratíssima obrigação: "Não há nada mais frio do que um cristão que não se preocupa pela salvação dos outros [...]. Não digas: não posso ajudá-los, porque, se és cristão de verdade, é impossível que não o possas fazer. Não há maneira de negar as propriedades das coisas naturais; o mesmo acontece com isto que agora afirmamos, pois está na natureza do cristão agir dessa forma [...]. É mais fácil o sol deixar de iluminar ou de aquecer do que um cristão deixar de dar luz; mais fácil do que isso seria que a luz fosse trevas. Não digas que é impossível; impossível é o contrário [...]. Se orientarmos bem a nossa conduta, o resto sairá como consequência natural. Não se pode ocultar a luz dos cristãos, não se pode ocultar uma lâmpada que brilha tanto"[8].

Perguntemo-nos se no nosso ambiente, no lugar onde vivemos e onde trabalhamos, somos verdadeiros transmissores da fé, se levamos os nossos amigos a uma maior frequência de sacramentos. Examinemos se encaramos a ação apostólica como algo *urgente*, como exigência da nossa vocação, se sentimos a mesma responsabilidade daqueles primeiros, pois a necessidade hoje não é menor... *Ai de mim se não evangelizar!*

II. A DEDICAÇÃO À TAREFA apostólica nasce da convicção de se possuir a Verdade e o Amor, a verdade salvadora e o único amor que preenche as ânsias do coração.

Quando se perde essa certeza, não se encontra sentido na difusão da fé. Chega-se a pensar, por exemplo, mesmo em ambientes cristãos, que não se pode fazer nada para que os não-cristãos apoiem uma lei reta, de acordo com o querer divino. Deixa também de ter sentido levar a doutrina de Cristo a regiões onde ela ainda não chegou ou onde a fé não está profundamente arraigada; quando muito, a missão apostólica converte-se numa mera ação social em favor da promoção desses povos, esquecendo o maior tesouro que se lhes pode dar: a fé em Jesus Cristo, a vida da graça... A fé debilitou-se nesses cristãos e eles esqueceram que a verdade é única, que a verdade torna mais humanos os homens e os povos, que abre o caminho do Céu.

É importante que a fé leve a empreender ações sociais, mas "o mundo não pode conformar-se apenas com reformadores sociais. Precisa de santos. A santidade não é um privilégio de poucos; é um dom oferecido a todos... Duvidar disso significa não entender completamente as intenções de Cristo"[9], omitir a essência da sua mensagem.

A fé é a verdade, e ilumina a nossa inteligência, preserva-a de erros, cura as feridas e a inclinação para o mal que o pecado original semeou em nós. Provém daí a segurança do cristão, não só no que se refere estritamente à fé, mas a todas as questões que lhe são conexas: a origem do mundo e da vida, a dignidade intocável da pessoa humana, a importância da família...

Isto nos leva — como ensina Paulo VI — a ter "uma atitude dogmática, sim, que significa que não está fundamentada numa ciência própria, mas na Palavra de Deus [...]. Atitude que não nos ensoberbece, como possuidores afortunados e exclusivos da verdade, mas nos torna fortes e corajosos para defendê-la, amorosos para difundi-la. Santo Agostinho no-lo recorda: *Sine superbia, de veritate praesumite*, sem soberba, estai orgulhosos da verdade"[10].

É um dom imenso termos recebido a fé verdadeira, mas é ao mesmo tempo uma grande responsabilidade. A vibração apostólica de todo o cristão consciente do tesouro que recebeu não é fanatismo: é amor à verdade, manifestação de fé viva, coerência entre o pensamento e a vida. *Proselitismo*, no sentido nobre e verdadeiro do termo, não é de forma alguma atrair as almas com enganos ou violências, mas o esforço apostólico por dar a conhecer Cristo e a sua chamada a todos os homens, querer que as almas conheçam a riqueza que Deus revelou e se salvem, que recebam a vocação para uma entrega plena a Deus, se for essa a vontade divina. É uma tarefa das mais nobres que o Senhor nos confiou.

III. O EMPENHO POR DIFUNDIR A FÉ, sempre com respeito e apreço pelas pessoas, não se concilia com a pusilanimidade de transmitir meias verdades por receio de que a plenitude da verdade e as exigências de uma autêntica vida cristã possam entrar em choque com o pensamento em voga e com o aburguesamento de muitos. A verdade não conhece meios termos e o amor sacrificado não admite descontos nem pode ser objeto de compromissos. Uma das condições de toda a ação apostólica é a *fidelidade à doutrina*, ainda que em alguns casos esta se mostre difícil de cumprir e chegue até a exigir um comportamento heroico ou, pelo menos, cheio de fortaleza.

Não se podem omitir temas tais como o da generosidade em ter uma família numerosa, o das exigências da justiça social, o da entrega plena a Deus quando Ele chama... Não se pode querer agradar a todos reduzindo de acordo com as conveniências humanas as exigências do Evangelho: *Falamos* — escrevia São Paulo —, *não como quem procura agradar aos homens, mas somente a Deus*[11].

Não é bom caminho pretender tornar fácil o Evangelho, silenciando ou rebaixando os mistérios que devem ser cridos e as normas de conduta que devem ser vividas. Ninguém pregou nem pregará o Evangelho com maior credibilidade, energia e atrativo que Jesus Cristo, e houve quem não o seguisse fielmente. Não podemos esquecer-nos de que pregamos *Cristo crucificado, escândalo para os judeus, loucura para os gentios, mas poder de Deus para os escolhidos, quer judeus, quer gregos*[12].

E esse anúncio significa que devemos insistir com os nossos colegas e amigos, um por um, na necessidade de mudarem de vida, de fazerem penitência, de renunciarem a si próprios, de estarem desprendidos dos bens materiais, de serem castos, de buscarem com humildade o perdão divino, de corresponderem ao que Ele quer de nós desde a eternidade. O que não quer dizer, no entanto, que não devamos esforçar-nos por adaptar-nos sempre à capacidade e às circunstâncias daqueles que pretendemos levar ao Senhor, tal como Ele próprio fez ao longo do Evangelho, tornando-o acessível a todos.

A caridade de Cristo urge-nos![13] Este foi o motor da incansável atividade apostólica de São Paulo e este há de ser também o aguilhão que nos incite. O amor a Deus há de levar-nos a sentir a urgência da tarefa apostólica e a não desperdiçar nenhuma oportunidade de exercê-la; mais ainda, em muitas ocasiões, há de levar-nos a provocar essas oportunidades, que de outra forma nunca nos chegariam.

Todos andam à tua procura... O mundo tem fome e sede de Deus. Por isso, além da caridade, devemos cultivar a esperança; os nossos amigos e conhecidos, mesmo os mais afastados de Deus, também têm necessidade e desejos dEle, ainda que muitas vezes não o manifestem. E, sobretudo, o Senhor procura-os.

Peçamos à Santíssima Virgem o ímpeto apostólico que caracterizou a vida dos apóstolos e dos primeiros cristãos.

(1) Mc 1, 29-39; (2) Mc 3, 14; (3) cf. Mt 28, 19-20; (4) cf. At 2, 38; (5) Rm 10, 15; Is 52, 7; (6) 1 Cor 9, 16; (7) cf. Conc. Vat. II, Decr. *Apostolicam actuositatem*, 6; (8) São João Crisóstomo, *Homilias sobre os Atos dos Apóstolos*, 20; (9) João Paulo II, *Discurso aos educadores apostólicos*, 12-IX-1987; (10) Paulo VI, *Alocução*, 4-VIII-1965; (11) 1 Ts 2, 3-4; (12) 1 Cor 1, 23-24; (13) 2 Cor 5, 14.

TEMPO COMUM. QUINTO DOMINGO. CICLO C

36. *MAR ADENTRO:* FÉ E OBEDIÊNCIA NO APOSTOLADO

— A fé e a obediência são indispensáveis na ação apostólica.

— O Senhor chama-nos a todos para que o sigamos de perto e sejamos apóstolos no meio do mundo. A eficácia apostólica depende da união com Cristo.

— Prontidão dos apóstolos em seguir o Senhor. Ele também nos chama: dar-nos-á as ajudas necessárias e purificará a nossa vida e o nosso coração para que sejamos bons instrumentos.

I. NARRA SÃO LUCAS[1] que Jesus estava junto do lago de Genesaré e a multidão comprimia-se à sua volta de tal forma que lhe faltava espaço para pregar. Subiu então a uma barca e mandou que a afastassem um pouco da margem para poder falar à multidão.

A barca da qual o Senhor prega é a barca de Pedro, que já conhecia Jesus e o tinha acompanhado em alguma das suas viagens. Cristo entra na sua barca intencionalmente. É mais um pormenor pelo qual o Senhor se vai introduzindo aos poucos na vida do futuro apóstolo e preparando a sua entrega definitiva aos planos divinos, exatamente como em qualquer vocação, como em qualquer alma que Deus deseja atrair a si para sempre. Muitas graças definitivas tiveram uma longa história, uma preparação profunda por parte de Deus; uma preparação tão discreta e amorosa que, às vezes, se poderia confundi-la com acontecimentos naturais ou com meras coincidências[2].

Terminada a pregação, Jesus diz a Pedro que prepare os remos e que navegue mar adentro. Ora, aquele dia não tinha sido bom. Jesus havia encontrado Pedro e os seus ajudantes lavando as redes, depois de uma noite de trabalho infrutífero. Deviam estar cansados, pois era um trabalho duro. As redes, de 400 a 500 metros — formadas por um sistema que constituía como que uma cortina de três malhas de três redes menores —, deviam ser lançadas ao fundo do lago; o trabalho exigia pelo menos quatro homens para lidar com cada rede.

Pedro diz ao Senhor que tinham estado trabalhando toda a noite e que não tinham conseguido nada. "A resposta de Simão parece razoável. Costumam pescar a essas horas e, precisamente naquela ocasião, a noite tinha sido infrutífera. Para que haviam de pescar de dia? Mas Pedro tem fé: *Porém, sobre a tua palavra, lançarei a rede* (Lc 5, 5). Resolve proceder como Cristo lhe sugeriu; compromete-se a trabalhar, fiado na Palavra do Senhor"[3].

Apesar do cansaço, apesar de a ordem de pescar ter partido de quem não era homem do mar, e ter-se dirigido a uns pescadores que sabiam da inoportunidade da hora para essa tarefa e da ausência de peixes, tomam as redes nas mãos. Agora por pura confiança no Mestre, cuja autoridade e poder Pedro já conhecia. Pedro confia e obedece.

Em toda a ação apostólica, há dois requisitos indispensáveis: a fé e a obediência. De nada serviriam o esforço, os meios humanos, as noites em claro, se estivessem desligados do querer divino... Sem obediência, tudo é inútil diante de Deus. De nada serviria entregarmo-nos com brio e garra a um empreendimento apostólico se não contássemos com o Senhor. Até aquilo que é mais valioso nas nossas obras se tornaria estéril se prescindíssemos do desejo de cumprir a vontade de Deus. "Deus não necessita do nosso trabalho, mas da nossa obediência"[4], ensina São João Crisóstomo com uma expressão terminante.

II. PEDRO FEZ O QUE O SENHOR lhe tinha mandado e *recolheram tal quantidade de peixes que a rede se rompia*. O fruto da tarefa que tem por norte a fé é abundantíssimo. Poucas vezes — talvez nenhuma — Pedro pescou tanto como naquela ocasião, quando todos os indícios humanos apontavam para a inutilidade da tarefa.

Este milagre encerra um ensinamento profundo: só quando se reconhece a inutilidade própria e se confia em Deus, sem deixar de empregar ao mesmo tempo todos os meios humanos disponíveis, é que o apostolado se torna eficaz e os frutos abundantes, pois "toda a fecundidade no apostolado depende da união vital com Cristo"[5].

Jesus contempla naqueles peixes uma pesca que seria muito mais abundante ao longo dos séculos. Cada um dos seus discípulos seria um novo pescador que traria almas para o Reino de Deus. "E também nessa nova pesca não há de falhar a plena eficácia divina, pois todo o apóstolo é instrumento de grandes prodígios, apesar das suas misérias pessoais"[6].

Pedro está atônito em face do milagre. Num instante compreende tudo: a onipotência e a sabedoria de Cristo, a chamada que lhe dirige e a sua própria indignidade. Logo que atracaram, lançou-se aos pés de Jesus e disse-lhe: *Afasta-te de mim, Senhor, que sou um homem pecador*. Reconhece a suma dignidade de Cristo e as suas próprias misérias, a sua falta de condições para levar a bom termo a missão que já pressente. O Senhor tira-lhe então todo o temor e revela-lhe com clareza meridiana o novo sentido da sua vida: *Não temas, doravante serás pescador de homens*. "A experiência da santidade de Deus e da nossa condição de pecadores não afasta o homem de Deus, mas aproxima-o dEle. Mais ainda, o homem convertido transforma-se em confessor e apóstolo. Sente as intenções de Deus como algo próximo e amável. E a sua vida assume um sentido mais pleno"[7].

III. A CHAMADA DE DEUS — e Ele chama-nos a todos nós — é antes de mais nada iniciativa divina: *Não fostes vós que me escolhestes, mas eu que vos escolhi a vós*[8]. Exige, porém, a correspondência humana. E talvez percebamos que não somos dignos de estar tão perto de Cristo, ou que nos faltam condições para ser instrumentos da graça.

É a situação de cada homem que encontra, na profundidade da sua alma, uma chamada de Deus forte e imperiosa. Assim, o profeta Isaías — tal como nos apresenta a primeira Leitura da Missa[9] —, ao experimentar a proximidade da majestade divina, exclama: *Ai de mim, estou perdido porque sou um homem de lábios impuros e habito no meio de um povo de lábios impuros, e, no entanto, os meus olhos viram o Rei, o Senhor do universo!*

Deus sabe da nossa insignificância e, tal como purificou Isaías e tantos homens e mulheres que chamou ao seu serviço, limpará também os nossos lábios e o nosso coração. *Um dos serafins voou em minha direção; trazia na mão um carvão em brasa, que tinha tomado do altar com uma tenaz. Aplicou-o sobre a minha boca e disse-me: Olha, este carvão tocou os teus lábios, o teu pecado desapareceu e a tua falta foi perdoada.* Não devemos invocar nunca as nossas misérias como pretexto para fugir da missão que o Senhor nos confia, pois Ele nos purifica e nos torna aptos, desde que fomentemos em nós o espírito de contrição.

E eles — continua a narrar o Evangelho —, *trazendo as barcas para terra, deixando todas as coisas, seguiram-no.* Depois de terem contemplado Cristo, já não tinham muito em que pensar. Normalmente, as decisões firmes que transformam uma vida não são fruto de muitos cálculos. A vida de Pedro passaria a ter desde então um objetivo formidável: *amar a Cristo e ser pescador de homens*. Toda a sua existência seria *meio e instrumento para esse fim*. "O Senhor também fará de nós instrumentos capazes de realizar milagres, e até, se for preciso, dos mais extraordinários, se lutarmos diariamente por alcançar a santidade, cada um no seu próprio estado, dentro do mundo e no exercício da sua profissão, na vida normal e corrente"[10].

O Senhor dirige-se a cada um de nós para que nos sintamos urgidos a segui-lo de perto, como discípulos fiéis no meio das nossas tarefas, e a realizar no nosso próprio ambiente um trabalho apostólico audaz, cheio de fé na palavra de Jesus: "«*Duc in altum*» — Mar adentro! — Repele o pessimismo que te faz covarde. «*Et laxate retia vestra in capturam*» — e lança as redes para pescar. — Não vês que podes dizer, como Pedro: «*In nomine tuo, laxabo rete*» — Jesus, em teu nome, procurarei almas?"[11]

Contemplando a figura de Pedro, não há dúvida de que nós também podemos dizer a Jesus: *Afasta-te de mim, Senhor, que sou um pobre pecador*. Mas, ao mesmo tempo, pedimos-lhe que nunca nos permita separar-nos dEle, que nos ajude a entrar a fundo — mar adentro — na sua amizade, na santidade, num apostolado aberto, sem respeitos humanos, cheio de fé, apoiados na voz do Senhor que, no silêncio da nossa oração pessoal, nos anima e nos insta a levar-lhe almas. "E, sem saberes por quê, dada a tua pobre miséria, os que te rodeiam virão ter contigo e, numa conversa natural, simples — à saída do trabalho, numa reunião familiar, no ônibus, ao dardes um passeio, em qualquer parte —, falareis de inquietações que existem na alma de todos, embora às vezes alguns não as queiram reconhecer: irão entendendo-as melhor quando começarem a procurar Deus a sério.

"Pede a Maria, *Regina apostolorum*, Rainha dos Apóstolos, que te decidas a participar nas ânsias *de sementeira e de pesca* que palpitam no Coração do seu Filho. Eu te asseguro que, se começares, verás a barca repleta, como os pescadores da Galileia. E Cristo na margem, à tua espera. Porque a pesca é dEle"[12].

(1) Lc 5, 1-11; (2) cf. F. Fernández-Carvajal, *El Evangelio de San Lucas*, 2ª ed., Palabra, Madri, 1981, pp. 81-85; (3) São Josemaria Escrivá, *Amigos de Deus*, n. 261; (4) São João Crisóstomo, *Homilias sobre São*

Mateus, 56, 5; (5) Conc. Vat. II, Decr. *Apostolicam actuositatem*, 4; (6) São Josemaria Escrivá, *op. cit.*; (7) João Paulo II, *Homilia*, 6-II-1983; (8) Jo 15, 16; (9) Is 6, 1-8; (10) São Josemaria Escrivá, *Sulco*, n. 262; (11) São Josemaria Escrivá, *Caminho*, n. 792; (12) São Josemaria Escrivá, *Amigos de Deus*, 273.

TEMPO COMUM. QUINTA SEMANA. SEGUNDA-FEIRA

37. VIVER EM SOCIEDADE

— Dimensão social do homem.
— Caridade e solidariedade humana. Consequências na vida de um cristão.
— Contribuições para o bem comum.

I. A PRIMEIRA PÁGINA da Sagrada Escritura descreve-nos com simplicidade e grandiosidade a criação do mundo: *E Deus viu que era bom tudo o que saía das suas mãos*[1]. Depois, coroando tudo quanto havia feito, Deus criou o homem à sua imagem e semelhança[2]. E a própria Escritura nos ensina que o enriqueceu de dons e privilégios sobrenaturais, destinando-o a uma felicidade inefável.

Revela-nos também que os demais homens procedem de Adão e Eva. E que, embora estes se tenham afastado do seu Criador, Deus não deixou de considerá-los seus filhos e os destinou novamente à sua amizade[3]. A vontade divina dispôs que a criatura humana participasse na conservação e propagação do gênero humano, que povoasse a terra e a submetesse, *dominando sobre os peixes do mar, sobre os pássaros do céu, sobre todos os animais e sobre tudo o que vive e se move à face da terra*[4].

O Senhor quis também que as relações entre os homens não se reduzissem a um simples trato ocasional e passageiro de vizinhança, antes constituíssem vínculos fortes e duradouros que viessem a ser as bases da vida em sociedade.

O homem deveria buscar ajuda para tudo aquilo que a necessidade e o decoro da vida exigem, pois a Providência divina organizou-lhe a natureza de tal modo que nascesse inclinado a associar-se e a unir-se aos outros, na sociedade doméstica e na sociedade civil[5]. O Concílio Vaticano II recorda-nos que "o homem, pela sua íntima natureza, é um ser social e não pode viver nem desenvolver as suas qualidades sem se relacionar com os outros"[6].

A vida em sociedade proporciona-nos assim os meios materiais e espirituais necessários para desenvolvermos a vida humana e sobrenatural. Mas se essa convivência é fonte de bens, também gera obrigações nas diversas esferas em que a nossa existência se insere: família, sociedade civil, vizinhança, trabalho... São obrigações que têm um caráter moral pela relação do homem com o seu último fim, Deus. A sua observância aproxima-nos de Deus e o seu descumprimento afasta-nos dEle. São matéria de exame de consciência.

Vejamos hoje neste tempo de oração se vivemos abertos aos outros, particularmente àqueles que o Senhor colocou mais perto de nós. Pensemos se cumprimos exemplarmente os deveres familiares e sociais, se pedimos com frequência luz ao Senhor para saber o que devemos fazer em cada ocasião, e energia para realizá-lo com firmeza, com valentia, com espírito de sacrifício.

Perguntemo-nos muitas vezes: que mais posso eu fazer pelos outros? "A vida passa. Cruzamo-nos com as pessoas nos variadíssimos caminhos ou avenidas da vida humana. Quanto resta por fazer!... E por dizer!... É verdade que primeiro é preciso fazer (cf. At 1, 1); mas depois é preciso dizer: cada ouvido, cada coração, cada mente têm o seu momento, esperam a voz amiga que pode despertá-los do marasmo e da tristeza. Se se ama a Deus, não se pode deixar de sentir a censura dos dias que passam, das pessoas (às vezes tão próximas) que passam... sem que nós saibamos fazer o que seria necessário fazer, dizer o que se deveria dizer"[7].

II. ESTA SOLIDARIEDADE e mútua dependência entre os homens, nascida por vontade divina, foi reforçada e fortalecida por Jesus Cristo ao assumir a natureza humana e ao redimir todo o gênero humano na Cruz. Este é o novo título de unidade: termos sido constituídos filhos de Deus e irmãos dos homens. Devemos tratar assim todos aqueles que encontramos diariamente no nosso caminho. "Talvez se trate de um filho ignorante da sua grandeza e até rebelde contra o seu Pai. Mas em todos, mesmo no mais deformado, há um brilho da grandeza divina [...]. Sabendo olhar, notamos que estamos rodeados de príncipes, a quem temos que ajudar a descobrir as raízes e as exigências da sua estirpe"[8].

Além disso, na noite anterior à sua Paixão, o Senhor estabeleceu-nos um *mandamento novo*, a fim de que superássemos — heroicamente, se necessário — as ofensas, o rancor e tudo o que é causa de separação. *Este é o meu mandamento: que vos ameis uns aos outros como eu vos amei*[9], isto é, sem limites. Portanto, a nossa vida está cheia de razões poderosas para convivermos em sociedade. Não somos como grãos de areia soltos e desligados uns dos outros, pois estamos relacionados mutuamente por vínculos naturais, e os cristãos, além disso, por vínculos sobrenaturais[10].

Uma parte importante da moral são os deveres relativos ao bem comum de todos os homens, da pátria em que vivemos, da empresa em que trabalhamos, do bairro em que moramos, da família que é objeto dos nossos desvelos. Não é cristão nem humano considerar esses deveres apenas na medida em que nos são úteis pessoalmente. Deus espera-nos no nosso empenho por melhorar a sociedade e os homens que a compõem, na medida das nossas possibilidades. Não lhe agradaríamos se, de uma forma ou de outra, nos isolássemos das pessoas que temos à nossa volta ou se as tratássemos com indiferença. "Temos de reconhecer Cristo que nos sai ao encontro nos nossos irmãos, os homens. Nenhuma vida humana é uma vida isolada, mas entrelaça-se com as outras vidas. Nenhuma pessoa é um verso solto:

fazemos todos parte de um mesmo poema divino, que Deus escreve com o concurso da nossa liberdade"[11].

III. O DESENVOLVIMENTO DA SOCIEDADE dá-se graças à contribuição dos seus membros, mediante os dons que cada um recebeu de Deus e que desenvolveu com a sua inteligência, a ajuda da sociedade e a graça divina. Estes bens e dons foram-nos dados para desenvolvermos a nossa personalidade e para alcançarmos o fim último, mas também para servirmos o próximo. Não poderíamos alcançar o nosso fim pessoal se não contribuíssemos para o bem de todos[12].

Como o desenvolvimento da sociedade está dentro dos planos de Deus, o contributo pessoal de cada um para o bem comum deixa de ser algo facultativo ou que dependa das circunstâncias individuais, e menos ainda um peso. "A vida social não é uma sobrecarga acidental para o homem. Por isso, através do trato com os demais, da reciprocidade de serviços, do diálogo com os irmãos, a vida social engrandece o homem em todas as suas qualidades e capacita-o para corresponder à sua vocação"[13].

Deve ser uma norma de conduta e de ação prática. "Há aqueles que defendem opiniões amplas e generosas, mas na realidade vivem sempre como se nunca tivessem a menor preocupação pelas necessidades sociais. Mais ainda, em vários países são muitos os que menosprezam as leis e as normas sociais"[14], e vivem de costas para os seus irmãos os homens e para Deus.

Pensemos junto do Senhor naqueles que nos rodeiam. Contribuo de acordo com as minhas possibilidades para fomentar o bem comum? Por exemplo, dedicando algum tempo a instituições e obras que trabalham para o bem da sociedade, colaborando com elas economicamente, apoiando iniciativas em prol dos outros, particularmente dos mais carentes? Cumpro fielmente as obrigações que derivam da vida em sociedade: respeitando as regras de trânsito, as posturas municipais, pagando as taxas e impostos?

"Oxalá te habitues a ocupar-te diariamente dos outros, com tanta entrega que te esqueças de que existes!"[15]; assim teremos encontrado uma boa parte da felicidade que se pode conseguir nesta terra e teremos ajudado os outros a ser muito mais felizes, tendo presente que são filhos de Deus e nossos irmãos.

(1) Gn 1, 1 e segs; cf. *Primeira leitura* da Missa da segunda-feira da quinta semana do Tempo Comum, ciclo A; (2) cf. Gn 1, 27; (3) cf. Gn 12; (4) Gn 1, 28; (5) cf. Leão XIII, Enc. *Immortale Dei*, 1-XI-1885; (6) Conc. Vat. II, Const. *Gaudium et spes*, 12; (7) C. Lopez Pardo, *Sobre la vida y la muerte*, Rialp, Madri, 1973, p. 438; (8) *ib.*, pp. 346-347; (9) Jo 15, 12; (10) cf. Pio XII, Enc. *Summi pontificatus*, 20-10-1939; (11) São Josemaria Escrivá, *É Cristo que passa*, n. 111; (12) cf. Leão XIII, Enc. *Rerum novarum*, 15-V-1891; (13) Conc. Vat. II, Const. *Gaudium et spes*, 25; (14) *ib.*; (15) São Josemaria Escrivá, *Sulco*, n. 947.

TEMPO COMUM. QUINTA SEMANA. TERÇA-FEIRA

38. O QUARTO MANDAMENTO

— Bênção de Deus para quem cumpre este mandamento. O "dulcíssimo preceito".
— Amor com obras. O que significa *honrar os pais*.
— O amor aos filhos. Alguns deveres dos pais.

I. NO EVANGELHO DA MISSA de hoje[1], o Senhor declara o verdadeiro alcance do quarto mandamento do Decálogo em face das explicações errôneas da casuística dos escribas e fariseus. O próprio Deus dissera por boca de Moisés: *Honra teu pai e tua mãe, e quem maldisser o seu pai ou a sua mãe será réu de morte*.

O cumprimento deste mandamento é tão grato a Deus que Ele o revestiu de muitas promessas de bênção: *Quem honra seu pai expia os seus pecados; e quando reza, será escutado. Quem honra sua mãe é semelhante àquele que acumula um tesouro. Quem respeita seu pai gozará de vida longa*[2]. Esta promessa de uma *vida longa* para quem ama e honra os seus pais repete-se constantemente. *Honra teu pai e tua mãe; assim prolongarás a vida na terra que o Senhor, teu Deus, te dará*[3]. E São Tomás, ao explicar esta passagem, ensina que a vida é longa quando é plena, e esta plenitude não se mede pelo tempo, mas pelas obras. Vive-se uma *vida plena* quando está repleta de virtudes e de frutos; então vive-se muito, ainda que o corpo morra jovem[4].

Apesar da clareza com que o mandamento é exposto nestas e em muitas outras passagens do Antigo Testamento, os doutores e os sacerdotes do Templo haviam torcido o seu sentido e cumprimento[5]. Ensinavam que, se alguém dizia ao seu pai ou à sua mãe: *Qualquer coisa que da minha parte possas receber ou necessitar é "corban", isto é, oferenda*[6], os pais já não podiam tomar nada desses bens ainda que estivessem muito necessitados, pois cometeriam um sacrilégio apropriando-se de algo que fora declarado *oferenda para o altar*. Este costume era frequentemente um mero artifício legal para as pessoas continuarem a desfrutar dos seus bens e sentirem-se desobrigadas do dever natural de ajudar os pais necessitados[7]. O Senhor, Messias e Legislador, explica no seu justo sentido o alcance do mandamento, desfazendo os profundos erros que havia naquela época sobre o tema.

O quarto mandamento, que é também de direito natural, exige de todos os homens, especialmente daqueles que querem ser bons cristãos, a ajuda abnegada e cheia de carinho aos pais, sobretudo quando estes entram na velhice ou passam necessidade[8]. Deus nunca pede coisas contraditórias, e por isso sempre há mil maneiras de viver o amor aos pais, mesmo que se tenham de cumprir primeiro outras obrigações familiares, sociais ou religiosas. Abre-se aqui um grande campo à responsabilidade, que os filhos devem examinar com frequência na sua oração pessoal.

Deus paga com a felicidade, já nesta vida, a quem cumpre com amor esses deveres, ainda que vez por outra possam ser custosos. São Josemaria Escrivá costumava chamar ao quarto mandamento "dulcíssimo preceito do Decálogo", porque é uma das mais gratas obrigações que o Senhor nos deixou.

II. O CUMPRIMENTO AMOROSO do quarto mandamento tem as suas raízes mais profundas no sentido da nossa filiação divina. Deus, *de quem deriva toda a paternidade no céu e na terra*[9], é o único que se pode considerar Pai em toda a sua plenitude, e os nossos pais, ao gerar-nos, participaram dessa paternidade divina que se estende a toda a criação. Vemos neles um reflexo do Criador: ao amá-los e honrá-los retamente, estamos honrando e amando neles o próprio Deus como Pai.

Na quadra do Natal, contemplávamos a Sagrada Família — Jesus, Maria e José — como modelo e protótipo de amor e espírito de serviço para todas as famílias. Jesus deixou-nos o exemplo e a doutrina que devemos seguir para cumprir o doce preceito do quarto mandamento tal como Deus o quer.

Antes de mais nada, Jesus afirmou que o amor a Deus tem uns direitos absolutos, e que a ele se devem subordinar todos os amores humanos: *Quem ama seu pai ou sua mãe mais do que a mim não é digno de mim; e quem ama o seu filho ou a sua filha mais do que a mim não é digno de mim*[10]. Por isso, é contrário à vontade de Deus — e portanto não é verdadeiro amor — o apegamento à própria família, quando se converte em obstáculo para cumprir a vontade de Deus: *E Jesus disse-lhes: Deixa que os mortos enterrem os seus mortos; tu, porém, vai e anuncia o reino de Deus*[11].

Jesus deixou-nos um exemplo cabal de entrega plena à vontade do Pai celestial — *Não sabíeis que devo ocupar-me das coisas de meu Pai?*[12], dirá a Maria e a José quando o encontram em Jerusalém —, mas, ao mesmo tempo, é o modelo perfeito de como devemos cumprir o quarto mandamento e do apreço que devemos ter pelos vínculos familiares: viveu sujeito à autoridade de seus pais[13] e ajudou São José a sustentar o lar; realizou o seu primeiro milagre a pedido de sua Mãe[14]; escolheu entre os seus parentes três dos seus discípulos[15]; e, antes de morrer por nós na Cruz, confiou a São João o cuidado de sua Mãe Santíssima[16]; sem contar os inúmeros milagres que realizou movido pelas lágrimas ou pelas palavras de uma mãe[17] ou de um pai[18]. As orações dos pais pelos filhos chegam a Deus com um acento muito particular.

São imensos os modos de honrar e de amar os pais. "Honramo-los quando suplicamos submissamente a Deus que tudo lhes corra prosperamente; que gozem da estima e consideração dos homens e que sejam bem aceitos aos olhos de Deus e dos santos que estão no Céu.

"Honramos igualmente os pais quando os socorremos, ministrando-lhes o necessário para o seu sustento e para uma vida digna. Prova-o a palavra de Cristo ao censurar a impiedade dos fariseus... Esse dever é mais exigente sobretudo quando os pais ficam gravemente doentes. Cumpre-nos então cuidar de que não omitam a Confissão e os demais Sacramentos que todos os cristãos devem receber na iminência da morte [...].

"Por último, quando morrem, honram-se os pais cuidando do funeral, promovendo condignas exéquias, preparando-lhes uma honrosa sepultura, garantindo os sufrágios e Missas de aniversário e executando fielmente as suas declarações de última vontade". Assim se expressa em resumo o *Catecismo romano*[19].

Se, por infelicidade, os pais estão longe da fé, o Senhor dar-nos-á a graça necessária para realizarmos com eles um apostolado cheio de afeto e respeito, que consistirá, ordinariamente, em orar por eles, em dar-lhes o apoio de uma conduta filial alegre, exemplar, cheia de carinho, juntamente com o empenho em procurar ocasiões de aproximá-los de pessoas que lhes possam falar de Deus com mais autoridade do que nós, porque os filhos não podem arvorar-se por iniciativa própria em mestres de seus pais.

III. O PRIMEIRO DEVER dos pais é amarem os filhos com um amor verdadeiro: interno, generoso, ordenado, que não olha para as suas qualidades físicas, intelectuais ou morais, e que sabe querer-lhes com os seus defeitos. Devem amá-los. Devem amá-los por serem seus filhos e também por serem filhos de Deus.

Por isso é um dever fundamental dos pais amarem e respeitarem a vontade de Deus sobre os seus filhos, mais ainda quando estes recebem uma vocação de entrega plena a Deus — muitas vezes, os pais até a desejarão e pedirão a

Deus para este ou aquele filho —, porque "não é sacrifício entregar os filhos ao serviço de Deus; é honra e alegria"[20].

Este amor deve ser operativo, deve traduzir-se eficazmente em obras. Manifestar-se-á no real esforço para que os filhos sejam trabalhadores, austeros e sóbrios, bem educados no sentido pleno da palavra... Que ganhem raízes neles essas bases do caráter que são as virtudes humanas: a rijeza, a responsabilidade, a generosidade, a lealdade, o amor à verdade, a simplicidade, o otimismo...

O amor verdadeiro levará os pais a preocuparem-se pelo colégio em que os filhos estudam, permanecendo muito atentos à qualidade do ensino que recebem, e, particularmente, ao ensino religioso, pois dele pode depender que sejam bons cristãos e, em última análise, que se salvem. Movê-los-á a buscar um local adequado para a época de férias e para os fins de semana — sacrificando não raras vezes as suas preferências pessoais —, de modo a evitarem aqueles ambientes que tornariam impossível, ou pelo menos muito difícil, a prática de uma verdadeira vida cristã. Os pais não devem esquecer — e devem expô-lo aos filhos no momento oportuno — que são administradores de um enorme tesouro de Deus e que, por serem cristãos, não são uma família como outra qualquer, antes formam uma família em que Cristo está presente e que por isso tem umas características inteiramente novas.

Esta viva realidade levará os pais a serem exemplares em todas as ocasiões (nas conversas, à mesa, no modo de cumprirem os deveres profissionais, pela sua sobriedade, pela ordem e asseio, pela delicadeza de maneiras...). E os filhos encontrarão neles o caminho que conduz a Deus. "No rosto de toda a mãe pode-se captar um reflexo da doçura, da intuição, da generosidade de Maria. Honrando a vossa mãe, honrareis também aquela que, sendo Mãe de Cristo, é igualmente Mãe de cada um de nós"[21].

Terminemos a nossa oração pondo as nossas famílias sob a proteção da Santíssima Virgem e dos santos Anjos da Guarda.

(1) Mc 7, 1-13; (2) Ecle 3, 4-5, 7; (3) Ex 20, 12; (4) cf. São Tomás, *Sobre o duplo preceito da caridade*, Marietti, n. 1245; (5) cf. Sagrada Bíblia, *Santos Evangelhos*, pp. 299-300; (6) Mc 7, 11; (7) cf. B. Orchard e outros, *Verbum Dei*, Barcelona, 1963, vol. III; (8) Conc. Vat. II, Const. *Gaudium et spes*, 48; (9) Ef 3, 15; (10) Mt 10, 37; cf. também Lc 9, 60; 14, 2; (11) Lc 9, 60; (12) Lc 2, 49; (13) Lc 2, 51; (14) cf. Jo 2, 1-11; (15) cf. Mc 3, 17-18; (16) cf. Jo 19, 26-27; (17) cf. Lc 7, 11-17; Mt 15, 18-26; (18) cf. Mt 9, 18-26; 17, 14-20; (19) *Catecismo romano*, III, 5, 10-12; (20) São Josemaria Escrivá, *Sulco*, n. 22; (21) João Paulo II, *Alocução*, 10-I-1979.

TEMPO COMUM. QUINTA SEMANA. QUARTA-FEIRA

39. A DIGNIDADE DO TRABALHO

— O mandamento divino do trabalho não é um castigo, mas uma bênção; faz-nos participar do poder criador de Deus. O cansaço e a fadiga devem ajudar-nos a ser corredentores com Cristo.
— Prestígio profissional. A preguiça, o grande inimigo do trabalho.
— Virtudes do trabalho bem realizado.

I. DEPOIS QUE DEUS criou a terra e a enriqueceu com todo o tipo de bens, *tomou o homem e colocou-o no paraíso de delícias para que o cultivasse e guardasse*[1], isto é, para que o trabalhasse. O Senhor, que tinha feito o homem *à sua imagem e semelhança*[2], quis também que ele participasse do seu poder criador, transformando a matéria, descobrindo os tesouros que ela encerra e plasmando a beleza mediante as obras das suas mãos. O trabalho nunca foi um castigo, mas, pelo contrário, "uma dignidade de vida e um dever imposto pelo Criador, já que o homem foi criado *ut operaretur*, para trabalhar. O trabalho é um meio pelo qual o homem se torna participante da criação e, portanto, não só é digno, seja qual for, mas é instrumento para se conseguir a perfeição humana — terrena — e a perfeição sobrenatural"[3].

Este preceito divino existia antes de os nossos primeiros pais terem pecado. O pecado original acrescentou ao trabalho a fadiga e o cansaço, mas o trabalho em si continua a ser nobre, digno, por ser participação no poder criador de Deus, ainda que "agora se faça acompanhar de penas e sofrimentos, de infecundidade e cansaço. Continua a ser um dom divino e uma tarefa que deve ser realizada sob condições penosas, tal como o mundo continua a ser o mundo de Deus, mas um mundo em que já não se distingue com clareza a voz divina"[4].

Com a Redenção, os aspectos penosos do trabalho ganharam um valor santificador para quem o exerce e para toda a humanidade. O suor e a fadiga, oferecidos com amor, tornam-se tesouros de santidade, pois o trabalho feito por amor a Deus representa a participação humana, não só na obra da Criação, mas também na da Redenção.

Todo o trabalho implica uma quota-parte de fadiga e de preocupação que podemos oferecer ao Senhor em expiação das culpas humanas. Aceitar com humildade essa parte de esforço, que mesmo a melhor organização trabalhista não consegue eliminar, significa colaborar com Deus na purificação da nossa inteligência, da nossa vontade e dos nossos sentimentos[5].

Examinemos hoje na nossa oração se oferecemos ao Senhor a fadiga e o cansaço por fins nobremente ambiciosos. Averiguemos se, nesses aspectos menos agradáveis de qualquer trabalho, encontramos a mortificação cristã que nos purifica e que nos permite oferecê-lo pelos outros.

II. O TRABALHO É UM TALENTO que o homem recebe para fazer frutificar, e "é testemunho da dignidade do homem, do seu domínio sobre a criação; é meio de desenvolvimento da personalidade; é vínculo de união com os outros seres; fonte de recursos para o sustento da família; meio de contribuir para o progresso da sociedade em que se vive e para o progresso de toda a humanidade"[6]. Para o cristão, é, além disso, ocasião de um encontro pessoal com Jesus Cristo e meio para que todas as realidades deste mundo sejam vivificadas pelo espírito do Evangelho.

Para que "o homem se faça mais homem"[7] com o trabalho, para que este seja meio e ocasião de amar a Cristo e de fazer com que o conheçam, são necessárias diversas condições humanas: a diligência, a constância, a pontualidade..., a competência profissional. Em sentido contrário, o pouco interesse por aquilo que se realiza, a incompetência, a impontualidade e as ausências no trabalho... são incompatíveis com o sentido autenticamente cristão da vida. O trabalhador negligente ou desinteressado, seja qual for o posto que ocupe na sociedade, ofende em primeiro lugar a própria dignidade da sua pessoa e a daqueles a quem se destinam os frutos dessa tarefa mal feita. E ofende ainda a sociedade em que vive, pois nela repercute de alguma forma todo o mal e todo o bem dos indivíduos. Além disso, o trabalho realizado descuidadamente, com atrasos e mal acabado, não é uma falta ou um pecado apenas contra a virtude da justiça, mas também contra a caridade, pelo mau exemplo e pelas consequências que derivam dessa atitude.

O grande inimigo do trabalho é a *preguiça*, que se manifesta de muitas maneiras. Não é preguiçoso somente aquele que deixa o tempo passar sem fazer nada, mas também aquele que se dedica a muitas coisas, mas foge da sua obrigação concreta: escolhe as suas ocupações de acordo com o gosto do momento, realiza-as sem energia, e qualquer pequena dificuldade é suficiente para que mude de tarefa. O preguiçoso costuma ser amigo dos "começos", mas a repugnância que sente pelo sacrifício de um trabalho contínuo e profundo impede-o de pôr as "últimas pedras", de acabar bem o que começou.

Se queremos imitar Jesus Cristo, devemos esforçar-nos por adquirir uma preparação profissional adequada, dando-lhe continuidade nos anos de exercício da nossa profissão ou ofício. A mãe de família que se dedica aos seus filhos deve saber cuidar do lar, ser boa administradora dos recursos e dos bens domésticos: manter a casa agradável, arrumada com bom gosto mais do que com luxo, para que toda a família se sinta bem; conhecer o caráter dos filhos e do marido, e saber, quando chegue a ocasião, como falar-lhes daquelas questões difíceis em que podem corrigir-se e melhorar; deve ser forte e ao mesmo tempo doce e simples. Deverá conduzir essa tarefa com mentalidade profissional, sujeitando-se a um horário fixo, não perdendo o tempo em conversas intermináveis, evitando ligar a televisão nas horas em que não deve...

O estudante, se quiser ser um bom cristão, deve ser bom estudante: assistindo às aulas, tendo as matérias em dia, aprendendo a distribuir o tempo que dedica a cada matéria. Devem ser igualmente competentes o arquiteto, a secretária, a costureira, o empresário... "O cristão que falha nas suas obrigações temporais — ensina o Concílio Vaticano II —, falha nos seus deveres para com o próximo; falha, sobretudo, nas suas obrigações para com Deus e põe em perigo a sua salvação eterna"[8]; errou de caminho numa matéria essencial e, se não muda, estará impossibilitado de encontrar a Deus.

Olhemos para Jesus enquanto realiza o seu trabalho na oficina de José e perguntemo-nos hoje se somos conhecidos no nosso ambiente pelo esmero com que trabalhamos.

III. O *PRESTÍGIO PROFISSIONAL* é conquistado dia após dia, num trabalho silencioso, cuidado até o menor detalhe, feito conscientemente, na presença de Deus, sem dar muita importância a que seja visto ou não pelos homens. Este prestígio na própria profissão, ofício ou estudo, tem repercussões imediatas nos colegas e amigos, pois a palavra com que tratamos de aproximá-los de Deus passará a ter peso e autoridade, e o nosso exemplo de um trabalho profissional competente os ajudará a melhorar nas suas tarefas. A profissão converte-se assim num pedestal de Cristo, que permite avistá-lo mesmo de longe.

Com o prestígio profissional, o Senhor pede-nos outras virtudes: o espírito de serviço amável e sacrificado, a simplicidade e a humildade para ensinar, a serenidade para não converter a atividade intensa em ativismo e saber deixar as tarefas e as preocupações de lado quando chega o momento de dedicar uns minutos à oração ou de cuidar da família e escutar a mulher, o marido, os filhos, os pais, os amigos...

Se o trabalho ocupasse o dia de tal maneira que invadisse esses momentos que se devem dedicar a Deus, à família, à formação religiosa, aos amigos..., seria um sintoma claro de que não nos estamos santificando, mas de que nos estamos buscando a nós mesmos. Seria mais uma forma de corrupção desse "dom divino", uma deformação talvez mais perigosa na nossa época, pelas próprias exigências desfocadas em que se baseiam muitas ocupações. Um cristão corrente e normal não pode esquecer nunca que deve encontrar Cristo *no meio* e *através* dos seus afazeres, sejam quais forem.

Peçamos a São José que nos ensine as virtudes fundamentais que devemos viver no exercício da nossa profissão. "José devia tirar muita gente de dificuldades, com um trabalho bem acabado. O seu trabalho profissional era uma ocupação orientada para o serviço, tinha em vista tornar mais grata a vida das outras famílias da aldeia; e far-se-ia acompanhar de um sorriso, de uma palavra amável, de um comentário dito como que de passagem, mas que devolve a fé e a alegria a quem está prestes a perdê-las"[9]. Perto de José, encontraremos Maria.

(1) Gn 2, 15; *Primeira leitura* da Missa da quarta-feira da quinta semana do Tempo Comum, ciclo A; (2) cf. Gn 1, 27; (3) São Josemaria Escrivá, *Carta*, 31-V-1954; (4) M. Schmaus, *Teologia dogmática*, Rialp, Madri, 1959, vol. II, p. 411; (5) cf. Card. Wyszynsky, *El espíritu del trabajo*, Rialp, Madri, 1958, p. 95; (6) São Josemaria Escrivá, *É Cristo que passa*, n. 47; (7) cf. João Paulo II, *Alocução*, 10-I-1979; (8) Conc. Vat. II, Const. *Gaudium et spes*, 43; (9) São Josemaria Escrivá, *É Cristo que passa*, n. 51.

40. ORAÇÃO HUMILDE E PERSEVERANTE

— A cura da filha da mulher cananeia. Condições da verdadeira oração.
— Confiança de filhos e perseverança nas nossas petições.
— Na oração, devemos pedir graças sobrenaturais e também bens e ajudas materiais. Pedir para os outros. O Rosário, "arma poderosa".

I. DIZ-NOS SÃO MARCOS no Evangelho da Missa de hoje que, tendo Jesus chegado com os seus discípulos à região de Tiro e Sídon, aproximou-se deles uma mulher pagã, de origem siro-fenícia, pertencente à primitiva população da Palestina[1]. Lançou-se aos pés do Senhor e pediu-lhe a cura da sua filha, que estava possuída pelo demônio.

Jesus escutou o pedido mas não disse nada, e os discípulos, cansados da insistência da mulher, pediram-lhe que a despedisse[2]. O Senhor tratou então de explicar à mulher que o Messias devia dar-se a conhecer em primeiro lugar aos judeus, aos filhos. E, com uma expressão difícil de compreender sem ter presente a sua compostura sempre amável, disse-lhe: *Deixa que primeiro se saciem os filhos, porque não é bom tomar o pão dos filhos e atirá-lo aos cachorrinhos.*

A mulher não se sentiu ferida nem humilhada, antes insistiu ainda mais, com profunda humildade: *Sem dúvida, Senhor, mas também os cachorrinhos comem das migalhas que caem da mesa dos seus donos*. Diante de tanta virtude, Jesus, comovido, não adiou mais o milagre que a siro-fenícia lhe pedia e despediu-a com estas palavras: *Por isto que disseste, vai-te, o demônio saiu da tua filha*. Deus, que resiste aos soberbos, dá a sua graça aos humildes[3]; aquela mulher alcançou o que queria e conquistou o coração do Mestre.

É o exemplo perfeito que devem ter diante dos olhos todos aqueles que desistem de rezar por julgarem que não são escutados. Nessa atitude relatada pelo Evangelho, acham-se reunidas as condições de toda e qualquer oração de petição: *fé, humildade, perseverança* e *confiança*. O intenso amor daquela mulher pela filha possuída pelo demônio deve ter agradado muito a Cristo. E os próprios apóstolos voltaram certamente a lembrar-se dessa mulher quando ouviram mais tarde a parábola da viúva importuna[4], que também conseguiu o que queria pela sua teimosia, pela sua insistência.

A verdadeira oração é infalivelmente eficaz porque — como diz São Tomás — Deus, que nunca se desdiz, decretou que fosse assim[5]. E para que não deixássemos de pedir, o Senhor incutiu-nos essa certeza com exemplos simples e claros: *Se entre vós um filho pede pão ao pai, porventura lhe dará ele uma pedra? Ou, se lhe pede um peixe, dar-lhe-á, em vez do peixe, uma serpente?... Quanto mais vosso Pai que está nos céus...*[6] "Deus nunca negou nem negará nada aos que pedem as suas graças da forma devida. A oração é o grande recurso que temos para sair do pecado, para perseverar na graça, para tocar o coração de Deus e atrair sobre nós todo o tipo de bênçãos do Céu, tanto para a alma como para as nossas necessidades temporais"[7].

Sempre que peçamos a Deus algum dom, devemos pensar que somos seus filhos, e que Ele está infinitamente mais atento a nós do que o melhor pai da terra pode estar em relação ao mais necessitado dos seus filhos.

II. TEMOS TANTA NECESSIDADE de pedir para conseguir a ajuda de Deus, para fazer o bem, para perseverar na sua prática, como tem o agricultor de semear para depois colher o trigo[8]. Sem semeadura, não há espigas; sem petição, não teremos as graças que devemos receber e que Deus previu desde toda a eternidade.

Há ocasiões em que o Senhor nos faz esperar porque quer preparar-nos melhor, porque quer que desejemos essas graças com mais profundidade e fervor; como há ocasiões em que não nos concede o que lhe pedimos porque, talvez sem nos apercebermos disso, estamos pedindo um mal que a nossa vontade revestiu com a aparência de bem. Uma mãe não dá ao seu filho uma faca afiada que brilha e atrai, e que a pequena criança deseja apaixonadamente. Ora nós somos como um filho pequeno diante de Deus. Quando pedimos uma coisa que seria um mal, ainda que tenha a aparência de um bem, Deus faz como as boas mães com os seus filhos pequenos: dá-nos outras graças que serão realmente para o nosso bem, ainda que pela nossa visão curta as desejemos menos. Portanto, a nossa oração deve ser *confiante*, como quem pede a um pai, e *serena*, porque Deus conhece as necessidades que temos muito melhor que nós mesmos.

A confiança move-nos a pedir com *constância*, com perseverança, sem parar, insistindo repetidas vezes, com a certeza de que receberemos muito mais e melhor do que pedimos. Devemos insistir como o amigo importuno que não tinha pão, ou como a viúva indefesa que clamava dia e noite perante o juiz iníquo. *Pedi e dar-se-vos-á; buscai e achareis; batei e abrir-se-vos-á. Porque todo aquele que pede recebe, e quem busca acha, e àquele que bate abrir-se-lhe-á*[9].

A própria perseverança na petição aumenta a confiança e a amizade com Deus. "E esta amizade produzida pela oração de petição abre caminho a uma súplica ainda mais confiante [...], como se, tendo sido introduzidos na intimidade divina pela primeira petição, pudéssemos implorar com muito mais confiança na vez seguinte. Por isso a constância, a insistência na oração dirigida a Deus, nunca é importuna. Antes pelo contrário, agrada a Deus"[10]. A mulher cananeia é um exemplo de constância que devemos imitar, ainda que *aparentemente* o Senhor não a escute.

Santo Agostinho ensina que às vezes a nossa oração não é escutada porque não somos bons, porque nos falta pureza no coração ou retidão na intenção, ou porque pedimos mal, sem fé, sem perseverança, sem humildade; ou ainda porque pedimos coisas más, isto é, o que não nos convém, o que nos pode fazer mal ou desviar-nos do nosso caminho[11]. Quer dizer, a oração não é eficaz quando não é verdadeira oração. Mas, quando é autêntica, "em que negócio humano te podem dar mais garantias de êxito?"[12] *Em verdade vos digo que, se tiverdes fé, tudo quanto pedirdes ao Pai em meu nome, Ele vo-lo concederá*[13].

III. *LIVRAI-NOS DE TODOS OS MALES, ó Pai, e dai-nos hoje a vossa paz. Ajudados pela vossa misericórdia, sejamos sempre livres do pecado e protegidos de todos os perigos...*[14], reza o sacerdote em voz alta durante a Missa.

Na oração de petição, podemos solicitar coisas para nós mesmos e para os outros; em primeiro lugar, os bens e as graças necessárias à nossa alma. Ainda que sejam muitas e urgentes as limitações e privações materiais, temos sempre mais necessidade dos bens sobrenaturais: da graça para podermos servir a Deus e ser-lhe fiéis, da santidade pessoal, de ajuda para vencermos um defeito, para nos confessarmos bem, para nos prepararmos para a Sagrada Comunhão...

Quanto aos bens temporais, pedimo-los na medida em que são úteis à nossa salvação e se subordinam a esse fim. O primeiro milagre que Jesus fez — o das bodas de Caná, a pedido de sua Mãe — e *pelo qual se manifestou aos seus discípulos*[15], foi de tipo material. E, no entanto, Maria, "manifestando ao Filho com delicada súplica uma necessidade temporal, obteve também um efeito de graça: realizando o primeiro dos seus «sinais», Jesus confirmava os discípulos na fé em Cristo"[16]. Pela unidade que há entre todos os aspectos da nossa vida, os bens de caráter material redundam de algum modo na glória de Deus. O milagre de Caná anima-nos e move-nos a pedir também graças de cunho temporal, mas sem nos esquecermos da advertência de São Gregório Magno: "Uma pessoa pede a Deus na oração que lhe conceda por esposa uma mulher à medida do que deseja, outro pede uma casa de campo, outro uma roupa, outro alimentos. Devemos realmente pedir essas coisas a Deus Todo-Poderoso quando nos forem necessárias; mas devemos ter sempre presente na nossa memória o preceito do nosso Redentor: *Buscai primeiro o reino de Deus e a sua justiça, e o resto vos será dado por acréscimo* (Mt 6, 33)"[17]. Não dediquemos o melhor da nossa oração a pedir só os "acréscimos".

É também muito grato a Deus que lhe peçamos graças e ajudas para os outros, e que encareçamos a outras pessoas que rezem por nós e pelas nossas iniciativas apostólicas: "«Reze por mim», pedi-lhe como faço sempre. E respondeu-me espantado: «Mas está-lhe acontecendo alguma coisa?»

"Tive de esclarecer-lhe que a todos nos acontece ou ocorre alguma coisa em qualquer instante; e acrescentei-lhe que, quando falta a oração, «passam-se e pesam mais coisas»"[18]. E a oração consegue evitá-las e aliviá-las.

A nossa oração deve estar repassada de *abandono* em Deus e de profundo senso sobrenatural, pois — diz João Paulo II — trata-se de cumprir *a obra de Deus*, não a nossa. Trata-se de cumpri-la segundo a sua *inspiração* e não segundo os nossos sentimentos[19].

A Virgem Nossa Senhora retificará todas as nossas petições que não sejam inteiramente retas, para que obtenhamos sempre o melhor. O Rosário é uma "arma poderosa"[20] para alcançarmos de Deus tantas ajudas de que necessitamos diariamente, quer para nós, quer para as pessoas por quem pedimos. *Senhor, nosso Deus, concedei-nos sempre a saúde da alma e do corpo, e fazei com que, pela intercessão da Virgem Maria, libertados das tristezas presentes, gozemos das alegrias eternas*[21].

(1) Mc 7, 24-30; (2) Mt 15, 23; (3) 1 Pe 5, 5; (4) Lc 18, 3 e segs.; (5) cf. São Tomás, *Suma teológica*, 2-2, q. 83, a. 2; (6) cf. Lc 11, 11-13; (7) Cura d'Ars, *Sermão para o quinto domingo depois da Páscoa*; (8) cf. R. Garrigou-Lagrange, *Las tres edades de la vida interior*, vol. I, p. 500; (9) Lc 11, 9-10; (10) São Tomás, *Compêndio de teologia*, II, 2; (11) cf. Santo Agostinho, *Sobre o sermão do Senhor no monte*, II, 27, 73; (12) São Josemaria Escrivá, *Caminho*, n. 96; (13) Jo 16, 23; (14) Missal Romano, *Ordinário da Missa*; (15) cf. Jo 2, 11; (16) Paulo VI, Exort. apost. *Marialis cultus*, 2-II-1974, 18; (17) São Gregório Magno, *Homilia 27 sobre os Evangelhos*; (18) São Josemaria Escrivá, *Sulco*, n. 479; (19) cf. João Paulo II, *Aos bispos franceses em visita "ad limina"*, 21-II-1987; (20) cf. São Josemaria Escrivá, *Caminho*, n. 558; (21) Missal Romano, *Missa votiva de Nossa Senhora. Oração coleta.*

TEMPO COMUM. QUINTA SEMANA. SEXTA-FEIRA

41. FEZ TUDO BEM

— Jesus, nosso Modelo, realizou o seu trabalho em Nazaré com perfeição humana.
— Laboriosidade, competência profissional.
— Terminar o trabalho com perfeição. As coisas pequenas na tarefa profissional.

I. OS EVANGELHOS RECOLHEM frequentemente os sentimentos e as palavras de admiração que o Senhor provocou nos seus anos aqui na terra: *A multidão estava maravilhada, todos estavam admirados com os prodígios que fazia*... E "entre as muitas palavras de louvor que disseram de Jesus os que contemplaram a sua vida, há uma que de certo modo compreende todas as outras. Refiro-me à exclamação, prenhe de acentos de assombro e de entusiasmo, que a multidão repetia espontaneamente ao presenciar atônita os seus milagres: *Bene omnia fecit* (Mc 7, 37), fez tudo admiravelmente bem: os grandes prodígios e as coisas triviais, cotidianas, que a ninguém deslumbraram, mas que Cristo realizou com a plenitude de quem é *perfectus Deus, perfectus homo* (Símbolo *Quicumque*), perfeito Deus e homem perfeito"[1].

O Evangelho da Missa[2] convida-nos a considerar essa passagem em que aqueles que seguiam o Senhor não puderam deixar de exclamar: *Fez tudo bem*. Cristo apresenta-se assim como Modelo para a nossa vida de todos os dias, modelo divino que há de incitar-nos a ver se se pode dizer de nós que cuidamos de fazer bem todas as coisas, tanto as grandes como as pequenas, essas que parecem sem importância, porque queremos imitar o Senhor.

A maior parte da vida humana de Jesus foi uma vida corrente de trabalho num povoado desconhecido até então. E nesse povoado, em Nazaré, também fez tudo bem, isto é, acabadamente, com perfeição humana. Ora, uma boa parte da vida de cada homem e de cada mulher se apresenta configurada pela realidade do trabalho, e dificilmente encontraremos uma pessoa responsável que, por vontade própria, esteja sem ocupação ou emprego. Por que trabalhamos? Como é que trabalhamos?

Muitas pessoas sentem-se movidas a trabalhar por fins humanos nobres: manter a família, conseguir um futuro melhor... Há também os que se dedicam a uma tarefa pelo desejo de praticarem e desenvolverem uma habilidade particular ou uma inclinação pessoal, ou de contribuírem para o bem da sociedade, porque sentem a responsabilidade de fazer alguma coisa pelos outros. Muitos outros trabalham por fins menos nobres: riqueza, satisfação das paixões, poder, autoafirmação; são pessoas competentes que trabalham muitas horas e bem, por fins exclusivamente humanos.

O Senhor quer que os que se propõem segui-lo no meio do mundo sejam pessoas que trabalhem bem, competentes na sua profissão ou ofício, com prestígio; mas pessoas que ao mesmo tempo se distingam pelos fins humanos nobres que os movem e porque compreendem que o trabalho — seja qual for — é o meio por excelência em que devem cultivar as virtudes do caráter e as virtudes sobrenaturais..., pois "sabemos que, com o oferecimento do seu trabalho a Deus, os homens se associam à própria obra redentora de Jesus Cristo, que deu ao trabalho uma dignidade eminente ao trabalhar com as suas próprias mãos em Nazaré"[3].

Dizemos hoje ao Senhor que queremos realizar as nossas obrigações de forma exemplar porque desejamos vivamente que sejam uma oferenda diária que chegue até Ele, e porque estamos decididos a imitá-lo naqueles anos de vida oculta em Nazaré.

II. QUANDO JESUS PROCUROU aqueles que o haviam de seguir, fê-lo entre homens acostumados ao trabalho. *Mestre, estivemos trabalhando toda a noite...*[4], dizem-lhe aqueles que haveriam de ser os seus primeiros discípulos. *Toda a noite*, num trabalho duro, porque lhes era necessário para viver, porque eram pescadores.

São Paulo deixou-nos o seu próprio exemplo e o daqueles que o acompanhavam: *Afadigamo-nos trabalhando com as nossas próprias mãos*[5]. E aos primeiros cristãos de Tessalônica escreve: *Não comemos de graça o pão de ninguém, mas sim com esforço e fadiga, trabalhando dia e noite para não vos sermos pesados a nenhum de vós*[6]. São Paulo não se dedicava ao trabalho por divertimento e distração — comenta São João Crisóstomo —, mas para prover às suas necessidades e às dos demais. Um homem que imperava aos demônios, que era mestre de todo o universo, a quem foram confiados os habitantes de povos, nações e cidades, e que cuidava deles com toda a solicitude — esse homem trabalhava dia e noite. Nós — continua o Santo —, que não trazemos sobre as nossas costas nem uma sombra das suas preocupações, que desculpa teremos?[7] Não temos desculpas para não trabalhar intensamente.

É necessário *trabalhar com laboriosidade, aproveitando bem as horas*, pois é difícil, para não dizer impossível, que quem não aproveita bem o tempo possa manter o seu espírito desperto e viver as virtudes humanas mais elementares. Uma vida sem trabalho — ou preenchida com um trabalho indolente — corrompe-se e com frequência corrompe o que tem à sua volta. "O ferro que fica encostado a um canto, consumido pela ferrugem, torna-se fraco e inútil; mas se é utilizado no trabalho, torna-se muito mais útil e bonito, e pouco lhe falta para ser comparado à prata. Um terreno baldio não produz nada de útil, mas apenas mato, cardos, espinhos e plantas infrutuosas; mas se for cultivado, enche-se de frutos suaves. Para dizê-lo numa palavra, todos os seres se corrompem pela ociosidade e melhoram pela atividade que lhes é própria"[8].

O Senhor pede-nos um trabalho sério, que não apenas pareça bom, mas que o seja de fato. Não importa que seja manual ou intelectual, de execução ou de organização, que seja presenciado por outras pessoas de mais responsabilidade ou por ninguém. O cristão acrescenta-lhe, sem dúvida, algo novo: fá-lo por Deus, a quem o apresenta cada dia como uma oferenda que permanecerá para toda a eternidade; mas o modo de exercê-lo — responsável, competente, intenso... — deve ser o de todo o trabalho honrado. Mais ainda: deve ter uma perfeição *maior*, pois Cristo *fez tudo bem*. E uma tarefa realizada dessa forma dignifica quem a realiza e dá glória ao seu Criador; faz com que os dons naturais rendam e converte-se num louvor contínuo a Deus.

III. O CRISTÃO DESCOBRE no trabalho novas riquezas, "pois todos os caminhos da terra podem ser ocasião de um encontro com Cristo"[9], como dizia de muitos modos diferentes Mons. Escrivá, ao pregar em toda a sua vida que "a santidade não é coisa para privilegiados"[10]. Recordava ele um fato da sua experiência que lhe havia servido para ensinar de modo prático, aos que se aproximavam do seu apostolado, como deve ser o trabalho feito na presença de Deus:

"Lembro-me também da temporada da minha permanência em Burgos [...]. Às vezes, as nossas caminhadas chegavam ao mosteiro de Las Huelgas e, em outras ocasiões, dávamos uma escapada até à Catedral.

"Gostava de subir a uma torre, para que (os que o acompanhavam) contemplassem de perto os lavores cimeiros, um autêntico rendilhado de pedra, fruto de um trabalho paciente, custoso. Nessas conversas, fazia-os notar que aquela maravilha não se via lá de baixo. E, para materializar o que com repetida frequência lhes havia explicado, comentava-lhes: assim é o trabalho de Deus, a obra de Deus!: acabar as tarefas pessoais com perfeição, com beleza, com o primor destas delicadas rendas de pedra. Diante dessa realidade que entrava pelos olhos dentro, compreendiam que tudo isso era oração, um diálogo belíssimo com o Senhor. Os que haviam consumido as suas energias nessa tarefa sabiam perfeitamente que, das ruas da cidade, ninguém apreciaria o seu esforço: era só para Deus. Entendes agora como é que a vocação profissional pode aproximar de Deus? Faze tu o mesmo que aqueles canteiros, e o teu trabalho será também *operatio Dei*, um trabalho humano com raízes e perfis divinos"[11], ainda que ninguém o veja, ainda que ninguém o valorize. Deus o vê e o aprecia; e isso é suficiente para pormos empenho em acabar as tarefas com perfeição, com amor.

Acabar bem o que realizamos significa em muitos casos *estarmos atentos ao que é pequeno*. É coisa que exige esforço e sacrifício, e que, ao oferecê-lo, se converte em algo grato a Deus. Estar atento aos detalhes por amor a Deus não torna a alma pequena, antes a engrandece e dilata porque desse modo se aperfeiçoa a obra que realizamos e, oferecendo-a por intenções determinadas, nos abrimos às necessidades de toda a Igreja; a nossa tarefa adquire então uma dimensão sobrenatural que antes não tinha. Na tarefa profissional — assim como em outros aspectos da vida corrente: na vida familiar, social, no descanso... — temos sempre diante de nós uma disjuntiva: ou o descuido e o mau acabamento, que empobrecem a alma, ou a pequena obra de arte oferecida a Deus, expressão de uma alma com vida interior.

Talvez Deus nos queira fazer ver, neste tempo de oração, detalhes que pedem uma mudança de orientação ou de ritmo no nosso modo de trabalhar. Com a ajuda da Virgem Maria, façamos agora um propósito concreto que nos leve a realizar a nossa tarefa com mais perfeição e a lembrar-nos com mais frequência de Deus: "Aí, nesse lugar de trabalho, deves conseguir que o teu coração escape para o Senhor, junto ao Sacrário, para lhe dizer, sem fazer coisas estranhas: — Meu Jesus, eu te amo"[12].

(1) São Josemaria Escrivá, *Amigos de Deus*, n. 56; (2) Mc 7, 31-37; (3) Conc. Vat. II, Const. *Gaudium et spes*, 67; (4) Lc 5, 5; (5) 1 Cor 4, 12; (6) 2 Ts 3, 8; (7) cf. São João Crisóstomo, *Homilia sobre Priscila*

e Áquila; (8) *ib.*; (9) São Josemaria Escrivá, *Carta*, 24-III-1930; (10) São Josemaria Escrivá, *Carta*, 19-III-1954; (11) São Josemaria Escrivá, *Amigos de Deus*, n. 65; (12) cf. São Josemaria Escrivá, *Forja*, n. 746.

TEMPO COMUM. QUINTA SEMANA. SÁBADO

42. MÃE DE MISERICÓRDIA

— Maria participa em grau eminente da misericórdia divina.
— Saúde dos enfermos. Refúgio dos pecadores.
— Consoladora dos aflitos. Auxílio dos cristãos.

I. UMA GRANDE MULTIDÃO seguia Jesus, e todos estavam tão atentos à sua doutrina que se foram afastando das cidades e aldeias sem terem levado nada que comer. O Senhor chamou então os seus discípulos e disse-lhes: *Tenho compaixão da multidão, porque já há três dias que me seguem e não têm o que comer; se eu os despedir em jejum para suas casas, desfalecerão pelo caminho, pois alguns deles vieram de longe*[1]. A compaixão misericordiosa que domina o coração de Jesus levá-lo-á a repetir o extraordinário milagre da multiplicação dos pães e dos peixes.

Nós devemos recorrer frequentemente à misericórdia divina, porque da sua compaixão por nós dependem a nossa salvação e a nossa segurança. Esse é o caminho para atrairmos mais prontamente a ajuda de Deus.

Santo Agostinho ensina que a misericórdia é um sentimento que nasce do coração e tem por objeto as misérias alheias, corporais ou espirituais, de tal modo que elas nos doem e entristecem como se fossem próprias, levando-nos a empregar na medida do possível os meios oportunos para tentar aliviá-las[2]. Esta disposição do coração está em Deus na sua perfeição infinita, e por isso a Sagrada Escritura diz que *Deus é rico em misericórdia*[3] e que "glorifica-o muito mais tirar o bem do mal do que criar do nada algo novo; converter um pecador, dando-lhe a vida da graça, é muito mais do que criar do nada todo o universo físico, o céu e a terra"[4].

Jesus Cristo, Deus feito homem, é a plena expressão da misericórdia divina, manifestada de muitas maneiras ao longo da história da salvação. O Senhor entregou-se na Cruz, num ato supremo de Amor misericordioso, e agora exerce esse amor compassivo do Céu e no Sacrário, onde nos espera para que lhe exponhamos todas as nossas necessidades. *O nosso Pontífice não é tal que não possa compadecer-se das nossas fraquezas [...]. Aproximemo-nos, pois, com toda a confiança do trono da graça, a fim de recebermos misericórdia e acharmos graça para sermos socorridos no tempo oportuno*[5]. Que frutos de santidade não produz na alma a meditação frequente deste convite divino!

A nossa Mãe Santa Maria alcança-nos continuamente a compaixão do seu Filho e ensina-nos o modo de nos comportarmos em face das necessidades próprias e alheias. Quantas vezes não lhe teremos suplicado, particularmente aos sábados, cantando-lhe ou rezando-lhe como se vem fazendo há séculos: *Salve Rainha, Mãe de Misericórdia...*

Maria "é aquela que conhece mais a fundo o mistério da misericórdia divina. Conhece o seu preço e sabe como é elevado. Neste sentido, chamamo-la *Mãe de misericórdia*, Nossa Senhora da Misericórdia ou Mãe da divina misericórdia. Em cada um desses títulos encerra-se um profundo significado teológico, porque todos eles exprimem a particular preparação da sua alma, de toda a sua pessoa, que lhe permitiu ver — primeiro, através dos complexos acontecimentos de Israel, e, depois, daqueles que dizem respeito a cada um dos homens e à humanidade inteira — aquela misericórdia da qual todos participamos, segundo o eterno desígnio da Santíssima Trindade, *de geração em geração* (Lc 1, 50)"[6].

Em Maria, a misericórdia une-se à piedade de mãe; Ela nos conduz sempre ao *trono da graça*. O título de *Mãe de Misericórdia*, alcançado com o seu *fiat* — faça-se — em Nazaré e no Calvário, é um dos seus maiores e mais belos nomes. Maria é o nosso consolo e a nossa segurança: "Com o seu amor maternal, cuida dos irmãos do seu Filho que ainda peregrinam e se acham em perigos e ansiedades até que sejam conduzidos à pátria celestial. Por este motivo, a Santíssima Virgem é invocada na Igreja com os títulos de Advogada, Auxiliadora, Socorro, Medianeira"[7]. Nem um só dia a Virgem deixou de ajudar-nos, de proteger-nos, de interceder pelas nossas necessidades.

II. O TÍTULO DE *Mãe de Misericórdia* expressou-se tradicionalmente através das diversas invocações da ladainha do Rosário: *Saúde dos enfermos, Refúgio dos pecadores, Consoladora dos aflitos, Auxílio dos cristãos*... "Esta gradação é belíssima. Mostra como Maria exerce a sua misericórdia sobre aqueles que sofrem no corpo para lhes curar a alma, e como depois os consola nas suas aflições e como os torna fortes no meio de todas as dificuldades que têm que enfrentar"[8].

Santa Maria espera-nos como *Saúde dos enfermos* porque obtém a cura do corpo, sobretudo quando esta se ordena para a salvação da alma. Há casos em que nos concede algo mais importante que a saúde corporal: a graça de entendermos que a dor, o mal físico, é instrumento de Deus. Através dessa doença que nos aflige, acolhida com paciência e sentido sobrenatural, conseguimos uma boa parte do tesouro que encontraremos no Céu, assim como abundantes frutos apostólicos: decisões de entrega a Deus e salvação de pessoas que, sem essas graças, não teriam encontrado a porta do Céu. Neste sentido, a Virgem Maria remedeia também as feridas que o pecado original deixou em nossa alma e que os pecados pessoais agravaram: a concupiscência desordenada, a debilidade na prática do bem. Fortalece os que vacilam, levanta os que caíram, ajuda a dissipar as trevas da ignorância e do erro.

A Virgem misericordiosa é igualmente *Refúgio dos pecadores*. Encontramos nEla um amparo seguro. Depois do seu Filho, ninguém detestou mais o pecado do que Santa Maria, mas, longe de afugentar os pecadores, Ela os acolhe, move-os ao arrependimento: em quantas confissões não interveio com um auxílio especialíssimo! Envia graças de luz e de arrependimento mesmo àqueles que estão mais afastados e que, se não resistirem, serão conduzidos de graça em graça até à conversão. "Quem poderá investigar, pois, ó Virgem bendita, a extensão e a largura, a altura e a profundidade da tua misericórdia? Porque a sua extensão alcança até à última hora os que a invocam. A sua largura abarca o orbe para que toda a terra esteja repleta da sua misericórdia"[9].

Recorremos hoje à nossa Mãe, pedindo-lhe que tenha piedade de nós. Dizemos-lhe que somos pecadores, mas que queremos amar cada vez mais o seu Filho Jesus Cristo; que tenha compaixão das nossas fraquezas e nos ajude a superá-las. Ela é *Refúgio dos pecadores* e, portanto, a nossa garantia, o porto seguro onde atracamos depois das ondas e dos ventos contrários, onde reparamos os possíveis danos causados pela tentação e pela nossa fraqueza. A sua misericórdia é o nosso amparo e a nossa paz: *Santa Maria, Mãe de Deus, rogai por nós, pecadores...*

III. A VIRGEM MARIA, nossa Mãe, *Consoladora dos aflitos*, foi durante toda a sua vida consolo daqueles que andavam sobrecarregados por um peso grande demais para o levarem sozinhos.

Animou São José naquela noite em que o Patriarca, depois de bater de porta em porta pedindo alojamento, não encontrou em Belém nenhuma casa que os acolhesse; bastou-lhe um sorriso de Maria para recuperar as forças e acomodar-se ao que encontrou: um estábulo nos arredores da cidade. E ajudou-o a prosseguir na fuga para o Egito e a estabelecer-se naquele país... E apesar de José ser um homem cheio de fortaleza, o consolo de Maria tornou-lhe mais fácil o cumprimento da vontade de Deus.

Os apóstolos ampararam-se em Maria quando tudo se tornou negro e sem sentido para eles depois de Cristo ter expirado na Cruz. Quando se deu sepultura ao corpo de Jesus e os habitantes de Jerusalém se preparavam para celebrar em família a festa da Páscoa, os apóstolos, que vagueavam perdidos pela cidade, encontraram-se em casa de Maria, quase sem o perceberem.

Desde então, a Virgem jamais deixou por um momento sequer de consolar os que se sentem oprimidos pelo peso da tristeza, da solidão ou de uma grande dor. "Maria acolheu muitos cristãos nas perseguições, libertou muitos possessos e almas tentadas, salvou da angústia muitos náufragos; assistiu e fortaleceu muitos agonizantes, recordando-lhes os méritos infinitos do seu Filho"[10].

Se alguma vez nos pesam as coisas da vida, a doença, o esforço na tarefa apostólica, a preocupação com a família, os obstáculos que se juntam e se amontoam, recorramos à Virgem, e sempre encontraremos consolo, alento e força para cumprir em tudo a vontade amável do seu Filho. Repetir-lhe-emos devagar: *Salve Rainha, Mãe de misericórdia, vida, doçura, esperança nossa...*

Nossa Senhora é *Auxílio dos cristãos*, porque sempre se favorece principalmente aqueles a quem se ama, e ninguém como Maria amou aqueles que fazem parte da família do seu Filho. Encontramos nEla todas as graças necessárias para sairmos vitoriosos nas tentações, no apostolado, no trabalho... No Rosário temos uma "arma poderosa"[11] para superar todos os obstáculos que nos aguardam. São muitos os cristãos no mundo que, seguindo o ensinamento ininterrupto dos Sumos Pontífices, introduziram na sua vida de piedade o costume de rezá-lo diariamente: em família, numa igreja, pela rua ou nos meios de transporte.

"Em mim encontra-se toda a graça de doutrina e de verdade, toda a esperança de vida e de virtude (Eclo 24, 25). Com quanta sabedoria a Igreja colocou estas palavras na boca da nossa Mãe, para que não as esquecêssemos! Ela é a segurança, o Amor que nunca abandona, o refúgio constantemente aberto, a mão que acaricia e consola sempre"[12].

(1) Mc 8, 1-10; (2) cf. Santo Agostinho, *Sobre a cidade de Deus*, 9; (3) Ef 2, 4; (4) São Tomás, *Suma teológica*, 1-2, q. 113, a. 9; (5) Hb 4, 15-16; (6) João Paulo II, Enc. *Dives in misericordia*, 30-XI-1980; (7) Conc. Vat. II, Const. *Lumen gentium*, 62; (8) R. Garrigou-Lagrange, *A Mãe do Salvador*, p. 305; (9) São Bernardo, *Homilia na Assunção da B. Virgem Maria*, 4, 8-9; (10) R. Garrigou-Lagrange, *op. cit.*, p. 311; (11) São Josemaria Escrivá, *Santo Rosário*, Introdução; (12) São Josemaria Escrivá, *Amigos de Deus*, n. 279.

Tempo Comum. Sexto Domingo. Ciclo A

43. FIRMES NA FÉ

— O *depósito da fé*. Um tesouro que é recebido por cada geração das mãos da Igreja.
— Evitar tudo o que atenta contra a virtude da fé.
— Prudência nas leituras.

I. O SENHOR diz no Evangelho da Missa[1] que Ele não veio destruir a antiga Lei, mas *dar-lhe a sua plenitude*; restaura, aperfeiçoa e eleva a uma ordem superior os preceitos do Antigo Testamento.

A doutrina de Jesus Cristo tem um valor perene para os homens de todos os tempos e é "fonte de toda a verdade salvífica e de toda a norma de conduta"[2]. É um tesouro que cada geração recebe das mãos da Igreja, que o guarda fielmente com a assistência do Espírito Santo e o expõe com autoridade. "Ao aderirmos à fé que a Igreja nos propõe, pomo-nos em comunicação direta com os apóstolos [...]; e através deles com Jesus Cristo, nosso primeiro e único Mestre; vamos à sua escola, anulamos a distância de séculos que nos separa deles"[3]. Graças a este Magistério vivo podemos dizer, de certo modo, que o mundo inteiro recebeu a doutrina dos lábios de Cristo e se converteu na Galileia: toda a terra é Jericó e Cafarnaum, a humanidade está às margens do lago de Genesaré[4].

A conservação fiel das verdades da fé é necessária à salvação dos homens. Que outra verdade pode salvar senão a verdade de Cristo? Que "nova verdade" pode ter interesse — nem que seja a do mais sábio dos homens —, se se afasta do ensinamento do Mestre? Quem se atreverá a interpretar ao seu gosto, mudar ou acomodar a Palavra divina? Por isso o Senhor nos adverte hoje: *Aquele que violar um destes mandamentos, por menor que seja, e ensinar assim aos homens, será declarado o menor do reino dos céus*.

São Paulo exortava Timóteo com estas palavras: *Guarda o depósito que te foi confiado, evitando as vaidades ímpias e as contradições da falsa ciência que alguns professam, extraviando-se da fé*[5]. Com essa expressão — *depósito* —, a Igreja continua a designar o conjunto de verdades que recebeu do próprio Cristo e que há de conservar até o fim dos tempos.

A verdade da fé "não muda com o tempo, não se desgasta através da história; poderá admitir e mesmo exigir uma vitalidade pedagógica e pastoral própria da linguagem, e assim descrever uma linha de desenvolvimento, mas sempre segundo a conhecidíssima sentença tradicional de São Vicente de Lérins [...]: *Quod ubique, quod semper, quod ab omnibus:* «Aquilo que em toda a parte, aquilo que sempre, aquilo que por todos» foi crido, isso deve ser preservado como elemento integrante do depósito da fé [...]. Esta fixação dogmática defende o patrimônio autêntico da religião católica. O *Credo* não muda, não envelhece, não se desfaz"[6]. É a coluna firme que não admite concessões, nem sequer em pormenores, ainda que por temperamento se esteja inclinado a transigir: "Aborrece-te ferir, criar divisões, demonstrar intolerâncias..., e vais transigindo em atitudes e pontos — não são graves, garantes! — que trazem consequências nefastas para tantos. — Perdoa a minha sinceridade: com esse modo de proceder, cais na intolerância — que tanto te aborrece — mais néscia e prejudicial: a de impedir que a verdade seja proclamada"[7].

II. O CRISTÃO, LIBERTADO de toda a tirania do pecado, sente-se impelido pela nova Lei de Cristo a comportar-se como um filho diante de seu Pai-Deus. As normas morais deixam então de ser meros sinais indicadores dos limites entre o permitido e o proibido, para passarem a ser manifestações do caminho que conduz a Deus, manifestações de amor.

Devemos conhecer bem e proteger cuidadosamente esse conjunto de verdades e preceitos que constituem o *depósito da fé*, pois é o tesouro que o Senhor nos entrega através da Igreja para que possamos alcançar a nossa salvação. E protegemo-lo especialmente quando fomentamos a piedade pessoal (a oração e os sacramentos), quando nos propomos alcançar uma séria formação doutrinal, adequada a cada um, e também quando somos *prudentes nas leituras*.

Todos acham razoável que, por exemplo, numa matéria de física ou de biologia, se recomendem determinados textos, se desaconselhe o estudo de outros e se declare inútil ou mesmo prejudicial a leitura desta ou daquela publicação a quem esteja realmente interessado em adquirir uma séria formação científica. Não falta, no entanto, quem se espante de que a Igreja reafirme a sua doutrina sobre a necessidade de se evitarem certas leituras que seriam danosas para a fé ou para a moral, e exerça o seu direito e o seu dever de examinar, julgar e, em casos extremos, reprovar os livros contrários à verdade religiosa[8]. A raiz desse assombro infundado poderia estar numa certa deformação do *sentido da verdade*, que admitiria um magistério no campo científico, mas consideraria impossível emitir mais do que meras opiniões no âmbito das verdades religiosas.

Ao avivarmos agora nestes minutos de oração a nossa disposição de ser fiéis ao depósito da revelação, lembremo-nos ao mesmo tempo de que a própria lei natural, inscrita por Deus em nossos corações, nos impele interiormente a dar todo o valor aos dons do Céu e consequentemente "obriga a evitar na medida do possível tudo o que atente contra a virtude da fé"[9], tal como nos pede, por exemplo, que conservemos a vida física. Por isso, "seria um pecado pôr voluntariamente em perigo a fé com leituras perniciosas sem um motivo justificado, ainda que atualmente não se incorra em nenhuma pena eclesiástica"[10].

Após uma longa experiência de estudo e de convívio com autores pagãos, São Basílio recomendava: "Deveis, pois, seguir à risca o exemplo das abelhas. Porque estas não param em qualquer flor nem se esforçam por levar tudo o que lhes oferecem as flores em que pousam no seu voo, mas, depois de tomarem o conveniente para o seu fim, deixam o resto em paz. Também nós, se formos prudentes, extrairemos dos autores o que nos convenha e mais se pareça à verdade, e deixaremos de lado o restante. E assim como, ao colhermos a flor da roseira, fugimos dos espinhos, assim, ao pretendermos tirar o maior fruto possível de tais escritos, tomaremos cuidado com o que possa prejudicar os interesses da alma"[11].

III. *FELIZES AQUELES cuja vida é pura e que seguem a lei do Senhor. Felizes os que guardam com esmero os seus preceitos e o procuram de todo o coração*[12], diz o Salmo responsorial, avivando a nossa disposição de seguir fielmente o Senhor.

A fé é o nosso maior tesouro e não podemos expor-nos a perdê-la ou a deixar que se deteriore. Não há nada que valha a pena em comparação com a fé. Um dos nossos maiores desejos deve ser instruirmo-nos mais nela e vê-la respeitada — e não atacada ou minada — em tudo o que lemos, sem pensar que já temos suficiente formação para não nos deixarmos influenciar pelas ideias errôneas ou preconceituosas. A história testemunha de forma evidente que, mesmo que se possuam todas as condições de piedade e de doutrina, não é raro que o cristão se deixe seduzir pela parte de verdade ou pela aparência de verdade que sempre há em todos os erros[13].

Mostrai-me, Senhor, o caminho das vossas leis [...]. *Ensinai-me a cumprir a vossa vontade*, continuamos a dizer a Jesus com palavras do Salmo responsorial[14]. E Ele, através de uma consciência bem formada, animar-nos-á a ser humildes e a procurar nas nossas leituras um assessoramento com garantias, se devemos estudar questões científicas, humanísticas, literárias etc. que possam infeccionar o nosso pensamento.

Se permanecermos bem junto de Cristo, se soubermos dar todo o seu valor ao dom da fé, andaremos sem falsos complexos, com naturalidade, sem o prurido superficial de "estar atualizados", tal como se têm comportado sempre muitos intelectuais cristãos: professores, pesquisadores etc. Se formos humildes e prudentes, se tivermos "senso comum", não seremos "como os que tomam o veneno misturado com mel"[15].

Fiéis ao ensinamento do Evangelho e do Magistério da Igreja, necessitamos de uma formação que nos permita apreciar o que se pode encontrar de válido nas diversas manifestações da cultura — pois o cristão deve estar sempre aberto a tudo o que é verdadeiramente positivo —, ao mesmo tempo que detectamos o que é contrário a uma visão cristã da vida.

Peçamos à Santíssima Virgem, *Sede da Sabedoria*, esse discernimento no estudo, nas leituras e em todo o âmbito das ideias e da cultura. Peçamos-lhe também que nos ensine a valorizar e amar cada vez mais o *tesouro* da nossa fé.

(1) Mt 5, 17-37; (2) Conc. Vat. II, Const. *Dei Verbum*, 7; (3) Paulo VI, *Alocução*, 1-III-1967; (4) cf. P. Rodríguez, *Fe y vida de fe*, p. 113; (5) 1 Tm 6, 20-21; (6) Paulo VI, *Audiência geral*, 29-IX-1976; (7) São Josemaria Escrivá, *Sulco*, n. 600; (8) cf. Código de Direito Canônico, can. 822-823; (9) J. Mausbach e G. Ermecke, *Teología moral católica*, EUNSA, Pamplona, 1974, vol. II, p. 108; (10) cf. *ib.*; (11) São Basílio, *Como ler a literatura pagã*, p. 43; (12) Sl 118, 1-2; (13) cf. Pio XI, Const. apost. *Deus scientiarum Dominus*, 24-V-1931; AAS 23 (1931), pp. 245-246; (14) Sl 118, 34; (15) São Basílio, *op. cit.*

TEMPO COMUM. SEXTO DOMINGO. CICLO B

44. A LEPRA DO PECADO

— O Senhor vem curar os nossos males mais profundos. Cura de um leproso.
— A lepra, imagem do pecado. Os sacerdotes perdoam os pecados *in persona Christi.*
— Apostolado da Confissão.

I. A CURA DE UM LEPROSO narrada pelo Evangelho da Missa[1] deve ter comovido muito as multidões. É o que transparece do fato de ter sido relatada com tanto pormenor por três Evangelistas. Um deles, São Lucas, precisa que o milagre se realizou numa cidade e que a doença se encontrava já muito avançada: *estava todo coberto de lepra*[2], diz.

A lepra era considerada então como uma doença incurável e era muito temida pelas deformações, acompanhadas de grandes sofrimentos, que produzia em todo o corpo. Como, além disso, era contagiosa, os leprosos eram segregados das cidades e dos caminhos e declarados legalmente impuros, como se lê na primeira Leitura da Missa[3]. Obrigados a levar a cabeça descoberta e as vestes esfarrapadas, deviam dar-se a conhecer de longe quando passavam pelas proximidades de um lugar habitado. As pessoas fugiam deles, como também os próprios familiares; e em muitos casos interpretava-se a sua doença como um castigo de Deus pelos seus pecados.

Por esse conjunto de circunstâncias, estranha ver este leproso numa cidade. Talvez tivesse ouvido falar de Jesus e estivesse há muito tempo em busca de uma oportunidade para se aproximar dEle. Agora, finalmente, encontra-o e é tal o desejo de falar-lhe que passa por cima das rigorosas prescrições da antiga Lei mosaica. Cristo é a sua esperança, a sua única esperança.

A cena deve ter sido extraordinária. O leproso prostrou-se diante de Jesus e disse-lhe: *Senhor, se quiseres, podes limpar-me*. Se quiseres... Talvez tivesse preparado um discurso mais longo, com mais explicações..., mas por fim tudo ficou reduzido a essa jaculatória cheia de simplicidade, de confiança, de delicadeza: *Si vis, potes me mundare*, se quiseres, podes... Nessas poucas palavras condensava-se uma oração poderosa.

Jesus compadeceu-se; e os três Evangelistas que contam o episódio transmitem-nos o gesto surpreendente do Senhor: *Estendeu a mão e o tocou*. Até àquele momento, todos os homens haviam fugido dele com medo e repugnância. Cristo, porém, que podia tê-lo curado à distância — como já o fizera em outras ocasiões —, não só não se afasta dele, como chega a tocar a sua lepra. Não é difícil imaginar a ternura de Cristo e a gratidão do doente quando viu o gesto do Senhor e ouviu as suas palavras: *Quero, sê limpo*.

O Senhor sempre deseja curar-nos das nossas fraquezas e dos nossos pecados. E não temos necessidade de esperar meses nem mesmo dias para que passe perto da nossa cidade... No Sacrário mais próximo, na intimidade da alma em graça, no sacramento da Penitência, encontramos o mesmo Jesus de Nazaré que curou o leproso. Ele "é Médico, e cura o nosso egoísmo se deixarmos que a sua graça nos penetre até o fundo da alma. Jesus advertiu-nos que a pior doença é a hipocrisia, o orgulho que leva a dissimular os pecados próprios. Com o Médico, é imprescindível que tenhamos uma sinceridade absoluta, que lhe expliquemos toda a verdade e digamos: *Domine, si vis, potes me mundare* (Mt 8, 2), Senhor, se quiseres — e Tu queres sempre —, podes curar-me. Tu conheces a minha debilidade; sinto estes sintomas e experimento estas outras fraquezas. E descobrimos com simplicidade as chagas; e o pus, se houver pus"[4]; todas as misérias da nossa vida.

II. PELA SUA FEALDADE e repugnância, pelo isolamento a que obrigava, os Santos Padres viram na lepra a imagem do pecado[5]. Contudo, o pecado, mesmo o venial, é incomparavelmente pior do que a lepra, pois são infinitamente maiores a sua fealdade, a sua repugnância e os efeitos trágicos que produz nesta vida e na outra. "Se tivéssemos fé e víssemos uma alma em estado de pecado mortal, morreríamos de terror"[6], diz o Cura d'Ars. Todos somos pecadores, ainda que pela misericórdia divina estejamos longe do pecado mortal. É uma realidade que não devemos esquecer, e Jesus é o único que nos pode curar. Só Ele.

O Senhor vem buscar os enfermos e somente Ele pode avaliar e medir em toda a sua tremenda realidade a ofensa do pecado. Por isso comove-nos vê-lo aproximar-se do pecador, tocá-lo. Ele, que é a própria Santidade, não se apresenta cheio de ira, mas com grande delicadeza e respeito. "Esse é o estilo de Jesus"[7].

O que Ele nos diz é que veio perdoar, redimir, veio livrar-nos dessa lepra da alma que é o pecado. E proclama o seu perdão como um sinal de onipotência, como sinal de um poder que só o próprio Deus pode exercer[8]. Cada uma das nossas confissões é expressão do poder e da misericórdia de Deus. Os sacerdotes não exercem esse poder por virtude própria, mas em nome de Cristo — *in persona Christi* —, como instrumentos nas mãos do Senhor. "Jesus identifica-nos de tal modo consigo próprio no exercício dos poderes que nos conferiu — dizia João Paulo II aos sacerdotes no Rio de Janeiro —, que a nossa personalidade como que desaparece diante da sua, já que é Ele quem age por meio de nós [...]. É o próprio Jesus quem, no Sacramento da Penitência, pronuncia a palavra autorizada e paterna: *Os teus pecados te são perdoados*"[9].

Quando nos confessamos, aproximamo-nos com veneração e agradecimento do próprio Cristo; na voz do sacerdote, ouvimos Jesus, o único que pode curar as nossas doenças. "«Domine!» — Senhor! — «*si vis, potes me mundare*» — e quiseres, podes curar-me. — Que bela oração para que a digas muitas vezes, com a fé do pobre leproso, quando te acontecer o que Deus e tu e eu sabemos! — Não tardarás a sentir a resposta do Mestre: «*Volo, mundare!*» — Quero, sê limpo!"[10]

III. TEMOS QUE APRENDER do leproso: com toda a sua sinceridade, coloca-se diante do Senhor e, *de joelhos*[11], reconhece a sua doença e pede para ser curado.

Disse-lhe o Senhor: Quero, sê limpo. E imediatamente desapareceu dele a lepra e ficou limpo. Não podemos imaginar a imensa alegria que se apossou daquele que era leproso até aquele momento. Foi tal a sua alegria que, apesar da advertência do Senhor, começou a proclamar e a divulgar por toda a parte a notícia do bem imenso que recebera. Não pôde reter tanta felicidade só para si, e sentiu a necessidade de fazer participar a todos da sua boa sorte.

Esta deve ser a nossa atitude no que diz respeito ao sacramento da Confissão. Pois nela também nós ficamos livres das nossas enfermidades, por maiores que possam ser. E não só ficamos limpos do pecado, como adquirimos uma nova juventude, uma renovação da vida de Cristo em nós. Ficamos unidos ao Senhor de uma maneira diferente e particular.

E desse novo ser e dessa nova alegria que encontramos em cada confissão devemos fazer participar aqueles que mais estimamos e todos aqueles que passam pela nossa vida. Não nos deve bastar termos encontrado o Médico; devemos fazer chegar a notícia a muitos que não sabem que estão doentes ou pensam que os seus males não têm cura. Levar muitos a abeirar-se do sacramento da Confissão é uma das tarefas que Cristo nos confia nestes tempos em que verdadeiras multidões se afastaram daquilo que mais precisam: o perdão dos seus pecados.

Em certos casos, teremos que começar por uma catequese elementar, talvez aconselhando aos nossos amigos um livro de leitura acessível e explicando-lhes com uma linguagem compreensível os pontos fundamentais da fé e da moral. Ajudá-los-emos a ver que a sua tristeza e o seu vazio interior provêm da ausência de Deus em suas vidas. E, no momento adequado, animá-los-emos a procurar o sacerdote — talvez o mesmo com quem nós nos confessamos habitualmente — e a abrir-lhe a alma de um modo simples e humilde, contando tudo o que os afasta do Senhor, desse Deus que os está esperando. A nossa oração, o oferecimento das horas de trabalho e de algum pequeno sacrifício por eles, bem como a nossa própria confissão periódica, atrairão de Deus novas graças eficazes para esses nossos amigos.

Aquele dia foi inesquecível para o leproso. Cada um dos nossos encontros com Cristo é também inesquecível, e os amigos que ajudamos a caminhar para Deus nunca se esquecerão também da paz e do júbilo do seu encontro com o Mestre. E converter-se-ão por sua vez em apóstolos que propagam a Boa-nova, a alegria de uma confissão bem feita. A nossa Mãe Santa Maria haverá de conceder-nos, se recorrermos a Ela, a alegria e a urgência de comunicar a muitos os grandes bens que o Senhor — *Pai das misericórdias* — nos deixou neste sacramento.

(1) Mc 1, 40-45; (2) Lc 5, 12; (3) Lv 13, 1-2; 44-46; (4) São Josemaria Escrivá, *É Cristo que passa*, n. 93; (5) cf. São João Crisóstomo, *Homilias sobre São Mateus*, 25, 2; (6) Cura d'Ars, citado por João XXIII em Carta *Sacerdoti nostri primordia*; (7) João Paulo II, *Homilia*, 17-II-1985; (8) cf. Mt 9, 2 e segs.; (9) João Paulo II, *Homilia no estádio do Maracanã*, Rio de Janeiro, 2-VII-1980; (10) São Josemaria Escrivá, *Caminho*, n. 142; (11) Mc 1, 40.

um livro de leitura acessível e explicando-lhes com uma linguagem compreensível os pontos fundamentais da fé e da moral. Ajudá-los-emos a ver que [illegible]

[illegible]

TEMPO COMUM. SEXTO DOMINGO. CICLO C

45. HUMILDADE PESSOAL E CONFIANÇA EM DEUS

— Só quem é humilde pode confiar de verdade em Deus.
— O grande obstáculo da soberba. Manifestações.
— Exercitar-se na virtude da humildade.

I. *SEDE PARA MIM a rocha do meu refúgio, uma fortaleza bem armada para me salvar...*, rezamos na Antífona de entrada da Missa[1]. O Senhor é o baluarte que nos protege no meio de tanta fraqueza que encontramos em nós e à nossa volta. Ele é o ponto de apoio firme a cada momento, em qualquer idade e em qualquer circunstância.

Na primeira Leitura, diz o profeta Jeremias: *Bendito o homem que deposita a sua confiança no Senhor e cuja esperança é o Senhor. Assemelha-se à árvore plantada à beira da água, que estende as raízes para a corrente. Quando chegar o calor, não o sentirá, e a sua folhagem continuará verdejante. E em ano de seca, não se inquietará; continuará a dar fruto*[2]. Pelo contrário, é *maldito o homem que confia em outro homem, que faz da carne o seu apoio e cujo coração vive distante do Senhor*. A sua vida será estéril como *o cardo da charneca*.

Sede para mim a rocha do meu refúgio, Senhor: a humildade pessoal e a confiança em Deus caminham sempre juntas. Só o humilde procura a sua felicidade e a sua fortaleza no Senhor. Um dos motivos pelos quais os soberbos andam à cata de louvores e se sentem feridos por qualquer coisa que possa rebaixá-los na sua própria estima ou na dos outros, é a falta de firmeza interior; o seu único ponto de apoio e de esperança são eles próprios.

Não é outra a razão por que, com muita frequência, se mostram tão sensíveis à menor crítica, tão insistentes em sair-se com a sua, tão desejosos de ser conhecidos, tão ávidos de consideração. Agarram-se a si próprios como o náufrago se agarra a uma pequena tábua que não pode mantê-lo à superfície. E seja o que for que tenham conseguido na vida, sempre estão inseguros, insatisfeitos, sem paz. Um homem assim, sem humildade, que não confia nesse Deus que, como Pai que é, lhe estende continuamente os braços, *habitará na aridez do deserto, terra salobra e inóspita*, como nos diz a liturgia da Missa de hoje.

O cristão tem toda a sua esperança posta em Deus e, porque conhece e aceita a sua fraqueza, não se fia muito de si próprio. Sabe que em qualquer tarefa ou empreendimento deverá mobilizar todos os meios humanos ao seu alcance, mas também sabe que antes de mais nada deve contar com a oração; reconhece e aceita com alegria que tudo o que possui foi recebido de Deus.

A humildade não consiste tanto no desprezo próprio — porque Deus não nos despreza, somos obra saída das suas mãos —, mas no esquecimento de nós mesmos e na abertura total para Deus: "Quando pensamos que tudo se afunda sob os nossos olhos, nada se afunda, *porque Tu és, Senhor, a minha fortaleza* (Sl 42, 2). Se Deus mora na nossa alma, tudo o resto, por mais importante que pareça, é acidental, transitório. Em contrapartida, nós, em Deus, somos o permanente"[3].

II. OS MAIORES OBSTÁCULOS que o homem encontra para caminhar em seguimento de Cristo têm a sua origem no amor desordenado de si próprio, que o leva umas vezes a supervalorizar as suas forças e, outras, a cair no desânimo e no desalento. É uma atitude permanente de monólogo interior, em que os interesses próprios se agigantam ou se exorbitam e o *eu* sai sempre enaltecido.

A forma mais vil de enaltecer-se é desacreditar o próximo. Os orgulhosos não gostam de ouvir louvores aos outros e estão sempre ansiosos por descobrir deficiências naqueles que sobressaem neste ou naquele aspecto. Talvez a sua principal característica esteja em que não podem sofrer a menor comparação, contradição ou correção que pareça inferiorizá-los aos olhos dos outros[4].

Quem está repleto de orgulho exagera as suas qualidades, enquanto fecha os olhos para não ver os seus defeitos, e acaba por considerar como uma grande qualidade o que na realidade é um desvio do bom critério; persuade-se, por exemplo, de que tem um espírito magnânimo e generoso porque faz pouco caso das pequenas obrigações de cada dia, esquecendo que, para ser fiel no muito, tem de sê-lo no pouco. E por esse caminho chega a julgar-se superior, rebaixando injustamente as qualidades de outros que o superam em muitas virtudes[5].

São Bernardo indica diferentes manifestações progressivas da soberba[6]: a curiosidade, o querer saber tudo de todos; a frivolidade de espírito, por falta de profundidade na oração e na vida; a alegria tola e deslocada, que se alimenta frequentemente dos defeitos dos outros e os ridiculariza; a jactância; o prurido de singularidade; a arrogância; a presunção; o não reconhecer jamais as falhas próprias, ainda que sejam notórias; a relutância em abrir a alma ao sacerdote na Confissão, por parecer que não se têm faltas... O soberbo é pouco amigo de conhecer a autêntica realidade do seu coração e muito amigo de calcar os outros aos pés, seja em pensamento, seja pelas suas atitudes externas.

Examinemos agora nestes minutos de recolhimento interior se amamos com predileção a virtude da humildade, se a pedimos ao Senhor com frequência, se nos sentimos constantemente necessitados da ajuda do nosso Pai-Deus.

Ó Deus — dizemos com o salmista —, *vós sois o meu Deus, eu Vos procuro com ardor. A minha alma está sedenta de Vós e a minha carne por Vós anela, como a terra árida e sequiosa, sem água*[7]. Se formos homens de oração, cresceremos em conhecimento próprio e não teremos nenhuma vontade de comparar-nos com os outros e menos ainda de julgá-los: "Se és tão miserável, como estranhas que os outros tenham misérias?"[8]

III. JUNTAMENTE COM A ORAÇÃO, que é sempre o primeiro meio de que devemos socorrer-nos, procuremos ocasiões de praticar habitualmente a virtude da humildade: nos nossos afazeres, na vida familiar, quando estamos sozinhos..., sempre.

Procuremos não estar excessivamente preocupados com as nossas coisas pessoais: com a saúde, com o descanso, com o êxito profissional, econômico...

Procuremos, na medida do possível, falar pouco de nós mesmos, dos nossos assuntos, daquilo que nos exaltaria aos olhos dos outros...; procuremos evitar sempre a ostentação de qualidades, bens materiais, conhecimentos...

Aceitemos as contrariedades sem impaciência, sem mau-humor, oferecendo-as com alegria ao Senhor; aceitemos sobretudo as pequenas humilhações e injustiças que se produzem na vida diária, pensando sinceramente: "Que é isso para o que eu mereço?"[9]

Cuidemos de não insistir nas nossas opiniões, a não ser que a verdade ou a justiça o exijam, e empreguemos então a moderação unida à firmeza.

Passemos por alto os erros alheios, desculpando-os e ajudando-os com uma caridade delicada a superá-los; cedamos à vontade dos outros sempre que não esteja envolvido o dever ou a caridade.

Aceitemos ser menosprezados, esquecidos, não consultados nesta ou naquela matéria em que nos consideramos mais experientes ou com mais conhecimentos; fujamos de ser admirados ou estimados, retificando a intenção perante os louvores e elogios. Devemos procurar alcançar o maior prestígio profissional possível, mas por Deus, não por orgulho nem para sobrepujar os outros.

Esforcemo-nos, enfim, por gloriar-nos das nossas fraquezas junto do Sacrário, aonde iremos pedir ao Senhor que nos dê a sua graça e não nos abandone; reconhecendo uma vez mais que não há nada de bom em nós que não venha dEle, e que o nosso eu é precisamente o obstáculo, o que tolhe a ação do Espírito Santo na nossa alma.

Aprenderemos a ser humildes se nos relacionarmos sempre mais intimamente com Jesus. A meditação frequente da Paixão levar-nos-á a contemplar a figura de Cristo humilhado e maltratado até o extremo por nós; acender-se-á então o nosso amor por Ele e um desejo vivo de imitá-lo no seu aniquilamento.

O exemplo da nossa Mãe Santa Maria, *Ancilla Domini*, Escrava do Senhor, incitar-nos-á a amar a virtude da humildade. Recorremos a Ela ao terminarmos a nossa oração, pois Ela "é, ao mesmo tempo, uma mãe de misericórdia e de ternura, a quem pessoa alguma jamais recorreu em vão. Abandona-te cheio de confiança no seu seio materno; pede-lhe que te alcance esta virtude que Ela tanto apreciou; não tenhas medo de não ser atendido: Maria a pedirá para ti a esse Deus que eleva os humildes e reduz ao nada os soberbos; e como Maria é onipotente junto do seu Filho, será ouvida com toda a certeza"[10].

(1) Sl 30, 3; *Antífona de entrada* da Missa do sexto domingo do Tempo Comum, ciclo C; (2) Jr 17, 7-8; (3) São Josemaria Escrivá, *Amigos de Deus*, n. 92; (4) cf. E. Boylan, *Amor sublime*; (5) cf. R. Garrigou-Lagrange, *Las tres edades de la vida interior*, vol. I, p. 442; (6) São Bernardo, *Sobre os graus da humildade*, 10; (7) Sl 63, 2; (8) São Josemaria Escrivá, *Caminho*, n. 446; (9) cf. São Josemaria Escrivá, *Caminho*, n. 690; (10) Leão XIII, *Prática da humildade*, pp. 85-86.

TEMPO COMUM. SEXTA SEMANA. SEGUNDA-FEIRA

46. O SACRIFÍCIO DE ABEL

— Deve ser para Deus o melhor da nossa vida: amor, tempo, bens...
— Dignidade e generosidade nos objetos de culto.
— Amor a Jesus no Sacrário.

I. O LIVRO DO GÊNESIS[1] relata que Abel apresentava a Javé as primícias e o melhor do seu gado. E foi grata a Deus a oferenda de Abel e não o foi a de Caim, que não oferecia o melhor do que colhia.

Abel foi "justo", isto é, santo e piedoso. O que tornou mais grata a oferenda de Abel não foi a qualidade objetiva do que oferecia, mas a sua entrega e generosidade. Por isso Deus olhou com agrado para as vítimas por ele sacrificadas e possivelmente — de acordo com uma antiga tradição judaica — enviou fogo do céu para queimá-las em sinal de aceitação[2].

Na nossa vida, o melhor deve ser para Deus. Devemos apresentar-lhe a oferenda de Abel, não a de Caim. Deve ser para Deus o melhor do nosso tempo, dos nossos bens, da nossa vida. Não podemos dar-lhe o pior, o que sobra, o que não custa sacrifício ou não nos é necessário. Para Deus toda a vida, incluídos os melhores anos. Para o Senhor todos os nossos bens; e, portanto, quando quisermos fazer-lhe uma oferenda concreta, escolheremos o que temos de mais precioso, tal como faríamos com uma criatura da terra que estimamos muito.

O homem não é só corpo nem só alma; está composto de ambos, e por isso necessita também de manifestar através de atos externos, sensíveis, a sua fé e o seu amor a Deus. Dão pena essas pessoas que parecem ter tempo para tudo, mas que dificilmente o têm para Deus: para fazer um pouco de meditação ou uma visita ao Santíssimo que dura uns breves minutos... Ou que dispõem de meios econômicos para tantas coisas e são mesquinhos com Deus e com os homens. O ato de dar sempre dilata o coração e o enobrece. Da mesquinhez acaba por sair uma alma invejosa, como a de Caim: não suportava a generosidade de Abel.

"É preciso oferecer ao Senhor o sacrifício de Abel. Um sacrifício de carne jovem e formosa, o melhor do rebanho: de carne sadia e santa; de corações que só tenham um amor: Tu, meu Deus!; de inteligências trabalhadas pelo estudo profundo, que se renderão perante a tua Sabedoria; de almas infantis, que só pensarão em agradar-Te. — Recebe desde agora, Senhor, este sacrifício em odor de suavidade"[3].

Para Vós, Senhor, o melhor da minha vida, do meu trabalho, dos meus talentos, dos meus bens..., incluídos os que poderia ter tido e aos quais renunciei. Para Vós, meu Deus, sem limites, sem condições, tudo o que me destes na vida... Ensinai-me a não vos negar nada, a oferecer-vos sempre o melhor.

Peçamos ao Senhor que haja muitas oferendas e sacrifícios como o de Abel: homens e mulheres que se entreguem a Deus desde a sua juventude, corações que — em qualquer idade — saibam dar tudo o que lhes é pedido, sem regateios, sem tacanhices... Recebei, Senhor, este sacrifício feito com gosto e alegria!

II. "É BONITO CONSIDERAR que o primeiro testemunho de fé em favor de Deus foi dado já por um filho de Adão e Eva, e por meio de um sacrifício. Explica-se, portanto, que os Padres da Igreja vissem em Abel uma figura de Cristo:

porque era pastor, porque ofereceu um sacrifício agradável a Deus, porque derramou o seu sangue, porque foi «mártir da fé»"[4].

Devemos ser generosos e amar tudo o que se refere ao culto de Deus, porque sempre será pouco e insuficiente para o que a infinita excelência e bondade divina merece. Por sermos cristãos, devemos ter neste campo uma delicadeza extrema e evitar a desconsideração e a mesquinhez: *Não oferecereis nada defeituoso, pois não seria aceitável*[5], alerta-nos o Espírito Santo.

Para Deus o melhor: um culto cheio de generosidade nos elementos sagrados que se utilizam, e cheio de generosidade também no tempo que exige — não mais —, sem pressas, sem abreviar as cerimônias ou a ação de graças privada depois da Santa Missa, por exemplo. O decoro, a qualidade e a beleza dos paramentos litúrgicos e dos vasos sagrados expressam que o melhor que temos é para Deus, são sinal do esplendor da liturgia que a Igreja triunfante tributa à Trindade no Céu, bem como uma poderosa ajuda para reconhecermos a presença divina em nós. A tibieza, a fé mortiça e sem amor tendem a não tratar santamente as coisas santas, a perder de vista a glória, a honra e a majestade que se devem à Santíssima Trindade.

"Estais lembrados daquela cena do Antigo Testamento em que Davi deseja levantar uma casa para a Arca da Aliança, que até então era guardada numa tenda? Naquele tabernáculo, Javé fazia notar a sua presença de um modo misterioso, por uma nuvem e por outros fenômenos extraordinários. E tudo isso não era senão uma sombra, uma figura. No entanto, o Senhor encontra-se realmente presente nos tabernáculos em que está reservada a Santíssima Eucaristia. Aqui temos Jesus Cristo — como me enamora fazer um ato explícito de fé! —, com o seu Corpo, o seu Sangue, a sua Alma e a sua Divindade. No tabernáculo, Jesus preside-nos, ama-nos, espera-nos"[6].

Em casa de Simão, o fariseu, onde Jesus sentiu a falta das atenções que era costume ter com os convidados, ficou patente o critério quanto ao dinheiro que se destina às coisas de Deus. Enquanto Jesus se mostra feliz pelas provas de arrependimento daquela mulher, Judas murmura e calcula o gasto — aos seus olhos inútil — que ela fez. Naquela mesma tarde, decidiu traí-lo. Vendeu-o aproximadamente pelo mesmo que custava o perfume derramado: trinta siclos de prata, uns trezentos denários.

"Aquela mulher que, em casa de Simão o leproso, em Betânia, unge com rico perfume a cabeça do Mestre, recorda-nos o dever de sermos magnânimos no culto de Deus.

"— Todo o luxo, majestade e beleza me parecem pouco.

"— E contra os que atacam a riqueza dos vasos sagrados, paramentos e retábulos, ouve-se o louvor de Jesus: «*Opus enim bonum operata est in me*» — uma boa obra foi a que ela fez comigo"[7].

O Senhor também pode dizer-nos, diante da nossa entrega, diante da generosidade que tenhamos para com Ele de mil modos (tempo, bens...): *uma boa obra foi a que fez comigo*, manifestou-me o seu amor com obras.

III. QUANDO JESUS NASCE, não dispõe sequer do berço de uma criança pobre. Depois, nos anos de vida pública, não tem por vezes um lugar onde reclinar a cabeça. Por fim, morre despojado até das vestes, na pobreza mais absoluta. Mas quando o seu corpo exânime for descido da Cruz e entregue aos que o amam e o seguem de perto, estes hão de tratá-lo com veneração, respeito e amor.

José de Arimateia encarrega-se de comprar um *lençol novo* com que o envolverá, e Nicodemos *os aromas* necessários: São João, talvez admirado, precisou que foram *em grande quantidade* — umas cem libras, mais de trinta quilos. Não o enterraram no cemitério comum, mas num horto, *numa sepultura nova*, provavelmente a que José tinha preparado para si próprio. *E as mulheres viram o monumento e como foi depositado o seu corpo*. De regresso à cidade, prepararam novos aromas... Quando o Corpo de Jesus ficou nas mãos dos que o amavam, todos porfiaram em ver quem o amava mais.

Nos nossos Sacrários, Jesus está vivo! Como em Belém ou no Calvário! Entrega-se a nós para que o nosso amor cuide dEle e o atenda o melhor que possamos, e isso à custa do nosso tempo, do nosso dinheiro, do nosso esforço: do nosso amor.

Nem sequer sob o pretexto da caridade para com o próximo se pode faltar à caridade com Deus; como não se pode louvar uma generosidade com os pobres, imagens de Deus, se se faz a expensas do decoro no culto ao próprio Deus, e muito menos se está ausente o sacrifício pessoal. Se amamos a Deus, o nosso amor ao próximo crescerá com obras e de verdade.

Não é meramente uma questão de preço, nem são possíveis nesta matéria simples cálculos aritméticos: não se trata de defender a suntuosidade, mas a dignidade e o amor a Deus, que também se expressam materialmente[8]. Faria sentido que houvesse meios para construir lugares de diversão e lazer com bons materiais, até luxuosos, e que para o culto divino só se encontrassem lugares, não já pobres, mas miseráveis, frios, vazios? Nesse caso, teria razão o poeta quando diz que a nudez de algumas igrejas é "a manifestação externa dos nossos pecados e defeitos: debilidade, indigência, timidez na fé e nos sentimentos, coração seco, falta de gosto pelo sobrenatural..."[9]

A Igreja, velando pela honra de Deus, não rejeita soluções diferentes das de outras épocas, abençoa a pobreza limpa e acolhedora — que maravilhosas igrejas, simples mas muito dignas, há em algumas aldeias de poucos recursos econômicos e de muita fé! —; o que não se concebe é o descuido, o mau gosto, o pouco amor a Deus que representa dedicar ao culto ambientes ou objetos que não se admitiriam no lar da própria família.

Nada mais lógico do que os fiéis contribuírem, de mil maneiras diferentes, para o cuidado e a esmerada conservação de tudo o que se refere ao culto divino. Os sinais litúrgicos e quanto se refere à liturgia entram pelos olhos. Os fiéis devem sair fortalecidos na sua fé, mais alegres, depois de uma cerimônia litúrgica.

Peçamos à Santíssima Virgem que, como Ela, aprendamos a ser generosos com Deus, no grande e no pequeno, na juventude e na maturidade... Que saibamos oferecer, como Abel, o melhor que tenhamos em cada momento e em todas as circunstâncias da nossa vida.

(1) Cf. Gn 4, 1-5, 25; *Primeira leitura* da Missa da segunda-feira da sexta semana do Tempo Comum, ciclo A; (2) Sagrada Bíblia, *Epístola aos Hebreus*, EUNSA, Pamplona, 1987, nota 11, 4; (3) São Josemaria Escrivá, *Forja*, n. 43; (4) Sagrada Bíblia, *Epístola aos Hebreus*; (5) Lv 22, 20; (6) A. del Portillo, *Homilia*, 20-VII-1986; (7) São Josemaria Escrivá, *Caminho*, n. 527; (8) cf. Conc. Vat. II, Const. *Sacrossanctum Concilium*, 124; (9) Paul Claudel, *Ausência e presença*.

TEMPO COMUM. SEXTA SEMANA. TERÇA-FEIRA

47. A TAREFA SALVADORA DA IGREJA

— A Igreja, lugar de salvação instituído por Jesus Cristo.
— A oração pela Igreja.
— Pelo Batismo, somos constituídos instrumentos de salvação no nosso ambiente.

I. O GÊNESIS NARRA que, vendo o Senhor como crescia a maldade do homem e como o seu modo de pensar era sempre perverso, se arrependeu de tê-lo criado e pensava em varrê-lo da superfície da terra[1]. Mas uma vez mais a sua paciência se pôs de manifesto e decidiu salvar o gênero humano na figura de Noé. O Senhor disse a Noé: *Entra na arca com toda a tua família, pois és o único justo que encontrei na tua geração*. Depois veio o Dilúvio com que Deus castigou os homens pela sua má conduta.

Os Padres da Igreja viram em Noé a figura de Jesus Cristo, que havia de ser o princípio de uma nova criação. Na *arca* vislumbraram a imagem da Igreja, que navega nas águas deste mundo e acolhe *todos os que querem salvar-se*[2].

Santo Agostinho comenta: "No símbolo do Dilúvio, em que os justos foram salvos na arca, está profetizada a futura Igreja, que salva da morte neste mundo por meio de Cristo e do mistério da Cruz"[3].

Antes da sua Ascensão aos céus, o Senhor confiou aos apóstolos os seus próprios poderes com vistas à salvação do mundo[4]. O Mestre falou-lhes com a majestade própria de Deus: *Todo o poder me foi dado no céu e na terra. Ide, pois, e fazei todos os povos meus discípulos...;* e a Igreja começou imediatamente a exercer o seu poder salvador com autoridade divina.

Imitando a vida de Cristo, que *passou fazendo o bem*[5], confortando, ensinando, curando, a Igreja procura fazer o bem onde quer que esteja. Ao longo da história, têm sido muitas as iniciativas dos cristãos e de variadíssimas instituições da Igreja destinadas a remediar os males dos homens, a prestar uma ajuda humana aos necessitados, aos doentes, aos refugiados etc. Essa ajuda humana é e será sempre grande, mas é, ao mesmo tempo, muito secundária; pela missão recebida de Cristo, a Igreja *aspira a muito mais*: a dar aos homens a doutrina de Cristo e a levá-los à salvação. "E a todos — tanto aos necessitados de uma ou de outra forma, como aos que pensam estar gozando da plenitude dos bens da terra —, a Igreja vem confirmar-lhes uma só coisa essencial, definitiva: que o nosso destino é eterno e sobrenatural, que só em Jesus Cristo nos salvamos para sempre, e que só nEle alcançaremos já de alguma forma nesta vida a paz e a felicidade verdadeiras"[6].

II. A PESSOA DO SUMO PONTÍFICE, a sua tarefa a serviço da Igreja universal, a ajuda que lhe prestam os seus colaboradores mais diretos, devem ocupar diariamente um lugar primordial nas nossas orações: *Dominus conservet eum, et vivificet eum, et beatum faciat eum in terra, et non tradat eum in animam inimicorum eius*[7], ensina-nos a pedir a liturgia. "Que o Senhor o conserve, e lhe dê vida, e o faça feliz na terra, e não o deixe cair nas mãos dos seus inimigos".

O peso que o Vigário de Cristo deve carregar sobre os ombros com solicitude paternal é esmagador. Basta que nos detenhamos a considerar a resistência com que é combatido pelos inimigos da fé; basta que nos apercebamos da pressão que exercem contra a sua autoridade os que abominam o ímpeto apostólico dos cristãos, para nos sentirmos urgidos a pedir ardentemente ao Senhor que conserve o Sumo Pontífice, que o vivifique com o seu alento divino, que o faça santo e o encha dos seus dons, que o proteja de modo especialíssimo.

No Evangelho da Missa de hoje[8], o Senhor pede aos seus discípulos que estejam alerta e se resguardem de um fermento: *o dos fariseus e o de Herodes*. Não se refere aqui ao fermento bom que os seus discípulos estão chamados a ser, mas a outro, capaz também de transformar a massa por dentro, mas para o mal. A hipocrisia farisaica e a vida desregrada de Herodes, que só se movia por ambições pessoais, eram um mau fermento que contagiava a massa de Israel, corrompendo-a.

Nós temos o gratíssimo dever de rezar diariamente para que todos os fiéis cristãos sejam verdadeiro fermento no meio de um mundo afastado de Deus, que a Igreja pode salvar. "Estes tempos são tempos de prova e devemos pedir ao Senhor — com um clamor que não cesse (cf. Is 58, 1) — que os encurte, que olhe com misericórdia para a sua Igreja e conceda novamente luz sobrenatural às almas dos pastores e às de todos os fiéis"[9]. Não podemos negligenciar este dever filial para com a nossa Mãe a Igreja, misteriosamente necessitada de proteção e de ajuda: "Ela é Mãe..., e uma mãe deve ser amada"[10].

O *mau fermento* da doutrina adulterada e dos maus exemplos, ampliados e difundidos por pessoas sectárias, causa um grande mal às almas. Sempre que nos encontremos perante surtos violentos de falsa doutrina, perante situações claramente escandalosas, devemos perguntar-nos no nosso exame de consciência: Que fiz eu para semear a boa doutrina? Que faço para que os meus filhos, os meus irmãos, os meus amigos adquiram a doutrina de Jesus Cristo? Qual é a qualidade da minha oração e da minha mortificação pela Igreja?

Devemos pedir também por todos os Pastores da Igreja de Deus: pelos bispos que cerram fileiras em torno do Papa.

É antiquíssima a oração com que os fiéis rezam pelo bispo do lugar: *Stet et pascat in fortitudine tua, Domine, in sublimitate nominis tui.* "Esteja e apascente na tua fortaleza, Senhor, na sublimidade do teu nome". Os Pastores da Igreja têm sempre uma grande necessidade do favor divino para levarem adiante a sua missão. Temos a responsabilidade de ajudá-los e para isso pedimos a Deus que os sustente e os ajude a apascentar o seu rebanho com fortaleza divina e com a suavidade e a altíssima sabedoria que vem do Céu.

Todos os dias, na Santa Missa, com estas ou outras palavras das demais Orações Eucarísticas, o sacerdote reza: "Pela vossa Igreja dispersa pelo mundo inteiro: concedei-lhe paz e proteção, unindo-a num só corpo e governando-a por toda a terra [...]. Pelo vosso servo o Papa..., pelo nosso bispo..., e por todos os que guardam a fé que receberam dos apóstolos"[11]. Unindo-nos ao sacerdote, podemos assim rezar pelas intenções do Papa e dos bispos, pelos sacerdotes, pelos religiosos e por todo o povo de Deus; como também por aquele que, dentro do Corpo Místico de Cristo, esteja nesse momento mais necessitado de auxílio. Assim viveremos com naturalidade o dogma da Comunhão dos Santos.

III. NUMA CARTA de São João Leonardi ao Papa Paulo V (1605-1621) — que lhe pedia alguns conselhos para revitalizar o povo de Deus —, o Santo dizia: "Quanto a estes remédios, já que hão de ser comuns a toda a Igreja [...], seria preciso fixar a atenção antes de mais nada em todos aqueles que estão à testa dos outros, para que assim a reforma começasse pelo ponto a partir do qual deve estender-se às demais partes do corpo. Seria necessário pôr um grande empenho em que os cardeais, os patriarcas, os arcebispos, os bispos e os párocos, aos quais se confiou diretamente a cura de almas, fossem tais que se lhes pudesse confiar com toda a segurança o governo da grei do Senhor"[12]. Não deixemos de pedir cada dia pela santidade de todos eles: que amem cada dia mais a Jesus presente na Sagrada Eucaristia, que rezem com uma piedade cada vez maior à Santíssima Virgem, que sejam fortes, caritativos, que tenham um grande amor pelos doentes e pelos necessitados, que cuidem com esmero do ensino do *Catecismo*, que deem um testemunho claro de desprendimento e de sobriedade...

Mas a Igreja somos todos os batizados, e todos somos instrumentos de salvação para os outros quando procuramos permanecer unidos a Cristo no cumprimento fiel dos nossos deveres religiosos: a Santa Missa, a oração, os atos de presença de Deus durante o dia...; quando somos exemplares no cumprimento dos nossos deveres profissionais, familiares, cívicos; quando nos empenhamos numa ação apostólica eficaz na trama de relações em que decorre a nossa vida.

Avivemos a nossa fé. O povo de Deus — ensina o Concílio Vaticano II — deve abarcar o mundo inteiro, reunindo todos os homens dispersos, desorientados. E para isso Deus enviou o seu Filho, constituído herdeiro universal, a fim de que fosse o nosso Mestre, Sacerdote e Rei[13]. Podemos hoje recordar o *Salmo II*, que proclama a realeza de Cristo, e pedir a Deus Pai que sejam muitas as almas em que o Senhor reine, muitos os povos que acolham a palavra de salvação que a Igreja proclama, já que também a ela — como nos recorda a Constituição *Lumen gentium* — foram dadas em herança todas as nações[14].

(1) Gn 6, 5-8; 7, 1-5, 10; *Primeira leitura* da Missa da terça-feira da sexta semana do Tempo Comum, ano ímpar; (2) At 2, 40; (3) Santo Agostinho, *De catechizandis rudibus*, 18; (4) Mt 28, 18-20; (5) cf. At 10, 38; (6) São Josemaria Escrivá, *Amar a Igreja*, p. 27; (7) *Enchiridion indulgentiarum*, 1986; *Aliae concessiones*, n. 39; (8) Mc 8, 14-21; (9) São Josemaria Escrivá, *op. cit.*, p. 55; (10) João Paulo II, *Homilia*, 7-XI--1982; (11) Missal Romano, *Ordinário da Missa. Cânon Romano*; (12) São João Leonardi, *Cartas ao Papa Paulo V para a reforma da Igreja*; (13) Conc. Vat. II, Const. *Lumen gentium*, 13; (14) cf. *ib.*

TEMPO COMUM. SEXTA SEMANA. QUARTA-FEIRA

48. COM O OLHAR LIMPO

— A guarda da vista.
— No meio do mundo, sem ser mundanos.
— Um cristão não vai a lugares ou espetáculos que desdigam da sua condição de discípulo de Cristo.

I. JESUS CHEGOU A BETSAIDA com os seus discípulos, e logo lhe levaram um cego *para que o tocasse*. O Senhor tomou o cego pela mão, levou-o para fora da aldeia e ali fez lodo com saliva e aplicou-o nos seus olhos; a seguir, impôs-lhe as mãos e perguntou-lhe se via alguma coisa. O cego, levantando os olhos, disse: *Vejo os homens como se fossem árvores que andam*. O Senhor voltou a impor-lhe as mãos sobre os olhos e então o cego *começou a ver, de modo que distinguia bem e claramente todas as coisas*[1].

As curas do Senhor costumavam ser instantâneas. Esta, porém, seguiu um pequeno processo, talvez porque a fé do cego no começo fosse fraca e Jesus quisesse curar-lhe ao mesmo tempo a alma e o corpo[2]: ajudou esse homem, a quem tomou pela mão com tanta piedade, para que a sua fé se fortalecesse. Passar de não ter nenhuma luz a ver confusamente já era alguma coisa, mas o Mestre queria dar-lhe uma visão nítida e penetrante para que pudesse contemplar as maravilhas da criação. Muito provavelmente, a primeira coisa que o cego viu foi o rosto de Jesus, que olhava para ele comprazido.

O que aconteceu a este homem cego em relação às coisas materiais pode servir-nos para considerar a cegueira espiritual. Frequentemente, encontramos muitos cegos espirituais que não veem o essencial: o rosto de Cristo, presente na vida do mundo. O Senhor referiu-se muitas vezes a este tipo de cegueira, por exemplo quando dizia aos fariseus que eram *cegos*[3], ou quando aludia àqueles que têm os olhos abertos mas não veem[4].

É um grande dom de Deus manter o olhar limpo para o bem, ver o Senhor no meio dos afazeres diários, encarar os homens como filhos de Deus, penetrar no que realmente vale a pena..., e mesmo contemplar junto de Deus e com os olhos de Deus a beleza divina que Ele deixou como um rasto nas obras da criação. Por outro lado, é necessário ter o olhar limpo para que o coração possa amar, para mantê-lo jovem, como Deus deseja.

Muitos homens não estão inteiramente cegos, mas têm uma fé muito fraca e um olhar apagado para o bem. Esses cristãos mal reparam no valor da presença de Cristo na Sagrada Eucaristia, no imenso bem do sacramento da Penitência, no valor infinito de uma única Missa, na presença a seu lado do Anjo da Guarda, na beleza do celibato apostólico... Falta-lhes limpeza de alma e uma maior vigilância na guarda dos sentidos — que são como as portas da alma —, e de modo particular da vista.

Todo aquele que começa a ter vida interior aprecia o tesouro que traz no coração e procura evitar com o maior esmero a entrada na alma de imagens que impossibilitem ou dificultem o seu relacionamento com Deus. Não se trata de "não ver" — porque precisamos da vista para andar pela rua, para trabalhar, para nos relacionarmos —, mas de "não reparar" naquilo em que não se deve reparar, de sermos limpos de coração, de vivermos com naturalidade o necessário recolhimento dos sentidos. E isto no ambiente em que estamos, nas relações sociais, ao irmos de um lado para outro. *A lâmpada do corpo é o olho. Se o teu olho for simples, todo o teu corpo estará iluminado. Mas se o teu olho for malicioso, todo o teu corpo estará em trevas*[5].

Seria uma pena se alguma vez — por não termos sido delicadamente fiéis nesta matéria —, ao invés de vermos o rosto de Cristo com toda a nitidez, divisássemos apenas uma imagem esfumada e longínqua da sua figura! Examinemos hoje na nossa oração como vivemos essa "guarda da vista", tão necessária para a vida sobrenatural, isto é, para ver a Deus, persuadidos de que, se não se tem esse olhar limpo, a visão torna-se confusa e disforme.

II. O CRISTÃO DEVE SABER ficar a salvo dessa grande onda de consumismo e de sensualidade que parece querer arrasar tudo. Não temos medo do mundo, porque nele recebemos a nossa chamada para a santidade, nem podemos desertar dele, porque o Senhor nos quer como fermento na massa; nós, os cristãos, "somos uma injeção intravenosa na corrente circulatória da sociedade"[6].

Mas estar no meio do mundo não significa sermos frívolos e mundanos: *Não te peço que os tires do mundo* — pediu Jesus ao Pai —, *mas que os livres do mal*[7]. E os apóstolos alertaram aqueles que se convertiam à fé para que vivessem a doutrina e a moral de Cristo precisamente num ambiente pagão muito parecido ao que nos rodeia nestes tempos[8]. Se alguém não se precavesse de uma maneira decidida, seria arrastado por esse clima de materialismo e de permissivismo. Mesmo em países de profunda tradição cristã, salta aos olhos como se têm difundido maneiras de viver e de pensar em clara oposição às exigências morais da fé cristã e até da própria lei natural.

Os propagadores do novo paganismo encontraram um aliado eficaz nessas diversões de massa que exercem uma grande influência no ânimo dos espectadores. Nos últimos anos, têm proliferado cada vez mais esses espetáculos que, sob os mais diversos pretextos ou sem pretexto algum, fomentam a concupiscência e um estado interior de impureza que dá lugar a muitos pecados internos e externos contra a castidade. A uma alma que vivesse nesse clima sensual, ser-lhe-ia impossível seguir o Senhor de perto..., e talvez nem sequer de longe.

Os Santos Padres utilizaram na sua pregação palavras duras para afastar os cristãos dos primeiros séculos dos espetáculos e diversões imorais[9]. E aqueles fiéis souberam prescindir — porque assim o pediam os novos ideais que haviam encontrado ao conhecerem a Cristo — das diversões que podiam desdizer das suas ânsias de santidade ou pôr em perigo a sua alma, a tal ponto que não raramente os pagãos se apercebiam da conversão de um amigo, de um parente ou de um vizinho porque deixava de assistir a esses espetáculos[10], pouco coerentes ou totalmente opostos à delicadeza de consciência de uma pessoa que na sua vida encontrou a Cristo.

Sabemos nós fazer o mesmo? Sabemos cortar com diversões ou deixar de frequentar lugares que desdizem de um cristão? Cuidamos da fé e da santa pureza dos filhos, dos irmãos mais novos, quando, por exemplo, um programa ou um seriado de televisão é inconveniente? Peçamos ao Senhor uma consciência delicada para afastarmos com firmeza, sem contemplações, tudo o que nos pode separar dEle ou esfriar o nosso propósito de segui-lo.

III. O CRISTIANISMO NÃO MUDOU: Jesus Cristo é o mesmo ontem, hoje e sempre[11], e pede-nos a mesma fidelidade, fortaleza e exemplaridade que pedia aos primeiros discípulos. Nos nossos dias, também devemos navegar contra a corrente muitas vezes, ainda que os nossos amigos não nos entendam num primeiro momento, pois, além do mais, isso será frequentemente um primeiro passo para que se aproximem de Deus e se decidam a viver uma profunda vida cristã.

A nossa lealdade para com Deus deve levar-nos a evitar as ocasiões de perigo para a alma. Por isso, antes de ligarmos a televisão ou de irmos a um espetáculo, devemos ter a certeza de que não serão ocasião de pecado. Na dúvida, devemos prescindir desses entretenimentos, e se, por estarmos mal informados, assistimos a um espetáculo que não condiz com a moral, lembremo-nos de que a atitude de todo o bom cristão é levantar-se e ir-se embora: *Se o teu olho direito te escandaliza, arranca-o e atira-o para longe de ti*[12]. Não assistir ou irmo-nos embora, é isso o que devemos fazer, sem medo de "parecermos estranhos" ou pouco naturais, pois o pouco natural em quem segue a Cristo é justamente o contrário.

Para vivermos como verdadeiros cristãos, devemos pedir ao Senhor a virtude da fortaleza, a fim de não transigirmos conosco próprios e sabermos falar com clareza aos outros sem medo do que poderão dizer, ainda que pareça que não vão entender as explicações que lhes dermos. As nossas palavras, acompanhadas pelo exemplo e por uma atitude cheia de segurança e de alegria, ajudá-los-ão a compreender e a procurar uma vida mais firme, princípios mais sólidos.

E se alguém afirma que essas diversões não lhe fazem mal algum, poderemos recordar-lhe que, de um modo imperceptível, se vai criando na alma uma crosta que impede o trato com Deus e a delicadeza e o respeito que todo o amor humano verdadeiro exige. Quando alguém diz que frequentar esses lugares ou ver esses programas não passa para ele de um divertimento inofensivo, talvez seja esse precisamente o sinal de que necessita mais do que os outros de se abster deles. Possivelmente, já tem a alma endurecida e os olhos obnubilados para o bem.

Os cristãos, além de não assistirem a esses programas, de não contribuírem para eles nem com a mais pequena moeda, e de se esforçarem, cada um na medida das suas possibilidades, por impedi-los, devem contribuir positivamente para que haja espetáculos e diversões sadias e limpas, que sirvam para descansar do trabalho, para manter e fomentar o relacionamento, para cultivar o espírito de forma amena etc.

São José, fiel à sua vocação de protetor de Jesus e de Maria, amou-os com amor puríssimo. Peçamos-lhe hoje que nos ajude a saber empregar com fortaleza os meios necessários para podermos contemplar a Deus com um olhar límpido e puro.

(1) Cf. Mc 8, 22-26; (2) cf. Sagrada Bíblia, *Santos Evangelhos*, nota a Mc 8, 22-26; (3) Mt 15, 14; (4) cf. Mc 4, 12; Jo 9, 39; (5) Mt 6, 22-23; (6) São Josemaria Escrivá, *Carta*, 19-III-1934; (7) Jo 17, 15; (8) cf. Rm 13, 12-14; (9) cf. São João Crisóstomo, *Homilias sobre o Evangelho de São Mateus*, 6, 7; (10) cf. Tertuliano, *Sobre os espetáculos*, 24; (11) cf. Hb 13, 8; (12) Mt 5, 29.

49. A MISSA, CENTRO DA VIDA CRISTÃ

— Participação dos fiéis no sacrifício eucarístico.
— A "alma sacerdotal" do cristão e a Santa Missa.
— Viver a Missa ao longo do dia. Preparação.

I. JESUS CAMINHAVA com os seus discípulos *em direção às aldeias de Cesareia de Filipe* e, a meio do caminho, perguntou aos que o acompanhavam: *Quem dizem os homens que eu sou?*[1] E os apóstolos, com toda a simplicidade, contam-lhe o que se dizia dEle: uns, que era *João Batista, outros Elias, e outros um dos profetas*. Corriam as opiniões mais variadas sobre Jesus. Então o Senhor dirigiu-se aos seus de uma maneira aberta e amável e perguntou-lhes: *E vós quem dizeis que eu sou?* Não lhes pede uma opinião mais ou menos favorável, mas a firmeza da fé. Depois de tanto tempo com eles, haviam de saber quem Ele era, com toda a certeza. Pedro respondeu imediatamente: *Tu és o Cristo*.

O Senhor também tem o direito de pedir-nos uma clara confissão de fé — com palavras e com obras —, num mundo em que parecem moeda corrente a confusão, a ignorância e o erro. Mantemos com Jesus um laço estreito, que nasceu no dia em que fomos batizados. A partir desse instante, estabeleceu-se e foi crescendo entre nós e Cristo uma união íntima e profunda, porque recebemos então o seu Espírito e fomos elevados à dignidade de filhos de Deus.

Trata-se de uma comunhão de vida muito mais profunda do que qualquer outra que possa dar-se entre dois seres humanos. Assim como a mão unida ao corpo está cheia da torrente de vida que flui de todo o corpo, assim o cristão está impregnado da vida de Cristo[2]. Ele mesmo nos mostrou por meio de uma bela imagem a forma como lhe estamos unidos: *Eu sou a videira; vós os ramos...*[3] E é tão forte a união a que podemos chegar com Ele, se lutamos por ser santos, que mais cedo ou mais tarde haveremos de poder dizer com o Apóstolo: *Vivo, mas não sou eu; é Cristo que vive em mim*[4]. Esta perspectiva de íntima fusão com Jesus Cristo deve encher-nos de alegria, porque, se somos parte viva do Corpo Místico de Cristo, participamos de tudo o que Cristo realiza.

Em cada Missa, Cristo oferece-se todo inteiro, juntamente com a Igreja, que é o seu Corpo Místico formado por todos os batizados. Sobre o altar, apresenta a Deus Pai os padecimentos redentores e meritórios que suportou na Cruz, bem como os dos seus irmãos. Pode haver maior intimidade, maior união com Ele? A Santa Missa, bem vivida, pode mudar toda a nossa existência.

E vós, *quem dizeis que eu sou?* No sacrifício eucarístico, robustece-se a nossa fé e ganhamos coragem para confessar abertamente que Jesus Cristo é o Messias, o Unigênito de Deus, que veio para a salvação de todos.

II. É UNICAMENTE pelas palavras do sacerdote no momento da Consagração que Cristo se torna presente sobre o altar, mas todos os fiéis participam dessa oblação que se oferece a Deus Pai para bem de toda a Igreja. Todos os presentes oferecem, pois, o sacrifício juntamente com o sacerdote, unindo-se às suas intenções de petição, de reparação, de adoração e de ação de graças; mais ainda, unem-se ao próprio Cristo, Sacerdote eterno, e a toda a Igreja[5].

Em cada Missa a que assistimos, podemos oferecer a Deus todas as coisas criadas[6] e todas as nossas obras: o trabalho, a dor, a vida familiar, a fadiga e o cansaço, as iniciativas apostólicas que queremos levar adiante nesse dia... O *Ofertório* é um momento muito adequado para apresentarmos ao Senhor as nossas oferendas pessoais, que se unem então ao sacrifício de Cristo. O que é que colocamos cada dia na patena do sacerdote? O que é que Jesus encontra ali? Levados por essa "alma sacerdotal" que nos move a identificar-nos mais com Cristo no meio da vida diária, não só oferecemos a Deus as realidades da nossa existência, mas nos oferecemos a nós mesmos no mais íntimo do nosso ser. Participamos, portanto, da Missa por um duplo título: não só como *oferentes*, mas também como *oferendas*.

Orai, irmãos, para que o nosso sacrifício seja aceito por Deus Pai todo-poderoso. Receba o Senhor por tuas mãos este sacrifício, para glória do seu nome, para nosso bem e de toda a santa Igreja[7]. Devemos encher de conteúdo e de oração pessoal esta e outras orações que se repetem diariamente na Missa. Vamos à Missa para fazermos nosso o Sacrifício único do Filho de Deus. Apropriamo-nos dele e apresentamo-nos diante da Santíssima Trindade revestidos dos incontáveis méritos de Jesus Cristo, aspirando com fé ao perdão, a uma maior graça na alma e à vida eterna; adoramos com a adoração de Cristo, satisfazemos com os méritos de Jesus, pedimos com a sua voz, sempre eficaz. Tudo o que é dEle se torna nosso. E tudo o que é nosso se torna dEle: oração, trabalho, alegrias, pensamentos e desejos, que então adquirem uma dimensão sobrenatural e eterna. "O humano entrelaça-se com o divino na nossa própria vida. Todos os nossos esforços — mesmo os mais insignificantes — adquirem um alcance eterno, porque se unem ao sacrifício de Jesus na Cruz"[8].

A nossa participação na Missa culmina na Sagrada Comunhão, numa identificação jamais sonhada. Nos anos em que percorreram a Palestina com Jesus, antes da instituição da Sagrada Eucaristia, os apóstolos nunca puderam experimentar uma intimidade com Ele tão grande como a que nós alcançamos depois de comungar.

Pensemos agora como é a nossa Missa, como são as nossas comunhões. Pensemos se, no mais íntimo do nosso ser, se torna realidade nesses momentos a exclamação cheia de fé de São Pedro: *Tu és o Cristo*.

III. A MISSA É "o centro e a raiz da vida espiritual do cristão"[9]. Assim como os raios de um círculo convergem todos para o seu centro, assim todas as nossas ações, palavras e pensamentos hão de centrar-se no Sacrifício do Altar.

Por isso ajuda-nos tanto a crescer em vida interior renovarmos o *oferecimento das obras* do nosso dia, unindo-as pela intenção à Missa do dia seguinte ou àquela que naquele momento estiver sendo celebrada no local mais próximo ou em qualquer parte do mundo. Dessa forma, o nosso dia, de um modo misterioso mas real, passa a fazer parte da Missa: é, de certa maneira, um prolongamento do Sacrifício eucarístico; a nossa vida e as nossas ocupações tornam-se como que a matéria do sacrifício, orientando-se para ele e oferecendo-se nele. A Santa Missa passa a catalizar e a ordenar a nossa jornada, com as suas alegrias e tristezas, e as nossas próprias fraquezas se purificam.

O trabalho será mais bem realizado se pensarmos que naquela manhã ou na tarde anterior o pusemos na patena do sacerdote, ou se nesse momento nos unirmos interiormente a uma Missa a que não tenhamos podido assistir fisicamente. Ao mesmo tempo, o próprio trabalho e todos os acontecimentos do dia serão uma excelente preparação para a Missa do dia seguinte, preparação que procuraremos intensificar à medida que se for aproximando o momento em que dela participaremos com a maior vibração possível. "Não vos acostumeis nunca a celebrar ou a assistir ao Santo Sacrifício: fazei-o, pelo contrário, com tanta devoção como se se tratasse da única Missa da vossa vida: sabendo que ali está sempre presente Cristo, Deus e

Homem, Cabeça e Corpo, e, portanto, junto de Nosso Senhor, toda a sua Igreja"[10].

Para conseguirmos os frutos que o Senhor nos quer dar em cada Missa, devemos além disso cuidar de participar plenamente dos ritos litúrgicos, mediante uma atitude interior *consciente, piedosa e ativa*[11]. Começaremos por assegurar a pontualidade, que é a primeira prova de delicadeza para com Deus e para com os demais fiéis; e cuidaremos do arranjo pessoal, do modo de estarmos sentados ou ajoelhados..., como quem está diante do seu maior Amigo, mas também diante do seu Deus e Senhor, com a reverência e o respeito devidos, que são sinal de fé e de amor.

E depois, seguiremos atentamente os ritos da ação litúrgica, fazendo próprias as aclamações, os cantos, os silêncios — oração calada... —, sem pressas, pontilhando de atos de fé e de amor toda a Missa — particularmente o momento da Consagração —, vivendo intensamente cada uma das suas partes (pedindo sinceramente perdão ao rezarmos o ato penitencial, escutando com espírito de oração as leituras...).

Se participarmos com essa piedade e com esse amor do Santo Sacrifício, sairemos à rua imensamente alegres e firmemente decididos a manifestar com obras a vibração da nossa fé: *Tu és o Cristo.*

E, muito perto de Jesus, encontraremos Santa Maria, que esteve presente ao pé da Cruz e nos comunicará os sentimentos e disposições que teve nesses momentos que se repetem sacramentalmente em cada Missa.

(1) Mc 8, 27, 33; (2) cf. M. Schmaus, *Teologia dogmática*, vol. V, p. 42 e segs.; (3) Jo 15, 15; (4) cf. Gl 2, 20; (5) cf. Pio XII, *op. cit.*, n. 24; (6) cf. Paulo VI, *Eucharisticum mysterium*, 6; (7) Missal Romano, *Ordinário da Missa*; (8) São Josemaria Escrivá, *Via Sacra*, Xª est., n. 5; (9) São Josemaria Escrivá, *É Cristo que passa*, n. 87; (10) São Josemaria Escrivá, *Carta*, 28-III-1955; (11) cf. Conc. Vat. II, Const. *Sacrossanctum Concilium*, 48.

TEMPO COMUM. SEXTA SEMANA. SEXTA-FEIRA

50. A SOBERBA

— Contar com Deus.
— O egoísmo e a soberba.
— Para crescer na humildade.

I. LEMOS NO GÊNESIS[1] que um dia os homens se empenharam num projeto colossal — que deveria ser ao mesmo tempo um símbolo e o centro da unidade do gênero humano — mediante a construção de uma grande cidade chamada Babel e de uma torre gigantesca. Mas aquela obra não chegou a ser concluída, e os homens viram-se mergulhados numa dispersão muito maior que antes, divididos entre si, confundidos na linguagem, incapazes de se porem de acordo...

"Por que falhou aquele projeto ambicioso? Por que *os construtores se cansaram em vão*? Porque os homens puseram como sinal e garantia da unidade desejada somente uma obra das suas mãos, esquecendo a ação do Senhor"[2]. Ao comentar assim esse texto da Sagrada Escritura, o Papa João Paulo II relaciona o pecado daqueles homens, "que quiseram ser fortes e poderosos sem Deus, ou mesmo contra Deus", com o dos nossos primeiros pais, que tiveram a pretensão enganosa de *ser como Ele*[3]. No fundo, tanto numa situação como na outra, tratou-se de uma atitude de soberba, que é o que se encontra na raiz de todo o pecado e que tem manifestações tão diversas. Na narração da torre de Babel, a exclusão de Deus não aparece como uma atitude de rebeldia contra o Senhor, "mas como esquecimento e indiferença para com Ele; como se Deus não merecesse ser tomado em consideração no âmbito do projeto operativo e associativo. Nos dois casos, porém, a relação com Deus foi rompida com violência"[4].

Devemos recordar frequentemente que Deus deve ser o ponto de referência constante dos nossos desejos e projetos, e que a tendência para deixar-se levar pela soberba persiste no coração de todo o homem até o exato momento em que morre. Essa soberba induz-nos a "ser como Deus", nem que seja no pequeno âmbito dos nossos interesses, ou a prescindir dEle como se não fosse o nosso Criador e Salvador, de quem dependemos no ser e no existir.

O soberbo tende a apoiar-se exclusivamente — como os construtores de Babel — nas suas próprias forças, e é incapaz de levantar o olhar acima das suas qualidades e êxitos; por isso fica sempre ao nível do chão. O soberbo exclui Deus da sua vida, "como se não merecesse ser tomado em consideração": não lhe pede ajuda, não lhe agradece; e por isso também não sente a necessidade de pedir apoio e conselho na direção espiritual, através da qual nos chegam em tantas ocasiões a força e a luz de Deus. Encontra-se só e fraco, ainda que se julgue forte e capaz de grandes obras; também por isso é imprudente e não evita as ocasiões em que põe em perigo o bem da sua alma.

Não queiramos prescindir de Deus nos nossos projetos. "Ele é o alicerce e nós o edifício; Ele é o talo da videira e nós os ramos [...]. Ele é a vida e nós vivemos por Ele [...]; Ele é a luz e dissipa a nossa escuridão"[5]. A nossa vida não tem sentido sem Cristo; não deve ter outro alicerce. Tudo nela ficaria desconjuntado e disperso se não recorrêssemos ao Senhor nas nossas obras.

II. A SOBERBA TRAZ como sequela inevitável o egoísmo. A pessoa egoísta faz de si própria a medida de todas as coisas, até chegar à atitude que Santo Agostinho aponta como a origem de todos os desvios morais: "o amor-próprio até o desprezo de Deus"[6].

O egoísta não sabe amar: procura sempre receber, porque no fundo só se quer a si mesmo. Quantas vezes não teremos experimentado na nossa vida pessoal a realidade daquele ensinamento de Santa Catarina de Sena: a alma não pode viver sem amar, e, quando não ama a Deus, ama-se desordenadamente a si mesma, e esse amor infeliz "obscurece e encolhe o olhar da inteligência, que deixa de ver com clareza e só se move numa falsa luminosidade. A luz com que a partir daí a inteligência vê as coisas é um brilho enganoso do bem, do falso prazer para o qual o amor agora se inclina... A alma não tira dele outro fruto senão a soberba e a impaciência"[7].

A soberba é realmente a raiz do egoísmo. O egoísmo — que é encarar tudo na medida em que me traz ou não alguma vantagem — e a soberba — que é avaliar falsamente as minhas qualidades e desejar desmedidamente a minha própria glória — são vícios que se confundem frequentemente, e neles se encontra de alguma forma a desordem radical de que partem todos os pecados.

Com a graça de Deus, temos que viver vigilantes e combater a soberba e o egoísmo nas suas diversas manifestações: a vaidade e a vanglória (às vezes muito patentes nos pensamentos inúteis, em que frequentemente somos o centro, o herói, aquele que triunfa em todas as situações); o desprezo dos outros (que se exterioriza em piadas, ironias, juízos negativos, intervenções inoportunas ou destemperadas na conversa...); a mesquinhez de quem não sabe dar sem esperar nada em troca, porque tudo lhe é devido e ele nada deve... No fundo, o soberbo, tal como o egoísta, só sabe ignorar e desprezar os outros ou então pisá-los para subir...

"Temos que pedir ao Senhor que não nos deixe cair nesta tentação. A soberba é o pior e o mais ridículo dos pecados. Se consegue atenazar alguém com as suas múltiplas alucinações, a pessoa atacada veste-se de aparência, enche-se de vazio, empertiga-se como o sapo da fábula, que inchava o bucho, presunçosamente, até que explodiu. A soberba é desagradável, mesmo humanamente: quem se considera superior a todos e a tudo, está continuamente contemplando-se a si próprio e desprezando os outros, e estes correspondem-lhe escarnecendo da sua vã fatuidade"[8].

Não permitais, Senhor, que eu caia nesse triste estado, em que não contemplo o vosso rosto amável nem vejo tantas virtudes e boas qualidades que possuem aqueles que me rodeiam.

III. PARA CONSTRUIRMOS o alto edifício da vida cristã, devemos ter um grande desejo de assentá-lo muito fundo na virtude da humildade, começando por pedi-la deveras ao Senhor, meditando com frequência e com gosto no seu exemplo e na sua doutrina: *Aprendei de mim, que sou manso e humilde de coração...*[9]

Depois, devemos estar dispostos a aceitar a humilhação que supõem todos os defeitos que não conseguimos vencer, as fraquezas diárias... Muitas vezes, pode ajudar-nos à hora do exame uma destas perguntas: "— Soube oferecer ao Senhor, como expiação, a própria dor que sinto de tê-lo ofendido, tantas vezes!? Ofereci-lhe a vergonha dos meus rubores e humilhações interiores, ao considerar como avanço pouco no caminho das virtudes?"[10] Deveremos também ter fome de aproveitar bem — porque não serão muitas — as humilhações que nos vêm de fora: "Não és humilde quando te humilhas, mas quando te humilham e o aceitas por Cristo"[11].

Enfim, se tivermos ânsias de apoiar-nos na rocha firme que é a humildade de Nosso Senhor, encontraremos cada dia mil ocasiões de ir ao encontro desta virtude: falaremos só o necessário — ou talvez menos que o necessário — de nós mesmos; manifestaremos agradecimento pelos pequenos favores que nos prestam os que estão ao nosso lado, considerando que não merecemos nada; quereremos tornar mais amável pela nossa cara sorridente a vida daqueles que encontramos ao longo do dia, sem nos fecharmos nos nossos interesses ou nos nossos estados de ânimo; não perderemos nenhuma oportunidade de nos mostrarmos disponíveis e de prestar pequenos serviços na vida familiar, no trabalho, em qualquer parte, persuadidos de que a humildade leva à caridade...

A humildade está intimamente relacionada com todas as virtudes. O humilde é um homem alegre, simples, sincero, afável, magnânimo. E por tudo isso tem também uma facilidade especial para a amizade e, portanto, para o apostolado: as pessoas que vai conhecendo não demoram a abrir-lhe a alma em confidência. Esse é o seu retrato, porque, apesar dos pesares, confia unicamente em Deus, nunca em si próprio.

Aprendamos esta virtude contemplando a vida de Santa Maria. Deus fez nela grandes coisas "«*quia respexit humilitatem ancillae suae*» — porque viu a baixeza da sua escrava...

"— Cada dia me persuado mais de que a humildade autêntica é a base sobrenatural de todas as virtudes!

"Fala com Nossa Senhora, para que Ela nos vá adestrando em caminhar por essa senda"[12].

(1) Gn 11, 1-9; *Primeira leitura* da Missa da sexta-feira da sexta semana do TC, ano ímpar; (2) João Paulo II, Exort. apost. *Reconciliatio et paenitentia*, 2-XII-1984; (3) cf. Gn 3, 5; (4) João Paulo II, *op. cit.*, 14; (5) São João Crisóstomo, *Homilia sobre a primeira Epístola aos Coríntios*, 8; (6) Santo Agostinho, *A Cidade de Deus*, 14, 28; (7) Santa Catarina de Sena, *O diálogo*, 51; (8) São Josemaria Escrivá, *Amigos de Deus*, n. 100; (9) Mt 11, 29; (10) São Josemaria Escrivá, *Forja*, n. 153; (11) cf. São Josemaria Escrivá, *Caminho*, n. 594; (12) São Josemaria Escrivá, *Sulco*, n. 289.

TEMPO COMUM. SEXTA SEMANA. SÁBADO

51. OS PROPÓSITOS DA ORAÇÃO

— Jesus fala-nos na oração.
— Não desanimar se alguma vez parece que o Senhor não nos ouve... Ele nos atende sempre e cumula a alma de frutos.
— Propósitos concretos e bem determinados.

I. JESUS SUBIU AO TABOR com três dos seus discípulos mais íntimos — Pedro, Tiago e João —, que mais tarde haveriam de acompanhá-lo no horto de Getsêmani[1]. Ali ouviram a voz inefável do Pai: *Este é o meu Filho muito amado, escutai-o. E de repente, olhando em redor, não viram ninguém com eles, a não ser unicamente Jesus.*

Em Cristo dá-se a plenitude da Revelação. Na sua palavra e na sua vida contém-se tudo o que Deus quis dizer à humanidade e a cada homem. Em Jesus encontramos tudo o que devemos saber a respeito da nossa própria vida, nEle entendemos o sentido da nossa existência diária. A nós, cabe-nos escutá-lo. Esta é a nossa vida: *ouvir o que Jesus nos diz* na intimidade da oração, nos conselhos de quem orienta a nossa alma e através dos acontecimentos que Ele manda ou permite.

"Por isso — ensina São João da Cruz —, quem quisesse agora perguntar alguma coisa diretamente a Deus, ou ter uma visão ou revelação, não só cometeria uma tolice, mas ofenderia a Deus, não pondo os olhos totalmente em Cristo, sem querer nenhuma outra coisa ou novidade. Porque Deus poderia responder-lhe desta maneira: «Se já te disse todas as coisas através da *minha Palavra*, que é o meu Filho, e não tenho outra, que te posso eu agora responder ou revelar que seja mais do que isso? Põe os olhos somente nEle, porque nEle te disse e revelei tudo, e nEle acharás muito mais do que pedes e desejas [...]; ouve-o a Ele, porque já não tenho mais fé que revelar, nem mais coisas que manifestar»"[2].

Temos que ir à oração dispostos a falar com o Senhor, mas também decididos a escutar os seus conselhos, inspirações e desejos a respeito do nosso trabalho, da família, dos amigos que devemos aproximar dEle. Porque na oração falamos a Deus e Ele nos fala mediante as luzes que nos dá para resolvermos — de acordo com o seu querer divino — as questões que nos aparecem; como também nos fala mediante esses impulsos interiores que nos incitam a melhorar no cumprimento dos deveres diários, a ser mais audazes na ação apostólica...

A nossa Mãe Santa Maria ensina-nos a escutar o seu Filho, a considerar as coisas como Ela, na intimidade do coração, conforme o Evangelho nos faz constar por duas vezes[3]. "Foi esse ponderar as coisas no coração que fez com que a Virgem fosse crescendo, com o decorrer do tempo, na compreensão dos mistérios, na santidade e na união com Deus. Ao contrário do que poderíamos pensar, Maria não encontrou as coisas já feitas no seu caminho para Deus, porque lhe foram exigidos esforços e foi submetida a provas que nenhum nascido de mulher — à exceção do seu Filho — teria podido enfrentar com êxito"[4].

Na intimidade com Deus, Maria soube o que o Senhor queria dEla, penetrou mais e mais no mistério da Redenção e encontrou sentido para os acontecimentos da sua vida: a alegria imensa e incomparável da sua vocação, a missão de José junto dEla, a pobreza de Belém, a chegada dos Magos, a fuga precipitada para o Egito, a busca dolorosa e o feliz encontro com Jesus quando tinha doze anos, a normalidade dos dias de Nazaré... A Virgem Maria orava e compreendia.

Assim acontecerá conosco se aprendermos a procurar Jesus na intimidade da oração.

II. *ESTE É O MEU FILHO muito amado, escutai-o.* Devemos ouvi-lo muitas vezes e também perguntar-lhe o que não entendemos, o que nos surpreende, ou sobre as decisões que temos de tomar. Perguntar-lhe-emos: Senhor, neste assunto, que quereis que eu faça? O que Vos é mais agradável? Como posso viver melhor todas as minhas responsabilidades?

E se soubermos estar atentos, ouviremos essas palavras de Jesus que nos convidam a uma maior generosidade e nos iluminam para agirmos de acordo com o querer de Deus. Verdadeiramente, podemos dizer a Jesus na nossa oração de hoje: *A vossa palavra é uma lâmpada para os meus pés, a luz do meu caminho*[5], sem a qual andaria aos tropeções, sem rumo e sem sentido. Guiai-me, Senhor, em meus caminhos e não me deixeis no meio de tanta escuridão.

"Os ouvidos de Deus estão sempre atentos"[6] à oração sincera, cheia de retidão de intenção e simples, que se abre com Deus como um filho bom se abre com seu pai, ou um amigo com o seu amigo. Ele nos ouve sempre, ainda que por vezes tenhamos a impressão contrária, como aconteceu com o cego Bartimeu, que chamava por Jesus à saída de Jericó e Ele seguia em frente sem parecer escutar os seus apelos[7], ou com a mulher siro-fenícia, que seguia atrás do Senhor sem cessar de suplicar-lhe pela filha doente[8]. Jesus sabia muito bem o que essas pessoas desejavam dEle, e conhecia a fé que as movia, uma fé que, com aquela perseverança na oração, se tornava mais firme e sincera. Ele está atento ao que lhe dizemos, interessa-se por todos os nossos assuntos, recebe os louvores e as ações de graças que lhe dirigimos, os nossos atos de amor, os nossos pedidos de perdão e as nossas súplicas, e nos fala, e nos abre novos caminhos, e nos sugere propósitos...

Haverá ocasiões em que a nossa oração será uma conversa sem palavras, como acontece às vezes com os amigos que se conhecem bem e se estimam muito. Mas, mesmo sem palavras, podem-se dizer tantas coisas!... De um modo ou de outro, o Senhor deixa na alma frutos abundantes, ainda que às vezes nos passem despercebidos; pode falar-nos de um modo quase imperceptível, mas dá-nos sempre a sua luz e a sua ajuda, sem a qual não iríamos para a frente.

Procuremos repelir qualquer distração voluntária, vejamos de que modo podemos melhorar o nosso diálogo com o Senhor e sigamos o exemplo dos santos, que perseveraram na oração apesar das dificuldades. "Durante alguns anos — diz-nos Santa Teresa —, muitíssimas vezes mais me ocupava em desejar que terminasse o tempo que fixara para orar e em escutar quando é que o relógio daria as horas, do que em outras coisas boas; e inúmeras vezes não sei que penitência grave se me apresentaria que eu não a acometesse de mais boa vontade do que recolher-me a orar mentalmente"[9]. Não abandonemos a oração nunca, ainda que por vezes seja árida, seca e custosa.

Em momentos em que nos custe e não nos ocorra nada que dizer a Jesus, lembremo-nos de que somos os seus amigos mais íntimos, exatamente como os apóstolos, que o seguiam porque o amavam, e a quem o Senhor convidava a retirar-se a um lugar solitário para descansarem juntos... Que coisas não lhes perguntaria e contaria Jesus nesses momentos![10] Pois bem, esse há de ser o clima da nossa oração, dessa conversa a sós com quem sabemos que nos ama.

III. *ESTE É O MEU FILHO muito amado, escutai-o*. Jesus fala-nos na oração. E a Virgem Maria, nossa Mãe, indica-nos como devemos proceder: *Fazei o que Ele vos disser...*, aconselha-nos, como nas bodas de Caná. Porque fazer o que Jesus nos vai dizendo todos os dias no silêncio da oração pessoal é encontrar a chave que permite abrir as portas do Reino dos Céus, é situar-se na linha dos desejos de Deus sobre a nossa existência, é preencher as condições para que a nossa vida se cumule de frutos, como no caso daqueles servos que, pela sua obediência, encontraram cheias de um vinho esplêndido as talhas que tinham enchido de água até às bordas.

Muito em concreto, devemos esforçar-nos por levar à prática os propósitos que o Senhor nos sugere nos tempos de oração pessoal. Devem ser propósitos bem precisos para que sejam eficazes, para que se traduzam em realidades ou, pelo menos, nos levem a um grande esforço por cumpri-los: "Planos concretos, não de sábado para sábado, mas de hoje para amanhã, e de agora para daqui a pouco"[11].

Muitas vezes, o Senhor nos pedirá pequenas retificações de conduta, uma generosidade maior no trato com os outros, maior intensidade no aproveitamento do tempo, maior frequência nos atos de presença de Deus na rua ou no seio da família, este ou aquele pequeno sacrifício na guarda dos sentidos, à hora das refeições... Noutros casos, dir-nos-á que sejamos mais enérgicos em pôr em prática os conselhos recebidos na direção espiritual, que normalmente apontarão para o nosso ponto fraco e que hão de ser tema frequente de meditação, pois são outro meio de que Jesus se serve para nos falar.

Assim, dia após dia, quase sem o percebermos, o querer divino irá guiando os nossos passos como uma bússola guia os passos do caminhante em direção à meta. O fim da nossa viagem é Deus; queremos ir ao seu encontro sem hesitações, sem atrasos, com toda a nossa vontade. Pois bem, a nossa primeira tarefa é aprendermos a escutar, a conhecer essa voz divina que se vai manifestando por constantes moções na alma; e a segunda, empenharmo-nos a sério em traduzir esses movimentos interiores em pontos de luta bem determinados.

Poderemos ir hoje até o Senhor pela mão de Nossa Senhora, mestra de oração. "Como enamora a cena da Anunciação! Maria — quantas vezes temos meditado nisso! — está recolhida em oração..., aplica os seus cinco sentidos e todas as suas potências na conversa com Deus. Na oração conhece a Vontade divina; e com a oração converte-a em vida da sua vida. Não esqueças o exemplo de Nossa Senhora!"[12]

Suplicamos-lhe hoje que nos dê um ouvido atento para escutarmos a voz do seu Filho e uma vontade enérgica para levarmos a cabo tudo o que Ele nos pede: *Este é o meu Filho muito amado, escutai-o... Fazei o que Ele vos disser...*

(1) Mc 9, 1-2; (2) São João da Cruz, *Subida ao Monte Carmelo*, 2, 22, 5; (3) Lc 2, 19; 2, 51; (4) F. Suárez, *A Virgem Nossa Senhora*, p. 176; (5) Pr 30, 5; (6) São Pedro de Alcântara, *Tratado da oração e da meditação* I, 4; (7) cf. Mc 10, 46 e segs.; (8) cf. Mt 15, 21 e segs.; (9) Santa Teresa, *Vida*, 8, 3; (10) cf. São Josemaria Escrivá, *Sulco*, n. 470; (11) *ib.*, n. 222; (12) *ib.*, n. 481.

TEMPO COMUM. SÉTIMO DOMINGO. CICLO A

52. TRATAR BEM A TODOS

— Devemos viver a caridade em qualquer ocasião. Compreensão com os que estão no erro, mas firmeza na verdade e no bem.
— Caridade com os que não nos apreciam. Oração por eles.
— A caridade leva-nos a viver a amizade com um profundo sentido cristão.

I. *OUVISTES QUE FOI DITO: Olho por olho e dente por dente. Mas eu vos digo...: àquele que te levar a juízo para tirar-te a túnica, deixa-lhe também o manto; e se alguém te forçar a andar uma milha, vai com ele duas...* São palavras de Jesus no Evangelho da Missa[1], que nos convidam a viver a caridade para além dos critérios dos homens.

No nosso relacionamento, não podemos ser ingênuos, sem dúvida, e devemos exigir os nossos direitos dentro do que for justo, mas não nos deve parecer excessiva qualquer renúncia ou sacrifício em prol dos outros. Assim nos assemelhamos a Cristo que, com a sua morte na Cruz, nos deu um exemplo de amor acima de toda a medida humana.

O homem não tem nada de tão divino — tão de Cristo — como a mansidão e a paciência na prática do bem[2]. "Fomentemos aquelas virtudes — aconselha-nos São João Crisóstomo — que, juntamente com a nossa salvação, aproveitam principalmente ao próximo... Nas coisas terrenas, ninguém vive para si próprio: o artesão, o soldado, o lavrador, o comerciante, todos sem exceção contribuem para o bem comum e para o serviço do próximo. Com muito mais razão há de ser assim no terreno espiritual, porque esta é a verdadeira vida. Quem vive só para si e despreza os outros é um ser inútil, não pertence à nossa linhagem"[3].

As múltiplas chamadas que o Senhor nos dirige para que vivamos a todo o momento a caridade[4], devem estimular-nos a segui-lo de perto com atos concretos, procurando oportunidades de ser úteis, de proporcionar alegrias aos que estão ao nosso lado, sabendo que nunca progrediremos suficientemente nessa virtude. Ao mesmo tempo, consideremos hoje na nossa oração todos esses aspectos em que seria fácil faltarmos à caridade se não estivéssemos vigilantes: juízos precipitados, críticas negativas, faltas de atenção para com os outros por estarmos excessivamente preocupados com os nossos assuntos, esquecimentos que são fruto do desinteresse ou do menosprezo... Não é norma do cristão retribuir *olho por olho e dente por dente*, mas fazer continuamente o bem, ainda que, por vezes, não obtenha em troca, aqui na terra, nenhum proveito humano. O coração certamente se terá enriquecido.

A caridade leva-nos a compreender, a desculpar, a conviver com todos, de maneira que aqueles que "pensam ou atuam de um modo diferente do nosso em matéria social, política ou mesmo religiosa, devem ser objeto também do nosso respeito e do nosso apreço [...]. Esta caridade e esta benignidade não se devem converter de forma alguma em indiferença no tocante à verdade e ao bem; mais ainda, a própria caridade exige que se anuncie a todos os homens a verdade que salva. Mas é necessário distinguir entre o erro, que sempre deve ser evitado, e o homem que erra, pois este conserva a dignidade da pessoa mesmo quando está dominado por ideias falsas ou insuficientes em matéria religiosa"[5].

"Um discípulo de Cristo jamais tratará mal pessoa alguma; ao erro chama erro, mas, a quem está errado, deve corrigi-lo com afeto; senão, não poderá ajudá-lo, não poderá santificá-lo"[6], e essa é a maior prova de caridade.

II. O PRECEITO DA CARIDADE não se estende somente àqueles que nos querem e nos tratam bem, mas a todos sem exceção. *Ouvistes o que foi dito: Amarás o teu próximo e odiarás o teu inimigo. Eu, porém, vos digo: Amai os vossos inimigos, fazei o bem aos que vos aborrecem e orai pelos que vos perseguem e caluniam.*

Devemos também viver a caridade com aqueles que nos tratam mal, que nos difamam e roubam a honra, que procuram positivamente prejudicar-nos. O Senhor deu-nos exemplo disso na Cruz[7], e os discípulos seguiram o mesmo caminho do Mestre[8]. Ele nos ensinou a não ter inimigos pessoais — como o testemunharam heroicamente os santos de todas as épocas — e a considerar o pecado como o único mal verdadeiro.

A caridade terá diversas manifestações que não se opõem à prudência e à defesa justa, à proclamação da verdade em face da difamação, e à defesa enérgica do bem e dos legítimos interesses pessoais ou do próximo, e dos direitos da Igreja. Mas o cristão deve ter sempre um coração grande para respeitar a todos, mesmo aqueles que se manifestam como inimigos; e deve fazê-lo "não por serem irmãos — diz Santo Agostinho —, mas para que o sejam; para tratar sempre com amor fraterno aquele que já é irmão e aquele que se manifesta como inimigo, a fim de que venha a ser irmão"[9].

Este modo de atuar, que exige uma profunda vida de oração, distingue-nos claramente dos pagãos e daqueles que realmente não querem viver como discípulos de Cristo. *Pois, se amardes os que vos amam, que recompensa tereis? Também não fazem isso os publicanos? E se saudardes somente os vossos irmãos, que fazeis a mais? Também não fazem isso os gentios?* A fé cristã pede não apenas um comportamento humano correto, mas virtudes heroicas.

Com a ajuda da graça, estenderemos, pois, a nossa caridade aos que não se comportam como filhos de Deus, aos que o ofendem, porque "nenhum pecador, enquanto tal, é digno de amor; mas todo o homem, enquanto tal, é digno de ser amado por Deus"[10]. Todos continuam a ser filhos de Deus e capazes de converter-se e de alcançar a glória eterna.

A caridade incitar-nos-á à oração, à exemplaridade, ao apostolado, à correção fraterna, confiando em que todo o homem é capaz de retificar os seus erros. Se vez por outra as ofensas, as injúrias, as calúnias forem particularmente dolorosas, pediremos ajuda a Nossa Senhora, que contemplamos frequentemente ao pé da Cruz, sentindo muito de perto todas as infâmias contra o seu Filho: grande parte daquelas injúrias, não o esqueçamos, saíram dos nossos lábios e das nossas ações. Os agravos que nos fazem hão de doer-nos sobretudo pela ofensa a Deus que representam e pelo mal que podem ocasionar a outras pessoas, e hão de mover-nos a desagravar a Deus e a oferecer-lhe toda a reparação que pudermos.

III. O CORAÇÃO DO CRISTÃO tem de ser grande. A sua caridade, evidentemente, deve ser ordenada e, portanto, deve começar pelos mais próximos, pelas pessoas que, por vontade divina, estão à sua volta. No entanto, o seu afeto nunca pode ser excludente ou limitar-se a âmbitos reduzidos. O Senhor não quer um apostolado de horizontes tão estreitos. A atitude do cristão, a sua convivência com todos, deve ser como uma *generosa torrente de carinho sobrenatural e de cordialidade humana*, que banha tudo à sua passagem.

Pedimos a Deus na nossa oração pessoal que nos dilate o coração; que nos ajude a oferecer sinceramente a nossa amizade a um círculo cada vez mais vasto de pessoas; que nos anime a ampliar constantemente o campo do nosso apostolado, ainda que num caso ou noutro não sejamos correspondidos, ainda que seja necessário enterrarmos frequentemente o nosso próprio eu, ceder nalgum ponto de vista ou nalgum gosto pessoal. A amizade leal exige um esforço positivo — que será alimentado pelo trato assíduo com Jesus Cristo — "por compreender as convicções dos nossos amigos, mesmo que não cheguemos a partilhar delas nem a aceitá-las"[11] por não poderem conciliar-se com as nossas convicções de cristãos.

O Senhor não deixa de perdoar as nossas ofensas sempre que voltamos para Ele movidos pela sua graça; tem uma paciência infinita com as nossas mesquinhezes e com os nossos erros; por isso nos pede — e assim nos ensinou expressamente no *Pai Nosso* — que tenhamos paciência em face de certas situações e circunstâncias que dificultam que os nossos amigos ou conhecidos se aproximem de Deus. A falta de formação e a ignorância da doutrina que as pessoas revelam, os seus defeitos patentes, mesmo a sua aparente indiferença, não nos devem afastar delas, antes hão de ser para nós *chamadas positivas*, prementes, luzes que indicam uma maior necessidade de ajuda espiritual; hão de ser um estímulo para intensificarmos o nosso interesse por cada uma dessas pessoas e nunca um motivo para nos afastarmos delas.

Formulemos um propósito concreto que nos faça aproximar-nos dos nossos parentes, amigos e conhecidos que estejam espiritualmente mais necessitados, e peçamos graças à Santíssima Virgem para levá-lo a cabo.

(1) Mt 5, 38-48; (2) cf. São Gregório Nazianzeno, *Oração*, 17, 9; (3) São João Crisóstomo, *Homilias sobre São Mateus*, 77, 6; (4) cf. Jo 13, 34-35; 15, 12; (5) Conc. Vat. II, Const. *Gaudium et spes*, 28; (6) São Josemaria Escrivá, *Amigos de Deus*, n. 9; (7) cf. Lc 23, 34; (8) cf. At 7, 60; (9) Santo Agostinho, *Comentário à primeira Epístola de São João*, 4, 10, 7; (10) idem, *Sobre a doutrina cristã*, 1, 27; (11) São Josemaria Escrivá, *Sulco*, n. 746.

TEMPO COMUM. SÉTIMO DOMINGO. CICLO B

53. COOPERAR PARA O BEM

— Contribuir para o bem espiritual e material dos outros.
— Não ser meros espectadores da vida social. Iniciativas. Não contribuir para o mal.
— Amparar e favorecer tudo o que é bom. Espírito de colaboração.

I. TODA A HUMANIDADE sente ânsias de libertação, desejos de lançar para longe toda a opressão e qualquer forma de escravidão. Hoje, Cristo aparece-nos no Evangelho da Missa como o único verdadeiro libertador[1].

Quatro amigos levam à presença do Senhor um paralítico desejoso de ver-se livre da doença que o mantém preso ao leito. Depois de inúmeros esforços para consegui-lo, ouvem as palavras dirigidas ao seu amigo enfermo: *Os teus pecados te são perdoados*. É muito possível que não fossem essas as palavras que esperavam ouvir do Mestre, mas Cristo indica-nos que a pior de todas as opressões, a mais trágica das escravidões que um homem pode sofrer é o pecado, pois este não é apenas mais um dentre os males que podem afligir as criaturas, mas é o único mal absoluto.

Os amigos que levaram o paralítico à presença de Jesus compreenderam que acabava de ser-lhe concedido o maior de todos os bens: a libertação dos seus pecados. E nós não podemos esquecer a grande cooperação para o bem que significa empregarmos todos os meios ao nosso alcance para desterrar o pecado do mundo. Muitas vezes, o maior favor, o *maior benefício* que podemos fazer a um amigo, ao irmão, aos pais, aos filhos, é ajudá-los a ter muito em conta o sacramento da misericórdia divina. É um bem para a família, para a Igreja, para a humanidade inteira, ainda que aqui na terra muito pouca gente ou nenhuma se aperceba disso.

Cristo liberta do pecado com o seu poder divino: *Quem pode perdoar pecados senão só Deus?* Ele veio à terra para isso: *Deus, porém, rico em misericórdia, pelo grande amor com que nos amou, e estando nós mortos pelos nossos pecados, deu-nos a vida por Cristo*[2]. Depois de perdoar ao paralítico os seus pecados, o Senhor curou-o também dos seus males físicos. Este homem não deve ter demorado a compreender que a sua grande sorte fora a primeira: sentir a sua alma trespassada pela misericórdia divina e poder olhar para Jesus com um coração limpo.

O paralítico ficou curado de alma e de corpo. E os seus amigos são hoje um exemplo para nós de como devemos estar dispostos a prestar a nossa ajuda para o bem das almas — sobretudo mediante um apostolado pessoal de amizade — e a potenciar o bem humano da sociedade por todos os meios ao nosso alcance: oferecendo soluções positivas para anular o mal, colaborando com qualquer obra a favor do bem, da vida, da cultura...

II. NÃO É RARO observar como, na vida social, muitos adotam uma atitude de meros espectadores perante problemas que os afetam, às vezes profundamente, a eles próprios, aos seus filhos ou ao seu ambiente social... Têm a impressão errada de que são "os outros" que deveriam tomar iniciativas para sustar o mal e fazer o bem, e não eles próprios; contentam-se com um lamento ineficaz.

Um cristão não pode adotar essa linha de conduta, porque sabe muito bem que deve exercer dentro da sociedade o papel de *fermento*. No meio das realidades humanas, "o que a alma é no corpo, isso são os cristãos no mundo"[3]. Esse é o "lugar que Deus lhes fixou e não lhes é lícito desertar dele"[4].

Existe uma obrigação positiva de *cooperar para o bem*, que deve levar todo o cristão a contribuir com o máximo das suas forças para informar todos os campos da sua atividade com a mensagem de Cristo[5], fugindo de atitudes que se limitem a não praticar pessoalmente obras más.

A cooperação para o bem inclui, logicamente, que não se coopere para o mal, no muito ou no *pouco* que esteja ao nosso alcance: não comprar revistas, jornais, livros... que, pelo seu caráter sectário anticristão ou imoral, fazem mal às almas; não comprar o jornal naquela banca e sim em outra, ainda que tenhamos que andar um pouco mais, porque a primeira distribui publicações que atacam a nossa Mãe a Igreja ou ofendem a moral; não ser cliente de uma farmácia que anuncia anticoncepcionais...; ou não adquirir determinado produto — talvez de melhor qualidade — lançado por uma empresa que patrocina um programa imoral na televisão ou no rádio ou que publica anúncios imorais...

Se os cristãos tíbios não comprassem determinadas revistas e publicações e aconselhassem os seus amigos a fazer o mesmo, muitas delas não poderiam subsistir. Dá pena pensar que, às vezes, grande parte do enorme mal que essas publicações causam é devido aos meios econômicos de muitos cristãos acomodados que, por outro lado, se queixam da crise moral da sociedade.

O cristão deve cooperar para o bem pesquisando e oferecendo soluções positivas para os problemas de sempre e para os que vão aparecendo pelas condições particulares da sociedade atual. A sua pior derrota seria calar-se e inibir-se, como se se tratasse de assuntos que não lhe dissessem respeito.

Um bom cristão não deve limitar-se a não dar o seu voto a um partido ou a um projeto que ataque o ideal da família cristã, a liberdade de ensino ou a vida desde a sua concepção. Essa atitude não é suficiente. É preciso que se empenhe em levar a cabo no seu meio, de acordo com as suas possibilidades, um apostolado doutrinal constante, intenso, sem falsas prudências, sem medo de navegar contra a corrente, nesses temas vitais para a própria sociedade e a respeito dos quais impera uma desorientação absoluta ou, no melhor dos casos, uma verdade parcial, que às vezes confunde ainda mais pela parte de verdade que contém.

Este apostolado doutrinal amável, que cada um há de empreender no seu ambiente, contribuindo para difundir a doutrina de Cristo de forma capilar, acaba por fazer que *o fermento transforme a massa.*

III. A TAREFA DE RECRISTIANIZAR a sociedade atual assemelha-se à que empreenderam os nossos primeiros irmãos na fé, e exige que se lance mão de meios análogos aos que eles empregaram: a exemplaridade na atuação privada e pública, a oração, a amizade e a nobreza no trato, a autoridade proveniente do prestígio profissional, a solidariedade com os anseios justos dos outros, o desejo profundo de vê-los felizes, além da convicção de que não existe paz — nem pessoal, nem familiar, nem social — à margem de Deus.

Os primeiros cristãos encontraram-se mergulhados num ambiente bem afastado da doutrina que traziam no coração, e, ainda que não tivessem deixado de fazer ouvir a sua voz contra costumes que aviltavam até a própria dignidade humana, *não gastaram as suas melhores energias em queixar-se e em denunciar o mal.* Preferiram, pelo contrário, empregar-se a fundo em difundir o tesouro que traziam na alma, mediante um testemunho alegre e fraternal, e servindo a sociedade com inumeráveis iniciativas de cultura, de assistência social, de ensino, de redenção dos cativos etc. Teriam podido passar a vida vasculhando tudo o que não estava de acordo com o ideal de uma vida reta... e teriam deixado de dar ao mundo a verdadeira solução, que era então como um *grão de mostarda*, mas que continha dentro de si uma força portentosa.

Para identificar o mal, não se requer uma grande esperteza; para descobrir os interesses de Deus a todo o instante, requere-se espírito cristão. Tenhamos os olhos abertos para o bem, como esses verdadeiros bons amigos do paralítico de que nos fala São Marcos, e procuremos — tal como nos aconselha São Paulo — *vencer o mal com o bem*[6].

Comecemos por dar todo o destaque às virtudes daqueles que estão perto de nós: à generosidade do amigo, à laboriosidade do colega de trabalho, ao espírito de colaboração da vizinha, à paciência do professor... Fomentemos depois tudo o que nasce de positivo à nossa volta: umas vezes, com uma palavra de ânimo; outras, com uma colaboração efetiva de tempo e dinheiro. Perante tanta leitura inútil ou prejudicial, difundamos a notícia do lançamento de um bom livro, de uma revista que pode estar dignamente na sala de estar de uma família, sem que os pais tenham de sentir-se envergonhados diante dos filhos... Escrevamos uma cartinha ao jornal ou à emissora de TV, elogiando e agradecendo um bom programa, um bom artigo...; custa pouco e é sempre eficaz.

Deus não pede aos seus filhos que sejam ingênuos perante o mal e os duros acontecimentos da vida; pede-lhes, sim, que não sejam nunca ressentidos e azedos, que tenham olhos para ver o que há de bom nas pessoas e nas realidades sociais, que não passem a melhor parte dos seus dias entregues a lamentações estéreis, mas dando a conhecer o imenso tesouro da fé, que é capaz de transformar as pessoas e a sociedade. Não esqueçamos que o bem é atrativo, contagioso, e gera sempre muito mais felicidade que a tibieza. E essa alegria que transbordará das nossas vidas é também uma forma de cooperar para o bem; frequentemente, a mais eficaz.

A Santíssima Virgem, que caminha *cum festinatione*[7], com pressa, para ajudar a sua prima, ensina-nos a manter o ânimo vigilante para sermos em tudo *cooperadores do bem*, a fim de que o seu Filho Jesus, com a sua graça, continue a fazer milagres na terra em favor de todos os homens.

(1) Mc 2, 1-12; (2) Ef 2, 4-5; (3) *Carta a Diogneto*, 5; (4) *ib.*; (5) cf. Conc. Vat. II, Decr. *Apostolicam actuositatem*, 16; (6) Rm 12, 21; (7) Lc 1, 39.

TEMPO COMUM. SÉTIMO DOMINGO. CICLO C

54. MAGNANIMIDADE

— A disposição de fazer grandes coisas por Deus e pelos homens acompanha sempre uma vida santa.
— A magnanimidade demonstra-se em muitos aspectos: capacidade para perdoar com prontidão as ofensas, esquecer rancores, generosidade...
— É fruto da vida interior.

I. A PRIMEIRA LEITURA da Missa mostra-nos Davi fugindo do rei Saul pelas terras desérticas de Zif[1]. Uma noite, em que o rei descansava no meio dos seus homens, Davi infiltrou-se no acampamento com o seu amigo mais fiel, Abisai. Viram Saul *dormindo, no meio das tropas, tendo a lança cravada no chão à sua cabeceira. Abner e a sua gente dormiam ao redor*. Abisai disse a Davi: *Deus entregou hoje o teu inimigo às tuas mãos. Vou, pois, cravá-lo na terra com uma só lançada; não será preciso um segundo golpe*. A morte do rei era, sem dúvida, o caminho mais curto para Davi se livrar para sempre de todos os perigos e chegar ao trono; mas ele escolheu pela segunda vez[2] o caminho mais longo e preferiu perdoar a vida de Saul. Davi aparece-nos nesta e em muitas outras ocasiões como um homem de alma grande, e com este espírito soube ganhar primeiro a admiração e depois a amizade do seu inimigo mais ferrenho. E ganhou, sobretudo, a amizade de Deus.

O Evangelho da Missa[3] também nos convida a ser magnânimos, a ter um coração grande, como o de Cristo. Manda-nos bendizer aqueles que nos amaldiçoam, orar pelos que nos injuriam..., praticar o bem sem esperar nada em troca, ser compassivos *como Deus é compassivo*, perdoar a todos, ser generosos sem calculismos. E termina com estas palavras do Senhor: *Dai e ser-vos-á dado: uma medida boa, apertada, sacudida, transbordante, será derramada no vosso seio*. E alerta-nos: *Na mesma medida com que medirdes, sereis vós medidos*.

A virtude da *magnanimidade*, muito relacionada com a da fortaleza, consiste na disposição de acometer coisas grandes[4], e São Tomás chama-a "ornato de todas as virtudes"[5]. É uma disposição que acompanha sempre uma vida santa.

O magnânimo — *magna anima*, alma grande — propõe-se ideais altos e não se encolhe perante os obstáculos, as críticas ou os desprezos, quando é necessário enfrentá-los por uma causa elevada. Não se deixa intimidar de forma alguma pelos respeitos humanos e pelas murmurações; importa-lhe muito mais a verdade do que as opiniões, frequentemente falsas e parciais[6].

Não podemos ser pusilânimes (*pusillus animus*), almas pequenas e de ânimo encolhido. "Magnanimidade: ânimo grande, alma ampla, onde cabem muitos. É a força que nos move a sair de nós mesmos, a fim de nos prepararmos para empreender obras valiosas, em benefício de todos. No homem magnânimo, não se alberga a mesquinhez: não se interpõe a sovinice, nem o cálculo egoísta, nem a trapaça interesseira. O magnânimo dedica sem reservas as suas forças ao que vale a pena. Por isso é capaz de se entregar a si mesmo. Não se conforma com dar: dá-se. E assim consegue entender qual é a maior prova de magnanimidade: dar-se a Deus"[7]. Nenhuma manifestação maior do que esta: a entrega a Cristo, sem medida, sem condições. Por isso os santos foram as almas mais magnânimas que já houve.

II. A GRANDEZA DE ALMA demonstra-se também pela disposição de perdoar o que quer que seja das pessoas próximas ou afastadas. Não é próprio do cristão ir pelo mundo afora com uma lista de agravos no coração[8], com rancores e recordações que lhe amesquinham o ânimo e o incapacitam para os ideais humanos e divinos a que o Senhor nos chama.

Assim como Deus está disposto a perdoar tudo de todos, a nossa capacidade de perdoar não pode ter limites, nem pelo número de vezes, nem pela magnitude da ofensa, nem pelas pessoas das quais nos advém a suposta injúria: "Nada nos assemelha tanto a Deus como estarmos sempre dispostos a perdoar"[9]. Na Cruz, Jesus cumpria o que havia ensinado: *Pai, perdoa-lhes*. E imediatamente a desculpa: *porque não sabem o que fazem*[10]. São palavras que mostram a grandeza de alma da sua Humanidade Santíssima. E no Evangelho da Missa de hoje lemos: *Amai os vossos inimigos..., orai pelos que vos caluniam*[11].

Jesus sempre pediu esta grandeza de alma aos seus. O primeiro mártir, Santo Estêvão, morrerá pedindo perdão para aqueles que o matam[12]. E nós não saberemos perdoar as pequenezes de cada dia? E se alguma vez chega a difamação ou a calúnia, não saberemos aproveitar a ocasião para oferecer a Deus algo tão valioso? Melhor ainda seria se, à imitação dos santos, nem sequer chegássemos a ter que perdoar — por nunca nos sentirmos ofendidos.

Por outro lado, perante o que vale a pena (ideais nobres, tarefas apostólicas e, sobretudo, Deus), a *alma grande* dá do que tem sem reservas: tempo, esforço, recursos. Entende em todo o seu alcance as palavras do Senhor: por muito que dê, receberá mais; o Senhor lançará no seu seio *uma medida boa, apertada, sacudida, transbordante...*[13]

Propor-se coisas grandes para o bem dos homens, ou para remediar as necessidades de muitas pessoas, ou para dar glória a Deus, pode levar por vezes ao dispêndio de grandes somas e a pôr os bens materiais a serviço dessas obras grandes[14]. E a pessoa magnânima sabe fazê-lo sem se assustar; avaliando com a virtude da prudência todas as circunstâncias, mas sem ter o ânimo encolhido.

As grandes catedrais são um exemplo de épocas em que havia muito menos meios humanos e econômicos do que agora, mas em que a fé talvez fosse mais viva. São prova de que os bons cristãos sabiam desprender-se daquilo que possuíam de mais precioso para honrarem o Senhor ou a Virgem Maria..., e foram generosos nas suas contribuições e esmolas tanto para o culto divino como para aliviar os seus irmãos mais necessitados, promovendo obras de educação, de cultura, de assistência. E numa sociedade que não sabe conter os seus gastos supérfluos e desnecessários, observamos frequentemente como muitas obras de apostolado e aqueles que dedicaram a elas a vida inteira não raramente se veem sujeitos a privações e a contínuos adiamentos desses trabalhos por falta de meios.

A grandeza de alma que o Senhor nos pede levar-nos-á, pois, a ser muito generosos com o nosso tempo e com os nossos meios econômicos, mas também a fazer com que haja muitos outros que se sintam impelidos a cooperar para o bem dos seus irmãos, os homens. A generosidade sempre aproxima de Deus; por isso, muitas vezes, este será o melhor bem que poderemos fazer aos nossos amigos: fomentar-lhes a generosidade. Esta virtude dilata o coração e torna-o mais jovem, com maior capacidade de amar.

III. SANTA TERESA insistia muito em que convém *não apoucar* os desejos, pois "Sua Majestade é amigo de almas animosas", empenhadas em metas grandes, como fizeram os santos, que não teriam chegado tão alto se não tivessem tomado com firmeza a decisão de chegar à santidade, contando sempre com a ajuda de Deus. E queixava-se dessas almas boas que, mesmo com uma vida de oração, em vez de *voarem* para Deus, ficam grudadas à terra "como sapos", ou se contentam com "caçar lagartixas"[15].

"Não deixeis que a vossa alma e o vosso ânimo se encolham, porque poderão perder-se muitos bens... Não deixeis que a vossa alma se esconda num canto, porque, ao invés de caminhar para a santidade, terá muitas outras imperfeições mais"[16]. A *pusilanimidade*, que impede o progresso no relacionamento com Deus, "consiste na incapacidade voluntária de conceber ou desejar coisas grandes, e fica estratificada num espírito raquítico e rasteiro"[17]. Manifesta-se também numa visão pobre dos outros e daquilo que podem chegar a ser com o auxílio divino, ainda que de momento sejam grandes pecadores.

O pusilânime é homem de horizontes estreitos, resignado à comodidade de *deixar as coisas correr*: não tem *ambições nobres*. E enquanto não vencer esse defeito, nunca se atreverá a comprometer-se com Deus mediante um plano de vida espiritual ou uma responsabilidade apostólica: tudo lhe parecerá excessivamente grande — porque ele está encolhido.

A *magnanimidade* é fruto de um íntimo relacionamento com Jesus Cristo. Uma vida interior rica e exigente, repleta de amor, sempre se faz acompanhar de uma disposição de empreender grandes tarefas por Deus. É uma atitude habitual que se baseia na humildade e que traz consigo "uma esperança forte e inquebrantável, uma confiança quase provocativa e a calma perfeita de um coração sem medo", que "não se escraviza perante ninguém: é servo unicamente de Deus"[18].

O magnânimo atreve-se ao que é grande porque sabe que o dom da graça eleva o homem a tarefas que estão acima da sua natureza[19], e as suas ações ganham então uma eficácia divina: esse homem apoia-se em Deus, que *é poderoso para fazer nascer das pedras filhos de Abraão*[20]; e é audaz nas suas iniciativas apostólicas, porque é consciente de que o Espírito Santo se serve da palavra do homem como instrumento, mas que é Ele quem aperfeiçoa a obra[21]. Caminha e trabalha com a segurança de quem sabe que toda a eficácia procede de Deus, pois é Ele *quem dá o crescimento*[22].

A Virgem Maria conceder-nos-á a grandeza de alma que Ela teve nas suas relações com Deus e com os seus filhos, os homens. *Dai e dar-se-vos-á*... Não nos apouquemos, não nos encolhamos. Jesus presencia a nossa vida.

(1) 1 Sm 26, 2; 7-9; 12-13; 22-23; (2) cf. 1 Sm 24, 1 e segs.; (3) Lc 6, 27-38; (4) São Tomás, *Suma teológica*, 2-2, q. 129, a. 1; (5) *ib.*, a. 4; (6) R. Garrigou-Lagrange, *Las tres edades de la vida interior*, vol. I, p. 316; (7) São Josemaria Escrivá, *Amigos de Deus*, n. 80; (8) cf. São Josemaria Escrivá, *Sulco*, n. 738; (9) São João Crisóstomo, *Homilias sobre São Mateus*, 19, 7; (10) Lc 23, 34; (11) Lc 6, 27-28; (12) cf. At 7, 60; (13) Lc 6, 38; (14) cf. São Tomás, *Suma teológica*, 2-2, q. 137; (15) Santa Teresa, *Vida*, 13, 2-3; (16) idem, *Caminho de perfeição*, 72, 1; (17) *Gran Enciclopédia Rialp*, v. *Fortaleza*, vol. X, p. 341; (18) J. Pieper, *As virtudes fundamentais*, p. 278; (19) São Tomás, *Suma teológica*, 2-2, q. 171, a. 2; (20) cf. Mt 3, 9; (21) cf. São Tomás, *Suma teológica*, 2-2, q. 171, a. 2; (22) cf. 1 Cor 3, 7.

TEMPO COMUM. SÉTIMA SEMANA. SEGUNDA-FEIRA

55. IMPLORAR MAIS FÉ

— A fé é um dom de Deus.
— Necessidade de boas disposições para crer.
— Fé e oração. Pedir fé.

I. JESUS CHEGOU A UM LUGAR onde os seus discípulos o aguardavam. Encontravam-se também ali um grupo de escribas, uma grande multidão e um pai que tinha levado consigo um filho doente. Ao verem aparecer Jesus, encheram-se de alegria e foram ao seu encontro: *Toda a multidão ficou surpreendida, e, correndo para Ele, saudavam-no*[1]. Todos sentiam falta dEle. O pai avança então e dirige-se ao Senhor: *Mestre, trouxe-te o meu filho, que tem um espírito mudo [...]. Pedi aos teus discípulos que o expulsassem, mas eles não puderam.*

Esse pai tinha uma fé deficiente; tinha alguma, sem dúvida, pois fora à procura de Jesus, mas não a fé plena, a confiança sem limites que Jesus pedia e pede. As palavras com que se dirige a Cristo são humildes, mas hesitantes: *Se podes alguma coisa, ajuda-nos, tem compaixão de nós*. E Jesus, conhecendo as perplexidades daquela alma, antecipa-se: *Se tu podes crer, tudo é possível ao que crê.*

"Tudo é possível: onipotentes! Mas com fé. Aquele homem sente que a sua fé vacila, teme que essa escassez de confiança impeça que o seu filho recupere a saúde. E chora. Oxalá não nos envergonhemos desse pranto: é fruto do amor de Deus, da oração contrita, da humildade. *E o pai do rapaz, banhado em lágrimas, exclamou: Eu creio, Senhor, mas ajuda a minha incredulidade* (Mc 9, 23)"[2]. Que grande ato de fé para o repetirmos muitas vezes! Jesus, eu creio, mas imprime mais firmeza à minha fé! Ensina-me a acompanhá-la com obras, a chorar os meus pecados, a confiar no teu poder e na tua misericórdia!

A fé é um dom divino; só Deus pode infundi-la mais e mais na alma. É Ele quem abre o coração do fiel para que receba a luz sobrenatural, e por isso devemos implorá-la. Mas, ao mesmo tempo, é necessária uma disposição interna de humildade, de limpeza, de abertura, de amor, que abre caminho a uma segurança cada vez maior. Abrir os olhos — comenta São João Crisóstomo — é coisa de Deus, escutar atentamente é coisa nossa; a fé é simultaneamente obra divina e obra humana[3].

Se alguma vez a nossa fé vacila diante das dificuldades, ou se vacila a fé dos nossos amigos, irmãos, filhos..., imitemos este bom pai na sua humildade: não tem méritos próprios a apresentar, nem mesmo uma fé sólida, e por isso abandona-se à misericórdia divina: *Ajuda-nos, Senhor, tem compaixão de nós*. Este é o caminho seguro que toda a oração deve seguir. A humildade, aliada à pureza de alma e à abertura de coração para a verdade, dá-nos a capacidade de receber esse dom que Jesus nunca nega. Se a semente da graça por vezes não prospera, é unicamente porque não encontra a terra preparada. *Senhor, vem em ajuda da minha incredulidade!*, pedimos-lhe na intimidade da nossa oração. Não permitas que vacile nunca a minha confiança em Ti!

II. O QUE FOI QUE VIRAM em Jesus aqueles que se cruzaram com Ele pelos caminhos e aldeias? Viram aquilo que as suas disposições interiores lhes permitiam ver. Se tivessem podido ver Jesus através dos olhos de sua Mãe! Que horizontes! E que pequenez a de muitos fariseus que andavam com aquelas questiúnculas a respeito da Lei...! Nem sequer nos milagres souberam descobrir o Messias! E o conhecimento que tinham das Escrituras não lhes serviu para perceber que em Jesus se cumpria tudo o que se havia predito sobre o Esperado das nações.

Do mesmo modo, muitos outros contemporâneos de Jesus se negaram a crer nEle porque não tinham o coração bom, porque as suas obras não eram retas, porque não amavam a Deus nem tinham boa vontade: *A minha doutrina não é minha* — diria o Senhor —, *mas dAquele que me enviou. Quem quiser fazer a vontade dEle saberá se a minha doutrina é de Deus ou se falo de mim*[4]. Não tiveram as disposições adequadas, não procuravam a honra de Deus, mas a deles próprios[5]. Numa palavra, não apenas não possuíam a Deus como Pai em seus corações, mas tinham "o diabo por pai", porque as suas obras não eram boas, como não o eram os seus sentimentos nem as suas intenções[6]. Nem sequer os milagres podem substituir as necessárias disposições interiores.

"Deus deixa-se ver por aqueles que são capazes de vê-lo por terem os olhos da alma abertos. Porque a verdade é que todos têm olhos, mas alguns têm-nos cobertos de trevas e não podem ver a luz do Sol. E a luz solar não deixa de brilhar por haver cegos que não veem; e portanto a escuridão que os envolve deve-se atribuir unicamente à sua falta de capacidade de ver"[7]. Devemos ter em conta — para nós mesmos e na nossa ação apostólica — que, não raras vezes, o grande obstáculo para que se aceite a fé ou uma vida cristã coerente são os pecados pessoais não perdoados, os afetos desordenados e as faltas de correspondência à graça. "O homem, levado pelos seus preconceitos ou instigado pelas suas paixões e pela má vontade, pode não só negar a evidência dos sinais externos que tem diante dos olhos, mas também resistir e afastar as inspirações superiores que Deus infunde na sua alma"[8].

Quando falta o desejo de crer e de cumprir a vontade de Deus em tudo, custe o que custar, não se aceita nem mesmo o que é evidente. Por isso, quem vive encerrado no seu egoísmo, quem só busca a sua comodidade ou prazer, terá muita dificuldade em crer ou em entender um ideal nobre; e, se for alguém que respondeu positivamente a uma vocação de entrega a Deus, encontrará dentro de si uma resistência crescente perante as exigências concretas da chamada divina.

A Confissão sincera e contrita apresenta-se então como o grande meio de encontrar ou robustecer o caminho da fé, a luz interior necessária para ver o que Deus pede. Quando uma pessoa purifica e limpa o seu coração, fica já com o terreno preparado para que a semente da fé e da generosidade cresça na sua alma e dê frutos. É da experiência comum que muitos problemas e dúvidas terminam com uma boa confissão; a alma vê com tanto maior clareza quanto mais limpa estiver e quanto melhores forem as disposições da sua vontade.

III. AO PEDIR A CURA DO FILHO, o pai disse a Jesus que já se dirigira aos seus discípulos, mas sem resultado: *Pedi aos teus discípulos que o expulsassem* (o demônio mudo), *mas eles não puderam*. Os discípulos sentiram-se um pouco abalados por não terem conseguido eles próprios curar o jovem lunático, pois quando entraram em casa e puderam estar a sós com o Senhor, perguntaram-lhe: *Por que não pudemos expulsá-lo?* E o Senhor deu-lhes uma resposta de grande utilidade também para nós. Disse-lhes: *Esta espécie* (de demônios) *não pode ser expulsa por nenhum meio, a não ser pela oração*.

Só por meio da oração é que conseguiremos vencer determinados obstáculos, superar tentações e ajudar muitos amigos a chegarem a Cristo. Comentando esta passagem do Evangelho, São Beda explica que, ao ensinar aos apóstolos como devia ser expulso um demônio tão maligno, Jesus nos indicava como devemos viver, e como a oração é o meio de vencermos até as maiores tentações. E acrescenta que a oração não consiste apenas nas palavras com que invocamos a misericórdia divina, mas também em tudo o que fazemos em favor de Nosso Senhor, movidos pela fé[9]. Todo o nosso trabalho e todas as nossas obras devem ser, pois, oração transbordante de fé.

Peçamos a Deus com frequência que no-la aumente. Quando na ação apostólica os frutos demorarem a chegar, quando os defeitos pessoais ou alheios parecerem uma muralha intransponível, quando nos virmos com poucas forças para aquilo que Deus quer de nós: *Senhor, aumenta-nos a fé!* Os apóstolos pediam assim quando, apesar de verem e ouvirem o próprio Cristo, sentiam a sua confiança fraquejar.

Jesus ajuda sempre. Ao longo do dia de hoje, e sempre, sentiremos a necessidade de dizer: "Senhor, não me deixeis somente com as minhas forças, que eu não posso nada!"

A petição daquele bom pai anima-nos a suplicar hoje a Jesus uma fé *capaz de transportar montanhas*. "Dizemos agora ao Senhor o mesmo, com as mesmas palavras, ao acabarmos este tempo de meditação: Senhor, eu creio! Eduquei-me na tua fé, decidi seguir-te de perto. Ao longo da minha vida, implorei repetidamente a tua misericórdia. E, repetidas vezes também, pareceu-me impossível que tu pudesses fazer tantas maravilhas no coração dos teus filhos. Senhor, creio! Mas ajuda-me, para que creia mais e melhor!

"E dirigimos igualmente esta súplica a Santa Maria, Mãe de Deus e Mãe nossa, Mestra de fé: *Bem-aventurada tu que creste, porque se cumprirão as coisas que da parte do Senhor te foram ditas* (Lc 1, 45)"[10].

(1) Mc 9, 13-28; (2) São Josemaria Escrivá, *Amigos de Deus*, n. 204; (3) cf. São João Crisóstomo, *Homilias sobre os Atos dos Apóstolos*, 35; (4) Jo 7, 16-17; (5) cf. Jo 5, 41-44; (6) cf. Jo 8, 42-44; (7) Pio XII, Enc. *Humani generis*, 12-VIII-1950; (8) São Teófilo de Antioquia, *Livro I*, 2, 7; (9) cf. São Beda, *Comentário ao Evangelho de São Marcos*; (10) São Josemaria Escrivá, *op. cit.*

TEMPO COMUM. SÉTIMA SEMANA. TERÇA-FEIRA

56. NOSSO SENHOR, REI DOS REIS

— O Salmo da realeza e do triunfo de Cristo.
— A não aceitação de Deus no mundo.
— A filiação divina.

I. DURANTE MUITAS GERAÇÕES, os Salmos foram um caminho da alma para pedir ajuda a Deus, para agradecer-lhe, louvá-lo, pedir-lhe perdão. O próprio Senhor quis utilizar um Salmo para se dirigir ao seu Pai celestial nos últimos momentos da sua vida na terra[1]. Esses textos foram as principais orações das famílias hebraicas; a Virgem Maria e São José deviam rezá-los com imensa piedade. Jesus aprendeu-os de seus pais e, ao torná-los próprios, deu-lhes a plenitude do seu significado. A liturgia utiliza-os diariamente na Santa Missa; e eles constituem a parte principal da oração que os sacerdotes elevam cada dia a Deus — a *Liturgia das Horas* —, em nome de toda a Igreja.

O *Salmo II* sempre foi contado entre os Salmos messiânicos. Os Padres da Igreja e os escritores eclesiásticos comentaram-no muitas vezes[2], e os seus versículos alimentaram a piedade de muitos fiéis. Os primeiros cristãos recorriam a ele para acharem fortaleza e coragem no meio das adversidades.

Os Atos dos Apóstolos deixaram-nos um testemunho dessa oração ao narrarem como Pedro e João foram conduzidos ao Sinédrio e presos por terem curado, *no nome de*

Jesus, um paralítico que pedia esmola à porta do Templo[3]. Quando foram milagrosamente libertados — diz o relato —, voltaram para os seus irmãos e contaram-lhes tudo o que acontecera, e todos juntos elevaram a Deus uma oração que teve por eixo este Salmo da realeza de Cristo. Rezaram assim: *Senhor, foste tu que fizeste o céu e a terra, o mar e tudo o que neles se contém; tu que por boca do nosso pai Davi, teu servo, disseste: "Por que se amotinam as nações e os povos maquinam planos vãos? Sublevam-se os reis da terra e os príncipes coligam-se contra o Senhor e contra o seu Ungido"*[4].

As palavras que o salmista dirige a Deus contemplando a situação do seu tempo foram palavras proféticas que se verificaram no tempo dos apóstolos e ao longo dos séculos de vida da Igreja, e que se verificam nos nossos dias. Também nós podemos repetir com total realismo: *Por que se amotinam as nações e os povos maquinam planos vãos?...* Por que tanto ódio e tanto mal? Por que tanta rebeldia?

Desde o pecado original, essa luta não cessou um momento sequer: os poderosos do mundo aliam-se contra Deus e contra o que é de Deus. Basta ver como a dignidade da criatura humana é conculcada em tantos lugares, como se multiplicam as calúnias, as difamações, os meios de comunicação a serviço do mal, o aborto de centenas de milhares de criaturas que não puderam optar pela vida humana e pela vida sobrenatural para a qual Deus as havia destinado, tantos ataques contra a Igreja, contra o Sumo Pontífice e contra aqueles que querem ser fiéis à fé...

Mas Deus é mais forte. Ele é a *Rocha*[5]. A Ele recorreram Pedro e João e aqueles que estavam reunidos com eles naquele dia em Jerusalém. E, quando terminou aquela oração — diz-nos São Lucas —, todos se sentiram reconfortados e *cheios do Espírito Santo, e anunciavam com toda a liberdade a palavra de Deus*[6].

Na meditação do Salmo II, podemos nós encontrar *fortaleza* para vencer os obstáculos que podem apresentar-se num ambiente afastado de Deus.

II. *DIRUMPAMUS VINCULA EORUM... Quebremos, disseram, as suas cadeias, e sacudamos de nós o seu jugo*[7]. É o que parece repetir um clamor geral. "Quebram o jugo suave, sacodem das costas a sua carga, maravilhosa carga de santidade e justiça, de graça, de amor e paz. Enfurecem-se diante do amor, riem-se da bondade inerme de um Deus que renuncia ao uso das suas legiões de anjos para se defender (cf. Jo 18, 36)"[8].

Mas aquele que habita nos céus ri-se, o Senhor zomba deles. Ele lhes falará então na sua indignação e os encherá de terror com a sua ira[9]. O castigo divino não tem lugar somente na vida futura. Apesar dos aparentes triunfos de muitos que se declaram ou comportam como inimigos de Deus, o seu maior fracasso, se não se arrependem, consistirá em não compreenderem nem alcançarem jamais a verdadeira felicidade. As suas satisfações humanas — ou infra-humanas — podem ser o triste prêmio para as migalhas de bem que talvez tenham realizado nesta vida. Nada mais têm a esperar além disso, pois, como afirmam alguns santos, "o caminho do inferno já é um inferno".

Comentando estes versículos do Salmo, Santo Agostinho salienta que também se pode entender por *ira de Deus* a cegueira da mente que se apodera daqueles que transgridem a lei divina[10]. Não há nenhuma desgraça comparável à de não se conhecer a Deus, de se viver afastado dEle, de se procurar a autoafirmação no erro e no mal.

O Papa João Paulo II indicava como sinal característico do nosso tempo precisamente essa cegueira, isto é, a recusa da misericórdia divina. Todos temos presente a imagem de tantos homens que se fecham aos sentimentos de misericórdia do Senhor, que consideram a remissão dos seus pecados "não essencial ou sem importância para a sua vida", e que adquirem uma "impermeabilidade de consciência, um estado de ânimo que se poderia dizer consolidado em função de uma livre escolha: é o que a Sagrada Escritura costuma chamar *dureza de coração*. Nos nossos tempos, esta atitude da mente e do coração corresponde talvez à perda do sentido do pecado"[11].

Nós, que desejamos seguir a Cristo de perto, temos o dever de desagravar a Deus por essa rejeição violenta que sofre por parte de tantos homens, suplicando-lhe abundância de graça e de misericórdia. Peçamos-lhe que nunca deixe esgotar-se a sua clemência, que é para muitos como o último cabo a que se pode agarrar o náufrago que já havia recusado outros meios de salvação.

III. DIANTE DAS PROFUNDAS interrogações que a liberdade humana, o mistério do mal e a rebelião da criatura suscitam, o Salmo II dá a solução proclamando a realeza de Cristo, para além do mal que existe ou pode existir: *Eu, porém, constituí o meu rei sobre Sião, meu monte santo. Promulgarei o decreto do Senhor. O Senhor disse-me: "Tu és meu filho; eu te gerei hoje"*[12].

"A misericórdia de Deus Pai deu-nos por Rei o seu Filho. Quando Ele ameaça, ao mesmo tempo se enternece: anuncia-nos a sua ira e entrega-nos o seu amor. Tu és meu filho: dirige-se a Cristo e dirige-se a ti e a mim, se estamos decididos a ser *alter Christus, ipse Christus*, outro Cristo, o próprio Cristo.

"As palavras não conseguem acompanhar o coração, que se emociona perante a bondade de Deus. Ele nos diz: *Tu és meu filho*. Não um estranho, não um servo benevolamente tratado, não um amigo, o que já seria muito. Filho!"[13] Este é o nosso refúgio: a filiação divina. Nela encontramos a coragem necessária para enfrentarmos as adversidades: as que procedem de um ambiente às vezes hostil à vida cristã, e as que resultam das tentações que o Senhor permite para que reafirmemos a nossa fé e o nosso amor.

Sempre encontramos a Deus, nosso Pai, muito perto de cada um de nós. A sua presença é "como um aroma penetrante que se espalha por toda a parte, tanto no interior dos corações que o aceitam, como no exterior, na natureza, nas coisas, no meio de uma multidão. Deus está ali, esperando ser descoberto, ser chamado, ser tido em conta [...]"[14].

Pede-me, e eu te darei as nações por herança, e em teu domínio as extremidades da terra[15]. Deus incita-nos constantemente: *Pede-me!* Os seus desejos são dar e dar-se a cada um de nós. São João Crisóstomo comenta estas palavras e ensina que já não nos é prometida uma terra de que brotam leite e mel, nem uma vida longa, nem uma multidão de filhos, nem trigo, nem vinho, nem rebanhos, mas o Céu e os bens do Céu: a filiação divina e o Unigênito como irmão, e a participação na sua herança, e a glorificação com Ele[16].

Tu as governarás com vara de ferro, e qual vaso de oleiro as quebrarás. E agora, ó reis, entendei; deixai-vos instruir, vós que governais a terra. Servi o Senhor com temor e louvai-o com tremor[17]. Cristo triunfou de uma vez para sempre. Com a sua morte na Cruz, ganhou-nos a vida. Segundo o testemunho dos Padres da Igreja, a *vara de ferro* é a Santa Cruz, "cuja matéria é de madeira, mas cuja força é de ferro"[18]. É o sinal do cristão, com o qual venceremos todas as batalhas; os obstáculos se desfarão como vasos de oleiro. A Cruz na nossa inteligência, nos nossos lábios, no nosso coração, em todas as nossas obras: esta é a arma para vencer; uma vida sóbria, mortificada, sem fugir do sacrifício amável que nos une a Cristo.

O Salmo termina com uma chamada para que nos mantenhamos fiéis ao nosso caminho e à confiança no Senhor: *Prestai-lhe vassalagem, para que não se indigne e pereçais fora do caminho, quando em breve se acender a sua cólera. Bem-aventurados todos os que nEle confiam*[19]. Nós pusemos no Senhor toda a nossa confiança.

Pedimos aos Santos Anjos da Guarda, fiéis servidores de Deus, que nos ajudem a perseverar cada dia com maior fidelidade e amor na nossa vocação de cristãos, servindo com todas as forças o reinado de Cristo no lugar em que Ele nos chamou.

(1) Cf. Mt 27, 46; (2) cf. I. Dominguez, *El Salmo 2*, Palabra, Madri, 1977; (3) At 4, 23-31; (4) cf. At 4, 23-26; (5) 1 Cor 10, 4; (6) cf. At 4, 29-31; (7) Sl 2, 3; (8) São Josemaria Escrivá, *É Cristo que passa*, n. 185; (9)

Sl 2, 4-5; (10) cf. Santo Agostinho, *Comentário aos Salmos*, 2, 4; (11) João Paulo II, Enc. *Dominum et vivificantem*, 18-V-1986, 46-47; (12) Sl 2, 6-7; (13) São Josemaria Escrivá, *op. cit.*; (14) M. Eguibar, *Por qué se amotinan las gentes? (Salmo II)*, pp. 27-28; (15) Sl 2, 8; (16) cf. São João Crisóstomo, *Homilias sobre São Mateus*, 16, 5; (17) Sl 2, 9-11; (18) Santo Atanásio, *Comentário aos Salmos*, 2, 6; (19) Sl 2, 12.

57. UNIDADE E DIVERSIDADE NO APOSTOLADO

— A mentalidade estreita e exclusivista no apostolado não é cristã. O apostolado na Igreja é muito variado e diversificado.
— Difundir a doutrina entre todos.
— Unidade e pluralidade na Igreja. Fidelidade à vocação recebida.

I. UM DIA, OS DISCÍPULOS viram uma pessoa que expulsava os demônios em nome do Senhor. Não sabemos se era alguém que já conhecia Jesus, ou mesmo se fora curado por Ele e se constituíra por conta própria em mais um seguidor do Mestre. São Marcos[1] faz constar a reação de São João, que, aproximando-se de Jesus, disse-lhe: *Mestre, vimos um que em teu nome expulsava os demônios, e nós lho proibimos porque não anda conosco.*

O Senhor aproveitou a ocasião para deixar um ensinamento válido para todos os tempos: *Não lho proibais, pois ninguém que faça um milagre em meu nome falará depois mal de mim. Quem não está contra nós está conosco.* Esse exorcista manifestava uma profunda fé em Jesus; expressava-o através das suas obras. Jesus aceita-o como seu seguidor e com isso reprova a mentalidade estreita e exclusivista nas tarefas apostólicas; ensina-nos que o apostolado é muito variado e diversificado.

"São muitas as formas de apostolado — proclama o Concílio Vaticano II — com que os leigos edificam a Igreja e santificam o mundo, animando-o em Cristo"[2]. A única condição é "estar com Cristo", ensinar a sua doutrina, amá-lo com obras. O espírito cristão deve levar-nos a fomentar uma atitude aberta perante as diversas formas apostólicas, a empenhar-nos em compreendê-las e a alegrar-nos sinceramente de que existam, entre outros motivos porque o campo é imenso e os operários poucos[3]. "Alegra-te quando vires que outros trabalham em bons campos de apostolado. — E pede, para eles, graça de Deus abundante e correspondência a essa graça. — Depois, tu pelo teu caminho; persuade-te de que não tens outro"[4].

Para um cristão, não seria possível viver a fé e ter ao mesmo tempo uma mentalidade de *partido único*, que excluísse todo aquele que não adotasse determinado estilo, método ou modo de atuar, ou preferisse outros campos de apostolado. Ninguém que trabalhe com reta intenção é um estorvo no campo do Senhor. Todos somos necessários. É muito conveniente que, entendendo bem a unidade na Igreja, Cristo seja anunciado de modos muito diferentes.

Unidade "na fé e na moral, nos sacramentos, na obediência à hierarquia, nos meios comuns de santidade e nas grandes normas de disciplina, segundo o conhecido princípio de Santo Agostinho: *In necessariis unitas, in dubiis libertas, in omnibus caritas* (nos assuntos necessários, unidade; nos de livre opinião, liberdade; em todos, caridade)"[5]. E essa unidade necessária nunca provocará uma uniformidade que empobreça as almas e os apostolados: "No jardim da Igreja houve, há e haverá uma variedade admirável de formosas flores, diferentes pelo aroma, pelo tamanho, pelo desenho e pela cor"[6]. Uma variedade que é riqueza para a glória de Deus.

Quando trabalhamos numa tarefa apostólica, devemos evitar a tentação de nos "entretermos" inutilmente avaliando as iniciativas apostólicas dos outros. Mais do que estar pendentes da atuação dos outros, devemos sondar o nosso coração e ver se nos empenhamos totalmente na nossa, se procuramos fazer render em bem das almas os talentos que recebemos de Deus: "...tu pelo teu caminho; persuade-te de que não tens outro".

"A maravilha do Pentecostes é a consagração de todos os caminhos: nunca pode ser entendido como monopólio nem como estima por um só em detrimento dos outros. — O Pentecostes é indefinida variedade de línguas, de métodos, de formas de encontro com Deus: não uniformidade violenta"[7]. Daí a nossa alegria ao vermos que muitos trabalham com afinco por dar a conhecer o Reino de Deus mediante formas de apostolado a que o Senhor não nos chama.

II. A DOUTRINA DE JESUS CRISTO deve chegar a todos os povos, e muitos lugares que outrora foram cristãos precisam ser evangelizados de novo.

A missão da Igreja é universal e dirige-se a pessoas de todas as condições, de culturas e formas de ser diferentes, de idades bem díspares... Desde o começo da Igreja, a fé vingou em jovens e velhos, em pessoas poderosas e em escravos, em cultos e incultos... No meio dessa diversidade, os apóstolos e os seus sucessores mantiveram uma firme unidade nos aspectos essenciais, e a Igreja não se empenhou em uniformizar todos os que se convertiam.

E os modos de evangelizar também foram muito diferentes: uns cumpriram uma missão importantíssima com o que escreveram em defesa do cristianismo e do seu direito de existir, outros pregaram pelas praças e pelos caminhos, a maioria realizou um apostolado discreto na sua própria família, com os seus vizinhos e companheiros de ofício. E, no entanto, todos os batizados tinham em comum a caridade fraterna, a unidade na doutrina que haviam recebido, os sacramentos, a obediência aos legítimos pastores...

Tendo o cuidado de apartar com extrema delicadeza os espinhos que tornariam a semente infrutuosa, podemos e devemos semear em todos a doutrina de Cristo. Na tarefa apostólica que o Senhor nos encomendou, nós os cristãos "não excluímos ninguém, não afastamos nenhuma alma do nosso amor a Jesus Cristo. Por isso — aconselhava Mons. Escrivá —, deveis cultivar uma amizade firme, leal, sincera — ou seja, cristã —, com todos os vossos colegas de profissão; mais ainda, com todos os homens, sejam quais forem as suas circunstâncias pessoais"[8]. O cristão é por vocação um homem aberto aos outros, com capacidade para se entender com pessoas bem diferentes dele pela sua cultura, idade ou caráter.

O relacionamento com Jesus na oração leva-nos a ter um coração grande, sem mentalidades estreitas, que não são de Cristo. Examinemos hoje se respeitamos e amamos a diversidade de formas de ser que encontramos naqueles com quem convivemos, se não excluímos de antemão este ou aquele do nosso trato amistoso, levados por antipatias naturais ou por diferenças "ideológicas" que podem encobrir o nosso comodismo, a nossa falta de impulso apostólico, e, em última análise, comprometer a admirável variedade que tem de existir na Igreja.

III. A IGREJA ASSEMELHA-SE a um corpo humano, que está composto de membros ao mesmo tempo bem diferenciados e bem unidos[9]. A diversidade, longe de quebrar-lhe a unidade, é a sua condição fundamental.

Devemos pedir ao Senhor que saibamos perceber e harmonizar de maneira prática essas realidades sobrenaturais presentes na edificação do Corpo Místico de Cristo: *unidade* na verdade e na caridade; e, simultaneamente, variedade pluriforme, a *pluriformidade* de espiritualidades, de matizes teológicos, de ação pastoral, de iniciativas apostólicas, porque essa pluriformidade "é uma autêntica riqueza e traz consigo a plenitude: é a verdadeira catolicidade"[10], bem distante do falso pluralismo, entendido como "justaposição de atitudes radicalmente opostas"[11].

O Espírito Santo atua na unidade e na caridade, suscitando uma pluralidade de caminhos de santificação. E os que recebem determinado carisma, uma vocação específica, contribuem para a edificação da Igreja com a fidelidade à sua chamada peculiar, seguindo o caminho que lhes é fixado por Deus: Ele espera-os aí e não em outro lugar, em outro terreno ou em outros modos de atuação.

A unidade querida pelo Senhor — *ut omnes unum sint*[12], que todos sejam um — não restringe, antes promove a personalidade e a forma de ser peculiar de cada um, a variedade de espiritualidades diferentes, de pensamentos teológicos bem diversos naqueles assuntos que a Igreja deixa à livre discussão dos homens...

"Ficavas espantado por eu aprovar a falta de «uniformidade» nesse apostolado em que trabalhas. E te disse:

"Unidade e variedade. — Deveis ser tão diferentes como diferentes são os santos do Céu, que têm cada um as suas notas pessoais e especialíssimas. — E também tão conformes uns com os outros como os santos, que não seriam santos se cada um deles não se tivesse identificado com Cristo"[13].

A doutrina do Senhor leva-nos não só a respeitar a legítima variedade de caracteres, gostos, pontos de vista nas matérias de livre opinião, mas também a fomentá-la de modo ativo. Em tudo aquilo que não se opõe nem dificulta a doutrina do Senhor e, dentro dela, a chamada recebida, deve ser total a liberdade nos trabalhos e nas ideias particulares sobre a sociedade, a ciência ou a política. Portanto, os cristãos do nosso século e de todas as épocas devem estar unidos em Cristo, no seu amor e na sua doutrina, cada um fiel à sua vocação; em tudo o mais devem ser distintos e variados: cada um com a sua própria personalidade, esforçando-se por ser sal e luz, brasa acesa, verdadeiro discípulo de Cristo.

(1) Mc 9, 37-39; (2) Conc. Vat. II, Decr. *Apostolicam actuositatem*, 16; (3) cf. Mt 9, 37; (4) São Josemaria Escrivá, *Caminho*, n. 965; (5) João Paulo II, *Discurso à Conferência Episcopal Espanhola*, Madri, 31-X--1982; (6) São Josemaria Escrivá, *Carta*, 9-I-1935; (7) São Josemaria

Escrivá, *Sulco*, n. 226; (8) São Josemaria Escrivá, *Carta*, 9-I-1935; (9) cf. 1 Cor 12, 13-27; (10) Sínodo extraordinário 1985, *Relatio finalis*, II, C, 2; (11) *ib.*; (12) Jo 17, 22; (13) São Josemaria Escrivá, *Caminho*, n. 947.

TEMPO COMUM. SÉTIMA SEMANA. QUINTA-FEIRA

58. O IMPORTANTE É IR PARA O CÉU

— De todas as coisas da vida, a única que realmente importa é chegar ao Céu.
— O inferno. O demônio não renunciou às almas que ainda peregrinam na terra. O santo temor de Deus.
— Ser instrumentos para a salvação de muitos.

I. DE TODOS OS OBJETIVOS da nossa vida, só um é realmente necessário: chegarmos à meta que Deus nos propôs, que é o Céu. Para alcançá-lo, devemos estar dispostos a sacrificar seja o que for. Tudo deve estar subordinado a essa meta, a única que vale a pena. E se há alguma coisa que, ao invés de ser ajuda, é obstáculo, devemos então retificá-la ou afastá-la.

É o que nos diz o Senhor no Evangelho da Missa[1]: *Se a tua mão te escandaliza, corta-a... E se o teu pé te escandaliza, corta-o... E se o teu olho te escandaliza, arranca-o...*

É preferível entrarmos manetas, coxos ou caolhos no Reino a sermos jogados inteiros na *geena do fogo, onde nem o verme morre nem o fogo se apaga.*

Com estas comparações tão vivas, o Senhor ensina-nos que temos obrigação de evitar os perigos de ofendê-lo e o dever grave de afastar as ocasiões próximas de pecado, pois *quem ama o perigo, nele cairá*[2]. Tudo aquilo que nos põe em risco de pecar deve ser afastado energicamente. Não podemos brincar com a nossa salvação nem com a do próximo.

Para um cristão que pretende agradar a Deus em tudo, normalmente os obstáculos que terá de remover não serão muito importantes, mas talvez pequenos caprichos, faltas de temperança ou de domínio do caráter, breves momentos de preguiça, excessiva preocupação pela saúde ou pelo bem-estar... Faltas mais ou menos habituais, pecados veniais, mas que devem ser tidos muito em conta, porque nos atrasam o passo e nos podem fazer tropeçar e mesmo cair em fraquezas mais importantes.

Se lutarmos generosamente, se tivermos claro o fim da nossa vida, trataremos de retificar com tenacidade esses obstáculos — tantas vezes fruto do temperamento —, para que deixem de sê-lo e se convertam em autênticas ajudas. O Senhor fez isso muitas vezes com os seus apóstolos: converteu o ímpeto precipitado de Pedro em *rocha* firme sobre a qual assentaria a Igreja; transformou a impaciência brusca de João e Tiago (conhecidos por "filhos do trovão") em zelo apostólico de pregadores incansáveis; e a incredulidade de Tomé, num testemunho claro da sua divindade. O que antes era obstáculo converteu-se depois, pela correspondência à graça do Senhor, numa grande ajuda.

II. A VIDA DO CRISTÃO deve ser uma contínua caminhada para o Céu. Tudo nos deve ajudar a firmar os nossos passos nessa trilha: a dor e a alegria, o trabalho e o descanso, o êxito e o fracasso... Assim como nos grandes negócios e nas tarefas importantes se estudam e se acompanham até os menores detalhes, assim devemos nós fazer com o negócio mais importante que temos entre mãos, o negócio da nossa salvação. No fim da nossa passagem pela terra, encontraremos esta única alternativa: ou o Céu (passando pelo purgatório, se tivermos de purificar-nos) ou o inferno, *o lugar do fogo inextinguível*, de que o Senhor falou explicitamente em muitas ocasiões.

Se o inferno não tivesse uma consistência real, e se não houvesse uma possibilidade igualmente real de os homens acabarem nele, Cristo não nos teria revelado com tanta clareza a sua existência, e não nos teria advertido tantas vezes: *Vigiai!* O demônio não desistiu de conseguir a perdição de nenhum homem, de nenhuma mulher, enquanto peregrinam neste mundo em direção ao seu fim definitivo; não desistiu de ninguém, seja qual for o lugar que ocupe e a missão que tenha recebido de Deus.

A existência de um castigo eterno, reservado aos que praticam o mal e morrem em pecado mortal, é uma verdade revelada já no Antigo Testamento[3]. E no Novo, Cristo falou-nos do castigo preparado para o diabo e os seus anjos[4], do sofrimento dos servos maus que não cumpriram a vontade do seu senhor[5], das virgens néscias que se viram sem o azeite das boas obras quando chegou o *Esposo*[6], dos que se apresentaram sem o traje nupcial ao banquete de casamento[7], dos que ofenderam gravemente os seus irmãos[8] ou não quiseram ajudá-los nas suas necessidades materiais ou espirituais[9]... O mundo é comparado a uma eira em que há trigo e palha, até o momento em que Deus tomará a pá nas suas mãos e limpará a eira, ajuntando o trigo nos seus celeiros e queimando a palha no fogo inextinguível[10].

O inferno não é uma espécie de símbolo para ser utilizado nas exortações morais, próprias de épocas antigas em que a humanidade estava menos evoluída. É uma realidade comunicada por Jesus Cristo, tão tristemente objetiva que o levou a mandar-nos — como lemos no Evangelho da Missa — que deixássemos qualquer coisa, por mais importante que fosse, para não corrermos o perigo de ir parar ali para sempre. É uma verdade de fé constantemente afirmada pelo Magistério. O Concílio Vaticano II, ao tratar da índole escatológica da Igreja, recorda-nos: "Devemos vigiar constantemente [...] para que não sejamos mandados, como os servos maus e preguiçosos (cf. Mt 25, 26), para o fogo eterno (cf. Mt 25, 41), para as trevas exteriores, onde haverá choro e ranger de dentes"[11].

Seria um grave erro não meditarmos de vez em quando neste tema transcendental, ou silenciá-lo na pregação, na catequese ou no apostolado pessoal. João Paulo II adverte que "a Igreja não pode omitir, sem grave mutilação da sua mensagem essencial, uma constante catequese sobre [...] os quatro *novíssimos do homem*: a morte, o juízo (particular e universal), o inferno e o paraíso. Numa cultura que tende a encerrar o homem nas suas vicissitudes terrestres, mais ou menos bem-sucedidas, pede-se aos Pastores da Igreja uma catequese que abra e ilumine com as certezas da fé o além que se seguirá à vida presente: para lá das misteriosas portas da morte, delineia-se uma eternidade de alegria na comunhão com Deus ou de pena no afastamento dEle"[12].

O Senhor quer que nos conduzamos movidos pelo amor, mas, dada a fraqueza humana, consequência do pecado original e dos pecados pessoais, quis revelar-nos até onde o pecado nos pode levar, para que tenhamos mais um motivo para não nos afastarmos dele: *o santo temor de Deus*, o temor de nos separarmos para sempre do Bem infinito, do verdadeiro Amor.

Os santos sempre consideraram um grande bem as revelações particulares que Deus lhes fez sobre a existência do inferno e a dureza e eternidade das suas penas: "Foi uma das maiores mercês que Deus me fez — escreve Santa Teresa —, porque me serviu muitíssimo, tanto para perder o medo às tribulações desta vida, como para me esforçar por padecê-las e por dar graças ao Senhor que me livrou, ao que me parece, de males tão perpétuos e terríveis"[13].

Vejamos na nossa oração se existe alguma coisa na nossa vida, por pequena que seja, que nos separe de Deus ou em que não lutemos como deveríamos; vejamos se fugimos com prontidão e energia de toda a ocasião próxima de pecar; se pedimos com frequência à Virgem Maria que nos dê um profundo horror a todo o pecado, a essa lepra que causa tantos estragos na alma, afastando-nos do seu Filho, nosso único Bem absoluto.

III. A CONSIDERAÇÃO DO NOSSO FIM último deve levar-nos à fidelidade no *pouco* de cada dia, a ganhar o Céu com os afazeres e os acontecimentos diários, a remover tudo aquilo que seja um obstáculo diário no nosso caminho. Deve levar-nos também ao apostolado, a ajudar aqueles que temos junto de nós para que encontrem a Deus e o sirvam nesta vida e sejam felizes com Ele por toda a eternidade.

Para isso, devemos começar por estar atentos às consequências da nossa atuação e das nossas omissões, a fim de não sermos nunca, nem remotamente, escândalo, ocasião de tropeço para os outros. O Evangelho da Missa traz também estas palavras de Jesus: *E aquele que escandalizar um destes pequeninos que creem em mim, melhor fora que lhe atassem ao pescoço uma pedra de moinho e o lançassem ao mar*. Noutra ocasião, o Senhor tinha dito: *É inevitável que haja escândalos, mas ai daquele que os causa!*[14] Não encontramos em todo o Evangelho palavras tão fortes como essas. Poucos pecados são tão graves como o de causar a ruína de uma alma, porque o escândalo tende a destruir a maior obra de Deus, que é a Redenção: mata a alma do próximo tirando-lhe a vida da graça, que é mais preciosa que a vida do corpo. Os *pequenos* são para Jesus, em primeiro lugar, as crianças, cuja inocência reflete de um modo particular a imagem de Deus; mas são também todas essas pessoas simples que nos rodeiam, com menos formação que nós e, por isso, mais fáceis de escandalizar.

À vista das muitas causas de escândalo que se dão diariamente no mundo, o Senhor pede aos seus discípulos que sejam exemplo vivo que arraste os outros a ser bons cristãos; que pratiquem a correção fraterna oportuna, afetuosa, prudente, uma correção que ajude os outros a remediar os seus erros ou a cortar com uma situação inconveniente para a sua alma; que incentivem muitos a viverem o sacramento da Penitência para reorientarem os seus passos. A realidade da existência do inferno, que a fé nos ensina, é um apelo urgente para que sejamos *instrumento de salvação* para muitos.

Recorramos à Santíssima Virgem: *Iter para tutum!*[15], preparai-nos, Senhora, para nós e para todos os homens, um caminho seguro que termine na eterna felicidade do Céu.

(1) Mc 9, 40-49; (2) Eclo 3, 26-27; (3) cf. Nm 16, 30-33; Is 33, 14; Eclo 7, 18-19; Jo 10, 20-21 etc.; (4) cf. Mt 25, 41; (5) cf. Mt 24, 51; (6) cf. Mt 25, 1 e segs.; (7) cf. Mt 22, 1-14; (8) cf. Mt 5, 22; (9) cf. Mt 25, 41 e segs.; (10) Lc 3, 17; (11) Conc. Vat. II, Const. *Lumen gentium*, 48; (12) João Paulo II, Exort. apost. *Reconciliatio et paenitentia*, 2-XII-1984, 26; (13) Santa Teresa, *Vida*, 32, 4; (14) Lc 17, 1; (15) *Liturgia das Horas*, Oração da tarde do comum de Nossa Senhora, Hino *Ave, maris stella*.

TEMPO COMUM. SÉTIMA SEMANA. SEXTA-FEIRA

59. PROTEGER A FAMÍLIA

— Jesus devolve à sua pureza original a dignidade do matrimônio. Unidade e indissolubilidade.
— Apostolado sobre a natureza do matrimônio. Exemplaridade dos cônjuges. Santidade na família.
— O matrimônio cristão.

I. O EVANGELHO DA MISSA de hoje[1] mostra-nos Jesus ocupado em ensinar uma multidão que chegava de todas as cidades vizinhas. E, no meio daquela gente simples que recebe com avidez a Palavra de Deus, apresentam-se uns fariseus mal-intencionados, querendo pôr Cristo em choque com a Lei de Moisés. Perguntam-lhe se é lícito ao marido repudiar a mulher. Jesus disse-lhes: *Que vos mandou Moisés?* Eles responderam: *Moisés permitiu escrever-lhe o libelo de repúdio e despedi-la*. Era uma norma admitida por todos, mas discutia-se se era lícito repudiar a mulher *por qualquer motivo*[2], por uma causa insignificante ou mesmo sem motivo algum.

Jesus Cristo, Messias e Filho de Deus, conhece perfeitamente o sentido dessa lei: Moisés havia permitido o divórcio *por causa da dureza de coração* do seu povo, e com essa disposição — o libelo de repúdio — protegia a condição da mulher, tão denigrante na época que em muitos casos não ultrapassava a de uma escrava sem nenhum direito. Por esse certificado, a mulher repudiada recuperava a sua liberdade: era, pois, um autêntico avanço social para aqueles tempos de barbárie em tantos costumes[3].

Mas Jesus devolve à sua pureza original a dignidade do matrimônio, conforme Deus o instituíra no princípio da Criação: *Deus os fez varão e mulher; por isso deixará o homem seu pai e sua mãe e se unirá à sua mulher, e os dois serão uma só carne. Portanto, o que Deus uniu, o homem não o separe.*

Este ensinamento do Senhor soou como uma exigência demasiado drástica ao ouvido de todos, a tal ponto que os próprios discípulos — conforme relata São Mateus — lhe disseram: *Se tal é a condição do homem com relação à mulher, é preferível não casar-se*[4]. A conversa deve ter-se prolongado, porque, já em casa, tornaram a interrogar o Senhor sobre a questão. E Jesus declarou para sempre: *Aquele que repudia a sua mulher e se casa com outra comete adultério contra aquela; e se a mulher repudia o marido e se casa com outro, comete adultério.*

O Senhor sublinha que Deus estabeleceu já no princípio a unidade e a indissolubilidade do matrimônio. Comentando este ensinamento, São João Crisóstomo diz numa fórmula simples e clara que o matrimônio é *de um com uma para sempre*[5]. O Magistério da Igreja, guardião e intérprete da lei natural e divina, ensinou de modo constante que o matrimônio foi instituído por Deus *com laço perpétuo e indissolúvel*, e "que foi protegido, confirmado e elevado não por meio de leis vindas dos homens, mas do próprio autor da natureza, Deus, e do restaurador dessa mesma natureza, Jesus Cristo Senhor; leis, portanto, que não podem estar sujeitas ao arbítrio dos homens, nem sequer ao arbítrio dos próprios cônjuges"[6]. O matrimônio não é um simples contrato privado; não pode ser rompido pela vontade dos contraentes. Não existe nenhuma razão humana, nenhuma situação-limite, por mais iníqua que possa parecer, capaz de justificar o divórcio.

Devemos rezar pela estabilidade das famílias — começando pela nossa — e tentar ser sempre instrumentos de união através de um apostolado de amizade, de exemplo de bom entendimento nos assuntos do nosso lar, que contagie muitas outras famílias.

II. NOS SEUS ESFORÇOS por recordar o valor e a santidade do matrimônio, o cristão não deve deixar-se impressionar pelas dificuldades e mesmo pelas chacotas que possam surgir no seu ambiente, da mesma forma que o Senhor não se importou com o clima existente em Israel, contrário à sua doutrina. Ao defendermos a indissolubilidade da instituição matrimonial, fazemos um imenso bem a todos.

Jesus Cristo, contrariando o ambiente da época a respeito do matrimônio, devolve-lhe toda a sua dignidade original e eleva-o à ordem sobrenatural ao instituí-lo como um sacramento chamado a santificar os cônjuges na vida familiar. E hoje, quando em tantos meios se olha com ceticismo para este sacramento e as suas propriedades essenciais, é um dever urgente dos cristãos defendê-lo com o mesmo vigor e desassombro de Jesus Cristo, e estabelecer as bases para que a família, unida e sólida, seja *o fundamento da sociedade*.

A família "tem que ser objeto de atenção e de apoio por parte daqueles que intervêm na vida pública. Educadores, escritores, políticos e legisladores devem ter em conta que grande parte dos problemas sociais e mesmo pessoais têm as suas raízes nos fracassos ou carências da vida familiar. Lutar contra a delinquência juvenil ou contra a prostituição da mulher e favorecer ao mesmo tempo o descrédito ou a deterioração da instituição familiar é uma leviandade e uma contradição.

"O bem da família em todos os seus aspectos tem que ser uma das preocupações fundamentais da atuação dos cristãos na vida pública. Deve-se apoiar o matrimônio e a família a partir dos diversos setores da vida social, facilitando-lhes todas as ajudas de tipo econômico, social, educativo, político e cultural que hoje são necessárias e urgentes para que possam continuar desempenhando as suas funções insubstituíveis na nossa sociedade (cf. *Familiaris consortio*, n. 45).

"Cumpre fazer notar, no entanto, que o papel das famílias na vida social e política não pode ser meramente passivo. Elas mesmas devem ser «as primeiras a procurar que as leis não somente não ofendam, mas sustentem e defendam positivamente os direitos e deveres da família» (*ib.*, n. 44), promovendo assim uma verdadeira «política familiar» (*ib.*)"[7].

A exemplaridade e a alegria dos esposos cristãos devem preceder o apostolado com os filhos e com as outras famílias com quem se relacionam por motivos de amizade, por vínculos sociais, pelos objetivos comuns na educação dos filhos etc. Essa alegria no meio das dificuldades normais de qualquer família, nasce de uma vida santa, da correspondência à vocação matrimonial. E os filhos realizam um bem muito grato a Deus quando se esforçam por empregar todos os meios ao seu alcance para colaborar com o ambiente próprio de uma família cristã, em que todos vivem as virtudes humanas: cordialidade jovial, sobriedade, amor ao trabalho, respeito mútuo...

III. QUANDO ELEVADO à ordem sobrenatural, todo o amor humano se engrandece e se fortalece porque, pelo sacramento cristão, o amor divino penetra no amor humano, ampliando-o e santificando-o. É Deus quem une o homem e a mulher com um vínculo sagrado no matrimônio; por isso *o que Deus uniu, o homem não o separe*. Justamente porque Deus une marido e mulher com vínculos divinos, o que eram dois corpos e dois corações torna-se uma só carne, um só corpo e um mesmo coração, à semelhança da união de Cristo com a sua Igreja[8].

O matrimônio não é apenas uma instituição social; não é apenas um estado jurídico, civil e canônico; é também uma nova vida, abnegada, transbordante de amor, santificante para os cônjuges e para todos os que compõem a família.

É bom que no seu diálogo com o Senhor, os pais e os filhos crescidos se detenham a considerar os diferentes aspectos da sua conduta diária: a convivência afetuosa, livre de discussões, de críticas ou de queixas; o cuidado com a boa ordem da casa e com o atendimento material dos filhos, dos irmãos, dos avós...; o aproveitamento do tempo nos fins de semana, evitando o ócio ou os passatempos inúteis; a serenidade diante das contrariedades; o respeito pela liberdade e pelas opiniões dos outros, juntamente com o conselho oportuno; o interesse pelos estudos e pela formação nas virtudes cristãs dos filhos ou dos irmãos mais novos; a solicitude para com os que requerem um cuidado e uma compreensão mais esmerados e mais sacrificados etc.

Se os pais se amarem, com um amor humano e sobrenatural, serão exemplares e os filhos se espelharão neles para encontrarem resposta a tantas questões que a vida suscita. Num ambiente alegre, o ideal cristão e as nobres ambições humanas florescerão e darão frutos abundantes de paz e de felicidade. E a família se converterá num lugar privilegiado para a "renovação constante da Igreja"[9], para a nova evangelização do mundo a que o Papa João Paulo II nos anima.

Peçamos à Santíssima Virgem, Mãe do Amor Formoso, graça abundante de seu Filho Jesus Cristo para a nossa família e para todas as famílias cristãs da terra.

(1) Mc 10, 1-2; (2) Mt 19, 3; (3) cf. Sagrada Bíblia, *Santos Evangelhos*; (4) Mt 19, 10; (5) cf. São João Crisóstomo, *Homilias sobre São Mateus*, 62, 1; (6) Pio XI, Enc. *Casti connubii*, 31-XII-1930; (7) Conferência Episcopal Espanhola, Instr. past. *Os católicos na vida pública*, 22-IV-1986, nn. 160-162; (8) cf. Ef 5, 22; (9) João Paulo II, *Alocução*, 21-IX-1978.

TEMPO COMUM. SÉTIMA SEMANA. SÁBADO

60. COM A SIMPLICIDADE DAS CRIANÇAS

— Infância espiritual e simplicidade.
— Manifestações de piedade e de naturalidade cristãs.
— Para sermos simples.

I. EM VÁRIAS OCASIÕES, o Evangelho mostra-nos como as crianças se aproximavam de Jesus, e como Jesus as acolhia, as abençoava e as apontava como exemplo aos seus discípulos. Hoje fala-nos uma vez mais da necessidade de nos fazermos como um daqueles pequeninos para entrarmos no seu Reino: *Em verdade vos digo: quem não receber o reino de Deus como uma criança, não entrará nele. E abraçando-as, abençoava-as, impondo-lhes as mãos*[1].

Nestas crianças que Jesus abraça e abençoa estão representadas não apenas todas as crianças do mundo, mas também os homens todos, a quem o Senhor indica como devem "receber" o Reino de Deus.

Jesus ilustra assim de modo expressivo a doutrina essencial da filiação divina: Deus é nosso Pai e nós somos seus filhos; o nosso comportamento resume-se em sabermos tornar realidade o relacionamento de um bom filho com um bom pai. É fomentarmos o sentido de dependência para com o Pai do Céu e o abandono confiante na sua providência amorosa, à semelhança de um menino que confia no seu pai; é a humildade de reconhecermos que, por nós, não podemos nada; é a simplicidade e a sinceridade que nos hão de levar a mostrar-nos tal como somos[2].

Tornarmo-nos interiormente crianças, sendo pessoas maduras, pode ser uma tarefa difícil: exige energia e firmeza de vontade, bem como um grande abandono em Deus. "A infância espiritual não é idiotice espiritual nem moleza piegas; é caminho sensato e rijo que, por sua difícil facilidade, a alma tem que empreender e prosseguir levada pela mão de Deus"[3].

Decidido a viver a infância espiritual, o cristão pratica com maior facilidade a caridade, porque "a criança não guarda rancor, nem conhece a fraude, nem se atreve a enganar. Tal como a criança pequena, o cristão não se irrita ao ser insultado [...], não se vinga quando maltratado. E mais ainda: o Senhor exige-lhe que reze pelos seus inimigos, que deixe a túnica e o manto a quem lhos arrebate, que apresente a outra face a quem o esbofeteie (cf. Mt 5, 40)"[4]. A criança esquece com facilidade as ofensas e não as contabiliza. A criança não tem penas.

A infância espiritual conserva sempre um amor jovem, porque a simplicidade impede de reter e ruminar no coração as experiências negativas. "Rejuvenesceste! De fato, percebes que o trato com Deus te devolveu em pouco tempo à época simples e feliz da juventude, até mesmo à segurança e alegria — sem criancices — da infância espiritual... Olhas à tua volta e verificas que acontece outro tanto aos demais: vão passando os anos desde o seu encontro com o Senhor e, com a maturidade, robustecem-se uma juventude e uma alegria indeléveis. Não estão jovens: são jovens e alegres! — Esta realidade da vida interior atrai, confirma e subjuga as almas. Agradece-o diariamente «*ad Deum qui laetificat iuventutem!*» — ao Deus que enche de alegria a tua juventude"[5].

O Senhor realmente alegra a nossa juventude perene, tanto nos começos como nos anos de maturidade ou de idade avançada. Deus é sempre a maior alegria da vida, se vivemos junto dEle como filhos, como filhos pequenos sempre necessitados.

II. A FILIAÇÃO DIVINA, vivida com espírito de infância espiritual, gera devoções simples, pequenas oferendas a Deus nosso Pai, porque uma alma de criança cheia de amor não pode permanecer inativa[6]. Quem é que pode dar o seu verdadeiro sentido às pequenas devoções, senão o cristão que necessitou de toda a fortaleza para se tornar criança?

Cada um de nós deve ter "piedade de meninos e doutrina de teólogos", costumava dizer Mons. Escrivá. A formação doutrinal sólida — "doutrina de teólogos" — ajuda-nos a dar sentido ao olhar que dirigimos a uma imagem de Nossa Senhora e a converter esse olhar num ato de amor; ou anima-nos a não permanecer indiferentes perante um crucifixo ou uma cena da *Via Sacra*. Trata-se de uma piedade viril e profunda, que se alimenta das verdades de fé transformadas em vida. Deus olha-nos então verdadeiramente comprazido, como um pai olha para o seu filho pequeno, a quem ama e aprecia mais do que aprecia todos os negócios do mundo.

Juntamente com o desejo de melhorar *mais e mais* a formação doutrinal pessoal — o mais profundamente que possamos —, devemos viver com amor esses detalhes simples de piedade — "piedade de meninos" — que nós mesmos inventamos ou que têm servido a milhares de pessoas diferentes, durante muitas gerações, para amarem a Deus, e que lhe agradaram porque vinham de quem se tinha feito *como criança*. Desde a origem da Igreja foi costume, por exemplo, enfeitar com flores os altares e as imagens sagradas, beijar o crucifixo ou o terço, molhar os dedos em água benta à entrada da igreja e benzer-se...

Por não os apreciarem como manifestações de amor, há pessoas que desprezam esses costumes simples e piedosos do povo cristão, considerando-os erroneamente como próprios de um "cristianismo infantil". Esqueceram as palavras do Senhor: *Quem não recebe o reino de Deus como uma criança, não entrará nele*; não querem lembrar-se de que, diante de Deus, sempre somos como filhos pequenos e necessitados, e que na vida humana o amor se expressa frequentemente em detalhes de pouca monta. Estas manifestações de afeto, vistas de fora, sem amor e sem compreensão, com uma objetividade crítica, podem parecer sem sentido. No entanto, quantas vezes o Senhor não se terá comovido com a oração das crianças e daqueles que, por amor, se fazem como elas!

Os Atos dos Apóstolos narram que os primeiros cristãos utilizavam luz abundante nas salas em que celebravam a Sagrada Eucaristia[7], e que gostavam de manter acesas lâmpadas de azeite sobre os sepulcros dos mártires. São Jerônimo elogia com estas palavras certo bom sacerdote: "Adornava as basílicas e capelas dos mártires com flores variadas, ramos de árvores e pâmpanos de vinhas, de sorte que tudo o que agradava na igreja, pela sua ordem ou pela sua graça, era testemunho do trabalho e do fervor desse presbítero"[8]. São manifestações externas de piedade, apropriadas à natureza humana, que precisa das coisas sensíveis para se dirigir a Deus e expressar-lhe adequadamente as suas necessidades e desejos.

Noutras ocasiões, a simplicidade terá manifestações de *audácia*: quando estamos recolhidos em oração, ou quando andamos pela rua, podemos dizer a Deus coisas que não nos atreveríamos a dizer-lhe — por pudor — diante de outras pessoas, em voz alta, porque pertencem à intimidade do nosso relacionamento com Ele. Mas *é necessário* que saibamos *e nos atrevamos* a dizer-lhe que o amamos e que queremos que nos faça ainda mais loucos de amor...; que estamos dispostos a pregar-nos mais à Cruz se Ele assim o desejar...; que uma vez mais lhe oferecemos a nossa vida... E essa audácia da vida de infância deve levar-nos a propósitos concretos.

III. A SIMPLICIDADE é uma das principais manifestações da infância espiritual. É o resultado de termos ficado desarmados diante de Deus, como a criança diante de seu pai, de quem depende e em quem confia. Diante de Deus, não tem sentido disfarçarmos os defeitos ou camuflarmos os erros que tenhamos cometido; e devemos também ser simples ao abrirmos a nossa alma na direção espiritual pessoal, manifestando o que temos de bom, de menos bom ou de duvidoso na nossa vida.

Somos simples quando mantemos uma intenção reta que nos leve a procurar sempre e em tudo o que é do agrado de Deus e para maior bem das almas. Quando se procura a Deus, a alma não se emaranha nem se complica inutilmente por dentro; não gosta de ter gestos extraordinários ou insólitos: faz o que deve e procura fazê-lo bem, de olhos postos no Senhor. Fala claramente, não se exprime com meias verdades nem com restrições mentais. Não é *ingênuo*, como também não é *suspicaz*; é prudente, mas não *receoso*. Ou seja, vive o ensinamento do Mestre: *Sede prudentes como as serpentes e simples como as pombas*[9].

"E por este caminho chegarás, meu amigo, a uma grande intimidade com o Senhor: aprenderás a chamá-lo pelo seu nome — Jesus — e a amar muito o recolhimento. A dissipação, a frivolidade, a superficialidade e a tibieza desaparecerão da tua vida. Serás amigo de Deus; e no teu recolhimento, na tua intimidade, alegrar-te-ás ao considerar aquelas palavras da Escritura: *Falava Deus com Moisés cara a cara, como costuma falar um homem com o seu amigo*"[10].

Oração que transborda ao longo do dia em atos de amor e de desagravo, em ações de graças, em jaculatórias a Nossa Senhora, a São José, ao Anjo da Guarda...

Nossa Senhora ensina-nos a tratar o Filho de Deus e seu Filho com simplicidade, a deixar de lado as fórmulas rebuscadas. Não nos custa imaginá-la preparando a comida, varrendo a casa, cuidando da roupa... No meio dessas tarefas, dirigir-se-ia a Jesus com confiança, com um delicado respeito e, ao mesmo tempo, com um imenso amor. Expunha-lhe as suas necessidades ou as dos outros (*Não têm vinho!*, dir-lhe-á nas bodas daqueles amigos ou parentes de Caná), cuidava dEle, prestava-lhe os pequenos serviços próprios das mães, olhava-o, pensava nEle..., e tudo isso era oração perfeita.

Nós temos necessidade de manifestar a Deus o nosso amor. E poderemos fazê-lo em muitos momentos através da Santa Missa, das orações que a Igreja nos propõe na liturgia..., ou de uma *visita* ao Santíssimo de poucos minutos no meio da correria diária, ou colocando uma flor junto de uma imagem de Maria, Mãe de Deus e nossa Mãe. Peçamos-lhe hoje que nos dê um coração simples e cheio de amor para sabermos como tratar o seu Filho, aprendendo das crianças, que se dirigem com tanta confiança aos seus pais e às pessoas de quem gostam.

(1) Mc 10, 13-16; (2) cf. Sagrada Bíblia, *Santos Evangelhos*, nota a Mc 10, 13-26; (3) São Josemaria Escrivá, *Caminho*, n. 855; (4) São Máximo de Turim, *Homilia 58*; (5) São Josemaria Escrivá, *Sulco*, n. 79; (6) cf. Santa Teresa de Lisieux, *História de uma alma*, X, 41; (7) At 20, 7-8; (8) São Jerônimo, *Epístola 60*, 12; (9) Mt 10, 16; (10) Salvador Canals, *Reflexões espirituais*, p. 113.

TEMPO COMUM. OITAVO DOMINGO. CICLO A

61. OS AFÃS DE CADA DIA

— Viver o dia de *hoje* em plenitude e sem aflições. Confiança e abandono em Deus.
— Preocupações estéreis. Sempre teremos as ajudas suficientes para ser fiéis.
— Trabalhar tendo Deus presente. Mortificar a imaginação para viver o momento presente: aqui e agora.

I. NO EVANGELHO DA MISSA, o Senhor dá-nos este conselho: *Não vos inquieteis pelo dia de amanhã; porque o dia de amanhã terá as suas próprias inquietações; a cada dia bastam os seus próprios cuidados*[1].

O ontem já passou; o amanhã não sabemos se chegará para cada um de nós[2], pois a ninguém foi entregue o seu porvir. Do dia de ontem, só ficaram muitos motivos de ação de graças pelos inumeráveis benefícios e ajudas de Deus, bem como daqueles que convivem conosco. Com certeza pudemos aumentar, nem que fosse um pouco, o nosso *tesouro* no Céu. Do dia de ontem restaram também motivos de contrição e penitência pelos nossos pecados, erros e omissões. Podemos dizer do dia de ontem, com palavras da Antífona de entrada da Missa: *O Senhor tornou-se o meu apoio, libertou-me da angústia e salvou-me porque me ama*[3].

O amanhã "ainda não é", e, se chegar, será o dia mais belo que jamais pudemos sonhar, porque foi preparado pelo nosso Pai-Deus para que nos santifiquemos: *Deus meus es tu, in manibus tuis sortes meae*: Vós sois o meu Deus, os meus dias estão nas vossas mãos[4]. Não há razões objetivas para andarmos angustiados e preocupados pelo dia de amanhã: teremos as graças necessárias para enfrentá-lo e sair vitoriosos.

O que importa é o *hoje*. É o que temos para amar e para nos santificarmos, através dos mil pequenos acontecimentos que constituem a trama de um dia. Uns serão humanamente agradáveis, outros menos, mas cada um deles pode ser uma pequena joia para Deus e para a eternidade, se o vivermos com plenitude humana e com sentido sobrenatural.

Não podemos entreter-nos com "oxalás": com situações passadas que a nossa imaginação embeleza com retoques de fantasia; ou com situações futuras enganosamente idealizadas, esvaziadas do contraponto do esforço, ou, pelo contrário, enlutadas com cores extremamente penosas e árduas. *Quem observa o vento não semeia nunca, e quem examina as nuvens jamais se porá a ceifar*[5]. É um convite para cumprirmos o dever do momento, sem atrasá-lo por pensarmos que se apresentarão oportunidades melhores.

É fácil enganarmo-nos com projetos e adiamentos, em busca de circunstâncias aparentemente mais favoráveis. Que teria acontecido com a pregação dos apóstolos se tivessem esperado por umas circunstâncias mais favoráveis? Que teria acontecido com qualquer obra de apostolado se tivesse ficado na expectativa das condições ideais? *Hic et nunc: aqui e agora* é que eu tenho que amar a Deus com todo o meu coração... e com obras.

Boa parte da santidade e da eficácia consiste certamente em vivermos cada dia *como se fosse o único da nossa vida*. Dias para serem cumulados de amor de Deus e terminados com as mãos cheias de boas obras. *O dia de hoje não se repetirá nunca*, e o Senhor espera que o impregnemos de Amor e de pequenos serviços aos nossos irmãos. O Anjo da Guarda deverá poder "sentir-se contente" ao apresentá-lo diante do nosso Pai-Deus.

II. *NÃO ANDEIS ANGUSTIADOS...* A preocupação estéril não suprime a desgraça que se teme, antes a antecipa. Lançamos sobre as nossas costas um fardo sem termos ainda a graça de Deus para carregá-lo. A preocupação aumenta as dificuldades e diminui a capacidade de cumprir o dever do momento presente. E sobretudo abre uma brecha na confiança que devemos depositar na providência que Deus exerce sobre todas as situações da vida.

Na primeira Leitura da Missa, o Senhor repete-nos pela boca de Isaías: *Pode a mulher esquecer o seu filhinho e não amar o fruto do seu ventre? Mas mesmo que ela se esqueça, eu não te esquecerei*[6]. E Jesus disse-nos, já tantas vezes!: *Tende confiança, sou eu, não temais*[7]. Hoje, o nosso Pai-Deus ter-nos-á amorosamente presentes em todas as circunstâncias.

Não podemos assumir ao mesmo tempo as cargas de hoje e as de amanhã. Temos sempre a ajuda suficiente para sermos fiéis no dia de hoje e para o vivermos com serenidade e alegria. O amanhã trar-nos-á novas graças, e o seu fardo não será mais pesado que o de hoje. Cada dia tem os seus cuidados, a sua cruz e a sua alegria. Todos os dias da nossa vida estão presididos por Deus que tanto nos quer. E só temos capacidade para viver o presente.

As aflições procedem, pois, quase sempre, de não vivermos com intensidade o momento atual e de termos pouca fé na Providência. Por isso desapareceriam se disséssemos sinceramente ao Senhor: *Volo quiquid vis, volo quia vis, volo quomodo vis, volo quandiu vis*: quero o que queres, quero porque o queres, quero como o queres, quero enquanto o quiseres[8]. Vêm então o *gaudium cum pace*[9]: a alegria e a paz.

Podemos sofrer a tentação de querer dominar também o futuro, esquecendo que a vida está nas mãos de Deus. Não imitemos a criança impaciente que, ao ler um livro, salta as páginas para saber como acaba a história. Deus concede-nos os dias um a um para que os cumulemos de santidade. Lemos no Antigo Testamento que os hebreus no deserto recolhiam o maná que Deus lhes fazia chover do céu como alimento de cada dia. E alguns, querendo armazenar para o futuro, não fosse faltar-lhe nos dias seguintes, recolhiam mais do que o necessário e o guardavam. No dia seguinte, deparavam com uma massa intragável que cheirava a podre. Faltava-lhes confiança em Javé, seu Deus, que cuidava deles com amor paternal. Empreguemos os meios necessários para assegurar o futuro, mas não o façamos como quem só confia nas suas forças.

O abandono em Deus — o santo abandono — não diminui a nossa responsabilidade de fazer e de prever o que é exigido em cada caso, nem nos dispensa de viver a virtude da prudência. Mas opõe-se à desconfiança em Deus e à inquietação sobre coisas que ainda não se deram[10]: *Não vos inquieteis, pois, pelo amanhã*, repete-nos hoje o Senhor... Aproveitemos bem o dia que estamos vivendo.

III. DEUS CONHECE as necessidades que temos; procuremos em primeiro lugar o reino de Deus e a sua justiça, e o resto nos será dado por acréscimo[11]. "Tenhamos o propósito firme e geral de servir a Deus de coração, por toda a vida, e depois disso não queiramos saber senão que há um amanhã em que não devemos pensar. Preocupemo-nos por fazer o bem hoje; o *amanhã* virá também a chamar-se *hoje*, e então pensaremos nele. Façamos a provisão de maná para cada dia e nada mais; não tenhamos a menor dúvida de que Deus fará cair do céu outro maná amanhã, e depois, enquanto durarem os dias da nossa peregrinação"[12]. O Senhor não falhará.

Viver o momento presente implica prestar atenção às coisas e às pessoas e, portanto, mortificar a imaginação e as lembranças inoportunas. A imaginação faz-nos estar "em outro mundo", muito longe do único que temos para santificar; é, com frequência, a causa de muitas perdas de tempo e do desperdício de grandes ocasiões de fazer o bem. A falta de mortificação interior da imaginação e da curiosidade é um dos grandes inimigos da nossa santificação.

Viver o momento presente exige que afastemos de nós os falsos temores de perigos futuros, desses fantasmas que a nossa cabeça amplia e deforma. Exige também que não semeemos o nosso caminho dessas falsas cruzes que a nossa imaginação inventa às vezes, e que nos fazem sofrer inutilmente por não aceitarmos a pequena cruz que o Senhor põe hoje diante de nós e que nos encheria de paz e de alegria se lhe abríssemos os braços.

Viver com um Amor pleno o momento presente é uma atitude interior que nos situará constantemente diante de coisas aparentemente pouco relevantes e em que devemos ser fiéis. *Hic et nunc: aqui e agora* devemos cumprir pontualmente o nosso plano de vida espiritual e de trabalho. *Aqui e agora* devemos ser generosos com Deus, fugindo da tibieza. *Aqui e agora* o Senhor espera que nos vençamos naquilo que nos custa e procuremos avançar nesses pontos de luta que constituem o nosso *exame particular*.

Peçamos à Santíssima Trindade que nos conceda a graça de vivermos sempre o momento presente com um Amor pleno, como se fosse a última oferenda da nossa vida na terra.

(1) Mt 6, 34; (2) cf. São Josemaria Escrivá, *Caminho*, n. 253; (3) Sl 17, 19-20; (4) Sl 31, 16; (5) Eclo 11, 4; (6) Is 49, 14-15; (7) Mt 14, 27; (8) Missal Romano, *Oração de Clemente XI para depois da Santa Missa*; (9) idem, *Oração preparatória da Missa*; (10) cf. V. Lehodey, *El santo abandono*, Rialp, Madri, 1981, p. 63; (11) cf. Mt 6, 32-34; (12) São Francisco de Sales, *Epistolário*, 131, 766.

TEMPO COMUM. OITAVO DOMINGO. CICLO B

62. AMOR DE DEUS PELOS HOMENS

— Deus ama-nos com um amor infinito, sem mérito algum da nossa parte.
— Gravidade da indiferença perante o amor que Deus tem por nós.
— Deus ama-nos com um amor pessoal e individual, e deu-nos muitos bens. Amor com amor se paga.

I. NA PRIMEIRA LEITURA da Missa[1], o profeta Oseias expressa com belíssimas imagens a grandeza sem limites do amor de Deus pela criatura humana: *Eu a cortejarei, conduzi-la-ei ao deserto e falar-lhe-ei ao coração. Aí ela me responderá como no tempo da sua juventude, como nos dias em que a tirei do Egito. Casar-me-ei contigo em união perpétua, casar-me-ei contigo em direito e justiça, em misericórdia e compaixão...* Apesar das contínuas infidelidades do povo escolhido, o Senhor volta porfiadamente a reconquistá-lo pelo amor e pela misericórdia. Em outro lugar, assevera-nos que jamais nos esquecerá, pois nos *traz escritos na palma das suas mãos* para nos ter sempre à vista[2]; e que quem nos faz algum mal fere a pupila dos seus olhos[3].

Na realidade, "o Deus da nossa fé não é um ser longínquo, que contemple com indiferença a sorte dos homens, os seus anseios, as suas lutas, as suas angústias. É um pai que ama os seus filhos"[4], com um amor bem diferente do nosso, que, mesmo purificado de toda a escória, "sempre é atraído pela bondade aparente ou real das coisas... O amor divino, pelo contrário, é um amor que cria e infunde bondade nas criaturas"[5], com o desinteresse mais absoluto. Deus ama-nos de verdade.

O amor de Deus é *gratuito*, pois as coisas criadas não podem dar-lhe nada que Ele já não possua em grau supremo. A razão do seu amor é a sua infinita bondade e o desejo de difundi-la. Impelido por esse amor, o Senhor não só nos criou, mas chegou ao extremo de elevar-nos à ordem sobrenatural e fazer-nos participar da sua própria felicidade, ultrapassando assim todas as exigências e méritos da natureza criada: *Nisto consiste o seu amor, em que não fomos nós que amamos a Deus, mas em que foi Ele que nos amou primeiro*[6].

Em decorrência desse amor, o Espírito Santo move-nos a pôr a nossa confiança em Deus com um abandono absoluto: *Confia ao Senhor a tua sorte, espera nele e Ele agirá*[7]. E em outro lugar: *Confia ao Senhor o teu futuro e tudo o que te preocupa, e Ele te sustentará*[8]. São Pedro anima-nos: *Confiai-lhe todas as vossas preocupações, porque Ele cuida de vós*[9]. É a recomendação que Santa Catarina de Sena ouviu do Senhor: "Esquece-te de ti, filha, e pensa em mim, que eu pensarei continuamente em ti".

II. A TERNURA DE DEUS pelos homens ultrapassa tudo o que possamos imaginar. Ele fez de nós seus filhos, com uma filiação real e verdadeira, tal como nos ensina o apóstolo São João: *Considerai com que amor nos amou o Pai, para que sejamos chamados filhos de Deus e o sejamos efetivamente*[10]. Esta é a maior demonstração do amor de Deus pelos homens. Ele tem para conosco a abnegação e a ternura de um pai, e vai ao ponto de comparar-se a uma mãe que não pode esquecer-se nunca do seu filho[11]. Esse filho tão querido é cada homem, cada mulher.

Quando estávamos perdidos em consequência do pecado, Deus enviou-nos o seu Filho para que desse a sua vida por nós e assim nos redimisse do estado em que havíamos caído. *Tanto amou Deus o mundo que lhe deu o seu Filho Unigênito, a fim de que todo aquele que nele crê não pereça, mas possua a vida eterna*[12]. Este mesmo amor leva-o a morar na nossa alma em graça[13] e a comunicar-se conosco na intimidade do nosso coração[14], tornando assim permanente a sua entrega total por nós.

Perante tanto amor, é particularmente trágica a indiferença do homem pelas coisas de Deus e, sobretudo, a ânsia com que se insiste em situá-lo no centro de tudo. Deformando a passagem em que o apóstolo adverte que *quem não ama o seu irmão, a quem vê, como poderá amar a Deus, a quem não vê?*[15], chega-se a dizer que só o homem deve ser amado. Deus seria um ser estranho e inacessível.

É um novo humanismo blasfemo, que costuma apresentar-se sob a aparência de uma defesa da dignidade da pessoa e que, no fundo, pretende ver o Criador suplantado pela criação. Destrói-se assim a própria possibilidade de amar a Deus e até os homens, já que, quando a criatura finita e limitada atribui a si própria um valor absoluto, o resto passa a ter para ela um valor secundário. A exclusão de Deus — único ser amável em si e por si — não leva nunca a um maior amor por alguém ou por alguma coisa. Só pode desembocar no ódio, que é o ambiente próprio do inferno. Sem Deus, o amor às criaturas extingue-se ou corrompe-se.

O Salmo responsorial da Missa[16] é a verdadeira resposta do homem ao amor de Deus, sempre compassivo e misericordioso:

Bendiz, ó minha alma, o Senhor,
e tudo o que existe em mim bendiga o seu santo nome.
Bendiz, ó minha alma, o Senhor,
e jamais te esqueças de todos os seus benefícios.

Quando não correspondemos a esse amor profundo, o Senhor queixa-se com razão: *Se o ultraje viesse de um inimigo, eu o teria suportado... Mas eras tu, meu companheiro, meu íntimo amigo...*[17]; é o que o Senhor nos diz, quando não lhe somos fiéis.

São João de Ávila escreve: "O fogo do amor por Ti que queres que arda em nós — até acender-nos, abrasar-nos e queimar o que somos, transformando-nos em Ti —, Tu o sopras pelos dons que na tua vida nos fizeste, e o fazes arder com a morte que por nós passaste"[18]. Perguntemo-nos na intimidade da nossa oração: o meu amor por Deus *arde* com esse vigor? Manifesta-se na correspondência generosa àquilo que Deus me pede? Toda a minha vida é uma resposta ao compromisso de amor que me prende ao Senhor? "Convence-te, filho, de que Deus tem o direito de nos dizer: — Pensas em Mim? Tens presença de Mim? Procuras-me como teu apoio? Procuras-me como Luz da tua vida, como couraça..., como tudo?"[19]

III. MEDIANTE UM PLANO SAPIENTÍSSIMO, o Senhor decidiu fazer-nos participar do seu amor e da sua verdade, pois, ainda que fôssemos capazes de amá-lo naturalmente com as nossas próprias forças, Ele sabia que somente dando-nos o seu próprio Amor é que poderíamos unir-nos intimamente a Ele.

Mediante a Encarnação do seu Unigênito, unindo o divino ao humano, Deus restaurou a ordem destruída, elevou-nos à dignidade de filhos e revelou-nos a plenitude do seu amor. Finalmente, *por serdes filhos, Deus enviou aos vossos corações o Espírito de seu Filho*[20], o Paráclito, que é o maior Dom que nos podia conceder.

Deus ama-nos com um amor pessoal e individual, e cumulou-nos de bens. Muitas vezes *falou ao nosso coração*, e talvez nos tenha dito com clareza: *Meus es tu*, tu és meu[21].

Nunca deixou de nos amar, de nos ajudar, de nos proteger, de se comunicar conosco; nem sequer nos momentos de maior ingratidão da nossa parte ou naqueles em que cometíamos os pecados mais graves. Talvez tenha sido nessas tristes circunstâncias que recebemos mais atenções de Deus, como se lê na primeira Leitura da Missa.

Pensemos, pois, como devemos *corresponder* a esse amor: no cumprimento dos nossos deveres, na fidelidade amorosa às nossas práticas de piedade, no apostolado de amizade com os nossos colegas, nos menores detalhes que a nossa vocação para a santidade nos pede... Vejamos se não estamos permitindo que a tibieza penetre na nossa alma através das frestas de um exame pouco profundo, que se limita simplesmente a repassar o cumprimento externo de um punhado de obrigações.

Contemplar frequentemente como Deus nos ama faz muito bem à alma. Santa Teresa aconselha "que nos lembremos do amor com que (o Senhor) nos fez tantas mercês e de como Ele mostrou que esse amor é grande...; pois amor traz amor. Procuremos sempre ir reparando nisso e despertando para amar"[22]. Efetivamente, devemos estar persuadidos desta realidade espiritual: contemplar o amor de Deus *traz amor* e *desperta-nos* para um amor ardente. Falando do amor de Cristo, João Paulo II animava-nos à correspondência com a conhecida expressão popular: "*Amor com amor se paga*"[23].

Contemplar o amor de Deus por nós levar-nos-á a pedir-lhe mais amor, como escreve audazmente o místico:

Mostra-me a tua presença,
mate-me a tua vista e formosura;
olha que esta doença
de amor já não se cura
senão com a presença e com a figura[24].

(1) Os 2, 14-15; 19-20; (2) Is 49, 15-17; (3) Zc 2, 12; (4) São Josemaria Escrivá, *É Cristo que passa*, n. 84; (5) São Tomás, *Suma teológica*, I, q. 20, a. 2; (6) 1 Jo 4, 10; (7) Sl 36, 5; (8) Sl 54, 23; (9) 1 Pe 5, 7; (10) 1 Jo 3, 1; (11) Is 49, 15; (12) 1 Jo 4, 9; (13) cf. Jo 14, 23; (14) cf. Jo 14, 26; (15) 1 Jo 4, 20; (16) Sl 102, 1-4.8.10.12.13; (17) Sl 55, 13-14; (18) São

João de Ávila, *Audi filia*, 69; (19) São Josemaria Escrivá, *Forja*, 506; (20) Gl 4, 6; (21) Is 43, 1; (22) Santa Teresa, *Vida*, 22, 14; (23) João Paulo II, *Alocução no Ato Eucarístico*, Madri, 31-X-1982, n. 3; (24) São João da Cruz, *Cântico espiritual*, 11.

TEMPO COMUM. OITAVO DOMINGO. CICLO C

63. O TRIUNFO SOBRE A MORTE

— A morte, consequência do pecado. Só levaremos desta vida o mérito das boas obras e a dívida dos pecados.
— Sentido cristão da morte.
— Frutos da meditação sobre os últimos fins do homem.

I. SÃO PAULO ENSINA-NOS na segunda Leitura da Missa[1] que, quando o corpo ressuscitado e glorioso se revestir de imortalidade, a morte será definitivamente vencida. Poderemos perguntar então: *Onde está, ó morte, a tua vitória? Onde está, ó morte, o teu aguilhão? Pois o aguilhão da morte é o pecado...*

Foi o pecado que introduziu a morte no mundo. Quando Deus criou o homem, outorgou-lhe, além dos dons sobrenaturais, outros dons que aperfeiçoavam a natureza na sua própria ordem. Entre eles, o da imortalidade corporal, que os nossos primeiros pais deveriam transmitir juntamente com a vida à sua descendência. O pecado original trouxe consigo a perda da amizade com Deus e desse dom da imortalidade. A morte, *estipêndio do pecado*[2], entrou então num mundo que fora concebido para a vida.

E chegou para todos: "Morre tanto o justo como o ímpio, o bom como o mau, o limpo como o sujo, quem oferece sacrifícios e quem não. A mesma sorte para o bom e para o que peca, para quem jura como para quem teme o juramento. Reduzem-se a pó e cinzas tanto os homens como os animais"[3]. Tudo o que é material acabará; cada coisa no seu devido tempo. O mundo corpóreo e tudo o que nele existe estão destinados a um fim. Nós também.

Com a morte, o homem perde tudo o que teve em vida. A quem só pensou em si mesmo, no seu bem-estar e comodidade, o Senhor dirá, tal como ao rico da parábola: *Insensato!... De quem será aquilo que acumulaste?*[4] Cada um levará consigo somente o mérito das suas boas obras e a dívida dos seus pecados. *Felizes os mortos que morrem no Senhor. Sim, diz o Espírito, que descansem dos seus trabalhos, pois as suas obras os acompanham*[5]. Com a morte, a vontade fixa-se definitivamente no bem ou no mal: na amizade com Deus ou na recusa da sua misericórdia para todo o sempre.

A meditação do nosso final neste mundo leva-nos a reagir contra a tibieza, contra a possível má vontade nas coisas de Deus, contra o apegamento às coisas da terra, que mais cedo ou mais tarde teremos que deixar; ajuda-nos a compreender que esta vida é um breve tempo para merecer.

O materialismo, que nega a subsistência da alma após a morte, tenta tranquilizar as consciências com o consolo de que sobreviverão nas obras que tenham deixado, bem como na memória e no afeto dos que ainda vivem no mundo. Esquecem que isso é um logro e um triste sucedâneo para as ânsias de eternidade que Deus pôs no coração humano.

Hoje detemo-nos a considerar que somos barro que perece, mas também que fomos criados para a eternidade, que a alma não morre nunca e que os nossos próprios corpos um dia ressuscitarão gloriosos, para se unirem novamente à alma. E isto cumula-nos de alegria e de paz, animando-nos a viver como filhos de Deus no mundo.

II. COM A RESSURREIÇÃO DE CRISTO, a morte foi vencida: já não escraviza o homem; é este que a tem sob as suas rédeas[6]. E alcançamos esta soberania na medida em que estamos unidos Àquele que *possui as chaves da morte*[7].

Quem crê em mim, ainda que morra, viverá; e todo aquele que vive e crê em mim não morrerá para sempre[8]. "Em Cristo, a morte perdeu o seu poder, o seu aguilhão foi-lhe arrebatado; a morte foi derrotada. Esta verdade da nossa fé pode parecer paradoxal quando à nossa volta ainda vemos homens angustiados pela certeza da morte e confundidos pelo tormento da dor. Certamente a dor e a morte desconcertam o espírito humano e continuam a ser um enigma para aqueles que não creem em Deus, mas pela fé sabemos que serão vencidas, que a vitória já foi alcançada na morte e ressurreição de Jesus Cristo, nosso Redentor"[9].

Para qualquer criatura, a morte é um transe difícil, mas, depois da Redenção operada por Cristo, esse momento tem um significado completamente diferente. Já não é apenas o duro tributo que todos os homens devem pagar pelo pecado, nem apenas a justa pena pela culpa; é sobretudo o ponto culminante da entrega nas mãos do nosso Redentor, a *passagem deste mundo para o Pai*[10], a entrada numa nova vida de felicidade eterna. Se formos fiéis a Cristo, poderemos dizer um dia com o salmista: *Ainda que eu atravesse o vale escuro, nada temerei, pois Tu estás comigo*[11].

Esta serenidade e este otimismo com relação ao momento final nascem da firme esperança em Jesus Cristo, que quis assumir a natureza humana integramente, à exceção do pecado[12], para destruir pela sua morte *aquele que tinha o império da morte, isto é, o diabo, e livrar aqueles que pelo temor da morte estavam sujeitos à escravidão*[13]. Por isso Santo Agostinho ensina que "a nossa herança é a morte de Cristo"[14]: por ela podemos alcançar a Vida.

A incerteza do nosso fim deve incitar-nos a confiar na misericórdia divina e a ser muito fiéis à nossa vocação de cristãos, consumindo a nossa vida a serviço de Deus e da Igreja onde quer que estejamos. Devemos ter sempre presente, sobretudo quando chegar o último momento, que o Senhor é um bom Pai, cheio de ternura para com os seus filhos. É o nosso Pai-Deus quem nos dará as boas-vindas! É Cristo quem nos dirá: *Vem, bendito de meu Pai...!*

A amizade com Jesus Cristo, o sentido cristão da vida, a certeza de que somos filhos de Deus, permitir-nos-ão encarar e aceitar a morte com serenidade: será o encontro de um filho com seu Pai, a quem procurou servir ao longo desta vida. *Ainda que eu atravesse o vale escuro, nada temerei, pois Tu estás comigo.*

III. A IGREJA RECOMENDA-NOS que meditemos com frequência nos *novíssimos* — nos últimos fins do homem —, pois tiramos muitos frutos dessa consideração. O pensamento da brevidade da vida não nos afasta dos assuntos que o Senhor pôs em nossas mãos: a família, o trabalho, as aspirações nobres... Pelo contrário, ajuda-nos a encarar todas as nossas responsabilidades com entusiasmo, a santificar todas as realidades terrenas, pois é com elas que se ganha o Céu. Não tenhamos, pois, o receio de pensar na morte, pois assim teremos uma visão equilibrada da vida.

O Senhor apresentar-se-á talvez quando menos o pensarmos: *virá como o ladrão pela calada da noite*[15], e deve achar-nos preparados, vigilantes, desprendidos do que é terreno. Agarrar-se às coisas daqui de baixo quando teremos que deixá-las tão cedo seria um grave erro. Devemos viver com os pés no chão, mas não podemos esquecer que somos caminhantes que avançam com os olhos postos em Cristo e no seu Reino, que será o definitivo. Cada manhã damos um passo mais em direção a Ele, cada tarde nos encontramos mais perto dEle. Por isso devemos viver como se o Senhor fosse chamar-nos imediatamente.

A incerteza em que Deus quis deixar o fim da nossa vida terrena ajuda-nos a viver cada dia como se fosse o último, sempre dispostos e preparados para "mudar de casa"[16].

Esse dia "não pode estar muito longe"[17]; qualquer dia pode ser o último. Hoje morreram milhares de pessoas em circunstâncias diversíssimas; muitas, possivelmente, nunca imaginaram que já não teriam tempo para merecer. Cada um dos nossos dias deve, pois, ser encarado como uma folha em branco em que podemos escrever coisas maravilhosas ou que podemos encher de erros e borrões. E não sabemos quantas páginas faltam para o fim do livro — que um dia o Senhor lerá.

A amizade com Jesus Cristo, o amor à nossa Mãe Santa Maria, o sentido cristão com que nos esforcemos por viver, hão de permitir-nos encarar com serenidade o nosso encontro definitivo com Deus. São José, advogado da boa morte, que teve ao seu lado a doce companhia de Jesus e de Maria na hora da sua passagem deste mundo, ensinar-nos-á a preparar dia a dia esse encontro inefável com o nosso Pai-Deus.

São Paulo despede-se dos primeiros cristãos de Corinto com umas consoladoras palavras que a primeira Leitura nos recorda. Podemos considerá-las como dirigidas particularmente a cada um de nós: *Assim, pois, irmãos meus muito amados, mantende-vos firmes, inabaláveis, progredindo sempre na obra do Senhor, sabendo que o vosso trabalho não é vão no Senhor.*

Para terminarmos a nossa oração, recorremos à Virgem Santíssima: Ó Mãe nossa, alcançai-nos do vosso Filho a graça de termos sempre presente a meta do Céu em todos os nossos afazeres: que trabalhemos sempre com os olhos postos na eternidade. *Santa Maria, Mãe de Deus, rogai por nós, pecadores, agora e na hora da nossa morte. Amém.*

(1) 1 Cor 15, 54-58; (2) Rm 6, 23; (3) São Jerônimo, *Epístola 39*, 3; (4) Lc 12, 20-21; (5) Ap 14, 13; (6) 1 Cor 3, 2; (7) Ap 1, 18; (8) Jo 11, 25-26; (9) João Paulo II, *Homilia*, 16-II-1981; (10) cf. Jo 13, 1; (11) Sl 22, 4; (12) cf. Hb 4, 15; (13) Hb 2, 14-15; (14) Santo Agostinho, *Epístola 2*, 94; (15) 1 Ts 5, 2; (16) cf. São Josemaria Escrivá, *Caminho*, n. 774; (17) São Jerônimo, *Epístola 60*, 14.

TEMPO COMUM. OITAVA SEMANA. SEGUNDA-FEIRA

64. O JOVEM RICO

— Deus nos chama a todos. Necessidade do desprendimento para seguir a Cristo.
— A resposta à vocação pessoal.
— Pobreza e desprendimento na nossa vida diária.

I. O EVANGELHO DA MISSA de hoje[1] diz-nos que Jesus saía de uma cidade a caminho de outro lugar, quando um jovem veio correndo e se deteve diante dEle. Os três Evangelistas que nos relatam o episódio contam-nos que era de boa posição social.

Ajoelhou-se aos pés de Cristo e fez uma pergunta fundamental para todos os homens: *Mestre, que devo fazer para alcançar a vida eterna?* Jesus está de pé, rodeado dos seus discípulos, que contemplam a cena; o jovem, de joelhos. É um diálogo aberto, em que o Senhor começa por dar uma resposta em termos gerais: *Guarda os mandamentos*. E enumera-os: *Não matarás, não adulterarás, não furtarás...* O jovem responde: *Mestre, tudo isso tenho guardado desde a minha infância... Que me falta ainda?*[2]

É a pergunta que todos nós fizemos alguma vez, perante o desencanto íntimo das coisas que, sendo boas, não acabavam de satisfazer-nos o coração, e perante a vida que ia passando sem apagar essa sede oculta que não é saciada. E Cristo tem uma resposta pessoal para cada um, a única resposta válida.

Jesus sabia que no coração daquele jovem havia um fundo de generosidade, uma grande capacidade de entrega. Por isso olhou-o comprazido, com amor de predileção, e convidou-o a segui-lo sem nenhuma condição, sem laços que o retivessem. Olhou-o fixamente, como só Cristo sabe olhar, até o mais fundo da alma.

"Ele fita com amor cada um dos homens. O Evangelho confirma-o a cada passo. Pode-se até dizer que nesse «olhar amoroso» de Cristo está contido como que o resumo e a síntese de toda a *Boa-nova* [...]. O homem necessita desse «olhar amoroso»; é-lhe necessária a consciência de ser amado, *de ser amado eternamente* e escolhido desde toda a eternidade (cf. Ef 1, 4)"[3]. O Senhor, agora e sempre, vê-nos assim, com um profundo amor de predileção.

O Mestre, com uma voz que devia ter tido um acento muito particular, disse-lhe: *Uma coisa te falta ainda*. Só uma. Com que ansiedade o jovem não estaria aguardando a resposta do Mestre! Era, sem dúvida, a coisa mais importante que ia ouvir em toda a sua vida. *Vai, vende tudo o que tens e dá-o aos pobres... E depois vem e segue-me*. Era um convite para que se entregasse inteiramente ao Senhor.

Deus chama a todos: sãos e enfermos; pessoas com grandes qualidades ou de capacidade modesta; os que possuem riquezas e os que passam por dificuldades; os jovens, os anciãos e os de idade madura. Cada homem, cada mulher, deve descobrir o caminho peculiar a que Deus o chama. Mas, seja qual for esse caminho, chama todos à santidade, à generosidade, ao desprendimento, à entrega; diz a todos no seu interior: *Vem e segue-me*.

Aquele jovem vê de repente a sua vocação: a chamada para uma entrega plena. O seu encontro com Jesus descobre-lhe o sentido e a tarefa fundamental da sua vida. Mas descobre-lhe ao mesmo tempo até onde chegava a sua verdadeira disponibilidade. Até aquele momento, julgava cumprir a vontade de Deus porque cumpria os mandamentos da Lei. Quando Cristo lhe desvenda o panorama de uma entrega completa, percebe quanto apego tem às suas coisas e como é pequeno o seu amor à vontade de Deus. Hoje, essa cena continua a repetir-se.

"Dizes, desse teu amigo, que frequenta os Sacramentos, que é de vida limpa e bom estudante, mas que não «entrosa»; se lhe falas em sacrifício e apostolado, fica triste e vai-se embora.

"Não te preocupes. Não é um malogro do teu zelo; é, à letra, a cena que narra o Evangelista: «Se queres ser perfeito, vai e vende tudo o que tens e dá-o aos pobres» (sacrifício)... «e vem depois e segue-me» (apostolado).

"O adolescente «*abiit tristis*» — também se retirou entristecido; não quis corresponder à graça"[4].

Foi-se cheio de tristeza, porque a alegria só é possível quando há generosidade e desprendimento, quando há essa disponibilidade absoluta diante do querer de Deus que se manifesta em momentos bem precisos da nossa vida e, depois, na fidelidade ao longo dos dias e dos anos.

Digamos hoje ao Senhor que nos ajude com a sua graça para que, a cada momento, possa contar efetivamente conosco para o que queira: livres de objeções e de laços que nos prendam. "Senhor, não tenho outro fim na vida a não ser buscar-vos, amar-vos e servir-vos... Todos os outros objetivos da minha vida se orientam para isso. Não quero nada que me separe de Vós", dizemos-lhe neste diálogo.

II. "A TRISTEZA DESTE JOVEM leva-nos a refletir, comenta João Paulo II. Podemos ser tentados a pensar que possuir muitas coisas, muitos bens deste mundo, pode fazer-nos felizes. Vemos, no entanto, no caso do jovem do Evangelho, que as riquezas se tornaram um obstáculo para aceitar a chamada de Jesus que o convidava a segui-lo. Não estava disposto a dizer "sim" a Jesus e "não" a si mesmo, a dizer "sim" ao amor e "não" à fuga! O amor verdadeiro é exigente [...]. Porque foi Jesus — o próprio Jesus — quem disse: *Vós sereis meus amigos se fizerdes o que eu vos mando* (Jo 15, 14). O amor exige esforço e compromisso pessoal para cumprir a vontade de Deus. Significa sacrifício e disciplina, mas significa também alegria e realização humana [...]. Com a ajuda de Cristo e através da oração, podereis corresponder à sua chamada [...]. Abri os vossos corações a este Cristo do Evangelho, ao seu amor, à sua verdade, à sua alegria. Não vos vades embora tristes!"[5]

A chamada do Senhor que nos convida a segui-lo de perto exige uma atitude de resposta contínua, porque Ele, nas suas diferentes chamadas, pede uma correspondência dócil e generosa ao longo da vida. Por isso, devemos situar-nos com frequência diante de Deus — cara a cara, sem anonimato — e perguntar-lhe como o jovem do Evangelho: *Que me falta?* Que exigências tem hoje a minha vocação de cristão nas minhas circunstâncias? Que caminho o Senhor quer que eu siga?

Sejamos sinceros: quem tem autêntico desejo de saber qual o caminho de Deus para si, esse acaba por conhecê-lo claramente. "O cristão vai descobrindo assim, no meio da sua vida corrente, como a sua vocação se deve ir realizando através de um entrançado cotidiano de chamadas e sugestões divinas [...], de instantes significativos, de «vocações» concretas para que realize, por amor ao seu Senhor, pequenas ou grandes tarefas no mundo dos homens. E é no meio desse diálogo contínuo com o Senhor, feito de constantes fidelidades, que pode por fim escutar essa voz divina que o convida a tomar uma decisão definitiva, radical [...]. A palavra de Deus pode chegar-lhe com o furacão ou com a brisa (1 Rs 19, 22)"[6]. Mas, para segui-la, deve estar desprendido de qualquer liame; só Cristo é que importa. Todo o resto, nEle e por Ele.

III. AQUELE JOVEM LEVANTOU-SE, esquivou-se ao olhar de Jesus e ao seu convite para uma profunda vida de amor, e foi-se embora com a tristeza estampada no rosto. "Intuímos que a negativa daquele momento foi definitiva"[7]. O Senhor viu com pena como o seu jovem interlocutor se afastava; e o Espírito Santo revela-nos o motivo da sua recusa: *tinha muitos bens* e estava muito apegado a eles.

Depois do incidente, a comitiva empreendeu a caminhada. Mas antes, ou talvez enquanto davam os primeiros passos, Jesus, *olhando à sua volta, disse aos seus discípulos: Que dificilmente entrarão no reino de Deus os que têm riquezas!* Todos ficaram impressionados com as suas palavras. E o Senhor repetiu com mais força: *Mais fácil é a um camelo passar pelo buraco de uma agulha do que a um rico entrar no reino de Deus.*

Devemos considerar com atenção o ensinamento de Jesus e aplicá-lo à nossa vida: não se pode conciliar o amor a Deus — esse segui-lo de perto — com o apego aos bens materiais: num mesmo coração, não pode haver lugar para esses dois amores juntos. O homem pode orientar a sua vida propondo-se Deus como fim, e alcançá-lo também, com a ajuda da graça, através das coisas materiais, usando-as apenas como meios que são e na justa medida em que o forem; ou infelizmente pode pôr nas riquezas a esperança da sua plenitude e felicidade: desejo desmedido de bens, de luxo, de comodismo, ambição, cobiça...

Temos hoje uma boa ocasião para nos examinarmos valentemente, na intimidade da nossa oração, sobre a mola que realmente comanda a nossa atuação, isto é, sobre o lugar em que para o nosso coração: se nos propusemos seriamente viver desprendidos dos bens da terra ou se tudo nos parece pouco e queremos acumular indefinidamente; se temos uma preocupação obsessiva com o futuro, amealhando como se fôssemos viver para sempre na terra ou como se, no caso dos pais, os filhos devessem receber tudo deles e nunca ter que trabalhar; se somos sóbrios nas necessidades pessoais ou familiares, evitando os gastos supérfluos, os extraordinários descontrolados, as necessidades falsas das quais poderíamos prescindir com um pouco de boa vontade; se cuidamos com esmero das coisas da nossa casa e dos bens que usamos; se atuamos com a consciência clara de sermos apenas *administradores* dos nossos recursos e devermos prestar contas deles ao seu verdadeiro Dono, Deus Nosso Senhor; se aceitamos com alegria as incomodidades e a falta de meios; se somos generosos na esmola aos mais carentes e na manutenção de obras sociais ou de formação cristã, privando-nos de coisas que gostaríamos de ter... Só assim viveremos com a alegria e a liberdade necessárias para sermos discípulos do Senhor no meio do mundo.

Seguir Cristo de perto é o nosso ideal supremo; não queremos retirar-nos da sua presença como aquele jovem, com a alma impregnada de profunda tristeza por não termos sabido desprender-nos de uns bens de pouco valor, em comparação com a imensa riqueza de Jesus.

(1) Mc 10, 17-27; (2) Mt 19, 20; (3) João Paulo II, *Carta aos jovens*, 31-III-1985, n. 7; (4) São Josemaria Escrivá, *Caminho*, n. 807; (5) João Paulo II, *Homilia no Boston Common*, 1-X-1979; (6) P. Rodriguez, *Fé e vida de fé*, pp. 82-83; (7) R. A. Knox, *Deus e eu*, Quadrante, São Paulo, p. 163.

TEMPO COMUM. OITAVA SEMANA. TERÇA-FEIRA

65. GENEROSIDADE E DESPRENDIMENTO

— Necessidade de um desprendimento efetivo dos bens materiais para seguir a Cristo.
— Jesus é infinitamente generoso na sua recompensa para com aqueles que o seguem.
— Sempre *vale a pena* seguir a Cristo. O *cento por um* aqui na terra e a vida eterna junto de Deus no Céu.

I. DEPOIS DO ENCONTRO com o jovem rico que considerávamos ontem, Jesus e os seus discípulos empreenderam novamente o caminho para Jerusalém. Havia ficado gravada em todos a triste despedida daquele adolescente que estava muito apegado às suas posses, bem como as palavras fortes de Jesus Cristo dirigidas aos que não são capazes de segui-lo — não o querem — por causa de um amor desordenado aos bens da terra. Agora, já a caminho, provavelmente para quebrar o silêncio provocado pela cena anterior, Pedro diz a Jesus: *Eis que nós deixamos tudo e te seguimos*[1]. São Mateus refere claramente o sentido das palavras do apóstolo: *Que recompensa teremos?*[2] Que vamos lucrar?

Santo Agostinho, comentando esta passagem do Evangelho da Missa de hoje, interpela-nos com estas palavras: "Eu te pergunto, alma cristã. Se te fosse dito o mesmo que àquele rico: *Vai e vende* tu também *todas as coisas e terás um tesouro no céu, e depois vem* e segue a Cristo, ir-te-ias embora triste como ele?"[3]

Nós, tal como os apóstolos, deixamos o que o Senhor nos foi pedindo, cada um segundo a sua vocação, e temos o firme desejo de desfazer qualquer laço que nos impeça de correr para Cristo e segui-lo. Podemos renovar hoje o propósito de ter o Senhor como centro da nossa vida, mediante um desprendimento efetivo daquilo que temos e usamos, para que possamos dizer com São Paulo: *Tenho tudo por lixo, contanto que ganhe o amor de Cristo*[4]. Certamente, "quem reconheceu as riquezas de Cristo Nosso Senhor desprezará todas as coisas por causa delas. Dinheiro, riqueza, poder, tornam-se lixo aos seus olhos. Nada pode haver que se lhes compare"[5]. Nenhuma coisa tem valor quando comparada com Cristo.

Eis que nós deixamos tudo... "Que deixaste, Pedro? Uma pobre barca e uma rede. Ele, no entanto, poderia responder-me: Deixei o mundo inteiro, já que não reservei nada para mim"[6], tal como nós desejamos fazer. Temos considerado repetidas vezes — porque é um ponto essencial para seguir a Cristo — que o Senhor exige a virtude da pobreza a todos os seus discípulos, de qualquer tempo e em qualquer situação em que se encontrem na vida. Ora bem, isto significa que temos de chegar a uma austeridade real e efetiva na posse e no uso dos bens materiais, plenamente conscientes de que não podemos alcançá-la sem "muita generosidade, inumeráveis sacrifícios e um esforço incansável"[7], como diz Paulo VI.

Devemos, pois, verificar agora se caminhamos passo a passo por essa senda árdua, de modo a podermos dizer não só que amamos a pobreza, mas que estamos *aprendendo* a vivê-la no dia a dia, em todas as suas dimensões. Mais uma vez hão de aflorar à nossa consciência tantos pormenores que caracterizam uma vida sinceramente desprendida dos bens materiais: se cortamos com os caprichos; se não invocamos pretextos de posição social ou profissional para ser perdulários ou de qualquer modo fazer ostentação de riqueza; se instalamos o nosso lar com bom gosto, sim, com coisas duráveis, sim, mas sobriamente; se sabemos educar os filhos na austeridade, sem que lhes falte o necessário, mas sem habituá-los a todas as comodidades, a todos os aparelhos sofisticados, a todas as formas de lazer que os amolecem e lhes comprometem a personalidade e a formação cristã, pois nesse caso teremos banido das suas vidas a palavra sacrifício... E assim por diante. Não o esqueçamos: "Muitos se sentem infelizes, precisamente por terem demasiado de tudo"[8].

II. *EIS QUE NÓS DEIXAMOS TUDO...* Ao correspondermos com uma generosidade renovada às exigências da vocação cristã, quantas vezes não teremos experimentado que o desprendimento efetivo dos bens materiais traz consigo a libertação de um peso considerável! Somos como o soldado que se desfaz da sua mochila ao entrar em combate para ter os movimentos mais livres.

Assim saboreamos um perfeito domínio sobre as coisas; já não somos escravos delas e sentimos a verdade das palavras de São Paulo: *Estamos no mundo como quem nada tem, mas possuímos tudo*[9]. O coração do cristão, livre do egoísmo, abre-se à caridade e com ela possui tudo: *Tudo é vosso, mas vós sois de Cristo e Cristo de Deus*[10].

Pedro recorda a Jesus que, de maneira bem diferente da daquele jovem, eles deixaram tudo por Ele. Não olha para trás, mas parece ter necessidade, em nome de todos, de umas palavras do Mestre que lhes reafirmem que ganharam com a troca, que vale a pena estarem junto dEle, ainda que não tenham nada. O apóstolo mostra-se muito humano, mas a sua pergunta manifesta ao mesmo tempo a confiança que o une ao Senhor.

Jesus enternece-se diante daqueles homens que, apesar dos seus defeitos, o seguem fielmente: *Em verdade vos digo: não há ninguém que, tendo deixado casa, irmãos ou irmãs, mãe ou pai, filhos ou campos por amor de mim e do Evangelho, não receba já nesta vida cem vezes mais em casas, irmãos, irmãs, mães, filhos e campos, no meio de perseguições; e, no século futuro, a vida eterna...*

"Vê lá se encontras na terra quem pague com tanta generosidade!"[11] Jesus não fica atrás. Nem um copo de água fresca dado em atenção a Cristo ficará sem recompensa[12].

Sejamos sinceros e perguntemo-nos: posso afirmar diante de Deus que deixei tudo?

Se for assim, Jesus não deixará de nos confirmar no caminho a que nos chamou. Quem leva em conta até a mais pequena das ações, como há de esquecer a fidelidade de um dia após outro por puro amor? Quem multiplicou pães e peixes para uma multidão que o seguia por uns dias, que não fará por aqueles que deixaram tudo para segui-lo sempre? "Se prepara uma festa para o filho que o traiu, só por tê-lo recuperado, o que não nos outorgará a nós, se sempre procuramos ficar a seu lado?"[13]

As palavras de Cristo deram segurança àqueles que o acompanhavam naquele dia a caminho de Jerusalém, bem como a todos os que, ao longo dos séculos, tendo deixado tudo para segui-lo, buscam no seu ensinamento a firmeza da fé e da entrega. A promessa de Cristo ultrapassa de longe toda a felicidade que o mundo pode dar. Ele nos quer felizes também aqui na terra: os que o seguem com generosidade obtêm já nesta vida uma alegria e uma paz que superam amplamente as alegrias e os consolos humanos. E a essa alegria e paz soma-se a bem-aventurança eterna. "São duas horas de vida, e o prêmio é grandíssimo; e ainda que não houvesse nenhum, a não ser cumprir o que o Senhor nos aconselhou, é grande paga podermos imitar Sua Majestade em alguma coisa"[14].

III. "*VÓS ASSEGURAIS, Senhor, aos homens e aos animais a saúde, em proporção com a imensa extensão da vossa misericordiosa bondade*, diz o salmista (Sl 35, 7). Se Deus concede a todos, bons e maus, homens e animais, um dom tão precioso, meus irmãos, o que não reservará àqueles que lhe são fiéis?"[15]

Vale a pena que nos empenhemos em seguir o Senhor, em ser-lhe fiéis a todo o momento, em ser generosos sem medida. Ele nos diz através de São João Crisóstomo: "O ouro que pensas emprestar, dá-me a mim e eu te pagarei com mais juros e com mais garantias. O corpo que pensas alistar no exército de outro, alista-o no meu, porque eu supero a todos no pagamento e na retribuição [...]. O seu amor é grande. Se desejas emprestar-lhe, Ele está disposto a receber. Se queres semear, Ele te vende a semente; se queres construir, Ele te diz: edifica nos meus terrenos. Por que corres atrás das coisas dos homens, que são pobres mendigos e nada podem? Corre atrás de Deus, que, em troca de coisas pequenas, te dá outras grandes"[16].

Não devemos esquecer que, às recompensas, o Senhor acrescenta *as perseguições*, porque estas também são um prêmio para os discípulos de Cristo; a glória do cristão é assemelhar-se ao seu Mestre, tomando *parte na sua Cruz para participar com Ele da sua glória*[17]. Se essas perseguições nos atingem nalguma das suas diversas formas (injustiças, calúnias, manobras baixas na vida profissional, zombarias...), devemos entender que podemos convertê-las num bem, numa parte do prêmio, pois o Senhor permite que participemos da sua Cruz e nos unamos mais a Ele.

Quem é fiel a Cristo tem a promessa do Céu para sempre. Ouvirá a voz do Senhor, a quem procurou servir aqui na terra, que lhe diz: Vem, bem-amado de meu Pai, ao Céu que te preparei desde a criação do mundo[18]. Ouvir estas palavras de boas-vindas no limiar da eternidade já compensa tudo aquilo que tivermos deixado de lado para seguir melhor a Cristo, ou o pouco que tivermos padecido por Ele. Entra-se na eternidade levado por Jesus.

E mesmo que alguma vez, embora sigamos a Cristo por amor, tudo nos pareça custar um pouco mais, far-nos-á muito bem repetir alguma jaculatória que nos ajude a pensar no prêmio: *Vale a pena! Vale a pena! Vale a pena!* A esperança fortalece-se e o caminhar torna-se seguro.

Não sentiremos falta de nada se tivermos Jesus Cristo. Conta-se da vida de São Tomás de Aquino que um dia o Senhor lhe disse: "Escreveste bem sobre mim, Tomás. Que recompensa desejas?" O Santo respondeu: "Nada senão Vós mesmo, Senhor". Nós também não queremos outra coisa.

Pedimos agora a Santa Maria que nos obtenha disposições firmes de desprendimento e generosidade, para que, tal como Ela, propaguemos à nossa volta um clima alegre de amor à pobreza cristã.

(1) Mc 10, 28-31; (2) Mt 19, 27; (3) Santo Agostinho, *Sermão 301 A*, 5; (4) Fl 3, 8; (5) *Catecismo romano*, IV, 11, n. 15; (6) Santo Agostinho, *op. cit.*, 4; (7) Paulo VI, Enc. *Populorum progressio*, 26-III-67; (8) São Josemaria Escrivá, *Sulco*, n. 82; (9) 2 Cor 6, 10; (10) 1 Cor 3, 22-23; (11) cf. São Josemaria Escrivá, *Caminho*, n. 670; (12) cf. Mt 10, 42; (13) São Josemaria Escrivá, *Amigos de Deus*, n. 309; (14) Santa Teresa, *Caminho de perfeição*, 2, 7; (15) Santo Agostinho, *Sermão 225*; (16) São João Crisóstomo, *Homilias sobre São Mateus*, 76, 4; (17) Rm 8, 17; (18) cf. Mt 25, 34.

66. APRENDER A SERVIR

— O exemplo de Cristo. *Servir é reinar.*
— Diversos serviços que podemos prestar à Igreja, à sociedade, aos que estão ao nosso lado.
— Servir com alegria sendo competentes na nossa profissão.

I. O EVANGELHO DA MISSA[1] narra o pedido que os *filhos de Zebedeu* dirigiram ao Senhor para que lhes reservasse os primeiros postos no novo Reino. Quando souberam desse desejo, os outros discípulos indignaram-se contra os dois irmãos. O desgosto que experimentaram não foi provavelmente provocado pela peculiaridade do pedido, mas porque todos se sentiam com igual ou maior direito de ocupar esses postos proeminentes.

Jesus, que conhece a ambição daqueles que serão os alicerces da sua Igreja, diz-lhes que eles não devem comportar-se como os reizinhos que oprimem e subjugam os seus súditos. A autoridade da Igreja não será assim: pelo contrário, *quem quiser ser grande entre vós seja o vosso servidor; e quem entre vós quiser ser o primeiro seja escravo de todos.* É um novo modo de ser "senhor", uma nova maneira de "ser grande"; e Jesus mostra o fundamento dessa nova nobreza e a sua razão de ser: *porque o Filho do Homem não veio para ser servido, mas para servir e dar a sua vida em redenção de muitos.*

A vida de Cristo é uma constante ajuda aos homens, e a sua doutrina um contínuo convite ao espírito de serviço. Ele é o exemplo que deve ser imitado pelos que exercem a autoridade na sua Igreja; sendo Deus e Juiz, que há de vir julgar o mundo, não se impõe, serve por amor até dar a sua vida por todos[2]; esta é a sua forma de ser o primeiro.

Assim o entenderam os apóstolos, especialmente depois da vinda do Espírito Santo. São Pedro exortará os presbíteros a apascentar o rebanho de Deus, não como dominadores, mas servindo de exemplo[3]; e o mesmo dirá São Paulo, que, sem estar submetido a ninguém, se fez *servo de todos para ganhar a todos*[4].

O Senhor não se dirige, porém, apenas aos seus apóstolos, mas aos discípulos de todos os tempos. Ensina-nos que há uma honra singular em auxiliar e assistir os homens, imitando o Mestre. "Uma tal dignidade exprime-se na disposição de servir segundo o exemplo de Cristo, que *não veio para ser servido, mas para servir*. Se, portanto, à luz da atitude de Cristo, se pode verdadeiramente *reinar* somente *servindo*, ao mesmo tempo este *servir* exige tal maturidade espiritual que se deve defini-lo precisamente como *reinar*"[5].

Para se poder servir os outros digna e eficazmente, é necessário chegar a um autodomínio muito grande, que saiba ultrapassar as barreiras interiores do egoísmo, os pruridos de independência e de superioridade em relação ao próximo, as impaciências de quem só tem olhos e tempo para as suas próprias preocupações... E tudo isto, só o consegue o homem espiritualmente amadurecido, forte, enérgico. Daí que, paradoxalmente, *servir* seja realmente *reinar*. Só quem é senhor — e não servo —, quem reina dentro de si mesmo, é que pode servir.

II. A VIDA DE JESUS é um incansável serviço aos homens, tanto material como espiritual: o Senhor atende-os, ensina-lhes, conforta-os..., até dar a vida por eles. Se queremos ser seus discípulos, como podemos deixar de fomentar essa disposição do coração que nos impele a dar-nos continuamente aos que estão ao nosso lado?

Na última noite antes da Paixão, Cristo quis deixar-nos um exemplo particularmente significativo de como nos devíamos comportar: enquanto celebravam a Ceia, levantou-se, *tirou o manto e, tomando uma toalha, cingiu-a. Depois deitou água numa bacia e começou a lavar os pés dos discípulos e a enxugar-lhos com a toalha com que se cingira*[6]. Realizou a tarefa própria dos servos da casa.

O Senhor "prega novamente com o exemplo, com as obras. Diante dos discípulos, que discutiam por motivos de soberba e de vanglória, Jesus inclina-se e cumpre com gosto o ofício de servo [...]. Comove-me esta delicadeza do nosso Cristo. Porque não afirma: se eu me ocupo disto, quanto mais não tereis vós que fazer! Coloca-se no mesmo nível, não coage: fustiga amorosamente a falta de generosidade daqueles homens.

"Como aos primeiros doze, também a nós pode o Senhor insinuar-nos, e nos insinua continuamente: *Exemplum dedi vobis* (Jo 13, 15), dei-vos exemplo de humildade. Converti-me em servo, para que vós saibais, com o coração manso e humilde, servir a todos os homens"[7].

Para servir, devemos antes de mais nada entender o exercício da nossa profissão, não apenas como um meio de ganharmos a vida e desenvolvermos nobremente a nossa personalidade, mas como um serviço à sociedade, um meio de contribuir para o seu desenvolvimento e para o necessário bem-estar.

A essa intenção sustentada, devemos acrescentar um extraordinário escrúpulo em trabalhar conscienciosamente, mediante o estudo profundo de cada assunto, a diligência e o esmero na sua execução e o seu perfeito arremate, tanto no conteúdo como na forma e nos prazos. Seria um logro à sociedade oferecermos gato por lebre ou deixarmos as coisas mal resolvidas e cheias de pontos fracos, pois não serviríamos os outros, antes lhes carregaríamos sobre os ombros a tarefa de rever, consertar ou concluir aquilo que não lhes competia e que lhes vai tirar tempo para as suas próprias responsabilidades. Cometeríamos uma grave injustiça e seríamos um fardo para os demais, não uma ajuda.

Por outro lado, a figura de Cristo, que, no exercício da sua missão de dar a conhecer o Pai, atende com solicitude os que se aproximam dEle e chega a lavar os pés dos discípulos, deve ser um estímulo poderoso para não apenas nos contentarmos com trabalhar honradamente e bem, mas para vermos sempre o lado humano das pessoas a quem estamos ligados por vínculos profissionais. Quantas vezes não tendemos a encarar os que trabalham às nossas ordens como simples peças de uma engrenagem?

A vida familiar é outro lugar excelente para manifestarmos o espírito de serviço num sem-fim de detalhes que ajudam imperceptivelmente a fomentar um convívio grato e amável, em que Cristo está presente. Não é verdade que, quando se ausenta um membro da família que vive esse espírito sem chamar a atenção, se nota um vazio de alegria, de expansão, de bom humor?

Esses pequenos serviços em que procuramos adivinhar os desejos dos outros e dar-lhes pequenas alegrias são, além do mais, um meio de nós mesmos não cairmos no aburguesamento e de crescermos na vida de união com Deus, que vê o que se passa em segredo. Daí a felicidade de quem procura fazer felizes os outros. O segredo da nossa própria felicidade tem uma única condição: que *nunca a procuremos*, isto é, que a procuremos para os outros, esquecendo-nos de nós mesmos, com humildade de coração e delicadeza humana.

III. NÃO PODEMOS IMAGINAR o Senhor de cara fechada, queixumento, quando as multidões o buscam ou enquanto lava os pés dos discípulos. Ele serve com alegria, amavelmente, em tom divinamente cordial.

Assim devemos nós fazer ao cumprirmos os nossos deveres e no nosso relacionamento: *Servi o Senhor com alegria*[8], diz-nos o Espírito Santo pela boca do salmista. O Senhor promete a alegria, a felicidade, a quem serve; depois de lavar os pés dos discípulos, afirma: *Se aprendestes isto, sereis felizes se o praticardes*[9].

Talvez seja esta a primeira qualidade de um coração que, tendo-se dado a Deus, procura continuamente ocasiões — às vezes, muito pequenas — de se dar aos outros. Aquilo que entregamos com um sorriso é como se adquirisse um valor novo e se apreciasse em dobro. E sempre que se apresenta a oportunidade ou o dever de prestarmos um serviço em si desagradável e incômodo, devemos pedir com as palavras daquele universitário que assistia os doentes de um hospital e que um dia, ao ter de lavar um vaso sanitário bastante repugnante, dizia baixinho: "Jesus, que eu faça boa cara"![10]

Devemos prestar atenção e ajudar os outros sem esperar nada em troca, sabendo que todo o serviço amplia o coração e o enriquece. E, em qualquer caso, recordemos que Cristo é "bom pagador" e que, quando o imitamos, Ele tem em conta o menor gesto, o menor auxílio que tenhamos prestado. Sentimo-nos bem pagos com o seu olhar.

Examinemos hoje se temos e manifestamos uma clara disposição de serviço no exercício da nossa profissão, se realmente servimos a sociedade através dela — não remota e indiretamente, coisa que pode esconder muitas artimanhas do egoísmo e da vaidade, mas de modo imediato, sem segundas intenções. De maneira particular, este espírito deve pôr-se de manifesto nas situações em que se exerce um cargo de responsabilidade, de autoridade ou de formação.

Vejamos ainda se procuramos evitar habitualmente que os outros nos prestem serviços não estritamente necessários ao desempenho do nosso cargo e que nós mesmos poderíamos realizar. Devemos ter uma atitude muito diferente da daqueles que se valem da sua autoridade, prestígio ou idade para pedir ou, ainda pior, para exigir que os sirvam, que os rodeiem de atenções e facilidades que seriam intoleráveis mesmo do ponto de vista humano.

Recorremos a São José, *servo fiel e prudente*, que sempre esteve disposto a sustentar a Sagrada Família à custa de inúmeros sacrifícios e que prestou tantas ajudas a Jesus e a Maria. Pedimos-lhe que nos ensine a servir sem pretender recompensa alguma de prestígio ou de vantagens pessoais, como o Santo Patriarca não os teve: nem mesmo chegou a ver os frutos da sua dedicação, já que não se fala mais nele a partir do começo da vida pública de Jesus. A sua recompensa visível foi o sorriso de que o rodearam, até à morte, Jesus e Maria. E, no fim, o abraço de Deus Pai.

(1) Mc 10, 32-42; (2) cf. Jo 15, 13; (3) 1 Pe 5, 1-13; (4) cf. 1 Cor 9, 19; (5) João Paulo II, Enc. *Redemptor hominis*, 4-III-1979, 21; (6) Jo 13, 4-5; (7) São Josemaria Escrivá, *Amigos de Deus*, n. 103; (8) Sl 99, 2; (9) Jo 13, 17; (10) cf. São Josemaria Escrivá, *Caminho*, n. 626.

TEMPO COMUM. OITAVA SEMANA. QUINTA-FEIRA

67. A FÉ DE BARTIMEU

— A oração de Bartimeu supera todos os obstáculos.
— Fé e desprendimento para seguir o Senhor. Oração pessoal, direta, sem anonimato.
— Seguir a Cristo também nos momentos de escuridão. Confissão externa da fé.

I. SÃO MARCOS RELATA no Evangelho da Missa de hoje[1] que Jesus, ao sair de Jericó a caminho de Jerusalém, passou por um cego, Bartimeu, filho de Timeu, *que estava sentado à beira do caminho pedindo esmola*.

Bartimeu "é um homem que vive mergulhado na escuridão, um homem que vive na noite. Ele não pode, como outros enfermos, chegar até Jesus para ser curado. E teve notícia de que há um profeta de Nazaré que devolve a vista aos cegos"[2]. Também nós, comenta Santo Agostinho, "temos os olhos do coração fechados, e Jesus passa para que clamemos por Ele"[3].

Quando o cego sentiu o tropel da multidão, perguntou o que era aquilo; "certamente, tinha-se acostumado a distinguir os ruídos: os ruídos das pessoas que iam para o trabalho no campo, os ruídos das caravanas que se punham a caminho de terras longínquas. Mas um dia [...] soube que era Jesus de Nazaré quem passava. Ouviu ruídos a uma hora inesperada e perguntou — porque não eram os ruídos com que estava familiarizado, eram ruídos de uma multidão diferente —: «Que está acontecendo?»"[4] E dizem-lhe: *É Jesus de Nazaré*.

Ao ouvir este nome, o seu coração encheu-se de fé. Jesus era a grande oportunidade da sua vida. E começou a gritar com todas as suas forças: *Jesus, Filho de Davi, tem piedade de mim!* Na sua alma, a fé torna-se oração. "Tal como a ti, quando suspeitaste que Jesus passava a teu lado. Aceleraram-se as batidas do teu peito e começaste também a clamar, sacudido por uma íntima inquietação"[5].

As dificuldades começam logo para aquele homem que, no meio da sua cegueira, procura a Cristo que passa perto da sua vida. *Muitos o increpavam para que se calasse*. Santo Agostinho comenta esta frase do Evangelho fazendo notar que, quando uma alma se decide a chamar pelo Senhor ou a segui-lo, frequentemente encontra obstáculos nas pessoas que o rodeiam: "Quando eu começar a dar esses passos, os meus parentes, vizinhos e amigos começarão a ferver. Os que amam o sigilo pôr-se-ão diante de mim. Ficaste louco? Como és exagerado! Por acaso os outros não são cristãos? Isso é uma tolice, uma loucura. E as pessoas dizem tais coisas para que nós, os cegos, não gritemos"[6]. "E amigos, costumes, comodidades, ambiente, todos te aconselharam: Cala-te, não grites! Por que hás de chamar por Jesus? Não o incomodes!"[7]

Bartimeu não lhes faz caso; Jesus é a sua grande esperança, e ele não sabe se tornará a encontrá-lo. E, ao invés de calar-se, clama mais alto: *Filho de Davi, tem compaixão de mim*. "Por que hás de obedecer às admoestações do povo e não caminhar sobre as pegadas de Jesus que passa? Hão de insultar-te, morder-te, empurrar-te para trás, mas tu clama até que os teus clamores cheguem aos ouvidos de Jesus, pois quem for constante naquilo que o Senhor mandou — sem se importar com a opinião das multidões, sem fazer muito caso dos que aparentemente seguem a Cristo, preferindo a vista que Cristo lhe dará ao estrépito dos que gritam —, esse não poderá ser retido por nenhum poder, e Jesus se deterá e o curará"[8].

Efetivamente, "quando insistimos fervorosamente na nossa oração, detemos Jesus que passa"[9]. A oração do cego é escutada. Conseguiu o seu propósito, apesar das dificuldades externas, da pressão do ambiente que o rodeia e da sua própria cegueira, que o impedia de saber exatamente onde é que Jesus se encontrava.

"Não te dá vontade de gritar, a ti, que também estás parado à beira do caminho, desse caminho da vida, que é tão curta; a ti, a quem faltam luzes; a ti, que necessitas de mais graças para te decidires a procurar a santidade? Não sentes a urgência de clamar: *Jesus, Filho de Davi, tem compaixão de mim*? Que maravilhosa jaculatória, para que a repitas com frequência!"[10]

II. O SENHOR, QUE OUVIRA BARTIMEU desde o começo, "deixou-o perseverar na sua oração. Tal como a ti. Jesus apercebe-se do primeiro apelo da nossa alma, mas espera. Quer que nos convençamos de que precisamos dEle; quer que supliquemos, que sejamos teimosos, como aquele cego que estava à beira do caminho à saída de Jericó"[11].

A comitiva detém-se e Jesus manda chamar o cego. *Ânimo, levanta-te, pois Ele te chama*. Bartimeu *lançou fora a capa, e, saltando, aproximou-se de Jesus*. "Arremessou a capa! Não sei se estiveste na guerra. Há já muitos anos, tive ocasião de pisar um campo de batalha, algumas horas depois de ter acabado a luta. E lá havia, abandonados pelo chão, mantas, cantis e mochilas cheias de recordações de família: cartas, fotografias de pessoas queridas... E não eram dos derrotados, eram dos vitoriosos! Tudo aquilo lhes sobrava, para correrem mais depressa e saltarem o parapeito inimigo: tal como no caso de Bartimeu, para correr atrás de Cristo. Não te esqueças de que, para chegar até Cristo, é preciso sacrifício; jogar fora tudo o que estorva: manta, mochila, cantil"[12].

Agora Bartimeu está diante de Jesus. A multidão rodeia-os e contempla a cena. O Senhor pergunta: *Que queres que te faça?* Ele, que podia restituir a vista, por acaso ignorava o que o cego queria? Jesus deseja que lhe peçamos.

"O cego respondeu imediatamente: *Senhor, que eu veja*. Não pede ao Senhor ouro, mas a vista. Pouco lhe importa tudo o que não seja ver, porque, ainda que um cego possa ter muitas coisas, sem a vista não pode ver o que tem. Imitemos, pois, aquele que acabamos de ouvir"[13].

Imitemo-lo na sua grande fé, na sua firmeza em não ceder ao ambiente adverso, imitemo-lo na sua oração perseverante. "Ao percebermos a nossa cegueira, sentados à beira do caminho das Escrituras e ouvindo Jesus que passa, oxalá o façamos deter-se junto de nós com a força da nossa oração"[14], que deve ser como a de Bartimeu: pessoal, direta, sem anonimato.

III. A HISTÓRIA DE BARTIMEU é a nossa própria história, pois também nós estamos cegos para muitas coisas, e Jesus está passando pela nossa vida. Talvez já tenha chegado o momento de deixarmos a beira do caminho e avançarmos ao encontro de Jesus.

Senhor, que eu veja! As palavras do cego podem servir-nos como uma jaculatória simples que nos aflore ao coração e aos lábios: de modo particular, quando tivermos de enfrentar questões ou situações que não saibamos como resolver, mas sobretudo em matérias relacionadas com a fé e com a vocação. "Quando se está às escuras, com a alma cega e inquieta, temos de recorrer, como Bartimeu, à Luz. Repete, grita, insiste com mais força: «*Domine, ut videam*!» — Senhor, que eu veja!... E far-se-á dia para os teus olhos, e poderás alegrar-te com o clarão de luz que Ele te concederá"[15].

Nesses momentos de escuridão, quando talvez já não sintamos o entusiasmo sensível dos primeiros tempos em que seguimos o Senhor; quando talvez a oração se torne custosa e a fé pareça debilitar-se; quando deixemos de ver com tanta clareza o sentido de uma pequena renúncia e os frutos do nosso esforço apostólico pareçam ocultar-se, precisamente então deveremos intensificar a oração. Ao invés de abandonarmos ou espaçarmos o trato com Deus, será o momento de mostrarmos ao Senhor a nossa lealdade, a nossa fidelidade, redobrando o empenho em agradar-lhe, por maior que seja o esforço que isso nos exija.

Jesus disse-lhe: *Vai, a tua fé te salvou. E imediatamente recuperou a vista.* A primeira coisa que Bartimeu viu neste mundo foi o rosto de Cristo. Não o esqueceria nunca. *E seguia-o pelo caminho.*

E a única coisa que sabemos de Bartimeu, depois de ter sido curado, é que seguia o Senhor pelo caminho. Diz São Lucas que *o seguia glorificando a Deus. E todo o povo que isto presenciou dava glória a Deus*[16]. Durante toda a sua vida, Bartimeu recordaria a misericórdia de Jesus. Muitos se converteriam à fé pelo seu testemunho.

Nós também recebemos muitas graças. Iguais ou maiores que a do cego de Jericó. E o Senhor espera também que a nossa vida e a nossa conduta sirvam para que muitos encontrem Jesus presente no nosso tempo.

E seguia-o pelo caminho glorificando a Deus. É um resumo também do que pode chegar a ser a nossa própria vida, se tivermos uma *fé viva e operativa* como a de Bartimeu.

Com palavras do hino eucarístico *Adoro te devote*, acabamos a nossa oração:

Iesu, quem velatum nunc aspicio,
oro, fiat illud quod tam sitio;
ut te revelata cernens facie,
visu sim beatus tuae gloriae. Amen.

Jesus, a quem agora contemplo escondido, / rogo-Vos se cumpra o que tanto desejo: / que, ao contemplar-Vos face a face, / seja eu feliz vendo a vossa glória. Amém.

(1) Mc 10, 46-52; (2) A. G. Dorronsoro, *Tiempo para creer*, Rialp, Madri, 1982, p. 89; (3) Santo Agostinho, *Sermão 88*, 9; (4) A. G. Dorronsoro, *op. cit.*; (5) São Josemaria Escrivá, *Amigos de Deus*, n. 195; (6) Santo Agostinho, *op. cit.*; (7) São Josemaria Escrivá, *op. cit.*; (8) Santo Agostinho, *op. cit.*; (9) São Gregório Magno, *Homilias sobre os*

Evangelhos, 196; (10) São Josemaria Escrivá, *op. cit.*; (11) *ib.*; (12) *ib.*, n. 196; (13) São Gregório Magno, *op. cit.*, 27; (14) Orígenes, *Homilias sobre São Mateus*, 12, 20; (15) São Josemaria Escrivá, *Sulco*, n. 862; (16) Lc 18, 43.

TEMPO COMUM. OITAVA SEMANA. SEXTA-FEIRA

68. OBRAS É QUE SÃO AMORES: APOSTOLADO

— Maldição da figueira que só tinha folhas. Qualquer tempo deve ser bom para darmos frutos de santidade e de apostolado.

— *Obras é que são amores, não as boas razões.*

— O amor a Deus manifesta-se num apostolado alegre e cheio de iniciativas.

I. JESUS SAIU DE BETÂNIA em direção a Jerusalém, que estava a poucos quilômetros, e *sentiu fome*, tal como nos diz São Marcos no Evangelho da Missa de hoje[1]. É uma de tantas ocasiões em que se manifesta a Humanidade Santíssima de Cristo, que quis estar muito perto de nós e participar das limitações e necessidades da natureza humana para que nós aprendêssemos a santificá-las.

O Evangelista diz-nos que Jesus viu uma figueira afastada do caminho e aproximou-se dela para ver se encontrava alguma coisa que comer, mas *não encontrou senão folhas, porque não era tempo de figos*. O Senhor amaldiçoou--a: *Que nunca mais ninguém coma fruto de ti*. Quando caía a tarde, voltaram novamente de Jerusalém a Betânia, onde Jesus provavelmente se hospedou na casa daquela família amiga em que era sempre bem recebido: a casa de Lázaro,

Marta e Maria. E na manhã seguinte, quando retornavam à Cidade Santa, todos viram que a *figueira secara desde a raiz*.

Jesus sabia bem que não era tempo de figos e que a figueira não tinha frutos, mas quis ensinar aos seus discípulos, por um episódio que nunca esqueceriam, como Deus viera ao povo judeu com fome de encontrar frutos de santidade e de boas obras, mas não achara senão práticas exteriores sem vida, folhagem sem valor. Os apóstolos aprenderam ainda naquela ocasião que qualquer tempo deve ser bom para dar frutos.

Não podemos ficar à espera de circunstâncias especiais para nos santificarmos. Deus aproxima-se de nós em busca de boas obras, tanto na doença como no trabalho normal, tanto em situações em que se acumulam muitos afazeres como quando tudo está tranquilo, tanto nos momentos de cansaço como em dias de férias, no fracasso ou na ruína econômica, se o Senhor os permite, e na abundância... São exatamente essas as circunstâncias que podem e devem dar fruto; talvez diferente, mas insuperável e esplêndido. Devemos encontrar a Deus em *todas as circunstâncias*, porque Ele nos dá as graças convenientes em qualquer circunstância. "Deves tu também — comenta São Beda — guardar-te de ser árvore estéril, para poderes oferecer a Jesus, que se fez pobre, o fruto de que necessita"[2]. Ele quer que o amemos sempre com realidades, em qualquer momento, em todo o lugar, seja qual for a situação por que passemos. Portanto, pede-nos frutos de santidade e apostolado agora, neste exato momento, neste dia que acaba de começar.

II. AS PALAVRAS DE JESUS são fortes: *Que nunca mais ninguém coma fruto de ti*. Jesus amaldiçoou a figueira porque encontrou nela somente folhas, aparência de fecundidade. Teve um gesto insólito para que o ensinamento ficasse bem gravado na alma dos discípulos e na nossa. A vida interior do cristão, se for verdadeira, faz-se acompanhar de frutos: de obras externas que beneficiam os outros.

"Muitas vezes se tem posto de relevo — recorda Mons. Escrivá — o perigo das obras sem uma vida interior que as anime, mas também se deveria sublinhar o perigo de uma vida interior — se é que pode existir — sem obras.

"*Obras é que são amores, não as boas razões*: não posso recordar sem emoção essa carinhosa censura — loquela divina — que o Senhor gravou com clareza e a fogo na alma de um pobre sacerdote, enquanto distribuía a Sagrada Comunhão, há muitos anos, a umas religiosas e dizia sem ruído de palavras a Jesus com o coração: *Eu te amo mais do que estas*.

"É preciso mexer-se, meus filhos, é preciso fazer! Com valor, com energia e com alegria de viver, porque *o amor afasta para longe o temor* (cf. 1 Jo 4, 18), com audácia, sem timidezes...

"Não esqueçais que, se se quer, tudo vai para a frente: *Deus non denegat gratiam*, Deus não nega a sua ajuda a quem faz o que pode"[3].

É questão de vivermos de fé e de empregarmos os meios que estejam ao nosso alcance em cada circunstância: de não esperarmos de braços cruzados por situações ideais, que é possível que nunca se apresentem, para empreendermos determinada tarefa apostólica; de não esperarmos até termos à mão todos os meios humanos para nos pormos a atuar sobrenaturalmente, mas de manifestarmos com decisões imediatas o amor que trazemos no coração. Veremos, então, com agradecimento e com admiração, como o Senhor multiplica e faz frutificar as nossas forças, que sempre são poucas para o que Ele nos pede.

Se a nossa vida interior for autêntica, mediante um trato íntimo com Deus na oração e nos sacramentos, traduzir-se-á necessariamente em realidades concretas: em ação apostólica intensa através da amizade e dos vínculos familiares; em obras de misericórdia espirituais ou materiais, conforme as circunstâncias de cada um; na colaboração em tarefas de educação que dão uma visão cristã da vida; na assistência e companhia a doentes e anciãos que se encontram praticamente abandonados... O campo é imenso para quem sente deveras o aguilhão do amor de Deus.

Além disso, se o nosso amor e a nossa intimidade com Cristo crescerem, é lógico também que o nosso caráter se purifique, que o nosso trabalho profissional melhore, que aproveitemos qualquer ocasião para renunciarmos à nossa vontade ou aos nossos gostos, que pratiquemos generosamente as virtudes da convivência, sem nunca nos sentirmos dispensados de manifestá-las: a compreensão, a cordialidade, o otimismo, a ordem, a afabilidade... São outros tantos frutos que o Senhor espera achar quando diariamente se aproxima da normalidade da nossa vida. Para que o amor sobreviva, para que cresça, tem que expressar-se em realidades hoje e agora.

III. JESUS SÓ ENCONTROU FOLHAS... Não existem frutos duradouros no cristão quando, por falta de vida interior, por não permanecer em Deus e não considerar na sua presença todo o panorama dos seus deveres, se entrega ao *ativismo* (fazer, mexer-se..., sem se apoiar numa vida de oração profunda), que acaba por torná-lo estéril, ineficaz, e é sintoma frequente de que se deixa conduzir pelo orgulho, pela vontade de dominar etc., mesmo nas coisas aparentemente mais elevadas. O perigo do *ativismo* foi muitas vezes posto em relevo, e com toda a razão: leva a obras boas em si mesmas, mas sem vida interior que as apoie, e que, portanto, são fictícias ou precárias. São Bernardo, e depois dele muitos autores, chamava a essas obras *ocupações malditas*[4].

Mas a falta de frutos verdadeiros na ação apostólica pode dar-se também pela *passividade*, pela falta de um amor com obras. E se o ativismo é mau e estéril, a passividade é *funesta*, pois o cristão pode enganar-se a si mesmo, julgando que ama a Deus por entregar-se escrupulosamente a alguns atos de piedade: é verdade que os cumpre, mas inacabadamente, porque não o incitam a fazer o bem.

Semelhantes práticas piedosas sem frutos são como a folhagem vazia e estéril, porque a verdadeira vida interior leva a uma ação intensa, em qualquer situação e ambiente; leva a atuar com valentia, com audácia, afastando os respeitos humanos, "com alegria de viver", com a energia avassaladora de um amor sempre jovem.

Enquanto falamos com o Senhor neste tempo de oração, podemos examinar se há frutos na nossa vida, agora, atualmente. Tenho iniciativas que sejam superabundância da minha vida interior, da minha oração, ou penso, pelo contrário, que no meu ambiente — na faculdade, na fábrica, no escritório... — não posso fazer nada, que o campo está esgotado... ou está minado? Assumo com Deus compromissos claros e crescentes de atuação apostólica, ou "apenas rezo"? Justifico-me dizendo que, absorvido entre o trabalho, a família e a dedicação às práticas de piedade, "não tenho tempo?"

Obras é que são amores... O verdadeiro amor a Deus manifesta-se numa ação apostólica vibrante, realizada com tenacidade e coragem. E se o Senhor nos vê passivos — satisfeitos com umas práticas de piedade sem qualquer manifestação apostólica transbordante de otimismo e de constância, de espírito de vitória, que é fé —, talvez nos possa dizer ao ouvido: Meu filho, mais obras... e menos "boas razões", menos boas palavras.

A vida interior sem um profundo ímpeto apostólico vai-se encolhendo e morre; fica na mera aparência. Na manhã seguinte, *ao passarem* — diz o Evangelista —, *os apóstolos viram que a figueira estava seca desde a raiz.* É a expressiva imagem daqueles que, por comodismo, por preguiça, por falta de espírito de sacrifício, não dão esses frutos que o Senhor espera. Uma vida apostólica, tal como deve ser a de todo e qualquer cristão, é o oposto dessa figueira seca: é energia, iniciativa, entusiasmo pela tarefa apostólica, amor traduzido em obras, alegria, atividade silenciosa mas constante...

Examinemos a nossa vida e vejamos se podemos apresentar ao Senhor — que se aproxima de nós com fome e sede de almas — frutos maduros, realidades construídas com sacrifício alegre. A pessoa a quem tivermos confiado a direção da nossa alma pode ajudar-nos a distinguir o que há de *ativismo* (onde devemos rezar mais) e o que há de *falta de iniciativa* (onde devemos "mexer-nos" mais). A Virgem, Nossa Senhora, ensinar-nos-á a reagir para que a nossa vida interior, o nosso desejo de amar a Deus, nunca se estiole numa folhagem vazia.

(1) Mc 11, 11-26; (2) São Beda, *Comentário ao Evangelho de São Marcos*; (3) São Josemaria Escrivá, *Carta*, 6-V-1945, n. 44; (4) cf. J. D. Chautard, *A alma de todo o apostolado*, FTD, São Paulo, 1962, p. 82.

Tempo Comum. Oitava Semana. Sábado

69. DIREITO E DEVER DE FAZER APOSTOLADO

— O direito e o dever de todo o fiel cristão de fazer apostolado provêm da sua união com Cristo.

— Afastar as desculpas que nos possam impedir de "entrar" na vida dos outros.

— Jesus envia-nos agora, tal como enviou os seus discípulos no começo.

I. ENQUANTO JESUS PASSEAVA pelos átrios do Templo, aproximaram-se dEle os sumos sacerdotes e os doutores da lei e perguntaram-lhe: *Com que autoridade fazes estas coisas? Quem te deu poder para as fazeres?*[1] Talvez por não estarem dispostos a escutar, o Senhor acabou por deixá-los sem resposta.

Mas nós sabemos que Jesus Cristo é o soberano Senhor do universo, pois *por Ele foram criadas todas as coisas, no céu e na terra, as visíveis e as invisíveis... Tudo foi criado por Ele e para Ele, e Ele próprio reconciliou todos os seres consigo, restabelecendo a paz por meio do seu sangue derramado na Cruz*[2]. Nada do universo ficou fora da soberania e do influxo pacificador de Cristo. *Foi-me dado todo o poder...* Ele tem a plenitude do poder nos céus e na terra, incluído o de evangelizar e levar a salvação a cada povo e a cada homem.

E foi o próprio Senhor quem nos chamou a participar dessa sua missão, confiando-nos a tarefa de estender o seu reino, *reino de verdade e de vida, reino de santidade, reino de justiça e de paz*[3]: "Somos Cristo que passa pelo caminho dos homens do mundo"[4].

Para porem a vida a serviço dos outros, os fiéis leigos não necessitam, pois, de nenhum outro título fora o da sua vocação de cristãos, recebida no sacramento do Batismo. Isso já é motivo suficiente. "O dever e o direito do leigo ao apostolado provêm da sua união com Cristo Cabeça. Inseridos pelo Batismo no Corpo Místico de Cristo, robustecidos pela Confirmação na fortaleza do Espírito Santo, é o próprio Senhor quem os destina ao apostolado"[5], diz o Concílio Vaticano II.

Temos o direito de intervir na vida dos outros, porque em todos nós circula a mesma vida de Cristo. E se um membro adoece, ou fica anêmico, ou está a ponto de morrer, todo o corpo se ressente: Cristo sofre, e sofrem também os membros sadios do corpo, já que "todos os homens são um em Cristo"[6].

O direito de influir na vida dos outros torna-se assim um agradável dever para cada cristão, sem que ninguém se possa considerar dispensado ou excluído do seu cumprimento, por muito particular que seja a sua situação na vida. Jesus "não nos pede licença para nos «complicar a vida». Mete-se e... pronto!"[7] E todos os que querem ser seus discípulos devem fazer o mesmo com aqueles que os acompanham pelas sendas da vida.

II. NÃO TEM, POIS, nenhum cabimento que alguém nos pergunte: "— Com que direito você se mete na vida dos outros? — Quem lhe deu licença para falar de Cristo, da sua doutrina, das suas exigências?" Nem se explica que nós mesmos tenhamos a tentação de nos perguntarmos: — "Quem me mandou meter-me nisto?" Então "teria de responder-te: quem te manda — quem te pede — é o próprio Cristo. *A messe é grande, e os operários, poucos. Rogai, pois, ao dono da messe que mande operários para a sua messe* (Mt 9, 37-38). Não concluas comodamente: eu não sirvo para isso, para isso já há outros; essas tarefas me são estranhas. Não, para isso não há outros; se tu pudesses falar assim, todos poderiam dizer o mesmo. O pedido de Cristo dirige-se a todos e a cada um dos cristãos. Ninguém está dispensado, nem por razões de idade, nem de saúde, nem de ocupação. Não há desculpas de nenhum gênero. Ou produzimos frutos de apostolado ou a nossa fé será estéril"[8].

A Igreja anima-nos a dar a conhecer Cristo, sem desculpas nem pretextos, com alegria, em todas as idades da vida. O Concílio Vaticano II pormenoriza: "Os jovens devem converter-se nos primeiros e imediatos apóstolos dos jovens, exercendo o seu apostolado pessoal entre os seus próprios companheiros [...]. Também as crianças têm a sua própria atividade apostólica. De acordo com a sua capacidade, são testemunhas vivas de Cristo entre os seus companheiros"[9].

Os jovens, as crianças, os anciãos, os doentes, os que estão desempregados ou então cheios de um trabalho florescente..., todos devem ser apóstolos que dão a conhecer Cristo com o testemunho do seu exemplo e com a sua palavra. Que bons alto-falantes pode ter Deus no meio do mundo! Ele nos diz a todos: *Ide pelo mundo inteiro e pregai o Evangelho...*[10] O Senhor envia-nos!

O amor de Cristo leva-nos ao amor do próximo: a vocação que recebemos incita-nos a pensar nos outros, a não temer os sacrifícios que um amor operante traz consigo, pois "não há sinal e marca que mais distinga o cristão e aquele que ama a Cristo do que a solicitude pelos seus irmãos e o zelo pela salvação das almas"[11]. Por isso, a preocupação de dar a conhecer o Mestre é o indicador que assinala a sinceridade de vida do discípulo e a firmeza com que segue o seu Senhor. Se alguma vez notássemos que a salvação das almas não nos preocupa, que as almas dos outros não nos *pesam*, que o seu afastamento de Deus nos deixa indiferentes, que as suas necessidades espirituais não provocam uma reação na nossa alma, isso seria sinal de que a nossa caridade se esfriou, pois não dá calor aos que estão ao nosso lado. *O apostolado não é algo acrescentado ou superposto à atividade normal do cristão*; é a sua própria vida cristã, que tem como manifestação natural o interesse apostólico pelos familiares, colegas, amigos...

III. *COM QUE AUTORIDADE fazes estas coisas?...*, perguntavam aqueles fariseus a Jesus. Não era esse o momento oportuno para lhes revelar de onde provinha o seu poder. Dá-lo-ia a conhecer mais tarde aos seus discípulos: *Todo o poder me foi dado no céu e na terra*[12]. A autoridade de Jesus não provém dos homens, mas de ter sido constituído por Deus Pai "herdeiro universal de todas as coisas (cf. Hb 1, 2), a fim de ser Mestre, Rei e Sacerdote de todos, Cabeça do povo novo e universal dos filhos de Deus"[13].

A Igreja inteira participa desse poder, e, com ela, cada um dos seus membros. Compete a todos os cristãos a tarefa de prosseguir no mundo a obra de Cristo. E Jesus apressa-nos, pois "os homens são chamados à vida eterna. São chamados à salvação. Tendes consciência disso? Tendes consciência [...] de que todos os homens são chamados a viver com Deus e de que sem Ele perdem a chave do «mistério» de si próprios?", dizia João Paulo II em Lisboa[14].

Jesus envia-nos tal como enviou dois dos seus discípulos à aldeia vizinha em busca de um burrinho que estava atado e que ninguém ainda havia montado. Mandou-lhes que o desatassem e lho trouxessem, pois deveria ser a cavalgadura em que entraria triunfante em Jerusalém. E indicou-lhes que, se alguém lhes perguntasse o que faziam com ele, lhe dissessem que o Senhor precisava do animal[15]. Aqueles dois foram, pois, e efetivamente encontraram o burrinho tal como o Senhor lhes havia dito. Ao desatá-lo, os seus donos disseram-lhes: *Por que desatais o burrinho? Eles responderam: Porque o Senhor precisa dele*[16]. Agiram em nome do Senhor e para o Senhor, não por conta própria nem para obter um benefício pessoal. Cumpriram uma indicação e fizeram o que se deve fazer em todo o apostolado: *Levaram o burrinho a Jesus*[17].

Santo Ambrósio, ao explicar esta passagem, salienta três aspectos: a ordem de Jesus, o poder divino com que foi executada, e o modo exemplar de vida e de intimidade com o Mestre dos que a cumpriram[18]. E a propósito dessas palavras o Bem-aventurado São Josemaria Escrivá tece este comentário: "Como se ajustam admiravelmente aos filhos de Deus estas palavras de Santo Ambrósio! Fala do burrico atado com a jumenta, de que Jesus necessitava para o seu triunfo, e comenta:

«Só uma ordem do Senhor podia desatá-lo. Soltaram-no as mãos dos apóstolos. Para semelhante fato, requerem-se um modo de viver e uma graça especial. Sê tu também apóstolo, para poderes libertar os que estão cativos».

"Deixa-me que te glose novamente este texto: quantas vezes, a mando de Jesus, não teremos de soltar os grilhões das almas, porque Ele necessitará delas para o seu triunfo! Que sejam de apóstolos as nossas mãos, e as nossas ações, e a nossa vida... Então Deus nos dará também graça de apóstolo, para quebrarmos os ferros dos agrilhoados"[19], de tantos que continuam atados enquanto o Senhor espera.

(1) Mc 11, 27-33; (2) cf. Col 1, 17-20; (3) Missal Romano, *Prefácio de Cristo Rei*; (4) São Josemaria Escrivá, *Carta*, 8-XII-1941; (5) Conc. Vat. II, Decr. *Apostolicam actuositatem*, 3; (6) Santo Agostinho, *Comentário ao Salmo 39*; (7) cf. São Josemaria Escrivá, *Forja*, n. 902; (8) São Josemaria Escrivá, *Amigos de Deus*, n. 272; (9) Conc. Vat. II, *op. cit.*, 12; (10) cf. Mc 16, 15; (11) São João Crisóstomo, *Homilias sobre o incompreensível*, 6, 3; (12) Mt 28, 19; (13) Conc. Vat. II, Const. *Lumen gentium*, 13; (14) João Paulo II, *Homilia*, Lisboa, 14-V-1982; (15) cf. Lc 19, 29-31; (16) Lc 19, 33-34; (17) Lc 19, 35; (18) cf. Santo Ambrósio, *Comentário ao Evangelho de São Lucas*; (19) São Josemaria Escrivá, *Forja*, n. 672.

TEMPO COMUM. NONO DOMINGO. CICLO A

70. EDIFICAR SOBRE ROCHA

— A santidade consiste em cumprir a vontade de Deus em tudo.
— Querer o que Deus quer. Abandono em Deus.
— Cumprir e amar o querer divino.

I. O SENHOR MANIFESTA uma particular predileção por aqueles que se esforçam por cumprir em tudo a vontade divina, por aqueles que procuram que os seus atos expressem as palavras e os desejos do seu diálogo com Deus, que se converte então em oração verdadeira. Pois *nem todo aquele que diz: Senhor, Senhor, entrará no reino dos céus, mas aquele que faz a vontade de meu Pai...*, adverte Jesus no Evangelho da Missa[1].

Na ocasião em que o Senhor pronunciou essas palavras, falava diante de muitos que tinham transformado a oração numa mera recitação de palavras e fórmulas, que depois não influíam em nada na sua conduta hipócrita e cheia de malícia. O nosso diálogo com Cristo não deve ser assim: "A tua oração tem de ser a do filho de Deus; não a dos hipócritas, que hão de escutar de Jesus aquelas palavras: «Nem todo aquele que diz Senhor!, Senhor! entrará no Reino dos Céus». — A tua oração, o teu clamar: «Senhor!, Senhor!», tem de andar unido, de mil formas diversas no teu dia, ao desejo e ao esforço eficaz de cumprir a Vontade de Deus"[2].

Não bastaria sequer realizar prodígios e obras portentosas — como profetizar em nome do Senhor ou expulsar demônios (se isso fosse possível sem contar com Ele) —, se não procurássemos cumprir a sua vontade amabilíssima. Seriam vãos os maiores sacrifícios, seria inútil toda a nossa atividade febril. Em contrapartida, a Sagrada Escritura mostra-nos como Deus ama e abençoa os que procuram identificar-se em tudo com o querer divino: *Achei Davi, filho de Jessé, varão segundo o meu coração, o qual fará em tudo a minha vontade*[3]. E São João escreve: *O mundo passa, como também as suas concupiscências; mas quem cumpre a vontade de Deus permanece para sempre*[4]. E o próprio Jesus declara que o seu alimento é fazer a vontade do Pai e realizar a sua obra[5]. É isso o que importa, é nisso que consiste a santidade: em fazer da Vontade divina a nossa vontade.

O caminho que conduz ao Céu e à felicidade aqui na terra, diz Santo Hilário de Poitiers, "é a obediência à vontade divina, não a repetição do seu nome"[6]. A oração deve fazer-se acompanhar do desejo de realizar o querer de Deus que se nos manifesta de formas tão variadas. "Seria estranho — exclama Santa Teresa — que Deus nos estivesse dizendo claramente que nos ocupássemos de alguma coisa que é do seu interesse, e nós não o quiséssemos, por estarmos mais interessados no nosso gosto"[7]. Que pena se Deus quisesse levar-nos por um caminho e nós nos empenhássemos em seguir por outro!

"Deves ter pensado alguma vez, com santa inveja, no apóstolo adolescente, João, «*quem diligebat Iesus*» — a quem Jesus amava. — Não gostarias de merecer que te chamassem «aquele que ama a Vontade de Deus»? Emprega os meios para isso, dia após dia"[8].

Esses meios consistirão normalmente em nos perguntarmos muitas vezes ao longo do dia: faço neste momento o que *devo* fazer?[9]

II. O EMPENHO EM PROCURAR em tudo a vontade de Deus — a sua glória — dá-nos uma particular fortaleza contra as dificuldades e tribulações que tenhamos de padecer: doenças, calúnias, dificuldades econômicas...

No mesmo Evangelho da Missa, Cristo fala-nos de duas casas que tinham sido construídas ao mesmo tempo e que pareciam igualmente sólidas. Mas quando chegaram as chuvas, as enchentes e os ventos fortes, pôs-se de manifesto a grande diferença que havia entre elas: uma manteve-se firme porque tinha bons alicerces; a outra ruiu porque fora construída sobre areia: a sua ruína foi completa. O Senhor chama a quem levantou a primeira casa *homem sábio e prudente*; ao construtor da segunda, *homem néscio*.

A primeira resistiu bem ao mau tempo, não pela beleza dos seus adornos, nem por ter uma fachada vistosa, mas graças aos seus alicerces assentados sobre rocha. Perdurou ao longo do tempo, serviu de refúgio ao seu dono e foi modelo de boa construção. Assim é todo aquele que edifica a sua vida sobre o desejo levado à prática de cumprir a vontade de Deus, tanto nas pequenas situações de cada dia como nos assuntos importantes que tenha de resolver ou nas grandes contrariedades que possam afligi-lo.

Não é raro vermos homens enfraquecidos no corpo pela doença, que no entanto revelam uma vontade férrea e um amor heroico, e que suportam com alegria as suas dores; esses homens veem por cima da doença a mão de um Deus providente que, de uma forma ou de outra, sempre abençoa aqueles que o amam. E o mesmo acontece com muitos que sentem a mordida da difamação e da calúnia...; ou com os que de repente se afundam economicamente e veem como isso se reflete nos seus e os consome...; ou com os que passam pelo trauma da morte de um ser querido que ainda estava em pleno desabrochar da vida...

Nesses casos, a vida do cristão que segue o Senhor com obras — a sua casa — não desmorona, porque está edificada sobre o mais completo abandono na vontade de seu Pai-Deus. Abandono que não impedirá essa pessoa de agir, de empregar todos os meios ao seu alcance para curar-se, ou para defender a honra lesada, ou para sair da ruína econômica... Mas que a levará a fazê-lo com serenidade, sem aflições, sem amarguras nem rancores.

Dizemos ao Senhor na nossa oração de hoje que queremos abandonar-nos nas suas mãos, que é onde nos encontramos seguros: "Jesus, eu me ponho confiadamente nos teus braços, escondida a minha cabeça no teu peito amoroso, pegado o meu coração ao teu Coração: quero, em tudo, o que Tu quiseres"[10]. Só o que Tu quiseres, Senhor! Não quero mais nada!

III. PARA PERMANECERMOS FIRMES nos momentos difíceis, devemos começar por aceitar de boa cara, nos tempos de bonança, as pequenas contrariedades que surgem no trabalho, na família..., em toda a trama da vida normal, e cumprir com fidelidade e abnegação os nossos deveres de estado: o estudo, o cuidado da família... Assim se aprofundam os alicerces e se fortalece toda a construção. A fidelidade no que é pequeno, naquilo que mal se nota, permite-nos a fidelidade no que é grande[11], a coragem nos momentos decisivos.

Adquiriremos então o hábito de ver a mão de Deus providente em todas as coisas: na saúde e na doença, na secura da oração e no consolo, na calma e na tentação, no trabalho e no descanso... E isso nos encherá de paz e ao mesmo tempo dilatará o nosso coração, pois saberemos ver nesse entrançado de fidelidades, "não tanto a pequenez das coisas, o que é próprio de espíritos mesquinhos, mas a grandeza da vontade de Deus, que devemos respeitar magnanimamente, mesmo nas coisas pequenas"[12].

Um alicerce sólido e forte pode servir também de apoio para outras edificações mais fracas. A nossa vida interior, impregnada de oração e de realidades, pode servir de ajuda a muitos outros homens, que encontrarão em nós a fortaleza necessária quando as suas forças fraquejarem. Começaremos a perceber que a retidão da nossa conduta, a serenidade das nossas atitudes, a paciência perseverante e acolhedora do nosso trato, despertam nos outros o desejo de desabafarem conosco as suas mágoas, de nos pedirem conselho, e assim teremos ocasião de falar-lhes de Cristo, que é o alicerce das nossas vidas e o segredo da nossa paz.

Não nos separemos em nenhum momento de Jesus. "Quando te vires atribulado..., e também na hora do triunfo, repete: — Senhor, não me largues, não me deixes, ajuda-me como a uma criatura inexperiente, leva-me sempre pela tua mão![13] E cumprindo o que Ele nos vai ensinando para o nosso bem, chegaremos até o final do nosso caminho, onde o contemplaremos face a face.

E junto de Jesus encontraremos sua Mãe, Maria, que é também nossa Mãe. Recorremos a Ela nestes últimos minutos de oração para que o nosso diálogo com Jesus não seja nunca um clamor vazio e para que tenhamos sempre um único empenho na nossa vida: cumprir a santíssima vontade do seu Filho em todas as coisas. "— Senhor, não me largues, não me deixes, ajuda-me como a uma criatura inexperiente, leva-me sempre pela tua mão!"

(1) Mt 7, 21-27; (2) São Josemaria Escrivá, *Forja*, n. 358; (3) cf. At 13, 22; (4) 1 Jo 2, 17; (5) cf. Jo 4, 34; (6) Santo Hilário de Poitiers, em *Catena aurea*, vol. I, p. 449; (7) Santa Teresa de Jesus, *Fundações*, 5, 5; (8) São Josemaria Escrivá, *op. cit.*, n. 422; (9) cf. São Josemaria Escrivá, *Caminho*, n. 772; (10) São Josemaria Escrivá, *Forja*, n. 529; (11) cf. V. Lehodey, *El santo abandono*, p. 657; (12) J. Tissot, *A vida interior*, p. 261; (13) São Josemaria Escrivá, *Forja*, n. 654.

TEMPO COMUM. NONO DOMINGO. CICLO B

71. SANTIFICAR AS FESTAS

— As festas cristãs.
— *O dia do Senhor.*
— Apostolado sobre a natureza das festas e do domingo. O descanso festivo.

I. TAL COMO LEMOS na primeira Leitura da Missa[1], foi o próprio Deus quem instituiu as festas do povo escolhido e quem o instava a observá-las: *Guardarás o dia do sábado e o santificarás, como te ordenou o Senhor, teu Deus. Trabalharás seis dias e neles farás todas as tuas obras; mas no sétimo dia, que é o repouso do Senhor, teu Deus, não farás trabalho algum...*

Além do sábado, existiam entre os judeus outras festas principais: a Páscoa, o Pentecostes, os Tabernáculos..., em que se renovava a *Aliança* e se agradeciam os benefícios obtidos. O sábado, depois de seis dias de trabalho nos afazeres próprios de cada um, era o dia dedicado a Deus em reconhecimento da sua soberania sobre todas as coisas.

No tempo de Jesus, haviam-se introduzido muitos abusos rigoristas, o que originou diversos choques dos fariseus com o Senhor, como o que relata o Evangelho da Missa de hoje[2]. Num sábado, enquanto atravessavam um campo semeado, os discípulos de Jesus *começaram a arrancar espigas. Disseram-lhe os fariseus: Olha, como é que eles fazem em dia de sábado o que não está permitido?...* Cristo recorda-lhes que as prescrições sobre o descanso sabático não têm um valor absoluto e que Ele, o Messias, é o *Senhor do sábado*.

Jesus Cristo teve um grande apreço pelo sábado e pelas festividades judaicas, embora soubesse que, com a sua chegada, todas essas disposições seriam abolidas para darem lugar a festas cristãs. São Lucas diz-nos que a Sagrada Família ia todos os anos a Jerusalém por ocasião da Páscoa[3]. Jesus também celebrou todos os anos essa solenidade com os seus discípulos. Vemo-lo, além disso, santificar com a sua presença a alegria de um casamento[4], e na sua pregação emprega frequentemente exemplos de festejos domésticos: o rei que celebra as bodas de seu filho[5], o banquete pela chegada do filho que havia partido para longe da casa paterna e que retorna[6]... O Evangelho está dominado por uma alegria festiva, sinal de que o *noivo*, o Messias, se encontra já entre os seus amigos[7].

O próprio Senhor quis, pois, que celebrássemos as festas, interrompendo as ocupações habituais para procurá-lo mediante a assistência à Santa Missa e uma oração mais intensa e sossegada, dedicando mais tempo à família e dando ao corpo e à alma o descanso necessário[8]. O domingo é realmente *o dia que o Senhor fez para o regozijo e para a alegria*[9].

II. A RESSURREIÇÃO DO SENHOR teve lugar no "primeiro dia da semana", como testemunham todos os Evangelistas. E na tarde daquele mesmo dia, Jesus apareceu aos seus discípulos reunidos no Cenáculo, mostrando-lhes as mãos e o flanco como sinais palpáveis da Paixão[10]. *Oito dias mais tarde*, isto é, no "primeiro dia da semana" seguinte, apareceu de novo em circunstâncias semelhantes[11].

É possível que o Senhor quisesse indicar-nos que esse *primeiro dia* devia ser uma data muito particular. Os cristãos entenderam-no assim e desde o início começaram a reunir-se para celebrá-lo, de tal modo que o denominavam *o dia do Senhor, dominica dies*[12], donde provém a palavra domingo.

Os *Atos dos Apóstolos*[13] e as *Epístolas* de São Paulo[14] mostram como os nossos primeiros irmãos na fé se reuniam aos domingos para a fração do pão e para a oração[15], e é isso exatamente o que se continua a fazer até hoje.

Diz assim um texto dos primeiros séculos: "Não ponhais os vossos assuntos temporais acima da palavra de Deus, antes, abandonando tudo no dia do Senhor para ouvir a Palavra de Deus, correi com diligência às vossas igrejas, pois nisso se manifesta o vosso louvor a Deus. Que desculpa terão diante de Deus os que não se reúnem no dia do Senhor para ouvir a palavra de Deus e alimentar-se com o alimento divino que permanece eternamente?"[16]

Para nós, o *domingo* deve ser uma festa muito particular e muito apreciada. Mais ainda quando em muitos lugares parece ter perdido o seu sentido religioso. Assim escrevia São Jerônimo: "O Senhor fez todos os dias. Há dias que podem ser dos judeus, dos hereges ou dos pagãos. Mas o *dia do Senhor*, dia da Ressurreição, é o dia dos cristãos, o nosso dia. Chama-se *dia do Senhor* porque, depois de ressuscitar no primeiro dia da semana judaica, o Senhor subiu ao Pai e reina com Ele. Se os pagãos o chamam *dia do Sol*, nós aceitamos de bom grado essa expressão. Nesse dia, ressuscitou a *Luz do mundo*, brilhou o *Sol da justiça*"[17].

Desde o começo, pois, e de uma forma ininterrupta, esta data foi sempre celebrada de um modo muito particular. "A Igreja — ensina o Concílio Vaticano II —, por uma tradição apostólica que tem a sua origem no próprio dia da Ressurreição de Cristo, celebra o mistério pascal cada oito dias, no dia que é chamado com razão «dia do Senhor ou domingo»... Por isso o domingo deve ser apresentado e inculcado à piedade dos fiéis como festa primordial, de maneira que seja também dia de alegria e de libertação do trabalho"[18].

Começamos a viver bem este dia — e todas as festas — quando, desde que acordamos, procuramos imitar a fé e a alegria daqueles homens e mulheres que, no primeiro domingo da vida da Igreja, se encontraram com Cristo ressuscitado.

Procuramos então imitar Pedro e João que correm para o sepulcro, ou Maria Madalena que reconhece Jesus quando Ele a chama pelo nome, ou os discípulos de Emaús..., pois é o mesmo Senhor que nós vamos ver.

E não nos esquecemos de que os nossos primeiros irmãos na fé nos ensinaram que o domingo é inseparável da atenção e da piedade com que devemos assistir à Santa Missa, dada a relação íntima e profunda de ambos com o mistério pascal. Por isso, perguntamo-nos agora na nossa oração se cada domingo é realmente para nós um dia que gira em torno da Missa e se, em função dela, todas as horas que a precedem ou lhe sucedem estão preenchidas pela consideração alegre de que fomos resgatados e somos vitoriosos em Cristo, por cuja morte e Ressurreição nós também já não estamos sob o império da morte, antes somos filhos de Deus.

III. PARA A REEVANGELIZAÇÃO DO MUNDO, é particularmente urgente realizar um apostolado eficaz a respeito da santificação do domingo, um apostolado que penetre nas famílias. Porque há gente que esmorece e chega a perder o espírito cristão por uma maneira errada de descansar nos fins de Semana. "É dever dos cristãos a preocupação de fazer que o domingo se converta novamente no dia do Senhor, e que a Santa Missa seja o centro da vida cristã... O *domingo* deve ser um dia para descansar em Deus, para adorar, suplicar, agradecer, pedir perdão ao Senhor pelas culpas cometidas na semana que passou, pedir-lhe graças de luz e força espiritual para os dias da semana que começa"[19] e que iniciaremos então com mais alegria e com o desejo de acometer o trabalho com outro entusiasmo.

E poderemos então ensinar muitas pessoas a considerar este preceito da Igreja "não somente como um dever primário, mas também como um direito, uma necessidade, uma honra, uma sorte à qual um fiel vivo e inteligente não pode renunciar sem motivos graves"[20].

Não se trata apenas de consagrar genericamente o tempo a Deus, pois isso já se contém no primeiro mandamento.

O que este preceito tem de específico é que manda reservar um dia preciso para o louvor e o serviço de Deus, tal como Deus quer ser louvado e servido. Ele pode "exigir do homem que dedique ao culto divino um dia da semana, para que assim o seu espírito, descarregado das ocupações cotidianas, possa pensar nos bens do Céu e examinar, no íntimo da sua consciência, como andam as suas relações pessoais, obrigatórias e invioláveis, com Deus"[21].

O descanso dominical — bem como os demais dias de preceito — não pode ser para nós um tempo de repouso cheio de ociosidade insossa, desculpável talvez em quem não conhece a Deus. "Descanso significa represar: acumular forças, ideais, planos... Em poucas palavras: mudar de ocupação, para voltar depois — com novos brios — aos afazeres habituais"[22]. Trata-se de um "descanso dedicado a Deus"[23], e, ainda que nos nossos dias se vá assistindo a uma grande mudança de costumes, o cristão deve entender sempre que também hoje "o descanso dominical tem uma dimensão moral e religiosa de culto a Deus"[24].

Os domingos e dias de preceito são ocasião para dedicarmos mais tempo à família, aos amigos, àquelas pessoas que o Senhor nos confia. Para os pais, é a oportunidade, que talvez não tenham ao longo da semana, de conversar tranquilamente com os filhos ou de fazer alguma obra de misericórdia: visitar um parente doente, o vizinho ou o amigo que está só...

A alegria que embargou a alma da Santíssima Virgem no Domingo da Ressurreição será também nossa se soubermos pôr o Senhor no centro da nossa vida, dedicando-lhe os domingos com toda a generosidade.

(1) Deut 5, 12-15; (2) Mc 2, 23; 3, 6; (3) Lc 2, 41; (4) cf. Jo 2, 1-11; (5) Mt 22, 1-14; (6) cf. Lc 15, 23; (7) cf. Mt 9, 15; (8) cf. Conferência Episcopal Espanhola, *As festas do calendário cristão*, 13-XII-1982, I, 2; (9) Sl 117, 24; (10) cf. Jo 20, 1; (11) cf. Jo 20, 26-27; (12) cf. Ap 1, 10; (13) cf. At 20, 7; (14) cf. 1 Cor 16, 2; (15) cf. At 2, 42; (16) *Didaqué*, II, 59, 2-3; (17) São Jerônimo, *Homilia para o dia da Páscoa*; (18) Conc.

Vat. II, Const. *Sacrossanctum Concilium*, 106; (19) Pio XII, *Discurso*, 13-III-1943; (20) Paulo VI, *Audiência geral*, 22-VIII-1973; (21) João XXIII, Enc. *Mater et Magistra*, 15-V-1961; (22) São Josemaria Escrivá, *Sulco*, n. 514; (23) Leão XIII, Enc. *Rerum novarum*, 15-V-1881; (24) Conferência Espanhola, *O domingo, festa primordial dos cristãos*, 22-XI-1981, I, 3.

TEMPO COMUM. NONO DOMINGO. CICLO C

72. DEVOÇÃO AOS SANTOS

— São intercessores diante de Deus e nossos aliados.
— O culto dos santos. O *dies natalis*.
— Veneração e apreço pelas *relíquias*. As *imagens*. A Virgem Maria, nossa especial intercessora.

I. O EVANGELHO DA MISSA[1] apresenta-nos a figura de um centurião que é modelo de muitas virtudes: fé, humildade, confiança no Senhor. A liturgia conservou as suas palavras na Santa Missa: *Senhor, eu não sou digno de que entreis em minha morada...* Jesus ficou admirado com a atitude desse homem e, depois de conceder-lhe o que lhe pedia — a cura de um dos seus servos —, *virando-se para a multidão que o seguia, disse: Digo-vos que nem mesmo em Israel encontrei tanta fé*.

Este centurião é também para nós um exemplo de homem que sabe pedir. Reparemos que não se dirige ao Senhor diretamente, mas envia uns anciãos para que intercedam por ele. *Chegados estes a Jesus, rogaram-lhe encarecidamente dizendo: Ele merece que lhe faças isso, pois aprecia o nosso povo e foi ele que nos construiu a sinagoga*. E depois, quando o Senhor está já perto da sua casa, envia-lhe novamente uns amigos para dizer-lhe que não se incomode em ir até ele, que basta que assim o deseje para que o seu criado fique curado.

Na Escritura, encontramos abundantes testemunhos desta intercessão eficaz. Quando Javé se mostra decidido a destruir as cidades de Sodoma e Gomorra, Abraão suplica-lhe: *Talvez haja cinquenta justos na cidade: fá-los-eis perecer? Não perdoareis antes a cidade, em atenção aos cinquenta justos?...* O Senhor disse: *Se eu encontrar em Sodoma cinquenta justos, perdoarei toda a cidade em atenção a eles*. Mas como não havia cinquenta justos, Abraão foi reduzindo a cifra: *Se dos cinquenta justos faltarem cinco, destruireis a cidade?...* E se houver quarenta?..., trinta?..., vinte?..., dez?...[2] O Senhor aceita sempre a intercessão de Abraão, porque Abraão era *amigo de Deus*[3].

Os santos que já gozam da bem-aventurança eterna são particularmente amigos de Deus, pois amaram-no sobre todas as coisas e serviram-no com uma vida heroica. Eles são os nossos grandes aliados e intercessores, atendem sempre as nossas súplicas e apresentam-nas a Deus avalizadas pelos méritos que adquiriram aqui na terra e pela sua união com a Santíssima Trindade. Deus honra-os e glorifica-os através dos milagres que fazem e das graças que nos alcançam nas nossas necessidades materiais e espirituais, "pois nesta vida mereceram diante de Deus que as suas orações fossem escutadas depois da sua morte"[4].

A devoção aos santos é parte da fé católica, e sempre foi vivida na Igreja. O Concílio Vaticano II diz-nos que "convém portanto sumamente que amemos esses amigos e coerdeiros de Jesus Cristo, além disso nossos irmãos e exímios benfeitores; que rendamos as devidas graças a Deus por eles, que os invoquemos humildemente e recorramos às suas orações, à sua intercessão e ao seu auxílio"[5]. Temos *amigos* no Céu; recorramos à sua intercessão no dia de hoje, e nos prestarão grandes ajudas para realizarmos com retidão os nossos afazeres, para enfrentarmos com galhardia as coisas que mais nos custam.

II. A VENERAÇÃO PELA SANTÍSSIMA VIRGEM, pelos Anjos da Guarda, pelos apóstolos e mártires, nasceu nos primórdios da Igreja. Chegaram até nós inúmeros testemunhos dessas devoções dos primeiros cristãos. Já as *Atas* do martírio de São Policarpo — que foi discípulo do apóstolo São João — contam que os cristãos sepultaram piedosamente os seus restos mortais para celebrarem a cada ano naquele lugar o seu natalício (o dia do martírio); e São Cipriano recomenda ao clero de Cartago que tome nota do dia em que os mártires são levados ao martírio para poderem celebrar o seu aniversário.

Esta comemoração tinha lugar junto do túmulo de cada um. Cada igreja conservava uma lista dos seus mártires, e essas relações recopiladas deram origem aos primeiros calendários dos santos. Muitos fiéis disputavam o privilégio de serem sepultados junto de um mártir; os seus sepulcros constituíam uma glória local: eram símbolo de proteção e não demoravam a converter-se em centros de peregrinação. Mais tarde, sobretudo quando o martírio se tornou menos frequente, a mesma veneração se estendeu "aos que imitaram mais intensamente a virgindade e a pobreza de Cristo, e finalmente a todos aqueles em cuja piedosa devoção e imitação os fiéis confiavam, devido ao exercício preclaro das virtudes e dos carismas divinos"[6] que as suas vidas manifestavam.

Os santos intercedem por nós no Céu, alcançam-nos graças e favores, pois — como comenta São Jerônimo — se quando estavam na terra "e tinham motivos para se ocuparem de si próprios, já oravam pelos outros, quanto mais depois da coroa, da vitória e do triunfo!"[7]

Não devemos, porém, limitar-nos a invocá-los como intercessores em nosso favor; a Igreja quer que lhes prestemos o culto que merecem, em reconhecimento da sua santidade, como membros prediletos que são do Corpo Místico de Cristo, possuidores para sempre da bem-aventurança eterna. Deus é louvado neles: "Honramos os servos para que a honra que lhes prestamos redunde em honra do Senhor"[8], pois o relacionamento com os bem-aventurados "não rebaixa de forma alguma o culto latrêutico tributado a Deus Pai por meio de Cristo no Espírito, antes o enriquece abundantemente"[9].

Além de prestar-lhes culto externo, devemos falar-lhes no íntimo do coração, sem palavras, com sentimentos de amizade e confiança, ao ouvido, como a um amigo que nos ajuda sempre, particularmente quando nos encontramos diante de alguma dificuldade. Muitas vezes nos sentiremos movidos a recorrer ao santo ou mártir do dia, cuja festa a Igreja faz coincidir frequentemente com o dia da sua morte (*dies natalis*), o dia em que ouviram aquelas felicíssimas palavras do Senhor: *Vem, bendito de meu Pai...*[10], vê o que te preparei. É o aniversário do dia em que pela primeira vez contemplaram a glória inefável de Deus.

As devoções particulares aos santos que por determinadas circunstâncias consideramos mais próximos de nós, são de muito proveito. Experimentamos então como o "consórcio com os santos nos une a Cristo, de quem dimanam, como da sua Fonte e Cabeça, toda a graça e toda a vida do povo de Deus"[11].

III. É UMA MANIFESTAÇÃO de piedade cultivarmos um íntimo apreço e veneração pelos corpos dos santos e pelos objetos que usaram na terra. São lembranças preciosas que guardamos com grande carinho, tal como guardamos objetos que pertenceram a pessoas muito próximas e queridas.

Os primeiros cristãos conservavam as relíquias dos mártires como *tesouros inestimáveis*[12]. "Em sua memória, devemos venerar dignamente tudo aquilo que nos deixaram, e sobretudo os seus corpos, que foram templos e instrumentos do Espírito Santo — que habitava e atuava neles — e que se configurarão com o Corpo de Cristo depois de ressuscitarem gloriosamente. Por isso o próprio Deus honra essas relíquias de maneira conveniente, realizando milagres através delas"[13].

Honramos também as imagens dos santos, porque nelas os veneramos a eles mesmos, e porque nos animam a amá-los e imitá-los. Por vezes, o Senhor, tal como com as relíquias, quis glorificar essas imagens por meio de milagres. E concede frequentemente favores particulares e graças aos que as veneram piedosamente. Santa Teresa escreve que ela era "muito amiga das imagens". "Desventurados os que por sua culpa perdem este bem!", dizia, referindo-se talvez àqueles que, devido às doutrinas protestantes, arremetiam contra as imagens.

De maneira muito particular, devemos amar e procurar a intercessão de nossa Mãe Santa Maria — Medianeira de todas as graças —, em quem "os anjos encontram a alegria, os justos a graça e os pecadores o perdão para sempre"[14]. Ela nos protege sempre e nos ajuda a todo o momento. Nunca deixou de levar ao seu Filho uma única das nossas súplicas. As suas imagens são um apelo contínuo para que sejamos fiéis à nossa vocação de cristãos nas nossas tarefas diárias.

Unidos à Virgem, terminemos a nossa oração invocando o Senhor com palavras da liturgia: *Deus eterno e todo-poderoso, que pela glorificação dos santos continuais a manifestar o vosso amor por nós, concedei que a sua intercessão nos ajude e o seu exemplo nos anime a imitar fielmente o vosso Filho*[15].

(1) Lc 7, 10; (2) cf. Gn 18, 24-32; (3) cf. Jdt 8, 22; (4) São Tomás, *Suma teológica*, supl., q. 72, a. 2, ad. 4; (5) Conc. Vat. II, Const. *Lumen gentium*, 50; (6) João Paulo II, Const. Apost. *Divinus perfectionis magister*, 25-I-1983; (7) São Jerônimo, *Contra Vigilantium*, 1, 6; (8) idem, *Epístola* 109; (9) Conc. Vat. II, *op. cit.*, 51; (10) cf. Mt 25, 34; (11) Conc. Vat. II, *op. cit.*, 50; (12) *Martírio de Santo Inácio*, 6, 5; (13) São Tomás, *op. cit.*, 3, q. 25, a. 6; (14) São Bernardo, *Sermão no dia de Pentecostes*, 2; (15) Liturgia das Horas, *Comum dos santos. Oração para vários santos.*

TEMPO COMUM. NONA SEMANA. SEGUNDA-FEIRA

73. A PEDRA ANGULAR

— Jesus Cristo é a pedra angular sobre a qual deve ser edificada a vida.
— A fé nos dá luz para conhecermos a realidade das coisas e dos acontecimentos.
— O cristão tem a sua própria escala de valores perante o mundo.

I. NA PARÁBOLA DOS VINHATEIROS homicidas[1], Jesus resume a história da salvação. Compara Israel a uma vinha escolhida, dotada de cerca e torre de vigilância para ficar ao abrigo dos ladrões e dos animais. Deus não deixou de dispensar nenhum cuidado à vinha da sua predileção, ao seu povo, tal como fora profetizado[2]. Os vinhateiros da parábola são os que conduzem o povo de Israel; Deus é o dono e a vinha é Israel, como povo de Deus.

O dono envia sucessivas vezes os seus servos à vinha para arrecadar os frutos, mas os servos só recebem maus tratos; essa foi a missão dos profetas e a acolhida que lhes reservaram. Finalmente, envia o seu Filho, *o Amado*, pensando que Ele, sim, será respeitado. Os vinhateiros, porém, *lançaram-no fora da vinha e o mataram*; é uma referência explícita à crucifixão, que teve lugar fora dos muros de Jerusalém[3]. E Jesus conclui a parábola com estas palavras tomadas de um Salmo[4]: *A pedra que os construtores rejeitaram converteu-se em pedra angular*.

Estas palavras de Jesus serão recordadas mais tarde por São Pedro diante do Sinédrio, quando já se tiver cumprido a predição contida na parábola: *Seja manifesto a todos vós e a todo o povo de Israel que foi em nome de Jesus Cristo Nazareno, que vós crucificastes... Ele é a pedra que, rejeitada por vós, construtores, veio a converter-se em pedra angular*[5]. Jesus Cristo é a pedra-chave que alicerça e sustenta todo o arco em que se apoiam a Igreja e cada homem; sem ela, o edifício desaba.

A *pedra angular* afeta toda a construção, toda a vida: negócios, interesses, amores, tempo... Na vida do cristão, nada pode ser construído à margem das exigências da fé. Não somos discípulos de Cristo a determinadas horas (à hora de rezar, por exemplo) ou em determinados dias (no dia do casamento...). A profunda unidade de vida que o cristianismo exige determina que, sem distorcer a natureza das coisas, tudo seja afetado pelo fato de se ser discípulo de Jesus. Seguir o Senhor é uma atitude interior que influi no núcleo mais íntimo da personalidade e que se converte na característica mais importante da existência do cristão: deve influir na sua vida incomparavelmente mais do que o amor humano na pessoa mais apaixonada.

"Imaginemos um arquiteto — comenta Cassiano — que desejasse construir a abóbada de uma ábside. Deve traçar toda a circunferência partindo de um ponto-chave: o centro. Guiando-se por essa norma infalível, deve depois calcular a curvatura exata e o desenho da estrutura [...]. É assim que um só ponto se converte na peça fundamental de uma grande construção"[6]. De modo semelhante, o Senhor é o ponto de referência central de todos os nossos pensamentos, palavras e obras.

II. CRISTO DETERMINA ESSENCIALMENTE o pensamento e a vida dos seus discípulos. Por isso, seria uma grande incoerência deixarmos de lado a nossa condição de cristãos à hora de apreciarmos uma obra de arte ou um programa político, de fecharmos um negócio, de planejarmos as férias da família ou escolhermos o colégio para os filhos. Sem desrespeitar as leis próprias de cada matéria e a amplíssima liberdade em tudo o que é opinável, o fiel discípulo de Jesus não restringe o seu juízo a um só aspecto — econômico, artístico, cinematográfico... — e não dá por bom um projeto ou uma obra sem mais nem menos. Se nesses planos, nesses acontecimentos ou nessa obra não se observa a devida subordinação a Deus, a sua qualificação definitiva só pode ser negativa, por mais acertados e felizes que sejam os seus valores parciais.

Ao analisar uma proposta de emprego ou um negócio, um bom cristão não vê apenas se ela lhe traz vantagens econômicas, mas também se é lícita de acordo com as normas da moralidade, se fará bem ou mal aos outros, se trará benefícios à sociedade... Se for moralmente ilícita, ou mesmo pouco exemplar, as outras características — as vantagens econômicas, o prestígio que possa dar — não a convertem num bom negócio. Uma boa operação comercial, se não estiver de acordo com as normas da moral, é um negócio péssimo e irrealizável.

O erro apresenta-se frequentemente vestido de nobres roupagens de arte, ciência, independência econômica, liberdade... Mas a força da fé deve ser maior: é a luz poderosa que não raras vezes nos faz ver, por trás das aparências de bem, um mal que se manifesta sob o disfarce de um primor literário, de uma beleza irretocável, de uma promoção justa... Cristo deve ser a pedra angular de todo o edifício.

Peçamos a Deus a graça de vivermos coerentemente a nossa vocação cristã. Assim a fé nunca será uma limitação — "não posso fazer", "não posso ir", "não posso ler", "não posso mandar os meus filhos a esse colégio"... —, mas luz que nos dará a conhecer a verdadeira realidade das coisas e dos acontecimentos, e nos levará a não esquecer que o demônio tenta aliar-se à ignorância, à soberba e à concupiscência que todos trazemos dentro de nós. Cristo é a fornalha que põe à prova o ouro que há nas coisas humanas. Tudo o que não resiste à luminosidade e ao calor dos seus ensinamentos é mentira e engano, ainda que se revista de alguma aparência de bondade ou de perfeição.

Com o critério que nos dá esta *unidade de vida* — sermos e sentirmo-nos em todas as ocasiões fiéis discípulos do Senhor —, poderemos usufruir e saborear tantas coisas boas pensadas e realizadas por homens que se guiaram por um critério humano reto. Sem a luz da fé, ficaríamos em muitas ocasiões com a escória, que nos enganou porque tinha um certo brilho de bondade, de justiça ou de beleza.

Assim se explica, por exemplo, que pessoas simples, pouco instruídas ou até pouco inteligentes, mas de intensa vida cristã, tenham um critério muito reto, que as faz apreciar acertadamente os diversos acontecimentos e situações da vida. Ao passo que outras, talvez mais cultas ou de grande capacidade intelectual, dão às vezes provas de uma lamentável carência de bom-senso e se enganam nos juízos de valor mais elementares.

Portanto, para termos um critério bem formado e seguro, para chegarmos a ter uma vontade reta, devemos ser homens de fé prática, que pensem, apreciem e queiram as coisas tal como Deus as vê e quer. Assim poremos todas as realidades humanas nobres aos pés de Cristo, santificando-as. Perguntemo-nos: penso, sinto e quero em coerência com a fé em todas as situações? Quando tomo decisões, tenho presente acima de tudo o que Deus espera de mim? E concretizemos os nossos propósitos em pontos em que o Senhor nos pede critérios de comportamento mais decididamente cristãos.

III. O CRISTÃO — por ter alicerçado a sua vida na *pedra angular* que é Cristo — tem a sua própria personalidade, o seu modo de ver o mundo e os acontecimentos, e uma escala de valores bem diferente da do homem pagão, que tem uma concepção puramente terrena das coisas. Uma fé fraca e tíbia, que pouco influa no dia a dia, "pode provocar em alguns essa espécie de complexo de inferioridade que se manifesta numa ânsia desmedida de «humanizar» o cristianismo, de «popularizar» a Igreja, acomodando-a aos juízos de valor vigentes no mundo"[7].

É por isso que o cristão, que está mergulhado nas tarefas seculares, precisa ao mesmo tempo de estar "mergulhado em Deus", através da oração, dos sacramentos e da santificação dos seus afazeres. Trata-se de sermos discípulos fiéis de Jesus no meio do mundo, na vida normal de todos os dias, com todos os seus afãs e todos os seus acontecimentos.

Poderemos assim viver o conselho que São Paulo dava aos primeiros cristãos de Roma, quando os prevenia contra os riscos de um conformismo acomodatício em face dos costumes pagãos: *Não queirais conformar-vos com este século*[8].

Este inconformismo pode às vezes levar-nos a ter de navegar contra a corrente e a ter de enfrentar o risco da incompreensão de alguns. Mas o cristão não deve esquecer que é *fermento*[9], colocado dentro da massa para levedá-la.

O Senhor é a luz que ilumina e descobre a verdade de todas as realidades criadas, é o farol que oferece orientação aos navegantes de todos os mares. "A Igreja [...] crê que a chave, o centro e a finalidade de toda a história humana se encontram no seu Senhor e Mestre"[10]. Jesus de Nazaré continua a ser a *pedra angular* em cada homem.

Pensemos hoje, antes de acabarmos a nossa oração, se a fé que professamos influi cada vez mais na nossa vida: na forma de contemplarmos o mundo e os homens, no modo de nos comportarmos, no desejo eficaz de que todos os homens conheçam de verdade o Senhor, sigam a sua doutrina e a amem.

(1) Mc 12, 1-12; (2) Is 5, 1-7; (3) cf. *Santos Evangelhos*, EUNSA, notas a Mc 12, 1-12 e Mt 21, 33-46; (4) Sl 118, 22; (5) At 4, 10-11; (6) Cassiano, *Colações*, 24; (7) J. Orlandis, *Qué es ser católico?*, EUNSA, Pamplona, 1977, p. 48; (8) Rm 12, 2; (9) cf. Mt 13, 33; (10) Conc. Vat. II, Const. *Gaudium et spes*, 10.

74. A CÉSAR O QUE É DE CÉSAR. CIDADÃOS EXEMPLARES

— O cristão na vida pública. O cumprimento exemplar dos nossos deveres.
— Unidade de vida.
— A união com Deus, necessária para sermos melhores cristãos.

I. O EVANGELHO DA MISSA[1] conta que uns fariseus se aproximaram de Jesus para surpreendê-lo em alguma palavra e poderem acusá-lo. Por isso perguntam-lhe maliciosamente se é lícito pagar o tributo a César.

Tratava-se do imposto que todos os judeus deviam pagar a Roma, e que lhes recordava a sua dependência de um poder estrangeiro. Não era muito pesado, mas levantava um problema político e moral; os próprios judeus estavam divididos a respeito da sua obrigatoriedade. E querem que Jesus tome partido a favor ou contra essa imposição. *Mestre* — dizem-lhe —, *é-nos lícito pagar o tributo a César?*

Se o Senhor dissesse que sim, poderiam acusá-lo de colaborar com o poder romano, que os judeus odiavam por ser o invasor. Se respondesse que não, poderiam acusá-lo de rebelião. Tomar partido a favor ou contra o imposto significava, no fundo, manifestar-se a favor ou contra a legalidade da situação político-social por que passava o povo judeu: colaborar com o poder de ocupação ou fomentar a rebelião latente no seio do povo. Aliás, chegariam mais tarde a acusá-lo com absoluta falsidade diante de Pilatos, a autoridade romana: *Encontramos este homem subvertendo o nosso povo; proíbe que se pague o tributo a César*[2].

Jesus, conhecendo a malícia da pergunta, diz-lhes: *Mostrai-me uma moeda. De quem é esta imagem e a inscrição? Eles responderam: De César*. E Jesus deixou-os desconcertados com a profundidade e simplicidade da sua resposta: *Pois dai a César o que é de César e a Deus o que é de Deus*. Jesus não foge da questão, mas coloca-a nos seus verdadeiros termos.

Trata-se de que o Estado não se intrometa no plano das coisas divinas, e de que a Igreja não intervenha em questões temporais mutáveis e relativas. Jesus opõe-se, por conseguinte, tanto ao erro difundido entre os fariseus, de um messianismo político, como ao da ingerência do Estado romano — de qualquer Estado — no terreno religioso[3]. Com a sua resposta, estabelece claramente duas esferas de competência. "Cada uma no seu âmbito próprio — diz o Concílio Vaticano II —, são mutuamente independentes e autônomas. Ambas, no entanto, ainda que por um título distinto, estão a serviço da vocação pessoal e social dos mesmos homens"[4].

A Igreja como tal não tem por missão dar soluções concretas aos assuntos temporais, e desta forma segue o exemplo do Senhor, cujo reino *não é deste mundo*[5] e que expressamente se negou a intervir como juiz em questões terrenas[6]. A missão da Igreja, que continua no tempo a obra redentora de Jesus Cristo, é levar os homens ao seu destino sobrenatural e eterno; a sua justa e devida preocupação pelos problemas da sociedade provém exclusivamente da sua missão espiritual e mantém-se nos limites dessa missão.

Cabe aos cristãos, imersos na entranha da sociedade, dar solução aos problemas temporais, contribuir com os demais cidadãos para formar à sua volta um mundo cada vez mais humano e mais cristão, sendo cidadãos exemplares que exigem os seus direitos e sabem cumprir todos os seus deveres para com a sociedade. Na sua fé, potencializada pela caridade, serão sensíveis aos apelos do bem comum e muitas vezes irão além do mero cumprimento das normas legais. A diferença entre a ordem legal e os critérios morais obriga por vezes a adotar comportamentos mais exigentes que os critérios estritamente jurídicos[7].

Ao assumirem plenamente essa responsabilidade, cada um no âmbito dos seus afazeres e das suas possibilidades, sem se escudarem por trás da autoridade da Igreja e muito menos atuarem em seu nome, os cristãos nunca cairão naquilo que Jesus Cristo evitava cuidadosamente: unir a mensagem evangélica, que é universal, a um sistema, a um César. Evitarão também que todos aqueles que não pertencem ao sistema, ao partido ou ao César, se sintam em compreensíveis dificuldades para aceitar uma mensagem que tem como último fim a vida eterna.

II. *DAI A CÉSAR o que é de César...* O Senhor distinguiu os deveres relacionados com a sociedade dos deveres que se referem a Deus, mas não quis, de forma alguma, impor aos seus discípulos como que uma dupla existência.

O homem é um só, com um só coração e uma só alma, com virtudes e defeitos que influem em toda a sua atuação, e "tanto na vida pública como na privada, o cristão deve inspirar-se na doutrina e no seguimento de Jesus Cristo"[8], que sempre tornarão a sua atuação mais humana e nobre. A Igreja sempre proclamou a justa autonomia das realidades temporais, entendida, evidentemente, no sentido de que "as coisas criadas e também a sociedade gozam de leis e valores próprios [...]. Mas se por «autonomia do temporal» se quer dizer que a realidade criada é independente de Deus e que os homens podem usá-la sem referi-la ao Criador, não escapa a nenhum fiel a falsidade envolvida em tais palavras. A criatura sem o Criador desaparece"[9]; e a própria sociedade se torna desumana, tal como se tem podido observar.

O cristão escolhe as suas opções políticas, sociais, profissionais, de acordo com as suas convicções mais íntimas. E o que oferece à sociedade em que vive é uma visão reta do homem e da sociedade, porque só a doutrina cristã oferece a verdade completa sobre o homem, sobre a sua dignidade e o destino eterno para o qual foi criado.

São muitos, no entanto, os que quereriam que os cristãos tivessem uma vida dupla: uma nas suas atuações temporais e públicas, outra na sua vida de fé. Afirmam até, com palavras ou fatos sectários e discriminatórios, a incompatibilidade entre os deveres civis e as obrigações que o seguimento de Cristo traz consigo. Nós, cristãos, devemos proclamar, com palavras e com o testemunho de uma vida coerente, que "não é verdade que haja oposição entre ser bom católico e servir fielmente a sociedade civil. Assim como não há razão para que a Igreja e o Estado entrem em choque, no exercício legítimo da sua autoridade respectiva, voltados para a missão que Deus lhes confiou.

"Mentem — isso mesmo: mentem! — os que afirmam o contrário. São os mesmos que, em aras de uma falsa liberdade, quereriam «amavelmente» que nós, católicos, voltássemos às catacumbas"[10], ao silêncio.

O nosso testemunho no meio do mundo deve traduzir-se numa profunda unidade de vida. "Vivei e infundi nas realidades temporais a seiva da fé de Cristo — exortava João Paulo II —, conscientes de que essa fé não destrói nada do que é autenticamente humano, mas, pelo contrário, reforça-o, purifica-o, eleva-o.

"Demonstrai esse espírito na atenção prestada aos problemas cruciais. No âmbito da família, vivendo e defendendo a indissolubilidade e os demais valores do matrimônio, promovendo o respeito a toda a vida desde o momento da concepção. No mundo da cultura, da educação e do ensino, escolhendo para os vossos filhos uma educação em que esteja presente o pão da fé cristã.

"Sede também fortes e generosos à hora de contribuir para que desapareçam as injustiças e as discriminações sociais e econômicas; à hora de participar numa tarefa positiva de incremento e justa distribuição dos bens. Esforçai-vos para que as leis e costumes não se afastem do sentido transcendente do homem, nem dos aspectos morais da vida"[11].

III. *E A DEUS o que é de Deus*. O Senhor também insiste nisto, ainda que os fariseus não lho tivessem perguntado. "O César busca a sua imagem: dai-lha. Deus busca a sua: devolvei-lha. Não perca o César a sua moeda por vós; não perca Deus a sua em vós"[12], comenta Santo Agostinho. De Deus são toda a nossa vida, os nossos trabalhos, as nossas preocupações, as nossas alegrias... Tudo o que é nosso é dEle, particularmente esses momentos que lhe dedicamos exclusivamente, como este tempo de oração ou uns minutos diários de uma leitura espiritual.

Se formos bons cristãos, isso representará um acicate para sermos bons cidadãos, pois a nossa fé nos move constantemente a ser bons estudantes, mães de família abnegadas que tiram forças da sua fé para levar avante o seu lar, empresários justos, trabalhadores capazes e pontuais etc.; o exemplo de Cristo leva-nos a todos a ser laboriosos, cordiais, alegres, otimistas, a exceder-nos nas nossas obrigações, a ser leais com a empresa, na vida conjugal, com o partido ou associação a que pertencemos. O amor a Deus, se for verdadeiro, é garantia de amor aos homens, e manifesta-se por meio de atos.

"Promulgou-se um edito de César Augusto, que manda recensear todos os habitantes de Israel. Maria e José caminham para Belém... — Não pensaste que o Senhor se serviu do acatamento pontual de uma lei para que se cumprisse a sua profecia?

"Ama e respeita as normas de uma convivência honrada e não duvides de que a tua submissão leal ao dever será também veículo para que outros descubram a honradez cristã, fruto do amor divino, e encontrem a Deus"[13].

(1) Mc 12, 13-17; (2) Lc 23, 2; (3) cf. J. M. Casciaro, *Jesucristo y la sociedad política*, 3ª ed., Palabra, Madri, 1973; (4) Conc. Vat. II, Const. *Gaudium et spes*, 76; (5) Jo 19, 36; (6) cf. Lc 12, 12 e segs.; (7) cf. Conferência Episcopal Espanhola, *Los cristianos en la vida pública*, 22-IV-1986, 85; (8) *ib.*; (9) Conc. Vat. II, *op. cit.*, 36; (10) São Josemaria Escrivá, *Sulco*, n. 301; (11) João Paulo II, *Homilia na Missa celebrada no Camp Nou*, Barcelona, 7-XI-1982; (12) Santo Agostinho, *Comentário ao Salmo 57*, 11; (13) São Josemaria Escrivá, *op. cit.*, n. 322.

TEMPO COMUM. NONA SEMANA. QUARTA-FEIRA

75. RESSUSCITAREMOS COM OS NOSSOS PRÓPRIOS CORPOS

— Uma verdade de fé ensinada expressamente por Jesus.
— Qualidades e dotes dos corpos gloriosos.
— Unidade entre o corpo e a alma.

I. OS SADUCEUS, que não criam na ressurreição, aproximaram-se de Jesus para tentar fazê-lo cair numa cilada. Segundo a antiga Lei de Moisés[1], se um homem morria sem deixar filhos, o irmão devia casar-se com a viúva para dar descendência ao falecido, e devia pôr o nome deste ao primeiro dos filhos. Os saduceus pretendem pôr em ridículo diante de Jesus a fé na ressurreição dos mortos e inventam um problema pitoresco[2]: se uma mulher se casa sete vezes ao enviuvar de sucessivos irmãos, de qual deles será ela esposa no Céu? Jesus responde-lhes ressaltando a frivolidade da objeção. Citando diversas passagens do Antigo Testamento, reafirma-lhes a existência da ressurreição e desfaz-lhes o argumento comentando-lhes as propriedades dos corpos ressuscitados[3].

Censura-os por não conhecerem as Escrituras nem o poder de Deus, pois a verdade da ressurreição já estava firmemente estabelecida na Revelação. Isaías havia profetizado: *A multidão dos que dormem no pó da terra despertará, uns para eterna vida, outros para vergonha e confusão*[4].

A mãe dos Macabeus confortava os seus filhos no momento do martírio recordando-lhes que *o Criador do mundo [...] vos restituirá, na sua misericórdia, tanto o espírito como a vida, se agora fizerdes pouco caso de vós mesmos por amor às suas leis*[5]. E para Jó, esta mesma verdade será o consolo dos seus dias maus: *Sei que o meu Redentor vive e que no último dia ressuscitarei do pó [...]; na minha própria carne contemplarei a Deus*[6].

Devemos fomentar nas nossas almas a virtude da esperança, e concretamente o desejo de ver a Deus. "Os que amam procuram ver-se. Os enamorados só têm olhos para o seu amor. Não é lógico que seja assim? O coração humano sente esses imperativos. Mentiria se negasse que me arrasta tanto a ânsia de contemplar a face de Jesus Cristo. *Vultum tuum, Domine, requiram*, procurarei, Senhor, o teu rosto"[7].

Este desejo será saciado se permanecermos fiéis à nossa vocação de cristãos, porque a solicitude de Deus pelas suas criaturas levou-o a estabelecer a *ressurreição da carne*, verdade que constitui um dos artigos fundamentais do Credo[8], pois *se não há ressurreição dos mortos, nem Cristo ressuscitou, e se Cristo não ressuscitou, é vã a nossa pregação e também é vã a vossa fé*[9]. "A Igreja crê na ressurreição dos mortos [...] e entende que a ressurreição se refere ao homem inteiro"[10], incluído o seu corpo, o mesmo que tiver tido durante a sua passagem pela terra[11].

A liturgia transmite esta verdade consoladora em inúmeras ocasiões: *nEle* (em Cristo) *brilhou para nós a esperança da feliz ressurreição. E àqueles a quem a certeza da morte entristece, a promessa da imortalidade consola. Ó Pai, para os que creem em Vós, a vida não é tirada, mas transformada; e, desfeito o nosso corpo mortal, é-nos dado nos céus um corpo imperecível*[12].

Deus espera-nos para sempre na sua glória. Que tristeza tão grande para aqueles que puseram toda a sua confiança neste mundo! E que alegria para os que sabemos que seremos nós mesmos, alma e corpo, que, com a ajuda da graça, viveremos eternamente com Jesus Cristo, com os anjos e os santos, louvando a Santíssima Trindade!

II. O NOSSO CORPO NO CÉU terá características diferentes, mas continuará a ser corpo e ocupará um lugar, como acontece agora com o Corpo glorioso de Cristo e o da Virgem Maria. Não sabemos onde está esse lugar nem como se forma: a terra ter-se-á transfigurado[13].

A recompensa de Deus estender-se-á ao corpo e o tornará imortal, pois a caducidade é consequência e sinal do pecado e a criação passou a estar submetida a ela por causa do pecado[14]. Tudo o que ameaça e impede a vida desaparecerá[15]. Os ressuscitados para a glória — como afirma São João no Apocalipse — *não terão fome nem sede, nem o sol ou calor algum os abrasará*[16].

A fé e a esperança na glorificação do nosso corpo levar-nos-ão a apreciá-lo no seu justo valor. O homem "não deve desprezar a vida corporal, antes pelo contrário, deve ter como algo bom e honrar o seu próprio corpo, como criatura de Deus que ressuscitará no último dia"[17]. No entanto, como está tão longe desta justa avaliação o culto que vemos prestar ao corpo nos nossos dias!

Temos certamente o dever de cuidar dele, de empregar os meios oportunos para evitar as doenças, o sofrimento, a fome..., mas sem esquecer que esse corpo *ressuscitará no último dia*, e que o importante é que ressuscite para ir para o Céu, não para o inferno. Para além da saúde, devemos propor-nos aceitar amorosamente a vontade de Deus sobre a nossa vida.

Não tenhamos uma preocupação desmedida pelo bem-estar físico. Lembremo-nos sempre de que "ao corpo, é preciso dar-lhe um pouco menos que o devido. Senão, atraiçoa"[18]. Saibamos também aproveitar sobrenaturalmente as incomodidades ou os achaques que nos possam atingir — sem deixar de fazer serenamente o possível por evitá-los —, e não perderemos a alegria e a paz por termos posto o coração num bem relativo e transitório que só será definitivo e pleno na glória. "Tinha razão quem disse que a alma e o corpo são dois inimigos que não se podem separar, e dois amigos que não se podem ver"[19].

Não devemos esquecer em momento nenhum para onde nos encaminhamos e o verdadeiro valor das coisas que tanto nos preocupam. Deus criou-nos para estarmos para sempre com Cristo, em alma e corpo. Por isso, aqui na terra, "a última palavra só poderá ser um sorriso..., um cântico jovial"[20], porque, no além, o Senhor espera-nos de braços abertos e com gesto acolhedor.

III. BASEANDO-SE NA NATUREZA da alma e em diversas passagens da Sagrada Escritura, a doutrina cristã mostra a conveniência de que os corpos ressuscitem e tornem a juntar-se à alma. Em primeiro lugar, porque a alma é apenas uma parte do homem e, enquanto estiver separada do corpo, não poderá gozar de uma felicidade tão completa e acabada como a que possui a pessoa inteira. Por outro lado, como a alma foi criada para unir-se a um corpo, sofreria uma violência sobre o seu modo próprio de ser se viesse a separar-se dele definitivamente. Por último, e principalmente, é mais conforme com a sabedoria, a justiça e a misericórdia divinas que a alma volte a unir-se ao corpo a fim de que ambos — o homem completo, que não é só alma nem só corpo — participem do prêmio ou do castigo merecido na sua passagem pela vida na terra, se bem que seja uma verdade de fé que a alma *imediatamente depois da morte* recebe o prêmio ou o castigo, sem esperar pelo momento da ressurreição do corpo.

À luz do ensinamento da Igreja, vemos pois com outra profundidade que o corpo não é um mero instrumento da alma, ainda que receba dela a capacidade de agir e contribua com ela para a existência e o desenvolvimento da pessoa. Pelo corpo, o homem está em contato com a realidade terrena que deve dominar, trabalhar e santificar porque Deus assim o quis[21]. Pelo corpo, o homem pode entrar em comunicação com os seus semelhantes e colaborar na edificação e desenvolvimento da comunidade social. Não podemos esquecer também que o homem recebe através do corpo a graça dos sacramentos: *Não sabeis que os vossos corpos são membros de Cristo?*[22]

Somos homens e mulheres de carne e osso, mas a graça estende a sua influência ao corpo, diviniza-o de certo modo, proporcionando-lhe uma espécie de antecipação da ressurreição gloriosa. A consideração frequente de que este nosso corpo, templo da Santíssima Trindade quando vivemos em graça, está destinado por Deus a ser glorificado, pode ajudar-nos muito a viver com a dignidade e a compostura de um discípulo de Cristo.

Peçamos a São José que nos ensine a viver um respeito delicado pelos outros e por nós mesmos. O corpo que temos na vida terrena também está destinado a participar para sempre da glória inefável de Deus.

(1) Dt 24, 5 e segs.; (2) Mc 12, 18-27; (3) cf. *Santos Evangelhos*, EUNSA, comentários a Mc 12, 18-27 e lugares paralelos; (4) Is 26, 19; (5) 2 Mac 7, 23; (6) Jo 19, 25-26; (7) São Josemaria Escrivá, em *Folha informativa*, n. 1, p. 5; (8) cf. *Symbolum Quicumque*, Dz. 40; Bento XII, Const. *Benedictus Deus*, 29-I-1336; (9) 1 Cor 15, 13-14; (10) Congregação para a Doutrina da Fé, *Carta sobre algumas questões referentes à escatologia*, 17-V-1979; (11) Conc. XI de Toledo, a. 675, Dz. 287 [540]; cf. Conc. IV Latrão, *Sobre a fé católica*, cap. I, Dz. 429 [801] etc.; (12) Missal Romano, *Prefácio I de defuntos*; (13) cf. M. Schmaus, *Teologia dogmática*, vol. VII, *Os novíssimos*, p. 514; (14) Rm 8, 20; (15) cf. M. Schmaus, *op. cit.*, vol. VII, p. 255 e segs.; (16) Ap 7, 15; (17) Conc. Vat. II, Const. *Gaudium et spes*, 14; (18) São Josemaria Escrivá, *Caminho*, n. 196; (19) *ib.*, n. 195; (20) L. Ramoneda Molins, *Vientos que jamás ha roto nadie*, Danfel, Montevidéu, 1984, p. 41; (21) Gn 1, 28; (22) 1 Cor 6, 15.

Tempo Comum. Nona Semana. Quinta-feira

76. O PRIMEIRO MANDAMENTO

— Adorar o *único Deus*. A idolatria moderna.
— Razões para amar a Deus. Algumas faltas e pecados contra o primeiro mandamento.
— O primeiro mandamento abarca todos os aspectos da nossa vida. Manifestações do amor a Deus.

I. O EVANGELHO DA MISSA narra a pergunta de um escriba que, cheio de boa vontade, quer saber qual dos preceitos da Lei é o mais importante[1]. Jesus ratifica o que a Antiga Lei já havia estabelecido claramente: *Escuta, Israel: o Senhor, nosso Deus, é o único Senhor, e amarás o Senhor teu Deus com todo o teu coração, com toda a tua alma, com toda a tua mente e com todas as tuas forças. O segundo é este: Amarás o teu próximo como a ti mesmo*. O escriba identifica-se plenamente com o ensinamento de Jesus, e a seguir repete devagar as palavras que acaba de ouvir. O Senhor dirige-lhe uma palavra carinhosa que o anima à conversão definitiva: *Não estás longe do Reino de Deus*.

Este mandamento, em que se resumem toda *a Lei e os Profetas*, começa pela afirmação da existência de *um único Deus*, e assim o repetimos no Credo: *Credo in unum Deum* — creio num só Deus. É uma verdade conhecida pela luz natural da razão, e os que faziam parte do povo eleito sabiam bem que todos os deuses pagãos eram falsos.

No entanto, os ídolos foram para eles uma tentação constante e uma causa frequente de afastamento do Deus verdadeiro, dAquele que os *tirou da terra do Egito*. Os profetas sentir-se-ão impelidos a recordar-lhes a falsidade daquelas divindades que ficavam conhecendo quando entravam em contato com nações mais poderosas e de uma cultura muito superior à deles, que os atraía e deslumbrava: tratava-se de povos mais ricos, materialmente mais avançados, mas mergulhados na escuridão da superstição, do erro e da ignorância. O povo eleito, porém, não soube apreciar em muitas ocasiões a riqueza incomparável da Revelação, o tesouro da fé. Virou as costas à única *fonte de águas vivas* para ir beber em cisternas fendidas que não tinham água nem tinham capacidade para retê-la[2].

Os antigos pagãos, homens civilizados para a época em que viveram, inventaram ídolos que adoravam de diversas formas. Muitos homens civilizados dos nossos dias — os novos pagãos — erguem ídolos mais bem construídos e mais refinados: parece que explode nos nossos dias uma verdadeira adoração e idolatria[3] por tudo aquilo que se apresenta sob a aparência de "progresso" ou que proporciona mais bem-estar material, mais prazer, mais conforto... São atuais as palavras de São Paulo aos Filipenses: *O Deus deles é o ventre, e a sua glória a própria vergonha, pois põem o coração nas coisas terrenas*[4]. É a idolatria moderna, a que se veem tentados também muitos cristãos, esquecendo o imenso tesouro da sua fé, a riqueza do amor a Deus.

O primeiro mandamento do Decálogo é violado quando se preferem outras coisas a Deus, ainda que sejam boas, pois então passa-se a amá-las desordenadamente, usando delas para um fim oposto ou diferente daquele para que foram criadas. Ao quebrar a ordem divina que o Decálogo nos estabelece, o homem já não encontra a Deus na criação e fabrica então o seu próprio *deus*, por trás do qual esconde radicalmente o seu próprio egoísmo e a sua soberba. Chega até a tentar nesciamente colocar-se no lugar de Deus, a erigir-se a si próprio como fonte do bem e do mal, caindo na cilada que o demônio estendeu aos nossos primeiros pais: *Sereis como deuses*, se não obedecerdes aos preceitos de Deus[5].

Daí a necessidade — porque a tentação é real para cada ser humano — de nos perguntarmos muitas vezes — e assim o fazemos hoje na nossa oração — se Deus é verdadeiramente o que há de mais importante na nossa vida, o Sumo Bem, que orienta a nossa conduta e as nossas decisões. *Amarás o Senhor teu Deus... e só a Ele adorarás.* O empenho em seguir o caminho que Ele quer para nós — a vocação pessoal de cada um — é o modo concreto de vivermos esse amor e essa adoração.

II. AS RAZÕES PARA AMARMOS a Deus são muitas e muito poderosas: porque Ele nos tirou do nada, porque é Ele quem nos governa e nos proporciona o necessário para a nossa vida e sustento...[6] Além disso, essa dívida que temos para com Ele pelo simples fato de existirmos, aumentou incomensuravelmente no momento em que o Senhor nos elevou à ordem da graça, e nos redimiu do poder do pecado pela Morte e Paixão do seu Filho Unigênito, e nos cumulou de incontáveis benefícios e dons: a dignidade de sermos seus filhos e templos do Espírito Santo... Seria uma terrível ingratidão se não lhe agradecêssemos o que nos deu; mais ainda — diz São Tomás —, seria como se fabricássemos um outro Deus, à semelhança dos filhos de Israel que, saindo do Egito, fizeram e adoraram um ídolo[7].

A história pessoal de cada homem põe de relevo como a dignidade e a felicidade — mesmo humana — se conseguem pelos trilhos do amor a Deus, nunca fora deles. E quando a razão última de uma vida se cifra em qualquer coisa que não Deus, está-se exposto a cair sob o domínio das próprias paixões. Disse alguém com verdade que "o caminho do inferno já é um inferno"; cumprem-se então as palavras do profeta Jeremias aos que se sentiam deslumbrados com os ídolos das nações vizinhas: *Os deuses alheios não vos concederão descanso*[8].

Deixar de amar a Deus é entrar por uma vertente em que uma concessão chama outra, pois quem ofende o Senhor "não se detém num pecado, mas, pelo contrário, é empurrado a consentir em outros: quem comete pecado é escravo do pecado (Jo 8, 34). Por isso não é nada fácil sair dele, como dizia São Gregório: «O pecado que não se extirpa pela penitência arrasta pelo seu próprio peso para outros pecados»"[9]. O amor a Deus, pelo contrário, leva a detestar o pecado, a fugir de qualquer ocasião em que possa haver perigo de ofendê-lo, a fazer penitência pelos pecados da vida passada.

Faltamos também ao amor de Deus quando não lhe prestamos o culto devido, quando não rezamos ou rezamos mal, quando nos detemos em dúvidas voluntárias contra a fé, quando damos crédito a superstições ou a doutrinas — ainda que se apresentem como científicas — que se opõem à fé, ambas fruto da ignorância; quando nos expomos — ou expomos os filhos ou pessoas que temos sob o nosso cuidado — a influências ou leituras danosas para a fé ou para a moral; quando desconfiamos de Deus, do seu poder, da sua bondade... Enfim, "este é o critério para que a alma possa conhecer com clareza se ama ou não a Deus com amor puro: se o ama, o seu coração não a levará a centrar-se em si mesma nem a ocupar-se obsessivamente em satisfazer os seus gostos e conveniências. Dedicar-se-á a buscar a honra e a glória de Deus e a agradar-lhe. Quanto mais coração tiver para si mesma, menos o terá para Deus"[10].

III. O AMOR DE DEUS não se manifesta somente quando lhe prestamos o culto devido, mas quando o estendemos a todos os aspectos da vida. Amamos a Deus através do nosso trabalho bem feito, do cumprimento fiel dos nossos deveres na família, na empresa, na sociedade; amamo-lo com a mente, com o coração, com o porte exterior próprio de um filho de Deus...

Este mandamento exige acima de tudo que não encaremos a adoração — a procura da glória de Deus — como uma atitude ou uma disposição a cultivar entre muitas outras, mas como a finalidade última de todas as nossas ações, mesmo das mais vulgares: *Quer comais, quer bebais ou façais qualquer outra coisa, fazei tudo para a glória de Deus*[11]. É uma orientação fundamental da alma, que exige, na prática, que façamos tudo — ou pelo menos que desejemos fazer tudo — para agradar a Deus; isto é, com retidão de intenção.

O amor de Deus alimenta-se através da oração e da frequência de sacramentos, na luta constante por superarmos os nossos defeitos, no empenho por nos mantermos na presença de Deus ao longo do dia. De modo particular, a Sagrada Eucaristia deve ser a fonte que alimenta continuamente o nosso amor a Deus.

Devemos, pois, fazer com frequência *atos positivos* de amor e de adoração a Deus: enchendo de conteúdo cada genuflexão — sinal de adoração — diante do Sacrário, ou talvez repetindo as palavras que dizemos ao recitar o Glória: *Nós Vos louvamos, nós Vos bendizemos, nós Vos adoramos, nós Vos glorificamos, nós Vos damos graças*. Assim poderemos dizer também, com palavras do hino eucarístico: *Adoro te devote..., tibi se cor meum totum subiicit*: Adoro-Vos, Senhor, com toda a devoção..., a Vós se submete o meu coração por inteiro.

Pensemos em que coisas temos o coração. Vejamos na nossa oração se lançamos mão de "expedientes humanos" para nos lembrarmos muitas vezes de Deus ao longo do nosso dia para, dessa forma, podermos amá-lo e adorá-lo sem cessar.

(1) Mc 12, 28-34; (2) cf. Jer 2, 13; (3) Conc. Vat. II, Decr. *Apostolicam actuositatem*, 7; (4) Fl 3, 19; (5) Gn 3, 5; (6) *Catecismo romano*, III, 2, 6; (7) cf. São Tomás, *Sobre o duplo preceito da caridade*, 1; (8) Jr 16, 13; (9) São Tomás, *op. cit.*; (10) São João da Cruz, *Cântico espiritual*, 9, 5; (11) 1 Cor 10, 31.

TEMPO COMUM. NONA SEMANA. SEXTA-FEIRA

77. O ANJO DA GUARDA

— Presença contínua do Anjo da Guarda.
— Devoção. Ajuda na vida ordinária e no apostolado.
— Recorrer à sua ajuda na vida interior.

I. ALÉM DA CRIAÇÃO do mundo visível e do homem, Deus quis também difundir a sua bondade chamando à existência os anjos, criaturas de uma perfeição altíssima.

Espíritos puros — sem composição de matéria ou corpo —, os anjos são os seres mais perfeitos da criação. Por um lado, a sua inteligência atua com uma simplicidade e agudeza que estão acima do alcance do homem, e a sua vontade é mais perfeita que a humana. Por outro lado, são criaturas que, tendo já sido elevadas à visão beatífica, veem Deus face a face. Esta maior excelência, por natureza e por graça, constitui os anjos como ministros ordinários de Deus e dá-lhes capacidade para influírem sobre os homens e sobre os seres inferiores. "O nome que a Sagrada Escritura lhes atribui indica que o que mais conta na Revelação acerca deles é a verdade sobre as suas *tarefas com relação aos homens*: anjo quer dizer *mensageiro*"[1].

Além de intervirem em acontecimentos singulares da história, os anjos atuam constantemente na vida pessoal dos homens, pois "a providência divina deu aos anjos a missão de guardarem o gênero humano e socorrerem cada homem"[2]. São mais uma prova da bondade divina para conosco, e por isso nos socorrem, animam, confortam, e nos chamam ao bem, à confiança e à serenidade.

O Antigo Testamento contém um livro inteiro dedicado a relatar a ajuda de um arcanjo — São Rafael — à família de Tobias[3]. Sem dar a conhecer a sua condição, o arcanjo acompanha o jovem Tobias numa viagem longa e difícil, presta-lhe serviços e dá-lhe conselhos inestimáveis. Ao termo da viagem, ele mesmo se apresenta: *Eu sou Rafael, um dos sete anjos que apresentam as orações dos justos e têm acesso à majestade do Santo*[4]. O Senhor conhecia passo a passo a conduta honrada daquela família: *Quando tu oravas [...], eu apresentava as tuas orações ao Senhor. Quando enterravas os mortos, eu também te assistia. Quando com diligência os sepultavas [...], eu estava contigo*[5].

A nossa vida também é um caminho longo e difícil, e, no final dele, quando com a ajuda da graça estivermos na casa do nosso Pai-Deus, o nosso Anjo da Guarda também poderá dizer-nos: "Eu estava contigo", pois os Anjos da Guarda têm por missão ajudar cada homem a alcançar o fim sobrenatural a que é chamado por Deus. *Eu mandarei um Anjo adiante de ti* — disse o Senhor a Moisés — *para que te defenda no caminho e te faça chegar ao lugar que te destinei*[6].

Agradeçamos a Deus que tenha querido confiar-nos a estes príncipes do Céu tão inteligentes e eficazes na sua ação, e manifestemos frequentemente a estima que temos por eles.

II. OS ATOS DOS APÓSTOLOS narram alguns episódios que nos mostram a solicitude com que os anjos acompanham os homens: é a intervenção de um anjo na libertação dos apóstolos da prisão, sobretudo na de Pedro, ameaçado de morte por Herodes; ou a de outro na conversão de Cornélio e da sua família; ou a de outro ainda, que leva o diácono Filipe até o ministro da rainha Candace, no caminho de Jerusalém a Gaza[7].

O Papa João Paulo II cita estes episódios a título de exemplo na sua catequese sobre os anjos. E comenta: "Compreende-se assim como se pôde formar na consciência da Igreja a persuasão sobre o ministério confiado aos anjos em favor dos homens. Por isso a Igreja *confessa a sua fé nos Anjos da Guarda*, venerando-os na liturgia através de uma festa especial e recomendando o recurso à sua proteção mediante uma oração frequente, como na invocação ao «Santo Anjo». Esta oração parece entesourar as belas palavras de São Basílio: «Todo o fiel tem junto de si um anjo como tutor e pastor, para levá-lo à vida»"[8].

A oração ao "Santo Anjo", que tantos cristãos aprenderam dos lábios de seus pais, diz assim, com uma ou outra variante: *Santo Anjo do Senhor, meu zeloso guardador, se a ti me confiou a piedade divina, hoje e sempre me rege e guarda, governa e ilumina. Amém.* É uma oração breve, que é de muita ajuda na meninice, e que continua a fazer-nos bem quando já se passou uma boa parte da nossa vida e nem por isso deixamos de ter a mesma necessidade de proteção e amparo.

Se fizermos o propósito de invocar mais o Anjo da Guarda durante o dia de hoje, não deixaremos de notar a sua presença e de receber muitas graças e ajudas por seu intermédio. Além do seu auxílio espiritual, poderemos contar com a sua colaboração e o seu apoio nas pequenas necessidades da vida cotidiana: encontrar alguma coisa que não nos lembramos de onde a pusemos, chegar a tempo a uma entrevista marcada para uma hora de muito trânsito, conseguir que uma pessoa importante nos receba etc., etc... Em tudo aquilo que se ordena para a glória de Deus — e todas as coisas retas podem ser ordenadas e dirigidas para a glória de Deus —, contamos com a ajuda do nosso Anjo da Guarda[9]. E podemos também relacionar-nos com os Anjos da Guarda dos nossos amigos, particularmente na tarefa de aproximá-los de Deus ou de evitar que se afastem dEle.

A piedade cristã tem considerado desde tempos muito antigos que há anjos adorando continuamente Jesus Sacramentado nos lugares em que está reservada a Santíssima

Eucaristia. Apoiando-se na piedade popular, a arte cristã tem representado muitas vezes os anjos reunidos em torno dos *ostensórios*, com o rosto coberto pelas asas porque se consideram indignos de estar na presença do Senhor, tão grande é a sua majestade! Devemos pedir-lhes que nos ensinem a tratar Jesus, realmente presente no Sacrário, com a maior reverência e amor que possamos.

III. APESAR DA PERFEIÇÃO da natureza espiritual, os anjos não têm o poder e a sabedoria de Deus; não podem, por exemplo, ler o interior das consciências. Por isso, é necessário que lhes demos a conhecer o que precisamos deles em cada ocasião. Não são necessárias palavras, mas é necessário que nos dirijamos a eles com a mente, pois a sua inteligência está capacitada para conhecer o que imaginamos e pensamos explicitamente. Daí a razão por que se recomenda que fomentemos uma profunda amizade com o Anjo da Guarda.

O relacionamento com o Anjo da Guarda é menos palpável do que aquele que se tem com um amigo da terra, mas a sua eficácia é muito maior. Os seus conselhos vêm de Deus e calam mais fundo que a voz humana; a sua capacidade de ouvir-nos e compreender-nos é muitíssimo maior que a do melhor amigo; não só porque a sua permanência ao nosso lado é contínua, mas porque penetra muito mais profundamente naquilo de que precisamos ou que exprimimos.

É muito valiosa a assistência que o Anjo da Guarda nos pode prestar na vida interior, pois facilita a nossa piedade, orienta-nos na oração mental e nas orações vocais, e move-nos particularmente a procurar a presença de Deus por meio de atos frequentes. Se o invocarmos, ele porá no trilho certo a nossa imaginação, sempre que esta nos dificulte o trabalho ou a oração. Sugerir-nos-á de algum modo propósitos para melhorarmos, ou uma maneira simples e prática de concretizarmos algum bom desejo que se revelava inoperante. Teremos sempre o recurso de pedir-lhe que se dirija em nosso nome a Deus, dizendo-lhe o que nós, na nossa inépcia, não sabemos expressar na nossa oração pessoal[10]. À hora de abrirmos a alma ao diretor espiritual, podemos pedir-lhe que nos sugira as palavras adequadas para vivermos plenamente a simplicidade e a sinceridade, depois de fazermos junto com ele o exame de consciência. E seremos mais serenos se nos lembrarmos dele nas nossas fraquezas.

A missão do Anjo da Guarda começa na terra, mas terá o seu pleno cumprimento no Céu, porque a sua amizade está chamada a perpetuar-se pelos séculos sem fim. É uma missão tão íntima e pessoal que os vínculos de amizade sobrenatural que criou na terra permanecerão no Céu. Ele será o nosso grande aliado no momento em que prestarmos contas a Deus da nossa vida.

"Será ele quem, no teu juízo particular, recordará as delicadezas que tiveres tido com Nosso Senhor, ao longo da tua vida. Mais ainda: quando te sentires perdido pelas terríveis acusações do inimigo, o teu anjo apresentará aqueles impulsos íntimos — talvez esquecidos por ti mesmo —, aquelas manifestações de amor que tenhas dedicado a Deus Pai, a Deus Filho, a Deus Espírito Santo.

"Por isso, não esqueças nunca o teu Anjo da Guarda, e esse Príncipe do Céu não te abandonará agora, nem no momento decisivo"[11]. Será o nosso melhor amigo aqui na terra e mais adiante na eternidade.

(1) João Paulo II, *Audiência geral*, 30-VII-1986; (2) *Catecismo romano*, IV, 9, 4; (3) Tb 11, 5-17; cf. *Primeira leitura* da Missa da sexta-feira da nona semana do Tempo Comum, ano ímpar; (4) Tb 12, 15; (5) cf. Tb 12, 12-14; (6) Ex 23, 20; (7) cf. At 5, 18-20; 10, 3-8; 8, 26 e segs.; (8) João Paulo II, *Audiência geral*, 6-VIII-1986; (9) cf. G. Hubert, *O meu Anjo caminhará à tua frente*, 2ª ed., Prumo-Rei dos Livros, Lisboa, 1995, p. 155; (10) cf. São Josemaria Escrivá, *Forja*, n. 272; (11) São Josemaria Escrivá, *Sulco*, n. 693.

Tempo Comum. Nona Semana. Sábado

78. O VALOR DO QUE É PEQUENO

— A esmola da *viúva pobre*. O importante para Deus.

— O amor dá valor ao que em si é pequeno e de pouca importância. A tibieza e o descuido do que é pequeno.

— A santidade é um *tecido de pequenas miudezas*. O crescimento nas virtudes e as coisas pequenas.

I. SÃO MARCOS RELATA no Evangelho da Missa de hoje[1] que Jesus estava sentado defronte do gazofilácio do Templo e observava as pessoas que lançavam nele as suas esmolas. A cena tem lugar num dos átrios, na chamada *câmara do tesouro* ou *sala das oferendas*; os dias da Paixão já estavam próximos.

Havia muitos que lançavam grandes quantias, mas o Senhor continuava a observá-los sem fazer o menor comentário. A certa altura, porém, viu uma mulher que se aproximava com a vestimenta típica das viúvas e a clara aparência de ser uma mulher pobre. Provavelmente, tinha esperado que a aglomeração se desfizesse e, quando chegou a sua vez, deixou cair no cofre duas pequenas moedas, as de menor valor entre as que estavam em circulação. São Marcos esclarece para os leitores não judeus, a quem dirige particularmente o seu Evangelho, o valor real dessas moedas; quer chamar a atenção para a exiguidade da esmola. As duas moedas juntas perfaziam um *quadrante*, ou seja, a quarta parte de um asse; um asse, por sua vez, era a décima-sexta parte de um *denário*, e um denário, a diária de um trabalhador do campo. Poucas coisas se podiam, pois, comprar com um quadrante.

Se alguém se tivesse encarregado de anotar as oferendas que se iam fazendo nesse dia no Templo, certamente teria achado que não valia a pena tomar nota da esmola daquela mulher. E, no entanto, foi a mais importante de todas! Foi tão grata a Deus que Jesus convocou os seus discípulos dispersos pelo recinto para que aprendessem a lição daquela viúva. As pequenas moedas de cobre certamente não fizeram ruído nenhum, mas Jesus percebeu claramente o amor sem palavras de alguém que dava a Deus todas as suas economias. *Em verdade vos digo: esta pobre viúva lançou no cofre mais do que ninguém, pois todos lançaram do que lhes sobrava, mas esta, da sua própria indigência, lançou tudo o que tinha, tudo o que lhe restava para o seu sustento*[2].

Como é diferente o que é importante para Deus daquilo que é importante para nós, os homens! Como são diferentes as medidas! Nós costumamos impressionar-nos com o que é grande, chamativo. Deus comove-se — o Evangelho deixou-nos muitos outros testemunhos disso — com os pequenos detalhes de amor. É claro que também se comove com os gestos que costumamos considerar de grande importância, mas somente quando realizados com o mesmo espírito de retidão, de humildade e de amor.

Os apóstolos, que seriam mais tarde o fundamento da Igreja, não esqueceram a lição daquele dia. E nós também sabemos agora como comover o coração de Deus: com a única coisa que temos normalmente ao nosso alcance — as coisas pequenas. "Não tens reparado em que «ninharias» está o amor humano? — Pois também em «ninharias» está o Amor divino"[3].

Podemos considerar hoje na nossa oração a grande quantidade de oportunidades que esta lição do Senhor nos abre:

"Poucas vezes se apresentam grandes ocasiões de servir a Deus, mas as pequenas, continuamente. Pois deves compreender que quem for fiel no pouco será constituído no muito. Faze, pois, todas as tuas coisas para a honra de Deus, e as farás todas bem. Quer comas, quer bebas, quer durmas, quer te divirtas, quer estejas junto ao fogão, se souberes aproveitar essas tarefas, progredirás muito aos olhos de Deus realizando tudo isso porque assim quer Deus que o faças"[4].

II. SÃO AS PEQUENAS COISAS que tornam perfeita uma obra e, portanto, digna de ser oferecida ao Senhor. Não basta que aquilo que se realiza seja bom (trabalhar, rezar...); deve, além disso, ser uma obra bem terminada. Para que haja virtude — ensina São Tomás de Aquino —, é preciso reparar em duas coisas: naquilo que se faz e no modo de fazê-lo[5]. E quanto ao modo de fazê-lo, a cinzelada, a pincelada, o retoque final convertem aquele trabalho numa obra-prima. Pelo contrário, toda a obra "marretada", feita de um modo desleixado e defeituoso, é sinal de languidez espiritual e de tibieza: *Conheço as tuas obras, e que tens nome de vivo mas estás morto* [...], *pois não achei as tuas obras perfeitas na presença do meu Deus*[6]. Quantas vezes os detalhes no trabalho, no estudo, no convívio social, *são o coroamento de algo bom* que, sem esse detalhe, ficaria *incompleto!*

O cuidado das pequenas coisas é exigido pela natureza própria da vocação cristã; é *imitar Jesus nos seus anos de Nazaré*, naqueles seus longos anos de trabalho, de vida familiar, de relacionamento amistoso com as pessoas da sua cidade. Um pequeno detalhe isolado pode não ter importância: "O que é pequeno, pequeno é; mas aquele que é fiel no pouco, esse é grande"[7], porque a perfeição no detalhe exige generosidade, sacrifício e sobretudo amor.

O amor é o que torna importantes as pequenas coisas[8]. Se faltasse, não teria sentido o interesse em estarmos atentos aos detalhes: converter-se-iam em mania ou farisaísmo; pagaríamos os dízimos da hortelã e do cominho —

como faziam os fariseus —, e correríamos o risco de abandonar os pontos mais essenciais da lei, da justiça e da misericórdia.

Ainda que o que possamos oferecer a Deus como prova de amor por Ele nos pareça irrelevante — como a esmola da pobre viúva —, adquire um grande valor se o colocamos sobre o altar e o unimos ao oferecimento que o Senhor Jesus faz de si próprio ao Pai. Então "a nossa humilde entrega — insignificante em si, como o óleo da viúva de Sarepta ou o óbolo da pobre viúva — torna-se aceitável aos olhos de Deus pela sua união com a oblação de Jesus"[9].

Um dos sintomas mais claros de que se começa a enveredar pelo caminho da tibieza é que se passa a menosprezar os pormenores da vida de piedade, os detalhes no trabalho, os atos pequenos e concretos pelos quais se consolidam as virtudes. "A desgraça é tanto mais funesta e incurável quanto esse escorregar para o fundo mal se nota e se dá com maior lentidão [...]. É claro para todos que, com esse estado, se assesta um golpe mortal na vida do espírito"[10]. O amor de Deus, pelo contrário, leva à vibração, ao engenho e ao esforço por *encontrar em tudo* ocasião de amor a Deus e de serviço aos outros.

III. O SENHOR NÃO É INDIFERENTE a um amor que sabe esmerar-se nos detalhes. Não lhe é indiferente, por exemplo, que o cumprimentemos em primeiro lugar ao entrarmos numa igreja ou que o saudemos com o pensamento ao passarmos por uma delas; não lhe é indiferente o nosso esforço por chegarmos pontualmente (uns minutos antes) à Santa Missa; não lhe é indiferente uma genuflexão bem feita diante dEle no Sacrário ou a atitude recolhida com que estejamos na sua presença... Não é verdade que, quando se vê alguém dobrar o joelho com devoção diante do Sacrário, é fácil pensar: esse tem fé e ama a Deus? E esse gesto de adoração ajuda os outros a ter mais fé e mais amor. "Talvez vos possa parecer que a Liturgia está feita de coisas pequenas: atitudes do corpo, genuflexões, inclinações de cabeça, movimentos do incensário, do missal, das galhetas. É então que se devem recordar aquelas palavras de Cristo no Evangelho: *Quem é fiel no pouco sê-lo-á no muito* (Lc 16, 16). Por outro lado, nada é pequeno na Santa Liturgia, quando se pensa na grandeza dAquele a quem se dirige"[11], diz Paulo VI.

O espírito de sacrifício, por sua vez, concretiza-se normalmente em pequenos pormenores de renúncia ao longo do dia: na sobriedade à hora das refeições, em não comer nada fora delas, em comer com agradecimento o que nos servem, na pontualidade, na guarda da vista pela rua, em levantar-se da cama instantaneamente, em persistir numa tarefa, ainda que nos custe e nos tenha passado o entusiasmo, em sorrir para todos e sempre...

A caridade é também um feixe de detalhes muito pequenos da vida cotidiana, se a queremos viver de um modo delicado e heroico. "O dever da fraternidade para com todas as almas far-te-á exercitar «o apostolado das coisas pequenas», sem que o notem: com ânsias de serviço, de modo que o caminho se lhes mostre amável"[12]. Será, por vezes, mostrarmo-nos verdadeiramente interessados naquilo que nos contam; ou deixarmos de lado as preocupações pessoais para pôr toda a atenção nos que estão naquele momento conosco; ou não nos irritarmos por coisas sem importância; ou ajudar a aliviar um peso que oprime os outros, e fazê-lo sem que o percebam; ou evitar o menor assomo de crítica; ou sermos sempre agradecidos..., coisas que estão ao alcance de todos... E o mesmo acontece com as demais virtudes, uma por uma.

Se estivermos atentos ao que é pequeno, viveremos em plenitude cada um dos nossos dias, saberemos dar a cada um dos instantes da nossa existência o sentido de uma preparação para a eternidade. Para isso, peçamos com muita frequência a ajuda de Maria. Digamos-lhe constantemente: *Santa Maria, Mãe de Deus, rogai por nós... agora*, em cada situação pequena e normal da nossa vida.

(1) Mc 12, 38-44; (2) Mc 12, 43-44; (3) São Josemaria Escrivá, *Caminho*, n. 824; (4) São Francisco de Sales, *Introdução à vida devota*, III, 34; (5) cf. São Tomás, *Quodl.*, IV, a. 19; (6) Ap 3, 1-2; (7) Santo Agostinho, *Sobre a doutrina cristã*, 14, 35; (8) cf. São Josemaria Escrivá, *op. cit.*, n. 814; (9) João Paulo II, *Homilia em Barcelona*, 7-XI-1982; (10) B. Baur, *La confesión frecuente*, p. 105; (11) Paulo VI, *Alocução*, 30-V--1967; (12) São Josemaria Escrivá, *Sulco*, n. 737.

Tempo Comum. Décimo Domingo. Ciclo A

79. A VIRTUDE DA ESPERANÇA

— A virtude do caminhante. Seu fundamento.
— Esperança no meio das contrariedades, dos obstáculos, da dor.
— Atualizar com frequência a esperança de sermos santos.

I. A ASCÉTICA CRISTÃ considera a vida do homem na terra como um caminho que termina em Deus. Todos somos *homo viator*, um viajante que se dirige apressadamente para a sua meta definitiva, Deus. Por isso, todos "devemos fazer *provisão de esperança*, se queremos avançar com passo firme e seguro pelo difícil caminho que nos espera"[1]. Se o viajante perdesse a esperança de chegar ao seu destino, desistiria da caminhada, pois o que o move a prosseguir é a confiança de poder alcançar a meta. Nós queremos caminhar em linha reta e a passo rápido para a santidade, para Deus.

Na vida humana, quando uma pessoa se propõe um objetivo, a sua esperança de alcançá-lo apoia-se na resistência física, no treino, na experiência; em última análise, numa vontade firme que, se for necessário, tira forças da própria fraqueza. Para conseguirmos o fim sobrenatural da nossa vida, não nos baseamos nas nossas forças, mas em Deus, que é todo-poderoso e amigo que não falha. A sua bondade e a sua misericórdia não se parecem com as do homem, que é frequentemente *como a nuvem da manhã e como o orvalho da madrugada, que passam*[2].

Por essa esperança sobrenatural em Deus, o cristão confia em poder alcançar um objetivo definitivo cuja busca iniciou já nesta vida com o Batismo e que conseguirá para sempre na outra. Esse objetivo não é uma meta provisória, como numa viagem qualquer, que é apenas um ponto de partida para outras metas. Através da virtude da esperança, esperamos e desejamos a vida eterna que Deus prometeu aos que o amam, e os meios necessários para alcançá-la, apoiados no seu auxílio onipotente[3].

Na segunda Leitura da Missa[4], São Paulo recorda-nos que Abraão, *apoiado na esperança, creu contra toda a esperança que chegaria a ser pai de muitas nações, segundo lhe havia sido prometido*. E comenta João Paulo II: "Direis ainda: «Como pode isso acontecer?» Acontece porque se prende com três verdades: Deus é onipotente, Deus tem por mim um amor imenso, Deus é fiel às suas promessas. E é Ele, o Deus das misericórdias, quem acende em mim a confiança; portanto, eu não me sinto nem só, nem inútil, nem abandonado, mas implicado num destino de salvação que desembocará um dia no Paraíso"[5].

Abraão não vacilou apesar de já ser muito idoso e a sua mulher estéril, antes apoiou-se firmemente no poder e na misericórdia divina, *persuadido de que Deus é capaz de fazer o que promete*. E nós não havemos de confiar em Jesus Cristo, *que foi entregue pelos nossos pecados e ressuscitado para nossa justificação?* Como é que o Senhor nos há de deixar sós diante dos obstáculos que possam surgir para vivermos de acordo com a chamada que nos dirigiu?

Ele estende-nos a sua mão de muitas formas: normalmente, na oração diária, nos momentos em que cumprimos fielmente o nosso plano de vida espiritual, nos sacramentos e, particularmente, através dos conselhos que recebemos na direção espiritual. A esperança de sermos santos depende de que aceitemos essa mão amorosa que Ele nos estende diariamente. É uma virtude — pensemo-lo de novo — que não se baseia no nosso valor, nas nossas condições pessoais ou na ausência de dificuldades, mas no querer de Deus, na sua vontade de que alcancemos a meta.

"«*Nam, et si ambulavero in medio umbrae mortis, non timebo mala*» — mesmo que ande por entre as sombras da morte, não terei temor algum. Nem as minhas misérias nem as tentações do inimigo hão de preocupar-me, «*quoniam tu mecum es*» — porque o Senhor está comigo"[6].

II. O EVANGELHO DA MISSA[7] mostra-nos como o Senhor está mais perto dos que mais precisam dEle. Ele veio curar, perdoar, salvar, não apenas conservar os sãos. Ele é o Médico divino que cura antes de mais nada as doenças da alma. *Não têm necessidade de médico os sãos, mas os enfermos*, diz aos que o criticam por comer com publicanos e pecadores.

Quando os assuntos da nossa alma não andam, quando perdemos a saúde — e nunca estamos inteiramente bons —, Jesus dispõe-se a ajudar-nos mais. Não se afasta de nós, não dá ninguém por perdido, nem sequer diante de um defeito, de um aspecto em que podemos e devemos melhorar, porque nos chama à santidade e tem preparadas as graças de que precisamos. Só o doente pode tornar ineficazes, negando-se a recebê-los, os remédios e a ação do Médico que tudo pode curar. A vontade salvadora de Cristo para cada um dos seus discípulos, para nós, é a garantia de alcançarmos o que Ele mesmo nos pede.

A virtude da esperança faz-nos descobrir que as dificuldades desta vida têm um sentido profundo, que não acontecem por acaso ou por força de um destino cego, mas porque Deus as quer ou pelo menos as permite para tirar bens maiores dessas situações. Fortalecem a nossa confiança nEle, fazem crescer em nós a consciência de que somos filhos de Deus, fomentam um maior desprendimento da saúde, dos bens materiais, purificam-nos o coração de intenções não totalmente retas, levam-nos a fazer penitência pelos nossos pecados e pelos de todos os homens...

O Senhor diz-nos a cada um que prefere *a misericórdia ao sacrifício*, e se alguma vez permite que sejamos atingidos pela dor e pelo sofrimento, é porque convém, é porque há uma razão mais alta — que às vezes não compreendemos —, que redundará em benefício de nós mesmos, da família, dos amigos, de toda a Igreja; é porque quer para nós um bem superior, como a mãe permite que o filho passe por uma operação dolorosa para recuperar plenamente a saúde. São momentos para crermos com fé firme, para avivarmos a esperança, pois só esta virtude nos ensinará a encarar como um *tesouro* aquilo que humanamente se apresenta como um fracasso ou uma desgraça. São momentos para nos aproximarmos do Sacrário e dizermos devagar ao Senhor que queremos tudo o que Ele queira. "Este é o nosso grande engano — escreve Santa Teresa —, não nos abandonarmos inteiramente ao que o Senhor faz, porque Ele sabe melhor o que nos convém"[8].

"Jesus, o que Tu «quiseres»..., eu o amo"[9].

III. *TUDO COOPERA PARA O BEM*[10], diremos na intimidade do nosso coração, ainda que passemos por uma grande dor física ou moral. É preciso superar a tentação do egoísmo, da tristeza ou dos objetivos mesquinhos. Caminhamos diretamente para o Céu, e tudo se transformará em instrumento para estarmos mais perto da pátria definitiva e chegarmos antes. Tudo, mesmo as fraquezas.

Muitas vezes, devemos praticar especialmente a virtude da esperança perante situações que dizem respeito à nossa própria vida interior: quando parece que não avançamos, que os defeitos demoram a desaparecer, que caímos nos mesmos erros, de modo que a santidade passa a ser entrevista como algo muito longínquo, quase como uma quimera. Devemos então ter presente o que nos ensina São João da Cruz: que, "na esperança do Céu", a alma "tanto alcança quanto espera"[11].

Há pessoas que não alcançam os bens divinos porque não têm a menor esperança de alcançá-los, porque o seu horizonte é demasiado humano, mesquinho, e não vislumbram a magnitude da bondade de Deus, que nos ajuda ainda que não o mereçamos de maneira nenhuma.

E continua aquele santo autor: "Esperei só este lance, e em esperar não fui falto, pois fui tão alto, tão alto, que à caça dei alcance"[12]. A esperança deve ser depositada somente em Deus, deve ser ampla, filial, ao estilo divino: se não a vivermos de ânimo encolhido, obteremos tudo do Senhor. Quando a santidade — a meta da nossa vida — nos parecer mais longínqua, procuraremos não afrouxar na luta por abeirar-nos mais do Senhor, por esperar ardentemente, por levar para a frente os nossos deveres, pondo em prática, com um esforço renovado, os propósitos dos nossos exames de consciência ou do último retiro que fizemos, e os conselhos da direção espiritual. Haverá ocasiões em que só poderemos oferecer a Deus a dor das nossas derrotas — em campos de maior ou de menor importância — e o desejo renovado de voltar a começar. Será então uma oferenda humilde e muito grata ao Senhor.

A esperança incita-nos a recomeçar com alegria, com paciência, sem nos cansarmos, certos de que, com a ajuda do Senhor e de sua Mãe, *Spes nostra*, Esperança nossa, alcançaremos a vitória, pois Ele põe ao nosso alcance os meios para vencer.

(1) Paulo VI, *Discurso*, 9-XII-1975; (2) Os 6, 1-6; *Primeira leitura* da Missa do décimo domingo do Tempo Comum, ciclo A; (3) cf. *Catecismo de S. Pio X*, n. 893; (4) Rm 4, 18-25; (5) João Paulo II, *Alocução*, 20-XI-1978; (6) São Josemaria Escrivá, *Forja*, n. 194; (7) Mt 9, 9-13; (8) Santa Teresa de Jesus, *Vida*, 6, 3; (9) São Josemaria Escrivá, *Caminho*, n. 773; (10) Rm 8, 28; (11) São João da Cruz, *Poesias*; (12) *ib.*

TEMPO COMUM. DÉCIMO DOMINGO. CICLO B

80. AS RAÍZES DO MAL

— A natureza humana em estado de justiça e de santidade.
— Transmissão do pecado original e das suas consequências. A luta contra o pecado.
— Orientar novamente para Deus as realidades humanas.

I. DEUS SITUOU O HOMEM no cume da Criação para que *dominasse sobre os peixes do mar, sobre as aves do céu, sobre os animais domésticos e sobre todos os répteis que se arrastam pela terra*[1]. Por isso dotou-o de inteligência e vontade, de modo que oferecesse livremente ao seu Criador uma glória muito mais excelente do que a que lhe prestam as demais criaturas.

Enriqueceu-o, além disso, com os dons da imunidade da morte, da concupiscência e da ignorância, chamados *dons preternaturais*, pelos quais não podia enganar-se ao conhecer e ficava livre de todo o erro; o próprio corpo gozava de imortalidade, "não por virtude própria, mas por uma força sobrenatural impressa na alma, que preservava o corpo da corrupção enquanto estivesse unido a Deus"[2].

Levado pelo seu amor, Deus foi ainda mais longe e decretou também a elevação sobrenatural do homem, para que tomasse parte na *sua vida* divina[3] e conhecesse de alguma forma os seus mistérios íntimos, que superam absolutamente todas as exigências naturais. Para isso, revestiu-o gratuitamente da graça santificante[4] e das virtudes e dons sobrenaturais, constituindo-o em santidade e justiça e capacitando-o para agir sobrenaturalmente[5].

Esta ação divina teve lugar na pessoa de Adão, mas Deus contemplava nele todo o gênero humano. O dom de justiça e santidade originais foi-lhe conferido "não enquanto pessoa singular, mas enquanto princípio geral de toda a natureza humana, de modo que depois dele se propagasse mediante a geração a todos os homens que viessem a seguir"[6].

Todos deveríamos nascer em estado de amizade com Deus e com a alma e o corpo embelezados pelas perfeições outorgadas pelo Senhor. E, no momento devido, o Senhor confirmaria cada homem na graça, arrebatando-o da terra sem dor e sem passar pelo transe da morte, para fazê-lo gozar da sua felicidade eterna no Céu.

Este foi o plano divino, repleto de bondade para com o gênero humano. Em face dele, devemos agora deter-nos a agradecer ao Senhor a sua magnanimidade infinita para com o ser humano, o seu esbanjamento de amor por umas criaturas de que absolutamente não precisava. *Louvai o Senhor, porque Ele é bom.*

II. "A PRESENÇA DA JUSTIÇA original e da perfeição no homem, criado à imagem de Deus [...], não excluía que esse homem, enquanto criatura dotada de liberdade, fosse submetido desde o princípio, como os demais seres espirituais, à *prova da liberdade*"[7]. Deus impôs-lhe uma única condição: *Podes comer de todas as árvores do paraíso, mas não comerás da árvore da ciência do bem e do mal, porque, no dia que dela comeres, certamente morrerás*[8].

Conhecemos pela Sagrada Escritura a triste transgressão dessa ordem do Senhor, e hoje a primeira Leitura da Missa[9] descreve-nos o estado a que o homem ficou reduzido depois do seu ato de desobediência. Quebrou-se imediatamente a sua sujeição ao Criador e desintegrou-se a harmonia que havia nas suas potências: perdeu a santidade e a justiça originais, o dom da imortalidade, e caiu "no cativeiro daquele que *tem o império da morte* (Hb 2, 14), ou seja, do diabo; e toda a pessoa de Adão, por aquela ofensa de prevaricação, foi mudada para pior no corpo e na alma"[10].

Assim cometeram os nossos primeiros pais o pecado original no começo da história, um pecado que se propaga por geração a cada homem que vem a este mundo[11].

A realidade desse pecado e o conflito que cria na intimidade de cada homem é um dado que se comprova facilmente. A fé explica a sua origem, mas todos experimentamos as suas consequências. "O que a Revelação divina nos diz coincide com a experiência. O homem, com efeito, quando examina o seu coração, comprova a sua inclinação para o mal e sente-se afogado em muitos males que não podem ter a sua origem no seu santo Criador"[12].

Paulo VI ensina que o homem nasce em pecado, com uma natureza caída que já não possui o dom da graça de que outrora estava adornada, antes está ferida nas suas próprias forças naturais e submetida ao império da morte. Além disso, "o pecado original transmite-se juntamente com a natureza humana, por propagação, não por imitação", e "encontra-se em cada um como próprio"[13].

Com efeito, dá-se uma misteriosa solidariedade de todos os homens em Adão, de modo que "todos podem considerar-se como um só homem, enquanto a todos convém uma mesma natureza recebida do primeiro pai"[14]. Mas a solidariedade da graça que unia todos os homens em Adão antes da sua falta, transformou-se em solidariedade no pecado. "Por isso, assim como a justiça original se teria transmitido aos descendentes, assim se transmitiu a desordem"[15].

O espetáculo que o mal apresenta no mundo e em nós, as tendências e os instintos do corpo que não se submetem à razão, convencem-nos da profunda verdade contida na Revelação e incitam-nos a lutar contra o pecado, único verdadeiro mal e raiz de todos os males que existem no mundo.

"Quanta miséria! Quantas ofensas! As minhas, as tuas, as da humanidade inteira...

"*Et in peccatis concepit me mater mea!* (Sl 50, 7). E minha mãe concebeu-me no pecado. Nasci, como todos os homens, manchado com a culpa dos nossos primeiros pais. Depois..., os meus pecados pessoais: rebeldias pensadas, desejadas, cometidas...

"Para nos purificar dessa podridão, Jesus quis humilhar-se e tomar a forma de servo (cf. Fl 2, 7), encarnando-se nas entranhas sem mácula de Nossa Senhora, sua Mãe e Mãe tua e minha. Passou trinta anos de obscuridade, trabalhando como outro qualquer, junto de José. Pregou. Fez milagres... E nós lhe pagamos com uma Cruz.

"Precisas de mais motivos para a contrição?"[16]

III. O SENHOR EXPULSOU os nossos primeiros pais do Paraíso[17], indicando assim que os homens viriam ao mundo em estado de separação de Deus. Em vez dos dons sobrenaturais, Adão e Eva transmitiram-nos o pecado. Perderam a herança que deveriam deixar aos seus descendentes, e já entre os seus primeiros filhos se fizeram notar imediatamente as consequências do pecado: Caim mata Abel por inveja.

Da mesma forma, todos os males pessoais e sociais têm a sua origem no primeiro pecado do homem. Embora o Batismo perdoe totalmente a culpa e a pena do pecado original, bem como os pecados que se possam ter cometido pessoalmente antes de tê-lo recebido, não livra, no entanto, dos efeitos do pecado: o homem continua sujeito ao erro, à concupiscência e à morte.

O pecado original foi um pecado de soberba[18]. E cada um de nós cai também na mesma tentação de orgulho quando procura ocupar o lugar de Deus, quer na vida privada, quer na sociedade: *Sereis como deuses*[19]. São as mesmas palavras que o homem ouve no meio da desordem dos seus sentidos e potências. Tal como no princípio, também agora busca ele a autonomia que o converta em árbitro do bem e do mal, e esquece-se de que o seu maior bem consiste no amor e na submissão ao seu Criador; de que só nEle é que se recuperam a paz, a harmonia dos instintos e sentidos, bem como todos os demais bens.

A nossa ação apostólica no meio do mundo mover-nos-á a situar cada homem e as suas obras (o ordenamento jurídico, o trabalho, o ensino...) no legítimo lugar que lhes cabe em face do seu Criador. Quando Deus está presente num povo, numa sociedade, a convivência torna-se mais humana. Não existe solução alguma para os conflitos que assolam o mundo, para uma maior justiça social, que não passe antes por uma aproximação de Deus, por uma conversão do coração. O mal está na raiz — no coração do homem —, e é aí que é preciso curá-lo. A doutrina sobre o pecado original, tão ativo hoje no homem e na sociedade, é um ponto fundamental que não se pode esquecer na catequese e em todo o trabalho de formação cristã.

Perante um mundo que parece girar fora dos eixos, não podemos cruzar os braços como quem nada pode diante de uma situação que o supera. Não é necessário que intervenhamos nas grandes decisões, que talvez não nos digam respeito, mas devemos fazê-lo nesses campos que Deus pôs ao nosso alcance para que lhes demos uma orientação cristã.

A nossa Mãe Santa Maria, que "foi preservada imune de toda a mancha da culpa do pecado original desde o primeiro instante da sua concepção imaculada, por singular graça e privilégio"[20] de Deus, há de ensinar-nos a ir à raiz dos males que nos afetam, ajudando-nos a fortalecer em primeiro lugar e em cada situação a nossa amizade com Deus.

(1) Gn 1, 26; (2) São Tomás, *Suma teológica*, I, q. 97, a. 1; (3) cf. Conc. Vat. II, Const. *Lumen gentium*, 2; (4) cf. Pio XII, Enc. *Humani generis*, 12-VIII-1950; (5) cf. Conc. de Trento, *Sessão V*, can. 1; (6) São Tomás, *De malo*, q. 4, a. 1; (7) João Paulo II, *Alocução*, 3-IX-1986; (8) Gn 2, 17; *Primeira leitura* da Missa do décimo domingo do Tempo Comum, ciclo B; (9) Gn 3, 9-15; (10) Conc. de Trento, *Sessão V*, can. 1; (11) cf. Conc. de Orange, can. 2; (12) Conc. Vat. II, Const. *Gaudium et spes*, 13; (13) Paulo VI, *Credo do Povo de Deus*, 16; (14)

São Tomás, *Suma teológica*, I-II, q. 81, a. 1; (15) *ib.*, q. 81, a. 2; (16) São Josemaria Escrivá, *Via Sacra*, IVª est., n. 2; (17) Gn 3, 23; (18) cf. São Tomás, *op. cit.*, II-II, q. 163, a. 1; (19) Gn 3, 5; (20) Pio IX, Bula *Ineffabilis Deus*, 8-XII-1854.

TEMPO COMUM. DÉCIMO DOMINGO. CICLO C

81. DIANTE DA DOR E DA NECESSIDADE

— A ressurreição do filho da viúva de Naim. Jesus compadece-se sempre da dor e do sofrimento.
— Amor com obras. A ordem da caridade.
— Para amar, é necessário compreender. Amor aos mais necessitados.

I. CONTEMPLAMOS NO EVANGELHO da Missa[1] a chegada de Jesus a uma pequena cidade chamada Naim, acompanhado pelos seus discípulos e por um grupo numeroso de pessoas que o seguem.

Perto da porta da cidade, a comitiva que rodeava o Senhor cruzou-se com outra que levava a enterrar o filho único de uma mulher viúva. Segundo o costume judaico, levavam o corpo envolvido num lençol, sobre uma padiola. Formavam o cortejo a mãe e *grande multidão de pessoas da cidade*.

A caravana que entrava na cidade parou diante do defunto e Jesus, ao ver a mãe que chorava o seu filho, compadeceu-se dela e avançou ao seu encontro. "Jesus vê a angústia daquelas pessoas com quem se cruzou ocasionalmente. Podia ter passado ao largo, ou esperar por um chamado, por um pedido. Mas nem se afasta nem espera. Toma Ele próprio a iniciativa, movido pela aflição de uma viúva que havia perdido tudo o que lhe restava: o filho.

"O evangelista explica que Jesus se compadeceu: talvez se tivesse emocionado externamente, como por ocasião da morte de Lázaro. Jesus Cristo não é insensível ao sofrimento [...].

"Cristo tem consciência de estar rodeado de uma multidão que ficará atônita perante o milagre e irá apregoando o acontecido por toda a região. Mas o Senhor não se comporta artificialmente, não pretende realizar um grande gesto: sente-se simplesmente afetado pelo sofrimento daquela mulher e não pode deixar de consolá-la. Aproximou-se dela e disse-lhe: *Não chores* (Lc 7, 13). Foi como se lhe dissesse: não te quero ver em lágrimas, porque eu vim trazer a alegria e a paz à terra. A seguir vem o milagre, manifestação do poder de Cristo-Deus. Mas antes tivera lugar a comoção da sua alma, manifestação da ternura do coração de Cristo--Homem"[2]. Tocou o corpo do jovem e ordenou-lhe que se levantasse. *E sentou-se o que estava morto, e começou a falar. E Jesus entregou-o à sua mãe.*

O milagre é, ao mesmo tempo, um grande exemplo dos sentimentos que devemos ter diante das desgraças alheias. Devemos aprender de Jesus. E para termos um coração semelhante ao seu, devemos recorrer em primeiro lugar à oração: "Temos de pedir ao Senhor que nos conceda um coração bom, capaz de se compadecer das penas das criaturas, capaz de compreender que, para remediar os tormentos que acompanham e não poucas vezes angustiam as almas neste mundo, o verdadeiro bálsamo é o amor, a caridade: todos os outros consolos apenas servem para distrair por um momento e deixar mais tarde um saldo de amargura e desespero"[3].

Podemos perguntar-nos na nossa oração de hoje se sabemos amar todos aqueles que vamos encontrando pelos caminhos da vida, se nos detemos eficazmente diante das suas desgraças, e, portanto, se no fim de cada dia, ao examinarmos a nossa consciência, temos as nossas mãos repletas de obras de caridade e de misericórdia para oferecer ao Senhor.

II. JESUS CRISTO VEM SALVAR *o que estava perdido*[4], vem carregar as nossas misérias para nos aliviar delas, vem compadecer-se dos que sofrem e dos necessitados. Ele não passa ao largo; detém-se, como vemos no Evangelho da Missa de hoje, consola, salva. "Jesus faz da misericórdia um dos principais temas da sua pregação [...]. São muitas as passagens dos ensinamentos de Cristo que manifestam o seu amor-misericórdia sob um aspecto sempre novo. Basta ter diante dos olhos o bom pastor que vai à procura da ovelha tresmalhada, ou a mulher que varre a casa à procura da dracma perdida"[5]. E Ele próprio nos ensinou com o seu exemplo constante como devemos comportar-nos diante do próximo, particularmente diante do próximo que sofre.

Pois bem, assim como o amor a Deus não se reduz a um sentimento, mas leva a obras que o manifestem, assim também o nosso amor ao próximo deve ser um amor eficaz. É o que nos diz São João: *Não amemos com palavras e com a língua, mas com obras e de verdade*[6]. E "essas obras de amor — serviço — têm também uma ordem precisa. Já que o amor leva a desejar e a procurar o bem daquele a quem se ama, a ordem da caridade deve levar-nos a desejar e procurar principalmente a união dos outros com Deus, pois nisso está o máximo bem, o definitivo, fora do qual nenhum outro bem parcial tem sentido"[7]. O contrário — buscar em primeiro lugar os bens materiais, mesmo que seja para os outros — é próprio dos pagãos ou daqueles cristãos que deixaram esfriar a sua fé.

Juntamente com a primazia do bem espiritual sobre qualquer bem material, não se deve esquecer, no entanto, o compromisso que todos os cristãos de consciência reta têm de promover uma ordem social mais justa, pois a caridade refere-se também, ainda que secundariamente, ao bem material de todos os homens. A importância da caridade no atendimento às necessidades materiais do próximo — caridade que pressupõe a justiça e a informa — é tal que o próprio Jesus Cristo, ao falar do Juízo, declarou:

Vinde, benditos de meu Pai... porque tive fome e me destes de comer;... tive sede e me destes de beber;... estive nu e me vestistes...[8]

Peçamos a Deus uma caridade vigilante, porque para se conseguir a salvação é necessário "reconhecer Cristo que nos sai ao encontro nos nossos irmãos, os homens"[9]. Todos os dias Ele sai ao nosso encontro: na família, no trabalho, na rua... Ele, Jesus.

III. O EPISÓDIO DA VIÚVA de Naim põe de manifesto que Jesus se apercebe imediatamente da dor e compreende os sentimentos daquela mãe que perdeu o seu único filho. Jesus compartilha o sofrimento daquela mulher. Pedimos hoje ao Senhor que nos dê uma alma grande, cheia de compreensão, para sabermos sofrer com quem sofre, alegrar-nos com quem se alegra..., e para procurarmos evitar esse sofrimento e sustentar e promover essa alegria à nossa volta.

Compreensão também para entendermos que o verdadeiro e principal bem dos outros, sem comparação alguma, é a sua união com Deus, que os levará à felicidade plena do Céu. Não se trata de distribuir "consolos fáceis" entre os desamparados deste mundo ou entre os que sofrem ou fracassam, mas de incutir em todos a esperança profunda do homem que se sabe filho de Deus e coerdeiro com Cristo da vida eterna, seja qual for a sua condição. Roubar essa esperança aos homens, substituindo-a por outra de felicidade puramente natural, material, é uma fraude que, pela sua precariedade ou utopia, cedo ou tarde conduz esses homens ao desespero mais profundo[10].

A nossa atitude compassiva e misericordiosa — feita de obras — deve exercer-se em primeiro lugar com aqueles com quem nos relacionamos habitualmente, com aqueles que Deus pôs ao nosso lado. Dificilmente poderá ser grata a Deus uma compaixão pelos que estão mais longe se desprezarmos as inúmeras oportunidades que se apresentam cada dia de praticarmos a justiça e a caridade com aqueles que pertencem à nossa família ou trabalham conosco.

Por outro lado, a Igreja sabe muito bem que não pode separar a verdade sobre Deus que salva da manifestação do seu amor preferencial pelos pobres e pelos mais necessitados[11]. "As obras de misericórdia, além do alívio que trazem aos necessitados, servem-nos para melhorar as nossas próprias almas e as dos que nos acompanham nessas atividades. Todos experimentamos que o contato com os doentes, com os pobres, com as crianças e os adultos famintos de verdade, constitui sempre um encontro com Cristo nos seus membros mais fracos ou desamparados e, exatamente por isso, um enriquecimento espiritual: o Senhor entra mais intimamente na alma daquele que se aproxima dos seus irmãos mais pequenos, movido não apenas por um simples desejo altruísta — nobre, porém ineficaz do ponto de vista sobrenatural —, mas pelos mesmos sentimentos de Jesus Cristo, Bom Pastor e Médico das almas"[12].

Peçamos ao Coração Sacratíssimo de Jesus e ao de sua Mãe Santa Maria que nunca permaneçamos passivos diante dos apelos da caridade. Desse modo, poderemos invocar Nossa Senhora com as palavras da liturgia: *Recordare, Virgo Mater*... Lembrai-vos, ó Virgem Mãe de Deus, quando estiveres na presença do Senhor, *ut loquaris pro nobis bona*, de dizer-lhe coisas boas em nosso favor e pelas nossas necessidades[13].

(1) Lc 7, 11-17; (2) São Josemaria Escrivá, *É Cristo que passa*, n. 166; (3) *ib.*, n. 167; (4) Lc 19, 10; (5) João Paulo II, Enc. *Dives in misericordia*, 30-XI-1980, 3; (6) 1 Jo 3, 18; (7) F. Ocáriz, *Amor a Deus, amor aos homens*, 4ª ed., Palabra, Madri, 1979, p. 103; (8) cf. Mt 25, 31-40; (9) cf. São Josemaria Escrivá, *op. cit.*, n. 111; (10) cf. F. Ocariz, *op. cit.*, p. 109; (11) cf. João Paulo II, Enc. *Redemptoris Mater*, 25-III-1987, 37; (12) A. del Portillo, *Carta*, 31-V-1987, n. 30; (13) Abadia de Solesmes, *Graduale romanum*, Desclée, Tournai, 1979; *Antífona da Missa comum de Nossa Senhora*.

82. A MISERICÓRDIA DIVINA

— A misericórdia de Deus é infinita, eterna e universal.
— A misericórdia implica termos cumprido previamente os ditames da justiça, e ultrapassa as exigências dessa virtude.
— Frutos da misericórdia.

I. SÃO PAULO CHAMA A DEUS *Pai das misericórdias*[1], sublinhando assim a sua infinita compaixão pelos homens, que ama muito intimamente. Talvez poucas verdades se repitam nos textos sagrados tão insistentemente como esta: Deus é infinitamente misericordioso e compadece-se dos homens, sobretudo daqueles que sofrem a miséria mais profunda que é o pecado. Para que o aprendamos bem, a Sagrada Escritura ensina-nos com uma grande variedade de termos e de imagens que a misericórdia de Deus é *eterna*, isto é, sem limites no tempo[2]; *imensa*, sem limites de lugar nem de espaço; e *universal*, pois não se limita a um povo ou a uma raça, e é tão extensa e ampla quanto as necessidades do homem.

A encarnação do Verbo, do Filho de Deus, é prova desta misericórdia divina. Ele veio perdoar, veio reconciliar os homens entre si e com o seu Criador. *Manso e humilde de coração*, oferece alimento e descanso a todos os atribulados[3]. O apóstolo São Tiago chama ao Senhor *piedoso e compassivo*[4]. Segundo a Epístola aos Hebreus, Cristo é o *Pontífice misericordioso*[5]; e esta atitude divina para com o homem é a razão de ser da ação salvadora de Deus[6], que não se cansa de perdoar e de impelir os homens para a Pátria definitiva, ajudando-os a superar as fraquezas, a dor e as deficiências desta vida. "Revelada em Cristo, a verdade a respeito de Deus, *Pai das misericórdias*, permite-nos «vê-lo» particularmente próximo do homem, sobretudo quando este sofre, quando é ameaçado no próprio núcleo da sua existência e da sua dignidade"[7]. Por isso a súplica constante dos leprosos, cegos, coxos... a Jesus é: *Senhor, tem misericórdia de mim*[8].

A bondade de Jesus para com os homens, para com todos nós, excede as medidas humanas. "Àquele homem que caiu nas mãos dos ladrões, que foi por eles desnudado, espancado, abandonado meio morto, Ele o reconfortou, curando-lhe as feridas, derramando nelas o seu azeite e vinho, fazendo-o montar a sua própria cavalgadura e instalando-o na pousada para que cuidassem dele, dando para isso uma quantia de dinheiro e prometendo ao hospedeiro que na volta pagaria o que gastasse a mais"[9].

O Senhor teve esses cuidados com cada homem em particular. Muitas vezes recolheu-nos feridos à beira da estrada da vida, derramou bálsamo sobre as nossas feridas, vendou-as... e não uma, mas inúmeras vezes. Na sua misericórdia está a nossa salvação. Tal como os doentes, cegos e aleijados do Evangelho, também nós devemos pôr-nos diante do Sacrário e dizer humilde e confiadamente ao Senhor: *Jesus, tem misericórdia de mim...*

II. *BEM-AVENTURADOS os misericordiosos, porque alcançarão misericórdia*[10], lemos no Evangelho da Missa. Há uma especial urgência por parte de Deus em que os seus filhos tenham essa atitude para com os seus irmãos; Ele nos diz que a sua misericórdia para conosco se dará na proporção da que nós mesmos praticarmos: *com a medida com que medirdes sereis medidos*[11].

Haverá proporção, não igualdade, porque a bondade de Deus supera todas as nossas medidas. A um grão de trigo corresponderá um grão de ouro; à nossa medida de trigo, uma medida de ouro; aos cinquenta denários que perdoarmos, os dez mil talentos (uma fortuna incalculável) que devemos a Deus.

Mas se o nosso coração se endurecer diante das misérias e fraquezas alheias, a porta para entrarmos no Céu será terrivelmente mais estreita. "Quem quiser alcançar misericórdia no Céu deve praticá-la neste mundo. E por isso, já que todos desejamos misericórdia, atuemos de modo a que ela chegue a ser o nosso advogado neste mundo, para que nos livre depois no futuro. No Céu há uma misericórdia a que se chega pela misericórdia terrena"[12].

Às vezes, pretende-se opor a misericórdia à justiça, como se aquela pusesse de lado as exigências desta. Trata-se de uma visão errônea, pois considera-se a misericórdia como um pretexto para acobertar a injustiça, quando, na realidade, é a plenitude da justiça. São Tomás de Aquino ensina[13] que, quando Deus atua com misericórdia, ultrapassa a justiça, o que pressupõe — quando nós o imitamos — que se começou por respeitá-la de forma plena. É como se uma pessoa desse duzentos denários a quem só lhe devesse cem; não só não vai contra a justiça, mas, além de satisfazer o que é justo, porta-se com liberalidade e misericórdia.

Esta atitude para com o próximo é, pois, a cabal realização de toda a justiça. Mais ainda, sem misericórdia, acaba-se por chegar a "um sistema de opressão dos mais fracos pelos mais fortes" ou a "uma arena de luta permanente de uns contra outros", como adverte João Paulo II[14].

É óbvio que, se não se começa por viver a justiça, não se pode praticar a misericórdia que o Senhor nos pede. Mas, depois de darmos a cada um o que por justiça lhe pertence, a atitude misericordiosa leva-nos muito mais longe: por exemplo, a saber perdoar com prontidão as ofensas, sem esperar por uma reparação ou por um pedido de desculpas; a atualizar os ordenados dos que dependem de nós acima do estrito aumento do custo de vida; a ultrapassar os limites da cortesia no atendimento a um desconhecido que nos procura; a ajudar um filho que se esforçou pouco por tirar boas notas... São pequenos gestos sem os quais — permanecendo apenas no âmbito estreito da justiça — se tornaria impossível a vida familiar, a convivência nos locais de trabalho e o variado relacionamento social.

III. POR MUITO JUSTAS que cheguem algum dia a ser as relações entre os homens, sempre será necessário o exercício cotidiano da misericórdia.

A misericórdia é, como diz a sua etimologia, uma disposição do coração que nos leva a compadecer-nos — como se fossem próprias — das misérias que encontramos a cada passo e que nunca desaparecerão, por mais justas e bem resolvidas que possam parecer as relações entre os homens. Por isso, devemos exercê-la antes de mais nada pela compreensão com os defeitos alheios, mantendo uma atitude positiva, benevolente, que nos inclina a pensar bem dos outros, a aceitá-los com as suas particularidades, a desculpar-lhes de bom grado as falhas e os erros, sem deixar de ajudá-los da forma mais oportuna. É uma atitude que parte do respeito pela igualdade radical de todos os homens, pois todos somos filhos de Deus, apesar das diferenças e peculiaridades de cada um.

O Senhor fez desta bem-aventurança o caminho mais direto para alcançarmos a felicidade nesta vida e na outra. "É como um fio de água fresca que brota da misericórdia de Deus e que nos faz participar da sua própria felicidade. Ensina-nos — muito melhor que os livros — que a verdadeira felicidade não consiste em tomar e possuir, em julgar e ter razão, em impor a justiça segundo uma visão pessoal, mas em deixar-se tomar e agarrar por Deus, em submeter-se ao seu juízo e à sua justiça generosa, em aprender dEle a prática cotidiana da misericórdia"[15].

Compreenderemos então que *é mais alegre dar do que receber*[16], como nos diz o Senhor na única frase que nos chegou por intermédio de São Paulo, e não dos Evangelhos. Um coração compassivo e misericordioso transborda de paz e de alegria. Desse modo, alcançamos também essa misericórdia de que tanto precisamos; e deveremos isso àqueles que nos deram a oportunidade de fazer alguma coisa por eles mesmos e pelo Senhor. Santo Agostinho diz que a misericórdia é o polimento da alma, que a faz brilhar e ter uma aparência boa e formosa[17].

Terminando este tempo de oração, recorremos à nossa Mãe Santa Maria, pois Ela "é quem conhece mais a fundo o mistério da misericórdia divina. Sabe o seu preço e sabe como é alto. Neste sentido, chamamo-la também Mãe de misericórdia"[18].

Ainda que já tenhamos provas abundantes do seu amor maternal por cada um de nós, podemos dizer-lhe: *Monstra te esse matrem!*[19], mostra que és Mãe, e ajuda-nos a mostrar-nos como bons filhos teus e irmãos de todos os homens: misericordiosos e compassivos, como o teu Filho.

(1) 2 Cor 1, 1-7; *Primeira leitura* da Missa da segunda-feira da décima semana do Tempo Comum, ano ímpar; (2) Sl 100; (3) Mt 11, 28; (4) Tg 5, 11; (5) Hb 2, 17; (6) Tt 2, 11; 1 Pe 1, 3; (7) João Paulo II, Enc. *Dives in misericordia*, 30-XI-1980; (8) Mt 9, 27; 15, 22; 20, 30; Mc 10, 47; Lc 17, 13; (9) São Máximo de Turim, *Carta 11*; (10) Mt 5, 7; (11) Mt 7, 2; (12) São Cesário de Arles, *Sermão 25*; (13) São Tomás, *Suma teológica*, I, q. 21, a. 3, ad. 2; (14) João Paulo II, *op. cit.*, 14; (15) S. Pinckaers, *En busca de la felicidad*, Palabra, Madri, 1981, pp. 126-127; (16) cf. At 20, 35; (17) cf. Santo Agostinho, *Catena aurea*, vol. I, p. 48; (18) João Paulo II, *op. cit.*, 9; (19) Liturgia das Horas, *Segundas vésperas do Comum da Virgem Maria*, Hino *Ave, maris stella*.

TEMPO COMUM. DÉCIMA SEMANA. TERÇA-FEIRA

83. O SAL DESVIRTUADO

— A tibieza.
— A verdadeira piedade, os sentimentos e a aridez espiritual.
— Devemos ser *sal da terra*. Necessidade de vida interior.

I. O SENHOR DIZ aos seus discípulos que eles são o *sal da terra*[1]; a sua ação no mundo é a mesma do sal: preserva os alimentos da corrupção e torna-os agradáveis e saborosos ao paladar. Mas o sal pode desvirtuar-se ou corromper-se. E então é um estorvo. Depois do pecado, é o que de mais triste pode acontecer a um cristão: ter sido chamado para oferecer luz a muitos, e ser escuridão; ter por missão sinalizar o caminho aos homens, e estar jogado no chão; ter sido posto para ser fortaleza de muitos, e não ser senão fraqueza.

A tibieza é uma doença da alma que afeta a inteligência e a vontade, e que deixa o cristão sem energia apostólica e com uma interioridade triste e empobrecida. Começa por uma vontade que se enfraquece devido às frequentes faltas e desleixos culposos e acaba por levar a inteligência a não ver com clareza Cristo no horizonte da vida. A vida interior sofre uma profunda mudança, e as práticas de piedade ficam vazias de conteúdo, sem alma. Reza-se por rotina ou por costume, não por amor.

Nesse estado, perde-se a prontidão e a alegria que caracterizam uma alma enamorada de Deus. O cristão tíbio "está de volta", é uma "alma cansada". Na melhor das hipóteses, vê o Senhor como uma figura longínqua, pouco concreta, de traços pouco definidos, talvez fria e indiferente; e já não se empenha nas afirmações de generosidade de outros tempos: conforma-se com menos[2].

São Tomás indica como sinal característico deste estado "uma certa tristeza, que torna o homem lento em realizar atos espirituais devido ao esforço que exigem"[3]. As normas de piedade e de devoção são mais uma carga mal suportada do que um motor que empurra e ajuda a vencer as dificuldades. São muitos os cristãos mergulhados na tibieza, há muito *sal desvirtuado*.

Pensemos agora neste tempo de meditação se caminhamos pela vida com a firmeza que Jesus nos pede, se cuidamos da nossa oração como o tesouro que permite que a vida interior não estacione, se alimentamos continuamente o nosso amor. Pensemos se, perante as nossas fraquezas e faltas de correspondência à graça, nascem prontamente dentro de nós os atos de contrição que reparam a brecha aberta pelo inimigo.

II. NÃO SE PODE CONFUNDIR o estado da alma tíbia com a aridez nos atos de piedade produzida às vezes pelo cansaço, pela doença ou pela perda do entusiasmo sensível. Nestes casos, apesar da secura, a vontade está firmemente enraizada no bem. A alma sabe que caminha diretamente para Cristo, ainda que esteja passando por um pedregal onde não encontra uma única fonte e em que as pedras ferem os seus pés. Mas sabe onde está o cume e dirige-se para lá, apesar da sede, do cansaço e do terreno que pisa. Não experimenta nenhum sentimento e o trato com Deus parece-lhe trabalhoso, mas conserva no seu interior a verdadeira devoção, que São Tomás de Aquino define como a "vontade decidida de entregar-se a tudo o que pertence ao serviço de Deus"[4].

Esta "vontade decidida" torna-se fraca no estado de tibieza: *Tenho contra ti* — diz o Senhor — *que perdeste o fervor da primeira caridade*[5], que esmoreceste, que já não me amas como antes. A pessoa que persevera com empenho na oração, mesmo numa época de aridez, de falta de sentimentos, encontra-se talvez como quem tira água de um poço, balde a balde: uma jaculatória e outra, um ato de desagravo, de fé, de confiança... É trabalhoso e custa esforço, mas consegue água. O tíbio, pelo contrário, deixa a imaginação correr à solta, não afasta com empenho as distrações voluntárias e praticamente abandona a oração com a desculpa de que não tira nenhum fruto dela. Sabemos muito bem que o verdadeiro trato com Deus, mesmo no meio da aridez, se o Senhor a permite, está cheio de frutos em qualquer circunstância, pois há uma vontade reta e decidida de estar com Ele.

Devemos recordar agora, na presença de Deus, que a verdadeira piedade não é questão de sentimento, ainda que os afetos sensíveis sejam bons e possam ser de grande ajuda na oração e em toda a vida interior, pois são parte importante da natureza humana, tal como Deus a criou. Mas não devem ocupar o primeiro plano na piedade; não são a parte principal das nossas relações com o Senhor.

A essência da piedade é a vontade firme de servir a Deus, independentemente dos estados de ânimo — tão variáveis — e de qualquer outra circunstância. Não podemos deixar-nos levar pela busca de "consolos" e emoções, mas pela inteligência iluminada e ajudada pela fé. "Guiar-se pelo sentimento é entregar a direção da casa ao criado e fazer abdicar o dono. Não é mau o sentimento, mas sim a importância que se lhe dá..."[6]

A tibieza é estéril, o sal desvirtuado *não serve senão para ser lançado fora e pisado*[7]. Pelo contrário, a aridez pode ser um sinal positivo de que o Senhor nos quer purificar e fortalecer.

III. NÓS, OS HOMENS, podemos ser causa de alegria ou de tristeza, luz ou escuridão, fonte de paz ou de inquietação, fermento que faz crescer a massa ou peso morto que atrasa o avanço dos outros.

A nossa passagem pela terra não pode deixar de ter consequências: ou ajudamos os outros a encontrar Cristo ou os separamos dEle; ou os enriquecemos ou os empobrecemos. E temos tantos amigos, colegas de profissão, familiares, vizinhos..., que parecem caminhar cegamente atrás dos bens materiais, que não parecem saber onde está o verdadeiro bem, Jesus Cristo! Estão como que perdidos.

Ora bem, para que o guia de cegos não seja outro cego[8], não basta que saiba da meta só de ouvir dizer ou por vagas referências; para ajudar as pessoas, não basta que tenha um conhecimento difuso e superficial do caminho. É necessário que o percorra, que conheça por experiência os obstáculos... É preciso que tenha vida interior, contato pessoal diário com Jesus, que vá conhecendo cada vez mais profundamente os seus próprios defeitos. O apostolado nasce de um grande amor, sempre crescente, por Cristo.

Os primeiros cristãos foram *sal da terra* e preservaram da corrupção pessoas e instituições, a sociedade inteira. Que terá acontecido então para que muitos cristãos de hoje deem a triste impressão de serem incapazes de conter a onda de corrupção que assola a família, a escola, as instituições...? Porque a fé continua a ser a mesma de sempre. E Cristo vive entre nós como antes, e o seu poder continua a ser infinito, divino.

"Só a tibieza de tantos milhares, milhões de cristãos, explica que possamos oferecer ao mundo o espetáculo de uma cristandade que consente que se propague no seu próprio seio todo o tipo de heresias e de barbaridades. A tibieza tira a força e a fortaleza da fé e é amiga das concessões e dos caminhos cômodos, tanto no que diz respeito à própria pessoa como aos problemas coletivos"[9].

Existem muitas realidades, quer na vida pessoal, quer na pública, que se tornam difíceis de entender se não tivermos presente que a fé adormeceu em muitos que teriam que estar despertos, vigilantes e atentos; e que o amor se apagou em tanta e tanta gente. Em muitos ambientes, "cristão normal" é o tíbio e o medíocre. Nos primeiros cristãos, o "normal" era o “heroico de cada dia” e, muitas vezes, o martírio: a entrega da própria vida em defesa da fé.

Quando o amor esfria e a fé adormece, o sal desvirtua-se e já não serve para nada; é um autêntico estorvo. Que pena se um cristão fosse um estorvo! A tibieza é com frequência a causa da ineficácia apostólica, pois então o pouco que se faz torna-se uma tarefa sem garbo humano nem elegância sobrenatural, sem espírito de sacrifício. Uma fé apagada e com pouco amor não convence nem encontra a palavra oportuna que arrasta os outros a um relacionamento mais profundo e íntimo com Cristo.

Peçamos fervorosamente ao Senhor a força necessária para reagir. Seremos *sal da terra* se mantivermos um trato pessoal com Deus, se recebermos a Sagrada Eucaristia cada vez com mais fé e amor. O amor foi e é o motor da vida dos santos. É a razão de ser de todas as vidas que se entregaram a Deus. O amor permite superar qualquer obstáculo pessoal ou do ambiente e torna-nos inabaláveis perante as contrariedades. Se a tibieza se detém diante da menor dificuldade e faz de um grão de areia uma montanha, o amor de Deus faz de uma montanha um grão de areia, transforma a alma, abre-lhe novos horizontes, torna-a capaz de empenhos mais altos e descobre capacidades desconhecidas.

Ao terminarmos a nossa meditação, recorremos com confiança à Santíssima Virgem, modelo perfeito de correspondência amorosa à vocação cristã, para que afaste eficazmente da nossa alma toda a sombra de tibieza. E pedimos também aos Anjos da Guarda que nos façam diligentes no serviço de Deus.

(1) Mt 5, 13; (2) cf. F. Fernández-Carvajal, *La tibieza*, p. 20 e segs.; (3) São Tomás, *Suma teológica*, I, q. 63, a. 2; (4) São Tomás, *op. cit.*, II-II, q. 82, a. 1; (5) Ap 2, 4; (6) J. Tissot, *A vida interior*, p. 100; (7) Mt 5, 13; (8) cf. Mt 15, 14; (9) P. Rodríguez, *Fe y vida de fe*, p. 142.

Tempo Comum. Décima Semana. Quarta-feira

84. AS GRAÇAS ATUAIS

— Necessidade da graça para realizar o bem.
— As graças atuais.
— Correspondência.

I. PELO PECADO ORIGINAL, a natureza humana perdeu o estado de santidade a que havia sido elevada por Deus e, consequentemente, ficou privada também da integridade e da ordem interior que possuía. Desde então, o homem já não tem a suficiente firmeza de vontade para cumprir todos os preceitos morais que conhece. Fazer o bem tornou-se-lhe difícil depois da aparição do pecado sobre a terra. E "é isto o que explica a íntima divisão do homem — ensina o Concílio Vaticano II —. Toda a vida humana, a individual e a coletiva, apresenta-se como luta, uma luta dramática entre o bem e o mal, entre a luz e as trevas"[1].

A ajuda de Deus é absolutamente necessária para realizarmos atos de valor sobrenatural. *Não é que, por nós mesmos, sejamos capazes de ter algum pensamento como próprio, mas a nossa capacidade provém de Deus*[2]. Além disso, depois do pecado original, essa ajuda tornou-se mais necessária. "Ninguém se liberta do pecado e se eleva sobre si mesmo por suas próprias forças; ninguém fica completamente livre da sua debilidade, da sua solidão ou da sua escravidão"[3]; todos temos necessidade de Cristo, modelo, mestre, médico, libertador, salvador, vivificador[4]. Sem Ele, nada podemos; com Ele, podemos tudo.

Ainda que a natureza humana não se tenha corrompido pelo pecado original, experimentamos — mesmo depois de termos sido batizados — uma tendência para o mal e uma grande dificuldade em fazer o bem: é o chamado *fomes peccati* ou concupiscência, que — sem ser pecado em si mesmo — procede do pecado e inclina para o pecado[5]. A própria liberdade está debilitada, ainda que não tenha sido suprimida.

Compreendemos assim, à luz desta doutrina, que as nossas boas obras, os nossos frutos de santidade e de apostolado, são em primeiro lugar de Deus; e só secundariamente — muito secundariamente —, resultado de termos correspondido à graça como seus instrumentos, sempre frágeis e desproporcionados.

O Senhor pede-nos que tenhamos sempre em conta esta pobreza da nossa condição, evitando o perigo de uma vaidade tola. Porque amiúde — diz Santo Afonso Maria de Ligório — "o homem dominado pela soberba é um ladrão pior que os demais, porque não rouba bens terrenos, mas a glória de Deus [...]. Segundo afirma o Apóstolo, por nós mesmos, não podemos fazer nenhuma obra boa ou sequer ter um bom pensamento (cf. 2 Cor 3, 5) [...]. E já que as coisas são assim, quando fizermos algum bem, digamos ao Senhor: *Devolvemos-te, Senhor, o que de tuas mãos recebemos* (1 Cr 29, 14)"[6]. Devemos dizê-lo diante de qualquer fruto que nos tenha vindo às mãos. Oferecê-lo-emos de novo a Deus, pois sabemos bem que a malícia e as deficiências são nossas; a beleza e a bondade são dEle.

II. COMO OBSERVAMOS nas páginas do Evangelho, os encontros dos homens com Cristo foram únicos e irrepetíveis: Nicodemos, Zaqueu, a mulher adúltera, o bom ladrão, os apóstolos... A ação de Deus já preparara lentamente aqueles homens e mulheres para que se abrissem ao Senhor no momento oportuno; e, após esse encontro singular e determinante, a graça de Deus continuou a acompanhá-los, suscitando e levando a cabo nas suas almas novas conversões, novos progressos.

Os nossos encontros com Cristo também foram irrepetíveis e únicos, como os dessas pessoas que o encontraram nas terras da Galileia, junto ao lago de Genesaré, em Jerusalém ou num povoado da Samaria. E a partir daí Jesus está igualmente presente na nossa vida e, por sua bondade, continua a ajudar-nos com mil moções interiores para que nos aproximemos mais e mais dEle. São *graças atuais*, dons gratuitos e transitórios que desenvolvem os seus efeitos em cada alma de uma maneira particular. Quantas não recebemos nós em cada dia! Quantas mais não receberemos se não fecharmos as portas da alma a essa ação silenciosa e eficacíssima do Santificador!

O Espírito Santo — sem suprimir a nossa liberdade — ilumina-nos constantemente para que conheçamos a verdade, inspira-nos e puxa por nós a cada momento, antecedendo, acompanhando e aperfeiçoando as nossas boas ações. *Deus é quem realiza em vós, não apenas o querer, mas o executar, segundo o seu beneplácito*[7]. Devemos pedir-lhe a sabedoria prática de procurar apoio nEle e não em nós, de ir buscar a nossa coragem nEle e não na habilidade da nossa inteligência ou dos nossos recursos pessoais; devemos escutar sempre, na vida prática, a advertência amorosa do Mestre: *Sem mim, nada podeis fazer*[8].

Na vida sobrenatural, seremos sempre *principiantes*, e devemos portanto conduzir-nos com a docilidade e a aplicação de uma criança que necessita em tudo dos mais velhos. São Francisco de Sales ilustra com um exemplo esta relação que há entre Deus e os homens: "Quando uma mãe ensina o seu filhinho a andar, ajuda-o e ampara-o tanto quanto necessário, deixando-o dar alguns passos pelos lugares menos perigosos e mais planos, pegando-o pela mão e sustendo-o, ou tomando-o nos braços e carregando-o. Da mesma maneira Nosso Senhor cuida continuamente de cada passo dos seus filhos"[9]. Somos isso diante de Deus: crianças pequenas que não acabam de aprender a andar.

Cabe-nos corresponder a essa assistência amorosa, manifestar a nossa boa vontade, começar e recomeçar, sendo sinceros como uma criança simples no nosso diálogo com Deus e com o sacerdote a quem confiamos a direção da nossa alma; lutando com o brio de uma criança estimulada pela mãe na matéria do nosso *exame particular*, esse ponto bem concreto em que nos esforçamos por alcançar vitória de uma forma especial. Os nossos dias resumir-se-ão muitas vezes em *pedir ajuda, corresponder* e *agradecer*.

III. DEUS TRATA CADA ALMA com um respeito infinito, sem nunca forçar a sua vontade, e por isso o homem pode resistir à graça e tornar estéril o desejo divino. De fato, ao longo do dia, talvez em coisas pequenas, muitas vezes dizemos *não* a Deus. E devemos dizer *sim* ao que nos pede, e *não* ao nosso egoísmo, aos impulsos da soberba, à preguiça.

A resposta livre à graça de Deus deve dar-se no pensamento, nas palavras e nas ações[10]. Não basta somente a fé para cooperarmos adequadamente: Deus pede-nos um esforço pessoal, pede-nos obras, iniciativas, desejos eficazes... Ainda que, com a sua Morte na Cruz, tenha merecido para nós um tesouro infinito de bens, as graças que nos concede não nos são concedidas todas de uma vez; e a sua maior ou menor abundância depende de como lhes correspondemos.

Quando estamos dispostos a dizer *sim* ao Senhor em tudo, atraímos uma verdadeira chuva de dons[11]. A graça inunda-nos quando somos fiéis às suas pequenas insinuações ao longo de cada dia: quando vivemos o "minuto heroico" à hora de nos levantarmos pela manhã e procuramos que o nosso primeiro pensamento seja para Deus, quando nos preparamos para a Santa Missa e afastamos as distrações que pretendem desviar-nos daquilo que importa, quando oferecemos o trabalho ou não nos esquivamos a um pequeno sacrifício, quando temos um detalhe de caridade...

Ninguém poderá dizer que foi esquecido ou desamparado por Deus, se faz o que está ao seu alcance, porque o Senhor concede o seu auxílio a todos, mesmo aos que estão fora da Igreja sem culpa própria[12]. Mais ainda, o Senhor, infinitamente misericordioso e paciente, procura seguidamente, de mil modos diferentes, o regresso daquele que se foi embora com a herança e agora se encontra numa situação lamentável. Cada dia sai ao terraço, na esperança de enxergar ao longe o vulto do filho que retorna[13], e move-lhe o coração para que reempreenda o caminho que o trará de volta à casa paterna. E quando encontra correspondência às suas graças, derrama-se em ajudas e bens, e anima a subir mais e mais.

Se, nestes momentos de oração pessoal, percebermos que nos custa corresponder aos pequenos movimentos da graça, sigamos este conselho: "Tens de entrar em colóquio com Santa Maria e confiar-lhe: — Ó Senhora, para viver o ideal que Deus meteu no meu coração, preciso voar... muito alto, muito alto! [...]"[14].

E perto de Maria sempre encontramos José, seu esposo fidelíssimo, que tão bem e com tanta prontidão soube realizar o que Deus, através do anjo, lhe ia manifestando. Podemos recorrer a ele ao longo do dia, para que nos ajude a ouvir claramente a voz do Espírito Santo em tantos detalhes e em ocasiões tão pequenas, e para que sejamos fortes em levar à prática essas suas sugestões.

(1) Cf. Conc. Vat. II, Const. *Gaudium et spes*, 13; (2) 2 Cor 3, 5; *Primeira leitura* da Missa da quarta-feira da décima semana do Tempo Comum, ano ímpar; (3) Santo Irineu, *Contra as heresias*, 3, 15, 3; (4) cf. Conc. Vat. II, Decr. *Ad gentes*, 8; (5) Conc. de Trento, Decr. *Sobre o pecado original*, 5; (6) Santo Afonso Maria de Ligório, *Seleta de temas de pregação*, 2, 6; (7) Fl 2, 13; (8) Jo 15, 5; (9) São Francisco de Sales, *Tratado do amor a Deus*, 3, 4; (10) cf. Conc. Vat. II, Const. *Lumen gentium*, 14; (11) cf. Pio XII, Enc. *Mystici Corporis*, 29-VI-1943; (12) cf. Conc. Vat. II, Const. *Lumen gentium*, 16; (13) cf. Lc 15, 20; (14) cf. São Josemaria Escrivá, *Forja*, n. 994.

85. MOTIVOS PARA A PENITÊNCIA

— Extirpar o que estorva. Renúncia ao próprio eu. Corredenção.
— Convite da Igreja à penitência. A sua influência na oração. *Sentido penitencial das sextas-feiras*.
— Alguns campos de mortificação. Condições.

I. JESUS CONVOCOU A MULTIDÃO e os seus discípulos e disse-lhes: *Quem quiser vir após mim negue-se a si mesmo, tome a sua cruz e siga-me. Pois quem quiser salvar a sua vida perdê-la-á, e quem perder a vida por mim e pelo Evangelho, esse a salvará*[1].

O Senhor já havia ensinado que, para sermos seus discípulos, era preciso que nos desprendêssemos dos bens materiais[2]; agora pede um desprendimento mais profundo: a renúncia ao que se é, ao próprio eu, ao que a pessoa tem de mais íntimo. Mas, no discípulo de Cristo, esse ato de entrega traz consigo uma afirmação: deixar de viver para si mesmo *a fim de que Cristo viva em mim*[3].

A "vida em Cristo", *por quem tudo sacrifiquei...*[4], escreve São Paulo aos cristãos de Filipos, é uma realidade da graça. Toda a existência cristã é uma afirmação: de vida, de amor, de amizade. *Eu vim* — diz-nos Jesus — *para que tenham vida e a tenham em abundância*[5]. Oferece-nos a filiação divina, a participação na vida íntima da Santíssima Trindade. E o que estorva esta admirável promessa é o apegamento ao eu, à comodidade, ao bem-estar, ao êxito pessoal...

Por isso é necessária a mortificação, que não é algo negativo, mas desprendimento do eu para que Jesus esteja em nós. Daí o paradoxo: "para Viver é preciso morrer"[6]: morrer para nós mesmos, para ter vida sobrenatural. *Se viverdes segundo a carne, morrereis; se, porém, com o espírito mortificardes as obras da carne, vivereis*[7].

Se alguém quiser vir após mim... Para correspondermos ao convite de Jesus que passa ao nosso lado, devemos "morrer cada dia um pouco", negar-nos: negar ao *homem velho* que trazemos dentro de nós[8] as obras que nos separam de Deus ou dificultam o crescimento da amizade com Ele; submeter as inclinações desordenadas, as paixões, que após o pecado original e os pecados pessoais já não estão devidamente sujeitas à vontade; ser donos de nós mesmos e orientar os nossos passos numa determinada direção: "Somos como um homem que leva um asno; ou ele conduz o asno ou o asno o conduz a ele. Ou governamos as paixões ou elas nos governarão"[9]. Quando não há mortificação, "é como se o «espírito» se fosse reduzindo, encolhendo, até converter-se num pontinho... E o corpo aumenta, agiganta-se, até dominar. — Foi para ti que São Paulo escreveu: «Castigo o meu corpo e o reduzo à escravidão, não seja que, tendo pregado aos outros, venha eu a ser reprovado»"[10].

É o mesmo São Paulo que nos indica outro motivo para a penitência: *Eu agora alegro-me nos sofrimentos que padeço por vós, e completo na minha carne o que falta à paixão de Jesus Cristo pelo seu corpo que é a Igreja*[11]. Por acaso a Paixão de Cristo não foi suficiente por si só para nos salvar?, pergunta-se Santo Afonso Maria de Ligório. Não há dúvida de que não faltou nada do seu valor e foi plenamente suficiente para salvar todos os homens. Contudo, para que os méritos da Paixão nos sejam aplicados, devemos cooperar da nossa parte, aceitando com paciência os trabalhos e tribulações que Deus nos mande, para nos assemelharmos a Jesus[12].

Quando seguimos o Senhor com uma mortificação generosa, nós somos os primeiros a beneficiar-nos dessa participação nos sofrimentos de Cristo[13]. Mas, além disso, a eficácia sobrenatural da penitência estende-se à nossa família, aos amigos, aos colegas, a essas pessoas que queremos aproximar de Deus, a toda a Igreja e ao mundo inteiro.

II. "A IGREJA, AO MESMO TEMPO que reafirma a primazia dos valores religiosos e sobrenaturais da penitência (valores capazes como nenhum outro de devolver hoje ao mundo o sentido de Deus e da sua soberania sobre o homem, e o sentido de Cristo e da sua salvação), convida todos os homens a acompanhar a conversão interior do espírito com o exercício voluntário de obras externas de penitência"[14]. A dor, a doença, qualquer tipo de sofrimento físico ou moral, oferecidos a Deus com espírito penitente, ao invés de serem algo inútil e prejudicial, ganham para o homem um sentido redentor "para a salvação dos seus irmãos e irmãs. Portanto, o sofrimento não só é útil aos outros, como realiza até um serviço insubstituível. Mais do que qualquer outra coisa, torna presente na história da humanidade a força da Redenção"[15].

A Igreja recorda-nos frequentemente a necessidade da mortificação. E quis de modo particular que, num dia da semana — a *sexta-feira*, em lembrança do dia da Paixão do Senhor e de tudo o que sofreu por nós —, considerássemos a necessidade e os frutos da negação de nós mesmos e nos propuséssemos alguma mortificação especial: abstinência de carne ou alguma coisa que nos custe um pouco (trabalho mais bem feito, um gesto de maior dedicação no seio da família...), ou uma prática piedosa (uma leitura espiritual, o terço, a Visita ao Santíssimo, o exercício piedoso da Via Sacra...), ou alguma obra de misericórdia (fazer companhia a um doente, uma esmola...). Mas não devemos contentar-nos apenas com esta manifestação semanal de penitência; o Senhor espera que saibamos negar-nos diariamente em pequenas coisas, que vivificarão a alma e tornarão fecundo o apostolado.

III. DEVEMOS TER PRESENTES em primeiro lugar as chamadas *mortificações passivas*: oferecer com amor um contratempo inesperado ou uma incomodidade que não depende da nossa vontade: calor, frio, dor, uma espera que se prolonga mais do que havíamos previsto, uma resposta brusca que nos desconcerta...

Juntamente com as mortificações passivas, devemos praticar aquelas que tendem a facilitar a convivência: esforço por sermos pontuais, escutar os outros com verdadeiro interesse, falar quando se produz um silêncio incômodo, vencer os estados de ânimo para sermos sempre afáveis, viver com delicadeza as normas habituais da cortesia, tais como agradecer, pedir desculpas... E as mortificações no trabalho, que é também outro bom campo para o espírito de sacrifício: intensidade, ordem, perfeito acabamento de cada tarefa, a ajuda discreta aos outros...

E ainda a *mortificação da inteligência* (evitar atitudes críticas, domínio da curiosidade, juízos ponderados) e *da vontade* (a luta denodada contra o amor-próprio e contra os caprichos, o cumprimento do dever *hoje e agora*, sem nunca deixar a tarefa por terminar...). E a *mortificação ativa dos sentidos*: da vista, do paladar, do ouvido... E a *mortificação da sensibilidade*, da ânsia de viver confortavelmente, de "passar bem" como primeiro objetivo da vida... E a *mortificação interior*, dos movimentos de ira, de desagrado, de queixa, de tristeza, dos pensamentos *inúteis*, particularmente quando se apresentam na oração, na Santa Missa, no trabalho...

A nossa mortificação e penitência deve ter uma série de qualidades. Em primeiro lugar, deve ser *alegre*. "Às vezes — comentava aquele doente consumido de zelo pelas almas —, o corpo reclama um pouco, queixa-se. Mas procuro também transformar «esses queixumes» em sorrisos, porque se mostram muito eficazes"[16]. Se formos mortificados, hão de brotar no nosso semblante muitos sorrisos e gestos amáveis, não só no meio da dor e da doença, como a cada pequeno ato de renúncia.

Deve ser *contínua*, que nos leve à presença de Deus onde quer que nos encontremos, façamos o que fizermos. Não se trata de cumprirmos um ritual de pequenas mortificações isoladas, mas de aproveitarmos todas as ocasiões que se nos deparem, com espírito positivo, de tal maneira que possamos dizer que a mortificação é para nós como o bater do coração.

Deve ser *discreta, amável, cheia de naturalidade*, que se note com simplicidade pelos seus efeitos na vida ordinária, mais do que por umas manifestações aparatosas e pouco normais num cristão normal.

Por último, deve ser *humilde e cheia de amor*, porque o que nos move à penitência é a contemplação de Cristo na Cruz, a quem desejamos unir-nos com todo o nosso ser; não queremos nada, se não nos leva a Ele.

Na mortificação, tal como no Calvário, encontramos Maria. Ponhamos nas suas mãos os propósitos concretos deste tempo de oração. Peçamos-lhe que nos ensine a compreender verdadeiramente a necessidade de uma *vida mortificada*.

(1) Mc 8, 34-39; (2) cf. Lc 14, 33; (3) Gl 2, 20; (4) Fl 3, 8; (5) Jo 10, 10; (6) cf. São Josemaria Escrivá, *Caminho*, n. 187; (7) Rm 8, 13; (8) Ef 4, 21; (9) E. Boylan, *Amor supremo*, p. 113; (10) São Josemaria Escrivá, *Sulco*, n. 841; (11) Cl 1, 24; (12) cf. Santo Afonso Maria de Ligório, *Reflexões sobre a Paixão*, 10; (13) cf. Paulo VI, Const. apost. *Paenitemini*, 17-II-1966, II; (14) *ib.*; (15) João Paulo II, Carta apost. *Salvifici doloris*, 11-II-1984, 27; (16) São Josemaria Escrivá, *Sulco*, n. 253.

TEMPO COMUM. DÉCIMA SEMANA. SEXTA-FEIRA

86. PUREZA DE CORAÇÃO

— O nono mandamento e a pureza da alma.
— A guarda do coração e a fidelidade de acordo com a vocação e o estado de cada um.
— A guarda da vista, da afetividade e dos sentidos internos.

I. EM VÁRIAS OCASIÕES Jesus sublinha que a fonte dos atos humanos está no coração, no interior do homem, no fundo do seu espírito; e esta interioridade deve manter-se pura e limpa de afetos desordenados, de rancores, de invejas...

É no coração que tem origem tudo aquilo que depois se tornará realidade na conduta externa da pessoa. Nele se consolidam, com a graça, uma piedade sincera no trato com Deus, e o amor limpo e a cordialidade no relacionamento com o próximo. E de uma interioridade manchada nascem o aburguesamento, o egoísmo, a cegueira espiritual. *Porque do coração provêm os maus pensamentos, os homicídios, os adultérios, as fornicações, os roubos, os falsos testemunhos, as blasfêmias...*[1] Por isso lemos no Livro dos Provérbios: *Guarda o teu coração mais do que qualquer outra coisa, porque dele brotam os mananciais da vida*[2]. O coração é o símbolo do que o homem tem de mais íntimo.

O Senhor diz-nos hoje no Evangelho da Missa[3]: *Ouvistes que foi dito: Não adulterarás. Eu, porém, vos digo:*

Todo aquele que olhar para uma mulher, cobiçando-a, já adulterou com ela no seu coração. Jesus Cristo declara no seu sentido mais autêntico a essência do *nono mandamento*, que proíbe os atos internos (pensamentos, desejos, imaginações) contra a virtude da castidade, bem como todo o afeto desordenado, ainda que aparentemente pareça limpo e desinteressado, que não esteja de acordo com a vontade de Deus nas circunstâncias de cada um.

Para vivermos com delicadeza este mandamento — condição de todo o amor verdadeiro —, é necessário, em primeiro lugar, que mantenhamos um relacionamento intenso com Deus, para que o seu amor acabe por apossar-se do nosso coração. É necessário, além disso, que evitemos os motivos de tentações internas contra a castidade. Estas podem aparecer quando não se é prudente em guardar os sentidos, quando não se mortifica a imaginação, deixando-a vaguear entre fantasias que afastam da realidade e do cumprimento do dever, quando se anda à busca de compensações afetivas, de vaidade..., ou se revolvem recordações.

Se, uma vez percebidas semelhantes tentações internas, não se empregam os meios adequados para afastá-las pronta e claramente — entre eles, em primeiro lugar, a oração humilde e confiante —, mantém-se um clima interior confuso, permeado de faltas de correspondência à graça que acostumam a alma a não ser generosa com o Senhor. E se se persiste em permanecer nesse limite duvidoso do consentimento, é fácil que a falta de mortificação interior chegue a dar origem a verdadeiros pecados internos contra a virtude da pureza. Com essa atitude, torna-se difícil e talvez impossível avançar pelo caminho do verdadeiro progresso espiritual.

Pelo contrário, quando a alma está decidida a manter-se limpa com a ajuda da graça, ou quando retifica com prontidão algum descuido, mesmo pequeno, então o Espírito Santo, *doce Hóspede da alma*, concede-lhe mais e mais graças. Assim se vai firmando nela a alegria, que é um dos frutos do Paráclito naqueles que preferem o Senhor às ridículas compensações que costumam deixar na alma um fundo de tristeza e solidão.

II. DEUS PEDE-NOS no nono mandamento não apenas que evitemos o que é claramente impuro em pensamentos e desejos contra a castidade, mas também que guardemos o coração, defendendo-o daquilo que possa incapacitá-lo para amar. Conservar a alma limpa significa cuidarmos da intimidade, dos afetos, sermos prudentes para que a ternura não transborde onde e quando não deve, sermos consequentes a todo o momento com a nossa vocação e estado[4].

Os que foram chamados ao caminho do matrimônio devem vigiar o seu coração para conservá-lo sempre entregue à pessoa com quem se casaram, tanto nos começos da vida conjugal como ao cabo dos anos. E para isso é necessário dominar e orientar perseverantemente o coração para que não se complique com compensações reais ou imaginárias. Os esposos não devem esquecer que "o segredo da felicidade conjugal está no cotidiano, não em sonhos [...]. Àqueles que foram chamados por Deus para formar um lar, digo constantemente que se amem sempre, que se amem com aquele amor entusiasmado que tinham quando eram noivos. Pobre conceito tem do matrimônio — que é um sacramento, um ideal e uma vocação — quem pensa que a alegria acaba quando começam as penas e os contratempos que a vida sempre traz consigo"[5].

Por sua vez, aqueles a quem o Senhor pediu um dia o coração inteiro, sem compartilhá-lo com outra criatura, têm, além disso, motivos mais altos para conservarem a sua alma limpa e livre de liames. Seria um engano lamentável deixarem o coração preso a ninharias que afogariam — como um talo frágil entre espinhos — o amor infinito de Deus a que foram chamados desde toda a eternidade. "Achas que chegaste ao cume da virtude — pergunta São Jerônimo —, porque ofereceste uma parte do todo? O Senhor te quer a ti próprio como hóstia viva e agradável a Deus"[6]. A essas almas, o Senhor sempre lhes dá a sua graça para que conservem o coração intacto para Ele e para os homens todos por Ele, sem compensações, sem fiozinhos ou correntes que as impeçam de alcançar as alturas a que foram chamadas, com generosidade, com energia para cortarem um laço descarado ou sutil, ou para retificarem um afeto.

A *guarda do coração* exige principalmente que se cuide de desenvolver e manter sempre vivo o amor, pois uma pessoa humanamente desamorada, tíbia no trato com Deus, dificilmente poderá impedir que penetrem na sua alma desejos e ânsias de compensações, pois o coração foi feito para amar e não se resigna à secura e ao fastio.

Examinemos na nossa oração se o nosso relacionamento com o Senhor é um relacionamento pessoal, como o que se mantém com um amigo — com o Amigo —, se fugimos da rotina e da mediocridade. Vejamos também se os afetos do nosso coração estão ordenados de acordo com o querer de Deus, se afastamos com prontidão qualquer pensamento ou imaginação que os turve ou distorça.

III. A GUARDA DO CORAÇÃO começará muitas vezes pela guarda da vista. O senso comum e o sentido sobrenatural põem então como que um filtro diante dos olhos, para que não se detenham naquilo que não se deve olhar. E isto com naturalidade e simplicidade, sem fazer coisas estranhas, mas com energia e firmeza, sabendo bem o valor daquilo que se guarda; na rua, no trabalho ou no relacionamento social.

Para conhecer e amar, é necessário o trato mútuo. E para evitar que o coração se apegue ao que não deve, será preciso manter uma distância prudente das pessoas com quem é mais fácil que isso — esse apego — aconteça, quando Deus não quer que aconteça. Trata-se de uma distância moral, espiritual, afetiva, que se manifesta em evitar confidências indevidas, desabafos de penas ou desgostos com quem não se deve... Pode haver circunstâncias em que a prudência aconselhe até a manter uma distância física em relação a esta ou àquela pessoa. Se houver retidão na consciência, um exame atento e sincero descobrirá uma intenção menos reta em certa companhia ou em certos desabafos: porá às claras o que *parece* que se quer e o que *na realidade* se procura.

Não se trata de suprimir a afetividade (não seria possível nem seria humano), mas de orientá-la e encaminhá-la de acordo com o querer de Deus: trata-se de preencher o coração com um amor forte, limpo e nobre que o defenda dos afetos que não são gratos a Deus.

Com a guarda do coração relaciona-se o controle da *memória*, de modo a afastar cenas, diálogos, imagens que possam reacender as brasas de uma afetividade que impede de ter o coração onde se deve. E, paralelamente, o domínio da *imaginação*, que, se se descontrola ou se perde em sonhos fantásticos, nos impede de estar abertos à realidade cotidiana.

Quando se cede com alguma frequência aos assaltos da imaginação — que talvez se tornem mais agudos em momentos de cansaço, de aridez interior, ou como compensação para os pequenos fracassos da existência —, vai-se produzindo uma brecha na unidade de vida entre esse mundo de sonhos — em que a vaidade sempre acaba por triunfar — e a vida real, austera, que é a única apta para que nos santifiquemos e para fazermos o bem que Deus espera de cada homem e de cada mulher.

Uma alma descontente com a sua situação e inclinada a refugiar-se numa interioridade irreal e fantasiosa, dificilmente enfrentará com generosidade e realismo o que tem de fazer em cada momento para crescer nas virtudes. Como é possível viver de fantasias sem descurar o cumprimento do dever? Como pode lutar contra os seus defeitos uma pessoa que, ao invés de enfrentá-los com humildade e esperança, foge deles e os vence apenas na imaginação? Que alegria se pode pôr no cumprimento daquilo que exige sacrifício, quando existe o hábito de refugiar-se no reduto de uma fantasia cheia de ilusões? E não nos esqueçamos de que também é possível ter o coração apegado — atado — a personagens de um filme, de um romance ou da vida real com os quais não se tem nenhum relacionamento. E o coração assim atado, e talvez manchado, não pode subir até Deus.

Peçamos a Nossa Senhora que Jesus seja o personagem central do nosso mundo interior, o centro real da nossa vida e, à sua sombra, esses outros amores nobres e limpos, sacrificados, que Ele também deseja para cada homem e para cada mulher, segundo a sua própria vocação. "Permite-me um conselho, para que o ponhas em prática diariamente. Quando o coração te fizer notar as suas baixas tendências, reza devagar à Virgem Imaculada: Olha-me com compaixão, não me deixes, minha Mãe! — E aconselha-o assim a outros"[7].

Não me deixes, minha Mãe.

(1) Mt 15, 19; (2) Pr 4, 23; (3) Mt 8, 27-32; (4) cf. José Luis Soria, *Amar e viver a castidade*, p. 116; (5) São Josemaria Escrivá, *Entrevistas com Mons. Josemaria Escrivá*, n. 91; (6) São Jerônimo, *Epístola 118*, 5; (7) São Josemaria Escrivá, *Sulco*, n. 849.

TEMPO COMUM. DÉCIMA SEMANA. SÁBADO

87. O VALOR DA PALAVRA DADA

— O Senhor realça o valor da palavra dada. Nas situações normais, a nossa palavra deve bastar.

— Amor à verdade em todas as ocasiões e circunstâncias.

— Fidelidade e lealdade aos nossos compromissos.

I. NA ÉPOCA DE JESUS, a prática do juramento tornara-se abusiva, tanto pela sua frequência como pela leviandade com que se pronunciava e pela casuística que surgira para legitimar o seu descumprimento. Jesus opõe-se a esse costume, e com a fórmula *mas eu vos digo*, que emprega frequentemente para indicar a autoridade divina das suas palavras, proíbe que se invoque a Deus por testemunha, não só de coisas falsas, mas também de assuntos em que a palavra do homem deve bastar. Assim, diz o Evangelho de São Mateus na Missa de hoje[1]: *Seja a vossa palavra: sim, sim; não, não*. O Senhor quer realçar e devolver o seu valor e força à palavra do homem de bem que se sente comprometido pelo que diz.

Jurar, isto é, invocar a Deus por testemunha de uma coisa que se afirma ou se promete, é lícito, e em determinadas ocasiões é necessário, quando se faz nas devidas condições. É então um ato da virtude da religião e dá honra ao nome de Deus. Mas já o profeta Jeremias sublinhava que o juramento grato a Deus deve ser feito *em verdade, em juízo e em justiça*[2]; quer dizer, a afirmação deve ser verdadeira, formulada com prudência — nem ligeira nem temerária — e referida a uma coisa ou necessidade justa e boa.

Se a necessidade não o exige, a nossa palavra de cristãos e de homens honrados deve ser suficiente, porque devemos ser conhecidos como pessoas que buscam em tudo a verdade e que dão grande valor à palavra empenhada, pois nela se baseia toda a lealdade e fidelidade: a Cristo e aos compromissos livremente assumidos.

Nas situações normais da vida diária, a nossa palavra deve, pois, ser suficiente para dar toda a consistência necessária ao que afirmamos ou prometemos; mas, para que isso aconteça, devemos ser verazes no dia a dia, pelo cumprimento estrito dos nossos compromissos. É esse o conceito que fazem de nós no lugar em que trabalhamos, na família, entre os que se relacionam conosco? Sabem que procuramos não mentir nunca, nem sequer por brincadeira, ou para conseguir um bem, ou para evitar um mal maior?

II. NO ENSINAMENTO DE CRISTO, a hipocrisia e a falsidade são vícios muito combatidos[3], ao passo que a veracidade é uma das virtudes mais gratas ao Senhor: *Eis um verdadeiro israelita, em quem não há duplicidade*[4], diz Jesus de Natanael, quando o vê aproximar-se acompanhado por Filipe. Ele próprio é *a Verdade*[5]; e o demônio, pelo contrário, é *o pai da mentira*[6].

A verdade transmite-se através do testemunho, do exemplo e da palavra: Cristo é *testemunha do Pai*[7]; os apóstolos[8], os primeiros cristãos, e nós agora, somos testemunhas de Cristo diante de um mundo que precisa de testemunhos vivos. E como é que os nossos amigos e colegas hão de crer na doutrina que queremos transmitir-lhes, se a nossa própria vida não se baseia num grande amor à verdade? Nós, cristãos, devemos poder dizer, como Jesus Cristo, que viemos ao mundo *para dar testemunho da verdade*[9], num momento em que muitos utilizam a mentira e o engano como uma ferramenta para escalar postos, para alcançar um maior bem-estar material ou para evitar compromissos e sacrifícios; ou simplesmente por covardia, por falta de caráter.

Devemos ser exemplares, estando dispostos a construir a nossa vida, o nosso patrimônio, a nossa profissão, sobre um grande amor à verdade. Não podemos sentir-nos tranquilos quando está de permeio uma mentira. Devemos amar a verdade e empenhar-nos em encontrá-la, pois às vezes está tão obscurecida pelo pecado, pelas paixões, pela soberba, pelo materialismo..., que, se não a amássemos, não a poderíamos reconhecer. É tão fácil aceitar a mentira quando chega — dissimulada ou às claras — em reforço de um falso prestígio, de maiores lucros na profissão...! Mas diante da tentação, tantas vezes disfarçada sob inúmeros argumentos, devemos recordar a doutrina clara e diáfana de Jesus: *Seja a vossa palavra: sim, sim; não, não*[10].

III. AO DARMOS A NOSSA PALAVRA, de certa forma damo-nos a nós próprios, comprometemo-nos no mais íntimo do nosso ser. Um cristão, um verdadeiro discípulo de Cristo, apesar dos seus defeitos e erros, deve ser leal, honesto, um *homem de palavra*; alguém que *é fiel à sua palavra*. Na Igreja, designamos os cristãos por *fiéis*, para expressar a sua condição de membros do povo de Deus adquirida pelo Batismo[11]. Mas é *fiel* também a pessoa que inspira confiança, em quem podemos confiar, aquela cujo comportamento corresponde à confiança nela depositada, àquilo que dela exigem o amor, a amizade, o dever, e que é fiel a uma promessa, à palavra dada...[12] Na Sagrada Escritura, o qualificativo *fiel* é atribuído ao próprio Deus, porque ninguém como Ele é digno de confiança de modo tão eminente. Ele é sempre fiel às suas promessas, não falha nunca. *Fiel é Deus* — diz São Paulo aos Coríntios —, *que não permitirá que sejais tentados acima das vossas forças...*[13]

É fiel quem é leal à sua palavra. E é leal quem cumpre os seus compromissos: com Deus e com os homens. Mas a sociedade revela-se muitas vezes cheia de dúvidas e de relativismo, saturada de um ambiente de infidelidade; muitas pessoas, de todas as idades, parecem desconhecer a obrigação efetiva de serem fiéis à palavra empenhada, de levarem adiante os compromissos que adquiriram com total liberdade, de manterem uma conduta coerente com as decisões que tomaram na presença de Deus ou diante dos homens: na vida religiosa e na vida civil.

Estendeu-se por toda a parte uma ideia — às vezes, um sentimento difuso — de que os compromissos assumidos com Deus — os compromissos do Batismo — ou diante dEle — como o casamento — são uma espécie de "ideal", uma meta para a qual se deve tender, mas que no fundo não obrigam em todas as situações porque há situações em que são inatingíveis. Nós, pelo contrário, devemos estar firmemente persuadidos de que *sempre é possível viver as virtudes e os compromissos* da vocação a que Deus nos chamou, com todas as suas consequências.

O cristão, esmerando-se na lealdade, não cederá quando as exigências morais forem ou parecerem mais duras. Temos que pedir a Deus esta retidão de consciência: quem cede, teoricamente "desejaria" viver as virtudes, "desejaria" não pecar, "desejaria" não desistir, mas acha que, se a tentação for forte ou as dificuldades grandes, estará praticamente justificado se vier a ceder.

Isto pode acontecer em face dos compromissos no trabalho, da necessidade de repelir com energia um clima de sensualidade, quando são necessários recursos pesados para a educação dos filhos, ou ante as exigências da fidelidade no casamento ou no caminho vocacional. Recordemos hoje na nossa oração a clara advertência de Jesus: *Caiu a chuva, vieram as torrentes, sopraram os ventos e irromperam contra aquela casa, mas ela não desabou porque estava fundada sobre rocha*[14]. A rocha é Cristo, que nos oferece sempre a sua fortaleza.

Fiéis a Cristo: este é o maior elogio que nos podem fazer; que Jesus Cristo possa contar conosco sem limitações de circunstâncias ou de futuro, que os nossos amigos saibam que não lhes falharemos, que a sociedade a que pertencemos possa apoiar-se, como num alicerce firme, nos pactos que subscrevemos, na palavra empenhada de modo livre e responsável. "Quando viajamos à noite de trem, nunca nos ocorreu pensar de repente que a vida de várias centenas de pessoas está nas mãos de um maquinista, de um agulheiro que, sem se importarem com o frio e o cansaço, permanecem nos seus postos? A vida de todo um país, a vida do mundo, dependem da fidelidade dos homens no cumprimento do seu dever profissional, da sua função social; de que cumpram fielmente os seus contratos e mantenham a palavra dada"[15], sem necessidade de invocarem a Deus por testemunha, como homens íntegros.

Seja a vossa palavra: sim, sim; não, não. Homens de palavra, leais no cumprimento dos pequenos deveres diários, sem mentiras nem enganos no exercício da profissão, simples e prudentes, fugindo daquilo que não é claro: honestidade sem fissuras, diáfana. Se vivermos esta lealdade no humano, com a ajuda da graça seremos leais a Cristo, que é afinal o que importa. Não poderíamos construir a integridade da nossa fidelidade a Cristo sobre uma lealdade que metesse água cada dia no relacionamento humano.

Que alegria quando, no meio de uma dificuldade, um amigo se aproxima de nós e nos diz: "Pode contar comigo"! Agradará também a Deus que lhe digamos hoje na nossa oração, com a simplicidade de quem conhece a sua fraqueza: Senhor, podes contar comigo! Para sempre!

Peçamos a Maria Santíssima, *Virgo fidelis*, Virgem fiel, que nos ajude a ser leais e fiéis, à custa da própria vida, se for preciso.

(1) Mt 5, 33-37; (2) Jr 4, 2; (3) cf. Mt 23, 13-32; (4) Jo 1, 47; (5) Jo 14, 6; (6) Jo 8, 44; (7) Jo 3, 11; (8) At 1, 8; (9) Jo 14, 6; (10) Mt 5, 37; (11) cf. A. del Portillo, *Fieles y laicos en la Iglesia*, EUNSA, Pamplona, 1969, p. 28 e segs.; (12) M. Moliner, *Dicionário*, v. "Fiel"; (13) 1 Cor 10, 13; (14) Mt 7, 25; (15) G. Chevrot, *Mas eu vos digo...*, p. 180.

TEMPO COMUM. DÉCIMO PRIMEIRO DOMINGO. CICLO A

88. O MEIO MAIS EFICAZ

— *A messe é muita e os operários poucos.*
— O Senhor chama a todos para a tarefa apostólica.
— Pedir vocações ao Senhor.

I. O EVANGELHO DA MISSA[1] refere algo que deve ter acontecido muitas vezes enquanto o Senhor percorria cidades e aldeias pregando a chegada do Reino de Deus: ao ver a multidão, encheu-se de compaixão por ela, comoveu-se no mais íntimo do seu ser, *porque estavam fatigados e prostrados como ovelhas sem pastor*, profundamente desorientados. Os pastores, em lugar de guiá-las, desencaminhavam-nas e comportavam-se mais como lobos do que como pastores. *Jesus dirigiu-se aos seus discípulos e disse: A messe é muita, mas os operários poucos*.

As palavras do Senhor têm plena atualidade nos nossos dias. Há searas inteiras que se perdem porque não há quem as recolha; daí a urgente necessidade de cristãos alegres, eficazes, fiéis à Igreja, conscientes do que têm entre mãos. E isso diz respeito a todos nós, pois o Senhor necessita de todos: de trabalhadores e estudantes que saibam levar Cristo à fábrica e à Universidade, com o seu prestígio de bons profissionais e com o seu apostolado; de professores exemplares que ensinem com sentido cristão, que dediquem generosamente o seu tempo aos alunos e sejam verdadeiros mestres; de homens e mulheres consequentes com a sua fé em cada atividade humana; de pais e mães de família que se preocupem verdadeiramente com a educação religiosa dos seus filhos, que intervenham nas associações de pais nos colégios, nas associações de bairro.

Perante tanta gente desorientada, vazia de Deus e cheia somente de bens materiais ou do desejo de possuí-los, não podemos ficar à margem. Ainda que sob uma camada de indiferença, as pessoas, no fundo de suas almas, estão sedentas de que lhes falem de Deus e das verdades que dizem respeito à sua salvação. Se nós os cristãos não trabalharmos com sacrifício neste campo, acontecerá o que os profetas anunciaram: *Os campos estão devastados, o solo enlutado. O trigo foi destruído, o mosto perdido, o azeite estragado. Os lavradores estão desamparados, os vinhateiros lamentam-se por causa do trigo e da cevada. Não há colheita*[2]. Deus esperava esses frutos, mas a colheita perdeu-se por desleixo daqueles que tinham que cuidar dela e recolhê-la.

A gravidade da missão que nos incumbe deve levar-nos a fazer um sério exame de consciência: Que fiz hoje para dar a conhecer Deus? A quem falei hoje de Cristo? Preocupo-me realmente com a salvação dos que me rodeiam? Sou consciente de que muitos se aproximariam do Senhor se eu fosse mais audaz?

II. AS DESCULPAS QUE nos podem ocorrer para não levarmos os outros a Cristo são muitas: falta de preparação suficiente, escassez de tempo, poucas relações no âmbito do trabalho profissional, as enormes distâncias na grande cidade em que vivemos..., mas o Senhor continua a dizer-nos a todos nós, e muito especialmente neste tempo de tantas deserções, que *a messe é muita e os operários poucos*. E a messe que não se recolhe a tempo, perde-se.

São João Crisóstomo deixou-nos umas palavras que podem ajudar-nos a examinar se nos desculpamos facilmente diante desse nobre dever a que Deus nos chama: "Não há nada mais frio — diz o santo — que um cristão despreocupado da salvação alheia. Não podes aduzir como pretexto a tua pobreza econômica. Acusar-te-á a velhinha que deu as suas moedas no Templo. O próprio Pedro disse: Não tenho ouro nem prata (At 3, 6). E Paulo era tão pobre que muitas vezes passava fome e não tinha o necessário para viver. Não podes pretextar a tua origem humilde: eles também eram pessoas humildes, de condição modesta. Nem a ignorância te servirá de desculpa: todos eles eram homens sem letras. Sejas escravo ou fugitivo, podes cumprir o que depende de ti. Assim foi Onésimo, e vê qual foi a sua vocação... Não invoques a doença como pretexto, pois Timóteo estava submetido a frequentes indisposições [...]. Cada um pode ser útil ao seu próximo, se quiser fazer o que está ao seu alcance"[3].

"*A messe é muita, mas os operários poucos...* Ao escutarmos isto — comenta São Gregório Magno —, não podemos deixar de sentir uma grande tristeza, porque é preciso reconhecer que há pessoas que desejam escutar coisas boas; falta, no entanto, quem se dedique a anunciá-las"[4].

Para que haja muitos operários que trabalhem lado a lado e com entusiasmo neste campo do mundo, cada um no seu lugar, o próprio Senhor nos ensina o caminho a seguir: *Rogai, pois, ao Senhor da messe, que envie operários à sua messe*. Jesus convida-nos a orar para que Deus desperte na alma de muitos o desejo de um maior compromisso nesta tarefa de salvação. "A oração é o meio mais eficaz de proselitismo"[5], de conseguir que muitos descubram que Deus os chama para seus colaboradores. Todos os cristãos devem rezar habitualmente para que o Senhor envie *operários à sua messe*. E se o fizermos com uma oração contínua, confiante e humilde, não só conseguiremos do Senhor novos operários para o seu campo, como nós mesmos nos sentiremos chamados a participar com muito mais audácia nessa missão divina.

III. JESUS PREPARA A SUA CHEGADA a outras cidades através dos seus discípulos. São pregoeiros que vão *adiante dEle a todas as cidades aonde havia de ir*[6]. Todo o trabalho apostólico culminaria com a chegada de Deus às almas, mas, para que chegasse esse momento, o terreno teve de ser preparado pelos enviados, pelos que já seguiam o Senhor.

Temos de pedir com frequência a Deus que se verifique no povo cristão um ressurgir de homens e mulheres que descubram o sentido vocacional da sua vida; que não somente queiram ser bons, mas se saibam chamados a ser operários no campo do Senhor e correspondam generosamente a essa chamada: homens e mulheres, velhos e jovens, que vivam entregues a Deus no meio do mundo, muitos em celibato apostólico; cristãos correntes, ocupados nas mesmas tarefas dos seus iguais, que levem Cristo ao âmago da sociedade de que fazem parte.

O Senhor, que poderia realizar diretamente a sua obra redentora no mundo, quer necessitar de discípulos que o precedam nas cidades, nos povoados, nas fábricas, nas Universidades..., para que anunciem as maravilhas e as exigências do Reino dos Céus. É evidente que a Igreja — nossa Mãe — necessita de almas que se comprometam nesses caminhos de entrega e de santidade. Os Pontífices não cessam de recordar a necessidade dessas vocações de apóstolos, em cujas mãos está em boa parte a evangelização do mundo.

"Ajuda-me a clamar: Jesus, almas!... Almas de apóstolo! São para Ti, para a tua glória!

"Verás como acaba por escutar-nos"[7].

Que faço eu para que essas vocações possam crescer à minha volta? Vocações que devem surgir entre os filhos, irmãos, amigos, conhecidos... Não devemos esquecer que *Deus chama a muitos*. Peçamos-lhe a graça de saber promover e dar alento a essas chamadas, que podem estar dirigidas a pessoas que vemos todos os dias.

Peçamos também à Santíssima Virgem que nos faça entender como dirigida a cada um de nós essa confidência que o Senhor faz aos seus — *a messe é muita* —, e formulemos um propósito concreto de empreender com urgência e constância um esforço grande para que sejam muitos os operários no campo de Deus. Peçamos-lhe a enorme alegria de ser instrumentos para que outros correspondam à chamada que Jesus lhes faz.

"«Uma boa notícia: mais um doido... para o manicômio». — E tudo é alvoroço na carta do «pescador».

"Que Deus encha de eficácia as tuas redes!"[8]

O Senhor nunca esquece o "pescador".

(1) Mt 9, 36; 10, 8; (2) Jl 1, 10-12; (3) São João Crisóstomo, *Homilia 20 sobre os Atos dos Apóstolos*; (4) São Gregório Magno, *Homilias sobre o Evangelho*, 17; (5) São Josemaria Escrivá, *Caminho*, n. 800; (6) cf. Lc 10, 1; (7) São Josemaria Escrivá, *Caminho*, n. 804; (8) *ib.*, n. 808.

TEMPO COMUM. DÉCIMO PRIMEIRO DOMINGO. CICLO B

89. O GRÃO DE MOSTARDA

— O Senhor serve-se do que é pequeno para atuar no mundo e nas almas.
— As dificuldades que encontramos no apostolado não devem desanimar-nos.
— O Senhor é a nossa fortaleza. Esforço por afastar os respeitos humanos.

I. *EIS O QUE DIZ O SENHOR: Eu mesmo arrancarei um ramo do grande cedro [...] e o plantarei no cimo da montanha. Eu o plantarei na mais alta montanha de Israel para que estenda os seus rebentos e dê fruto e se torne um cedro magnífico, onde se aninharão aves de toda a espécie*. Com estas belas imagens, o profeta Ezequiel[1] recorda-nos, na primeira Leitura da Missa, como Deus se serve do que é pequeno para agir no mundo e nas almas. É também o ensinamento que Jesus nos propõe no Evangelho: *O Reino de Deus é semelhante a um grão de mostarda que, quando semeado na terra, é a menor de todas as sementes; mas depois brota e torna-se maior do que todas as hortaliças e deita ramos tão grandes, que as aves do céu podem abrigar-se à sua sombra*[2].

O Senhor escolheu um punhado de homens para instaurar o seu reinado no mundo. A maioria deles eram humildes pescadores de pouca cultura, cheios de defeitos e sem meios materiais: *escolheu a fraqueza do mundo para confundir os fortes*[3]. À luz de considerações meramente humanas, é incompreensível que esses homens tivessem chegado a difundir a doutrina de Cristo por toda a terra em tempo tão curto e tendo que enfrentar tantos obstáculos e contradições. Com a parábola do grão de mostarda — comenta São João Crisóstomo —, o Senhor moveu-os à fé e fez-lhes ver que a pregação do Evangelho se propagaria apesar de todas as dificuldades[4].

Nós também somos esse grão de mostarda em relação à tarefa que o Senhor nos confia no meio do mundo. Não devemos esquecer a desproporção entre os meios ao nosso alcance — os nossos poucos talentos — e a vastidão do apostolado que devemos realizar; mas também não podemos esquecer que sempre teremos a ajuda do Senhor. Surgirão dificuldades, e então seremos mais conscientes da nossa insignificância e não teremos outro remédio senão confiar mais no Mestre e no caráter sobrenatural da obra que nos encomenda.

"Nas horas de luta e contradição, quando talvez «os bons» encham de obstáculos o teu caminho, levanta o teu coração de apóstolo; ouve Jesus que fala do grão de mostarda e do fermento. — E diz-lhe: «*Edissere nobis parabolam*» — explica-me a parábola.

"E sentirás a alegria de contemplar a vitória futura: aves do céu à sombra do teu apostolado, agora incipiente; e toda a massa fermentada"[5].

Se não perdermos de vista a nossa pouca valia e a ajuda da graça, permaneceremos sempre firmes e fiéis, e saberemos corresponder às expectativas do Senhor em relação a cada um de nós. Com Ele, podemos tudo.

II. OS APÓSTOLOS E OS PRIMEIROS cristãos encontraram uma sociedade minada nos seus próprios alicerces, sobre os quais era praticamente impossível construir qualquer ideal. São Paulo descreve assim a sociedade romana e o mundo pagão em geral, que em muitos aspectos perdera a própria luz natural da razão e ficara como que cego para a dignidade do homem: *Por isso Deus os abandonou aos desejos do seu coração, à impureza [...]. Por isso os entregou a paixões infames [...]. E, como não quiseram reconhecer a Deus, Ele os entregou aos seus sentimentos depravados, de sorte que cometeram torpezas indignas do homem e se encheram de toda a injustiça, malícia, fornicação, avareza, perversidade; dados à inveja, ao homicídio, às contendas, às fraudes, à malignidade; murmuradores, caluniadores, inimigos de Deus, ultrajadores, orgulhosos, arrogantes, inventores de vícios, rebeldes aos pais, sem bom-senso, sem coração, desleais, sem piedade*[6]. E os cristãos transformaram essa sociedade atuando no seu próprio âmago; ali caiu a semente e, embora fosse insignificante, a partir dali propagou-se pelo mundo inteiro, porque trazia em si uma força divina, porque era de Cristo.

Os primeiros cristãos que chegaram a Roma não eram diferentes de nós, e com a ajuda da graça exerceram um apostolado eficaz, trabalhando nas mesmas profissões que os demais concidadãos, debatendo-se com os mesmos problemas, acatando as mesmas leis, a não ser que fossem diretamente contra as leis de Deus. A cristandade primitiva, em Jerusalém, em Antioquia ou em Roma, era verdadeiramente como um grão de mostarda perdido na imensidade do campo.

Os obstáculos do ambiente não nos devem desanimar, ainda que vejamos na nossa sociedade sinais semelhantes — ou idênticos — aos do tempo de São Paulo. Deus conta conosco para transformar o ambiente em que se desenrola a nossa vida diária. Não deixemos de fazer o que estiver ao nosso alcance, ainda que nos pareça pouco — tão pouco como uns insignificantes grãos de mostarda —, porque o próprio Senhor fará crescer o nosso empenho; e a oração e os sacrifícios que tenhamos feito darão os seus frutos.

Talvez esse "pouco" que está *realmente* ao nosso alcance possa ser aconselhar à vizinha ou ao colega da Faculdade um bom livro que lemos; ser amáveis com o cliente, com o subordinado; comentar um bom artigo do jornal; rezar pelo amigo doente, pedir-lhe que reze por nós, falar-lhe da Confissão... e, sempre, uma vida exemplar e sorridente.

Toda a vida pode e deve ser apostolado discreto e simples, mas audaz. E esses pequenos gestos, semeados com naturalidade e perseverança, serão como a pequena semente que a graça de Deus transformará em árvore frondosa, como a chispa que dá lugar a um incêndio divino por toda a face da terra.

III. O ANÚNCIO DO EVANGELHO, feito a maioria das vezes entre os companheiros de ofício ou entre os vizinhos, significou nos primeiros tempos uma mudança radical de vida e a salvação eterna para famílias inteiras. Para outros, porém, foi escândalo e, para muitos, loucura[7].

São Paulo declara aos cristãos de Roma que não se envergonha do Evangelho, *porque é uma força de Deus para a salvação de todo aquele que crê*[8]. E São João Crisóstomo comenta: "Se hoje alguém se aproxima de ti e te diz: «Mas adoras um crucificado?», longe de baixares a cabeça e ficares ruborizado, tira dessa zombaria ocasião de glória, e que o brilho dos teus olhos e o aspecto do teu rosto mostrem que não tens vergonha. Se tornam a perguntar-te ao ouvido: «Como!, adoras um crucificado?», responde: «Sim, eu o adoro» [...]. Eu adoro e glorio-me de um Deus crucificado que, com a sua Cruz, reduziu ao silêncio os demônios e eliminou toda a superstição: para mim, a sua Cruz é o indizível troféu da sua benevolência e do seu amor!"[9] É uma bela resposta, que tem plena aplicação nos nossos dias.

Devemos aprender dos primeiros cristãos a não ter falsos respeitos humanos, a não temer o "que podem dizer", mantendo viva a preocupação de dar a conhecer Cristo em qualquer situação, com a consciência clara de que se trata do *tesouro* que achamos[10], da *pérola preciosa*[11] que encontramos depois de muito procurar. A luta contra o respeito humano não deve cessar em momento algum, pois não será infrequente chocarmos com um clima adverso quando não escondemos a nossa condição de cristãos que seguem Jesus de perto e querem ser consequentes com a doutrina que professam. Muitos que se dizem cristãos, mas se mostram pouco valentes à hora de afirmarem com desassombro a sua fé, parecem dar mais valor à opinião dos outros que à de Cristo, ou deixam-se levar pela comodidade fácil de seguir a corrente, de não se singularizarem etc. Semelhante atitude revela fraqueza de caráter, falta de convicções profundas, pouco amor a Deus.

É lógico que por vezes nos custe comportar-nos como aquilo que somos, como cristãos que querem viver a fé que professam em todos os momentos e situações da sua vida. E essas ocasiões serão excelentes para mostrarmos o nosso amor a Deus deixando de lado os respeitos humanos, a opinião do ambiente etc., *pois Deus não nos deu um espírito de covardia, mas de coragem, de amor e de temperança. Jamais te envergonhes do testemunho do nosso Senhor*[12], exortava São Paulo a Timóteo, a quem ele próprio tinha aproximado da fé.

Foi esta a atitude daqueles que nos precederam na tarefa de recristianizar o mundo. E mesmo antes. Temos o exemplo de Judas Macabeu em momentos muito difíceis, quando *o santuário ficou desolado como o deserto e muitos em Israel se acomodaram a esse culto, sacrificando aos ídolos e profanando o sábado*[13]. Judas, à frente dos seus irmãos — seguindo o exemplo de seu pai, Matatias —, revolta-se contra aquela iniquidade e sabe combater *alegremente os combates de Israel*[14] pela honra de Deus. Judas Macabeu proclamou-nos a razão da sua vitória: *Para o Deus dos céus, não há diferença entre salvar uma multidão ou um punhado de homens, porque a vitória na guerra não depende do número dos que combatem, mas da força de uns poucos*[15]. Sempre foi assim nas coisas de Deus, desde os primórdios da Igreja até os nossos dias. Deus vale-se do *pouco* para as suas obras. Nunca nos faltará também a sua ajuda. Ele fará com que o *pouco* se torne uma força grande precisamente nesse lugar em que estamos.

E também nós encontraremos na Cruz o poder e a valentia de que necessitamos. Olhamos para Santa Maria: "Não a arreda o clamor da multidão, nem deixa de acompanhar o Redentor enquanto todos os do cortejo, no anonimato, se fazem covardemente valentes para maltratar Cristo. — Invoca-a com força: «*Virgo fidelis!*» Virgem fiel! —, e pede-lhe que nós, que nos dizemos amigos de Deus, o sejamos deveras e a todas as horas"[16].

(1) Ez 17, 22-24; (2) Mc 4, 31-32; (3) 1 Cor 1, 27; (4) São João Crisóstomo, *Homilias sobre São Mateus*, 46; (5) São Josemaria Escrivá, *Caminho*, n. 695; (6) Rm 1, 24-31; (7) cf. 1 Cor 1, 23; (8) cf. Rm 1, 16; (9) São João Crisóstomo, *Homilias sobre a Epístola aos Romanos*, 2; (10) cf. Mt 13, 44; (11) cf. Mt 13, 45-46; (12) 2 Tm 1, 7-8; (13) 1 Mac 1, 41; (14) 1 Mac 3, 2; (15) 1 Mc 3, 18-19; (16) São Josemaria Escrivá, *Sulco*, n. 51.

TEMPO COMUM. DÉCIMO PRIMEIRO DOMINGO. CICLO C

90. CONTRIÇÃO PELOS PECADOS

— A contrição faz com que nos esqueçamos de nós mesmos e nos aproximemos novamente do Senhor.
— Não podemos desconhecer as nossas faltas. Evitar as desculpas.
— Humildade para nos arrependermos. Confissão. Sinceridade.

I. LEMOS HOJE NO EVANGELHO da Missa[1] que Jesus foi convidado a almoçar por um fariseu chamado Simão. Não se menciona o lugar, mas o episódio deve ter sucedido na Galileia, talvez em Cafarnaum.

Simão não manifesta nenhuma particular estima por Cristo, pois não tem com Ele nem sequer esses detalhes de deferência habituais entre os judeus quando se recebia um hóspede importante: o ósculo das boas-vindas, a água perfumada para lavar-se, o unguento...

Quando estavam à mesa, entra uma mulher e vai diretamente a Cristo. *Era uma mulher pecadora que havia na cidade*. Já devia conhecer o Senhor, e provavelmente ficara impressionada em alguma outra ocasião com as suas palavras ou com algum gesto da sua misericórdia. Hoje decide-se a ter um encontro pessoal com Ele. E dá amplas mostras de arrependimento e de contrição: *Levou um vaso de alabastro de perfume, pôs-se atrás dEle junto aos seus pés, chorando, e começou a banhá-los com lágrimas, e enxugava-os com os cabelos da sua cabeça, e os beijava e os ungia com o perfume*. Sabemos o que se passava no seu íntimo pelas palavras posteriores do Senhor: *Amou muito*. Mostrou que professava por Jesus uma veneração sem limites. Esqueceu-se dos outros e de si mesma; só Cristo é que lhe importava.

São-lhe perdoados os seus muitos pecados porque muito amou: esta e não outra foi a razão de tanto perdão. A cena termina com as consoladoras palavras do Senhor: *A tua fé te salvou, vai em paz*. Recomeça a tua vida com uma nova esperança.

A fé e a humildade salvaram aquela mulher do desastre definitivo; com a contrição, iniciou uma nova vida. E diz São Gregório Magno que "aquela mulher nos representou a todos os que, depois de termos pecado, nos voltamos de todo o coração para o Senhor e a imitamos no pranto da penitência"[2]. A contrição faz com que nos esqueçamos de nós mesmos e nos aproximemos novamente de Deus; e é também demonstração de um amor profundo, que atrai a misericórdia divina sobre as nossas vidas. *Os meus olhares* — diz o Senhor — *pousam sobre os humildes e sobre os de coração contrito*[3]. Os nossos piores defeitos e faltas, ainda que sejam muitos e frequentes, não nos devem desanimar enquanto formos humildes e quisermos voltar arrependidos.

Peçamos ao Senhor que grave em nossas almas esta doutrina esperançadora, para não abrandarmos no empenho por ser santos, por alcançar o Amor de Deus. "Neste torneio de amor, não nos devem entristecer as nossas quedas, nem mesmo as quedas graves, se recorremos a Deus com dor e bom propósito, mediante o sacramento da Penitência. O cristão não é nenhum colecionador maníaco de uma folha de serviços imaculada. Jesus Cristo Nosso Senhor não só se comove com a inocência e a fidelidade de João, como se enternece com o arrependimento de Pedro depois da queda. Jesus compreende a nossa debilidade e atrai-nos a si como que por um plano inclinado, desejando que saibamos insistir no esforço de subir um pouco, dia após dia. Procura-nos como procurou os discípulos de Emaús, indo ao seu encontro; como procurou Tomé e lhe mostrou as chagas abertas nas mãos e no lado, fazendo com que as tocasse com os seus dedos. Jesus Cristo está sempre à espera de que voltemos para Ele, precisamente porque conhece a nossa fraqueza"[4].

II. SIMÃO, CALADO, contempla a cena e menospreza no seu interior aquela mulher. Jesus a perdoou, e ele, erigindo-se em juiz, condena-a. Pensa também que Cristo, de quem tanto se vinha falando, não é um verdadeiro profeta. Talvez o tivesse convidado para observá-lo de perto.

Jesus irá demonstrar-lhe que não apenas conhece a alma daquela mulher, mas também os pensamentos do seu anfitrião: *Simão* — diz-lhe —, *um credor tinha dois devedores: um devia-lhe quinhentos denários, o outro cinquenta. Não tendo eles com que pagar, perdoou a ambos. Quem, pois, o amará mais?*

A resposta era evidente: deveria amá-lo mais aquele a quem fora perdoada uma dívida maior. Simão respondeu corretamente. E então a parábola se tornou realidade. Ali estavam face a face os dois devedores. Em última análise, o que o Senhor diz a seguir é um grande louvor a essa mulher que nem sequer se atreve a falar. Por isso olha para ela enquanto parece falar com Simão. Na realidade, é para a mulher que fala. *E voltando-se para a mulher, disse a Simão: Vês esta mulher? Entrei em tua casa e não me deste água para os pés; mas ela regou-me os pés com as suas lágrimas e enxugou-os com os seus cabelos. Não me deste...* Tu não me amas, ela sim. Ama-me apesar dos seus muitos pecados, ou talvez por causa deles, pois é muito grande a necessidade que sente de ser perdoada.

Simão não ofereceu a Jesus os sinais de hospitalidade que eram costumeiros naquele lugar com os hóspedes importantes. Não lhe ofereceu água para lavar os pés cansados do caminho; não o cumprimentou com o ósculo da paz; não lhe fez ungir a cabeça com perfume. A mulher, no entanto, fez muito mais: lavou-lhe os pés, enxugou-os com os seus cabelos e não parava de beijá-los.

Simão não se apercebeu das suas faltas, como também não é consciente de que, se não cometeu mais pecados e mais graves, foi pela misericórdia divina, que o preservou do mal. "Ama pouco — comenta Santo Agostinho — aquele que é perdoado em pouco. Tu, que dizes não ter cometido muitos pecados, por que não os cometeste? Sem dúvida porque Deus te conduziu pela mão [...]. Não há nenhum pecado cometido por um homem que não possa ser cometido por outro, se Deus, que fez o homem, não o sustenta com a sua mão"[5].

Não podemos esquecer a realidade das nossas faltas, nem atribuí-las ao ambiente, às circunstâncias que rodeiam a nossa vida, ou admiti-las como algo inevitável, desculpando-nos e fugindo da responsabilidade. Se o fizéssemos, fecharíamos as portas ao perdão e ao reencontro verdadeiro com Deus, tal como aconteceu com o fariseu. "Mais que o próprio pecado — diz São João Crisóstomo —, o que irrita e ofende a Deus é que os pecadores não sintam dor alguma dos seus pecados"[6]. E não pode haver dor se nos desculpamos das nossas fraquezas. Devemos, pelo contrário, examinar-nos em profundidade, sem nos limitarmos a aceitar genericamente que somos pecadores. "Não podemos ficar na superfície do mal — dizia o então Cardeal Wojtyla —; é preciso chegar à sua raiz, às causas, à verdade mais profunda da consciência"[7]. Jesus conhece bem o nosso coração e deseja limpá-lo e purificá-lo.

III. LEMOS NO SALMO RESPONSORIAL da Missa: *Confessei-te, enfim, o meu pecado, dei-te a conhecer a minha falta. Eu disse: Confessarei ao Senhor os pecados que cometi. Perdoa, ó Senhor, o meu pecado: reconheço o mal que fiz. Tu és, Senhor, o meu refúgio; preservas-me da angústia, rodeias-me de cânticos de libertação*[8].

A sinceridade é salvadora: *A verdade vos fará livres*[9], disse Jesus. O engano, a simulação e a mentira, pelo contrário, levam à separação do Senhor e à esterilidade nos frutos da caridade: *O meu vigor tornou-se sequidão de estio*[10], diz o mesmo Salmo.

A raiz da falta de sinceridade é a soberba: impede o homem de submeter-se a Deus, de saber o que Ele lhe pede, e torna-lhe ainda mais difícil reconhecer que atuou mal e retificar. Se esta atitude permanece, as disposições iniciais tomam corpo e dificultam cada vez mais a objetividade no conhecimento próprio: a alma não quer reconhecer as suas faltas, procurando desculpas para os seus erros; e assim chega à cegueira. Necessitamos, pois, de uma atitude humilde — como a da mulher pecadora — para crescermos no conhecimento próprio com sinceridade e assim confessarmos os nossos pecados.

A humildade permite-nos ver a grande dívida que temos com o Senhor e sentir a radicalidade da nossa insuficiência pessoal, inclinando-nos a pedir perdão a Deus muitas vezes ao dia pelas coisas que não vão bem na nossa vida ou, pelo menos, não vão tão bem quanto poderiam ir. Assim, as muitas faltas levam-nos a amar muito; as poucas, a agradecer a Deus, que com o seu amor não nos deixou cair. Se vivermos deste modo, sendo sinceros conosco próprios, não teremos motivo algum para nos constituirmos em juízes dos defeitos daqueles com quem convivemos.

Se este fosse profeta, saberia quem e qual é a mulher que o toca... A caridade e a humildade ensinam-nos a ver nas faltas e pecados dos outros a nossa própria condição fraca e desvalida, e ajudam-nos a unir-nos de coração à dor de todo o pecador que se arrepende, porque também nós cairíamos em faltas iguais ou piores se a misericórdia de Deus não nos sustivesse.

"O Senhor — conclui Santo Ambrósio — amou não o unguento, mas o carinho; agradeceu a fé, louvou a humildade. E se tu desejas a graça, aumenta também o teu amor; derrama sobre o corpo de Jesus a tua fé na Ressurreição, o perfume da Igreja santa e o unguento da caridade dos demais"[11].

Peçamos à Santíssima Virgem, *Refugium peccatorum* — Refúgio dos pecadores — que nos obtenha do seu Filho uma dor sincera dos nossos pecados e um amor maior que as nossas faltas.

(1) Lc 7, 36; 8, 3; (2) São Gregório Magno, *Homilia sobre os Evangelhos*, 13, 5; (3) Is 66, 2; (4) São Josemaria Escrivá, *É Cristo que passa*, n. 75; (5) Santo Agostinho, *Sermão 99*, 6; (6) São João Crisóstomo, *Homilias sobre São Mateus*, 14, 4; (7) Card. K. Wojtyla, *Sinal de contradição*, p. 244; (8) Sl 31, 5-7; (9) cf. Jo 8, 32; (10) Sl 31, 4; (11) Santo Ambrósio, *Tratado sobre o Evangelho de São Lucas*.

TEMPO COMUM. DÉCIMA PRIMEIRA SEMANA. SEGUNDA-FEIRA

91. A VIDA DA GRAÇA

— Uma vida nova. Dignidade do cristão.
— A graça santificante, participação na natureza divina.
— A graça leva à identificação com Cristo: docilidade, vida de oração, amor à Cruz.

I. DESDE O MOMENTO em que os cristãos recebem a graça santificante pelo Batismo, têm uma nova vida sobrenatural, diferente da existência comum dos homens. É uma vida particular e exclusiva dos que creem em Cristo, daqueles que *não nasceram do sangue, nem da vontade da carne, nem da vontade do homem, mas de Deus*[1].

Essa vida que o cristão começa a viver é a mesma vida de Cristo[2]. Entre Ele e nós, estabelece-se uma comunhão de vida diferente, superior, mais forte e mais íntima que a dos membros da sociedade humana. É uma união tão profunda que transforma radicalmente a nossa existência e torna possível que a vida de Deus se desenvolva em nós como algo próprio. O Senhor descreve-a falando da videira e dos sarmentos[3] e São Paulo compara-a à união entre o corpo e a cabeça[4], pois uma mesma seiva e um mesmo sangue percorrem a cabeça e os membros.

A primeira consequência desta realidade é a alegria incomparável de nos tornarmos filhos de Deus, isto é, de passarmos a sê-lo realmente. Quando uma pessoa adota alguém como filho, dá-lhe o seu sobrenome e os seus bens, oferece-

-lhe o seu carinho, mas não é capaz de comunicar-lhe uma parcela sequer da sua própria natureza nem da sua própria vida. A adoção humana é um fato externo; não muda a pessoa nem lhe acrescenta perfeições ou qualidades que não sejam meramente externas. Na adoção divina, é diferente: trata-se de um novo nascimento, que introduz uma melhora admirável na natureza de quem é adotado. *Caríssimos* — escreve São João —, *nós agora somos filhos de Deus*[5]. Não é uma ficção, porque *o próprio Espírito atesta ao nosso espírito que somos filhos de Deus*[6]. É uma realidade tão grande e tão excelsa que leva São Paulo a escrever: *Portanto, já não sois estrangeiros nem hóspedes, mas concidadãos dos santos e familiares de Deus*[7].

Quanto bem fará à nossa alma considerar frequentemente que Cristo é a fonte de que jorra aos borbotões esta nova vida que nos foi dada! *Por Ele* — escreve o apóstolo São Pedro — *foram-nos dadas as mais preciosas e ricas promessas para que por elas vos torneis participantes da natureza divina*[8].

Diante de tal dignidade, a cabeça e o coração inclinam-se em contínuo agradecimento a Deus, que quis depositar em nós tanta riqueza, e decidimo-nos a viver conscientes das joias preciosas que recebemos. Os anjos contemplam a alma em graça cheios de respeito e de admiração. E nós, como é que nos comportamos, se trazemos dentro de nós um tesouro de tão alto valor? Como é que olhamos os nossos irmãos, os homens, que receberam ou estão chamados a receber essa mesma dignidade? Sabemos realmente o que vale a nossa alma e sabemos manifestá-lo na conduta, na delicadeza com que evitamos a menor coisa que desdiga da dignidade da nossa condição de cristãos?

II. NO PRINCÍPIO, depois da primeira criação, a criatura era nova, perfeita, tal como Deus a havia feito. Mas o pecado a envelheceu e causou nela grandes estragos. Por isso Deus fez outra nova criação[9]: a graça santificante, uma *participação limitada* na natureza divina pela qual o homem, sem deixar de ser criatura, se torna semelhante a Deus, participa intimamente da vida divina.

É uma realidade interior que produz "uma espécie de resplendor e luz que limpa todas as manchas das nossas almas e as torna formosíssimas e muito brilhantes"[10]. Esta graça é a que une a nossa alma a Deus num laço estreitíssimo de amor[11]. Como temos de protegê-la, persuadidos de que é o maior bem que possuímos! A Sagrada Escritura compara-a a uma prenda que Deus põe no coração dos fiéis[12], a uma semente que lança as suas raízes no interior do homem[13], a um manancial de águas que jorrará sem cessar até à vida eterna[14].

A graça santificante não é um dom passageiro e transitório, como acontece com esses impulsos e moções que nos incitam a praticar ou omitir alguma ação, e a que chamamos *graças atuais*; é "um princípio permanente de vida sobrenatural"[15], uma disposição estável radicada na própria essência da alma. E porque determina um modo de ser estável e permanente — ainda que possamos perdê-lo pelo pecado mortal —, chama-se também *graça habitual*.

A graça não violenta a ordem natural, antes a pressupõe, eleva e aperfeiçoa, e ambas se ajudam mutuamente, porque ambas procedem de Deus[16]. Por isso o cristão, longe de ter que renunciar às obras da vida terrena — ao trabalho, à família... —, o que deve fazer é desenvolvê-las e aperfeiçoá-las, coordenando-as com a vida sobrenatural, de modo a chegar a enobrecer a própria vida natural[17].

É com esta dignidade que devemos viver e comportar-nos em todas as nossas ações. Em nenhum momento do dia devemos esquecer os dons com que fomos agraciados. A nossa vida será bem diferente se, no meio dos afazeres diários, tivermos presente a honra que o nosso Pai-Deus nos conferiu ao fazer com que — pela graça — nos chamássemos seus filhos e que o sejamos de verdade[18].

III. A GRAÇA SANTIFICANTE diviniza o cristão e converte-o em filho de Deus e templo da Santíssima Trindade. Esta semelhança no ser deve refletir-se necessariamente no agir: nos pensamentos, ações e desejos — à medida que progredimos na luta ascética —, de maneira que a vida puramente humana vá dando passagem à vida de Cristo. Há de verificar-se nas nossas almas aquele processo interior que as palavras do Batista nos deixam entrever: *Convém que ele cresça e eu diminua*[19]. Devemos pedir a Deus que esta aspiração se torne cada vez mais firme em nós, que tenhamos no coração *os mesmos sentimentos que Cristo Jesus teve no seu*[20]; que desterremos o egoísmo e o menor sintoma de aburguesamento...

Por isso, os que se ufanam de ter o nome de cristãos, não só devem contemplar o Mestre como Modelo perfeitíssimo de todas as virtudes, mas hão de procurar reproduzir nos seus costumes a doutrina e a vida de Jesus Cristo, de tal modo que em tudo se assemelhem a Ele[21]: na maneira de tratar os outros, na compaixão pela dor alheia, na perfeição do trabalho profissional, imitando os trinta anos de vida oculta do Senhor em Nazaré... Assim a vida de Jesus se repetirá na nossa, numa identificação crescente que o Espírito Santo levará a cabo de modo admirável, e que tem como termo de chegada a plena semelhança e união, que se consumará no Céu.

Mas — consideremo-lo serenamente na nossa oração —, para chegarmos a essa identificação, é necessária uma orientação muito clara de toda a nossa vida: que colaboremos com o Senhor na tarefa da nossa santificação, sabendo corresponder à graça. Há de ser uma disposição habitual, que se torne realidade dia a dia, minuto a minuto, e que poderia resumir-se em três pontos principais: sermos dóceis às inspirações do Espírito Santo, mantermos em todas as circunstâncias uma vida de oração e cultivarmos um constante espírito de penitência.

Docilidade, porque é o Espírito Santo "quem nos impele a aderir à doutrina de Cristo e a assimilá-la em profundidade; quem nos dá luz para tomarmos consciência da nossa vocação pessoal e forças para realizarmos tudo o que Deus espera de nós"[22].

Vida de oração, "porque a entrega, a obediência, a mansidão do cristão nascem do amor e para o amor se orientam. E o amor leva à vida de relação, à conversa assídua, à amizade. A vida cristã requer um diálogo constante com Deus Uno e Trino, e é a essa intimidade que o Espírito Santo nos conduz"[23].

União com a Cruz, "porque, na vida de Cristo, o Calvário precedeu a Ressurreição e o Pentecostes, e esse mesmo processo se deve reproduzir na vida de cada cristão"[24]. Uma união aprazível, que se manifesta pela aceitação das contrariedades, grandes ou pequenas, que nos chegam, e pelo oferecimento a Deus, ao longo do dia, de muitos outros pequenos sacrifícios através dos quais nos unimos à Cruz, purificamos a nossa vida e nos preparamos para um diálogo íntimo e profundo com Deus.

Examinemos hoje, ao terminarmos a nossa oração, como é a nossa correspondência à graça nesses três pontos, porque dela depende o desenvolvimento da vida divina em nós. Dizemos ao Senhor que não queremos contentar-nos com o nível alcançado na oração, nos atos de presença de Deus, no sacrifício...; que, com a sua graça e com a proteção de Santa Maria, não nos deteremos até chegar à meta que dá sentido à nossa vida: a identificação plena com Jesus Cristo.

(1) Jo 1, 13; (2) cf. Gl 3, 27; (3) Jo 15, 1-6; (4) 1 Cor 12, 27; (5) 1 Jo 3, 2; (6) Rm 8, 16; (7) Ef 2, 19; (8) 2 Pe 1, 4; (9) cf. São Tomás, *Comentário à segunda Epístola aos Coríntios*, IV, 192; (10) *Catecismo romano*, II, 2, 50; (11) cf. *ib.*, I, 9, 8; (12) cf. 2 Cor 5, 5; (13) cf. 1 Jo 3, 9; (14) Jo 4, 14; (15) Pio XI, Enc. *Casti connubii*, 31-XII-1930; (16) cf. idem, Enc. *Divini illius Magistri*, 31-XII-1929; (17) cf. *ib.*; cf. Conc. Vat. II, Const. *Lumen gentium*, 40; (18) cf. 1 Jo 3, 1; (19) Jo 3, 30; (20) Fl 2, 5; (21) cf. Pio XII, Enc. *Mystici Corporis*, 29-VI-1943; (22) São Josemaria Escrivá, *É Cristo que passa*, n. 135; (23) *ib.*, n. 136; (24) *ib.*, n. 137.

92. SANTIDADE NO MUNDO

— Chamada universal à santidade.
— Devemos ser santos no lugar onde nos encontramos. A *mística do oxalá*.
— Todas as circunstâncias são boas para crescer em santidade e realizar um apostolado fecundo.

I. TODA A SAGRADA ESCRITURA é uma chamada à santidade, à plenitude da caridade, mas Jesus nos diz hoje explicitamente no Evangelho da Missa: *Sede perfeitos, como vosso Pai celestial é perfeito*[1]. E Cristo não se dirige aos apóstolos ou a uns poucos, mas a todos. São Mateus faz-nos notar que, *ao terminar este discurso, as multidões admiravam-se da sua doutrina*[2]. Jesus não pede a santidade unicamente ao grupo reduzido de discípulos que o acompanham por toda a parte, mas a todos os que se aproximam dEle, às multidões, entre as quais havia trabalhadores do campo e artesãos, que se deteriam para ouvi-lo ao voltarem do trabalho, mães de família, crianças, publicanos, mendigos, doentes...

A cada um de nós em particular, aos nossos vizinhos, aos colegas de trabalho ou de faculdade, a essas pessoas que caminham pela rua..., Cristo nos diz: *Sede perfeitos...*, e nos dá as graças convenientes para isso. Não é um conselho do Mestre, mas um preceito. "Todos na Igreja, tanto os que pertencem à hierarquia como os que são apascentados por ela, estão chamados à santidade, conforme o que diz o Apóstolo: *Porque esta é a vontade de Deus, a vossa santificação* (1 Ts 4, 3)"[3]. "Todos os fiéis, de qualquer estado ou condição, estão chamados à plenitude da vida cristã e à perfeição da caridade"[4]. Não existe na doutrina de Cristo uma chamada à mediocridade, mas ao heroísmo, ao amor, ao sacrifício alegre.

O amor está ao alcance da criança, do doente que jaz há meses no leito de um hospital, do empresário, do trabalhador braçal, do médico que não tem um minuto livre..., porque a santidade é questão de amor, de empenho por chegar, com a ajuda da graça, até o Mestre. Trata-se de dar um novo sentido à vida. A santidade implica exigência, combate ao comodismo, à tibieza, ao aburguesamento, e pede que sejamos heroicos, não apenas em situações extraordinárias, que poucos iremos encontrar, mas na contínua fidelidade aos deveres de todos os dias.

A liturgia relembra hoje umas palavras de São Cipriano que exortam assim os cristãos do século III: "Irmãos muito amados, devemos recordar e saber que, já que chamamos Pai a Deus, temos que comportar-nos como filhos, a fim de que Ele se compraza em nós [...]. Seja a nossa conduta tal qual convém à nossa condição de templos de Deus [...]. E como Ele disse: *Sede santos porque eu sou santo*, pedimos e rogamos que nós, que fomos santificados no Batismo, perseveremos nessa santificação inicial. E pedimo-lo cada dia"[5]. É o que fazemos agora nestes minutos de oração: Concedei-nos, Senhor, um vivo desejo de santidade, que sejamos exemplares nos nossos afazeres, que Vos amemos cada dia mais.

II. O SENHOR NÃO SE CONTENTA com uma vida interior tíbia e com uma entrega pela metade. *E a todo aquele que der fruto, Ele o podará para que dê mais fruto*[6]. É por isso que o Mestre purifica os seus, permitindo provas e contradições. "Se o ourives martela repetidamente o ouro, é para tirar dele a escória; se passa a lima uma e outra vez pelo metal, é para aumentar o seu brilho. *O forno prova o vasilhame do oleiro, o homem prova-se na tribulação*"[7]. Toda a dor — física ou moral — que Deus permite, serve para purificar a alma e para que dê mais fruto. Devemos vê-la sempre assim, como uma graça do Céu.

Todas as épocas são boas para entrar por caminhos profundos de santidade, todas as circunstâncias são oportunas para amar mais a Deus, porque a vida interior se alimenta, com a ajuda do Espírito Santo, de tudo o que acontece à nossa volta, à semelhança do que se passa com as plantas. Elas não escolhem o lugar nem o meio, mas é o semeador que deixa cair as sementes neste ou naquele terreno, e ali se desenvolvem, convertendo em substância própria, com a ajuda da água que vem do céu, os elementos úteis que encontram na terra. Assim deitam raízes e se desenvolvem.

Com muito maior razão devemos nós crescer na vida cristã, pois foi o nosso Pai-Deus quem escolheu o terreno e nos concede as graças para que demos fruto. A terra em que o Senhor nos colocou é a família de que fazemos parte e não outra, com as virtudes, os defeitos e o modo de ser das pessoas que a integram. A terra em que devemos crescer e desenvolver-nos é o trabalho, que temos de amar para que nos santifique; são os colegas de profissão, os vizinhos... A terra em que devemos dar frutos de santidade é o país, a região, o sistema social ou político vigente, a nossa própria maneira de ser... e não outra. É aí, nesse ambiente no meio do mundo, que o Senhor nos diz que podemos e devemos viver todas as virtudes cristãs, com todas as suas exigências, sem reduzi-las. Deus chama-nos à santidade em todas as circunstâncias: na guerra e na paz, na doença e na saúde, quando parece que triunfamos e quando chocamos com o fracasso inesperado, quando temos muito tempo livre e quando andamos com a língua de fora de tanto correr de uma coisa para outra. O Senhor nos quer santos em todos os momentos. Mas os que não contam com a graça e encaram as coisas com uma visão puramente humana, estão dizendo constantemente: este tempo de agora não é tempo de santidade.

Não pensemos que em outro lugar e em outra situação seguiríamos a Deus mais de perto e desenvolveríamos um apostolado mais fecundo. Deixemos de lado a *mística do oxalá*. Os frutos de santidade que o Senhor espera de nós são os que a terra em que estamos plantados produz *aqui e agora*: cansaço, doença, família, trabalho, colegas de trabalho ou de estudo. "Portanto, deixem-se de sonhos, de falsos idealismos, de fantasias, disso que costumo chamar *mística do oxalá*: oxalá não me tivesse casado, oxalá não tivesse esta profissão, oxalá tivesse mais saúde, oxalá fosse jovem, oxalá fosse velho...; e atenham-se, pelo contrário, sobriamente à realidade mais material e imediata, que é onde o Senhor está"[8]. Esse é o ambiente em que deve crescer e desenvolver-se o nosso amor a Deus, servindo-se precisamente dessas oportunidades. Não as deixemos passar; Jesus espera-nos aí.

III. SE CONTEMPLÁSSEMOS A VIDA com olhos puramente humanos, poderia realmente parecer-nos que há momentos e situações menos propícias para crescer em santidade ou para levar a cabo um apostolado fecundo: viagens, exames, excesso de trabalho, cansaço, falta de ânimo...; ou então: ambientes duros, encargos profissionais delicados, campanhas difamatórias... Esses são, no entanto, os momentos que acompanham toda a vida normal: pequenos triunfos e pequenas dificuldades, saúde e doença, alegrias e tristezas, preocupações, depressões; momentos de situação econômica folgada e outros de muita dificuldade... Quem não passa por eles? Se os fôssemos deixar de lado, e sonhássemos apenas com dias de paz absoluta para escutar a voz de Deus e pô-la em prática, a santidade não seria para nós, mas para alguns privilegiados. Deus espera que saibamos converter essas oportunidades em motivos de santidade e de apostolado.

Poremos nesses momentos mais atenção e empenho na oração diária (sempre arranjaremos tempo, porque o amor é engenhoso), no trato com a Santíssima Trindade, com Jesus sacramentado, com a Virgem Maria..., pois são ocasiões em que necessitamos de mais ajuda e só a conseguimos na oração e nos sacramentos. Então as virtudes firmam-se e toda a vida interior amadurece.

Também não devemos esperar por circunstâncias especiais para desenvolver uma ação apostólica eficaz. Todos os dias são bons. Qualquer ocasião é boa. Se os primeiros cristãos tivessem esperado uma conjuntura mais favorável para começarem a fermentar o ambiente em que viveram, provavelmente o mundo continuaria hoje a ser pagão na sua imensa maioria.

A tarefa apostólica nunca deixará de exigir audácia e espírito de sacrifício. *O lavrador deve fatigar-se antes de colher os frutos*[9]. É necessário esforço, é necessário pôr em jogo as virtudes humanas. O apostolado requer sobretudo constância: *Perseverai, pois, com paciência, irmãos, até à vinda do Senhor. Bem vedes como o lavrador, na esperança de colher o precioso fruto da terra, espera pacientemente que venham as chuvas temporãs e serôdias. Aguardai vós também com paciência e fortalecei os vossos corações*[10]. E com a constância, a generosidade para semear muito, em todas as direções, ainda que não vejamos o fruto.

Peçamos à Santíssima Virgem um desejo de santidade efetivo nas circunstâncias em que nos encontramos agora. Não esperemos por um tempo mais oportuno; este é o momento propício para amarmos a Deus com todo o nosso coração, com todo o nosso ser...

(1) Mt 5, 48; (2) cf. Mt 7, 28; (3) Conc. Vat. II, Const. *Lumen gentium*, 39; (4) *ib.*, 40; (5) *Liturgia das Horas, Segunda leitura* da terça-feira da décima primeira semana do Tempo Comum; (6) Jo 15, 2; (7) São Pedro Damião, *Cartas*, 8, 6; (8) São Josemaria Escrivá, *Entrevistas com Mons. Josemaria Escrivá*, n. 116; (9) 2 Tm 2, 6; (10) Tg 5, 7-8.

93. A ORAÇÃO MENTAL

— Necessidade e frutos.
— A *oração preparatória*. Pôr-se na presença de Deus.
— A ajuda da Comunhão dos Santos.

I. O EVANGELHO DA MISSA de hoje[1] é uma chamada à oração mental. *E quando orardes* — diz-nos Jesus —, *não sejais como os hipócritas, que gostam de orar em pé nas sinagogas e nas esquinas das ruas, para serem vistos pelos homens... Tu, pelo contrário, quando orares, entra no teu quarto e, fechada a porta, ora a teu Pai, que está no oculto...*

O Senhor dá-nos um ensinamento que praticou durante a sua vida na terra; o Evangelho afirma muitas vezes que Ele se retirava a sós para orar[2]. E os apóstolos seguiram esse mesmo exemplo, assim como os primeiros cristãos e, depois, todos aqueles que quiseram seguir o Mestre de perto. "A senda que conduz à santidade é senda de oração; e a oração deve vingar pouco a pouco na alma, como a pequena semente que se converterá mais tarde em árvore frondosa"[3].

A oração mental ensina-nos sobretudo a relacionar-nos com o Mestre e a crescer no amor. "Não deixeis de orar! — aconselha-nos João Paulo II —. A oração é um dever, mas também uma alegria, porque é um diálogo com Deus por intermédio de Jesus Cristo!"[4] Na oração estamos com Jesus;

isso nos deve bastar. Entregamo-nos a Ele para conhecê-lo, para aprender a amá-lo.

O modo de fazê-la depende de muitas circunstâncias: do momento pelo qual passamos, das alegrias que tivemos, das dores... que se convertem em felicidade perto de Cristo. Muitas vezes, consideraremos alguma passagem do Evangelho e contemplaremos a Santíssima Humanidade de Jesus, aprendendo assim a amá-lo, pois não se ama a quem não se conhece bem. Em outras ocasiões, veremos se estamos santificando o trabalho, se ele nos aproxima de Deus; ou como é o nosso trato com as pessoas com quem convivemos: a família, os amigos... Talvez sigamos algum livro — como este —, convertendo em tema pessoal o que lemos, dizendo ao Senhor com o coração uma jaculatória que essa leitura nos sugere, continuando com um afeto que o Espírito Santo suscitou no fundo da alma, fazendo um pequeno propósito para esse dia ou reavivando outro que já havíamos formulado.

A oração mental é uma tarefa que mobiliza a inteligência e a vontade, com a ajuda da graça, e exige que estejamos dispostos a lutar decididamente contra as distrações, não as aceitando nunca de maneira voluntária, e que nos esforcemos por dialogar com o Senhor, coisa que é a essência de toda a oração: falar-lhe com o coração, olhá-lo, escutar a sua voz no íntimo da alma. E sempre devemos ter a firme determinação de dedicar a Deus, estando a sós com Ele, o tempo que tenhamos previsto, ainda que sintamos uma grande aridez e nos pareça que não tiramos nenhum fruto desses momentos. "Não importa se não se pode fazer mais do que permanecer de joelhos durante esse tempo e combater as distrações com absoluta falta de êxito: *não se está perdendo o tempo*"[5]. A oração é sempre frutuosa, se há empenho em levá-la adiante apesar das distrações e dos momentos de aridez. Jesus nunca nos deixa sem graças abundantes para todo o dia. Ele "agradece" sempre com muita generosidade os momentos em que o acompanhamos.

II. É PARTICULARMENTE IMPORTANTE colocar-nos na presença dAquele com quem desejamos falar. Muitas vezes, o resto da oração depende desses primeiros minutos em que nos esforçamos por estar junto dAquele que sabemos que nos ama. Se cuidarmos com esmero, com amor, desses primeiros momentos, se nos situarmos verdadeiramente diante de Cristo, uma boa parte da aridez e das dificuldades para falar com Ele desaparecem..., porque eram simplesmente *dissipação*, falta de recolhimento interior.

Para nos pormos na presença de Deus no começo da oração mental, devemos fazer algumas breves considerações que nos ajudem a afastar outras preocupações da nossa mente. Podemos dizer a Jesus: "Meu Senhor e meu Deus, creio firmemente que estás aqui, que me vês, que me ouves. Adoro-te com profunda reverência. Peço-te perdão dos meus pecados e graça para fazer com fruto este tempo de oração. Minha Mãe Imaculada, São José, meu Pai e Senhor, meu Anjo da Guarda, intercedei por mim". Vejamos como Mons. São Josemaria Escrivá comenta esta oração preparatória que muitos recitam ao iniciarem os seus minutos de meditação diária, depois de se persignarem.

"*Meu Senhor e meu Deus, creio firmemente que estás aqui*, para escutar-me. Está no Tabernáculo, realmente presente sob as espécies sacramentais, com o seu Corpo, o seu Sangue, a sua Alma e a sua Divindade; e está presente em nossa alma pela graça, sendo o motor dos nossos pensamentos, afetos, desejos e obras sobrenaturais [...]: *que me vês, que me ouves!*

"A seguir, o cumprimento, tal como se costuma fazer quando conversamos com uma pessoa da terra. Cumprimentamos a Deus adorando-o: *Adoro-te com profunda reverência!* E se alguma vez ofendemos essa pessoa, se a tratamos mal, pedimos-lhe perdão. Com Deus Nosso Senhor, a mesma coisa: *Peço-te perdão dos meus pecados e graça para fazer bem, com fruto, este tempo de oração*, de conversa contigo. E já estamos fazendo oração, já nos encontramos na intimidade de Deus.

"Mas, além disso, que faríamos se essa pessoa principal, com quem queremos conversar, tivesse mãe, e uma mãe que nos ama? Iríamos buscar a sua recomendação, uma palavra sua a nosso favor! Temos, pois, que invocar a Mãe de Deus, que é também nossa Mãe e nos quer tanto: *Minha Mãe Imaculada!* E recorrer a São José, o pai nutrício de Jesus, que também pode muito na presença de Deus: *São José, meu Pai e Senhor!* E ao *Anjo da Guarda*, esse príncipe do Céu que nos ajuda e nos protege... *Intercedei por mim!*

"Uma vez feita a oração preparatória, com essas apresentações que são de praxe entre pessoas bem educadas na terra, já podemos falar com Deus. De quê? Das nossas alegrias e das nossas penas, dos nossos trabalhos, dos nossos desejos e dos nossos entusiasmos... De tudo!

"Também podemos dizer-lhe com toda a simplicidade: Senhor, aqui estou feito um bobo, sem saber o que contar-te... Quereria falar contigo, fazer oração, meter-me na intimidade do teu Filho Jesus. Sei que estou junto de Ti, e não sei dizer-te duas palavras. Se estivesse com a minha mãe, com aquela pessoa querida, falar-lhes-ia disto e daquilo; contigo, não me ocorre nada.

"Isto é oração [...]! Permanecei diante do Sacrário, como um cachorrinho aos pés do seu amo, durante todo o tempo fixado de antemão. Senhor, aqui estou! E custa-me. Ir-me-ia embora por aí, mas continuo aqui, por amor, porque sei que me estás vendo, que me estás escutando, que me estás sorrindo"[6].

E junto dEle, mesmo quando não sabemos muito bem o que dizer, enchemo-nos de paz, recuperamos as forças para enfrentar os nossos deveres, e a cruz se torna leve porque já não é só nossa: Cristo nos ajuda a carregá-la.

III. JUNTO DE CRISTO no Sacrário, ou onde quer que nos encontremos fazendo a nossa oração mental, perseveraremos por amor, quando sentirmos gosto e quando nos for difícil e nos parecer que aproveitamos pouco. Ser-nos-á de muita ajuda, de vez em quando, sabermo-nos unidos à

Igreja orante em todas as partes do mundo. A nossa voz une-se ao clamor que em cada instante se eleva a Deus Pai, pelo Filho, no Espírito Santo. "À hora da oração mental, e também durante o dia — continua a dizer-nos Mons. Escrivá —, lembrai-vos de que nunca estamos sós, ainda que talvez nos encontremos materialmente isolados. Na nossa vida [...], permanecemos sempre unidos aos santos do Paraíso, às almas que se purificam no Purgatório e a todos os nossos irmãos que ainda pelejam na terra. Além disso — e isto é um grande consolo para mim, porque é uma demonstração admirável da continuidade da Igreja Santa —, podeis unir-vos à oração de todos os cristãos de qualquer época: dos que nos precederam, dos que vivem agora, dos que virão nos séculos futuros. Assim, sentindo esta maravilha da Comunhão dos Santos, que é um canto infindável de louvor a Deus, ainda que não vos apeteça ou ainda que vos sintais com dificuldades — secos! —, rezareis com esforço, mas com mais confiança.

"Enchei-vos de alegria, pensando que a nossa oração se une à daqueles que conviveram com Jesus Cristo, à súplica incessante da Igreja triunfante, padecente e militante, e à de tantos cristãos que virão. Portanto [...], quando te sentires árido na oração, esforça-te e diz ao Senhor: meu Deus, eu não quero que falte a minha voz neste coro de louvor permanente dirigido a Ti e que não cessará nunca"[7].

Na oração diária encontramos a origem de todo o nosso progresso espiritual e uma fonte contínua de alegria, se estivermos decididos a estar "a sós com quem sabemos que nos ama"[8]. A vida interior progride ao compasso da oração e repercute nas ações da pessoa, no seu trabalho, na sua atividade apostólica, no espírito de sacrifício...

Recorramos com frequência a Santa Maria para que nos ensine como tratar o seu Filho, pois nenhuma pessoa no mundo soube dirigir-se a Ele com o carinho e a intimidade com que a sua Mãe o fez. E junto dEla, São José, que tantas vezes falou com Jesus, enquanto o Menino crescia, enquanto trabalhavam, enquanto descansavam, enquanto passeavam pelos arredores de Nazaré... Depois de Maria, José foi quem passou mais horas junto do Filho de Deus. Ele nos dirá como manter um trato íntimo com o Mestre, e, se lho pedirmos, ajudar-nos-á cada dia a tirar propósitos firmes, concretos e claros, que nos ajudarão a limar as asperezas do caráter, a ser mais serviçais, a estar alegres apesar de todas as contrariedades.

(1) Mt 6, 1-6; 16-18; (2) cf. Mt 14, 23; Mc 1, 35; Lc 5, 6 etc.; (3) São Josemaria Escrivá, *Amigos de Deus*, n. 295; (4) João Paulo II, *Alocução*, 14-III-1979; (5) E. Boylan, *Amor supremo*, p. 141; (6) São Josemaria Escrivá, *Registro histórico do Fundador do Opus Dei*, 20165, p. 1410; (7) *ib.*, 20165, p. 1411; (8) Santa Teresa, *Vida*, 8, 2.

Tempo Comum. Décima Primeira Semana. Quinta-feira

94. ORAÇÕES VOCAIS

— Necessidade.
— Orações vocais habituais.
— Atenção. Lutar contra a rotina e as distrações.

I. *E, AO ORARDES, não empregueis muitas palavras, como os gentios, que pensam que pela sua loquacidade serão escutados*, diz-nos o Senhor no Evangelho da Missa[1]. Jesus quer afastar os seus discípulos dessa visão errônea de muitos judeus do seu tempo, e ensina-os a tratar a Deus com a simplicidade com que um filho fala com seu pai. A *oração vocal* é muito agradável a Deus, mas tem que ser verdadeira oração: as palavras devem manifestar o sentir do coração. Não basta recitar fórmulas, pois Deus não quer um culto exclusivamente externo; quer a nossa intimidade[2].

A oração vocal é um meio simples e eficaz, adequado ao nosso modo de ser, de manter o sentido da presença de Deus durante o dia, de manifestar o nosso amor e as nossas necessidades. Como lemos no mesmo trecho do Evangelho da Missa, o Senhor quis deixar-nos a oração vocal por excelência, o *Pai Nosso*, em que compendia em poucas palavras tudo o que o homem pode pedir a Deus[3]. Ao longo dos séculos, esta oração tem subido continuamente a Deus, cumulando de esperança e de consolo inúmeras almas, nas situações e nos momentos mais diversos.

Negligenciar as orações vocais acarretaria um grande empobrecimento da vida espiritual. Pelo contrário, quando as apreciamos, essas orações — às vezes muito curtas, mas cheias de amor — facilitam extraordinariamente o caminho da contemplação de Deus no meio do trabalho ou na rua. "Começamos com orações vocais, que muitos de nós repetimos quando crianças: são frases ardentes e singelas, dirigidas a Deus e à sua Mãe, que é nossa Mãe. Ainda hoje, de manhã e à tarde, não um dia, mas habitualmente, renovo aquele oferecimento de obras que me ensinaram meus pais: *Ó Senhora minha, ó minha Mãe! Eu me ofereço todo a Vós. E, em prova do meu afeto filial, vos consagro neste dia os meus olhos, os meus ouvidos, a minha boca, o meu coração...* Não será isto — de certa maneira — um princípio de contemplação, demonstração evidente de confiado abandono? [...].

"Primeiro uma jaculatória, e depois outra, e mais outra..., até que parece insuficiente esse fervor, porque as palavras se tornam pobres..., e se dá passagem à intimidade divina, num olhar para Deus sem descanso e sem cansaço"[4].

E Santa Teresa, como todos os santos, sabia bem deste caminho acessível a todos para chegar até o Senhor: "Sei que muitas pessoas, rezando vocalmente [...], são elevadas por Deus, sem que elas saibam como, a uma alta contemplação"[5].

Pensemos hoje no interesse que pomos nas nossas orações vocais, na frequência com que as recitamos ao longo do dia, nas pausas que se tornam necessárias para que aquilo que dizemos ao Senhor não sejam "meras palavras enfiadas umas atrás das outras"[6]. Meditemos na necessidade do pequeno esforço necessário para afastarmos das nossas orações a rotina, que em breve significaria a morte da verdadeira devoção, do verdadeiro amor. Procuremos que cada uma das nossas jaculatórias, cada uma das nossas orações vocais seja um ato de amor.

II. O SEGREDO DA FECUNDIDADE dos bons cristãos está na sua oração, em que rezem muito e bem. Da oração — tanto da mental como da vocal — tiramos forças para a abnegação e o sacrifício, e para superar e oferecer a Deus o cansaço no trabalho, para sermos fiéis nos pequenos atos heroicos de cada dia... A oração é como o alimento e a respiração da alma, porque nos põe em relação íntima com Deus, fonte de sentido para a vida.

A autêntica piedade é essa atitude estável que permite ao cristão encarar o vaivém e a azáfama diária como um leque imenso de ocasiões para o exercício das virtudes, para o oferecimento das obras bem acabadas, para as pequenas renúncias... Quase sem nos apercebermos disso, estamos então "metidos em Deus", e passamos a orar também com o exercício do nosso trabalho, ainda que nesses momentos não façamos atos expressos de oração.

Um olhar ao crucifixo ou a uma imagem de Nosso Senhor, uma jaculatória, uma breve oração vocal, ajudam então a manter "esse modo estável de ser da alma", e assim nos é possível *orar sem interrupção*[7], *orar sempre*, como o Senhor nos pede[8]. Há muitos momentos em que devemos concentrar-nos no trabalho e em que a cabeça não nos permite pensar ao mesmo tempo em Deus e no que fazemos. No entanto, se preservarmos essa disposição habitual da alma, essa união com Deus, pelo menos o desejo de fazer tudo pelo Senhor, estaremos orando sem interrupção...

Tal como o corpo necessita de alimento e os pulmões de ar puro, assim a alma necessita de se dirigir ao Senhor. "O coração saberá desafogar-se habitualmente, por meio de palavras, nessas orações vocais ensinadas pelo próprio Deus — o *Pai Nosso* — ou pelos seus anjos — a *Ave Maria*. Outras vezes, utilizaremos orações acrisoladas pelo tempo, nas quais se verteu a piedade de milhões de irmãos na fé: as da liturgia — *lex orandi* —, ou as que nasceram do ardor de um coração enamorado, como tantas antífonas marianas: *Sub tuum praesidium..., Memorare..., Salve Regina...*"[9]

Muitas dessas orações vocais (o *Bendita a tua pureza*, o *Adoro te devote*, que podemos rezar às quintas-feiras, adorando o Senhor na Eucaristia...) foram compostas por homens e mulheres — conhecidos ou não — cheios de muito amor a Deus, e foram guardadas no seio da Igreja como pedras preciosas para que nós as utilizássemos. Talvez tenham para muitos o candor daquelas lições *fundamentais* para a vida que aprenderam de suas mães. São uma parte muito importante da bagagem espiritual que possuímos para enfrentar todo o tipo de dificuldades.

A *oração vocal* é superabundância de amor, e por isso é lógico que seja muito frequente desde que iniciamos o dia até o nosso último pensamento antes de dormir. E uma ou outra sairá dos nossos lábios — talvez "sem ruído de palavras" — nos momentos mais inesperados. "Habitua-te a rezar orações vocais pela manhã, ao vestir-te, como as crianças. — E terás mais presença de Deus depois, ao longo da jornada"[10].

III. A SAGRADA ESCRITURA diz-nos do Patriarca Enoc que *andava sempre na presença de Deus*[11], que o tinha presente nas suas alegrias. "Oxalá acontecesse algo parecido conosco! Oxalá pudéssemos andar por esse mundo com Deus ao nosso lado! Tão junto dEle, sentindo a sua presença tão vivamente, que compartilhássemos tudo com Ele. Receberíamos então tudo da sua mão, cada raio de sol, cada sombra de incerteza que passasse pela nossa vida; aceitaríamos com gratidão consciente tudo o que Ele nos mandasse, obedecendo ao mais leve sopro da sua chamada"[12].

Muitas vezes, porém, o nosso centro de referência infelizmente não é o Senhor, mas nós mesmos. Daí a necessidade desse empenho contínuo por estarmos metidos em Deus, "atentos" às suas mais leves insinuações, evitando enclausurar-nos nas nossas coisas; ou pelo menos tendo-as presentes na medida em que fazem referência a Deus: porque nos permitem praticar o bem, porque as oferecemos a Deus...

É necessário pôr atenção no que dizemos ao Senhor. E para isso temos que lutar às vezes em detalhes muito pequenos, mas necessários; pronunciando claramente as palavras, com pausa, fugindo da rotina. Tem que haver tempo também para a reflexão, de modo que cada uma das nossas orações vocais chegue a ser, de certa forma, uma verdadeira oração mental, ainda que não possamos evitar totalmente as distrações.

Sem uma graça especial de Deus, não é possível manter uma atenção contínua e perfeita ao *significado* das palavras. Por isso, haverá ocasiões em que a atenção se concentrará particularmente no *modo* como essas palavras se pronunciam; noutras, teremos presente *a pessoa* a quem nos dirigimos. Mas haverá momentos em que, por circunstâncias pessoais ou do ambiente, não conseguiremos de modo conveniente nenhuma dessas três formas de atenção. Então será necessário pormos ao menos nas nossas orações um cuidado externo, que consiste em afastar qualquer atividade exterior que pela sua própria natureza impeça a *atenção interior*.

Alguns trabalhos manuais, por exemplo, não impedem de ter a cabeça em outra coisa; como a mãe de família, que reza o terço em casa enquanto cuida da limpeza do lar ou olha pelos filhos pequenos; ainda que se distraia em algum momento, mantém ao menos essa atenção interior, coisa que não aconteceria se quisesse ao mesmo tempo ver televisão. De qualquer forma, devemos organizar o nosso plano de vida de tal forma que, sempre que seja possível, o tempo que dedicamos a algumas orações vocais, como o *Angelus* ou o terço, seja uma ocasião em que possamos concentrar-nos bem.

Juntamente com as orações vocais, a alma necessita do alimento diário da oração mental. E, desse modo, "graças a esses momentos de meditação, às orações vocais, às jaculatórias, saberemos converter o nosso dia num contínuo louvor a Deus, sempre com naturalidade e sem espetáculo. Assim, à semelhança dos enamorados, que não tiram nunca os sentidos da pessoa que amam, manter-nos-emos sempre na sua presença; e todas as nossas ações — mesmo as mais pequenas e insignificantes — transbordarão de eficácia espiritual"[13]. O Senhor as olhará com agrado e as abençoará.

(1) Mt 6, 7-15; (2) São Cipriano, *Tratado sobre o Pai-nosso*; in *Liturgia das Horas, Segunda leitura* do décimo primeiro domingo do Tempo Comum; (3) cf. Santo Agostinho, *Sermão 56*; (4) São Josemaria Escrivá, *Amigos de Deus*, n. 296; (5) Santa Teresa, *Caminho de perfeição*, 30, 7; (6) R. Garrigou-Lagrange, *Las tres edades de la vida interior*, vol. I, p. 506; (7) 1 Ts 5, 17; (8) Lc 18, 1; (9) São Josemaria Escrivá, *É Cristo que passa*, n. 119; (10) São Josemaria Escrivá, *Sulco*, n. 473; (11) cf. Gn 5, 21; (12) R. Knox, *Deus e eu*, p. 41; (13) São Josemaria Escrivá, *É Cristo que passa*, n. 119.

TEMPO COMUM. DÉCIMA PRIMEIRA SEMANA. SEXTA-FEIRA

95. ONDE ESTÁ O TEU CORAÇÃO

— A família, "o primeiro ambiente apto para semear a semente do Evangelho".
— Atenção delicada às pessoas que Deus deixou ao nosso cuidado.
— Dedicar-lhes o tempo necessário, que está acima de outros interesses. A oração em família.

I. O SENHOR ACONSELHA-NOS a não amontoar tesouros na terra, porque duram pouco e são inseguros e frágeis: *a traça e a ferrugem os corroem*, ou *os ladrões arrombam e os roubam*[1]. Por muito que consigamos amealhar durante uma vida, não vale a pena. Nenhuma coisa da terra merece que ponhamos nela o coração de modo absoluto.

O coração está feito para Deus e, em Deus, para todas as coisas nobres da terra. É muito útil perguntarmo-nos de vez em quando: onde tenho o meu coração? Em que penso de forma habitual? Qual é o centro das minhas preocupações mais íntimas?... Será que é Deus, presente no Sacrário, talvez a pouca distância do lugar onde moro ou do escritório em que trabalho, ou, pelo contrário, são os negócios, o estudo, o trabalho, ou os egoísmos insatisfeitos, a ânsia de ter mais?

Se muitos homens e mulheres respondessem com sinceridade a essas perguntas, talvez tivessem que dar uma resposta muito dura: penso em mim, só em mim, e nas coisas e pessoas na medida em que se relacionam com os meus próprios interesses. Mas nós queremos pôr o coração em Deus, na missão que recebemos dEle, e nas pessoas e coisas por Deus. Jesus, com uma sabedoria infinita, diz-nos: *Entesourai tesouros no céu, onde nem a traça nem a ferrugem os corroem, e onde os ladrões não arrombam e os roubam. Pois onde estiver o teu tesouro, ali estará o teu coração.*

O nosso coração deve estar posto no Senhor, porque Ele é o tesouro de modo absoluto e real. E não o é a saúde, nem o prestígio, nem o bem-estar... Unicamente Cristo. E por Ele, de maneira ordenada, os demais afazeres nobres de um cristão que vive vocacionalmente no mundo. O Senhor quer, de modo particular, que ponhamos o coração nos membros da nossa família humana ou sobrenatural, pois são aqueles que devemos levar a Deus em primeiro lugar, são a primeira realidade que devemos santificar.

A preocupação pelos outros ajuda o homem a sair do seu egoísmo, a crescer em generosidade, a encontrar a alegria verdadeira. Quem se sabe chamado por Deus para segui-lo de perto já não se considera a si próprio como o centro do universo, porque encontrou muitos a quem servir e neles vê Cristo necessitado[2].

O exemplo dos pais ou dos irmãos no lar é em muitos casos decisivo para os demais membros, que assim aprendem a ver o mundo a partir de um ambiente cristão. A família é por vontade divina de tal importância que nela "tem o seu princípio a ação evangelizadora da Igreja"[3]. Ela "é o primeiro ambiente apto para semear a semente do Evangelho e o lugar em que pais e filhos, como células vivas, vão assimilando o ideal cristão do serviço a Deus e aos irmãos"[4].

É um lugar esplêndido de apostolado. Examinemos hoje se a nossa família é assim, se somos *levedura* que vai transformando pouco a pouco os que vivem conosco; se pedimos frequentemente ao Senhor a vocação dos filhos ou dos irmãos — ou mesmo dos pais — para uma entrega plena a Deus: a maior graça que o Senhor lhes pode dar, o *verdadeiro tesouro* que muitos podem encontrar.

II. A FAMÍLIA é a peça mais importante da sociedade, aquela em que Deus tem o seu apoio mais firme. E é talvez a mais atacada das frentes: são os sistemas de impostos e políticas educativas que ignoram o valor da família, são o materialismo e o hedonismo que procuram fomentar uma concepção familiar antinatalista, é o falso sentido da liberdade e da independência, são os programas sociais que não favorecem que as mães possam dedicar o tempo necessário aos filhos...

Em muitos lugares, princípios tão elementares como o direito dos pais à educação dos filhos foram esquecidos por muitos cidadãos que, diante do poder do Estado, acabam por acostumar-se ao seu intervencionismo excessivo, renunciando ao dever de exercerem um direito que é irrenunciável. Devido em parte a essas inibições, impõem-se às vezes tipos de ensino orientados por uma visão materialista do homem: linhas pedagógicas e didáticas, textos, esquemas, programas e material escolar que minam intencionalmente a natureza espiritual da alma humana.

Os pais devem ser conscientes de que nenhum poder terreno pode eximi-los de uma responsabilidade que lhes foi conferida por Deus com relação aos filhos. E, além dos pais, todos recebemos, de formas diversas, a missão de cuidar dos outros: o sacerdote, das almas que atende; o professor, dos seus alunos; e tantas outras pessoas que têm uma tarefa de formação espiritual. Ninguém responderá por nós diante de Deus quando nos perguntar: *Onde estão os que te confiei?* Oxalá possamos responder: *Não perdi nenhum dos que me deste*[5], porque soubemos empregar, Senhor, com a tua graça, os meios ordinários e extraordinários para que ninguém se extraviasse.

Todos devemos poder dizer a respeito dos que nos foram confiados: *Cor meum vigilat* — o meu coração está vigilante; é a inscrição que se lê diante de uma das muitas imagens de Nossa Senhora em Roma. O Senhor nos quer vigilantes com todos, mas antes de mais nada com os nossos, com aqueles que nos confiou. Pede-nos um amor atento, um amor capaz de perceber que determinado membro da família descuida os seus deveres para com Deus, e então ajudamo-lo com carinho; ou que está triste e isolado dos demais, e temos mais atenções com ele... Pede-nos um *coração vigilante* que saiba reagir se percebe que se introduzem na família modos de proceder que desdizem de um lar cristão, se se veem programas de televisão sem os selecionar ou com excessiva frequência, se há um clima de indolência e desleixo, se há frieza ou indiferença deste ou daquele para com os outros...

E procura-se corrigir essas falhas sem irritações, dando exemplo, com oração, com mais detalhes de carinho. E se alguém fica doente, todos ajudam, porque aprendemos que os enfermos são prediletos de Deus e nesse momento a pessoa que sofre é o tesouro da casa; e ajudam-no a oferecer a sua doença, a rezar alguma oração, e procuram que sofra o menos possível, porque o carinho tira a dor ou a alivia; pelo menos, faz dela uma dor diferente.

III. PENSEMOS HOJE NA NOSSA ORAÇÃO se a família e as pessoas que temos ao nosso cuidado ocupam no nosso coração o lugar querido por Deus. Juntamente com a própria vocação, esse, sim, é um *tesouro que dura até à vida eterna*. Talvez percebamos algum dia que outros tesouros que nos pareciam importantes se converteram pela falta de retidão de intenção em traça e ferrugem, ou que eram tesouros falsos ou de pouco valor.

Numa época como a nossa, a melhor maneira de defender a família é, além do carinho humano verdadeiro, a preocupação de fazer com que Deus esteja presente de uma forma grata no lar: pela bênção dos alimentos, rezando com os filhos mais pequenos as orações da noite, lendo com os mais velhos algum versículo do Evangelho, rezando alguma oração breve pelos defuntos, assim como pelas intenções da família e do Papa. E o terço, a oração que os Sumos Pontífices tanto recomendaram que se rezasse em família e que tantas graças traz consigo. Pode-se rezá-lo num momento que combine com o horário familiar, durante uma viagem de carro..., e nem sempre tem que ser iniciativa da mãe ou da avó: o pai ou os filhos mais velhos podem prestar uma colaboração inestimável nesta grata tarefa. Muitas famílias conservaram também o saudável costume de irem juntos à Missa aos domingos.

Não é necessário que sejam numerosas as práticas de piedade em família, mas seria pouco natural que não houvesse alguma num lar em que todos ou quase todos creem em Deus. Não teria sentido que todos individualmente se considerassem bons fiéis e isso não se refletisse na vida familiar. Costuma-se dizer que os pais que sabem rezar com os filhos encontram mais facilmente o caminho que os leva aos seus corações. E estes jamais esquecem pela vida fora a ajuda que receberam dos pais para rezar, para recorrer a Nossa Senhora em todas as situações. Quantos devem ter achado a porta do Céu graças às orações que um dia aprenderam dos lábios de sua mãe, da avó ou da irmã mais velha!

E unidos assim, com um carinho grande e com uma fé forte, todos resistem melhor e com mais eficácia aos ataques de fora. E se alguma vez chega a dor ou a doença, é melhor suportada por todos juntos, e é ocasião de uma maior união e de uma fé mais profunda. A Virgem Maria, nossa Mãe, ensinar-nos-á que o nosso tesouro está na chamada do Senhor, com tudo o que isso implica, e na própria casa, no próprio lar, nas pessoas que Deus quis vincular à nossa vida para sempre.

Dentro do Coração de Jesus encontraremos *infinitos tesouros de amor*[6]. Procuremos que o nosso coração se assemelhe ao dEle.

(1) Cf. Mt 6, 19-21; (2) cf. F. Koenig, *Carta pastoral sobre a família*, 23-III-1977; (3) João Paulo II, *Discurso em Guadalajara*, 30-I-1979; (4) idem, *Discurso aos bispos da Venezuela*, 15-XI-1979; (5) Jo 18, 9; (6) cf. Missal Romano, *Oração coleta da Solenidade do Sagrado Coração de Jesus*.

96. TUDO É PARA BEM

— Amar a vontade de Deus. Serenidade diante das contradições.
— Abandono em Deus e responsabilidade.
— *Omnia in bonum.* Para aqueles que amam a Deus, tudo acontece para o seu bem.

I. TUDO O QUE HÁ NO UNIVERSO existe porque Deus o sustenta no seu ser. *É Ele que cobre o céu de nuvens, que faz cair a chuva na terra; é Ele que faz crescer a relva nas montanhas e germinar plantas úteis para o homem, que dá alimento aos rebanhos e aos filhotes dos corvos que clamam*[1]. A criação inteira é obra de Deus, que além disso cuida amorosamente de todas as criaturas, começando por mantê-las constantemente na existência. "Este «manter» é, em certo sentido, um contínuo criar (*conservatio est continua creatio*)"[2], e estende-se muito particularmente ao homem, objeto da predileção divina.

Jesus Cristo dá-nos a conhecer constantemente que Deus é nosso Pai, que quer o que há de melhor para os seus filhos. Tudo aquilo que de bom poderíamos imaginar para nós mesmos e para aqueles a quem mais queremos é ultrapassado de longe pelos planos divinos. O Senhor sabe muito bem de que coisas necessitamos e o seu olhar abrange esta vida e a eternidade, ao passo que a nossa visão é curta e muito deficiente.

É lógico, pois, que a nossa felicidade consista essencialmente em conhecer, amar e realizar a vontade de Deus. No Evangelho da Missa, Jesus Cristo faz-nos uma recomendação para que os nossos dias se encham de paz: *Não vos inquieteis pela vossa vida pensando no que ireis comer, nem pelo vosso corpo pensando no que ireis vestir. Não é a vida mais do que o alimento e o corpo mais do que o vestido? Olhai as aves do céu: não semeiam, nem ceifam, nem recolhem em celeiros, e o vosso Pai celestial as alimenta*[3].

É um convite para que vivamos com alegre esperança a tarefa diária, para que encaremos as sombras desta vida como filhos de Deus, sem preocupações inúteis, sem a sobrecarga da rebeldia ou da tristeza, porque sabemos que Deus permite esses transes para nos purificar, para nos converter em corredentores.

Os padecimentos, a contradição, a doença, devem servir-nos para crescer nas virtudes e para amar mais a Deus. "Não ouviste dos lábios do Mestre a parábola da videira e das varas? — Consola-te. Ele te exige porque és vara que dá fruto... E te poda «*ut fructum plus afferas*» — para que dês mais fruto. — É claro!: dói esse cortar, esse arrancar. Mas, depois, que louçania nos frutos, que maturidade nas obras!"[4] Não nos desconcertemos nunca com os planos divinos. O Senhor sabe muito bem aquilo que faz ou permite.

Examinemos hoje se acolhemos com paz a contradição, a dor e o fracasso; ou se, pelo contrário, nos queixamos e abrimos a porta à tristeza ou à revolta, ainda que seja por pouco tempo. Vejamos na presença de Deus se as dificuldades físicas ou morais nos aproximam de verdade do nosso Pai-Deus. *Não vos inquieteis pela vossa vida...*, diz-nos hoje de novo o Senhor neste tempo de oração.

II. COM MUITA FREQUÊNCIA, não sabemos o que é bom para nós; "e o que torna a confusão ainda pior é que pensamos que o sabemos. Nós temos os nossos próprios planos para a nossa felicidade, e muito amiúde olhamos para Deus simplesmente como alguém que nos ajudará a realizá-los.

O verdadeiro estado de coisas é completamente ao contrário. Deus tem os seus planos para a nossa felicidade, e está à espera de que o ajudemos a realizá-los. E deve ficar bem claro que nós não podemos melhorar os planos de Deus"[5].

Ter uma certeza prática destas verdades, vivê-las no acontecer diário, leva a um abandono sereno, mesmo perante a dureza daquilo que não compreendemos e que nos causa dor e preocupação. Nada se desmorona se estamos amparados no sentido da nossa filiação divina: *Pois, se a erva do campo, que hoje existe e amanhã é lançada ao fogo, Deus assim a veste, quanto mais não fará Ele convosco...?*[6]

Às vezes — diz São Tomás —, acontece conosco o mesmo que ao leigo em medicina que vê o médico receitar água a um doente e vinho a outro, conforme lhe dita a sua ciência; não sabendo de medicina, o observador leigo julga que o médico receita esses remédios ao acaso. "Assim acontece com relação a Deus. Ele, com conhecimento de causa e segundo a sua providência, dispõe as coisas da maneira que os homens necessitam: aflige uns que talvez sejam bons, e deixa viver em prosperidade outros que são maus"[7]. Não podemos esquecer que Deus nos quer felizes aqui, mas nos quer ainda mais felizes com Ele para sempre no Céu.

A santidade consiste no cumprimento amoroso da vontade de Deus, ao ritmo dos deveres e dos incidentes de cada dia, e num abandono absolutamente confiante em seus braços. Mas este abandono deve ser ativo e responsável, e há de levar-nos a lançar mão de todos os meios ao nosso alcance para enfrentarmos cada situação que se nos depare. Assim, iremos ao médico sem demoras quando estivermos doentes, faremos tudo o que pudermos para conseguir esse emprego de que tanto necessitamos e pelo qual rezamos a Deus, trabalharemos com esforço para progredir na nossa empresa, estudaremos as horas necessárias e com profundidade para passar nessa matéria difícil...

O abandono em Deus deve estar, pois, intimamente unido a uma atitude operativa, que rejeita prontamente esses argumentos de inerme resignação (“má sorte”, ambiente adverso etc.) que parecem virtuosos, mas que muitas vezes escondem mediocridade, preguiça, imprudência... Exige uma disposição de ânimo valorosa, empreendedora, que “cresce perante os obstáculos”[8], em vez de encolher-se num conformismo antivital. E essa atitude não é presunção, esquecimento de Deus, mas, pelo contrário, a consequência lógica de quem se abandonou por completo nas mãos amorosas da Providência e por isso sabe que tem as costas guardadas e que Deus lhe promete a vitória.

III. O SENTIDO DA FILIAÇÃO DIVINA ajuda-nos a descobrir que todos os acontecimentos da nossa vida são dirigidos ou permitidos pela amabilíssima Vontade de Deus para nosso bem. Deus, que é nosso Pai, concede-nos o que mais nos convém e espera que saibamos ver o seu amor paternal tanto nos acontecimentos favoráveis como nos adversos[9].

São Paulo diz que *todas as coisas cooperam para o bem daqueles que amam a Deus*[10]. Quem ama a Deus com um amor operativo sabe que, aconteça o que acontecer, tudo será para seu bem, desde que não deixe de amar. E, precisamente porque ama, *emprega os meios* para que o resultado seja bom, para que o trabalho bem acabado e feito com retidão de intenção dê frutos de santidade e de apostolado. E, tendo empregado os meios ao seu alcance, abandona-se em Deus e descansa na sua providência amorosa.

“Repara bem — escreve São Bernardo — que o Apóstolo não diz que as coisas servem para o capricho pessoal, mas que cooperam para o bem. Não para o capricho, mas para a utilidade; não para o prazer, mas para a salvação; não para o nosso desejo, mas para o nosso proveito. Neste sentido, as coisas sempre cooperam para o bem, até a própria morte, até o pecado [...]. Por acaso não cooperam para o bem os pecados daquele que com eles se torna mais humilde, mais fervoroso, mais solícito, mais precavido, mais prudente?”[11] E depois de empregarmos os meios ao nosso alcance, ou em face de acontecimentos em que nada podemos fazer, diremos na intimidade do nosso coração: *Omnia in bonum*, tudo é para bem.

Com esta convicção, fruto da filiação divina, viveremos cheios de otimismo e de esperança, e superaremos muitas dificuldades:

"Parece que o mundo desaba sobre a tua cabeça. À tua volta, não se vislumbra uma saída. Impossível, desta vez, superar as dificuldades.

"Mas tornaste a esquecer que Deus é teu Pai? Onipotente, infinitamente sábio, misericordioso. Ele não te pode enviar nada de mau. Isso que te preocupa, é bom para ti, ainda que agora os teus olhos de carne estejam cegos.

"*Omnia in bonum!* Tudo é para bem! Senhor, que outra vez e sempre se cumpra a tua sapientíssima Vontade!"[12]

Omnia in bonum! Tudo é para bem! Tudo pode ser convertido em algo agradável a Deus e benéfico para a alma. Esta expressão de São Paulo pode servir-nos como jaculatória, como uma brevíssima oração que nos dará paz nos momentos difíceis.

A Santíssima Virgem, nossa Mãe, ensinar-nos-á a viver cheios de confiança nas mãos de Deus, se recorrermos a Ela frequentemente cada dia. No Coração Dulcíssimo de Maria — cuja festa celebramos neste mês de junho — encontraremos sempre paz, consolo e alegria.

(1) Sl 147, 8-9; (2) João Paulo II, *Audiência geral*, 29-I-1986; (3) Mt 6, 25-26; (4) São Josemaria Escrivá, *Caminho*, n. 701; (5) E. Boylan, *Amor supremo*, p. 46; (6) Mt 6, 30; (7) São Tomás, *Sobre o Credo*, 1; (8) São Josemaria Escrivá, *Caminho*, n. 12; (9) cf. Sagrada Bíblia, *Carta aos Romanos*, EUNSA, nota a Rm 8, 28; (10) Rm 8, 28; (11) São Bernardo, *Sobre a falácia e a brevidade da vida*, 6; (12) São Josemaria Escrivá, *Via Sacra*, IXª est., n. 4.

TEMPO COMUM. DÉCIMO SEGUNDO DOMINGO. CICLO A

97. VIVER SEM MEDO

— Valentia na vida ordinária.
— A nossa fortaleza baseia-se na consciência da nossa filiação divina.
— Valentia e confiança em Deus nas grandes provas e nas pequenas coisas da vida ordinária.

I. O SENHOR PEDE-NOS no Evangelho da Missa[1] que vivamos sem medo, como filhos de Deus.

Às vezes, encontramos pessoas angustiadas e atemorizadas pelas dificuldades da vida, por acontecimentos adversos e por obstáculos que se agigantam quando só se conta com as forças humanas para enfrentá-los. Vemos também por vezes cristãos que parecem atenazados por um medo envergonhado de falar claramente de Deus, de dizer *não* à mentira, de mostrar, quando necessário, a sua condição de discípulos fiéis de Cristo; têm medo do que os outros podem dizer, de um comentário desfavorável, de chamar a atenção... E como é que um discípulo de Cristo não haveria de chamar a atenção em ambientes de costumes paganizados, em que os valores econômicos são muitas vezes os valores supremos?

Jesus diz-nos que não nos preocupemos demasiado com a calúnia e a murmuração, se nos chegam a atingir. *Não os temais, pois, porque não há nada oculto que não venha a descobrir-se*. Que pena se mais tarde se viesse a descobrir que tivemos medo de proclamar aos quatro ventos a verdade que o Senhor nos confiou! *O que vos digo em segredo, dizei-o à luz, e o que vos digo ao ouvido, pregai-o sobre os telhados*. Se alguma vez nos calamos, que seja porque nesse momento o mais oportuno é calar-se por prudência sobrenatural, por caridade; nunca por temor ou por covardia. Nós, os cristãos, não somos amigos das sombras e dos cantos escuros, mas da luz, da claridade na vida e na palavra.

Vivemos uns tempos em que é mais necessário proclamar a verdade sem ambiguidades, porque a mentira e a confusão imperam por toda a parte. A sã doutrina, as normas morais, a retidão de consciência no exercício da profissão ou à hora de se viverem as exigências do matrimônio, o simples senso comum... gozam algumas vezes de menos prestígio, por absurdo que pareça, do que uma doutrina chocante e errada, que se qualifica de "valente" ou a que se dá um colorido de progresso.

Não tenhamos medo de perder o brilho de um prestígio apenas aparente, ou de sofrer a murmuração ou até a calúnia, por não irmos contra a corrente ou contra a moda do momento. *Pois todo aquele que me confessar diante dos homens, eu também o confessarei diante de meu Pai que está nos céus*, diz-nos o Senhor. Esta promessa divina compensa de longe as incompreensões que possamos sofrer por vivermos a nossa fé com valentia e audácia santas.

Porque tenho por certo — diz São Paulo — *que os padecimentos do tempo presente nada são em comparação com a glória que há de manifestar-se em nós*[2]. "Portanto — comenta São Cipriano —, quem não se há de esforçar por alcançar glória tão grande, por fazer-se amigo de Deus, por alegrar-se em breve com Cristo, por receber prêmios divinos após os tormentos e suplícios desta terra? Se para os soldados deste mundo é uma glória voltarem triunfantes à sua pátria depois de abaterem o inimigo, quanto maior glória e mais plausível não será, uma vez vencido o diabo, voltarmos triunfantes para o Céu [...]; levarmos para lá os troféus vitoriosos [...]; sentarmo-nos ao lado de Deus quando vier julgar o mundo, sermos coerdeiros com Cristo, equipararmo-nos aos anjos e desfrutarmos com os patriarcas, com os apóstolos e com os profetas da posse do Reino dos Céus?"[3]

II. SEM MEDO À VIDA e sem medo à morte[4], alegres no meio das dificuldades, esforçados e abnegados perante os obstáculos e as doenças, serenos perante um futuro incerto: o Senhor pede-nos que vivamos assim. E isto será possível se considerarmos muitas vezes ao dia que somos filhos de Deus, especialmente quando somos assaltados pela inquietação, pela perturbação e pelas sombras da vida. *Não se vendem dois passarinhos por um asse? Contudo, nem um deles cai na terra sem a permissão do vosso Pai. Quanto a vós, até mesmo os cabelos da vossa cabeça estão todos contados. Portanto, não temais; valeis mais que muitos passarinhos.*

O Senhor declara o imenso carinho que tem por nós e o grande valor que os homens têm para Ele. São Jerônimo, comentando esta passagem do Evangelho da Missa, escreve: "Se os passarinhos, que são tão baratos, não deixam de estar sob a providência e o cuidado de Deus, como é que vós, que pela natureza da vossa alma sois eternos, podereis temer que não vos olhe com particular solicitude Aquele a quem respeitais como Pai?"[5]

A filiação divina fortalece-nos no meio das fraquezas pessoais, dos obstáculos com que tropeçamos, das dificuldades de um ambiente afastado de Deus que às vezes se opõe agressivamente aos ideais cristãos. *Mas o Senhor está comigo, como soldado forte*, diz-nos o profeta Jeremias na primeira Leitura da Missa[6]. É o grito de esperança e de segura confiança do profeta, quando se encontra só, no meio dos seus inimigos. Meu Pai-Deus está comigo como soldado forte, podemos nós repetir sempre que vejamos o perigo rondar-nos e o horizonte fechar-se. *Dominus, illuminatio mea et salus mea, quem timebo?* O Senhor é a minha luz e a minha salvação, a quem temerei?[7]

Esta é a vitória que vence o mundo: a nossa fé[8], proclamava o apóstolo São João no meio das grandes dificuldades que provinham do mundo pagão, de um mundo em que os cristãos, como cidadãos normais que eram, exerciam as profissões e os ofícios mais variados e realizavam um apostolado eficaz. E do alicerce seguro de uma fé inamovível surge uma moral de vitória que não é orgulho nem ingenuidade, mas a firmeza alegre do cristão que, apesar das suas misérias e limitações pessoais, sabe que essa vitória foi ganha por Cristo com a sua Morte na Cruz e com a sua gloriosa Ressurreição. Deus é a minha luz e a minha salvação, a quem temerei? Nem ninguém nem nada, Senhor. Tu és a segurança dos meus dias!

III. DEVEMOS SER FORTES e valorosos diante das dificuldades, como é próprio dos filhos de Deus: *Não tenhais medo dos que matam o corpo, mas não podem matar a alma; temei antes aquele que pode fazer perder a alma e o corpo no inferno*. Jesus exorta-nos a não temer nada, exceto o pecado, que tira a amizade com Deus e conduz à condenação eterna.

O temor de Deus é um dom do Espírito Santo que facilita a luta decidida contra aquilo que nos separa dEle e que nos move a fugir das ocasiões de pecar, a não confiar em nós mesmos, a ter presente a todo o momento que temos os "pés de barro", frágeis e quebradiços. Os males corporais, e a própria morte, não são nada em comparação com os males da alma, com o pecado.

Fora o temor de perder a Deus — que é preocupação filial e precaução para não ofendê-lo —, nada nos deve inquietar. Em determinados momentos do nosso caminho, poderão ser grandes as tribulações que padeçamos, mas o Senhor nos dará então a graça necessária para superá-las e para crescer em vida interior: *Basta-te a minha graça*[9], dir-nos-á Jesus.

Aquele que assim estendeu a mão ao apóstolo Paulo há de vir também em nosso auxílio. Nesses momentos de aflição, invocaremos o Senhor com fé e com humildade: "Senhor, não te fies de mim! Eu, sim, é que me fio de Ti. E ao vislumbrarmos na nossa alma o amor, a compaixão, a ternura com que Cristo Jesus nos olha — porque Ele não nos abandona —, compreenderemos em toda a sua profundidade as palavras do Apóstolo: *Virtus in infirmitate perficitur*, a virtude se fortalece na fraqueza (2 Cor 12, 9); com fé no Senhor, apesar das nossas misérias — ou melhor, com as nossas misérias —, seremos fiéis ao nosso Pai-Deus, e o poder divino brilhará, sustentando-nos no meio da nossa fraqueza"[10].

Ordinariamente, no entanto, devemos manifestar a nossa fortaleza e valentia em situações menos transcendentes: recusando com bons modos, mas com firmeza, um convite para ir a um lugar ou para assistir a um espetáculo em que um bom cristão deve sentir-se mal; manifestando desacordo com determinada orientação que os professores querem dar à educação dos nossos filhos; cortando essa conversa menos limpa ou convidando um amigo a umas aulas de formação cristã... Muitas vezes, são as pequenas covardias que refreiam ou impedem um apostolado de horizontes amplos. Paralelamente, são também as "pequenas valentias" que tornam uma vida eficaz.

"Na hora do desprezo da Cruz, Nossa Senhora está lá, perto do seu Filho, decidida a correr a sua mesma sorte. — Percamos o medo de nos comportarmos como cristãos responsáveis, quando isso não é cômodo no ambiente em que nos desenvolvemos: Ela nos ajudará"[11].

(1) Mt 10, 26-33; (2) Rm 8, 18; (3) São Cipriano, *Epístola a Fortunato*, 13; (4) cf. São Josemaria Escrivá, *Amigos de Deus*, n. 132; (5) São Jerônimo, *Comentário ao Evangelho segundo São Mateus*, 10, 29-31; (6) cf. Jer 20, 10-13; (7) Sl 27, 1; (8) 1 Jo 5, 4; (9) 2 Cor 12, 9; (10) São Josemaria Escrivá, *Amigos de Deus*, n. 194; (11) São Josemaria Escrivá, *Sulco*, n. 977.

TEMPO COMUM. DÉCIMO SEGUNDO DOMINGO. CICLO B

98. SERENIDADE PERANTE AS DIFICULDADES

— A tempestade no lago. O Senhor nunca nos deixará sozinhos no meio das dificuldades.
— Se somos de verdade apóstolos no meio do mundo, devemos contar com as incompreensões. *O discípulo não é mais do que o mestre.*
— Atitude perante as dificuldades.

I. EM DUAS OCASIÕES, conforme lemos no Evangelho, a tempestade surpreendeu os apóstolos no lago de Genesaré, enquanto navegavam em direção à margem oposta por indicação do Senhor. No Evangelho da Missa deste domingo[1], São Marcos narra que Jesus estava com eles na barca e aproveitou esses momentos para descansar, depois de um dia particularmente intenso de pregação. Recostou-se na popa sobre um cabeçal, provavelmente um saquinho de couro recheado de lã, simples e grosseiro, que essas barcas levavam para descanso dos marinheiros. Como os anjos do Céu contemplariam o seu Rei e Senhor com o corpo apoiado sobre a dura madeira, restaurando as forças! Aquele que governa o Universo estava esgotado de cansaço!

Entretanto, os discípulos, vários deles homens do mar, pressentiram a tempestade, que desabou muito rapidamente e com grande violência: *As ondas lançavam-se sobre a barca, de sorte que estava prestes a inundar-se*. Enfrentaram a situação, mas o mar embravecia-se mais e mais, e o naufrágio parecia iminente. Então, como último recurso, recorreram a Jesus. Acordaram-no com um grito de angústia: *Mestre, olha que perecemos!*

E o Senhor teve que intervir. *E Ele, despertando, increpou os ventos e disse ao mar: Cala-te, emudece. E acalmou-se o vento, e fez-se completa calmaria*. E a paz chegou também ao coração daqueles homens assustados.

Por vezes, levanta-se uma grande tempestade à nossa volta ou dentro de nós. E a nossa pobre barca parece não poder resistir mais. Pode dar-nos a impressão de que Deus permanece em silêncio, e as ondas precipitam-se sobre nós: fraquezas pessoais, dificuldades profissionais ou econômicas, doenças, problemas dos filhos ou dos pais, calúnias, ambiente adverso, infâmias...; mas "se tiveres presença de Deus, por cima da tempestade que ensurdece, brilhará sempre o sol no teu olhar; e por baixo das ondas tumultuosas e devastadoras, reinarão na tua alma a calma e a serenidade"[2].

O Senhor nunca nos deixará sós. Devemos aproximar-nos dEle e dizer-lhe a todo o momento, com a confiança de quem o tomou por Mestre, de quem quer segui-lo sem nenhuma condição: Senhor, não me largues! E passaremos as tribulações junto dEle, e as tempestades deixarão de inquietar-nos.

II. *JESUS PÔS-SE EM PÉ, increpou o vento e disse ao lago: Cala-te, emudece!* Foi um milagre impressionante, que ficaria gravado para sempre na alma dos apóstolos; eles jamais esqueceriam a visão de um mar absolutamente calmo, submisso à voz de Jesus, depois daquelas grandes ondas. Decorridos muitos anos, quando tiveram que enfrentar todas as provas que o Senhor lhes anunciara, a evocação desse episódio deve ter-lhes devolvido muitas vezes, na sua oração pessoal, a serenidade ameaçada.

Certa vez, em que iam a caminho de Jerusalém, Jesus disse-lhes que estava prestes a cumprir-se o que os Profetas haviam vaticinado a respeito do Filho do homem: *Será entregue aos gentios, escarnecido, insultado e cuspido; e depois de o açoitarem, tirar-lhe-ão a vida, e ao terceiro dia ressuscitará*[3]. Ao mesmo tempo, preveniu-lhes que eles também passariam por momentos duros de perseguição e de calúnia, porque não é *o discípulo mais do que o mestre, nem o servo mais do que o seu amo. Se ao amo da casa chamaram Belzebu, quanto mais aos seus domésticos*[4].

Jesus quis persuadir aqueles primeiros de que entre Ele e a sua doutrina e o mundo como reino do pecado não havia possibilidade de entendimento[5]; recordou-lhes que não deviam admirar-se de serem tratados assim: *Se o mundo vos odeia, sabei que antes do que a vós me odiou a mim*[6].

E por isso, explica São Gregório, "a hostilidade dos perversos soa como louvor para a nossa vida, porque demonstra que temos ao menos um pouco de retidão por sermos uma presença incômoda para os que não amam a Deus: ninguém pode ser grato a Deus e aos inimigos de Deus ao mesmo tempo"[7]. Por conseguinte, se soubermos ser fiéis, haverá ventos, ondas e tempestades, mas Jesus voltará a dizer ao lago embravecido: *Cala-te, emudece!*

Nos começos da Igreja, os apóstolos não demoraram a experimentar, juntamente com frutos muito abundantes, as ameaças, as injúrias, a perseguição[8]. Mas não se importaram com o ambiente, favorável ou adverso, mas sim de que Cristo fosse conhecido por todos e os frutos da Redenção chegassem até o último recanto da terra. A pregação da doutrina do Senhor, que do ponto de vista humano era escândalo para uns e loucura para outros[9], foi capaz de penetrar em todos os ambientes, transformando as almas e os costumes.

De então para cá, mudaram muitas daquelas circunstâncias que os apóstolos enfrentaram, mas outras continuam a ser as mesmas, e ainda piores; o materialismo, a ânsia desmedida de comodidade e de bem-estar, a sensualidade, a ignorância, voltam a ser vento impetuoso e forte ressaca em muitos ambientes. E a isso soma-se a tentação de adaptar a doutrina de Cristo aos tempos, com graves deformações da essência do Evangelho.

Se quisermos ser apóstolos no meio do mundo, deveremos contar com alguns que não quererão entender-nos — às vezes, na nossa própria casa ou entre amigos de longa data —, e teremos de ganhar maior firmeza de ânimo, porque ir contra a corrente não é uma atitude cômoda. Teremos que trabalhar com decisão, com serenidade, sem nos importarmos com a reação daqueles que — em não poucos aspectos — se identificaram com os costumes do novo paganismo e por isso estão praticamente incapacitados para entender um sentido transcendente e sobrenatural da vida.

Com a serenidade e a fortaleza que nascem do trato íntimo com o Senhor, seremos rocha firme para muitos. Em nenhum momento podemos esquecer que, particularmente nos nossos dias, "o Senhor necessita de almas fortes e audazes, que não pactuem com a mediocridade e penetrem com passo firme em todos os ambientes"[10]: nos grêmios profissionais, nos claustros universitários, nos sindicatos, numa conversa informal.

Como exemplo concreto, é de especial importância a influência das famílias na vida social e pública. Elas próprias devem ser "as primeiras a procurar que as leis não apenas não ofendam, mas sustentem e defendam positivamente os direitos e deveres da família", promovendo assim uma verdadeira "política familiar"[11]. Não podemos permanecer inativos, enquanto os inimigos de Deus querem apagar todo o rasto que assinale o destino eterno do homem.

III. "«AS TRÊS CONCUPISCÊNCIAS (cf. 1 Jo 2, 16) são como três forças gigantescas que desencadearam um enorme redemoinho de luxúria, de autocomplacência orgulhosa da criatura nas suas próprias forças e de ânsia de riquezas» (Mons. Escrivá, *Carta*, 14-II-1974, n. 10). [...] E vemos, sem pessimismos nem encolhimentos, que [...] essas forças alcançaram um desenvolvimento sem precedentes e uma agressividade monstruosa, a tal ponto que «uma civilização inteira cambaleia, impotente e sem recursos morais» (*ib.*)"[12]. Perante essa situação, não é lícito permanecermos imóveis. *O amor de Cristo nos urge...*, diz-nos São Paulo na segunda Leitura da Missa[13]. A caridade, a extrema necessidade de tantas criaturas, é o que nos insta a um incansável trabalho apostólico em todos os ambientes, cada um no seu, ainda que deparemos com incompreensões e mal-entendidos provenientes de pessoas que não querem ou não podem entender-nos.

"Caminha [...] *in nomine Domini*, com alegria e passo firme no nome do Senhor. Sem pessimismos! Se surgirem dificuldades, mais abundante será a graça que nos chega de Deus; se surgirem mais dificuldades, mais eficaz será a graça de Deus que nos desce do Céu; se houver muitas dificuldades, haverá muita graça de Deus. A ajuda divina é proporcional aos obstáculos que o mundo e o demônio levantam ao trabalho apostólico. Por isso, até me atreveria a afirmar que convém que haja dificuldades, porque assim teremos mais ajuda de Deus: *Onde abundou o pecado, superabundou a graça* (Rm 5, 20)"[14].

Aproveitaremos essas ocasiões para purificar a intenção, para estar mais unidos ao Mestre, para nos fortalecermos na fé. A nossa atitude há de ser a de perdoar sempre e manter a serenidade, pois o Senhor está com cada um de nós. "Cristão, na tua nave dorme Cristo — recorda-nos Santo Agostinho —, desperta-o, que Ele admoestará a tempestade e far-se-á a calma"[15]. Tudo é para nosso proveito e para o bem das almas. Por isso, basta-nos estar na companhia do Senhor para nos sentirmos seguros. A inquietação, o medo e a covardia nascem quando a nossa oração murcha. Deus sabe bem tudo o que se passa conosco. E se for necessário, admoestará os ventos e o mar, e far-se-á uma grande bonança. E também nós ficaremos maravilhados, como os apóstolos.

A Santíssima Virgem não nos abandona em nenhum momento: "Se se levantarem os ventos das tentações — diz São Bernardo —, olha para a estrela, chama por Maria [...].

Não te extraviarás se a segues, não desesperarás se lhe rogas, não te perderás se nela pensas. Se ela te sustenta, não cairás; se te protege, nada terás a temer; se te guia, não te fatigarás; se te ampara, chegarás ao porto”[16].

(1) Mc 4, 35-40; (2) São Josemaria Escrivá, *Forja*, n. 343; (3) Lc 18, 31-33; (4) Mt 10, 24; (5) cf. Sagrada Bíblia, *Santos Evangelhos*, EUNSA, nota a Jo 15, 18-19; (6) Jo 15, 18; (7) São Gregório Magno, in *Ezechielem homiliae*, 9; (8) cf. At 5, 41-42; (9) cf. 1 Cor 1, 23; (10) São Josemaria Escrivá, *Sulco*, n. 416; (11) João Paulo II, Enc. *Familiaris consortio*, n. 44; (12) A. del Portillo, *Carta*, 25-XII-1985, n. 4; (13) 2 Cor 5, 14-17; (14) A. del Portillo, *Carta*, 31-V-1987, n. 22; (15) Santo Agostinho, *Sermão 361*, 7; (16) São Bernardo, *Homilias sobre a Virgem Maria*, 2.

TEMPO COMUM. DÉCIMO SEGUNDO DOMINGO. CICLO C

99. AMOR E TEMOR DE DEUS

— Amor a Deus e submissão perante a sua santidade infinita.
— Temor filial. Sua importância para desterrar o pecado.
— O *santo temor de Deus* e a Confissão.

SENHOR, meu Deus, inquieto te procuro,
sequiosa de ti está a minha alma,
e meu corpo anseia por achar-te;
eu te necessito como a terra sem água.
Minha alma é como a terra ressequida,
pois de Deus tem sede sem fim.

I. Assim rezamos no Salmo responsorial da Missa[1], fazendo nossa a oração da liturgia. E para nos aproximarmos mais e mais do nosso Deus e Senhor, devemos apoiar-nos em dois pontos sólidos que se unem e complementam: confiança e reverência respeitosa; intimidade e submissão reverencial; amor e temor. "São os dois braços com que abraçamos a Deus"[2], ensina São Bernardo.

Perante Deus Pai, cheio de misericórdia e de bondade, plenitude de todo o bem verdadeiro, sentimo-nos cativados, e perante o mesmo Deus, absolutamente excelso, majestoso, inclinamo-nos com a humildade de quem se sabe menos que nada; submetemos a Ele a nossa vontade e tememos os seus justos castigos. Também na Missa de hoje rezamos a seguinte oração: *Sancti nominis tui, Domine, timorem pariter et amorem fac nos habere perpetuum*... "Senhor, nosso Deus, dai-nos por toda a vida a graça de Vos amar e temer, pois nunca cessais de conduzir os que firmais no vosso amor"[3]. Amor e santo temor filial são as duas asas para nos elevarmos até o Senhor.

A Sagrada Escritura ensina que *o temor de Deus é o princípio da sabedoria*[4] e o fundamento de toda a virtude, pois *se não te agarrares firmemente ao temor de Deus, em breve a tua casa será destruída*[5]. E o próprio Cristo, depois de dizer aos seus amigos que não devem temer os que tiram a vida do corpo, porque depois pouco mais podem fazer, acrescenta: *Eu vos mostrarei a quem deveis temer* — diz isso precisamente aos seus mais fiéis seguidores, aos que deixaram tudo por Ele —: *temei aquele que, depois de matar, tem o poder de lançar no inferno. Sim, digo-vos, temei a esse*[6]. E os Atos dos Apóstolos narram como a Igreja primitiva se estendia, se fortalecia *e andava no temor do Senhor, cheia do consolo do Espírito Santo*[7].

Não podemos esquecer que o amor por Deus se torna forte na medida em que nos situamos longe do pecado mortal e lutamos decididamente, com empenho, contra o pecado venial deliberado. E para nos mantermos nessa luta aberta contra tudo o que ofende o Senhor, devemos cultivar o *santo temor de Deus*, temor sempre filial, de um filho que teme causar dor e tristeza ao seu Pai, pois sabe quem Ele é, e sabe o que é o pecado e a infinita distância a que o empurra de Deus. Por isso diz Santo Agostinho: "Bem-aventurada a alma de quem teme a Deus, pois mantém-se forte contra as tentações do diabo: *Bem-aventurado o homem que persevera no temor* (Prov 28, 14), aquele a quem foi dado ter sempre diante dos olhos o temor de Deus. Quem teme o Senhor afasta-se do mau caminho e dirige os seus passos pelas sendas da virtude; o temor de Deus torna o homem precavido e vigilante para que não peque. Onde não há temor de Deus, reina a vida dissoluta"[8].

O amor a Deus e o temor filial são dois aspectos de uma única atitude, que nos permite caminhar com segurança. Olhando para a infinita bondade de Deus, que se torna próxima de nós na Humanidade Santíssima de Jesus Cristo, sentimo-nos impelidos a amá-lo cada vez mais; contemplando a majestade e justiça de Deus e a pequenez pessoal, surge em nós o temor de entristecer o Senhor e de perder, por causa dos pecados pessoais, Aquele a quem tanto amamos. Por isso — aconselha o Cardeal Newman —, "continuai a temer e continuai a amar, até o último dia da vossa vida"[9].

II. O SANTO TEMOR DE DEUS, garantia e apoio do verdadeiro amor, ajuda-nos a romper definitivamente com os pecados graves, move-nos a fazer penitência pelos pecados cometidos e preserva-nos das faltas deliberadas. "O temor aos castigos que merecemos pelos nossos pecados dá-nos forças para perseverar nos esforços diários, nas renúncias e nas lutas, sem as quais não podemos livrar-nos dos pecados nem unir-nos plenamente a Deus. Sempre temos motivos para nos sentirmos transidos de temor de Deus, dadas as muitas ocasiões de pecar, dada a nossa fraqueza, a força dos costumes e gostos tortuosos, a inclinação da nossa natureza para se deixar levar pelos atrativos da concupiscência e do mundo, dadas as muitas faltas, descuidos e defeitos que cometemos cada dia"[10]. Como não temer diante de tanta fraqueza pessoal? Como não confiar diante da imensa bondade divina?

O temor filial mantém a alma vigilante perante uma falsa e enganosa tranquilidade, pois talvez o maior mal que pode atingir um homem seja precisamente o de fazê-lo encolher os ombros diante do pecado cometido, levando-o a encará-lo com uma ligeireza e uma superficialidade que podem chegar até à própria perda do sentido do pecado. Esta atitude, que reconhecemos em pessoas que parecem regressar ao paganismo, é consequência de se ter perdido o santo temor de Deus.

Nessas tristes circunstâncias, ridiculariza-se, torna-se trivial ou tira-se importância à ofensa a Deus, e consideram-se "naturais" as mais graves aberrações, porque se destruíram as referências entre a criatura e o seu Criador. As deformações mais graves da consciência — e, portanto, da orientação essencial do homem — derivam frequentemente de se ter perdido a atitude de *respeito sagrado* por Aquele que fez todas as coisas do nada, por Aquele de quem todas as criaturas dependem no seu ser e no seu existir.

O começo do temor de Deus é um amor imperfeito, pois baseia-se no temor ao castigo. Mas esse temor pode e deve ser elevado a uma atitude filial, a partir da qual contemplamos com profunda reverência a grandeza de Deus, a sua infinita majestade, e ganhamos plena consciência da nossa condição de criaturas. "«*Timor Domini sanctus*». — Santo é o temor de Deus. — Temor que é veneração do filho por seu Pai; nunca temor servil, porque teu Pai-Deus não é um tirano"[11]. Nasce assim o temor de um filho que ama sinceramente o seu pai, e que desse amor tira forças para evitar tudo aquilo que possa magoá-lo.

III. QUANDO FORMOS RECEBER o sacramento da Penitência, ser-nos-á de grande ajuda fomentar na nossa alma o santo temor de Deus. Ainda que para a recepção deste sacramento baste a *atrição* (dor sobrenatural, mas imperfeita, por medo ao castigo, pela fealdade do pecado), receberemos muitas graças se abrirmos a nossa alma a um sentimento de temor filial, por termos ofendido um Deus todo-poderoso que é ao mesmo tempo nosso Pai. Dessa atitude filial será mais fácil passarmos à *contrição*, ao arrependimento por amor, à dor de amor. Então cada uma das nossas confissões se converterá numa fonte imensa de graças, num meio eficaz de tornar o amor cada vez mais forte[12].

A vida interior cresce com maior delicadeza e profundidade quando consideramos as verdades que nos mostram os fundamentos dessa atitude que é um dom do Espírito Santo: a santidade de Deus e a nossa miséria, os nossos desfalecimentos diários, a total dependência da criatura em relação ao seu Criador, a gravidade de um só pecado *venial* em face da santidade divina, a ingratidão que revelam as faltas de generosidade no cumprimento das exigências da vocação cristã[13].

Compreenderemos mais o mistério do pecado se nos acostumarmos a meditar com frequência a Paixão de Nosso Senhor. Aprenderemos então a amar, com um amor que temerá cometer um único pecado venial. Na contemplação de tanta dor como a que Cristo padeceu pelos nossos pecados, pelos de cada um em particular, tornar-se-ão mais firmes a contrição e o empenho por evitar toda a falta deliberada.

O santo temor de Deus, unido ao amor, dá à vida cristã uma coragem particular: não há nada que possa atemorizá-la, porque nada a separará de Deus[14]. A alma reafirma-se na virtude da esperança, fugindo de uma falsa tranquilidade e mantendo um amor vigilante — *cor meum vigilat* — contra os atrativos da tentação.

Peçamos a nossa Mãe Santa Maria — *Refugium peccatorum* — que entendamos bem quanto perdemos de cada vez que damos um passo fora do caminho que conduz ao seu Filho Jesus, ainda que se trate apenas de faltas leves. E que nos ajude a fomentar uma dor de amor.

(1) Sl 62, 2; (2) São Bernardo, *Sobre a consideração*, 5, 15; (3) *Oração coleta* da Missa do décimo segundo domingo do Tempo Comum, ciclo C; (4) Sl 110, 10; (5) Eclo 27, 3-4; (6) Lc 12, 4; (7) At 9, 31; (8) Santo Agostinho, *Sermão sobre a humildade e o temor de Deus*; (9) São John Henry Newman, *Sermões paroquiais*, serm. 24; (10) B. Baur, *La confesión frecuente*, p. 153; (11) São Josemaria Escrivá, *Caminho*, n. 435; (12) cf. João Paulo II, Exort. apost. *Reconciliatio et paenitentia*, 2-XII-1984, 31, III; (13) cf. B. Baur, *op. cit.*, p. 156; (14) cf. Rm 8, 35-39.

TEMPO COMUM. DÉCIMA SEGUNDA SEMANA. SEGUNDA-FEIRA

100. A PALHA NO OLHO ALHEIO

— A soberba tende a exagerar as faltas alheias e a diminuir e desculpar as próprias.
— Aceitar as pessoas como são. Ajudar com a *correção fraterna*.
— A crítica positiva.

I. CERTA VEZ, O SENHOR disse aos que o escutavam: *Como vês a palha no olho do teu irmão, e não vês a trave no teu? Ou como ousas dizer ao teu irmão: Deixa que eu tire a palha do teu olho, tendo tu uma trave no teu? Hipócrita: tira primeiro a trave do teu olho, e então poderás tirar a palha do olho do teu irmão*[1]. Uma manifestação de humildade é evitar o juízo negativo — e muitas vezes injusto — sobre os outros.

Pela nossa soberba pessoal, tendemos a ver aumentadas as menores faltas dos outros e, por contraste, a diminuir e justificar os maiores defeitos pessoais. Mais ainda, a soberba tende a projetar nos outros o que na realidade são imperfeições e erros próprios. Por isso Santo Agostinho aconselhava sabiamente: "Procurai adquirir as virtudes que julgais faltarem nos vossos irmãos, e já não lhes vereis os defeitos, porque vós mesmos não os tereis"[2].

A humildade, pelo contrário, exerce positivamente o seu influxo numa série de virtudes que permitem uma convivência humana e cristã. Só a pessoa humilde está em condições de perdoar, de compreender e de ajudar, porque só ela é consciente de ter recebido tudo de Deus, só ela conhece as suas misérias e sabe como anda necessitada da misericórdia divina. Daí que trate o seu próximo com benignidade — também à hora de julgar —, desculpando e perdoando quando necessário. Por outro lado, nunca esquecerá que a nossa visão das ações alheias sempre é e será limitada, pois só Deus penetra nas intenções mais íntimas, lê nos corações e dá o verdadeiro valor a todas as circunstâncias que acompanham uma ação.

Devemos aprender a desculpar os defeitos, talvez patentes e inegáveis, daqueles com quem convivemos diariamente, de tal forma que não nos afastemos deles nem deixemos de estimá-los por causa das suas falhas e incorreções. Aprendamos do Senhor, que, "não podendo de forma alguma desculpar o pecado daqueles que o haviam posto na Cruz, procurou no entanto reduzir-lhe a malícia, alegando a ignorância daqueles homens. Quando nós não pudermos desculpar o pecado, ao menos julguemo-lo digno de compaixão, atribuindo-o à causa mais tolerante que possa ser-lhe aplicada, como é a ignorância ou a fraqueza"[3].

Se nos habituarmos a ver as qualidades dos outros, descobriremos que essas deficiências do seu caráter, essas falhas no seu comportamento, são, normalmente, de pouca importância em comparação com as virtudes que possuem. Esta atitude positiva, justa, em face daqueles com quem lidamos habitualmente, ajudar-nos-á muito a aproximar-nos do Senhor, pois cresceremos em caridade e em humildade.

"Procuremos sempre — aconselhava Santa Teresa — olhar as virtudes e coisas boas que vemos nos outros, e tapar os seus defeitos com os nossos grandes pecados. Ainda que depois não o consigamos com perfeição, este é um modo de agir que nos faz ganhar uma grande virtude, que é a de termos a todos por melhores do que nós. E assim começamos a ganhar o favor de Deus"[4].

Em face das deficiências dos outros, mesmo dos seus pecados externos (murmurações, maus modos, pequenas vinganças...), devemos adotar uma atitude positiva: rezar em primeiro lugar por eles, desagravar o Senhor, crescer em paciência e fortaleza, querer-lhes bem e apreciá-los mais, porque necessitam mais da nossa estima.

II. O SENHOR NÃO MANDOU embora os apóstolos nem deixou de estimá-los por causa dos defeitos que tinham, aliás bem patentes nos Evangelhos. Quando começam a segui-lo, vemos que às vezes se deixam dominar pela inveja, que têm sentimentos de ira, que ambicionam os primeiros postos. O Mestre corrige-os com delicadeza, tem paciência com eles e não deixa de querer-lhes bem. Ensina aos que seriam transmissores da sua doutrina algo de importância vital para a sua missão, para a Igreja inteira, para a família, para o mundo do trabalho: o exercício da caridade com atos.

Amar os outros, mesmo com os seus defeitos, é cumprir a Lei de Cristo, pois *toda a Lei se cumpre num só preceito: Amarás o teu próximo como a ti mesmo*[5], e este mandamento de Jesus não diz que se deva amar só os que não têm defeitos ou aqueles que têm determinadas virtudes. O Senhor pede que saibamos estimar em primeiro lugar — porque a caridade é ordenada — aqueles que Ele colocou ao nosso lado por laços de parentesco, de trabalho, de amizade, de vizinhança.

Esta caridade terá matizes e notas particulares de acordo com os vínculos que nos unam, mas em qualquer caso a nossa atitude deve ser sempre aberta, amistosa, desejosa de ajudar a todos. E não se trata de viver essa virtude com pessoas ideais, mas com aqueles com quem convivemos ou trabalhamos, ou que encontramos na rua à hora do tráfego mais intenso, ou quando os transportes públicos vão lotados. Às vezes, teremos talvez no nosso próprio lar, no nosso próprio escritório, pessoas que têm mau gênio, que são egoístas e invejosas, ou que um dia se levantaram indispostas ou cansadas. Trata-se de conviver, de estimar e de ajudar *essas* pessoas concretas e reais.

Diante das faltas do próximo, a resposta do cristão, além de compreender e rezar, há de ser, quando for oportuno, ajudar através da *correção fraterna*, que o próprio Senhor recomendou[6] e que sempre se viveu na Igreja. É uma ajuda fraternal que, por ser fruto da caridade, deve ser feita humildemente, sem ferir, a sós, de forma amável e positiva. Jamais deve dar a impressão de que é uma reclamação, um desabafo, uma manifestação de mau-humor ou de defesa de interesses pessoais, antes deve deixar absolutamente claro que o que se quer é que esse amigo ou colega compreenda que aquela ação ou atitude concreta faz mal à sua alma, ao trabalho, à convivência, ao prestígio humano a que tem direito. O preceito evangélico ultrapassa amplamente o plano meramente humano das convenções sociais e até a própria amizade. É uma prova de lealdade humana, que evita toda a crítica ou murmuração.

III. SE TOMARMOS COMO NORMA habitual não reparar na *palha no olho alheio*, ser-nos-á fácil não falar mal de ninguém. Se em algum caso temos que pronunciar-nos sobre determinada atuação, sobre a conduta de alguém, faremos essa avaliação na presença do Senhor, na oração, purificando a intenção e cuidando das normas elementares de prudência e de justiça. "Não me cansarei de insistir-vos — costumava repetir Mons. Escrivá — em que aqueles que têm obrigação de julgar devem ouvir as duas partes, os dois sinos. *Porventura a nossa lei condena alguém sem tê-lo ouvido primeiro e examinado o seu proceder?*, recordava Nicodemos, aquele varão reto e nobre, leal, aos sacerdotes e fariseus que procuravam condenar Jesus"[7].

E se temos que exercer o dever da crítica, esta deve ser construtiva, oportuna, ressalvando sempre a pessoa e as suas intenções, que não conhecemos senão parcialmente. A crítica do cristão é profundamente humana, não fere e até conquista a amizade dos que lhe são contrários, porque se manifesta cheia de respeito e de compreensão. Por honradez humana, o cristão não julga quem não conhece e, quando emite um juízo, sabe que este deve subordinar-se sempre a uns requisitos de tempo, de lugar e de matizes, sem os quais poderia converter-se facilmente em detração ou difamação. Por caridade e por honradez, teremos além disso o cuidado de não converter em juízo inamovível o que foi uma simples impressão, ou de não transmitir como verdade o que "disseram", ou a simples notícia sem confirmação que fere o bom nome de uma pessoa ou de uma instituição.

Se a caridade nos inclina a ver os defeitos alheios unicamente num contexto de virtudes e de qualidades positivas, a humildade leva-nos a descobrir em nós mesmos tantos erros e defeitos que não quereremos senão pedir perdão a Deus e nunca teremos vontade de criticar os outros; pelo contrário, estaremos sempre dispostos a receber e aceitar a crítica honrada das pessoas que nos conhecem e nos apreciam. "Sinal certo da grandeza espiritual é saber deixar que nos digam as coisas, recebendo-as com alegria e agradecimento"[8]. Só o soberbo é que não tolera nenhuma advertência, antes se desculpa ou reage contra quem — levado pela caridade e pela melhor das amizades — quer ajudá-lo a superar um defeito ou a evitar que se repita determinado comportamento errôneo.

Entre os muitos motivos para agradecer a Deus, oxalá possamos contar também o de ter pessoas ao nosso lado que saibam dizer-nos oportunamente o que fazemos mal e o que podemos e devemos fazer melhor, numa crítica amiga e honesta.

A Virgem Santa Maria sempre soube dizer a palavra adequada; nunca murmurou e muitas vezes guardou silêncio.

(1) Mt 7, 3-5; (2) Santo Agostinho, *Comentário sobre os Salmos*, 30, 2, 7; (3) São Francisco de Sales, *Introdução à vida devota*, 3, 28; (4) Santa Teresa, *Vida*, 13, 6; (5) Gl 5, 14; (6) Mt 18, 15-17; (7) São Josemaria Escrivá, *Carta*, 29-IX-1957; (8) Salvador Canals, *Reflexões espirituais*, p. 120.

101. A PORTA ESTREITA

— O caminho que conduz ao Céu é estreito. Temperança e mortificação.
— Necessidade da mortificação. A luta contra o comodismo e o aburguesamento.
— Alguns exemplos de temperança e de mortificação.

I. *ENQUANTO IAM A CAMINHO de Jerusalém, alguém perguntou a Jesus: Senhor, são poucos os que se salvam?*[1] Jesus não lhe respondeu diretamente, mas disse-lhe: *Esforçai-vos por entrar pela porta estreita, porque vos digo: muitos procurarão entrar e não poderão*. E no Evangelho da Missa de hoje São Mateus deixou-nos esta exclamação do Senhor: *Como é estreita a porta e como é apertada a senda que leva à vida, e quão poucos os que acertam com ela!*[2]

A vida é como um caminho que termina em Deus, um caminho curto. Importa acima de tudo que, ao chegarmos, a porta nos seja aberta e possamos entrar: "Caminhamos como peregrinos em direção à consumação da história humana. O Senhor diz: *Eis que eu venho em breve, e comigo a minha recompensa, para dar a cada um segundo as suas obras...* (Ap 22, 12-13)"[3].

Dois caminhos, duas atitudes na vida: buscar o mais cômodo e agradável, regalar o corpo e fugir do sacrifício e da penitência, ou buscar a vontade de Deus ainda que custe, ter os sentidos guardados e o corpo sob controle; viver como peregrinos que levam o estritamente necessário e se entretêm pouco nas coisas porque estão de passagem, ou ficar ancorados na comodidade, no prazer ou nos bens temporais, utilizados como fins e não como simples meios.

O primeiro desses caminhos conduz ao Céu; o outro, *à perdição, e são muitos os que andam por ele*. Temos que nos perguntar com frequência por onde caminhamos e para onde vamos. Dirigimo-nos diretamente para o Céu, ainda que não faltem derrotas e fraquezas? Andamos pela senda estreita? Qual é realmente o fim dos nossos atos?

"Se olharmos as coisas não como uma pura teoria, mas referidas à vida, talvez seja possível entender melhor a questão. Se um universitário quer ser médico, não se matricula em Filologia Românica... Na verdade, se se matricula em Filologia Românica, está demonstrando que o que de fato quer é ser filólogo, não médico, apesar de tudo o que diga [...]. Isto é assim porque, quando se quer alguma coisa, é preciso escolher os meios adequados [...]. Se alguém quer ir para casa e deliberadamente escolhe o caminho que conduz à casa do seu inimigo, o que sem dúvida está querendo é ir para onde diz que não deseja ir"[4]. E se diz que escolheu esse determinado caminho porque é mais cômodo, então o que realmente lhe interessa é o caminho, não o fim a que este conduz.

II. O HOMEM TENDE A IR pelo caminho mais largo e cômodo da vida. Prefere uma porta ampla que não conduz ao Céu: muitas vezes lança-se sem medida sobre as coisas, sem regra nem temperança.

O caminho que o Senhor nos indica é alegre, mas, ao mesmo tempo, é caminho de cruz e de sacrifício, de temperança e de mortificação. *Se alguém quiser vir após mim, negue-se a si mesmo, tome a sua cruz cada dia e siga-me*[5]. *Se o grão de trigo que cai na terra não morre, fica só; mas, se morre, dá muito fruto*[6].

A temperança é necessária nesta vida para podermos entrar na outra. Pede-se-nos aos cristãos que estejamos desprendidos dos bens que temos e usamos, que evitemos a preocupação desmedida, que prescindamos do supérfluo e, quanto ao necessário, que usemos dele com austeridade, que é sinal de retidão de intenção. Não podemos ser como esses homens que "parecem guiar-se pela economia, de tal forma que quase toda a sua vida pessoal e social está como que imbuída de certo espírito materialista"[7]. Esses homens esquecem facilmente que a sua vida é um caminho para Deus. Unicamente isso: um caminho para Deus. *Estai atentos* — previne-nos o Senhor — *para que não suceda que os vossos corações se embotem pela crápula, pela embriaguez e pelas preocupações da vida*[8]. *Estejam cingidos os vossos corpos e acesas as vossas lâmpadas, e sede como homens que esperam o amo de volta das bodas*[9].

Na senda ampla da comodidade, do conforto e da falta de mortificação, as graças dadas por Deus queimam-se e ficam sem fruto. Tal como a semente caída entre espinhos: *afoga-se nos cuidados, na riqueza e nos prazeres da vida, e não chega a dar fruto*[10]. A sobriedade, pelo contrário, facilita o trato com Deus, pois "com o corpo pesado e enfartado de alimento, a alma está muito mal aparelhada para voar para o alto"[11].

Dirigimo-nos a toda a pressa para Deus, e a única coisa verdadeiramente importante é não errar de caminho. Estamos nós no caminho bom, do sacrifício e da penitência, da alegria e da entrega aos outros? Lutamos decididamente, com obras, contra os desejos de comodismo que nos espicaçam continuamente?

III. NO MEIO DE UM AMBIENTE materialista, a temperança é de grande eficácia apostólica. É um dos exemplos mais atraentes da vida cristã. Onde quer que nos encontremos, devemos esforçar-nos por dar sempre esse exemplo, que há de manifestar-se com simplicidade no nosso comportamento. A exemplaridade de um cristão nesta matéria foi para muitos o começo de um verdadeiro encontro com Deus.

A vida de relação oferece-nos mil oportunidades de darmos esse exemplo de sobriedade e de mortificação, sem com isso chamarmos a atenção ou sermos tidos por pessoas aborrecidas, estranhas ou moralizantes. Começa pela sobriedade no comer e no beber, nos convites para almoços ou jantares em que, sem constranger ninguém, podemos ser comedidos na escolha do prato, nos acompanhamentos, na bebida; ou são os aperitivos de fim de semana, ou os pratos típicos, ou as sobremesas... À hora de escolher, lembremo-nos de que não temos espírito de desprendimento e sobriedade se, podendo escolher de maneira discreta, não escolhemos para nós o pior[12]. A moderação no falar é outra ocasião excelente de vivermos a temperança: evitaremos falar muito, ou falar de nós, ou manter conversas inúteis e frívolas, ou entreter-nos em murmurações que beiram a difamação... No ambiente de trabalho, já a intensidade no aproveitamento do tempo, fugindo das constantes interrupções e pequenas ausências, das conversas alheias ao cumprimento do dever, em suma, de toda a indolência, é um exemplo magnífico de austeridade; e a ela podem somar-se tantas outras, como a demonstração prática de que trabalhamos por amor ao trabalho feito por Deus, e não por amor ao dinheiro ou às honras. E ainda a exemplaridade na guarda da vista pela rua, à saída do trabalho com um colega, ou nas relações com uma colega de escritório, cheias de uma delicadeza sem familiaridades.

A *senda estreita* passa por todas as atividades do cristão: desde as comodidades do lar até o uso dos instrumentos de trabalho e o modo de nos divertirmos. No descanso, por exemplo, não é preciso fazer grandes gastos nem dedicar excessivas horas ao esporte em prejuízo de outros afazeres. Também dá exemplo de austeridade e de temperança quem sabe usar moderadamente da televisão e, em geral, dos instrumentos de conforto que a técnica oferece constantemente. Se tivermos presente que a nossa conduta ou constrói ou destrói em cada momento, veremos que podemos ser o *bonus odor Christi*[13], o bom odor de Cristo, que prepara os que nos veem e acompanham para se deixarem cativar pela figura amável do Senhor.

O caminho estreito é seguro e sólido. E no meio dessa vida, que tem certamente um tom austero e sacrificado, encontramos a alegria, porque a "Cruz já não é um patíbulo, mas o trono do qual reina Cristo. E a seu lado encontrarás Maria, sua Mãe, Mãe nossa também. A Virgem Santa te alcançará a fortaleza de que necessitas para caminhar com decisão, seguindo os passos do seu Filho"[14].

(1) Lc 13, 23; (2) Mt 7, 14; (3) Conc. Vat. II, Const. *Gaudium et spes*, 45; (4) F. Suárez, *A porta estreita*, pp. 37-38; (5) Lc 9, 23; (6) Jo 12, 34; (7) Conc. Vat. II, *op. cit.*, 63; (8) Lc 21, 34; (9) Lc 12, 35; (10) Lc 8, 14; (11) São Pedro de Alcântara, *Tratado da oração e da meditação*, II, 3; (12) cf. São Josemaria Escrivá, *Caminho*, n. 635; (13) 2 Cor 2, 15; (14) São Josemaria Escrivá, *Amigos de Deus*, n. 141.

TEMPO COMUM. DÉCIMA SEGUNDA SEMANA. QUARTA-FEIRA

102. PELOS SEUS FRUTOS OS CONHECEREIS

— Os frutos bons só podem vir de uma árvore sã. Os falsos mestres.
— O relacionamento com Deus e as obras do cristão.
— Os frutos amargos do *laicismo*. Reconduzir todas as coisas a Cristo.

I. O SENHOR INSISTE em múltiplas ocasiões no perigo dos falsos profetas, que levarão muitos à ruína espiritual[1]. No Antigo Testamento também se mencionam estes maus pastores que causam estragos no povo de Deus. Assim, o profeta Jeremias denuncia a impiedade daqueles que *profetizam em nome de Baal e desorientam o meu povo de Israel... Transmitem-vos vãos oráculos; contam-vos fantasias, e não as palavras do Senhor... Não enviei tais profetas; são eles que correm; nem jamais lhes falei; e, no entanto, proferem oráculos*[2].

Não demoraram também a aparecer no seio da Igreja. São Paulo chama-os falsos irmãos e falsos apóstolos[3], e põe de sobreaviso os primeiros cristãos para que os evitem; São Pedro chama-os falsos doutores[4]. Nos nossos dias, também têm proliferado os mestres do erro; têm semeado em abundância más sementes e têm sido causa de desconcerto e de ruína para muitos.

No Evangelho da Missa de hoje, o Senhor adverte-nos[5]: *Guardai-vos dos falsos profetas, que vêm a vós com pele de ovelha, mas por dentro são lobos vorazes*. É muito grande o mal que causam às almas, pois os que se aproximam deles em busca de luz encontram trevas, e, quando procuram fortaleza, encontram incerteza e debilidade.

O próprio Senhor nos previne que tanto os verdadeiros como os falsos enviados de Deus serão conhecidos pelos seus frutos: *Pelos seus frutos os conhecereis*, diz-nos Jesus. *Porventura colhem-se uvas dos espinhos ou figos dos abrolhos? Assim toda a árvore boa dá bons frutos, e a árvore má dá frutos maus. Não pode uma árvore boa dar maus frutos, nem uma árvore má dar frutos bons*. Nesta passagem do Evangelho, o Senhor põe-nos de sobreaviso para que estejamos vigilantes e sejamos prudentes com os falsos doutores e com as suas doutrinas enganosas, pois nem sempre será fácil distingui-las. Quantas vezes a má doutrina se apresenta revestida de uma aparência de bondade e de bem! Quantas vezes se apresenta como a única interpretação correta do Evangelho, forçando o sentido das palavras, o magistério da Igreja e a realidade histórica! Mas os frutos estão à vista: esses falsos enviados desunem o rebanho, separam-no do tronco fecundo da Igreja e muitas vezes acabam eles próprios por desertar. Devemos rezar sempre para que o Senhor abrevie esses tempos de prova que às vezes permite e fortaleça sempre a sua Igreja enviando-lhe bons pastores.

II. *AS ÁRVORES BOAS dão frutos bons*. E a árvore é boa quando por ela corre seiva boa. A seiva do cristão é a própria vida de Cristo, a santidade pessoal, que não se pode suprir com nenhuma outra coisa. Por isso, não devemos separar-nos nunca dEle: *Quem está unido comigo, e eu com ele, esse dá muito fruto, porque sem mim nada podeis fazer*[6]. No relacionamento com Jesus, aprendemos a ser eficazes, a estar alegres, a compreender, a amar de verdade, a ser, enfim, bons cristãos.

A vida em união com Cristo ultrapassa necessariamente o âmbito individual do cristão em benefício dos outros: daí brota a fecundidade apostólica, já que "o apostolado, seja qual for, é uma superabundância da vida interior"[7], da união vital com o Senhor. Lembremo-nos, porém, de que "esta vida de união íntima com Cristo se nutre dos auxílios espirituais comuns a todos os fiéis, muito especialmente da participação ativa na sagrada liturgia. Os leigos devem servir-se desses auxílios de tal forma que, ao cumprirem devidamente as suas obrigações no meio do mundo, nas circunstâncias ordinárias da sua vida, não separem a união com Cristo da sua vida privada, antes cresçam intensamente nessa união realizando as suas tarefas em conformidade com a Vontade de Deus"[8].

O trato com Jesus na Sagrada Eucaristia, a participação na Santa Missa — verdadeiro centro da vida cristã —, a oração pessoal e a mortificação, terão umas manifestações concretas à hora de realizarmos as nossas obrigações, ao entrarmos em contato com outras pessoas, católicas ou não, e ao cumprirmos os nossos deveres cívicos e sociais. Se descuidássemos esta profunda união com Deus, a eficácia apostólica com aqueles com quem nos relacionamos ir-se-ia reduzindo até extinguir-se, e os frutos se tornariam amargos, indignos de serem apresentados a Deus. "Entre aqueles para quem é um fardo *recolher-se no seu coração* (Jr 12, 11) ou que não querem fazê-lo — indicava São Pio X —, não faltam os que reconhecem a consequente pobreza da sua alma, e se desculpam com o pretexto de que se entregaram totalmente ao serviço das almas. Mas enganam-se. Tendo perdido o costume de tratar com Deus, quando falam dEle aos homens ou dão conselhos de vida cristã, estão totalmente vazios do espírito de Deus, de modo que a palavra do Evangelho parece como que morta neles"[9].

Não é infrequente então que — no melhor dos casos — só se deem conselhos rasteiros, sem conteúdo sobrenatural, ou doutrinas próprias, quando se deveria dar a doutrina do

Evangelho. Se se descuida a piedade pessoal, não se produzem as obras que Deus espera de cada cristão. Da abundância do coração fala a boca[10]; e se Deus não está no coração, como se poderão comunicar as palavras de vida que procedem dEle?

Examinemos hoje como é a nossa oração: a constância e a pontualidade com que a fazemos, o empenho com que procuramos afastar as distrações, o esforço por fazê-la no lugar mais adequado, o recurso à Virgem Maria, a São José, ao Anjo da Guarda, para que nos ajudem a manter um diálogo vivo e pessoal com Deus, o propósito diário com que encerramos esses minutos de meditação. Examinemos também como é o nosso interesse em viver na presença de Deus enquanto caminhamos pela rua, enquanto trabalhamos, na família, por meio de pequenos atos interiores com que elevamos o coração ao Senhor. Lembremo-nos: a seiva não se vê, mas não haverá frutos se a seiva deixar de circular.

III. ASSIM COMO O HOMEM que exclui Deus da sua vida se converte em árvore má que dá maus frutos, a sociedade que pretende desalojar Deus dos seus costumes e das suas leis produz males sem conta e gravíssimos danos para os cidadãos que a integram. "Sem religião, é impossível que os costumes de um Estado sejam bons"[11]. Surge então o fenômeno do laicismo, que quer substituir a honra devida a Deus e à moral baseada em princípios transcendentes, por ideais e princípios de conduta meramente humanos, que acabam por ser infra-humanos. Ao mesmo tempo, pretende-se relegar Deus e a Igreja para o interior das consciências e ataca-se com agressividade a Igreja, o Papa, quer diretamente ou em pessoas e instituições fiéis ao seu Magistério.

Não é raro então que "onde o laicismo consegue subtrair o homem, a família e o Estado ao influxo regenerador de Deus e da Igreja, apareçam sinais cada vez mais evidentes e terríveis da corruptora falsidade do velho paganismo. Coisa que acontece também naquelas regiões onde durante séculos brilharam os fulgores da civilização cristã"[12]. Esses sinais produzidos pela secularização são evidentes em muitos países, mesmo de grande tradição e raízes cristãs, onde esse processo progride a olhos vistos: divórcio, aborto, aumento alarmante do consumo de drogas, criminalidade, desprezo da moralidade pública... O homem e a sociedade desumanizam-se e degradam-se quando não têm a Deus como Pai, um Pai cheio de amor, que sabe dar leis para a própria conservação da natureza humana e para que as pessoas encontrem a sua dignidade e alcancem o fim para que foram criadas.

Perante frutos tão amargos, nós, os cristãos, devemos corresponder com generosidade à chamada recebida de Deus para ser sal e luz onde estivermos. Devemos mostrar com obras que o mundo é mais humano, mais alegre, mais honesto e mais limpo quando está mais perto de Deus. Vale a pena viver a vida tanto mais quanto mais estiver informada pela luz de Cristo.

Jesus incita-nos continuamente a não permanecer inativos, a não perder a menor ocasião de dar um sentido mais cristão, mais humano, às pessoas e ao ambiente em que estamos. Ao terminarmos a nossa oração, perguntamo-nos hoje: que posso eu fazer na minha família, na minha escola, na Universidade, na fábrica, no escritório, para que o Senhor esteja presente nesses lugares?

E pedimos a São José a firmeza de espírito necessária para levarmos todas as realidades humanas a Cristo. Olhemos com esperança para o exemplo da sua vida, pois dela "depreende-se a grande personalidade humana de José: em nenhum momento surge aos nossos olhos como um homem apoucado ou assustado perante a vida; pelo contrário, sabe enfrentar os problemas, ultrapassar as situações difíceis, assumir com responsabilidade e iniciativa as tarefas que lhe são confiadas"[13].

Com a graça de Deus e a intercessão do Santo Patriarca, esforçar-nos-emos com constância por dar fruto abundante no lugar em que Deus nos colocou.

(1) Cf. Mt 24, 11; Mc 13, 22; Jo 10, 12; (2) cf. Jr 23, 9-40; (3) Gl 2, 4; 2 Cor 11, 26; 1 Cor 11, 13; (4) 2 Pe 2, 1; (5) Mt 7, 15-20; (6) Jo 15, 5; (7) São Josemaria Escrivá, *Amigos de Deus*, n. 239; (8) Conc. Vat. II, Decr. *Apostolicam actuositatem*, 4; (9) São Pio X, Enc. *Haerent animo*, 4-VIII-1908; (10) cf. Lc 6, 45; (11) Leão XIII, Enc. *Immortale Dei*, 1-XI-1885; (12) Pio XII, Enc. *Summi pontificatus*, 20-X-1939, 23; (13) São Josemaria Escrivá, *É Cristo que passa*, n. 40.

TEMPO COMUM. DÉCIMA SEGUNDA SEMANA. QUINTA-FEIRA

103. FRUTOS DA MISSA

— Os frutos da Missa. O sacrifício eucarístico e a vida ordinária do cristão.
— A nossa participação na Santa Missa deve ser oração pessoal, união com Jesus Cristo, Sacerdote e Vítima.
— Preparação para assistir à Missa. O apostolado e o sacrifício eucarístico.

I. O CONCÍLIO VATICANO II "recorda-nos que o sacrifício da Cruz e a sua renovação sacramental na Missa constituem uma mesma e única realidade, à exceção do modo de oferecer [...], e que, consequentemente, a Missa é ao mesmo tempo sacrifício de louvor, de ação de graças, propiciatório e satisfatório"[1].

Os fins que o Salvador deu ao seu sacrifício na Cruz costumam sintetizar-se nesses quatro, e alcançam-se em medidas e modos diversos. Os fins que se referem diretamente a Deus, como a adoração ou louvor e a ação de graças, produzem-se *sempre* infalível e plenamente no seu valor infinito, mesmo sem o nosso concurso, ainda que nenhum fiel assista à celebração da Missa ou assista distraído. *Cada vez* que se celebra o sacrifício eucarístico, louva-se a Deus Nosso Senhor sem limites, e oferece-se uma ação de graças que o satisfaz plenamente. Esta oblação, diz São Tomás, agrada mais a Deus do que o ofendem todos os pecados do mundo[2], pois o próprio Cristo é o Sacerdote principal de cada Missa e também a Vítima que se oferece em todas elas.

Já os outros dois fins do sacrifício eucarístico (propiciação e de petição), que revertem em favor dos homens e que se chamam *frutos* da Missa, nem sempre atingem efetivamente a plenitude dos efeitos que poderiam alcançar. Os frutos de reconciliação com Deus e de obtenção do que pedimos à sua benevolência poderiam ser também infinitos, porque se baseiam nos méritos de Cristo, mas na realidade nunca os recebemos nesse grau porque nos são aplicados de acordo com as nossas disposições pessoais. Daí a importância de melhorarmos continuamente a nossa participação pessoal no Sacrifício do altar, unindo-nos intimamente ao próprio louvor, ação de graças, expiação e impetração de Cristo Sacerdote.

Neste sentido, o rito externo da Missa (as ações e cerimônias), ao mesmo tempo que significam o sacrifício interior de Jesus Cristo, são também sinal da entrega e da oblação dos fiéis unidos a Ele[3]: exigem e simultaneamente fomentam a entrega de todo o nosso ser, tanto durante a celebração como ao longo da vida: "Todas as suas obras, preces e iniciativas apostólicas — indica o Concílio Vaticano II —, bem como a vida conjugal e familiar, o trabalho cotidiano, o descanso do corpo e da alma, se praticados no Espírito, e mesmo os incômodos da vida pacientemente suportados, tornam-se «hóstias espirituais, agradáveis a Deus, por Jesus Cristo» (1 Pe 2, 5), hóstias que são piedosamente oferecidas ao Pai com a oblação do Senhor na celebração da Eucaristia"[4]. Todas as nossas obras e a própria vida adquirem um novo valor, porque tudo passa então a girar em torno da Santa Missa, que se converte no centro do dia.

II. PARA OBTERMOS CADA DIA mais frutos da Santa Missa, a nossa Mãe a Igreja quer que assistamos a ela não como "espectadores estranhos e mudos", mas tratando de compreendê-la cada vez melhor, nos seus ritos e orações, *participando* da ação sagrada de modo *consciente, piedoso e ativo*, pondo a alma em consonância com as palavras que dizemos e colaborando com a graça divina[5].

Devemos, pois, prestar atenção aos diálogos, às aclamações, e viver conscientemente esses elementos externos que também fazem parte da liturgia: as posições do corpo (de joelhos, em pé, sentados), a recitação ou canto de partes comuns (Glória, Credo, Santo, Pai Nosso...) etc.

Muitas vezes, ser-nos-á bastante útil ler no nosso missal as orações do celebrante. Como também o esforço por viver a pontualidade — chegando pelo menos uns minutos antes do começo —, nos ajudará a preparar-nos melhor e será uma atenção delicada com Cristo, com o sacerdote que celebra a Missa e com os que já estão na igreja. O Senhor agradece que também nisto sejamos exemplares. Por acaso não seríamos pontuais se se tratasse de uma audiência importante? Não há nada mais importante no mundo do que a Santa Missa.

Além da participação externa, devemos fomentar a *participação interna*, pela união com Jesus Cristo que se oferece a si mesmo. Esta participação consiste principalmente no exercício das virtudes: em atos de fé, de esperança e de amor, de humildade, de contrição, ao longo das orações e nos momentos de silêncio: antes do "Confesso a Deus todo-poderoso", devemos realmente sentir todo o peso dos nossos pecados; no momento da Consagração, podemos repetir, com o apóstolo São Tomé, aquelas suas palavras cheias de fé e de amor: *Meu Senhor e meu Deus*, ou outras que a piedade nos sugira.

A nossa participação na Santa Missa deve ser, pois, e antes de mais nada, oração pessoal, o ponto culminante do nosso diálogo habitual com o Pai, o Filho e o Espírito Santo. Diz Paulo VI que esse espírito de oração, "na medida em que for possível a cada um, é condição indispensável para uma participação litúrgica autêntica e consciente. E não somente condição, mas também seu fruto e consequência [...]. É necessário, hoje e sempre, mas hoje mais do que nunca, manter um espírito e uma prática de oração pessoal... Sem uma íntima e contínua vida interior de oração, de fé, de caridade pessoal, não podemos continuar a ser cristãos; não podemos participar de uma maneira útil e proveitosa no renascimento litúrgico; não podemos dar testemunho eficaz daquela autenticidade cristã de que tanto se fala; não podemos pensar, respirar, atuar, sofrer e esperar plenamente com a Igreja viva e peregrina... Dizemos a todos vós: orai, irmãos — *orate, fratres*. Não vos canseis de tentar que surja do fundo do vosso espírito, com o clamor mais íntimo, esse Tu! dirigido ao Deus inefável, a esse misterioso Outro que vos observa, espera e ama. E certamente não vos sentireis desiludidos ou abandonados, antes experimentareis a alegria nova de uma resposta embriagante: *Ecce adsum*, eis que estou contigo"[6].

De modo muito particular, temos Deus junto de nós e em nós no momento da Comunhão, em que a participação na Santa Missa chega ao seu momento culminante. "O efeito próprio deste sacramento — ensina São Tomás de Aquino — é a conversão do homem em Cristo, para que diga com o Apóstolo: *Não sou eu que vivo, mas é Cristo que vive em mim*"[7].

III. ANTES DA SANTA MISSA, devemos preparar a nossa alma para nos aproximarmos do acontecimento mais importante que se dá cada dia no mundo. A Missa celebrada por qualquer sacerdote, no lugar mais recôndito, é o evento mais importante que acontece naquele instante sobre a terra, ainda que não esteja presente uma única pessoa sequer. É a coisa mais grata a Deus que os homens lhe podem oferecer; é a ocasião por excelência de agradecer-lhe os muitos benefícios que dEle recebemos, de pedir-lhe perdão por tantos pecados e faltas de amor... e de solicitar-lhe tantas coisas espirituais e materiais de que necessitamos.

"Quem não tem coisas a pedir? Senhor, esta doença... Senhor, essa tristeza... Senhor, essa humilhação que não sei suportar por teu amor... Queremos o bem, a felicidade e a alegria das pessoas da nossa casa; oprime-nos o coração a sorte dos que padecem fome e sede de pão e de justiça, dos que experimentam a amargura da solidão, dos que, no fim dos seus dias, não recebem um olhar de carinho nem um gesto de ajuda.

"Mas a grande miséria que nos faz sofrer, a grande necessidade a que queremos pôr remédio é o pecado, o afastamento de Deus, o risco de que as almas se percam para toda a eternidade. Levar os homens à glória eterna no amor de Deus: esta é a nossa aspiração fundamental ao participarmos da Missa, como foi a de Cristo ao entregar a sua vida no Calvário"[8]. Desta maneira, também o nosso apostolado se integra na Santa Missa e dela sai fortalecido.

Os minutos de *ação de graças* depois da Missa completarão esses momentos tão importantes do dia, e terão uma influência direta no trabalho, na família, na alegria com que tratamos a todos, na segurança e na confiança com que vivemos o resto do dia. A Missa vivida assim nunca será um ato isolado; será alimento de todas as nossas ações e lhes dará umas características peculiares.

E na Santa Missa encontramos sempre a nossa Mãe, Santa Maria. "Como poderíamos tomar parte no Sacrifício do altar sem recordar e invocar a Mãe do Sumo Sacerdote e Mãe da Vítima? Nossa Senhora participou tão intimamente do sacerdócio do seu Filho, durante a sua vida na terra, que devia ficar para sempre unida ao exercício desse sacerdócio. Assim como esteve presente no Calvário, está presente na Missa, que é prolongamento necessário da Cruz do Senhor. No Calvário, Nossa Senhora assistia o seu Filho que se oferecia ao Pai; no altar, assiste a Santa Igreja que se oferece com a sua Cabeça. Ofereçamos Jesus pelas mãos de Nossa Senhora"[9]. Procuremos ter presente a nossa Mãe Santa Maria durante a Santa Missa, e Ela nos ajudará a participar da imolação do seu Filho com outra piedade e recolhimento.

(1) Missal Romano, *Ordenação geral*, Proêmio, 2; (2) cf. São Tomás, *Suma teológica*, III, q. 48, a. 2; (3) cf. Pio XII, Enc. *Mediator Dei*, 20-XI-1947; (4) Conc. Vat. II, Const. *Lumen gentium*, 34; (5) cf. Conc.

Vat. II, Const. *Sacrossanctum Concilium*, 11, 48; (6) Paulo VI, *Alocução*, 14-VIII-1969; (7) São Tomás, *In IV Sent.*, d. 12, q. 2, a. 1; (8) São Josemaria Escrivá, *Amar a Igreja*, pp. 79-80; (9) P. Bernadot, *Nossa Senhora na minha vida*, Agir, Rio de Janeiro, 1946, p. 180.

TEMPO COMUM. DÉCIMA SEGUNDA SEMANA. SEXTA-FEIRA

104. A VIRTUDE DA FIDELIDADE

— É uma virtude exigida pelo amor, pela fé e pela vocação.
— O fundamento da fidelidade.
— Amor e fidelidade no pormenor.

I. A SAGRADA ESCRITURA fala-nos da virtude da *fidelidade*, da necessidade de mantermos a promessa, o compromisso livremente aceito, o empenho em acabar uma missão a que nos tenhamos comprometido. O Senhor disse a Abraão: *Anda na minha presença e sê fiel. Guarda o pacto que faço contigo e com os teus descendentes por todas as gerações*[1]. A firmeza da aliança com o patriarca e com os seus descendentes será contínua fonte de bênçãos e de felicidade; e, pelo contrário, a transgressão desse pacto por parte de Israel será a causa dos seus males.

Deus pede fidelidade aos homens porque Ele próprio nos é sempre fiel, apesar das nossas fraquezas e debilidades. Javé é *o Deus da lealdade*[2], *rico em amor e fidelidade*[3], *fiel em todas as suas palavras*[4], e *a sua fidelidade permanece para sempre*[5]. Os que são fiéis são-lhe muito gratos[6], e Ele lhes promete um dom definitivo: quem for *fiel até à morte receberá a coroa da vida*[7].

Jesus fala muitas vezes desta virtude ao longo do Evangelho: põe-nos diante dos olhos o exemplo do servo fiel e prudente, do criado bom e leal, do administrador honesto.

A ideia da fidelidade penetrou tão fundo na vida dos primeiros cristãos que o título de *fiéis* bastou para designar os discípulos de Cristo[8]. São Paulo, que havia dirigido inúmeras exortações àquela primeira geração para que vivesse esta virtude, quando sente próxima a sua morte entoa um canto à fidelidade. Escreve a Timóteo: *Combati o bom combate, terminei a minha carreira, guardei a fé. Já me está preparada a coroa da justiça, que naquele dia o Senhor, justo Juiz, me concederá, e não só a mim, mas a todos os que amam a sua vinda*[9].

A fidelidade consiste em cumprir o que se prometeu, conformando assim as palavras com os atos[10]. Somos fiéis se guardamos a palavra dada, se mantemos firmemente os compromissos adquiridos, apesar dos obstáculos e dificuldades. A perseverança está intimamente ligada a esta virtude e muitas vezes identifica-se com ela.

O âmbito da fidelidade é muito vasto: com Deus, entre marido e mulher, entre os amigos... É uma virtude essencial: sem ela, é impossível a convivência. Referida à vida espiritual, relaciona-se estreitamente com o amor, com a fé e com a vocação. "Faz-me tremer aquela passagem da segunda epístola a Timóteo, quando o Apóstolo se dói de que Demas tenha fugido para Tessalônica, atrás dos encantos deste mundo... Por uma bagatela, e por medo das perseguições, atraiçoa a tarefa divina um homem que São Paulo cita, em outras epístolas, entre os santos.

"Faz-me tremer, conhecendo a minha pequenez; e leva-me a exigir de mim fidelidade ao Senhor até nos fatos que podem parecer indiferentes, porque, se não me servem para unir-me mais a Ele, não os quero!"[11] Para que nos servem, se não nos levam a Cristo?

Anda na minha presença e sê fiel. Guarda o pacto que faço contigo, diz-nos Deus continuamente no íntimo do nosso coração.

II. A NOSSA ÉPOCA não se caracteriza pelo florescimento da virtude da fidelidade. Talvez por isso o Senhor nos peça que saibamos apreciá-la mais, tanto nos nossos compromissos de entrega livremente adquiridos com Deus, como na vida humana, no relacionamento com os outros.

Muitos se perguntam: como pode o homem, que é mutável, fraco e instável, comprometer-se por toda a vida? Pode!, porque a sua fidelidade é sustentada por Aquele que não é mutável, nem fraco, nem instável; por Deus. *Fiel é Javé em todas as suas palavras*[12]. É Ele quem sustenta essa disposição do homem que quer ser leal aos seus compromissos, sobretudo ao mais importante de todos: àquele que diz respeito a Deus — e aos homens por Deus —, como é o da vocação para uma entrega plena, para a santidade. *Toda a dádiva boa, todo o dom perfeito vem do alto, desce do Pai das luzes, no qual não há mudança*[13]. "Cristo — diz João Paulo II — necessita de vós e vos chama para ajudardes milhões de irmãos vossos a serem plenamente homens e a salvar-se. Vivei com esses nobres ideais nas vossas almas [...]. Abri os vossos corações a Cristo, à sua lei de amor, sem condicionar a disponibilidade, sem medo das respostas definitivas, porque o amor e a amizade não têm fim"[14], porque o amor não envelhece.

São Tomás ensina que amamos alguém quando queremos o bem para ele; se, no entanto, o procuramos para tirar algum proveito pessoal, porque nos agrada ou nos é útil para alguma coisa, então não o amamos propriamente: desejamo-lo[15]. Quando amamos, toda a nossa pessoa se entrega a esse amor, para além dos gostos e dos estados de ânimo: "O pagamento, a diária do amor, é receber mais amor"[16].

Temos que pedir a Deus a firme persuasão de que o principal no amor não é o sentimento, mas a vontade e as obras; e de que o amor exige esforço, sacrifício e entrega. O sentimento não oferece base segura para construir algo tão fundamental como a fidelidade. Esta virtude bebe a sua firmeza no amor verdadeiro. Por isso, quando o amor — humano ou divino — já passou pelo período de maior sentimento, o que resta não é o menos importante, mas o essencial, o que dá sentido a tudo.

O Senhor tem para cada homem, para cada um em concreto, uma chamada, um desígnio, uma vocação. Ele prometeu que sustentará essa chamada no meio das variadas tentações e dificuldades pelas quais uma vida pode passar. E para demonstrar-nos essa permanência da sua solicitude, emprega uma comparação que todos entendemos bem: a do amor e dos cuidados que uma mãe tem para com os seus filhos. Imaginem, diz-nos, uma mãe profundamente mãe, não a mãe egoísta — se é que pode haver —, que anda metida nas suas coisas. Como pode uma mãe assim esquecer-se do seu filho?[17] Parece-nos impossível, mas imaginemos contudo que se esquecesse do filho, que não se importasse com ele. Mesmo nesse caso, Eu, diz-nos o Senhor, jamais me esqueceria de ti, da tua tarefa na vida, do meu desígnio amoroso sobre ti, da tua vocação. A fidelidade é a correspondência amorosa a esse amor de Deus. Sem amor, não demoram a aparecer as gretas, as fissuras e, por fim, a deserção.

III. *O QUE PODEREI DAR a Javé por todos os benefícios que me fez?*[18] Todos podemos fazer o que está ao nosso alcance para assegurar a fidelidade. A perseverança até o final da vida torna-se possível com a fidelidade nas pequenas situações de cada dia e com o recomeçar sempre que tenha havido algum passo em falso por fraqueza. Em muitos momentos da vida, a fidelidade a Deus concretiza-se na fidelidade à vida de oração, a essas devoções e costumes que nos mantêm bem junto do Senhor. Um homem ou mulher de oração sabe sempre sair das ciladas que lhe armam as suas tendências desordenadas, os seus desânimos ou as misérias próprias ou alheias. Porque no colóquio silencioso com Deus, em que a alma se desnuda, esse homem ou mulher fortalece ou recupera o critério claro e as energias para resistir. Sabe que é uma loucura trocar uma prova de predileção do Senhor — como é a chamada para um compromisso por toda a vida — por um prato de lentilhas[19], isto é, pela miragem de um amorico que não tardará a desvanecer-se, por uma mal-entendida liberdade que parece um libertar-se de vínculos e, a curto prazo, se revela corrente que escraviza.

O amor "é o peso que me arrasta"[20], o centro de gravidade, o norte da nossa alma na tarefa da fidelidade. Por isso, o amor a Deus, que não permite muros nem divisões entre o homem e o seu Deus, leva à sinceridade, suporte seguro da fidelidade. Sinceridade, em primeiro lugar, na intimidade da consciência: reconhecer e chamar pelo seu nome os desejos, pensamentos, aspirações e sonhos, mesmo quando ainda nem sequer tomaram corpo, mas já se percebe que rumam para fora do próprio caminho. E, imediatamente, sinceridade com Deus, uma sinceridade humilde que pede ajuda de verdade, não para justificar a infidelidade com argumentos falazes, mas para perseverar até à morte; e sinceridade com quem nos orienta espiritualmente a alma, manifestando-lhe esses sintomas do egoísmo que tentam instalar-se no coração de qualquer maneira. Assim sairemos sempre vencedores e mais fortes que nunca.

As virtudes da fidelidade e da lealdade devem informar todas as manifestações da vida do cristão: relacionamento com Deus, com a Igreja, com o próximo, no trabalho, nos deveres de estado... E vive-se a fidelidade em todas as suas formas quando se é fiel à vocação recebida de Deus, porque nela estão integrados todos os demais valores a que devemos lealdade e fidelidade. Se faltasse a fidelidade a Deus, tudo se quebraria em mil pedaços e a vida se transformaria em cascalho.

"O Coração de Jesus, o Coração humano de Deus-Homem, está abrasado pela *chama viva* do Amor trinitário, que jamais se extingue"[21] e é fiel no seu amor pelos homens. Nós devemos aprender desse amor fiel. E também dirigir-nos a Maria: *Virgo fidelis, ora pro nobis, ora pro me* — Virgem fiel, rogai por nós, rogai por mim.

(1) Gn 17, 1-9; *Primeira leitura* da Missa da sexta-feira da décima segunda semana do Tempo Comum, ano ímpar; (2) Dt 3, 4; (3) Ex 34, 6-7; (4) Sl 144, 13; (5) Sl 116, 1-2; (6) cf. Pr 12, 22; (7) cf. Ap 2, 20; (8) At 10, 45; (9) 2 Tm 4, 7; (10) cf. São Tomás, *Suma teológica*, II-II, q. 110, a. 3; (11) São Josemaria Escrivá, *Sulco*, n. 343; (12) Sl 144, 3; (13) Tg 1, 17; (14) João Paulo II, *Discurso*, Xavier, Espanha, 6-XI-1982; (15) São Tomás, *op. cit.*, I-II, q. 26, a. 4; (16) São João da Cruz, *Cântico espiritual*, 9, 7; (17) cf. Is 49, 15; (18) Sl 115, 21; (19) cf. Gn 25, 29-34; (20) Santo Agostinho, *op. cit.*, 13, 9; (21) João Paulo II, *Meditação dominical*, 23-VI-1986.

Tempo Comum. Décima Segunda Semana. Sábado

105. MARIA, CORREDENTORA COM CRISTO

— Maria presente no sacrifício da Cruz.
— Corredentora com Cristo.
— Maria e a Santa Missa.

I. AO LONGO DA VIDA terrena de Jesus, sua Mãe Santa Maria cumpriu a vontade divina e atendeu-o com solicitude amorosa, em Belém, no Egito, em Nazaré. Teve para com Ele todos os cuidados normais de que precisou, iguais aos de qualquer outra criança, e também as atenções extraordinárias que foram necessárias para proteger a sua vida. O Menino cresceu, entre Maria e José, num ambiente cheio de amor sacrificado e alegre, de proteção firme e de trabalho.

Mais tarde, durante a sua vida pública, Maria poucas vezes seguiu o Senhor de perto, mas Ela sabia a cada momento onde o seu Filho se encontrava, e chegava-lhe o eco dos seus milagres e da sua pregação. Jesus foi algumas vezes a Nazaré, e então demorava-se um pouco mais com a sua Mãe; a maioria dos seus discípulos já a conhecia desde as bodas de Caná da Galileia[1]. Salvo o milagre da conversão da água em vinho, em que teve uma participação tão importante, os Evangelistas não nos falam de que tivesse presenciado nenhum outro milagre. Como não esteve presente nos momentos em que as multidões vibravam de entusiasmo pelo seu Filho. "Não a vereis entre as palmas de Jerusalém, nem — afora as primícias de Caná — à hora dos grandes milagres. — Mas não foge ao desprezo do Gólgota; ali está, «*iuxta crucem Iesu*», junto à Cruz de Jesus, sua Mãe"[2].

Deus amou a Virgem de um modo singular. Não a dispensou, no entanto, do transe do Calvário, permitindo-lhe que sofresse como ninguém jamais sofreu, exceto o seu Filho. Nesses momentos angustiantes, poderia ter-se retirado talvez para a intimidade da sua casa, longe do Calvário, na companhia amável das mulheres da aldeia; "ao fim e ao cabo, nada podia fazer, e a sua presença não evitava nem aliviava as dores nem a humilhação do seu Filho. Mas não o fez. E não o fez pela mesma razão pela qual uma mãe permanece junto do leito do filho agonizante, apesar de nada poder fazer pela sua sobrevivência"[3]. Enquanto o drama caminhava para o seu desfecho, foi-se aproximando pouco a pouco da Cruz; os soldados permitiram-lhe que se aproximasse.

Jesus olha para Maria e Maria olha para Jesus. Numa estreitíssima união, Maria oferece o seu Filho a Deus Pai, corredimindo com Ele. Em comunhão com o Filho dolente e agonizante, suportou a dor e quase a morte; "abdicou dos direitos de mãe sobre o seu Filho, para conseguir a salvação dos homens; e para apaziguar a justiça divina, naquilo que dela dependia, imolou o seu Filho, de modo que se pode afirmar com razão que redimiu com Cristo a linhagem humana"[4].

A Virgem não só "acompanhou" Jesus, mas esteve *unida ativa e intimamente ao sacrifício* que se oferecia naquele *primeiro altar*. Participou de modo voluntário na redenção da humanidade, consumando o *fiat* — faça-se — que havia pronunciado anos antes em Nazaré. Por isso podemos pensar que Maria está presente em cada Missa, nesse ato que é o centro e o coração da Igreja. Esta realidade ajudar-nos-á a viver melhor o sacrifício eucarístico — unindo à entrega de Cristo a nossa, que também deve ser holocausto —, e a sentir-nos muito perto de Nossa Senhora.

II. DO ALTO DA CRUZ, Jesus confia a Santa Maria o seu Corpo Místico, a Igreja, na pessoa de São João. Sabia que necessitaríamos constantemente de uma Mãe que nos protegesse, que nos levantasse e intercedesse por nós. A partir desse momento, "Ela cuida e cuidará da Igreja com a mesma fidelidade e a mesma força com que cuidou do seu Primogênito desde a gruta de Belém, passando pelo Calvário, até o Cenáculo de Pentecostes, onde teve lugar o nascimento da Igreja. Maria está presente em todas as vicissitudes da Igreja [...]. Está unida à Igreja de modo muito particular nos momentos mais difíceis da sua história [...]. Maria aparece-nos particularmente próxima da Igreja, porque a Igreja é sempre como o seu Cristo, primeiro ainda Menino e depois Crucificado e Ressuscitado"[5].

A Virgem Santa Maria intercede para que Deus imprima na alma dos cristãos os mesmos anseios que pôs na dela, o desejo corredentor de que todos os homens voltem a ser amigos de Deus. "A fé, a esperança e a ardente caridade da Virgem no cume do Gólgota, que a tornam Corredentora com Cristo de modo eminente, são também um convite para que cresçamos, para que sejamos humana e sobrenaturalmente fortes diante das dificuldades externas; um convite para que perseveremos sem desanimar na ação apostólica, ainda que por vezes pareça não haver frutos ou o horizonte se apresente obscurecido pela potência do mal.

"Lutemos — lute cada um de nós! — contra esse acostumar-se, contra esse *ir tocando* monotonamente, contra esse conformismo que equivale à inação. Olhemos para Cristo na Cruz, olhemos para Santa Maria junto à Cruz: sob os seus olhos abrem caminho, com espantosa arrogância, a traição, a mofa, os insultos...; mas Cristo, e, secundando a sua ação redentora, Maria, continuam fortes, perseverantes, cheios de paz, com otimismo na dor, cumprindo a missão que a Trindade lhes confiou. É uma batida à porta de cada um de nós, a recordar-nos que à hora da dor, da fadiga e da contradição mais horrenda, Cristo — e tu e eu temos que ser outros Cristos — dá cumprimento à sua missão [...]. Decido-me a aconselhar-te que voltes os teus olhos para a Virgem e lhe peças para ti e para todos: Mãe, que tenhamos confiança absoluta na ação redentora de Jesus, e que — como tu, Mãe — queiramos ser corredentores..."[6]

Participar na Redenção, cooperar na santificação do mundo, salvar almas para a eternidade: existe ideal maior para preencher toda uma vida? A Virgem corredime junto do seu Filho no Calvário, mas também o fez quando pronunciou o seu *fiat* — faça-se — ao receber a embaixada do anjo, e em Belém, e no tempo em que permaneceu no Egito, e na sua vida normal de Nazaré... Podemos ser corredentores, tal como Ela, durante todas as horas do dia, se as cumularmos de oração, se trabalharmos conscienciosamente, se vivermos uma caridade amável com aqueles que encontramos nas nossas tarefas, na família, se oferecermos com serenidade as contrariedades de cada dia.

III. *VENDO JESUS A SUA MÃE e o discípulo a quem amava, o qual estava ali, disse à sua Mãe: Mulher, eis aí o teu filho*[7]. Era o último ato de entrega de Jesus antes de expirar; deu-nos a sua Mãe por Mãe nossa.

Desde então, o discípulo de Cristo tem algo que lhe é próprio: tem Maria como sua Mãe. O posto de Mãe na Igreja será de Maria para sempre: *E desde aquela hora o discípulo a recebeu em sua casa*[8]. Aquela foi a hora de Jesus, que inaugurava com a sua morte redentora uma nova era até o fim dos tempos. Desde então, diz Paulo VI, "se queremos ser cristãos, devemos ser marianos"[9]. A obra de Jesus pode resumir-se em duas maravilhosas realidades: deu-nos a filiação divina, tornando-nos filhos de Deus, e fez-nos filhos de Santa Maria.

Um autor do século III, Orígenes, faz notar que Jesus não disse a Maria: "Esse *também* é teu filho", mas: "Eis aí o teu filho"; e como Maria só teve Jesus por filho, as suas palavras equivaliam a dizer-lhe: "Esse, daqui por diante, será para ti Jesus"[10]. A Virgem vê em cada cristão o seu filho Jesus. Trata-nos como se em nosso lugar estivesse o próprio Cristo. Como se esquecerá de nós quando nos vir necessitados? Que deixará de conseguir do seu Filho em nosso favor? Jamais poderemos fazer uma pálida ideia do amor de Maria por cada um de nós.

Acostumemo-nos a encontrar Santa Maria enquanto celebramos ou participamos da Santa Missa. "No Sacrifício do altar, a participação de Nossa Senhora evoca-nos o silencioso recato com que acompanhou a vida de seu Filho, quando andava pelas terras da Palestina. A Santa Missa é uma ação da Trindade; por vontade do Pai, cooperando com o Espírito Santo, o Filho oferece-se em oblação redentora. Nesse insondável mistério, percebe-se, como por entre véus, o rosto puríssimo de Maria: Filha de Deus Pai, Mãe de Deus Filho, Esposa de Deus Espírito Santo.

"O relacionamento com Jesus, no Sacrifício do altar, traz consigo necessariamente o relacionamento com Maria, sua Mãe. Quem encontra Jesus, encontra também a Virgem sem mancha, como aconteceu com aqueles santos personagens — os Reis Magos — que foram adorar Cristo: *Entrando na casa, encontraram o Menino com Maria, sua Mãe* (Mt 2, 11)"[11].

Com Ela, podemos oferecer a Deus toda a nossa vida — todos os nossos pensamentos, anseios, trabalhos, afetos, ações, amores —, identificando-nos com os mesmos sentimentos que teve Cristo Jesus[12]: "Pai Santo!", dizemos-lhe na intimidade do nosso coração, e podemos repeti-lo interiormente durante a Santa Missa, "pelo Coração Imaculado de Maria, eu Vos ofereço Jesus, vosso Filho muito amado, e me ofereço a mim mesmo nEle, com Ele e por Ele, por todas as suas intenções e em nome de todas as criaturas"[13].

Celebrar ou assistir ao santo Sacrifício do altar tal como convém é o melhor serviço que podemos prestar a Jesus, ao seu Corpo Místico e a toda a humanidade. Junto de Maria, na Santa Missa, estamos particularmente unidos a toda a Igreja.

(1) Cf. Jo 2, 1-10; (2) São Josemaria Escrivá, *Caminho*, n. 507; (3) F. Suárez, *A Virgem Nossa Senhora*, p. 256; (4) Bento XV, Epist. *Inter sodalicia*, 22-V-1918; (5) K. Wojtyla, *Sinal de contradição*, p. 261; (6) A. del Portillo, *Carta pastoral*, 31-V-1987, n. 19; (7) Jo 19, 26; (8) Jo 19, 27; (9) Paulo VI, Homilia, 24-VI-1970; (10) Orígenes, *Comentário sobre o Evangelho de São João*, I, 4, 23; (11) São Josemaria Escrivá, "La Virgen", em *Libro de Aragón*, Caja de Ahorros, Saragoça, 1976; (12) cf. Fl 2, 5; (13) P. M. Sulamitis, *Oración de la ofrenda al Amor Misericordioso*, Madri, 1931.

TEMPO COMUM. DÉCIMO TERCEIRO DOMINGO. CICLO A

106. AMOR A DEUS

— Somente Deus merece ser amado de modo absoluto e sem condições. Quando se ama a Deus sobre todas as coisas, os retos afetos humanos elevam-se e enobrecem-se.
— Não há peso nem medida no amor a Deus.
— Manifestações do amor a Deus.

I. JESUS ENSINA-NOS em muitas ocasiões que Deus deve ser o nosso principal amor, e que as criaturas devem ser amadas de modo secundário e subordinado. No Evangelho da Missa[1], admoesta-nos com palavras que não deixam lugar a dúvidas: *Quem ama seu pai ou sua mãe mais do que a mim não é digno de mim; e quem ama o seu filho ou a sua filha mais que a mim não é digno de mim.* E ainda: *Quem ama a sua vida perdê-la-á; mas quem perder a sua vida por amor de mim encontrá-la-á.*

Só Deus merece ser amado de modo absoluto e sem condições; tudo o mais deve ser amado na medida em que é amado por Deus. O Senhor pede-nos sem dúvida que amemos a família e o próximo, mas nem mesmo estes amores devem ser antepostos ao amor de Deus, que deve ocupar sempre o primeiro lugar. Amando a Deus, os demais amores da terra purificam-se e crescem, o coração dilata-se e torna-se verdadeiramente capaz de amar, superando os obstáculos e as reservas de egoísmo sempre presentes na criatura humana. Quando se ama a Deus em primeiro lugar, os amores limpos desta vida elevam-se e enobrecem-se ainda mais.

Para amar a Deus como Ele pede, é necessário, além disso, perder a própria vida, a do homem velho. Torna-se necessário extirpar as tendências desordenadas que inclinam a pecar, destruir o egoísmo, às vezes brutal, que leva o homem a procurar-se a si próprio em tudo o que faz[2]. Deus quer que conservemos tudo o que é reto e são na natureza humana, o que há de bom em cada ser humano e o que o distingue dos outros homens: nada do que é positivo e perfeito — do que é verdadeiramente humano — se perderá. A vida da graça penetra e eleva esses elementos positivos, enriquecendo assim a personalidade do cristão que ama a Deus. Quanto mais o homem morrer para si próprio, mais humano se tornará, e mais preparado para a vida sobrenatural.

O cristão que luta por negar-se a si próprio encontra uma nova vida: a de Jesus. Respeitando o que é próprio de cada um, a graça transforma-nos até nos fazer adquirir os mesmos sentimentos de Cristo em relação aos homens e aos acontecimentos; vamos imitando as suas atitudes, de tal maneira que surge em nós uma nova maneira de pensar e de agir, simples e natural; passamos a ter os mesmos desejos de Cristo: cumprir a vontade do Pai, que é expressão clara do amor.

O cristão identifica-se, pois, com Jesus — conservando o seu próprio modo de ser — na medida em que, com a ajuda da graça, se vai despojando de si próprio para abrir-se ao amor de Deus que nos foi revelado em Jesus Cristo: *Desejo aniquilar-me para estar com Cristo*[3], exclamava São Paulo.

II. PELA ELEVAÇÃO à ordem da graça, o cristão ama com o mesmo amor de Deus, que lhe é concedido como dom inefável[4]. Esta é a essência da caridade, que se recebe no Batismo e que o cristão pode contribuir para aumentar mediante a oração, os sacramentos e o exercício das boas obras.

Infundido na alma do cristão, este amor "deve ser a regra de todas as ações. Assim como os objetos que construímos se consideram corretos e acabados quando correspondem ao projeto traçado previamente, assim também qualquer ação humana será reta e virtuosa quando estiver de acordo com a regra divina do amor; se dela se afastar, não será boa nem perfeita"[5]. Para que todas as nossas obras possam ser avaliadas e medidas por essa regra, a alma em graça não recebe o amor divino como um corpo estranho, mas como dom que impregna a vontade, que a aperfeiçoa e eleva, a fim de que se ordene e alcance essa unidade do querer tão própria do amor de Deus.

A caridade, virtude sobrenatural pela qual amamos a Deus, e em Deus amamos o próximo, frutifica na medida em que a pomos em prática: quanto mais amamos, mais cresce a nossa capacidade de amar. "E se aquele que ama não possui o amor de forma total, tanto sofre quanto lhe falta por possuir [...]. E enquanto não chega esse momento, a alma está como num copo vazio que espera estar cheio; como alguém que tem fome e suspira pela comida; ou como o doente que anseia pela saúde; ou como aquele que está suspenso no ar e não tem onde apoiar-se"[6], diz São João da Cruz.

Não há peso nem medida para amar a Deus. Ele espera que o amemos com todo o coração, com toda a alma e com toda a mente[7]. O amor a Deus sempre pode crescer. O Senhor diz aos seus filhos, a cada um em particular: *Amei-te com amor eterno; por isso, compadecido de ti, te atraí a Mim*[8]. Peçamos-lhe que nos convença desta realidade: *só existe um amor absoluto*, que é a fonte de todos os amores retos e nobres.

Aquele que ama a Deus é quem melhor e mais ama as criaturas, todas; a algumas, "é fácil amá-las; a outras, é difícil: não são simpáticas, ofenderam-nos ou prejudicaram-nos; somente se amo a Deus seriamente, chego a amá-las enquanto filhas de Deus e porque Ele o manda. Jesus estabeleceu também como amar o próximo, isto é, não só com o sentimento, mas com atos: [...] Tive fome na pessoa dos meus irmãos mais pequenos; destes-me de comer? Visitastes-me quando estava doente?"[9] Ajudastes-me a carregar os fardos quando eram excessivamente pesados para que Eu os carregasse sozinho?

Amar o próximo em Deus não significa amá-lo mediante circunlóquios: o amor a Deus é um atalho para chegarmos aos nossos irmãos. Só em Deus podemos entender de verdade os homens, compreendê-los e amá-los, mesmo no meio dos seus defeitos e dos nossos, e daquilo que humanamente nos inclinaria a afastar-nos deles ou a passar por eles com indiferença.

III. O NOSSO AMOR a Deus é apenas uma resposta ao seu, pois *Ele nos amou primeiro*[10], e também porque é Deus quem o infunde na nossa alma para que possamos amar. Por isso devemos pedir: *Dá-me, Senhor, o amor com que queres que eu te ame*.

Quando correspondemos ao amor de Deus? Quando amamos os outros, quando vemos neles a dignidade própria da pessoa humana, feita à imagem e semelhança de Deus, criada com uma alma imortal e com a finalidade de dar glória a Deus por toda a eternidade. Amar é deter-se junto desse homem ferido que se encontra diariamente no nosso caminho, vendar-lhe as feridas, atendê-lo e cuidar dele em tudo[11]; é empenhar-se em que se aproxime de Deus, pois o distanciamento de Deus é sempre o pior dos males, aquele que pede mais atenção, remédio urgente. O apostolado é um magnífico sinal de que amamos a Deus e um caminho para amá-lo mais.

Manifesta-se também por meio do agradecimento. Quando o Senhor, depois de explicar a parábola dos dois devedores, pergunta a Simão o fariseu: *Qual dos dois amará mais a quem lhes emprestou dinheiro?*[12], utiliza o verbo amar como sinônimo de estar agradecido, e revela-nos assim a essência da afeição que os homens devem ao seu maior credor, Deus.

Correspondemos ainda ao amor de Deus quando lutamos contra aquilo que nos afasta dEle. É necessário lutar diariamente, ainda que seja em pequenas coisas, porque sempre encontraremos obstáculos que tentarão afastar-nos de Deus: defeitos de caráter, egoísmos, preguiça que impede o trabalho bem acabado...

Amamos, enfim, a Deus quando convertemos a nossa vida numa procura incessante da união com Ele. Já se disse que Deus não só não procura os homens, como sabe esconder-se para que nós o procuremos. Encontrá-lo-emos no trabalho, na família, nas alegrias e na dor... Ele implora o nosso afeto, e não só infunde no nosso coração o desejo de procurá-lo, como nos anima constantemente a fazê-lo. Se pudéssemos compreender o amor que nos tem! Se pudéssemos dizer com São João: *Nós conhecemos e acreditamos no amor de Deus por nós*[13], tudo se nos tornaria mais fácil e simples.

Temos, portanto, de converter toda a nossa vida numa procura constante de Jesus: nas horas boas e nas que parecem más, no trabalho e no descanso, na rua e no seio da família. Esta tarefa, a única que pode dar sentido à nossa vida, não poderemos realizá-la sozinhos. Recorremos a Santa Maria e dizemos-lhe: "Não me abandones, Mãe! Faz que eu procure o teu Filho; faz que eu encontre o teu Filho; faz que eu ame o teu Filho... com todo o meu ser! — Lembra-te, Senhora, lembra-te"[14]. Ensina-me a tê-lo como o meu primeiro Amor, Aquele que amo em si mesmo e de modo absoluto, sobre todos os demais amores.

"Que sou eu aos teus olhos, Senhor, para que me mandes que te ame e, se não o faço, te irrites contra mim e me ameaces com ingentes misérias? Por acaso é pequena a miséria de não te amar?"[15]

(1) Mt 10, 37-42; (2) cf. R. Garrigou-Lagrange, *Las tres edades de la vida interior*, vol. I, p. 538 e segs.; (3) cf. Fl 1, 21-23; (4) cf. 1 Jo 4, 2; (5) São Tomás, *Sobre o duplo preceito da caridade*, Prólogo; (6) São João da Cruz, *Cântico espiritual*, 9, 6; (7) cf. Mt 22, 37-38; (8) Jr 31, 3; (9) João Paulo II, *Audiência geral*, 27-IX-1978; (10) 1 Jo 4, 19; (11) cf. Lc 10, 30-37; (12) cf. Lc 7, 42; (13) 1 Jo 4, 16; (14) São Josemaria Escrivá, *Forja*, n. 157; (15) Santo Agostinho, *Confissões*, I, 5, 5.

TEMPO COMUM. DÉCIMO TERCEIRO DOMINGO. CICLO B

107. A MORTE E A VIDA

— Que tipo de morte devemos evitar e temer.
— O pecado, morte da alma. Efeitos do pecado.
— Estimar a vida da alma sobre todas as coisas.

I. A LITURGIA deste Domingo fala-nos da morte e da vida. A primeira Leitura[1] diz-nos que a morte não estava dentro do plano inicial do Criador: *Deus não fez a morte nem se alegra com a destruição dos vivos*; ela é consequência do pecado[2]. Jesus aceitou-a "como uma necessidade da natureza, como uma parte inevitável do destino do homem sobre a terra. Jesus Cristo aceitou-a [...] para vencer o pecado"[3]. A morte oprime o coração do homem[4], mas conforta-nos saber que Jesus *aniquilou a morte*[5]. Já não é esse evento tenebroso que o homem deve temer acima de tudo. Mais ainda: para quem tem fé, é a passagem obrigatória deste mundo para o Pai.

O Evangelho da Missa apresenta-nos Jesus que chega novamente a Cafarnaum, onde o espera uma grande multidão[6]. Esperam-no sobretudo, particularmente ansiosos e cheios de fé, tanto o chefe da sinagoga, Jairo, que está com uma filha a ponto de morrer, como uma mulher atribulada por uma longa doença que lhe tinha consumido todos os haveres.

No caminho que conduz a casa de Jairo, Jesus cura a mulher e detém-se uns instantes a confortá-la. Nesse momento, comunicam ao chefe da sinagoga: *A tua filha morreu; para que incomodas ainda o Mestre?* Mas Jesus pede a Pedro, Tiago e João que o acompanhem a fim de serem testemunhas do milagre que realizará a seguir. Chegam a casa de Jairo e Jesus vê todo o alvoroço dos que choram e das carpideiras. E ao entrar diz-lhes: *Para que este alvoroço e este choro? A menina não morreu, mas dorme. E os circunstantes zombavam dEle...* Não compreendiam que, para Deus, a verdadeira morte é o pecado, que mata a vida divina na alma.

Para quem crê, a morte terrena é como um sono do qual se acorda em Deus. Assim a consideravam os primeiros cristãos. *Não queremos que ignoreis* — dizia São Paulo aos cristãos de Tessalônica — *o que se passa com os que dormiram, para que não vos aflijais como os que não têm esperança*[7]. Não podemos afligir-nos como os que nada esperam depois desta vida, porque *se cremos que Jesus morreu e ressuscitou, assim também Deus, por Jesus, tomará consigo os que dormiram nEle*[8]. Ele fará conosco o que fez com Lázaro: *O nosso amigo Lázaro dorme, mas vou despertá-lo*. E quando os discípulos pensaram que se tratava do sono natural, o Senhor afirmou claramente: *Lázaro morreu*[9].

Quando a morte chegar, fecharemos os olhos para esta vida e despertaremos na Vida autêntica, aquela que dura por toda a eternidade: *Ao entardecer, visita-nos o pranto; ao amanhecer, o júbilo*, rezamos com o Salmo responsorial[10]. O pecado é a autêntica morte, pois é a terrível separação — o homem quebra a sua união com Deus —, ao pé da qual a outra separação, a do corpo e da alma, é coisa mais leve e provisória. *Quem crê em mim, ainda que morra, viverá; e todo aquele que vive e crê em mim não morrerá nunca*[11].

A morte, que era o nosso *supremo inimigo*[12], é agora nossa aliada, converteu-se no último passo, depois do qual encontraremos o abraço definitivo do nosso Pai, que nos espera desde sempre e que nos criou para permanecermos com Ele. "Quando pensares na morte, apesar dos teus pecados, não tenhas medo... Porque Ele já sabe que o amas..., e de que massa estás feito.

"— Se tu o procurares, acolher-te-á como o pai ao filho pródigo: mas tens de procurá-lo!"[13] Tu sabes, Senhor, que te procuro dia e noite.

II. JESUS DISSE A JAIRO: *Não morreu, mas dorme*. "Estava morta para os homens, que não podiam despertá-la; para Deus, dormia, porque a sua alma vivia submetida ao poder divino, e a carne descansava para a ressurreição. Explica-se assim que se tenha introduzido entre os cristãos o costume de referir-se aos que morreram dizendo que *dormem*, pois sabemos que ressuscitarão"[14].

A morte corporal não é um mal absoluto. "Não esqueças, meu filho, que para ti, na terra, só há um mal que deverás temer e evitar com a graça divina: o pecado"[15], pois "a morte da alma é não temer a Deus"[16]. Quando o homem peca gravemente, perde-se para si mesmo e para Deus: é a maior tragédia que lhe pode acontecer[17]. Afasta-se radicalmente de Deus, pela morte da vida divina na sua alma; perde os méritos adquiridos ao longo da vida e torna-se incapaz de adquirir outros novos; fica submetido de algum modo à escravidão do demônio, e diminui nele a inclinação natural para a virtude. É tão grave que "todos os pecados mortais, mesmo os de pensamento, tornam os homens *filhos da ira* (Ef 2, 3) e inimigos de Deus"[18]. Sabemos pela fé que um só pecado — sobretudo o mortal, mas também o venial — constitui uma desordem pior que o maior cataclismo que assolasse toda a terra, porque "a bondade da graça de um só homem é maior que o bem natural de todo o universo"[19].

O pecado não prejudica somente a quem o comete: também causa um dano à família, aos amigos, a toda a Igreja, e "pode-se falar de uma *comunhão no pecado*, por força da qual uma alma que se rebaixa pelo pecado rebaixa a Igreja e, de certa maneira, o mundo inteiro. Por outras palavras, não existe pecado algum, mesmo o mais íntimo e secreto, o mais estritamente individual, que diga respeito exclusivamente àquele que o comete. Todo o pecado repercute, com maior ou menor intensidade, provocando maior ou menor dano, em toda a estrutura eclesial e em toda a família humana"[20].

Peçamos com frequência ao Senhor a graça de termos sempre diante dos olhos o *sentido do pecado* e a sua gravidade, de nunca expormos a alma ao perigo, de não nos acostumarmos a ver o pecado à nossa volta como coisa de pouca monta, e de sabermos desagravar pelas faltas pessoais e pelas de todos os homens. Que o Senhor possa dizer no final da nossa vida: *Não morreu, mas dorme*. Ele nos despertará então para a Vida.

III. JESUS NÃO SE IMPORTA com os que se põem a zombar dEle; pelo contrário, *fazendo sair a todos, tomou consigo o pai e a mãe da menina e os que iam com ele, e entrou onde a menina estava; e, tomando-a pela mão, disse-lhe: "Talitha qum", que quer dizer: Menina, digo-te, levanta-te. E imediatamente a menina levantou-se e pôs-se a andar, pois tinha doze anos, e as pessoas encheram-se de grande espanto*.

Os Evangelistas transmitem-nos um pormenor humano de Jesus, quando relatam a seguir que o Senhor *mandou que dessem de comer à menina*. Jesus — perfeito Deus e homem perfeito — também se preocupa com os assuntos relativos à vida aqui na terra, mas devemos ver nisso um sinal de que se preocupa muito mais com tudo o que se relaciona com o nosso destino eterno. São Jerônimo — comentando as palavras do Senhor: *Não está morta, mas dorme* — sublinha que "ambas as coisas são verdade, porque é como se tivesse dito: está morta para vós, mas para mim dorme"[21]. Se amamos a vida corporal, como não devemos amar e apreciar a vida da alma!

O cristão que se esforça por seguir de perto os passos de Cristo, detesta o pecado mortal e habitualmente não incorre em faltas graves. Mas não há ninguém que esteja confirmado na graça, e a convicção de que somos fracos deve levar-nos a evitar as ocasiões de pecado mortal, mesmo as mais remotas. A vida da alma vale muito! Para isso, devemos esforçar-nos também por praticar assiduamente a mortificação dos sentidos, por não confiar em nós mesmos, nem na nossa experiência, nem no longo tempo em que talvez venhamos já seguindo o Senhor...

Para robustecermos a vida da alma, é necessário que mantenhamos a luta longe das situações-limite do grave e do leve, do que é permitido ou proibido. Os pecados veniais deliberados causam um mal terrível à alma dos que não lutam decididamente por evitá-los. Sem impedirem a vida da graça, esses pecados debilitam-na, porque entravam o exercício das virtudes e tornam menos eficazes os suaves impulsos do Espírito Santo; além disso, predispõem — se não se reage com energia — para quedas mais graves.

Peçamos à Virgem nossa Mãe que nos conceda o dom de apreciarmos a vida da alma por cima de todos os bens humanos, mesmo da própria vida corporal; e que nos faça reagir com contrição verdadeira diante das nossas fraquezas e erros. Que possamos dizer com o salmista: *Os meus olhos derramaram rios de lágrimas, porque não observaram a tua lei*[22]. A morte corporal tem menos importância do que o esforço por manter e aumentar a vida da alma.

(1) Sb 1, 13-15; 2, 23-25; (2) cf. Rm 6, 23; (3) João Paulo II, *Homilia*, 28-II-1979; (4) Hb 2, 15; (5) 2 Tm 1, 10; (6) Mc 5, 21-43; (7) 1 Ts 4, 13; (8) 1 Ts 4, 14; (9) cf. Jo 11, 11 e segs.; (10) Sl 29, 6; (11) Jo 11, 25-26; (12) 1 Cor 15, 26; (13) São Josemaria Escrivá, *Sulco*, n. 880; (14) São Beda, *Comentário ao Evangelho de São Marcos*; (15) São Josemaria Escrivá, *Caminho*, n. 386; (16) São João da Cruz, *Cântico espiritual*, 2, 7; (17) cf. Tanquerey, *Compêndio de teologia ascética e mística*, nn. 719-723; (18) Conc. de Trento, *Sessão 14*, cap. V; (19) São Tomás, *Suma teológica*, I-II, q. 113, a. 9, ad. 2; (20) João Paulo II, Exort. apost. *Reconciliatio et paenitentia*, 2-XII-1984, 16; (21) São Jerônimo, em *Catena aurea*; (22) Sl 118, 136.

TEMPO COMUM. DÉCIMO TERCEIRO DOMINGO. CICLO C

108. NÃO OLHAR PARA TRÁS

— Exigências da vocação: prontidão na entrega, desprendimento, não estabelecer condições.
— As provas da fidelidade.
— Virtudes que são a base de apoio do nosso caminho para Deus.

I. AS LEITURAS DA MISSA de hoje ajudam-nos a meditar nas exigências que a nossa vocação traz consigo no serviço a Deus e aos homens. A primeira Leitura[1] relata-nos que Elias, que estava no Horeb, foi enviado por Deus para consagrar Eliseu como profeta de Javé. Elias desceu do monte e encontrou Eliseu arando. *Passou ao seu lado e lançou-lhe o manto em cima*, indicando com esse gesto que Deus o tomava para o seu serviço. Eliseu correspondeu de forma imediata e plena, sem deixar atrás de si nada que o pudesse reter: *Apanhou a junta de bois e imolou-a. Com a lenha do arado, assou a carne e ofereceu-a à sua gente. Depois levantou-se e partiu com Elias...*

No Evangelho da Missa[2], São Lucas apresenta-nos três homens que pretendem seguir o Senhor. O primeiro aproxima-se de Jesus *enquanto caminhavam*, nessa última e longa viagem para Jerusalém e para o Calvário. As disposições deste discípulo parecem excelentes: *Seguir-te-ei aonde quer que vás*, diz ao Mestre. E, diante dessa atitude de generosidade, o Senhor quer fazer-lhe ver claramente que tipo de vida o espera, se de verdade vier a segui-lo, para que depois não se diga decepcionado. A missão de Cristo implica um ir e vir constante, uma atividade incessante no anúncio do Evangelho: o Senhor *não tem onde reclinar a cabeça*. Assim deve ser a vida daqueles que o seguem: devem estar desprendidos das coisas e a sua disponibilidade deve ser completa.

Quanto ao segundo, é o próprio Senhor que o chama: *Segue-me*, disse-lhe. Este possível discípulo que é convidado a seguir de perto o Senhor quer corresponder à chamada, mas não imediatamente; pensa numa ocasião mais oportuna, porque um assunto familiar o retém. Não percebe que, quando Deus chama, esse é precisamente o momento mais oportuno, ainda que aparentemente — vistas com olhos humanos as circunstâncias que rodeiam uma vocação — possam encontrar-se razões que aconselhem a adiar a entrega.

Deus tem uns planos mais altos para o seu discípulo e para aqueles que, aparentemente, seriam prejudicados pela sua partida; dispôs tudo desde toda a eternidade para que essa escolha seja para o bem de todos. A disponibilidade dos que seguem o Senhor deve ser imediata, alegre, desprendida, sem condições[3]. Adiar a entrega a Cristo que passa ao nosso lado pode significar que, mais tarde, quando tentemos de novo alcançá-lo, já não o encontremos. O Senhor continua o seu caminho. É grave ceder à "tentação do adiamento" quando Cristo nos pede uma dedicação total[4].

Deus chama a cada um de nós numas circunstâncias peculiares. Vejamos hoje na nossa oração se estamos correspondendo com prontidão, com desprendimento, sem condições, à peculiar vocação com que Cristo nos chamou.

II. O TERCEIRO DISCÍPULO (apenas São Lucas o menciona) quis *voltar* para despedir-se dos seus. Talvez desejasse passar uns dias, os últimos, com os seus familiares. Parecia já ter "posto a mão no arado", estar decidido a seguir o Mestre. Mas a chamada do Senhor é sempre urgente, porque *a messe é grande e os operários poucos*. E há messes que se perdem por não haver quem as recolha. Entreter-se, olhar para trás, pôr "senões" à entrega, tudo isso vem a dar no mesmo. Jesus disse-lhe: *Ninguém que põe a mão no arado e olha para trás é apto para o reino de Deus*.

O novo trabalho daquele que é chamado é como o do arado palestino, que é difícil de manobrar, sobretudo na terra dura das margens do lago de Genesaré. Não se pode olhar para trás depois de se ter posto a mão no arado; não se pode olhar para trás depois da chamada do Senhor. Para sermos fiéis — e felizes —, é preciso que *tenhamos sempre os olhos fixos em Jesus*[5], como o corredor, que, uma vez iniciada a corrida, não se distrai com nada: a única coisa que lhe interessa é a meta; como o agricultor que fixa um ponto de referência e depois dirige o arado para esse ponto. Se olha para trás, o sulco sai-lhe torto.

Por vezes, a tentação de olhar para trás pode provir das limitações pessoais, ou do ambiente que se choca frontalmente com os compromissos contraídos, ou da conduta de pessoas que deveriam ser exemplares e não o são e, por isso mesmo, parecem querer dar a entender que *ser fiel* não é um valor fundamental da pessoa; noutras ocasiões, pode proceder da falta de esperança em face dos resultados medíocres na busca da santidade, apesar dos constantes esforços na luta contra os defeitos.

"Depois do entusiasmo inicial, começaram as vacilações, os titubeios, os temores. — Preocupam-te os estudos, a família, o problema econômico e, sobretudo, o pensamento de que não consegues, de que talvez não sirvas, de que te falta experiência da vida.

"Eu te darei um meio seguro para venceres esses temores — tentações do diabo ou da tua falta de generosidade! —: «despreza-os», tira da tua memória essas lembranças. Pregou-o de modo terminante o Mestre há vinte séculos: «Não olhes para trás!»"[6]

Nessas situações, que podem saturar-se de recordações e saudades, devemos olhar para Cristo e ouvi-lo dizer-nos ao ouvido: *Sê fiel, continua para diante*. E sempre que o nosso olhar se dirige para Jesus, avançamos um bom trecho no caminho. "Não há nunca motivo suficiente para olharmos para trás"[7].

"*Olhar para trás* — comenta Santo Atanásio — significa ter pesares e voltar a experimentar o gosto das coisas do mundo"[8]. É a tibieza, que se introduz no coração dos que não têm os olhos postos no Senhor; é não ter o coração transbordante de Deus e das coisas nobres da vocação.

Olhar para trás, para aquilo que se deixou, para "aquilo que se poderia ter sido", com nostalgia ou tristeza, pode significar em muitos casos quebrar a relha do arado contra uma pedra, ou pelo menos que o sulco, a missão que recebemos, nos saia torto... E na tarefa sobrenatural a que todos fomos chamados pelo Senhor, o que está em jogo são as almas.

Nós queremos ter olhos para olhar unicamente para Cristo e para todas as coisas nobres nEle. Por isso podemos dizer com o Salmo responsorial da Missa: *O Senhor é a porção da minha herança. Ensinar-me-ás o caminho da minha vida, e encher-me-ás de júbilo na tua presença, de alegria perpétua à tua direita*[9]. O "caminho da vida" é a nossa vocação, que temos de olhar com amor e agradecimento.

III. O ESPÍRITO SANTO, por meio de São Lucas, quis referir-nos as palavras dirigidas a esses três discípulos para que as aplicássemos à chamada que recebemos de Deus.

O homem define-se pela vocação recebida de Deus. Cada homem é aquilo para que Deus o criou, e a vida humana não tem outro sentido senão ir conhecendo e realizando livremente essa vontade divina. "O homem realiza-se ou perde-se conforme cumpre ou não na sua vida o desígnio concreto que Deus tem a seu respeito"[10]. Todos nós recebemos uma vocação, quer dizer, uma chamada para conhecermos a Deus, para o reconhecermos como fonte da vida; um convite para entrarmos na intimidade divina, para cultivarmos um relacionamento pessoal com Ele.

É uma chamada para colocarmos Cristo como centro da nossa existência, para tomarmos decisões tendo sempre em conta a sua vontade; uma chamada para reconhecermos os homens como pessoas e filhos de Deus, e, portanto, para superarmos de maneira radical o egoísmo a fim de vivermos a fraternidade e desenvolvermos uma ação apostólica incessante e fecunda. É, em última instância, uma chamada para entendermos que tudo isso se deve realizar na nossa própria vida, de acordo com as circunstâncias em que Deus nos colocou a cada um, e de acordo com a missão que nos cabe realizar pessoalmente[11].

A fidelidade a essa vocação implica uma correspondência às chamadas que Deus nos vai fazendo ao longo da vida, como desdobramentos dessa Vontade divina a nosso respeito. Regra geral, trata-se de uma fidelidade em face das pequenas coisas de cada dia, de amar a Deus no trabalho, nas alegrias e nas penas, de repelir com firmeza tudo o que signifique de alguma maneira olhar para onde não podemos encontrar o olhar de Cristo.

A fidelidade apoia-se numa série de virtudes essenciais, sem as quais se tornaria difícil ou impossível seguir o Mestre: a humildade de reconhecer que — como aquela estátua colossal descrita no Livro de Daniel[12] — temos os pés de barro; a prudência e a sinceridade, que são consequências da humildade; a caridade e a fraternidade, que nos impedem de encerrar-nos em nós mesmos; o espírito de sacrifício, que conduz à temperança, à sobriedade, à luta contra o comodismo e o aburguesamento; e sobretudo o espírito de oração, que nos leva a tratar a Deus como um Amigo, como o Amigo de toda a vida. "Aquele que não deixa de avançar — ensina Santa Teresa —, ainda que demore, acaba por chegar. Abandonar a oração não me parece outra coisa senão perder o caminho"[13].

Vamos dizer ao Senhor que queremos ser fiéis, que não desejamos outra coisa na vida senão segui-lo de perto nas horas boas e nas más. Ele é o eixo em torno do qual gira a nossa vida, é o centro para onde se dirigem todas as nossas ações. Senhor, sem Ti a nossa vida perderia o seu centro de gravidade e se desfaria em mil pedaços.

Recorramos, ao terminarmos a nossa oração, à Virgem fidelíssima, nossa Mãe Santa Maria.

(1) 1 Rs 19, 16; 19-21; (2) Lc 9, 57-62; (3) F. Fernández-Carvajal, *El evangelio de San Lucas*, 5ª ed., Palabra, Madri, 1988; (4) cf. F. Suárez, *A Virgem Nossa Senhora*, Aster, Lisboa, 1957, p. 126; (5) Hb 12, 2; (6) São Josemaria Escrivá, *Sulco*, n. 133; (7) São Josemaria Escrivá, *É Cristo que passa*, n. 160; (8) Santo Atanásio, *Vida de Santo Antão*, 3; (9) Sl 15, 11; (10) J. L. Illanes, *Mundo y santidad*, Rialp, Madri, 1984, p. 108; (11) cf. *ib.*, p. 110; (12) cf. Dn 2, 33; (13) Santa Teresa, *Vida*, 19, 5.

TEMPO COMUM. DÉCIMA TERCEIRA SEMANA. SEGUNDA-FEIRA

109. O VALOR DE UM JUSTO

— Por dez justos, Deus teria perdoado milhares de habitantes de duas cidades.
— A nossa participação nos méritos infinitos de Cristo.
— *Como astros no mundo.*

I. A SAGRADA ESCRITURA mostra-nos Abraão, *nosso pai na fé*, como um homem justo em quem Deus se alegrou de maneira muito especial e a quem tornou depositário das promessas de redenção do gênero humano. A Epístola aos Hebreus fala com emoção deste santo patriarca e de todos os homens justos do Antigo Testamento que morreram sem terem alcançado as promessas, mas *vislumbrando-as e saudando-as de longe*[1], com um gesto cheio de alegria. "É uma comparação — comenta São João Crisóstomo — tirada da vida dos navegantes que, quando avistam de longe as cidades para onde se dirigem, sem ainda terem entrado no porto, lançam vivas emocionados"[2].

Embora não tivessem chegado a possuir nesta vida a redenção prometida, nem participado da união que nós podemos ter com o Filho Unigênito de Deus, Javé tratou-os como amigos íntimos e confiou plenamente neles; pela fé e fidelidade de que deram provas, esqueceu-se muitas vezes do erro de outros. Muitos alcançaram a salvação por terem sido amigos destes "amigos de Deus".

Quando Deus pensou na destruição de Sodoma e Gomorra por causa dos muitos pecados que vinham cometendo, comunicou-o a Abraão[3], e este sentiu-se solidário daquelas gentes. *Então Abraão aproximou-se e disse a Deus: Destruirás o inocente juntamente com o culpado? Se houver cinquenta justos na cidade, Tu os destruirás? Não pouparás aquele lugar em atenção aos cinquenta inocentes que lá estão?*, disse cheio de confiança. E Deus respondeu-lhe: *Se encontrar em Sodoma cinquenta justos, perdoarei toda a cidade em atenção a eles*. Mas esses cinquenta justos não foram encontrados. E Abraão teve que ir fazendo descer a cifra dos homens justos: *E se faltarem cinco, quer dizer, se houver quarenta e cinco?* E o Senhor disse-lhe: *Não a destruirei se encontrar ali quarenta e cinco homens justos*. Mas também não havia esse número. E Abraão continuou a interceder junto de Deus: *E se só houver quarenta?..., trinta?..., vinte?...* Finalmente, viu-se que não havia nem dez homens justos naquela cidade. O Senhor respondera ao último pedido de Abraão: *Se houver dez justos, também não a destruirei*. Por amor de dez justos, Deus teria perdoado toda a cidade! Como é grande o valor das almas santas aos olhos do Senhor! Quanto não está disposto a fazer em atenção a elas!

Na Sagrada Escritura, fala-se com frequência da solidariedade no mal, no sentido de que o pecado de uns pode prejudicar toda a comunidade[4]. Mas Abraão inverte os termos: pede a Deus que, já que estima tanto a justiça dos santos, estes sejam a causa de bênçãos para todos, ainda que muitos sejam pecadores. E Deus aceita essa proposta do patriarca.

Podemos meditar hoje na *alegria e no júbilo de Deus* quando procuramos ser-lhe fiéis: no valor que as nossas obras podem ter quando as fazemos por Deus, mesmo as mais ocultas, as que parece que ninguém vê e que talvez não tenham "aparentemente" nenhuma transcendência; Deus dá muito valor às obras daqueles que lutam pela santidade. *Deus alegra-se nos seus santos*; e por causa deles a sua misericórdia e o seu perdão derramam-se sobre outros homens que por si mesmos não os merecem. É um mistério maravilhoso, mas real: Deus alegra-se nas pessoas que caminham para a santidade.

II. COM JESUS CRISTO cumpriu-se o que fora anunciado: pela morte de um só, todos puderam salvar-se[5]. O mistério da solidariedade humana atinge em Cristo uma plenitude inimaginável. Nada foi nem nunca será, mesmo de longe, tão agradável a Deus como o oferecimento — o holocausto — que Jesus fez da sua vida pela salvação de todos, e que culminou no Calvário: "Para que se desse na terra, numa alma humana, um ato de amor a Deus de valor infinito, era necessário que essa alma humana fosse a de uma Pessoa divina. Assim foi a alma do Verbo feito carne: o seu ato de amor alcançava, na Pessoa divina do Verbo, um valor infinito para satisfazer e para merecer"[6].

São Tomás de Aquino ensina que Jesus Cristo ofereceu a Deus mais do que seria necessário em justiça para compensá-lo da ofensa causada por todo o gênero humano. E isso cumpriu-se: pela grandeza do amor com que Cristo sofreu; pela dignidade da Vida que entregou em satisfação por todos, pois era a vida do Deus-Homem; pela grandeza dos sofrimentos que padeceu...[7] "Maior foi a caridade de Cristo paciente que a malícia dos que o crucificaram, e por isso Cristo pôde satisfazer mais com a sua Paixão do que puderam ofender os que o crucificaram infligindo-lhe a morte, a tal ponto que a Paixão de Cristo foi suficiente e ultrapassou superabundantemente os pecados dos que o crucificaram"[8], e os de todos os homens de todos os tempos, tanto os pessoais como o pecado original de todas as almas; foi "como se um médico preparasse um remédio que pudesse curar todas as doenças, mesmo as futuras"[9].

Jesus Cristo deu plena satisfação ao amor eterno do Pai[10]. Assim o ensinou sempre a Igreja[11]. O amor de Cristo morrendo por nós na Cruz agradava a Deus mais do que podem desagradar-lhe todos os pecados de todos os homens juntos. E na medida em que vamos identificando a nossa vontade com a do Senhor, apropriamo-nos dos méritos de Cristo:

oferecemos uma reparação a Deus fazendo nossos o amor e os méritos do seu Filho! Nisto se baseia o valor incomparável que um só homem santo tem aos olhos de Deus. Ainda que sejam muitos os pecados que se cometem todos os dias, há também muitas almas que — apesar das suas misérias — desejam agradar a Deus com todas as suas forças!

Não interessa se a nossa vida tem ou não uma grande ressonância externa; o que interessa é a nossa decisão de ser fiéis, de converter os dias da nossa vida numa oferenda a Deus. Quem sabe olhar para o seu Pai-Deus, quem o trata com a confiança e a amizade de Abraão, não cai no pessimismo, mesmo que o seu empenho constante por servir o Senhor não dê resultados externos de que se possa gloriar. Que grande engano quando o demônio procura que a alma se encha de pessimismo em face dos resultados aparentemente irrisórios dos seus esforços! E, pelo contrário, como o Senhor fica contente, às vezes muito contente, com a nossa luta diária, com o nosso recomeçar contínuo!

"«*Nam, et si ambulavero in medio umbrae mortis, non timebo mala*» — mesmo que ande por entre as sombras da morte, não terei temor algum. Nem as minhas misérias nem as tentações do inimigo hão de preocupar-me, «*quoniam tu mecum es*» — porque o Senhor está comigo"[12]. Sempre estiveste presente na minha vida, Senhor.

III. *EM ATENÇÃO aos dez justos, não a destruirei*. Teriam bastado dez justos! As pessoas santas compensam de longe todos os crimes, abusos, invejas, deslealdades, traições, injustiças, egoísmos... de todos os habitantes de uma grande cidade. Pela nossa união com o sacrifício redentor de Jesus Cristo, Deus olhará com especial compaixão para os nossos familiares, amigos, conhecidos..., que talvez se tenham extraviado por ignorância, por erro, por fraqueza ou por não terem recebido as graças que nós recebemos. Quantas vezes não teremos "pechinchado" com Jesus, de modo amistoso e afável, como Abraão "pechinchou" com Javé! Olha, Senhor — continuaremos a dizer —, essa pessoa é melhor do que parece, tem bons desejos..., ajuda-a! E Jesus, que conhece bem a realidade, movê-la-á com a sua graça em atenção à nossa amizade com Ele.

Deus acolhe com particular solicitude as preces daqueles que o amam no mundo: as orações das crianças, que rezam com um coração sem malícia, e as do que se fazem como elas; as súplicas dos doentes, que Ele colocou mais perto do seu Coração; as dos que, como nós, repetem tantas vezes que não têm outra vontade além da Sua, que querem servi-lo no meio das suas tarefas normais de todos os dias. Aqueles que procuram estar unidos com Cristo são o verdadeiro sustentáculo do mundo.

E essa união não se manifesta geralmente por meio de ações aparatosas. "São incomparavelmente mais numerosos os acontecimentos cujo realce social permanece por ora oculto: é a multidão imensa dos que passaram a vida gastando-se no anonimato da casa, da fábrica, do escritório; que se consumiram na solidão orante do claustro; que se imolaram no martírio cotidiano da doença. Quando tudo ficar a descoberto na parúsia, então virá à luz o papel decisivo que essas almas desempenharam, apesar das aparências contrárias, no desenvolvimento da história do mundo. E isto será também motivo de alegria para os bem-aventurados, que daí tirarão tema de louvor perene ao Deus três vezes Santo"[13].

São Paulo diz aos primeiros cristãos que eles brilham como *astros no mundo*[14], iluminando todos os homens com a luz de Cristo. Do Céu, Deus olha para a terra e delicia-se com essas pessoas que vivem uma vida corrente, normal, mas que são conscientes da dignidade da sua vocação cristã. O Senhor enche-se de alegria ao ver como cumprimos as nossas tarefas, quase sempre pequenas e sem relevo, se procuramos ser fiéis.

(1) Hb 11, 13; (2) São João Crisóstomo, *Homilia sobre a Epístola aos Hebreus*, 2, 3; (3) Gn 18, 16-33; *Primeira leitura* da Missa da segunda-feira da décima terceira semana do Tempo Comum, ano I; (4)

cf. Js 7, 16-26; (5) Is 53, 1 e segs.; (6) R. Garrigou-Lagrange, *El Salvador*, Rialp, Madri, 1972, p. 297; (7) cf. São Tomás, *Suma teológica*, III, q. 48, a. 2; (8) *ib.*; (9) *ib.*, q. 49, a. 1; (10) cf. João Paulo II, Enc. *Redemptor hominis*, 4-III-1979, 10; (11) cf. Conc. de Trento, *Sec VI*, cap. 7; cf. Pio XII, Enc. *Humani generis*, Denz-Sch 2318/3891; (12) São Josemaria Escrivá, *Forja*, n. 194; (13) João Paulo II, *Homilia*, 11-II-1981; (14) Fl 2, 15.

TEMPO COMUM. DÉCIMA TERCEIRA SEMANA. TERÇA-FEIRA

110. O SILÊNCIO DE DEUS

— O Senhor sempre ouve os que recorrem a Ele.
— Confiança em Deus.
— As ocasiões em que Deus parece manter-se em silêncio.

I. AO LONGO de todo o Evangelho, vemos Jesus comportar-se com naturalidade e simplicidade. Não tem gestos clamorosos nem os procura naqueles que o seguem. Realiza os milagres sem fazer barulho, na medida em que lhe é possível. Às pessoas que cura, recomenda-lhes que não andem apregoando as graças que recebem. Ensina que o Reino de Deus não vem ostensivamente, e mostra a força misteriosa das suas palavras mediante as parábolas do grão de mostarda e do fermento. Vemo-lo também escutar silenciosamente os pedidos de ajuda, e depois atendê-los com simplicidade.

O silêncio de Jesus durante o processo diante de Herodes e de Pilatos transpira uma sublime grandeza. Vemo-lo de pé, sem abrir a boca, diante de uma multidão vociferante, enfurecida, que se serve de falsos testemunhos para tergiversar as suas palavras. O seu silêncio impressiona-nos especialmente pelo contraste com o redemoinho que as paixões humanas agitam. Silêncio de Jesus, que não é indiferença nem desprezo por umas criaturas que o ofendem:

está cheio de piedade e perdão. Jesus Cristo sempre espera a nossa conversão. O Senhor sabe esperar! Tem mais paciência do que nós.

O silêncio na Cruz não é uma pausa que se faz para armazenar ira e depois condenar. Quem está na Cruz é Deus, que perdoa sempre. Ele abre de par em par o caminho de uma nova e definitiva era de misericórdia. Deus escuta sempre os que o seguem, ainda que vez por outra pareça que se cala, que não nos quer ouvir. Observa sempre as fraquezas dos homens..., mas para perdoar, para levantar e ajudar. Se numa ou noutra situação permanece calado, é para que a nossa fé, a nossa esperança e o nosso amor amadureçam.

Na cena que o Evangelho da Missa nos propõe[1], contemplamos Jesus que, cansado depois de um dia de intensa pregação, sobe com os seus discípulos a uma barca para passar à outra margem do lago. Quando já navegavam havia um bom tempo, desencadeou-se uma tempestade tão grande que as ondas cobriam a barca. Entretanto, o Senhor, extenuado pela fadiga, adormeceu. Estava tão cansado que nem sequer os fortes balanços da embarcação o acordaram. É a única passagem do Evangelho que nos mostra Jesus dormindo. Jesus parece estar ausente.

Os apóstolos, na maioria homens afeitos ao mar, perceberam imediatamente que os seus esforços não eram suficientes para manter o barco no rumo certo e compreenderam que as suas vidas corriam perigo. Aproximaram-se então de Jesus e despertaram-no dizendo: *Senhor, salva-nos, que perecemos!*

Jesus tranquilizou-os: *Por que temeis, homens de pouca fé?* Foi como se lhes dissesse: não sabeis que Eu estou convosco, e que isso vos deve dar uma firmeza sem limites no meio das dificuldades? *E levantando-se, imperou aos ventos e ao mar, e sobreveio uma grande bonança.* Os discípulos encheram-se de assombro, de paz e de alegria. Verificaram uma vez mais que estar com Cristo é caminhar seguro, ainda que Ele guarde silêncio. E disseram: *Quem é este a quem até os ventos e o mar obedecem?* Era o seu Senhor e o seu Deus.

Quando, tempos depois, o Espírito Santo foi enviado às suas almas no dia de Pentecostes, compreenderam que teriam que viver em águas frequentemente agitadas e que Jesus estaria sempre na sua barca, a Igreja, aparentemente dormindo e silencioso, mas sempre acolhedor e poderoso; nunca ausente. Compreenderam-no quando, nos começos da sua pregação apostólica, se viram assediados pelas perseguições e sentiram a chicotada da incompreensão da sociedade pagã em que desenvolviam a sua atividade. Não obstante, o Mestre confortava-os, mantinha-os à superfície e impelia-os a novos empreendimentos. E agora faz o mesmo conosco.

II. O SONO DE JESUS, enquanto os seus discípulos se sentiam perdidos no meio da tempestade, enquanto lutavam com todas as suas forças, foi comparado frequentemente a esse silêncio de Deus em que parece, por vezes, que Ele está ausente e despreocupado das dificuldades dos homens e da Igreja.

Em situações semelhantes, quando a tempestade desaba sobre nós, quando os nossos esforços parecem inúteis, devemos seguir o exemplo dos apóstolos e recorrer a Jesus com toda a confiança: *Senhor, salva-nos, que perecemos!* E Ele nos dirá: *Por que temeis, homens de pouca fé?* Por que temeis, se Eu estou convosco? Ele é a verdadeira segurança. Basta estar com Ele na barca, ao alcance do seu olhar, para vencer os medos e as dificuldades, os momentos de escuridão e de angústia, as provas, as incompreensões e as tentações. A insegurança aparece quando a fé se debilita; e com a debilidade vem a desconfiança: podemos então esquecer-nos de que, quando a dificuldade é maior, mais poderosa se manifesta a ajuda do Senhor.

Jesus quer ver-nos com paz e serenidade em todos os momentos e circunstâncias. *Não temais, sou eu*, diz aos discípulos atemorizados. E em outra ocasião: *A vós, meus amigos, digo-vos: Não temais...*[2] Já no momento em que entrou no mundo mostrou como seria a sua presença entre os homens. A mensagem da Encarnação começa precisamente com estas palavras: *Não temas, Maria*[3]. E o Anjo do Senhor dirá também a São José: *José, filho de Davi, não temas*[4]; e repetirá aos pastores: *Não tenhais medo*[5]. Não podemos andar atemorizados por coisa nenhuma. O próprio *santo temor de Deus* é uma forma de amor: é temor de perder o Senhor.

A plena confiança em Deus, acompanhada dos meios humanos que seja necessário utilizar em cada situação, dá ao cristão uma singular fortaleza e uma especial serenidade em face dos acontecimentos e das tribulações. A consideração frequente, ao longo de cada jornada, da nossa filiação divina faz com que nos dirijamos a Deus, não como se fosse um ser longínquo, indiferente e frio que permanece em silêncio, mas como um pai atento aos seus filhos. Vemo-lo como o Amigo que nunca falha e que está sempre disposto a ajudar-nos... e a perdoar-nos se for preciso. Junto dEle, compreendemos que todas as tribulações e dificuldades se transformam num bem, se sabemos aceitá-las com fé, se não nos separamos dEle. "Bem-aventuradas desventuras da terra! — Pobreza, lágrimas, ódios, injustiça, desonra... Tudo poderás nAquele que te confortará"[6]. E Santa Teresa, com a experiência segura dos santos, deixou-nos escrito: "Se tendes confiança nEle e ânimos animosos — porque Sua Majestade é muito amigo disto —, não tenhais medo de que vos venha a faltar coisa alguma"[7]. O Senhor vela pelos seus, ainda que pareça dormir.

III. ALGUNS CRISTÃOS que parecem seguir o Senhor quando tudo corre de acordo com os seus desejos, afastam-se da sua presença quando mais precisam dEle: na doença de um filho, do marido, da esposa, do irmão...; quando passam por um aperto financeiro, quando são atingidos pela calúnia e pela difamação e os amigos lhes dão as costas...; ou quando, na própria vida interior — certamente como uma graça muito particular de Deus, que purifica as intenções e o coração —, lhes desaparece o gosto com que em outros momentos rezavam, comungavam e se empenhavam na ação apostólica. Pensam que Deus não os ouve ou se mantém em silêncio, como se Ele fosse neutro ou indiferente em face das nossas coisas. É precisamente esse o momento de dizer a Jesus com mais força: *Senhor, ajuda-nos, que perecemos!*

O Senhor nunca deixa de ouvir-nos. O que espera talvez é que rezemos com mais intensidade e retidão. Em qualquer tribulação, nas dificuldades e tentações, devemos recorrer imediatamente a Ele. "Procurai o rosto dAquele que habita sempre — com uma presença real e corporal — na sua Igreja. Fazei, pelo menos, o que fizeram os discípulos. Tinham somente uma fé débil, não tinham uma grande confiança nem paz, mas pelo menos não se separaram de Cristo [...]. Não vos defendais dEle, antes, quando estiverdes em apuros, recorrei a Ele, dia após dia, pedindo-lhe fervorosamente e com perseverança aqueles favores que só Ele pode conceder. E assim como, nesta ocasião que os Evangelhos nos narram, Ele censurou os apóstolos por terem pouca fé, mas fez o que lhe tinham pedido, do mesmo modo, embora observe em vós tanta falta de firmeza — que não devia existir —, dignar-se-á imperar aos ventos e ao mar e dirá: «Paz, tranquilizai-vos». E far-se-á uma grande bonança"[8].

Com esta nova paz que o Senhor deixa nos nossos corações, travaremos com confiança essas batalhas de paz queridas ou permitidas por Ele — as externas e as da alma —, aceitaremos com alegria a contradição que purifica e ficaremos mais unidos a Ele.

Também não podemos esquecer nessas circunstâncias que o Senhor colocou um anjo ao nosso lado para que nos guarde, nos ajude e faça chegar mais facilmente as nossas orações a Deus. "Quando tiveres alguma necessidade, alguma contradição — pequena ou grande —, invoca o teu Anjo da Guarda, para que a resolva com Jesus ou te preste o serviço de que estejas precisando"[9].

(1) Mt 8, 23-27; (2) Lc 12, 4; (3) Lc 1, 30; (4) Mt 1, 20; (5) Lc 2, 10; (6) São Josemaria Escrivá, *Caminho*, n. 717; (7) Santa Teresa, *Fundações*, 27, 12; (8) São John Henry Newman, *Sermão para o IVº Domingo depois da Epifania*; (9) São Josemaria Escrivá, *Forja*, n. 931.

TEMPO COMUM. DÉCIMA TERCEIRA SEMANA. QUARTA-FEIRA

111. A OPORTUNIDADE PERDIDA

— O Senhor apresenta-se, por vezes, de maneira diferente de como o esperávamos.
— Desprendimento, para vermos Jesus e para cumprirmos a sua vontade quando não coincide com a nossa.
— Olhar com fé para as circunstâncias desfavoráveis e descobrir nelas a presença do Senhor.

I. JESUS CHEGOU à outra margem do lago, *à região dos gadarenos*, terra de gentios[1]; talvez procurasse um lugar afastado para descansar com os seus discípulos. Ali curou dois endemoninhados que saíram ao seu encontro. Perto do lugar pastava uma vara de porcos; os demônios pediram-lhe que, se os expulsava desses homens atormentados, os enviasse àqueles porcos. E o Senhor permitiu-o. *Eles saíram e foram-se para os porcos, e toda a vara se lançou ao mar barranco abaixo, perecendo nas águas. Os porqueiros fugiram e, indo à cidade, contaram tudo, especialmente o que se passara com os endemoninhados. E eis que toda a cidade saiu ao encontro de Jesus, e, vendo-o, rogaram-lhe que se retirasse dos seus limites.*

Rogaram-lhe que se retirasse daquele lugar. Foi uma grande oportunidade perdida por esses homens; haviam tido o próprio Deus entre eles, e não souberam vê-lo. Possivelmente, o Senhor nunca mais passou por aqueles lugares.

Tinham-no tido tão perto!, e pediram-lhe que se afastasse! Que pouco hospitaleiro é às vezes o mundo para com o seu Senhor! Com frequência, para muitos, o que conta são os bens materiais, e não é difícil ver como se tenta construir uma sociedade em que o Senhor não esteja presente; não lhe deixam lugar, "como se Deus não merecesse nenhum interesse no âmbito dos desígnios operativos e associativos do homem"[2].

Exclui-se Aquele que dá sentido a tudo. O Senhor ilumina a alegria e o sofrimento, a vida e a morte, o trabalho... E sem Ele, nada vale a pena. "Exclusão de Deus, ruptura com Deus, desobediência a Deus: é isto o que tem sido, ao longo de toda a história humana, e continua a ser, sob formas diversas, o pecado, que pode chegar até à negação de Deus e da sua existência: é o fenômeno chamado ateísmo"[3]. No fundo de muitas atitudes que rejeitam ou excluem a verdade sobrenatural, encontra-se um radical materialismo prático que impede de ver a ação de Deus naquilo que nos rodeia.

Nós dizemos a Jesus que queremos colocá-lo no cume de todas as tarefas humanas, mediante um trabalho profissional consciencioso; que queremos a sua presença na nossa vida, na família, uma presença que dê sentido ao que somos e ao que possuímos: à nossa inteligência, ao nosso coração, à amizade, aos amores limpos e nobres de cada um. Dizemos-lhe que queremos permanecer vigilantes, como a sentinela, para dar-lhe entrada na nossa alma, mesmo que se apresente de uma maneira inesperada.

II. AQUELES GENTIOS, apesar do milagre relatado pelos porqueiros e de verem livres e sãos os dois endemoninhados, não quiseram receber Jesus. Quantos bens não teriam recebido em suas casas, e sobretudo nas suas almas! Mas estavam cegos para os bens espirituais. O mesmo acontece a muitos nos nossos dias: têm os seus projetos para serem felizes, e frequentemente olham para Deus simplesmente como alguém que os ajudará a realizá-los. "O verdadeiro estado de coisas é completamente ao contrário. Deus tem os seus planos para a nossa felicidade, e está à espera de que o ajudemos a Ele a realizá-los. E que fique claro que *nós não podemos melhorar os planos de Deus*"[4].

Alguns cristãos, por estarem excessivamente apegados às suas ideias e caprichos, dizem a Jesus que se retire das suas vidas, justamente quando estava mais perto e quando mais precisavam dEle: numa doença, numa contrariedade..., quando perdem uns bens materiais que provavelmente era necessário que perdessem para receberem o Bem supremo, que vem, muitas vezes, por caminhos diferentes dos que eles desejavam. Talvez o esperassem no triunfo, e apresenta-se no fracasso ou na ruína; não no fracasso produzido pela indolência, pela precipitação ou pela imprudência, mas no fracasso que chega quando, no nosso entender, nos tínhamos servido de todos os meios humanos e sobrenaturais possíveis para acertar.

Com que frequência a lógica de Deus não coincide com a lógica dos homens! É o momento de abraçar a vontade divina: "Tu o queres, Senhor?... Eu também o quero!"[5] Quantas vezes, diante de contratempos que nem nos passavam pela cabeça, não teremos feito nossa essa oração, de mil modos repetida!

Já se disse que "o plano de Deus é de uma só peça", isto é, que não existem peças soltas e sem sentido. Tudo o que nos parece contraditório e inexplicável enquadra-se no plano divino, ainda que só venhamos a sabê-lo mais tarde ou na outra vida. Do que não há dúvida é de que *todas as coisas concorrem para o bem dos que amam a Deus*[6]. Mas, para o descobrirmos pessoalmente, para descobrirmos a vontade de Deus em todos os acontecimentos da vida, incluídos os menos gratos, para seguirmos Cristo de perto em todas as circunstâncias, "temos que estar seriamente desprendidos de nós mesmos: dos dons da inteligência, da saúde, da honra, das ambições nobres, dos triunfos, dos êxitos.

"Refiro-me também — porque até aí deve chegar a tua decisão — a esses anseios límpidos com que procuramos exclusivamente dar toda a glória a Deus, e louvá-lo, ajustando a nossa vontade a esta norma clara e precisa: «Senhor, só quero isto ou aquilo se for do teu agrado, porque, senão, para que me interessa?» Assestamos assim um golpe mortal no egoísmo e na vaidade, que serpenteiam por todas as consciências; e ao mesmo tempo alcançamos a verdadeira paz na nossa alma, com um desprendimento que acaba na posse de Deus, cada vez mais íntima e mais intensa"[7].

É necessário purificar o coração dos amores desordenados — do amor próprio desordenado, do excessivo apego aos bens que se possuem ou que se desejaria possuir, das ideias e opiniões próprias, dos projetos que se fez acerca da própria felicidade... — para confiar mais no nosso Pai-Deus. Então poderemos ver claramente e interpretar acertadamente todos os acontecimentos, descobrindo sempre por detrás deles a presença amável de Jesus.

III. SE NÃO HOUVESSE OCORRIDO aquela hecatombe de porcos, os porqueiros provavelmente não teriam descido à cidade e os seus habitantes não teriam sabido que Jesus estava ali, tão perto. Se a mulher que encontrou o Mestre em Cafarnaum não tivesse estado doente durante tantos anos e não tivesse gasto todos os seus haveres com os médicos, não se teria aproximado de Jesus para tocar-lhe a fímbria do manto e nunca teria ouvido aquelas palavras consoladoras, as mais importantes da sua vida, que bem valeram todos os sofrimentos e os gastos inúteis... O que nos parece um mal, talvez não o seja tanto; somente o pecado é um mal absoluto, e dele — com amor, com humildade e contrição — pode-se tirar o saborosíssimo fruto de um novo encontro com Cristo[8], em que a alma rejuvenesce.

Por trás dos males (doença, cansaço, dor, ruína...), encontramos sempre Jesus que nos sorri e nos estende a mão para nos ajudar a superar essas situações e a crescer interiormente. Os males desta vida são um contínuo apelo ao nosso coração, que nos diz: *O Mestre está aqui e chama-te!*[9] Mas se estamos mais apegados aos nossos projetos, à saúde, à vida... do que à vontade de Deus — a princípio, por vezes misteriosa e incompreensível —, só veremos na desgraça a perda de um bem relativo e parcial que talvez tenhamos convertido em absoluto e definitivo. Que enorme erro se nesses momentos não soubermos compreender que Jesus nos visita!

Com uma lógica diferente da nossa, o Senhor vai dispondo os acontecimentos para que, com dor algumas vezes e com gosto outras, nos desprendamos de tudo para que Ele invada toda a nossa existência. Temos que pensar muitas vezes na atuação íntima de Deus em nós, pois Ele dispõe até a menor circunstância para que sejamos felizes, para facilitar-nos o desprendimento de nós mesmos, dos nossos projetos..., para que sejamos santos. Aos olhos de Deus, "uma só alma tem mais valor do que todo o universo, e as maravilhas que Deus realiza no íntimo das nossas vidas são, de longe, mais extraordinárias que todos os esplendores do cosmos material"[10].

Se aqueles gentios tivessem compreendido quem estava diante deles, se tivessem captado o milagre realizado com os dois homens libertados do demônio, que importância teriam dado à perda econômica de uns porcos? Teriam rendido graças a Deus por ela, teriam convidado Jesus para suas casas e organizado uma festa porque o Mestre estava com eles e porque tinham recuperado dois homens.

Se olharmos com fé para as pequenas ou grandes desgraças da vida, acabaremos sempre por dar graças por elas: pela doença inesperada quando tínhamos tanto que fazer, pela humilhação que sofremos vinda de quem menos esperávamos, pela perda do emprego quando parecia que tínhamos conquistado a confiança dos diretores... Obrigado, Senhor — diremos na intimidade do nosso coração —, porque te apresentaste, ainda que tenha sido por onde menos te esperava! Peçamos à Virgem, que experimentou tantos contratempos, aflições e dores, que nos ensine a não perder essas oportunidades de encontrar Jesus no meio das circunstâncias humanamente mais desfavoráveis.

(1) Mt 8, 28-34; (2) João Paulo II, Exort. apost. *Reconciliatio et paenitentia*, 2-XII-1984, 14; (3) *ib.*; (4) E. Boylan, *Amor Sublime*, Apostolado da Imprensa, Porto, 1953, p. 27; (5) cf. São Josemaria Escrivá, *Caminho*, n. 762; (6) Rm 8, 28; (7) São Josemaria Escrivá, *Amigos de Deus*, n. 114; (8) cf. São Bernardo, *Sobre a falácia e brevidade da vida*, 6; (9) Jo 11, 28; (10) M. M. Philipon, *Los dones del Espíritu Santo*, Palabra, Madri, 1983, p. 249.

112. O VALOR INFINITO DA MISSA

— O sacrifício de Isaac, imagem e figura do Sacrifício de Cristo no Calvário. O valor infinito da Missa.
— Adoração e ação de graças.
— Expiação e propiciação pelos nossos pecados; impetração de tudo aquilo que precisamos.

I. NO LIVRO DO GÊNESIS[1], lemos como Deus quis provar a fé de Abraão, a quem prometera uma descendência tão numerosa *como as estrelas do céu*. O patriarca vê o tempo passar sem ter o filho que o Senhor lhe anunciara; sua mulher era estéril. Mas ele continuou a acreditar na palavra de Deus *contra toda a esperança*.

Quando finalmente Isaac veio ao mundo e representou para Abraão, já de idade avançada, o prêmio à sua esperança, Deus, senhor da vida e da morte, mandou-lhe que o sacrificasse: *Toma Isaac, teu filho único, a quem amas, e vai à terra de Moriá, e aí o oferecerás em holocausto sobre um dos montes que eu te mostrarei*. Mas no momento em que ia sacrificar o seu filho amado, o Anjo do Senhor deteve-lhe o braço. E o patriarca ouviu estas palavras cheias de bênçãos sobreabundantes: *Porque o fizeste e não me recusaste o teu filho único, eu te abençoarei e multiplicarei a tua estirpe como as estrelas do céu e como a areia das praias do mar. A tua descendência conquistará as portas das cidades inimigas. E todas as nações da terra serão abençoadas na tua descendência, porque obedeceste à minha voz.*

Os Padres da Igreja viram no sacrifício de Isaac um anúncio do sacrifício de Jesus. Isaac, o filho único de Abraão, o amado que carrega a lenha até ao monte onde será sacrificado, é figura de Cristo, o Unigênito do Pai, o Amado, que caminha com a Cruz às costas para o Calvário, onde se oferece como sacrifício de valor infinito por todos os homens.

Na Missa, depois da Consagração, o *Cânon Romano* recorda a oferenda de Abraão, a entrega do seu filho. Abraão é o nosso "pai na fé". *Recebei, ó Pai, esta oferenda, como recebestes a oferta de Abel, o sacrifício de Abraão e os dons de Melquisedeque...*[2]

A obediência de Abraão é a máxima expressão da sua fé incondicional em Deus. Por essa razão recuperou Isaac e, depois de tê-lo oferecido, recebeu-o de volta como um símbolo. Pensava, na verdade, que Deus é poderoso para ressuscitar alguém dentre os mortos; por isso recuperou o filho, que foi uma imagem dAquele que haveria de vir[3].

Orígenes sublinha que o sacrifício de Isaac permite compreender melhor o mistério da Redenção: "Isaac, ao carregar a lenha para o holocausto, é figura de Cristo que carregou a Cruz às costas. Mas, ao mesmo tempo, levar a lenha para o holocausto é tarefa do sacerdote. Portanto, Isaac foi ao mesmo tempo vítima e sacerdote [...]. Cristo é ao mesmo tempo Vítima e Sumo Sacerdote. Segundo o espírito, oferece a vítima ao seu Pai; segundo a carne, Ele mesmo é oferecido sobre o altar da Cruz"[4].

Por isso, cada Missa tem um valor infinito, imenso, que nós não podemos compreender por completo: "alegra toda a corte celestial, alivia as pobres almas do purgatório, atrai sobre a terra todo o tipo de graças e dá mais glória a Deus do que todos os sofrimentos dos mártires juntos, do que as penitências de todos os santos, do que todas as lágrimas por eles derramadas desde o princípio do mundo e tudo o que possam fazer até o fim dos tempos"[5].

II. AINDA QUE TODOS os atos de Cristo tenham sido redentores, existe, não obstante, na sua vida um acontecimento singular que se destaca sobre todos e para o qual todos convergem: o momento em que a obediência e o amor do Filho ofereceram ao Pai um sacrifício sem medida, em virtude da dignidade da Oferenda e do Sacerdote que a oferecia. E é Ele quem permanece na Missa como Sacerdote principal e Vítima realmente oferecida e sacramentalmente imolada.

Na Santa Missa, os frutos que dizem respeito imediatamente a Deus, como a *adoração*, a *reparação* e a *ação de graças*, produzem-se sempre na sua plenitude infinita, sem dependerem da nossa atenção nem do fervor do sacerdote. E a razão pela qual esses frutos se produzem infalivelmente e sem limites está em que é o próprio Cristo quem os oferece e quem se oferece. Por isso, é impossível encontrar modo algum de adorar melhor a Deus e de reconhecer o seu domínio soberano sobre todas as coisas e sobre todos os homens. É a realização mais perfeita do preceito: *Adorarás o Senhor teu Deus e só a Ele servirás*[6].

Do mesmo modo, é impossível oferecer a Deus uma reparação mais perfeita, pelas faltas cometidas diariamente, do que oferecendo e participando com devoção do Santo Sacrifício do Altar[7]. Como é impossível agradecer melhor os bens recebidos do que por meio da Santa Missa: *Quid retribuam Domino pro omnibus quae retribuit mihi?...* "Como retribuirei ao Senhor por todo o bem que me fez? Erguerei o cálice da salvação e invocarei o nome do Senhor"[8]. Que grande oportunidade para agradecermos a Deus tantos bens que recebemos..., pois às vezes é possível que nos esqueçamos de lhe dar graças pelos seus dons, que são tantos e tantos; pode acontecer-nos como aos leprosos curados por Jesus...

Que honra tão grande a dos sacerdotes que podem emprestar a Cristo a voz e as mãos no sacrifício eucarístico! Que grandeza a dos fiéis por poderem participar de tão grande Mistério! "Diz ao Senhor que, daqui por diante, de cada vez que celebres ou assistas à Santa Missa, e administres ou recebas o Sacramento Eucarístico, o farás com uma fé grande, com um amor que queime, como se fosse a última vez da tua vida. — E sente dor pelas tuas negligências passadas"[9].

III. NO MONTE MÓRIA, Isaac, o filho único e amado de Abraão, não foi sacrificado; no Calvário, Jesus padeceu e morreu por todos nós, *pro peccatis*, por causa dos nossos pecados. Este *fruto de expiação e de propiciação* alcança também as almas dos que nos precederam e que se purificam no Purgatório, à espera do *traje nupcial*[10] para entrarem no Céu.

O sacrifício eucarístico produz, por si mesmo e por virtude própria, o perdão dos pecados; "mas realiza-o de uma maneira *mediata*... Por exemplo, uma pessoa que suplique a Deus a graça de mudar de vida e de confessar-se, sem assistir à Santa Missa, poderá obtê-la somente em virtude do seu fervor e das suas instâncias...; mas, se assiste à Missa com essa finalidade, não há dúvida de que obterá esse favor de maneira eficaz, desde que não levante obstáculos"[11].

Ao oferecer-se ao Pai, Jesus Cristo pede por todos nós. Ele *vive para interceder por nós*[12]. Poderíamos encontrar melhor momento do que a Santa Missa para pedir aquilo de que tanto precisamos? Cada Missa é oferecida por toda a Igreja, que ao mesmo tempo suplica pelo mundo inteiro. "De cada vez que se celebra uma Missa, é o sangue da Cruz que se derrama como chuva sobre o mundo"[13]. Juntamente com toda a Igreja, pedimos de modo particular pelo Papa, pelo bispo diocesano, pelo prelado próprio e por todos os outros que, "fiéis à verdade, promovem a fé católica e apostólica"[14].

E além desse fruto geral da Missa, há também um fruto especial — que se produz de modos diversos — para os que participam do Santo Sacrifício: para os que solicitaram a sua celebração por esta ou aquela intenção; para o sacerdote celebrante, que beneficia de um fruto especialíssimo, irrenunciável, já que a celebração da Missa depende da sua vontade meritória; para os acólitos, para os cantores... e para todo o povo santo que assista ao Sacrifício, conforme as disposições de cada um: para *todos os que circundam este altar, dos quais conheceis a fidelidade e a dedicação em Vos servir. Eles Vos oferecem conosco este sacrifício de louvor por si e por todos os seus, e elevam a Vós as suas preces para alcançar o perdão de suas faltas, a segurança em suas vidas e a salvação que esperam*[15].

Os frutos de remissão dos nossos pecados e de impetração de tudo aquilo de que necessitamos são frutos finitos e limitados, de acordo com as nossas disposições. Por isso é tão importante que cuidemos bem de preparar a alma para participar deste Sacrifício único, e que nos esforcemos por estar muito recolhidos uma vez acabada a ação sagrada. "Estais ali — pergunta o Cura d'Ars — com as mesmas disposições da Santíssima Virgem no Calvário, já que se trata da presença do mesmo Deus e da consumação do mesmo sacrifício?"[16]

Peçamos a Nossa Senhora que a celebração ou a participação do sacrifício eucarístico seja para nós a fonte em que se saciam e em que aumentam os nossos desejos de Deus.

(1) Gn 22, 1-19; *Primeira leitura* da Missa da quinta-feira da décima terceira semana do Tempo Comum, ano I; (2) Missal Romano, *Oração Eucarística I*; (3) cf. Hb 11, 19; (4) Orígenes, *Homilias sobre o Gênesis*, 8, 6, 9; (5) Cura d'Ars, *Sermão sobre a Santa Missa*; (6) Mt 4, 10; (7) Conc. de Trento, *Sessão 22*, c. 1; (8) Sl 115, 12; (9) São Josemaria Escrivá, *Forja*, n. 829; (10) cf. Mt 22, 12; (11) Anônimo, *La Santa Missa*, Rialp, Madri, 1975, p. 95; (12) cf. Hb 7, 25; (13) Ch. Journet, *La Messe*, 2ª ed., Desclée de Brouwer, Bilbao, 1962, p. 182; (14) Missal Romano, *Oração Eucarística I*; (15) *ib.*; (16) Cura d'Ars, *Sermão sobre o pecado*.

113. MORTIFICAÇÕES HABITUAIS

— As mortificações nascem do amor e por sua vez alimentam-no.
— Mortificações que ajudam e tornam mais grata a vida dos outros; as pequenas contrariedades de cada dia; espírito de sacrifício no cumprimento do dever.
— Outras manifestações.

I. O EVANGELHO DA MISSA[1] relata-nos que São Mateus, depois de corresponder à chamada de Jesus, preparou um banquete na sua própria casa, ao qual compareceram os outros discípulos e *muitos publicanos e pecadores*, talvez seus amigos de velha data. Os fariseus, ao verem isso, diziam: *Por que o vosso Mestre come com os publicanos e os pecadores?* Jesus ouviu essas palavras e Ele mesmo lhes respondeu dizendo que não carecem de médico os sãos, mas os doentes. E a seguir fez suas umas palavras de Oseias[2]: *Prefiro a misericórdia ao sacrifício*. O Senhor não rejeita os sacrifícios que lhe oferecem; insiste, no entanto, em que essas oferendas se façam acompanhar pelo amor que nasce de um coração bom, pois a caridade deve impregnar toda a atividade do cristão e, de modo especial, o culto que se presta a Deus[3].

Aqueles fariseus, fiéis cumpridores da Lei, não envolviam os seus sacrifícios no odor suave do amor a Deus e da caridade para com o próximo; em outro lugar, o Senhor dirá com palavras do profeta Isaías: *Este povo honra-me com os lábios, mas o seu coração está longe de mim.* Naquele banquete em casa de Mateus, os fariseus demonstraram que lhes faltava compreensão para com os outros convidados e que não se esforçavam por aproximá-los de Deus e da sua Lei, da qual se diziam fiéis cumpridores; apreciavam tudo com uma visão tacanha e desprovida de amor. "Prefiro as virtudes às austeridades, diz Yavé com outras palavras ao povo escolhido, que se engana com certos formalismos externos. — Por isso, temos de cultivar a penitência e a mortificação, como provas verdadeiras de amor a Deus e ao próximo"[4].

O nosso amor a Deus expressa-se nos atos de culto, mas manifesta-se também em todas as ações do dia, nos pequenos sacrifícios que impregnam tudo o que fazemos, e que levam até o Senhor o nosso desejo de nos abnegarmos e de agradar-lhe em tudo. Se nos faltasse esta profunda disposição, a materialidade de repetirmos uns mesmos atos não teria valor nenhum, porque lhes faltaria o seu sentido mais íntimo. Os pequenos sacrifícios que procuramos oferecer todos os dias ao Senhor, nascem do amor e por sua vez alimentam esse mesmo amor.

O espírito de penitência, tal como o Senhor o quer, não é algo de negativo ou desumano[5]; não é uma atitude de repulsa perante as coisas boas e nobres que podem existir no uso dos bens da terra; é uma manifestação de domínio sobrenatural sobre o corpo e sobre as coisas criadas, sobre os bens, sobre as relações humanas e o trabalho... A mortificação, voluntária ou aquela que nos aparece sem a termos procurado, não é uma simples privação, mas manifestação de amor, pois "padecer necessidade é coisa que pode acontecer a qualquer pessoa, mas *saber* padecê-la é próprio das almas grandes"[6], das almas que amam muito.

A mortificação não é simples moderação nem é manter controlados à risca os sentidos e o desequilíbrio produzido pela desordem e pelo excesso. É abnegação verdadeira: é dar lugar à vida sobrenatural na alma, é antecipar *aquela glória vindoura que se há de manifestar em nós*[7].

II. *PREFIRO A MISERICÓRDIA ao sacrifício*... Por isso, um dos principais aspectos dos nossos sacrifícios diz respeito às relações e ao trato com os outros, que são o campo por excelência em que podemos adotar continuamente uma atitude misericordiosa, como a do Senhor com relação às pessoas que encontrava. O apreço e estima por aqueles com quem convivemos diariamente na família, no trabalho profissional, na rua, animam e ordenam os nossos sacrifícios. Levam-nos a tornar-lhes mais grata a sua vida na terra, a prestar-lhes pequenos serviços, a privar-nos de alguma comodidade em benefício deles.

Este gênero de mortificação levar-nos-á a superar um estado de ânimo pouco otimista, que influi necessariamente nos outros; a sorrir diante das dificuldades, a evitar tudo aquilo que — mesmo em detalhes — possa aborrecer ou incomodar os que estão mais perto, a desculpar, a perdoar... Assim matamos, além disso, o amor próprio, tão intimamente enraizado no nosso ser, e aprendemos a ser humildes.

Esta disposição habitual, que nos faz ser *causa de alegria* para os outros, só pode resultar de um profundo espírito de penitência, pois "desprezar a comida, a bebida e a cama macia, pode não custar um grande trabalho a muitos... Mas suportar uma injúria, sofrer um prejuízo ou não ripostar a uma palavra implicante... não é negócio de muitos, mas de poucos"[8].

E com estes sacrifícios que têm por fim a caridade, o Senhor quer que saibamos encontrá-lo naqueles sacrifícios que Ele permite e que de alguma maneira contrariam os nossos gostos e planos ou os nossos interesses. São as *mortificações passivas*, que nos saem ao encontro numa doença grave, nos problemas familiares que não parecem fáceis de resolver, num revés profissional importante...; e com maior frequência, diariamente, nas pequenas contrariedades e imprevistos que recheiam o nosso trabalho, a vida familiar, os planos que tínhamos para aquele dia... São ocasiões para dizer ao Senhor que o amamos, precisamente nessas coisas que num primeiro momento nos custa aceitar. A contrariedade — pequena ou grande — recebida com amor, oferecida ao Senhor imediatamente, produz paz e alegria no meio da dor; e quando não se aceita, a alma destempera-se e fica triste, ou cai num estado de rebeldia íntima que a afasta dos outros e de Deus.

Outro campo de mortificações, de sacrifícios, em que mostramos o nosso amor a Deus, encontra-se no cumprimento fiel do dever: é trabalhar com intensidade, é não postergar os deveres ingratos, é combater a preguiça mental, é viver sem exceções a ordem e a pontualidade, é facilitar o trabalho de quem está conosco na mesma tarefa, e tantas coisas mais...

Enquanto trabalhamos, no convívio com os outros..., a cada momento, manifestamos por meio dessas pequenas vitórias que amamos a Deus acima de todas as coisas e, mais ainda, acima de nós mesmos. Com essas mortificações, elevamo-nos até o Senhor; sem elas, ficamos prostrados ao nível da terra. Esses pequenos sacrifícios oferecidos ao longo do dia preparam a alma para a oração e enchem-na de alegria.

III. O SENHOR PEDE-NOS sacrifício com amor. A mortificação não está na zona fronteiriça em que é iminente o perigo de cair no pecado; encontra-se em pleno campo da generosidade, porque é saber privar-se do que seria possível não privar-se sem ofender a Deus. Alma mortificada não é a que não ofende, mas a que ama; viver assim, ao ritmo de uma mortificação habitual, *parece loucura aos olhos dos que se perdem; mas, para os que se salvam, isto é, para nós, é a força de Deus*[9], recordava São Paulo aos primeiros cristãos de Corinto.

O amor ao Senhor anima-nos a dominar a imaginação e a memória, afastando pensamentos e recordações inúteis; a controlar a sensibilidade, a tendência para a "vida tranquila" como razão principal da nossa vida. A mortificação leva-nos a vencer a preguiça à hora de nos levantarmos, a não deixar a vista e os outros sentidos dispersos, a ser sóbrios na bebida, a comer com temperança, a evitar os caprichos...; e a praticar uma ou outra mortificação corporal, devidamente aconselhados na direção espiritual ou na confissão.

Em determinadas circunstâncias, daremos maior atenção a umas mortificações que a outras, porque teremos visto que estamos excessivamente acomodados num ponto ou noutro, ou porque teremos sentido especialmente a ausência de uma virtude ou o recrudescimento de um defeito... Pode até ser útil tomarmos nota de algumas delas, elaborando uma pequena lista que teremos sempre à mão, sobretudo à hora do exame de consciência à noite. E saberemos pedir ajuda ao nosso Anjo da Guarda para que as cumpramos todos os dias.

Devemos ter muito em conta a tendência de todo o homem e de toda a mulher para o esquecimento e o desleixo, e isso nos ajudará a lançar mão dos meios necessários para não deixarmos de lado essas ocasiões de pequenas renúncias ao longo do dia, muitas delas previstas e procuradas. Esse plano de mortificações costumeiras, reduzido a escrito, é um "lembrete" dificilmente substituível, que nos ajuda poderosamente a adquirir o *hábito* do espírito de sacrifício. Depois, teremos o cuidado de rever e renovar periodicamente essa lista, por exemplo uma vez por mês, para adaptá-la às necessidades imediatas da nossa luta interior.

Para a alma mortificada, torna-se uma realidade aquela promessa de Jesus: *Quem perder a sua vida por amor de mim, achá-la-á*[10]; e assim encontraremos Cristo no meio do mundo, nas nossas tarefas e por meio delas. "O amigo disse ao seu Amado que lhe pagasse o tempo em que o havia servido. O Amado fez a conta dos pensamentos, desejos, prantos, perigos e trabalhos que o amigo padecera por amor dele, e acrescentou à conta a eterna bem-aventurança, e deu-se a Si próprio em pagamento ao seu amigo"[11].

(1) Mt 9, 9-13; (2) Os 6, 6; (3) cf. Sagrada Bíblia, *Santos Evangelhos*, EUNSA, Pamplona, 1983; cf. B. Orchard y outros, *Verbum Dei*, Herder, Barcelona, 1960, vol. II, p. 683; (4) São Josemaria Escrivá, *Sulco*,

n. 992; (5) cf. J. Tissot, *A vida interior*; (6) Santo Agostinho, *Sobre o bem do matrimônio*, 21, 25; (7) Rm 8, 18; (8) São João Crisóstomo, *Sobre o sacerdócio*, 3, 13; (9) 1 Cor 1, 18; (10) Mt 10, 39; (11) R. Lúlio, *Livro do Amigo e do Amado*, 64.

TEMPO COMUM. DÉCIMA TERCEIRA SEMANA. SÁBADO

114. O VINHO NOVO

— Dispor a alma para receber o dom divino da graça; os *odres novos*.
— A contrição restaura-nos e prepara-nos para receber novas graças.
— A Confissão sacramental, meio para crescer na vida interior.

I. JESUS ENSINAVA, e os que o escutavam entendiam-no bem. Todos os que ouviram pela primeira vez as suas palavras narradas no Evangelho da Missa de hoje conheciam os remendos nas roupas, e todos também, acostumados aos trabalhos do campo, sabiam o que acontece quando se lança o vinho novo, extraído da vinha recém-vindimada, em odres velhos. Com essas imagens simples e bem conhecidas, o Senhor ensinava as verdades mais profundas sobre o Reino que Ele viera trazer às almas: *Ninguém coloca remendo novo em pano velho; do contrário, o remendo levará consigo parte do tecido, e o rasgão tornar-se-á maior. Também não se lança vinho novo em odres velhos; do contrário, os odres arrebentam e todo o vinho se derrama; o vinho novo lança-se em odres novos e assim as duas coisas se conservam*[1].

Jesus declara a necessidade de acolher a sua doutrina com um espírito novo, jovem, com desejos de renovação; pois da mesma maneira que a força da fermentação do vinho novo faz estalar os recipientes já envelhecidos, assim também a mensagem que Cristo trouxe à terra tem que quebrar o conformismo, a rotina e as estruturas arcaicas. Os apóstolos lembrar-se-iam daqueles dias junto de Jesus como o início da sua nova vida: não tinham recebido a pregação do Senhor como mais uma interpretação da Lei, mas como uma vida nova que neles surgia com um ímpeto extraordinário e que lhes reclamava disposições novas.

Sempre que os homens se encontraram com Jesus ao longo destes vinte séculos, alguma coisa de novo surgiu neles, rompendo atitudes velhas e gastas. Já o profeta Ezequiel havia anunciado[2] que Deus concederia outro coração e um espírito novo aos que o seguissem. São Beda, ao comentar esta passagem do Evangelho, explica[3] como os apóstolos se transformaram no dia de Pentecostes, ao mesmo tempo que se enchiam do fervor do Espírito Santo. O mesmo aconteceria depois na Igreja com cada um dos seus membros, uma vez recebidos o Batismo e a Confirmação. Estes odres novos — a alma limpa e purificada — devem estar sempre cheios; "pois, quando vazios, a traça e a ferrugem os consomem; mas a graça conserva-os cheios"[4].

O vinho novo da graça necessita de umas disposições na alma constantemente renovadas, em torno do empenho por começar e recomeçar no caminho da santidade, que é um sinal de juventude interior, dessa juventude própria dos santos, das pessoas enamoradas de Deus. É um empenho que se traduz na disposição habitual de corresponder às moções e insinuações do Espírito Santo, pois desse modo nos preparamos para receber outras novas; como também na disposição de recorrer ao Senhor, pedindo-lhe que cure a nossa alma, sempre que não tenhamos sido plenamente fiéis. "Limpa, Senhor Jesus — pedimos-lhe com Santo Ambrósio —, a podridão dos meus pecados. Enquanto me tens atado pelos laços do amor, cura o que está doente [...]. Eu encontrei um médico que vive no Céu e derrama o seu remédio sobre a terra. Só Ele pode curar as minhas feridas, pois não tem nenhuma; só Ele pode tirar do coração a sua dor e da alma a sua palidez, pois Ele conhece os segredos mais escondidos"[5].

Só o teu amor, Senhor, pode preparar a minha alma para receber mais amor.

II. O VINHO NOVO, que o Espírito Santo traz constantemente à alma, "não envelhece, mas os odres podem envelhecer. Quando se quebram, são atirados ao lixo e o vinho perde-se"[6]. Por isso é necessário restaurar continuamente a alma, rejuvenescê-la, pois são muitas as faltas de amor, os pecados veniais talvez, que a impedem de receber mais graças e a envelhecem. Nesta vida, sempre sentiremos as feridas dos pecados: defeitos do caráter que não se vencem de maneira definitiva, chamadas da graça que não sabemos atender com generosidade, impaciências, rotina na vida de piedade, faltas de compreensão...

O que nos prepara para novas graças é a contrição, que aumenta a esperança, evita a rotina e faz com que o cristão se esqueça de si mesmo e se aproxime novamente de Deus com um ato de amor mais profundo. A contrição caracteriza-se pela aversão ao pecado e pela conversão a Cristo. Não se identifica, portanto, com o estado em que uma alma pode encontrar-se por causa dos efeitos desagradáveis do seu erro (a quebra da paz familiar, a perda de uma amizade...); nem mesmo consiste no desejo de não se ter feito o que se fez...: é a condenação decidida de uma ação, a conversão para o bom, para a santidade de Deus manifestada em Cristo; é a "irrupção de uma vida nova na alma"[7], cheia de amor ao encontrar-se novamente com o Senhor. Por isso, não sabe arrepender-se, não se sente movido à contrição quem não relaciona os seus pecados, tanto os grandes como as pequenas faltas, com o Senhor.

Diante de Jesus, todas as ações adquirem a sua verdadeira dimensão. Se ficássemos a sós com as nossas culpas, sem essa referência à Pessoa ofendida, provavelmente justificaríamos e tiraríamos importância às nossas faltas e pecados, ou então nos encheríamos de desalento e desesperança diante de tanto erro ou omissão. O Senhor ensina-nos a conhecer a verdade sobre a nossa vida e, apesar de tantos defeitos e misérias, cumula-nos de paz e de desejos de ser melhores, de recomeçar novamente.

A alma humilde sente a necessidade de pedir perdão a Deus muitas vezes ao dia. Cada vez que se afasta do que o Senhor esperava dela, compreende a necessidade de regressar como o filho pródigo, com verdadeira dor: *Pai, pequei contra o céu e contra ti; já não sou digno de ser chamado teu filho: trata-me como a um dos teus jornaleiros*[8]. E o Senhor, "que está perto dos que têm um coração contrito"[9], escutará a nossa oração. Com essa contrição, a alma prepara-se continuamente para receber o *vinho novo* da graça.

III. O SENHOR, sabendo que somos frágeis, deixou-nos o sacramento da Penitência, em que a alma não só sai restabelecida, mas também surge com uma nova vida, se porventura tinha perdido a graça. Devemos recorrer a este sacramento com uma sinceridade plena, humilde, contrita, com desejos de reparar.

Uma confissão bem feita implica um exame profundo (profundo não quer dizer necessariamente longo, sobretudo se nos confessamos com frequência): se for possível, diante do Sacrário, e sempre na presença de Deus. É nesse exame de consciência que o cristão vê o que Deus esperava da sua vida e o que realmente ela foi; a bondade ou malícia das suas ações, as omissões, as ocasiões perdidas..., a intensidade das faltas cometidas, o tempo em que permaneceu nelas antes de pedir perdão[10].

Quem deseje ter uma consciência delicada procurará antes de mais nada confessar-se com frequência, e depois "não se contentará com uma confissão simplesmente válida, mas aspirará a fazer uma *confissão boa*, que ajude eficazmente a alma a elevar-se até Deus.

"Para que a confissão frequente consiga esse fim, é necessário seguir com toda a seriedade este princípio: sem arrependimento, não há perdão dos pecados. Daqui nasce esta norma fundamental para quem se confessa com frequência:

não confessar nenhum pecado venial de que não se esteja séria e sinceramente arrependido.

"Há um *arrependimento geral*. É a dor e a detestação dos pecados cometidos em toda a vida passada. Esse arrependimento geral é de uma importância excepcional para a confissão frequente"[11], pois ajuda-nos a cicatrizar as feridas deixadas pelas fraquezas, purifica-nos a alma e faz-nos crescer no amor ao Senhor.

A sinceridade há de levar-nos, sempre que seja necessário, a descer a esses pequenos detalhes que dão a conhecer melhor a nossa fraqueza: como?, quando?, por que motivo? por quanto tempo?; evitando tanto o detalhe insubstancial e prolixo como a generalização. É preciso dizer com simplicidade e delicadeza o que aconteceu, dar a conhecer o verdadeiro estado da alma, fugindo das divagações do tipo "não fui humilde", "fui preguiçoso", "faltei à caridade"..., coisas que, por outro lado, são quase sempre aplicáveis a qualquer mortal. Numa palavra, devemos cuidar de que a nossa confissão frequente seja *um ato pessoal*, em que pedimos perdão ao Senhor das nossas fraquezas concretas e reais, não de generalidades difusas.

Este sacramento da misericórdia é refúgio seguro: aqui se curam as feridas, se revitaliza o que estava gasto e envelhecido, e se remedeiam todos os extravios, grandes ou pequenos. Porque a confissão não é somente um juízo em que as ofensas são perdoadas, mas também remédio para a alma.

A confissão impessoal esconde, com frequência, um ponto de soberba e de amor próprio que trata de mascarar ou justificar aquilo que humilha e deixa humanamente em má situação. Para tornarmos mais pessoal este ato de penitência, devemos cuidar até do modo de nos confessarmos: "Acuso-me de...", pois este sacramento não é o relato de umas coisas acontecidas, mas uma autoacusação humilde e simples dos nossos erros e fraquezas diante do próprio Deus, que nos perdoará através do sacerdote e nos inundará com a sua graça.

"Deus seja louvado!, dizias de ti para ti depois de terminares a tua Confissão sacramental. E pensavas: é como se tivesse voltado a nascer.

"Depois, prosseguiste com serenidade: «*Domine, quid me vis facere?*» — Senhor, que queres que eu faça?

"— E tu mesmo te deste a resposta: — Com a tua graça, por cima de tudo e de todos, cumprirei a tua Santíssima Vontade: «*Serviam!*» — eu te servirei sem condições!"[12]

(1) Mt 9, 16-17; (2) Ez 36, 26; (3) São Beda, *Comentário ao Evangelho de São Marcos*, 2, 21-22; (4) Santo Ambrósio, *Tratado sobre o Evangelho de São Lucas*, 5, 26; (5) *ib.*, 5, 27; (6) G. Chevrot, *El Evangelio al aire livre*, Herder, Barcelona, 1961, p. 111; (7) cf. M. Schmaus, *Teologia dogmática*, 2ª ed., Rialp, Madri, 1963, vol. VI, p. 562; (8) Lc 15, 18-19; (9) Santo Agostinho, *Comentário ao Evangelho de São João*, 15, 25; (10) cf. São Francisco de Sales, *Introdução à vida devota*, II, 19; (11) B. Baur, *La confesión frecuente*, Herder, Barcelona, 1957, pp. 37-38; (12) São Josemaria Escrivá, *Forja*, n. 238.

TEMPO COMUM. DÉCIMO QUARTO DOMINGO. CICLO A

115. ALIVIAR A CARGA DOS OUTROS

— O exemplo de Cristo.
— Ser compassivos e misericordiosos. O peso do pecado e da ignorância.
— Recorrer a Cristo quando o peso da vida se torna mais custoso. Aprender de Santa Maria a esquecer-nos de nós mesmos.

I. DE UM MODO BEM DIVERSO de como os fariseus se comportavam com o povo, Jesus veio libertar os homens das suas cargas mais pesadas: carregando-as sobre Si próprio. *Vinde a mim todos os que estais fatigados e sobrecarregados* — diz Jesus aos homens de todos os tempos —, *e eu vos aliviarei. Tomai sobre vós o meu jugo, e aprendei de mim, que sou manso e humilde de coração, e encontrareis descanso para as vossas almas, pois o meu jugo é suave e o meu fardo leve*[1].

Ao lado de Cristo, todas as fadigas se tornam amáveis, tudo o que poderia ser mais custoso no cumprimento da vontade de Deus se suaviza. O sacrifício, quando se está ao lado de Cristo, não é áspero e duro, mas amável. Ele assumiu as nossas dores e os nossos fardos mais pesados. O Evangelho é uma contínua prova da sua preocupação por todos: "Ele deixou-nos por toda a parte exemplos da sua misericórdia"[2], escreve São Gregório Magno. Ressuscita os mortos, cura os cegos, os leprosos, os surdos-mudos, liberta os endemoninhados... Por vezes, nem sequer espera que lhe tragam o doente, mas diz: *Eu irei e o curarei*[3]. Mesmo no momento da morte, preocupa-se com os que estão ao seu lado. E ali entrega-se com amor, *como propiciação pelos nossos pecados. E não só pelos nossos, mas também pelos de todo o mundo*[4].

Devemos imitar o Senhor: não só evitando lançar preocupações desnecessárias sobre os outros, mas ajudando-os a enfrentar as que têm. Sempre que seja possível, assistiremos os outros nas suas tarefas humanas, nos fardos que a própria vida impõe: "Quando tiveres terminado o teu trabalho, faz o do teu irmão, ajudando-o, por Cristo, com tal delicadeza e naturalidade, que nem mesmo o favorecido repare que estás fazendo mais do que em justiça deves. — Isto, sim, é fina virtude de filho de Deus!"[5]

Nunca deverá parecer-nos excessiva qualquer renúncia, qualquer sacrifício que possamos fazer em benefício dos outros. A caridade deve estimular-nos a mostrar-lhes o nosso apreço com atos muito concretos, procurando ocasiões de ser úteis, de aliviar os outros de algum peso, de proporcionar alegrias a tantas pessoas que podem receber a nossa colaboração, sabendo que se trata de uma matéria em que nunca nos excederemos suficientemente.

Temos de libertar os outros daquilo que lhes pesa, como Cristo faria se estivesse no nosso lugar. Isso nos levará a prestar-lhes um pequeno serviço, a dirigir-lhes uma palavra de ânimo e de alento, a ajudá-los a olhar para o Mestre e a adquirir um sentido mais positivo da sua situação, que talvez os aflija por se encontrarem sós. Ao mesmo tempo, podemos e devemos pensar nesses aspectos em que, muitas vezes sem termos plena consciência disso, contribuímos para tornar um pouco mais pesada e menos grata a vida dos outros: pelos nossos juízos precipitados, pela crítica negativa, pela indiferença ou falta de consideração, pela palavra que magoa.

II. O AMOR DESCOBRE nos outros a imagem divina, a cuja semelhança todos fomos feitos; reconhecemos em todos o preço sem medida que foi pago pelo seu resgate: o próprio sangue de Cristo[6]. Quanto mais intensa for em nós a virtude sobrenatural da caridade, maior estima teremos pelo próximo e, consequentemente, crescerá a nossa solicitude pelas suas necessidades e penas.

Nos que sofrem ou passam por dificuldades, não vemos apenas a pessoa em si, mas também Cristo, que se identificou com todos os homens: *Em verdade vos digo que, todas as vezes que o fizestes a um destes meus irmãos mais pequeninos, a mim o fizestes*[7]. Cristo faz-se presente no mundo pela nossa caridade. Ela atua constantemente em cada época por meio dos membros do seu Corpo Místico. Por isso, a união vital com Cristo também nos permite dizer: *Vinde a mim todos os que estais fatigados e sobrecarregados, e eu vos aliviarei*. A caridade é a realização do Reino de Deus no mundo.

Para sermos fiéis discípulos do Senhor, temos de pedir-lhe incessantemente que nos dê um coração semelhante ao seu, capaz de compadecer-se de todos os males que pesam sobre a humanidade. A compaixão foi a atitude habitual de Cristo à vista das misérias e limitações dos homens: *Tenho compaixão da multidão...*[8], diz o Senhor repetidamente em tons diversos ao longo do Evangelho; e essa sua inclinação para a misericórdia, há de conservá-la permanentemente diante das misérias acumuladas pelos homens ao longo dos séculos. Se nós nos chamamos discípulos de Cristo, devemos cultivar no nosso coração os mesmos sentimentos misericordiosos do Mestre.

Temos de começar por aliviar as cargas dos que vivem mais intimamente ligados à nossa vida: por terem a mesma fé, o mesmo espírito, os mesmos laços de sangue, o mesmo trabalho...: "Velai, certamente, por todos os indigentes com uma benevolência geral — diz São Leão Magno —, mas lembrai-vos especialmente dos que são membros do Corpo de Cristo e estão unidos a nós pela unidade da fé católica. Pois devemos mais aos nossos pela união na graça, do que aos estranhos pela comunhão de natureza"[9].

Aliviemos na medida do possível os que suportam o duro fardo da ignorância religiosa, que "atinge hoje níveis jamais vistos em certos países de tradição cristã. Por imposição laicista ou por desorientação e negligência lamentável, multidões de jovens batizados vêm chegando à idade adulta com um total desconhecimento das mais elementares noções da fé e da moral e dos próprios rudimentos da piedade. Atualmente, ensinar a quem não sabe significa, sobretudo, ensinar aos que nada sabem de Religião; significa "evangelizá-los", quer dizer, falar-lhes de Deus e da vida cristã"[10]. Que peso tão grande o daqueles que, pertencendo à nossa família sobrenatural por estarem batizados, não conhecem Cristo, foram privados na meninice e na juventude da doutrina cristã, e estão mergulhados no erro, porque a ignorância é a fonte da maior parte dos erros.

Peçamos, enfim, ao Senhor, na nossa oração pessoal, a ajuda da sua graça para sentirmos uma compaixão eficaz por aqueles que sofrem o mal incomensurável de estarem enredados no pecado. Peçamos-lhe a graça de entender que o apostolado da Confissão é a maior obra de todas as obras de misericórdia, pois é possibilitar que Deus derrame o seu perdão generosíssimo sobre os que se afastaram da casa paterna. Que enorme fardo retiramos dos ombros de quem estava oprimido pelo pecado e se aproxima da Confissão! Que grande alívio! Hoje pode ser um bom momento para nos perguntarmos: quantas pessoas ajudei a fazer uma boa confissão?

III. NÃO ENCONTRAREMOS caminho mais seguro para seguirmos o Senhor e para encontrarmos a nossa própria felicidade do que a preocupação sincera por libertar ou aliviar do seu lastro os que caminham cansados e aflitos, pois Deus dispôs as coisas "para que aprendamos a levar as cargas uns dos outros; porque não há ninguém sem defeito, ninguém sem carga; ninguém que se baste a si próprio, nem que seja suficientemente sábio para si"[11]. Todos precisamos uns dos outros. A convivência diária requer essas ajudas mútuas, sem as quais dificilmente poderíamos ir para a frente.

E se alguma vez nós mesmos nos vemos a braços com um fardo excessivamente pesado para as nossas forças, não deixemos de ouvir as palavras do Senhor: *Vinde a mim*. Só Ele restaura as forças, só Ele sacia a sede. "Jesus diz agora e sempre: *Vinde a mim todos os que estais cansados e sobrecarregados, e eu vos aliviarei.* Efetivamente, Jesus encontra-se numa atitude de convite, de conhecimento e de compaixão por nós; mais ainda: de oferecimento, de promessa, de amizade, de bondade, de remédio para os nossos males, de conforto e, sobretudo, de pão, de fonte de energia e de vida"[12]. Cristo é o nosso descanso.

O segredo é a oração. Quando por vezes na vida nos sentimos esmagados e não sabemos a quem mais recorrer, temos que voltar-nos decididamente para o Sacrário, onde nos espera o Amigo que nunca atraiçoa nem decepciona, e que, nesse colóquio sem palavras, nos anima, nos dá critério e nos robustece para a luta. Quantas preocupações e fardos aparentemente insuportáveis se desfazem à luz trêmula da lamparina de um Sacrário!

O trato assíduo com a nossa Mãe Santa Maria ensinar-nos-á a ter sempre paz e a compadecer-nos das necessidades do próximo. Nada lhe passou inadvertido, porque até os mais pequenos apuros dos homens se fizeram patentes ao amor que sempre lhe absorveu o Coração. Ela tornará mais fácil o caminho para Cristo quando tivermos mais necessidade de descarregar nEle as nossas preocupações e de renovar o impulso da caridade: assim "obterás forças para cumprir acabadamente a Vontade de Deus, encher-te-ás de desejos de servir a todos os homens. Serás o cristão que às vezes sonhas ser: cheio de obras de caridade e de justiça, alegre e forte, compreensivo com os outros e exigente contigo mesmo"[13].

(1) Mt 11, 28-30; (2) São Gregório Magno, *Homilias sobre o Evangelho*, 25, 6; (3) Mt 7, 7; (4) 1 Jo 2, 2; (5) São Josemaria Escrivá, *Caminho*, n. 440; (6) cf. 1 Pe 1, 18; (7) Mt 25, 40; (8) Mc 8, 2; (9) São

Leão Magno, *Sermão 89*; (10) J. Orlandis, *Las ocho bienaventuranzas*, EUNSA, Pamplona, 1982, pp. 104-105; (11) T. Kempis, *Imitação de Cristo*, I, 16, 4; (12) Paulo VI, *Homilia*, 12-VI-1977; (13) São Josemaria Escrivá, *Amigos de Deus*, n. 293.

TEMPO COMUM. DÉCIMO QUARTO DOMINGO. CICLO B

116. *BASTA-TE A MINHA GRAÇA*

— O Senhor presta-nos a sua ajuda para superarmos os obstáculos, as tentações e as dificuldades.
— *Se quiseres, podes.*
— Os meios que devemos empregar nas tentações.

I. NA SEGUNDA LEITURA[1] da Missa, São Paulo revela-nos a sua profunda humildade. Depois de falar aos fiéis de Corinto dos seus trabalhos por Cristo e das visões e revelações que o Senhor lhe concedeu, declara-lhes também a sua debilidade: *Para que não me ensoberbeça, foi-me dado um aguilhão na carne, um anjo de Satanás, que me esbofeteia para que eu não me exalte.*

Não sabemos com certeza a que se refere São Paulo quando fala desse *aguilhão da carne*. Alguns Padres (Santo Agostinho) pensam que se tratava de uma doença física particularmente dolorosa; outros (São João Crisóstomo) acham que se referia às tribulações que lhe causavam as contínuas perseguições que o atingiam; alguns (São Gregório Magno) julgam que aludia a tentações especialmente difíceis de repelir[2]. Seja como for, tratava-se de alguma coisa que humilhava o Apóstolo, que entravava de certo modo a sua tarefa de evangelizador.

São Paulo pediu ao Senhor por três vezes que retirasse dele esse obstáculo. E recebeu esta sublime resposta: *Basta-*

-te a minha graça, pois a força resplandece na fraqueza. Para superar essa dificuldade, bastava-lhe a ajuda de Deus, e, além disso, ela servia para manifestar o poder divino que lhe permitiria vencê-la. Ao contar com a ajuda de Deus, tornava-se mais forte, e isso fê-lo exclamar: *Por isso glorio-me com muito gosto nas minhas fraquezas, nos opróbrios, nas necessidades, nas perseguições e angústias, por Cristo; pois, quando sou fraco, então sou forte.* Na nossa fraqueza, experimentamos constantemente a necessidade de recorrer a Deus e à fortaleza que nos vem dEle. Quantas vezes o Senhor nos terá dito na intimidade do nosso coração: *Basta-te a minha graça*, tens a minha ajuda para venceres nas provas e dificuldades!

Pode ser que, de vez em quando, a solidão, a fraqueza ou a tribulação nos atinjam de um modo particularmente vivo e doloroso: "Procura então o apoio dAquele que morreu e ressuscitou. Procura para ti abrigo nas chagas das suas mãos, dos seus pés, do seu lado aberto. E renovar-se-á a tua vontade de recomeçar, e reempreenderás o caminho com maior decisão e eficácia"[3].

Por outro lado, as próprias dificuldades e fraquezas podem converter-se num bem maior. São Tomás de Aquino, ao comentar essa passagem da Epístola de São Paulo, explica que Deus pode permitir algumas vezes certos males de ordem moral ou física para obter bens maiores ou mais necessários[4]. O Senhor nunca nos abandonará no meio das provações. A nossa própria debilidade ajuda-nos a confiar mais, a procurar com maior presteza o refúgio divino, a pedir mais forças, a ser mais humildes: "Senhor, não te fies de mim! Eu, sim, é que me fio de Ti. E ao vislumbrarmos na nossa alma o amor, a compaixão, a ternura com que Cristo Jesus nos olha — porque Ele não nos abandona —, compreenderemos em toda a sua profundidade as palavras do Apóstolo: *Virtus in infirmitate perficitur*, a virtude se fortalece na fraqueza (2 Cor 12, 9); com fé no Senhor, apesar das nossas misérias — ou melhor, com as nossas misérias —, seremos fiéis ao nosso Pai-Deus, e o poder divino brilhará, sustentando-nos no meio da nossa fraqueza"[5].

II. *FOI-ME DADO UM AGUILHÃO na carne, um anjo de Satanás que me esbofeteia...* É como se São Paulo sentisse aqui, de uma maneira muito viva, as suas limitações, paralelamente à grandeza de Deus e da sua missão de apóstolo que contemplara em diversas ocasiões. Por vezes, também nós podemos vislumbrar "metas generosas, metas de sinceridade, metas de perseverança..., e, não obstante, temos como que incrustada na alma, no mais profundo do que somos, uma espécie de raiz de debilidade, de falta de forças, de obscura impotência..., e isso nos deixa tristes e dizemos: não posso"[6]. Vemos o que o Senhor espera de nós em determinada situação ou em face de certas circunstâncias, mas talvez nos sintamos fracos ou cansados perante as provas e dificuldades que acarretam e que temos de superar:

"A inteligência — iluminada pela fé — mostra-te claramente não só o caminho, mas a diferença entre a maneira heroica e a maneira estúpida de percorrê-lo. Sobretudo, põe diante de ti a grandeza e a formosura divina das tarefas que a Trindade deixa em nossas mãos.

"O sentimento, pelo contrário, apega-se a tudo o que desprezas, mesmo que continues a considerá-lo desprezível. É como se mil e uma insignificâncias estivessem esperando qualquer oportunidade, e logo que a tua pobre vontade se debilita — por cansaço físico ou por perda de sentido sobrenatural —, essas ninharias se amontoam e se agitam na tua imaginação, até formarem uma montanha que te oprime e te desanima: as asperezas do trabalho; a resistência em obedecer; a falta de meios; os fogos de artifício de uma vida regalada; pequenas e grandes tentações repugnantes; rajadas de sentimentalismo; a fadiga; o sabor amargo da mediocridade espiritual... E, às vezes, também o medo: medo porque sabes que Deus te quer santo e não o és.

"Permite-me que te fale com crueza. Sobram-te «motivos» para voltar atrás, e falta-te arrojo para corresponder à graça que Ele te concede, porque te chamou para seres outro Cristo, «*ipse Christus!*» — o próprio Cristo. Esqueceste a admoestação do Senhor ao Apóstolo: «Basta-te a minha graça», que é uma confirmação de que, se quiseres, podes"[7].

Basta-te a minha graça. São palavras que o Senhor dirige hoje a cada um de nós para que nos enchamos de fortaleza ante as provas que tenhamos pela frente. A nossa própria fraqueza servirá para nos gloriarmos no poder de Cristo, ensinar-nos-á a amar e a sentir a necessidade de estar muito perto de Jesus. As próprias derrotas, os projetos inacabados, levar-nos-ão a exclamar: *Quando sou fraco, então sou forte*, porque Cristo está comigo.

Quando a tentação, os contratempos ou o cansaço se tornarem maiores, o demônio tratará de insinuar-nos a desconfiança, o desânimo, o descaminho. Por isso, devemos hoje aprender a lição que São Paulo nos dá: nessas situações, Cristo está especialmente presente com a sua ajuda; basta que recorramos a Ele. E também poderemos dizer com o Apóstolo: *Glorio-me com muito gosto nas minhas fraquezas, nos opróbrios, nas necessidades, nas perseguições e angústias, por Cristo...*

III. SERIA TEMERÁRIO desejar a tentação ou provocá-la, mas também seria um erro temê-la, como se o Senhor não nos fosse proporcionar a sua assistência para vencê-la. Podemos considerar confiadamente como dirigidas a nós mesmos as palavras do Salmo: *Porque ele mandou aos seus anjos que te guardassem em todos os teus caminhos. / Eles te sustentarão nas suas mãos, para que não tropeces em alguma pedra. / Pisarás sobre serpentes e víboras, calcarás aos pés o leão e o dragão. / Porque me amou, eu o livrarei; eu o defenderei, pois confessou o meu nome. / Quando me invocar, eu o atenderei; na tribulação, estarei com ele; hei de livrá-lo e cobri-lo de glória. / Favorecê-lo-ei com longa vida, e dar-lhe-ei a ver a minha salvação*[8].

Mas, ao mesmo tempo, o Senhor pede que estejamos prevenidos contra a tentação e que lancemos mão dos meios ao nosso alcance para vencê-la: a oração e a mortificação voluntária; a fuga das ocasiões de pecado, pois *aquele que ama o perigo, nele perecerá*[9]; uma vida laboriosa de trabalho contínuo, pelo cumprimento exemplar dos deveres profissionais; um grande horror a todo o pecado, por pequeno que possa parecer; e, sobretudo, o esforço por crescer no amor a Cristo e a Santa Maria.

Combatemos com eficácia quando abrimos a alma de par em par ao diretor espiritual no momento em que começa a insinuar-se a tentação da infidelidade, "pois manifestá-la é já quase vencê-la. Quem revela as suas tentações ao diretor espiritual pode estar certo de que Deus concede a este a graça necessária para dirigi-lo bem [...].

"Não pensemos nunca que se combate a tentação discutindo com ela, nem sequer enfrentando-a diretamente [...]. Mal se apresente, afastemos dela o olhar, para dirigi-lo ao Senhor que vive dentro de nós e combate ao nosso lado, e que venceu o pecado; abracemo-nos a Ele num ato de humilde submissão à sua vontade, de aceitação dessa cruz da tentação [...], de confiança nEle e de fé na sua proximidade, de súplica para que nos transmita a sua força. Deste modo, a tentação conduzir-nos-á à oração, à união com Deus e com Cristo: não será uma perda, mas um lucro. *Deus faz concorrer todas as coisas para o bem dos que o amam* (Rm 8, 28)"[10].

Podemos tirar muito proveito das provas, tribulações e tentações, pois nelas demonstramos ao Senhor que precisamos dEle e o amamos. Elas avivarão o nosso amor e aumentarão as nossas virtudes, pois a ave não voa apenas pelo impulso das asas, mas também pela resistência do ar: de alguma maneira, precisamos dos obstáculos e das contrariedades para levantarmos voo no amor. Quanto maior for a resistência do ambiente ou das nossas próprias fraquezas, mais ajudas e graças Deus nos dará. E a nossa Mãe do Céu estará sempre muito perto de nós nesses momentos de maior necessidade: não deixemos de recorrer à sua proteção maternal.

(1) 2 Cor 12, 7-10; (2) cf. Sagrada Bíblia, *Epístolas de São Paulo aos Coríntios*, EUNSA, Pamplona, 1984, vol. VII; (3) São Josemaria Escrivá, *Via Sacra*, XIIª est., n. 2; (4) São Tomás, *Comentário à Segunda Carta aos Coríntios*; (5) São Josemaria Escrivá, *Amigos de Deus*, n. 194; (6) A. Garcia Dorronsoro, *Apuntes de esperanza*, Rialp, Madri, 1974, p. 123; (7) São Josemaria Escrivá, *Sulco*, n. 166; (8) Sl 90, 11; (9) Eclo 3, 27; (10) B. Baur, *En la intimidad con Dios*, pp. 121-122.

TEMPO COMUM. DÉCIMO QUARTO DOMINGO. CICLO C

117. *COMO UM RIO DE PAZ*

— O Senhor veio dar a paz a um mundo que não a tem.

— A violência e a inquietação têm as suas raízes no coração dos homens. São consequências do pecado.

— A paz inicia-se na alma com o reconhecimento daquilo que separa de Deus; com uma profunda contrição. Promotores da paz no mundo, a começar pelas pessoas que estão mais próximas.

I. A LITURGIA DESTE DOMINGO centra-se de modo particular nesse grande bem para a alma e para a sociedade que é a paz. Na primeira Leitura[1], o profeta Isaías anuncia que a era do Messias se caracterizará pela abundância desse bem divino; será como um *rio de paz*, como uma *torrente transbordante*, resumo de todos os bens: o gozo, a alegria, a consolação, a prosperidade prometida por Deus à Jerusalém restaurada depois do desterro da Babilônia. *Como uma criança que a mãe consola, assim eu vos consolarei*. Isaías refere-se ao Messias, portador dessa paz que é, ao mesmo tempo, graça e salvação eterna para cada um e para todo o povo de Deus. A nova Jerusalém é imagem da Igreja e de todos nós.

O Evangelho da Missa[2] relata a partida dos discípulos para anunciarem a chegada do Reino de Deus. À sua passagem, multiplicam-se os milagres: cegos que recuperam a vista, leprosos que ficam limpos, pecadores que decidem fazer penitência. E vão levando por toda a parte a paz de Cristo. O próprio Senhor os encarregara disso, antes de deixá-los partir para essa missão apostólica: *Em toda a casa em que entrardes, dizei primeiro: Paz a esta casa! Se ali houver algum homem de paz, repousará sobre ele a vossa paz...* Esta mensagem será repetida pela Igreja até o fim dos tempos.

Depois de tantos anos, vemos, não obstante, que o mundo não está em paz; anseia e clama por ela, mas não a encontra. Poucas vezes como no nosso tempo se mencionou tanto a palavra paz, e talvez poucas vezes como no nosso tempo a paz esteja tão longe do mundo. Mesmo "dentro de cada país, e em não poucas nações, a situação geral pouco tem a ver com a paz. Não é que exista guerra, o que geralmente se entende por guerra, mas, sem dúvida, falta paz. É a luta de raças, a luta de classes, a luta entre ideologias, a luta de partidos. Terrorismo, guerrilhas, sequestros, atentados, insegurança, motins, conflitos, violência, ódios, ressentimentos, acusações, recriminações"[3]. *Paz, paz, paz, dizem. E não há paz*[4]. Não há paz na sociedade, nem nas famílias, nem nas almas. O que acontece para que não haja paz? Por que tanta crispação e tanta violência, por que tanta inquietação e tristeza nas almas, se todos desejam a paz?

Talvez o mundo esteja buscando a paz onde não a pode encontrar; talvez a confunda com a tranquilidade; talvez a faça depender de circunstâncias externas e alheias ao próprio homem. A paz vem de Deus e é um dom divino *que sobrepuja todo o entendimento*[5], e que se concede somente aos homens de boa vontade[6], aos que procuram com todas as suas forças conformar a sua vida com o querer divino.

"A paz, que traz consigo a alegria, o mundo não a pode dar.

"— Os homens sempre estão fazendo pazes, e andam sempre enredados em guerras, porque esqueceram o conselho de lutar por dentro, de recorrer ao auxílio de Deus, para que Ele vença, e assim consigam a paz no seu próprio eu, no seu próprio lar, na sociedade e no mundo.

"— Se nos comportarmos deste modo, a alegria será tua e minha, porque é propriedade dos que vencem. E com a graça de Deus — que não perde batalhas — chamar-nos-emos vencedores, se formos humildes"[7].

Então seremos portadores da paz verdadeira, e levá-la-emos como um tesouro inestimável aos lugares onde estivermos: à família, ao local de trabalho, aos amigos..., ao mundo inteiro.

II. NO PRINCÍPIO, antes de que se cometesse o pecado original, tudo estava ordenado para dar glória a Deus e para proporcionar felicidade ao homem. Não existiam as guerras, os ódios, os rancores, a incompreensão, as injustiças... Por esse primeiro pecado, ao qual se acrescentaram depois os pecados pessoais, o homem converteu-se num ser egoísta, soberbo, mesquinho, avaro... É aí que devemos procurar a causa de todos os desequilíbrios que vemos ao nosso redor.

"A violência e a injustiça — frisa João Paulo II — têm raízes profundas no coração de cada indivíduo, de cada um de nós"[8]. Do coração procedem "todas as desordens que os homens são capazes de cometer contra Deus, contra os irmãos e contra eles próprios, provocando no mais íntimo das suas consciências uma ferida, uma profunda amargura, uma falta de paz que necessariamente se reflete no entrançado da vida social. Mas é também do coração humano, da sua imensa capacidade de amar, da sua generosidade para o sacrifício, que podem surgir — fecundados pela graça de Cristo — sentimentos de fraternidade e obras de serviço aos homens que, *como um rio de paz* (Is 66, 12), cooperem para a construção de um mundo mais justo, onde a paz tenha foro de cidadania e impregne todas as estruturas da sociedade"[9]. A paz é consequência da graça santificante, como a violência, em qualquer das suas manifestações, é consequência do pecado.

O futuro da paz está nos nossos corações[10], pois o pecado não foi tão poderoso que pudesse apagar completamente a imagem de Deus no homem, mas apenas "sujá-la, deformá-la, debilitá-la; pôde ferir a alma, mas não aniquilá-la; obscurecer a inteligência, mas não destruí-la; dar lugar ao ódio, mas não eliminar a capacidade de amar; desviar a vontade, mas sem chegar ao ponto de tornar impossível a retificação"[11].

Por isso, ainda que o homem tenda para o mal quando se deixa levar pela sua natureza caída, pode não obstante, com a ajuda da graça, vencer essas paixões desordenadas, e possuir e comunicar a paz que Cristo nos conquistou. A vida do cristão converte-se então numa luta alegre por rejeitar o mal e alcançar Cristo. Nessa luta, encontra uma segurança cheia de otimismo, mas quando pactua com o pecado e os seus erros, acaba por perdê-la, e converte-se numa fonte de mal-estar ou de violência para si próprio e para os outros.

Como uma criança que a mãe consola, assim eu vos consolarei. Unicamente em Cristo encontraremos a paz de que tanto necessitamos para nós mesmos e para os que estão mais perto. Recorramos a Ele quando as contrariedades da vida pretenderem tirar-nos a serenidade da alma. Recorramos ao sacramento da Penitência e à direção espiritual se, por não termos lutado suficientemente, a inquietação e o desassossego entrarem no nosso coração.

III. A PRESENÇA DE CRISTO no coração dos seus discípulos é a origem da verdadeira paz, que é riqueza e plenitude, e não simples tranquilidade ou ausência de dificuldades e de luta. São Paulo afirma que o próprio Cristo é a nossa paz[12]; possuí-lo e amá-lo é a origem de toda a serenidade verdadeira.

Este fluir de paz no nosso coração, como *uma torrente que transborda*, começa pelo reconhecimento dos nossos pecados, das faltas, negligências e erros. É então que, se somos humildes e olhamos para Cristo, descobrimos a sua grande misericórdia, "como se Ele estivesse aí detrás, como que escondido, para nos dizer: essas são as misérias que tomei para Mim, para te mostrar pessoalmente, nesta solidão e nesta dor, qual é o amor do Pai, o único capaz de livrar-te delas, de virá-las de certo modo pelo avesso e utilizá-las para a tua salvação. Então poderá ressoar no ouvido do nosso coração a palavra: a tua fé te salvou e Eu te curei. Vai em paz!"[13] Não há paz sem contrição.

Com este sossego interior, que encontraremos recomeçando muitas vezes e não pactuando jamais com os nossos defeitos e erros, poderemos sair para o mundo, para esse espaço em que se desenvolve a nossa tarefa diária, a fim de sermos promotores de paz, dessa paz que o mundo não tem e que, portanto, não pode dar.

Quando entrardes numa casa, dizei primeiro: Paz a esta casa... Não se trata de uma simples saudação; é a paz de Cristo, que os seus discípulos devem levar a todos os caminhos. Diremos a todos que a verdadeira paz "se baseia na justiça, no sentido da inviolável dignidade do homem, no reconhecimento de uma igualdade indelével e desejável entre os homens, no princípio básico da fraternidade humana, quer dizer, no respeito e no amor devidos a cada homem"[14].

Dir-lhes-emos que nunca serão semeadores de paz se não se souberem filhos de Deus e não tratarem os outros como filhos de Deus: todos irmãos por terem um Pai comum, que é um laço sobrenatural infinitamente mais forte que os laços do sangue, o único que pode superar em bases permanentes os conflitos de interesses, sejam pessoais, de família, de classe ou internacionais. *Bem-aventurados os artífices da paz, porque serão chamados filhos de Deus*[15]. Na expressão do Senhor, as duas expressões se equivalem.

O cristão que vive de fé, consciente da sua estirpe divina, é o homem de paz que contagia serenidade; passa-se bem ao seu lado, e todos procurarão a sua companhia. Peçamos a Nossa Senhora, ao terminarmos este tempo de oração, que saibamos recorrer com humildade às fontes da paz — o Sacrário, a Confissão, a direção espiritual —, se virmos que o desassossego, o temor, a tristeza ou o rancor querem penetrar no nosso coração e comprometer a nossa missão de paz.

Rainha da paz, rogai por nós..., rogai por mim.

(1) Is 66, 10-14; (2) Lc 10, 1-12; 17-20; (3) F. Suárez, *La paz os dejo*, Rialp, Madri, 1973, p. 47; (4) cf. Jr 6, 14; (5) Fl 4, 7; (6) cf. Lc 2, 14; (7) São Josemaria Escrivá, *Forja*, n. 102; (8) João Paulo II, *Mensagem para a Jornada da Paz*, 8-XII-1984, n. 1; (9) A. del Portillo, *Homilia aos participantes do Ano Internacional da Juventude*, 30-III-1985; (10) cf. João Paulo II, *op. cit.*, n. 3; (11) F. Suárez, *op. cit.*, p. 63; (12) Ef 2, 14; (13) S. Pinckaers, *En busca de la felicidad*, Palabra, Madri, 1981, p. 157; (14) Paulo VI, *Mensagem para a Jornada Mundial da Paz* de 1971; (15) Mt 5, 9.

118. ENCONTRAR CRISTO NA IGREJA

— Não é possível amar, seguir ou escutar Cristo, sem amar, seguir ou escutar a Igreja.
— Nela, participamos da vida de Cristo.
— Fé, esperança e amor à Igreja.

I. TODOS PROCURAM JESUS. Todos necessitam dEle, e Ele está sempre disposto a compadecer-se dos que o procuram com fé. A sua Santíssima Humanidade era como que o canal pelo qual passavam todas as graças, enquanto permaneceu entre os homens. Por isso, toda a multidão procurava tocá-lo, *porque saía dEle uma força que curava a todos*.

A mulher de que nos fala o Evangelho da Missa[1] também se sentiu movida a aproximar-se de Cristo. Aos seus sofrimentos físicos — de há doze anos —, somava-se a vergonha de sentir-se impura segundo a Lei. No povo judeu, considerava-se impura não só a mulher afetada por uma doença desse tipo, como também quem a tocasse. Por isso, para não se fazer notar, aproximou-se de Jesus por trás e limitou-se a tocar a orla do seu manto. "Tocou delicadamente a borda do manto, aproximou-se com fé, acreditou e soube que tinha sido curada..."[2]

Essas curas, os milagres, as expulsões de demônios que Cristo realizou enquanto vivia na terra, eram uma prova de que a Redenção já era uma realidade, não uma mera esperança. Essas pessoas que se aproximaram do Mestre anteciparam de algum modo a devoção dos cristãos pela Santíssima Humanidade de Cristo.

Depois, quando estava prestes a partir para o Céu, para junto do Pai, sabendo que sempre precisaríamos dEle, o Senhor preparou os meios para que em qualquer época e lugar pudéssemos receber as infinitas riquezas da Redenção: fundou a Igreja, bem visível e localizável. Procuramos nela o mesmo que as pessoas procuravam no Filho de Maria. *Estar com a Igreja é estar com Jesus*, unir-se a esse redil é unir-se a Jesus, pertencer a essa sociedade é ser membro do seu Corpo. Somente nela encontraremos Cristo, o próprio Cristo, Aquele que o povo eleito esperava.

Os que pretendem ir a Cristo prescindindo da Igreja, ou até maltratando-a, poderiam um dia ter a mesma surpresa que colheu São Paulo no caminho de Damasco: *Eu sou Jesus a quem tu persegues*[3]. "Ele não diz — ressalta São Beda —: Por que persegues os meus membros?, mas: Por que me persegues? Porque Ele ainda padece afrontas no seu Corpo, que é a Igreja"[4]. Paulo não sabia até esse momento que *perseguir a Igreja era perseguir o próprio Jesus*. Mais tarde, quando falar sobre ela, fá-lo-á descrevendo-a como o Corpo de Cristo[5], ou simplesmente como Cristo[6]; e designando os fiéis como seus membros[7].

Não é possível amar, seguir ou escutar Cristo, sem amar, seguir ou escutar a Igreja, porque Ela é a presença simultaneamente sacramental e misteriosa de Nosso Senhor, que assim prolonga a sua missão salvífica no mundo até o fim dos tempos.

II. NINGUÉM PODE DIZER que ama a Deus se não escolhe o caminho — Jesus — estabelecido pelo próprio Deus: *Este é o meu Filho amado [...], escutai-o*[8]. E é ilógica a pretensão de sermos amigos de Cristo desprezando as suas palavras e os seus desejos.

Aquelas multidões que afluíam de toda a parte encontram em Jesus alguém que, com autoridade, lhes fala de Deus — Ele próprio é a Palavra divina feita carne —: encontram Jesus Mestre. E agora encontramo-lo e vinculamo-nos a Ele quando aceitamos a doutrina da Igreja: *Quem vos ouve, a mim me ouve, e quem vos rejeita, a mim me rejeita*[9].

Jesus é, além disso, nosso Redentor. Ele é Sacerdote, o possuidor do único sacerdócio, que se ofereceu a si próprio como propiciação pelos pecados. *Cristo não se apropriou da glória de ser Sumo Sacerdote, mas ela foi-lhe concedida por Aquele que lhe disse: Tu és meu filho...*[10] Unimo-nos a Jesus-Sacerdote e Vítima, que honra a Deus Pai e nos santifica, na medida em que participamos da vida da Igreja, particularmente dos seus sacramentos, que são como canais divinos pelos quais a graça flui até chegar às almas; sempre que os recebemos, pomo-nos em contato com o próprio Cristo, fonte de toda a graça.

Por meio dos sacramentos, os méritos infinitos que Cristo nos conquistou chegam aos homens de todas as épocas e são, para todos, firme esperança de vida eterna. Na Sagrada Eucaristia, que Cristo mandou a Igreja celebrar, renovamos a sua oblação e imolação: *Isto é o meu corpo, que é dado por vós; fazei isto em memória de mim*[11]; e só a Sagrada Eucaristia nos garante essa Vida que Ele conquistou para nós: *Se alguém comer deste pão, viverá eternamente, e o pão que eu lhe darei é a minha carne para a vida do mundo...*[12]

A condição para participarmos do sacrifício e banquete eucarístico reside em outro dos sacramentos que Cristo conferiu à sua Igreja, o Batismo: *Ide, pois, e ensinai a todos os povos, batizando-os em nome do Pai e do Filho e do Espírito Santo*[13]. *O que crer e for batizado será salvo...*[14] E se os nossos pecados nos afastaram de Deus, a Igreja também é o meio para recuperarmos a nossa condição de membros vivos do Senhor: *Àqueles a quem perdoardes os pecados* — diz Ele aos seus apóstolos —, *ser-lhes-ão perdoados; àqueles a quem os retiverdes, ser-lhes-ão retidos*[15]. O Senhor estabeleceu que esta vinculação profundíssima com Ele se realizasse através desses sinais visíveis da vida sacramental da sua Igreja. Nos sacramentos também encontramos Cristo.

E ainda que alguma vez possa haver dissensões dentro da Igreja, não será difícil encontrarmos Cristo. As maiorias ou minorias pouco significam quando se trata de encontrar Jesus: no Calvário, só estava presente a sua Mãe, rodeada de umas poucas mulheres e um adolescente, mas ali, a poucos metros, estava Jesus! Na Igreja, também sabemos onde é que o Senhor está: *Eu te darei* — declarou Ele a Pedro — *as chaves do reino dos céus; e tudo quanto ligares na terra será ligado nos céus, e tudo quanto desligares na terra será desligado nos céus*[16]. E nem sequer as negações de Simão Pedro foram suficientes para revogar esses poderes. O Senhor, depois de ressuscitado, confirmou-os de modo solene: *Apascenta os meus cordeiros [...]. Apascenta as minhas ovelhas*[17]. A Igreja está onde estão Pedro e os seus sucessores, os bispos em comunhão com ele.

III. NA IGREJA vemos Jesus, o mesmo Jesus a quem as multidões queriam tocar *porque saía dele uma força que os curava a todos*. Pertence à Igreja quem, por meio da sua doutrina, dos seus sacramentos e do seu regime, se vincula a Cristo Mestre, Sacerdote e Rei. Com a Igreja, mantemos de certo modo as mesmas relações que temos com o Senhor: fé, esperança e caridade.

Em primeiro lugar *fé*, que significa crer naquilo que, em tantas ocasiões, não é evidente. Os contemporâneos de Jesus viam nEle um homem que trabalhava, que se cansava, que precisava de alimento, que sentia dor, frio, medo..., mas aquele Homem era Deus. Na Igreja, conhecemos pessoas santas, que muitas vezes permanecem na obscuridade de uma vida normal, mas também vemos homens fracos como nós, mesquinhos, preguiçosos, interesseiros... Mas se foram batizados e permanecem em graça, apesar de todos os defeitos estão em Cristo, participam da sua própria vida. E se são pecadores, a Igreja também os acolhe no seu seio, como membros mais necessitados.

A nossa atitude perante a Igreja também deve ser de *esperança*. O próprio Cristo afirmou: *Sobre esta pedra edificarei a minha Igreja, e as portas do inferno não prevalecerão contra ela*[18]. A Igreja será sempre a *rocha firme* onde poderemos procurar segurança diante dos tombos que o mundo vai dando. Ela não falha, porque nela encontramos Cristo.

E se devemos a Deus *caridade*, amor, esse deve ser o nosso mesmo sentir em relação à nossa mãe a Igreja, pois "não pode ter a Deus por Pai quem não tem a Igreja por Mãe"[19]. Ela é a mãe que nos comunica a vida: essa vida de Cristo pela qual somos filhos do Pai. E uma mãe deve ser amada. Só os maus filhos é que se mostram indiferentes, e às vezes hostis, em relação a quem lhes deu o ser.

Nós temos uma boa mãe: por isso doem-nos tanto as feridas que lhe causam os que estão fora e os que estão dentro, e as doenças que podem atingir outros membros. Por isso, como bons filhos, procuramos não ventilar as misérias humanas — passadas ou presentes — destes ou daqueles cristãos, constituídos ou não em autoridade: não misérias da Igreja, que é Santa, e tão misericordiosa que nem aos pecadores nega a sua solicitude maternal. Como se pode falar friamente da Igreja, com palavras duras ou indiferentes? Como se pode permanecer "imparcial" quando se trata da própria mãe? Não o somos nem queremos sê-lo. O que é dela é nosso, e não nos podem pedir uma atitude de neutralidade, própria de um juiz diante de um réu, mas não de um filho em relação à sua mãe.

Somos de Cristo quando somos da Igreja: nela nos tornamos membros do seu Corpo, que Nossa Senhora concebeu e deu à luz. Por isso, a Santíssima Virgem é "Mãe da Igreja, quer dizer, mãe de todo o povo de Deus, tanto dos fiéis como dos pastores"[20]. A última joia que a piedade filial engastou nas ladainhas de Nossa Senhora, o mais recente elogio à *Mãe de Cristo*, é apenas um sinônimo: *Mãe da Igreja*.

(1) Mt 9, 20-22; (2) Santo Ambrósio, *Comentário ao Evangelho de São Lucas*, VI, 56; (3) At 9, 5; (4) São Beda, *Comentário aos Atos dos Apóstolos*; (5) 1 Cor 12, 27; (6) 1 Cor 1, 13; (7) Rm 12, 5; (8) Mt 17, 5; (9) Lc 10, 16; (10) Hb 5, 5; (11) Lc 22, 19; (12) Lc 6, 51; (13) Mt 28, 19; (14) Mc 16, 16; (15) Jo 20, 23; (16) Mt 16, 19; (17) Jo 21, 15-17; (18) Mt 16, 18; (19) São Cipriano, *Sobre a unidade*, 6, 8; (20) Paulo VI, *Alocução*, 21-XI-1964.

TEMPO COMUM. DÉCIMA QUARTA SEMANA. TERÇA-FEIRA

119. LUTA ASCÉTICA

— Diariamente travam-se muitos combates no coração do homem. Ajuda constante do Senhor.
— Para seguir Cristo, é necessário um esforço diário, alegre e humilde.
— Recomeçar muitas vezes. Recorrer à Virgem Nossa Mãe.

I. A MISTERIOSA LUTA de Jacó com um anjo em figura humana às margens do rio Iaboc assinala uma mudança radical na vida do patriarca. Até então, Jacó tivera uma conduta demasiado humana, apoiada somente nos meios puramente naturais. A partir desse momento, confiará sobretudo em Deus, que reafirma nele a Aliança com o povo eleito.

Jacó pôde vencer no combate somente por causa da força que Deus lhe comunicou, e a lição dessa façanha foi que não lhe haviam de faltar a bênção e a proteção divina nas dificuldades futuras[1]. Assim o expressa o livro da Sabedoria: *Concedeu-lhe a palma no duro combate para ensinar-lhe que a piedade prevalece contra tudo*[2].

Para os Santos Padres, esta cena do Antigo Testamento é imagem do combate espiritual que o cristão deve travar contra forças muito superiores às dele, e contra as suas próprias paixões e tendências, inclinadas ao mal depois do pecado original: *A nossa luta não é contra o sangue e contra a carne* — adverte São Paulo —, *mas contra os principados, contra as potestades, contra os dominadores deste mundo, contra os espíritos maus que estão no ar*[3]. São os anjos rebeldes, já vencidos por Cristo, mas que não deixarão de incitar-nos ao mal até o fim da nossa vida.

Há diariamente combates no nosso coração, ensina Santo Agostinho. Cada homem luta na sua alma contra um exército. Os inimigos são a soberba, a avareza, a gula, a sensualidade, a preguiça... E é difícil — acrescenta o Santo — que esses ataques não nos produzam alguma ferida[4]. Não obstante, temos a certeza da vitória se lançamos mão dos recursos que o Senhor nos deu: a oração, a mortificação, a sinceridade plena na conversa com o sacerdote, a ajuda do nosso Anjo da Guarda e, sobretudo, da nossa Mãe Santa Maria. Além disso, "se Aquele que entregou a sua vida por nós é o juiz dessa luta, que orgulho e confiança não devemos ter?

"Nos jogos olímpicos, o árbitro permanece no meio dos dois adversários, sem favorecer nem um nem outro, esperando pelo desfecho. Se o árbitro se coloca entre os dois combatentes, é porque a sua atitude é neutral. No combate contra o demônio, Cristo não permanece indiferente: está totalmente do nosso lado. Como pode isso acontecer? Vede que, logo depois de entrarmos na arena — são palavras de São João Crisóstomo a uns cristãos no dia do seu Batismo —, Ele nos ungiu, enquanto acorrentava o outro. Ungiu-nos com o óleo da alegria e atou o outro com correntes pesadas para lhe paralisar os assaltos. Se eu vier a tropeçar, Ele estende-me a mão, levanta-me da minha queda e volta a pôr-me de pé"[5].

Por maiores que sejam as tentações, as dificuldades, as tribulações, Cristo é a nossa segurança. Ele não nos abandona! *Ele não é neutral!*, está sempre do nosso lado. Todos podemos dizer com São Paulo: *Omnia possum in eo qui me confortat*, tudo posso em Cristo que me conforta, que me dá a ajuda de que necessito, se sei recorrer a Ele e aos meios que estabeleceu.

II. CAMINHAVA UM EXCURSIONISTA em direção a um refúgio de alta montanha; a subida ia-se tornando cada vez mais íngreme, e por vezes custava-lhe vencer as etapas; o frio açoitava-lhe o rosto, mas o lugar era impressionante pelo silêncio que ali reinava e pela beleza da paisagem. O refúgio, simples e tosco, revelou-se muito acolhedor. Não demorou a observar que, sobre a lareira, alguém deixara escrita uma frase com que se identificou plenamente: "O meu lugar está no cume".

Ali está também o nosso lugar: no cume, ao lado de Cristo, num desejo contínuo de aspirar à santidade apesar de conhecermos bem o barro de que estamos feitos, as nossas fraquezas e retrocessos. Sabemos também que o Senhor nos pede que escalemos a montanha mediante o esforço pequeno e contínuo por lutar sem tréguas contra as paixões que tendem a arrastar-nos para baixo. O que nos fará perseverar nesse combate é o amor pelo cume, o amor profundo por Cristo, a quem procuramos incessantemente[6].

A luta ascética do cristão deve ser positiva, alegre, constante, com "espírito esportivo". "A santidade tem a flexibilidade dos músculos soltos. Quem quer ser santo sabe comportar-se de tal maneira que, ao mesmo tempo que faz uma coisa que o mortifica, omite — se não é ofensa a Deus — outra que também lhe custa, e dá graças ao Senhor por essa comodidade. Se nós, os cristãos, atuássemos de outro modo, correríamos o risco de tornar-nos rígidos, sem vida, como uma boneca de trapos. A santidade não tem a rigidez do cartão: sabe sorrir, ceder, esperar. É vida: vida sobrenatural"[7].

Na luta interior, também encontraremos fracassos. Muitos deles terão pouca importância; outros serão mais sérios, mas o desagravo e a contrição aproximar-nos-ão mais do Senhor. E se tivermos quebrado em pedaços o que temos de maior valor na nossa vida, Deus saberá recompô-lo se formos humildes. Ele perdoa e ajuda sempre, quando o procuramos de coração contrito. Devemos aprender a recomeçar muitas vezes; com uma alegria nova, com uma humildade nova, pois mesmo quando se ofendeu muito a Deus e se fez muito mal aos outros, pode-se voltar a estar muito perto do Senhor nesta vida e depois na outra, se existe verdadeiro arrependimento, se se leva uma vida acompanhada de penitência. Humildade, sinceridade, arrependimento... e recomeçar novamente.

Deus conta com a nossa fragilidade e perdoa sempre, mas é preciso saber levantar-se. Há uma alegria incomparável no Céu cada vez que recomeçamos. E ao longo do nosso caminhar teremos que fazê-lo em muitas ocasiões, porque sempre teremos faltas, deficiências, fragilidades, pecados. Que não nos falte a alegria de retificar e de começar tudo outra vez.

III. A LUTA DIÁRIA do cristão concretiza-se ordinariamente em coisas pequenas: na fortaleza necessária para cumprir delicadamente os atos de piedade, sem trocá-los por qualquer outra coisa que se apresente momentaneamente, sem deixar- se levar pelo estado de ânimo desse dia ou desse momento; no modo de viver a caridade, corrigindo as formas destemperadas do caráter (do mau caráter); em fazer do trabalho profissional o campo por excelência de aquisição das virtudes humanas e cristãs; em perseverar no bom-humor precisamente quando de um ponto de vista humano estaria justificado que o perdêssemos...

Coisas pequenas, constantes, em que umas vezes vencemos e outras somos vencidos. Mas... vitórias e derrotas, cair e levantar-se, recomeçar sempre..., isso é o que o Senhor nos pede a todos. Esta luta exige um amor vigilante, um desejo eficaz de procurar o Senhor ao longo do dia. Este esforço alegre é o polo oposto da tibieza, que é apatia, desleixo, falta de interesse em procurar a Deus, preguiça e tristeza nas obrigações para com Ele e para com os outros.

Neste combate, contamos sempre com a ajuda da nossa Mãe Santa Maria, que segue passo a passo o nosso caminhar em direção ao seu Filho. Na *Liturgia das Horas*, a Igreja recomenda todos os dias aos sacerdotes esta *Antífona* da Virgem: *Salve, Mãe soberana do Redentor, Porta do*

Céu sempre aberta, Estrela do mar; socorre o povo que sucumbe e luta por levantar-se...[8] Este povo que cai e que luta por levantar-se somos todos nós.

E essa mudança que se produz sempre que recomeçamos — ainda que em aspectos que parecem de pouca importância: no exame particular, nos conselhos recebidos na conversa com o sacerdote, nos propósitos do exame de consciência — é a maior de todas as mudanças que podemos imaginar. "A humanidade fez descobertas admiráveis e alcançou resultados prodigiosos no campo da ciência e da técnica, realizou grandes obras nas vias do progresso e da civilização, e em épocas recentes dir-se-ia que conseguiu acelerar o curso da história. Mas a mudança fundamental, aquela que se pode definir como "original", acompanha sempre a caminhada do homem e, através dos diversos acontecimentos históricos, acompanha todos e cada um. É a mudança entre o "cair" e o "levantar-se", entre a morte e a vida"[9].

Cada vez que recomeçamos, que decidimos lutar uma vez mais, chega-nos a ajuda de Santa Maria, *Medianeira de todas as graças*. Devemos recorrer a Ela com pleno abandono quando as tentações se embravecem.

"Minha Mãe! As mães da terra olham com maior predileção para o filho mais fraco, para o mais doente, para o mais curto de cabeça, para o pobre aleijado...

"— Senhora! Eu sei que tu és mais Mãe que todas as mães juntas... — E como eu sou teu filho... E como sou fraco, e doente... e aleijado... e feio..."[10]

(1) Gn 32, 22-32; *Primeira leitura* da Missa da terça-feira da décima quarta semana do Tempo Comum, ano I; (2) Sb 10, 12; (3) Ef 6, 12; (4) Santo Agostinho, *Comentário ao Salmo 99*; (5) São João Crisóstomo, *Catequeses batismais*, 3, 9-10; (6) Tanquerey, *Compêndio de teologia ascética e mística*, n. 193 e segs.; (7) São Josemaria Escrivá, *Forja*, n. 156; (8) Liturgia das Horas, Antífona *Alma Redemptoris Mater*; (9) João Paulo II, Enc. *Redemptoris Mater*, 25-III-1987, 52; (10) São Josemaria Escrivá, *op. cit.*, n. 234.

120. *IDE A JOSÉ*

— José, filho de Jacó, figura de São José, Esposo virginal de Maria.
— Patrocínio de São José sobre a Igreja universal e sobre cada um de nós. Recorrer a ele nas necessidades.
— *Ite ad Ioseph*... Ide a José.

I. AO LONGO DOS SÉCULOS, muitos cristãos conscientes da missão excepcional de São José na vida de Jesus e de Maria, procuraram na história do povo hebreu episódios e imagens que prefigurassem o esposo virginal de Maria, pois o Antigo Testamento anuncia o Novo. Numerosos Padres da Igreja viram São José profetizado no filho do patriarca Jacó, que tinha o mesmo nome. O Papa Pio IX, ao proclamar São José padroeiro da Igreja Universal, mencionou esses antigos testemunhos. E a liturgia também faz o mesmo paralelismo. As duas figuras não só tiveram o mesmo nome, como também é possível encontrar neles virtudes e atitudes extraordinariamente coincidentes, numa vida tecida de provas e alegrias.

Por uma série de circunstâncias providenciais, tanto José, o filho de Jacó, como o esposo virginal de Maria foram para o Egito: o primeiro, perseguido pelos irmãos e vendido a uma caravana de mercadores, numa atitude ditada pela inveja que prefigura a traição que se cometeria com Cristo; o segundo, fugindo de Herodes para salvar Aquele que trazia a salvação ao mundo[1].

José, o filho de Jacó, recebeu de Deus o dom de interpretar os sonhos do Faraó, pelo que veio a saber o que aconteceria mais tarde. O novo José também recebeu a mensagem de Deus em sonhos. Àquele — faz notar São Bernardo —, foi-lhe dada a inteligência dos mistérios dos sonhos; este mereceu conhecer e participar dos mistérios soberanos[2]. Foi como se os sonhos do primeiro, ainda que efetivados na sua pessoa, houvessem tido a sua plena realização no segundo.

José teve um sonho e contou-o aos seus irmãos [...]. «Ouvi — disse-lhes ele — o sonho que tive: estávamos atando feixes no campo, e eis que o meu feixe se levantou e se pôs de pé, enquanto os vossos o cercavam e se prostravam diante dele [...]». José teve ainda outro sonho, que contou aos seus irmãos: «O sol, a lua e onze estrelas prostravam-se diante de mim» [...][3].

Esses sonhos cumpriram-se quando Jacó, seu pai, se mudou para o Egito com toda a família e se prostrou efetivamente diante do filho, convertido em primeiro ministro do país. Mas, ao mesmo tempo, podemos pensar que prefiguravam o mistério da casa de Nazaré, na qual Jesus, *Sol da justiça*, e Maria, louvada na liturgia como uma brilhante *Lua* branca e bela, se submeteriam à autoridade do chefe de família.

O primeiro José obteve a confiança e o favor do Faraó e converteu-se no intendente dos celeiros de trigo do Egito; quando a fome assolava os povos vizinhos e as multidões recorriam ao Faraó pedindo-lhe trigo para poderem sobreviver, este dizia-lhes: *Ide a José e fazei o que ele vos disser*[4]. Quando a fome se espalhou pela terra, *José abriu os celeiros e repartiu víveres entre os egípcios... E de todas as regiões vinha-se ao Egito comprar trigo a José, porque a fome era violenta em toda a terra.*

E agora, que a fome também assola a terra — fome principalmente de doutrina, de piedade, de amor —, a Igreja recomenda-nos: *Ide a José*. Em face de todas as necessidades que nos afligem pessoalmente, diz-nos: recorrei ao Santo Patriarca de Nazaré. E Jesus acrescenta: aquele que em vida teve a grande missão de cuidar de Mim e de minha Mãe nas nossas necessidades corporais, aquele que amparou as nossas vidas em tantos momentos difíceis, continuará a cuidar de Mim nos meus membros, que são todos os homens necessitados. *Ide a José* e ele vos dará tudo quanto vos for necessário.

II. *ESTE É O SERVO fiel e prudente a quem o senhor colocou à frente da sua família*[5]. São palavras que a liturgia aplica a São José: pai fiel e solícito, que atende com prontidão as necessidades dessa grande família do Senhor que é a Igreja.

José governou a casa de Nazaré, e a Sagrada Família não só simboliza a Igreja, mas também de certo modo a conteve, como a semente contém a árvore, e a fonte o rio. A santa casa de Nazaré conteve as premissas da Igreja nascente. Esta é a razão pela qual o Santo Patriarca "considera especialmente confiada a si a multidão dos cristãos que compõem a Igreja, quer dizer, esta imensa família espalhada por toda a terra, sobre a qual — por ser Esposo de Maria e Pai de Jesus Cristo — possui, por assim dizer, uma autoridade de pai. Portanto, é coisa natural e digníssima do bem-aventurado José que, assim como uma vez proveu a todas as necessidades da família de Nazaré e a protegeu santamente, cubra agora com a sua celestial proteção e defesa a Igreja de Jesus Cristo"[6].

Este patrocínio do Santo Patriarca sobre a Igreja universal é principalmente de ordem espiritual; mas estende-se também à ordem temporal, como a do outro José, o filho de Jacó, chamado pelo rei do Egito "salvador do mundo".

A ele recorreram os santos e os bons cristãos de todos os tempos. Santa Teresa relata a grande devoção que tinha por São José e a experiência do seu patrocínio. "Não me recordo até agora de lhe ter suplicado coisa alguma que tenha deixado de me atender. É coisa de causar espanto as grandes mercês que Deus me fez por meio deste bem-aventurado santo, os perigos de que me livrou, tanto do corpo como da alma. A outros santos o Senhor parece ter-lhes dado graça para socorrer numa determinada necessidade; quanto a este glorioso santo, tenho experiência de que socorre em todas e de que o Senhor nos quer dar a entender que, assim como lhe esteve sujeito na terra — que, como tinha nome de pai sendo aio, podia mandar-lhe —, assim no Céu faz tudo quanto lhe pede [...].

"Se fosse pessoa com autoridade para escrever, de boa vontade me estenderia em dizer muito detalhadamente as mercês que este glorioso santo me fez a mim e a outras pessoas [...]. Só peço, pelo amor de Deus, que o experimente quem não acreditar em mim, e verá por experiência o grande bem que é encomendar-se a este glorioso Patriarca e ter-lhe devoção; em especial, as pessoas de oração deveriam sempre ser-lhe afeiçoadas, que não sei como se pode pensar na Rainha dos Anjos, no tempo que tanto passou com o Menino Jesus, que não se deem graças a São José pelo bem que lhes fez"[7].

III. DEVEMOS RECORRER a São José pedindo-lhe que ampare e proteja a Igreja, pois é o seu defensor e protetor. Pedimos a sua ajuda nas nossas necessidades familiares, espirituais e materiais: *Sancte Ioseph, ora pro eis, ora pro me...*, rogai por eles, rogai por mim.

Para os homens e mulheres do nosso tempo, e para os de qualquer época, São José constitui uma figura entranhada e venerável, cuja vocação e dignidade admiramos, e cuja fidelidade a serviço de Jesus e de Maria agradecemos; "por São José vamos diretamente a Maria, e por Maria à fonte de toda a santidade, Jesus Cristo"[8].

São José ensina-nos a tratar Cristo com piedade, respeito e amor: "*São José, varão feliz* — dizemos-lhe com uma antiga oração da Igreja —, *que tivestes a dita de ver e ouvir o próprio Deus, a quem muitos reis quiseram ver e não viram, ouvir e não ouviram; e não só ver e ouvir, mas ainda trazê-lo em vossos braços, beijá-lo, vesti-lo e guardá-lo...*, ensina-nos a recebê-lo com amor e reverência na Sagrada Comunhão, e dá-nos para isso uma maior delicadeza de alma.

"São José, nosso Pai e Senhor, castíssimo, limpíssimo, tu que mereceste trazer Jesus Menino em teus braços, e lavá-lo e abraçá-lo: ensina-nos a tratar o nosso Deus, a ser limpos, dignos de ser outros Cristos.

"E ajuda-nos a fazer e a ensinar, como Cristo, os caminhos divinos — ocultos e luminosos — dizendo aos homens que podem ter continuamente, na terra, uma eficácia espiritual extraordinária"[9].

São José proporciona-nos, além disso, um modelo, cujo ensinamento silencioso podemos e devemos empenhar-nos em seguir: "Nas coisas humanas, José foi mestre de Jesus; conviveu diariamente com Ele, com carinho delicado, e cuidou dEle com abnegação alegre. Não será esta uma boa razão para considerarmos este varão justo, este Santo Patriarca, em quem culmina a fé da Antiga Aliança, como Mestre de vida interior? A vida interior não é outra coisa senão uma relação de amizade assídua e íntima com Cristo, para nos identificarmos com Ele. E José saberá dizer-nos muitas coisas sobre Jesus. Por isso, não abandonemos nunca a devoção que lhe dedicamos: *Ite ad Ioseph*, ide a José, como diz a tradição cristã servindo-se de uma frase tirada do Antigo Testamento (Gn 41, 55).

"Mestre de vida interior, trabalhador empenhado no seu ofício, servidor fiel de Deus, em relação contínua com Jesus: este é José. *Ite ad Ioseph*. Com São José, o cristão aprende o que significa pertencer a Deus e estar plenamente entre os homens, santificando o mundo. Procuremos a intimidade com José, e encontraremos Jesus. Procuremos a intimidade com José, e encontraremos Maria, que encheu sempre de paz a amável oficina de Nazaré"[10].

(1) Cf. M. Gasnier, *José, o silencioso*, Editorial Aster, Lisboa, 1984, pp. 12-13; (2) cf. São Bernardo, *Homilia sobre a Virgem Mãe*, 2; (3) cf. Gn 37, 5-10; (4) Gn 41, 55; *Primeira leitura* da Missa da quarta-feira

da décima quarta semana do Tempo Comum, ano I; (5) Missal Romano, *Missa da solenidade de São José, Antífona de entrada*, Lc 12, 42; (6) Leão XIII, Enc. *Quamquam pluries*, 15-VIII-1889; (7) Santa Teresa, *Vida*, 6; (8) Bento XV, Motu proprio *Bonum sane et salutare*, 25-VII-1920; (9) São Josemaria Escrivá, *Forja*, n. 553; (10) São Josemaria Escrivá, *É Cristo que passa*, n. 56.

121. A MISSÃO SOBRENATURAL DA IGREJA

— A Igreja anuncia a mensagem de Cristo e realiza a sua obra no mundo.
— A missão da Igreja é de ordem sobrenatural, mas ela não se desentende das tarefas que afetam a dignidade humana.
— Os cristãos manifestam a sua unidade de vida mediante a promoção das obras de justiça e de misericórdia.

I. JESUS CONSUMA A OBRA da Redenção com a sua Paixão, Morte e Ressurreição. Após a sua Ascensão ao Céu, envia o Espírito Santo para que os seus discípulos possam anunciar o Evangelho e fazer com que todos participem da salvação. Os apóstolos são, assim, os operários enviados à messe pelo seu dono, os servos enviados para chamarem os convidados às bodas, com a recomendação de encherem a sala do banquete[1].

Mas, além desta missão, os apóstolos representam o próprio Cristo e o Pai: *Quem vos ouve, a mim me ouve; e quem vos rejeita, a mim me rejeita; e quem me rejeita, rejeita aquele que me enviou*[2]. A missão dos apóstolos ficará intimamente unida à missão de Jesus: *Como o Pai me enviou, assim também eu vos envio*[3]. Será precisamente através deles que a missão de Cristo se estenderá a todas as nações e a todos os tempos. A Igreja, fundada por Cristo e edificada sobre os apóstolos, continua a anunciar a mesma mensagem do Senhor e realiza a sua obra no mundo[4].

O Evangelho da Missa de hoje[5] narra como Jesus insta com os Doze, que acaba de escolher, para que partam e cumpram a sua nova tarefa. Este primeiro encargo é preparação e figura da missão definitiva que o Senhor lhes confiará depois de ressuscitar: *Ide [...], pregai o Evangelho a todas as nações. Eu estarei convosco todos os dias até o fim do mundo*[6]. Até a chegada de Jesus, os profetas haviam anunciado ao povo escolhido do Antigo Testamento os bens messiânicos, às vezes com imagens adaptadas à sua mentalidade ainda pouco madura para entenderem a realidade que estava próxima. Agora — nesta primeira missão apostólica — Jesus envia os seus discípulos com a missão de anunciarem que o Reino de Deus prometido é iminente e manifestarem os seus aspectos espirituais.

O Senhor concretiza o que devem pregar: *O Reino de Deus está próximo*. Não lhes diz nada sobre a libertação do jugo romano que oprimia a nação, ou do sistema social e político no qual deviam viver, ou de outras questões exclusivamente terrenas. Cristo não veio para isso, nem para isso foram eles escolhidos. Viverão para dar testemunho de Cristo, para difundir a sua doutrina e participar a salvação a todos os homens.

Foi o mesmo caminho seguido por São Paulo. "Se lhe perguntarmos de que coisas costumava tratar na pregação, ele mesmo as compendiará assim: *Julguei não dever saber coisa alguma entre vós a não ser Jesus Cristo, e este crucificado* (1 Cor 2, 2). Fazer com que os homens conhecessem mais e mais Jesus Cristo, com um conhecimento que não se detivesse somente na fé, mas se traduzisse nas obras da vida, foi nisso que o Apóstolo se empenhou com todas as energias do seu coração"[7].

A Igreja, continuadora no tempo da obra de Jesus Cristo, tem a mesma missão sobrenatural que o seu Divino Fundador transmitiu aos apóstolos. "A Igreja nasceu com a missão de expandir o reino de Cristo por toda a terra, para a glória de Deus Pai, a fim de tornar todos os homens participantes da redenção salutar e de orientar verdadeiramente através deles o mundo inteiro para Cristo"[8]. A sua missão transcende os movimentos sociais, as ideologias, as reivindicações de grupos.

II. *IDE E PREGAI que o Reino de Deus está próximo.* A missão da nossa Mãe a Igreja é dar aos homens o tesouro mais sublime que podemos imaginar, conduzi-los ao seu destino sobrenatural e eterno principalmente por meio da pregação e dos sacramentos: "Este, e não outro, é o fim da Igreja: a salvação das almas, uma a uma. Para isso o Pai enviou o Filho, *e eu vos envio também a vós* (Jo 20, 21). Daí o mandato de dar a conhecer a doutrina e de batizar, para que a Santíssima Trindade habite pela graça na alma"[9].

O próprio Jesus nos anunciou: *Eu vim para que todos tenham vida e para que a tenham em abundância*[10]. O Senhor não se referia a uma vida terrena cômoda e sem dificuldades, mas à vida eterna. Veio libertar-nos principalmente daquilo que nos impede de alcançar a vida definitiva: do pecado, que é o único mal absoluto. Desse modo, dá-nos também a possibilidade de superar as múltiplas consequências do pecado neste mundo: a angústia, as injustiças, a solidão...; ou de suportá-las por Deus com alegria, quando não se podem evitar, convertendo a dor em sofrimento fecundo que conquista a eternidade.

A Igreja não toma partido por opções temporais determinadas, como também não o fez o seu Mestre. Aqueles que, sem fé, o viram quase sozinho na Cruz, puderam pensar que tinha fracassado "precisamente por não ter optado por uma das soluções humanas: nem os judeus nem os romanos o seguiram. Mas não; foi precisamente o contrário: judeus e romanos, gregos e bárbaros, livres e escravos, homens e mulheres, sãos e enfermos, todos vão seguindo esse Deus feito homem, que nos libertou do pecado para nos levar a um destino eterno, o único em que se cumprirá a verdadeira realização, liberdade e plenitude do homem, feito à imagem e semelhança de Deus, e cuja aspiração mais profunda suplanta qualquer tarefa passageira, por mais nobre que seja"[11].

A Igreja tem como missão levar os seus filhos para Deus, para o seu destino eterno. Mas não se desentende das tarefas humanas; pela sua missão espiritual, anima os seus filhos e todos os homens a tomarem consciência da raiz de que provêm todos os males, e insta-os a pôr remédio a tantas injustiças, às deploráveis condições em que vivem muitos homens e que são uma ofensa ao Criador e à dignidade humana. A esperança do Céu "não enfraquece o esforço pelo progresso da cidade terrestre, mas, pelo contrário, dá-lhe sentido e força. Convém, certamente, distinguir cuidadosamente progresso terrestre e crescimento do Reino, que não são da mesma ordem. No entanto, tal distinção não é uma separação; pois a vocação do homem para a vida eterna não suprime, antes confirma a sua missão de pôr em ação as energias e os meios que recebeu do Criador para desenvolver a sua vida temporal"[12].

Nós somos corredentores com Cristo, e devemos perguntar-nos se levamos aos nossos familiares e amigos o dom mais precioso que temos: a fé em Cristo; e se, ao lado deste bem incomparável, nos sentimos animados — *charitas enim Christi urget nos*[13], a caridade de Cristo urge-nos — a promover à nossa volta um mundo mais justo e mais humano.

III. *CURAI OS DOENTES, ressuscitai os mortos, sarai os leprosos...*

Já nos começos da Igreja, os fiéis cristãos levavam a fé a todos os lugares, e já a partir daqueles primeiros momentos uma multidão de cristãos "tem dedicado as suas forças e a sua vida à libertação de todas as formas de opressão e à promoção da dignidade humana. A experiência dos santos e o exemplo das suas inúmeras obras a serviço do próximo constituem um estímulo e uma luz para as iniciativas libertadoras que hoje se impõem"[14], talvez com mais urgência que em outras épocas.

A fé em Cristo move-nos a sentir-nos solidários com os outros homens nos seus problemas e carências, na sua ignorância e falta de recursos econômicos. Esta solidariedade não é um "sentimento superficial pelos males de tantas pessoas que estão perto ou longe", mas "a determinação firme e perseverante de empenhar-se pelo bem comum; quer dizer, pelo bem de todos e cada um, para que todos sejamos verdadeiramente responsáveis por todos"[15].

A fé leva-nos a sentir um profundo respeito pelas pessoas, por todas as pessoas, a nunca permanecer indiferentes diante das necessidades alheias: *Curai os doentes, ressuscitai os mortos, sarai os leprosos, expulsai os demônios*... O seguimento de Cristo manifestar-se-á em obras de justiça e de misericórdia, no interesse por conhecer os princípios da doutrina social da Igreja e por levá-los à prática em primeiro lugar no nosso próprio ambiente.

De cada um de nós deveria poder-se dizer no final da vida que, como Jesus Cristo, *passou fazendo o bem*[16]: na família, com os colegas de trabalho, com os amigos, com aqueles que encontramos casualmente. "Os discípulos de Jesus Cristo devem ser semeadores de fraternidade em todo o momento e em todas as circunstâncias da vida. Quando um homem ou uma mulher vivem intensamente o espírito cristão, todas as suas atividades e relações refletem e comunicam a caridade de Deus e os bens do Reino. É necessário que os cristãos saibam colocar nas suas relações cotidianas de família, amizade, vizinhança, trabalho e descanso, o selo do amor cristão que é simplicidade, veracidade, fidelidade, mansidão, generosidade, solidariedade e alegria"[17].

(1) Cf. Mt 9, 38; Jo 4, 38; Mt 22, 3; (2) Lc 10, 16; (3) Jo 20, 21; (4) cf. Conc. Vat. II, Const. *Lumen gentium*, 3; (5) Mt 10, 7-15; (6) cf. Mc 16, 15; Mt 28, 18-20; (7) Bento XV, Enc. *Humani generis Redemptionem*, 15-VI-1917; (8) Conc. Vat. II Decr. *Apostolicam actuositatem*, 2; (9) São Josemaria Escrivá, *Amar a Igreja*, 2ª ed., Quadrante, São Paulo, 2016, pp. 59-60; (10) Jo 10, 10; (11) J. M. Casciaro, *Jesucristo y la sociedad política*, 3ª ed., Palabra, Madri, 1973, p. 114; (12) S. C. para

a Doutrina da Fé, Instr. *Liberdade cristã e libertação*, 22-III-1986, 60; (13) 2 Cor 5, 14; (14) S. C. para a Doutrina da Fé, *op. cit.*, 57; (15) João Paulo II, Enc. *Sollicitudo rei socialis*, 3-XII-1987, 38; (16) cf. At 10, 38; (17) Conferência Episcopal Espanhola, Instr. *Los católicos en la vida pública*, 22-IV-1986, 111.

122. PRUDENTES E SIMPLES

— Jesus, exemplo destas duas virtudes, que se aperfeiçoam mutuamente.
— Pedir conselho.
— A falsa prudência.

I. JESUS ENVIA os Doze por todo o país para anunciarem que o Reino de Deus está já muito próximo. E dá-lhes uns conselhos bem precisos sobre o que devem fazer e dizer, e fala-lhes das dificuldades que encontrarão. Assim, lemos no Evangelho da Missa: *Olhai que eu vos envio como cordeiros entre lobos. Sede pois prudentes como as serpentes e simples como as pombas*[1].

Os apóstolos devem ser cautos para não se deixarem enganar pelo mal, para reconhecerem os lobos disfarçados de cordeiros, para distinguirem os falsos profetas dos verdadeiros[2], e para não desaproveitarem uma só ocasião de anunciar o Evangelho e de fazer o bem. Mas devem ser ao mesmo tempo simples, porque só quem é simples pode conquistar o coração de todos. Sem simplicidade, a prudência converte-se facilmente em *astúcia*.

Nós, cristãos, devemos caminhar pelo mundo com essas duas virtudes, que se fortalecem e complementam. A simplicidade implica retidão de intenção e coerência na conduta. A prudência mostra em cada ocasião quais os meios mais adequados para cumprirmos o nosso fim. Santo Agostinho ensina que a prudência "é o amor que discerne o que ajuda a ir para Deus daquilo que o dificulta"[3].

Esta virtude permite-nos *conhecer objetivamente* a realidade das coisas, de acordo com o fim último; ajuda-nos a *julgar acertadamente* sobre o caminho a seguir e a atuar de modo consequente. "Não é prudente — como se julga amiúde — quem sabe ajeitar as coisas na vida e tirar delas o máximo proveito, mas quem consegue edificar a vida inteira de acordo com a voz da consciência reta e com as exigências da moral justa. Deste modo, a prudência torna-se o ponto chave para que cada um realize a tarefa fundamental que recebeu de Deus. Esta tarefa consiste na perfeição do próprio homem"[4], na santidade.

O Senhor ensinou-nos com a sua palavra e com o seu exemplo a ser prudentes. Da primeira vez que falou nos átrios do Templo, aos doze anos, *todos admiravam-se da sua prudência*[5]. Mais tarde, durante a sua vida pública, as suas palavras e a sua doutrina eram tão claras como prudentes, de tal maneira que os seus inimigos *não podiam contradizê-lo*. O Senhor não anda com subterfúgios, mas tem em conta o público a quem fala; por isso, dá a conhecer a sua condição de Messias de modo gradual e vai anunciando a sua morte na Cruz conforme o grau de preparação e conhecimento daqueles que o escutam. Nós devemos aprender de Cristo.

II. PARA SERMOS PRUDENTES, é necessário que tenhamos luz no entendimento; assim poderemos julgar com retidão os acontecimentos e as circunstâncias[6]; só com uma boa formação doutrinal religiosa e ascética, e com a ajuda da graça, saberemos descobrir os caminhos que conduzem verdadeiramente a Deus, as decisões que devemos tomar...

Não obstante, em muitas ocasiões teremos que pedir conselho. "O primeiro passo da prudência é o reconhecimento das nossas limitações: a virtude da humildade. É admitir, em determinadas questões, que não apreendemos tudo, que em muitos casos não podemos abarcar circunstâncias que importa não perder de vista à hora de julgar. Por isso nos socorremos de um conselheiro. Não de qualquer um, mas de quem for idôneo e estiver animado dos nossos mesmos desejos sinceros de amar a Deus e de o seguir fielmente. Não basta pedir um parecer; temos que dirigir-nos a quem no-lo possa dar desinteressada e retamente"[7].

São Tomás diz que, ordinariamente, antes de tomarmos decisões que acarretem graves consequências para nós ou para os outros, devemos pedir conselho[8]. Mas não devemos pedi-lo somente nesses casos extremos. Às vezes, torna-se urgente uma orientação, para os mais velhos e para os jovens, no que se refere à leitura de livros, revistas e jornais, ou à assistência a espetáculos que, umas vezes de forma violenta e outras de maneira solapada, podem arrancar a fé da alma ou criar um fundo mau no coração. Não existe justificativa alguma para não nos afastarmos de uma situação que pode ser o começo do descaminho.

Mas há tantas outras circunstâncias em que não chegamos por nós mesmos a um critério seguro ou em que percebemos claramente que "o juízo próprio é mau conselheiro!"[9] É um conflito familiar, que não sabemos como resolver de modo a retornar à paz e ao bom entendimento. É um filho ou uma filha-problema, que não vemos como encaminhar. É a grave questão da *paternidade responsável*, que não pode ser resolvida consultando apressadamente o comodismo, o conforto material ou a opinião das vizinhas. É o dilema de saber se determinado gasto mais vultuoso é realmente necessário ou não é ditado pela vaidade, pela ânsia do supérfluo e por tantos outros motivos igualmente fúteis. A virtude da prudência exige nesses casos que saibamos procurar quem nos possa dar um conselho experiente e isento e ajudar-nos a formar um critério cristão que, seja do inteiro agrado de Deus.

E para isso é que é necessária também a virtude da simplicidade, que nos leva a consultar a pessoa certa — não aquela que nos diga o que queremos ouvir —, a expor-lhe o problema em todos os seus matizes e, sobretudo, a fazer-lhe caso quando porventura nos sugere uma solução que é contra os nossos interesses imediatos: do orgulho, da ambição ou do comodismo. Só as almas simples sabem ser dóceis aos conselhos recebidos de quem os pode dar com espírito isento. Mas essa simplicidade, tão próxima da humildade, não é difícil de viver para quem se acostuma a reconhecer os seus erros, a retificar as suas opiniões ou a sua conduta quando se engana ou quando aparecem dados novos que mudam os termos de um problema. Sabemos conjugar assim a prudência e a simplicidade na nossa vida de todos os dias?

III. NÃO SERIA BOA a prudência que, invocando a necessidade de ponderar os dados, escondesse a covardia de não tomar uma decisão arriscada, de evitar enfrentar um problema. Não é prudente a atitude daquele que se deixa levar pelos respeitos humanos no apostolado e deixa passar as ocasiões, esperando outras melhores que talvez nunca se apresentem. A esta falsa virtude, São Paulo dá o nome de *prudência da carne*[10]. É a mesma que desejaria mais razões e argumentos para entregar-se de vez a Deus, com tudo o que é e tem, a mesma que se preocupa excessivamente com o futuro e se serve disso como argumento para não ser generoso no presente; é aquela que sempre encontra alguma razão para não tomar decisões que comprometem totalmente.

A prudência não é falta de arrojo para empenhar todas as forças nos empreendimentos de Deus, não é a habilidade de procurar compromissos tíbios ou de justificar com teorias muito razoáveis uma atitude remissa e negligente. Os apóstolos não agiram assim. Procuraram a cada momento, com as suas fraquezas e às vezes com os seus temores, o caminho de uma mais rápida propagação da doutrina do seu Mestre, ainda que esses caminhos às vezes os conduzissem a tribulações sem conta, e mesmo ao martírio.

A vida de seguimento do Senhor compõe-se de pequenas e grandes loucuras, como acontece com todo o amor verdadeiro. Quando o Senhor nos pede mais — e sempre o pede —, não podemos deter-nos, paralisados por uma falsa prudência — a prudência do mundo —, pelo juízo daqueles que não se sentem chamados e que veem tudo com olhos humanos, e às vezes nem sequer humanos, porque têm uma visão exclusivamente terrena e rasteira da vida. Com essa prudência da carne, nenhum homem nem nenhuma mulher se teriam entregado a Deus ou teriam metido ombros a uma tarefa de caráter sobrenatural. Sempre teriam encontrado argumentos e "razões" para dizer que não, ou para adiar a resposta para um tempo mais oportuno, o que muitas vezes vem a dar na mesma.

Jesus foi tachado de *louco*[11], e a mais elementar cautela lhe teria bastado para escapar da morte. Umas poucas fórmulas lhe teriam sido suficientes para mitigar a sua doutrina e chegar a uma "conciliação de interesses" com os fariseus, para apresentar de outra maneira a sua doutrina sobre a Eucaristia na sinagoga de Cafarnaum[12], onde muitos o abandonaram; ter-lhe-iam bastado umas poucas palavras — a Ele que era a Sabedoria eterna! — para conseguir a liberdade quando estava nas mãos de Pilatos.

Jesus não foi prudente segundo o mundo, mas foi mais prudente do que as serpentes, mais do que os homens, mais do que os seus inimigos. Com outro gênero de prudência. Essa deve ser a nossa, ainda que, ao imitá-lo, os homens nos chamem loucos e imprudentes. A prudência sobrenatural mostra-nos em todo o momento o caminho mais rápido e direto para chegarmos a Cristo..., acompanhados de muitos amigos, parentes, colegas...

"Queres viver a audácia santa, para conseguir que Deus atue através de ti? — Recorre a Maria, e Ela te acompanhará pelo caminho da humildade, de modo que, diante dos impossíveis para a mente humana, saibas responder com um «*fiat!*» — faça-se! — que una a terra ao Céu"[13].

(1) Mt 10, 16; (2) Mt 7, 15; (3) Santo Agostinho, *Dos costumes da Igreja Católica*, 25, 46; (4) João Paulo II, *Alocução*, 25-X-1978; (5) Lc 2, 47; (6) cf. R. Garrigou-Lagrange, *Las tres edades de la vida interior*,

vol. II, p. 625 e segs.; (7) São Josemaria Escrivá, *Amigos de Deus*, n. 86; (8) São Tomás, *Suma teológica*, II-II, q. 49, a. 3.; (9) cf. São Josemaria Escrivá, *Caminho*, n. 59; (10) cf. Rm 8, 6; (11) Mt 3, 21; (12) cf. Jo 6, 1 e segs.; (13) São Josemaria Escrivá, *Sulco*, n. 124.

TEMPO COMUM. DÉCIMA QUARTA SEMANA. SÁBADO

123. AMOR À VERDADE

— Falar de Deus e da sua doutrina com clareza e firmeza, sem medos.
— Agir sempre em consciência. Sinceridade conosco próprios.
— Dizer sempre a verdade: nas coisas importantes e no que parece pequeno.

I. O EVANGELHO DA MISSA[1] é um novo convite do Senhor para que levemos uma vida veraz, resultado da fé que trazemos no coração, sem medo dos contratempos e das murmurações que seguir o Senhor de perto nos acarreta por vezes. *Não é o discípulo mais do que o mestre, nem o servo mais do que o seu senhor. Se ao amo da casa chamaram-no Belzebu, quanto mais aos da sua casa. Não os temais...*

Pode acontecer que numa ou noutra situação tenhamos que sofrer a calúnia ou a difamação por sermos verazes, por sermos fiéis à verdade; noutras, as nossas palavras ou as nossas ações serão talvez mal interpretadas. Em qualquer caso, o Senhor espera de nós, seus discípulos, que falemos sempre com clareza, abertamente: *O que vos digo às escuras, dizei-o à luz do dia; e o que escutastes ao ouvido, proclamai-o sobre os telhados.*

Com uma pedagogia divina, Jesus fora falando às multidões em parábolas e descobrira-lhes pouco a pouco a sua verdadeira personalidade e as verdades do Reino. Mas jamais disfarçou a sua doutrina. Depois da vinda do Espírito

Santo, os que o seguissem deveriam proclamar a verdade à luz do dia, em cima dos telhados, sem medo de que a doutrina que ensinassem fosse oposta às opiniões que estivessem na moda ou arraigadas no ambiente. De que outra forma poderiam converter o mundo?

Alguns pensam, por tática ou por covardia, que a vida dos cristãos e a sua concepção do mundo, do homem e da sociedade, devem passar inadvertidas quando as circunstâncias são adversas ou comprometedoras. Esses cristãos ficariam então como que "emboscados" no meio de uma sociedade orientada para objetivos radicalmente diferentes; e não teria nenhuma ressonância o fato de serem homens e mulheres que olham para Cristo como o ideal supremo. Essa não é a doutrina do Senhor.

"«*Ego palam locutus sum mundo*»: Eu preguei publicamente diante de toda a gente, responde Jesus a Caifás, quando se aproxima o momento de dar a sua Vida por nós.

"— E, no entanto, há cristãos que se envergonham de manifestar «*palam*» — patentemente — veneração pelo Senhor"[2].

Na sociedade em que vivemos, teremos que falar com firmeza — com a segurança de quem tem a verdade do seu lado — de muitos temas de grande transcendência para a família, para a sociedade e para a dignidade da pessoa: indissolubilidade do casamento, liberdade de ensino, doutrina da Igreja sobre a transmissão da vida humana, dignidade e beleza da castidade, sentido grandioso do celibato e da virgindade por amor de Cristo, consequências da justiça social em relação aos gastos perdulários ou simplesmente desnecessários, aos salários injustos... Talvez haja ocasiões em que, por prudência ou por caridade, devamos calar-nos. Mas nem a prudência nem a caridade nascem da covardia ou do comodismo. E nunca é prudência calar-se quando desse modo se dá lugar ao escândalo ou à desorientação, ou quando essa atitude equívoca debilita a fé dos outros.

O que vos digo às escuras, dizei-o à luz do dia... O Senhor dirige-se com essas palavras a cada um de nós, pois são muitos os inimigos de Deus e da verdade que pretendem e se empenham em conseguir que os cristãos não sejam nem *sal* nem *luz* no meio das tarefas que os ocupam.

II. HÁ UM EPISÓDIO no Evangelho[3] que nos mostra como agiam uns fariseus que não se caracterizavam pelo seu amor à verdade. Enquanto Jesus passava pelos átrios do Templo, aproximaram-se dEle os príncipes dos sacerdotes, os escribas e os anciãos para perguntar-lhe: *Com que autoridade fazes estas coisas? Quem te deu poder?* O Senhor está disposto a responder-lhes se eles demonstrarem sinceridade de coração. Pergunta-lhes o que pensam do batismo de João: se era do Céu, e portanto gozava da aprovação divina, ou se era apenas dos homens, e como tal não merecia maior consideração.

Mas eles não lhe dão a sua opinião autêntica, a sua opinião em consciência. Analisam antes as consequências das suas possíveis respostas, procurando a mais conveniente para a situação em que se encontram: "Se dissermos do Céu — pensam —, dirá: *Por que não crestes nele?* Mas se dissermos que o batismo do Precursor era dos homens, a multidão nos apedrejará", porque todos tinham João por um verdadeiro profeta.

Apesar de serem líderes religiosos, não são homens de princípios capazes de informar as suas palavras e as suas obras. "São homens «práticos», dedicam-se a fazer «política». No que tange ao seu interesse ou comodidade, o raciocínio que fazem é inteligente. Mas não estão dispostos a ir mais longe no seu raciocinar: são homens em quem o comodismo substituiu a consciência"[4]. Têm por norma de conduta seguir o mais conveniente em cada ocasião. Não atuam de acordo com a verdade. Por isso dizem: *Não sabemos*. Não lhes interessava sabê-lo e muito menos dizê-lo.

A reação de Jesus é muito significativa: *Então também eu não vos direi com que autoridade faço estas coisas*. É como se lhes dissesse: se não estais dispostos a ser sinceros, a olhar nos vossos corações e a encarar a verdade, é inútil o diálogo. Eu não posso falar convosco nem vós comigo. Não nos entenderíamos.

Acontece o mesmo todos os dias. "A pessoa cuja vida não se rege pela sinceridade, por uma disposição habitual de encarar a verdade ou os ditames da consciência — por mais incômodos ou duros que sejam —, afasta-se rotundamente de toda a possibilidade de comunicação divina. Quem tem medo de olhar de frente a sua consciência tem medo de olhar de frente para Deus, e só os que se dispõem a estar cara a cara com Deus podem ter verdadeiro trato de amizade com Ele"[5]. Não é possível encontrar a Deus sem este amor radical pela verdade. Como também não é possível entender-se com os homens e conviver com eles.

O amor à verdade levar-nos-á a ser sinceros em primeiro lugar conosco próprios, a manter uma consciência clara, sem subterfúgios, a não permitir que fique embaçada por erros não admitidos, por ignorâncias culposas, pelo medo de aprofundar nas exigências pessoais que a verdade implica. Se, com a ajuda da graça, formos sinceros conosco próprios, também o seremos com Deus, e a nossa vida se inundará de luz, de paz e de fortaleza. "Lias naquele dicionário os sinônimos de insincero: «ambíguo, ladino, dissimulado, matreiro, astuto»... — Fechaste o livro, enquanto pedias ao Senhor que nunca pudessem aplicar-se a ti esses qualificativos, e te propuseste aprimorar ainda mais esta virtude sobrenatural e humana da sinceridade"[6].

III. NUM MUNDO em que a mentira e a dissimulação constituem tantas vezes o miolo do comportamento habitual de muitos, nós, os cristãos, devemos ser homens verazes, que fogem sempre até da mais pequena mentira. Devemos ser conhecidos pelos que convivem conosco como homens e mulheres que nunca mentem, mesmo nos assuntos de pouca importância, que eliminaram das suas vidas o que cheira a dissimulação, a hipocrisia, a falsidade, que sabem retificar quando erram. A nossa vida terá então uma grande fecundidade apostólica, pois sempre se pode confiar numa pessoa íntegra, que sabe dizer a verdade com caridade, sem ferir, com compreensão para com todos.

"Quantas debilidades, quanto oportunismo, quanto conformismo, quanta vileza!"[7], dizia o Papa Paulo VI referindo-se a "essas boas pessoas, que esquecem a beleza e a gravidade dos compromissos que os unem à Igreja". Esta mesma situação, que talvez nestes anos tenha ficado mais patente, há de levar-nos a detestar a falsidade, por ínfima que possa parecer, porque "a mentira opõe-se à verdade como a luz se opõe às trevas, a piedade à impiedade, a justiça à iniquidade, a bondade ao pecado, a saúde à doença e a vida à morte. Portanto, quanto mais amemos a verdade, tanto mais devemos aborrecer a mentira"[8].

Não se trata de saber até que ponto se podem dizer coisas falsas sem incorrer em falta grave. Trata-se de detestar a mentira em todas as suas formas, de dizer a verdade total; e quando por prudência ou caridade não seja possível fazê-lo, então devemos ficar calados, mas não inventar recursos formalistas que tranquilizem falsamente a consciência[9]. Devemos amar a verdade em si mesma e por si mesma, e não apenas pelas suas consequências em relação ao próximo. Devemos detestar a mentira como coisa torpe e vil, seja qual for o fim com que lancemos mão dela. Devemos detestá-la porque é uma ofensa a Deus, suma Verdade.

Acredita-se facilmente naquilo em que se deseja acreditar. E assim, por exemplo, muitos inimigos da Igreja estão sempre inclinados a dar por certos todos os rumores injuriosos que lhes chegam aos ouvidos, julgando sem indícios suficientes e até informando a opinião pública com base em conjecturas. E isso, no fim das contas, equivale à mentira propriamente dita, pela sua origem e pelas suas consequências.

Contra a mentira, friamente empregada tantas vezes, nós temos a verdade, a clareza, a sinceridade sem equívocos nem ambiguidades: a prática firme de uma veracidade nas relações pessoais diárias, nos negócios, na família, nos estudos e nos órgãos de opinião pública quando temos acesso a eles. Não sabemos responder a uma mentira com outra mentira.

A oração litúrgica convida-nos a clamar: *Que a nossa voz, Senhor, o nosso espírito e toda a nossa vida sejam um contínuo louvor em vossa honra...*[10] Que a nossa conversação seja sempre veraz, própria de um filho de Deus.

(1) Mt 10, 24-33; (2) São Josemaria Escrivá, *Sulco*, n. 50; (3) Mc 11, 27-33; (4) C. Burke, *Consciencia y libertad*, Rialp, Madri, 1976, p. 51, nota 7; (5) *ib.*; (6) São Josemaria Escrivá, *op. cit.*, n. 337; (7) Paulo VI, *Alocução*, 17-II-1965; (8) Santo Agostinho, *Contra a mentira*, 3, 4; (9) cf. São Francisco de Sales, *Introdução à vida devota*, III, 30; (10) Liturgia das Horas, *Oração de Laudes da 2ª semana*.

Tempo Comum. Décimo Quinto Domingo. Ciclo A

124. A PARÁBOLA DO SEMEADOR

— A semente e o caminho. A falta de recolhimento interior impede a união com Deus.
— O terreno pedregoso e o de espinhos. Necessidade do sacrifício e do desprendimento na vida sobrenatural.
— Correspondência à graça. Dar fruto.

I. SÃO MATEUS NARRA no Evangelho da Missa[1] que Jesus se sentou à beira do mar e que se aproximaram dEle tantas pessoas para ouvir as suas palavras que foi necessário subir a uma barca, enquanto a multidão o escutava da praia. O Senhor, sentado na pequena embarcação, começou a ensinar-lhes: *Saiu o semeador a semear*, e as sementes caíram em terrenos muito diversos.

Na Galileia, terreno acidentado e cheio de colinas, destinavam-se ao plantio pequenas glebas de terra em vales e encostas; a parábola reproduz a situação agrícola daquelas paragens. O semeador espalha a sua semente aos quatro ventos, e assim se explica que uma parte caia no caminho. A semente caída nessa terra batida era logo comida pelos pássaros ou calcada pelos transeuntes. A referência ao terreno pedregoso, coberto somente por uma fina camada de terra, correspondia também à realidade. Por causa da sua pouca profundidade, a semente brota mais depressa, mas, por carecer de raízes profundas, o calor seca-a com a mesma rapidez. O terreno onde cai a boa semente é o mundo inteiro, cada homem.

Nós somos também terra para a semente divina. E ainda que a semeadura seja feita com todo o amor — é Deus que se derrama na alma —, o fruto depende em boa parte do estado da terra onde cai. As palavras de Jesus mostram-nos expressivamente a responsabilidade que o homem tem de preparar-se para aceitar e corresponder à graça de Deus.

Uma parte da semente caiu ao longo do caminho, e vieram os pássaros e comeram-na. São os que ouvem a palavra de Deus, mas depois vem o Maligno e arrebata o que foi semeado no seu coração. O caminho é a terra pisada, endurecida. São as almas dissipadas, vazias, completamente voltadas para o que é externo, incapazes de recolher os seus pensamentos e de guardar os sentidos; não têm ordem nos seus afetos, vigiam pouco os seus sentimentos, deixam a imaginação absorver-se em pensamentos inúteis. São também as almas sem cultivo algum, que nunca foram aradas, acostumadas a viver de costas para Deus. São corações duros, como esses velhos caminhos continuamente transitados. Escutam a palavra divina, mas com imensa facilidade ela lhes é arrancada da alma pelo demônio, que "não é preguiçoso, antes tem os olhos sempre abertos e está sempre preparado para saltar e arrebatar o dom que vós não usais"[2].

Temos de pedir fortaleza ao Senhor para não sermos nunca como esses que "se assemelham ao caminho onde caiu a semente: negligentes, tíbios, desdenhosos"[3]. Quando fomos batizados, o Semeador lançou pela primeira vez a sua semente na terra da nossa alma. Desde então, quantas vezes não nos deu a sua graça abundante! Quantas vezes não passou ao nosso lado, ajudando-nos, animando-nos, perdoando-nos! Agora, na intimidade da oração, silenciosamente, podemos dizer-lhe:

"Ó Jesus! Se, sendo como tenho sido! — pobre de mim —, fizeste o que fizeste..., se eu correspondesse, o que não farias?

"Esta verdade há de levar-te a uma generosidade sem tréguas.

"Chora, e dói-te com pena e com amor, porque o Senhor e a sua Mãe bendita merecem outro comportamento da tua parte"[4].

II. *OUTRA PARTE CAIU em terreno pedregoso, onde não havia muita terra, e nasceu logo porque o terreno não era profundo; mas, ao sair o sol, queimou-se e secou porque não tinha raiz.* Este terreno pedregoso representa as almas superficiais, com pouca profundidade interior, inconstantes, incapazes de perseverar. Têm boas disposições, e até recebem a graça com alegria, mas, quando chega o momento de enfrentar as dificuldades, retrocedem; não são capazes de empenhar-se sacrificadamente em cumprir os propósitos que um dia fizeram, e morrem sem dar fruto.

Há alguns, ensina Santa Teresa, que depois de vencerem os primeiros inimigos da vida interior, "acabou-se-lhes o esforço, faltou-lhes ânimo", deixaram de lutar, quando estavam "a dois passos da fonte de água viva que é capaz de saciar para sempre, como disse o Senhor à Samaritana"[5].

Devemos pedir ao Senhor constância nos propósitos, espírito de sacrifício para não nos determos perante as dificuldades que saem ao nosso encontro necessariamente. Temos de começar e recomeçar uma vez e outra, com santa teimosia, empenhando-nos em chegar à santidade a que Jesus Cristo nos chama e para a qual nos dá as graças necessárias. "A alma que ama a Deus de verdade não deixa por preguiça de fazer o que pode para encontrar o Filho de Deus, o seu Amado. E depois de ter feito tudo o que pode, não fica satisfeita e pensa que não fez nada"[6], ensina São João da Cruz.

Outra parte caiu entre espinhos; cresceram os espinhos e sufocaram-na. São os que ouvem a palavra de Deus, mas as preocupações deste mundo e a sedução das riquezas sufocam a palavra, e ela fica infrutuosa.

O amor às riquezas, a ânsia desordenada de influência ou de poder, uma excessiva preocupação pelo bem-estar e pelo conforto são duros espinhos que impedem a união com Deus. Trata-se de almas obcecadas pelas coisas materiais, envoltas numa "avareza de fundo que leva a apreciar apenas o que se pode tocar: os olhos que parecem ter ficado colados às coisas terrenas, mas também os olhos que, por isso mesmo, não sabem descobrir as realidades sobrenaturais"[7]. É como se estivessem cegos para o que verdadeiramente importa.

Deixar que o coração se apegue ao dinheiro, às influências, ao aplauso, à última comodidade apregoada pelos anúncios, aos caprichos, à abundância de coisas supérfluas, é um grave obstáculo para que o amor de Deus deite raízes no coração. É difícil que uma pessoa dominada pela vontade de ter mais, de dispor sempre do mais cômodo, não caia em outros pecados. "Por isso — comenta São João da Cruz — o Senhor no Evangelho chamou-os espinhos, para dar a entender que quem os manuseasse com a vontade ficaria ferido de algum pecado"[8].

São Paulo ensina que quem coloca o seu coração nos bens terrenos como se fossem bens absolutos comete uma espécie de idolatria[9]. Esta desordem da alma conduz com frequência à falta de mortificação, à sensualidade, à fuga ou ao esquecimento dos bens sobrenaturais, pois sempre se cumprem aquelas palavras do Senhor: *Onde estiver o vosso tesouro, ali estará o vosso coração*[10]. Neste tipo de terreno, a semente da graça será indubitavelmente sufocada.

III. *A QUE CAIU em terra boa é aquele que ouve a palavra e lhe presta atenção, e ela frutifica e produz cem, sessenta ou trinta por um.*

Deus espera que sejamos um terreno que acolha a graça e dê fruto; e produziremos mais e melhores frutos quanto maior for a nossa generosidade com Deus. "A única coisa que nos importa — comenta São João Crisóstomo — é não sermos caminho, nem pedregal, nem cardos, mas terra boa [...]. O coração não seja caminho onde o inimigo arrebate, como o pássaro, a semente calcada pelos transeuntes;

nem pedregal onde a pouca terra faça germinar imediatamente aquilo que o sol queimará; nem carrascal de paixões humanas e cuidados da vida"[11].

Todos os homens podem converter-se em terreno preparado para receber a graça, qualquer que tenha sido a sua vida passada: o Senhor derrama-se na alma na medida em que é bem recebido. Deus concede-nos tantas graças porque tem confiança em cada um de nós; para Ele, não existem terrenos demasiado duros ou baldios, se se está disposto a mudar e a corresponder: qualquer alma pode converter-se num vergel, ainda que anteriormente tenha sido um deserto, porque a graça de Deus não falta e os cuidados divinos são maiores que os do lavrador mais experiente.

Já que podemos pressupor a graça, o fruto só depende, pois, do homem, que é livre de corresponder ou não. "A terra é boa, o semeador o mesmo e as sementes as mesmas; e no entanto, como é que uma deu cem, outra sessenta e outra trinta? Aqui a diferença depende também daquele que recebe, porque, mesmo onde a terra é boa, há muita diferença entre uma parcela e outra. Podeis ver que a culpa não é do lavrador, nem da semente, mas da terra que a recebe; e não é por causa da natureza, mas da disposição da vontade"[12].

Examinemos hoje na oração se correspondemos às graças que o Senhor nos vai dando, se aplicamos o *exame particular* a essas más raízes da alma que impedem o crescimento da boa semente, se limpamos as ervas daninhas mediante a confissão frequente, se fomentamos os atos de contrição, que preparam tão bem a alma para receber as inspirações de Deus. "Não podemos conformar-nos com o que fazemos no nosso serviço a Deus, à semelhança do artista que não fica satisfeito com o quadro ou estátua que sai das suas mãos. Todos lhe dizem: — É uma maravilha. Mas ele pensa: — Não, não é bem isto; eu quereria mais. Assim deveríamos nós reagir.

"Além disso, o Senhor nos dá muito, tem direito à nossa mais plena correspondência..., e é preciso caminhar ao seu passo"[13]. Não fiquemos para trás.

(1) Mt 13, 1-23; (2) São John Henry Newman, *Sermão para o Domingo da Sexagésima: chamadas à graça*; (3) São João Crisóstomo, *Homilias sobre São Mateus*, 44, 3; (4) São Josemaria Escrivá, *Forja*, n. 388; (5) Santa Teresa, *Caminho de perfeição*, 19, 2; (6) São João da Cruz, *Cântico espiritual*, 3, 1; (7) São Josemaria Escrivá, *É Cristo que passa*, n. 6; (8) São João da Cruz, *Subida do Monte Carmelo*, 3, 18, 1; (9) cf. Cl 3, 5; (10) Lc 12, 34; (11) São João Crisóstomo, *op. cit.*; (12) Santo Agostinho, *Sermão 101*, 3; (13) São Josemaria Escrivá, *Forja*, n. 385.

TEMPO COMUM. DÉCIMO QUINTO DOMINGO. CICLO B

125. AMOR E VENERAÇÃO PELO SACERDÓCIO

— Identidade e missão do sacerdote.
— Administrador dos tesouros divinos. Dignidade do sacerdote.
— Ajudas que podemos prestar-lhes. Oração. Veneração pelo estado sacerdotal.

I. TODOS OS BATIZADOS podem aplicar a si próprios as palavras de São Paulo aos cristãos de Éfeso, recolhidas na segunda Leitura da Missa[1]: *O Senhor escolheu-nos antes da constituição do mundo para que fôssemos santos e imaculados na sua presença, pelo amor*. Graças ao Batismo e à Confirmação, todos os fiéis cristãos são *linhagem escolhida, sacerdócio real, nação santa, povo de conquista*[2], "destinados a oferecer vítimas que sejam agradáveis a Deus por Jesus Cristo"[3].

Pela participação no sacerdócio de Cristo, os fiéis cristãos tomam parte ativa na celebração do Sacrifício do Altar e, através das suas tarefas seculares, santificam o mundo, participando dessa missão única da Igreja e realizando-a por meio da peculiar vocação recebida de Deus: cada um nas suas atividades e nas suas circunstâncias, convertidas dia a dia numa oferenda gratíssima ao Senhor.

Por vontade divina, dentre os fiéis, que possuem o sacerdócio comum, alguns são chamados — mediante o sacramento da Ordem — a exercer o sacerdócio ministerial. Este pressupõe o sacerdócio comum dos fiéis, mas distingue-se dele essencialmente: pela consagração recebida no sacramento da Ordem, o sacerdote converte-se em instrumento de Jesus Cristo, a quem empresta todo o seu ser, para levar a todos a graça da Redenção. É um homem *escolhido entre os homens, constituído em favor dos homens no que se refere a Deus, para oferecer dons e sacrifícios pelos pecados*[4]. Qual é, pois, a identidade do sacerdote? "A de Cristo. Todos os cristãos podem e devem ser não já *alter Christus*, mas *ipse Christus*: outros Cristos, o próprio Cristo! Mas no sacerdote isto se dá imediatamente, de forma sacramental"[5].

O Senhor, presente de muitas maneiras entre nós, mostra-se muito próximo na figura do sacerdote. Cada sacerdote é um imenso dom de Deus ao mundo; é Cristo que *passa fazendo o bem*, curando doenças, dando paz e alegria às consciências; é "o instrumento vivo de Cristo" no mundo[6], empresta a Nosso Senhor a sua voz, as mãos, todo o seu ser[7]. Na Santa Missa, renova — *in persona Christi* — o próprio Sacrifício redentor do Calvário. Torna presente e eficaz no tempo a Redenção levada a cabo por Cristo. "Jesus — recordava João Paulo II aos sacerdotes brasileiros — identifica-nos de tal modo consigo no exercício dos poderes que nos conferiu, que a nossa personalidade como que desaparece diante da sua, já que é Ele quem atua por meio de nós"[8].

Na Santa Missa, é Jesus Cristo quem muda a substância do pão e do vinho no seu Corpo e no seu Sangue. E "é o próprio Jesus quem, no sacramento da Penitência, pronuncia a palavra autorizada e paterna: *Eu te absolvo dos teus pecados*. E é Ele quem fala quando o sacerdote, exercendo o seu ministério em nome e no espírito da Igreja, anuncia a palavra de Deus. É o próprio Cristo quem cuida dos doentes, das crianças e dos pecadores, quando o amor e a solicitude pastoral dos ministros sagrados os envolvem"[9].

Um sacerdote é mais valioso para a humanidade que todos os bens materiais e humanos juntos. Temos de rezar muito pela santidade dos sacerdotes, temos que ajudá-los e ampará-los com a nossa oração e a nossa estima. Devemos ver neles o próprio Cristo.

II. JESUS ESCOLHE os apóstolos como seus representantes pessoais, e não apenas como seus mensageiros, profetas e testemunhas.

Esta nova identidade — atuar *in persona Christi* — deve manifestar-se numa vida simples e austera, santa. O Evangelho da Missa[10] relata-nos que, quando Jesus enviou os apóstolos para a primeira missão, recomendou-lhes que levassem para a caminhada um bastão e nada mais: nem pão, nem alforje, nem dinheiro no cinto...

Deus toma posse daquele que chamou ao sacerdócio, consagra-o para o serviço dos outros homens, seus irmãos, e confere-lhe uma nova personalidade. E este homem, eleito e consagrado ao serviço de Deus e dos outros, não o é somente em algumas ocasiões determinadas, por exemplo, quando realiza uma função sagrada, mas "sempre, em todos os momentos, tanto quando exerce o mais alto e sublime ofício como no ato mais vulgar e humilde da vida quotidiana. Exatamente da mesma maneira que um cristão não pode deixar de lado o seu caráter de homem novo, recebido no Batismo, para comportar-se «como se fosse» um simples homem, também o sacerdote não pode abstrair do seu caráter sacerdotal para se comportar «como se» não fosse sacerdote. Qualquer coisa que faça, qualquer atitude que tome, quer queira, quer não, será sempre a ação e a atitude de um sacerdote, porque ele o é sempre, em todas as horas e até à raiz do seu ser, faça o que fizer e pense o que pensar"[11].

O sacerdote é um enviado de Deus ao mundo para que lhe fale da sua salvação, e é constituído administrador dos tesouros de Deus[12]: o Corpo e o Sangue de Cristo, bem como a graça de Deus por meio dos sacramentos, a palavra divina mediante a pregação, a catequese, os conselhos da Confissão. Está confiada ao sacerdote "a mais divina das obras divinas", que é a salvação das almas; foi constituído embaixador e medianeiro entre Deus e os homens.

"Saboreio a dignidade da finura humana e sobrenatural destes meus irmãos, espalhados por toda a terra. É de justiça que se vejam rodeados já agora da amizade, da ajuda e do carinho de muitos cristãos. E quando chegar o momento de se apresentarem diante de Deus, Jesus Cristo ir-lhes-á ao encontro, para glorificar eternamente aqueles que, no tempo, atuaram em seu nome e na sua Pessoa, derramando com generosidade a graça da qual eram administradores"[13].

Meditemos hoje junto do Senhor como é a nossa oração pelos sacerdotes, com que delicadeza os tratamos, como lhes agradecemos que tenham querido corresponder à chamada do Senhor, como os ajudamos a ser fiéis e santos. Peçamos hoje "a Deus Nosso Senhor que nos dê a todos nós, sacerdotes, a graça de realizarmos santamente as coisas santas, de refletirmos, também na nossa vida, as maravilhas das grandezas do Senhor"[14].

III. *TENDO PARTIDO, pregavam às gentes que se convertessem, expulsavam muitos demônios, ungiam com óleo muitos doentes e curavam-nos...* Os sacerdotes são também como que um prolongamento da Santíssima Humanidade de Cristo, pois através deles continuam a realizar-se nas almas os mesmos milagres que o Senhor realizou ao passar pela terra: os cegos veem, os que não podiam andar recuperam as forças, os que morreram pelo pecado mortal renascem para a vida da graça pelo sacramento da Confissão...

O sacerdote não procura compensações humanas, nem honra pessoal, nem prestígio humano, nem mede o seu trabalho pelos critérios humanos deste mundo... Não é árbitro na partilha de heranças[15] entre os homens, nem veio libertá-los das suas carências materiais — essa é uma tarefa de todos os homens de boa vontade —, mas veio trazer-nos a vida eterna. Isto é que é especificamente seu; é também aquilo de que o mundo mais necessita.

Por isso temos que rezar tanto para que a Igreja conte sempre com os sacerdotes necessários, com sacerdotes que lutem por ser santos. Temos que rezar e fomentar essas vocações, se é possível, entre os membros da própria família, entre os filhos, entre os irmãos... Que imensa alegria para uma família se Deus a abençoa com este dom!

Todos os fiéis têm a gratíssima obrigação de ajudar os sacerdotes, especialmente com a oração: para que celebrem com dignidade a Santa Missa e dediquem muitas horas ao confessionário; para que tenham no coração a tarefa de administrar os sacramentos aos doentes e anciãos e cuidem com esmero da catequese; para que se preocupem com o decoro da Casa de Deus e sejam alegres, pacientes, generosos, amáveis, trabalhadores infatigáveis na missão de dilatar o Reino de Cristo. Ajudá-los-emos generosamente nas suas necessidades econômicas, procuraremos prestar-lhes a nossa colaboração naquilo que estiver ao nosso alcance... E jamais falaremos mal deles. "Dos sacerdotes de Cristo não se deve falar senão para louvá-los!"[16]

Se vez por outra vemos faltas e defeitos em alguns deles, procuraremos desculpá-los, e fazer como aqueles bons filhos de Noé: cobri-los com o manto da caridade[17]. Será mais um motivo para ajudá-los com o nosso comportamento exemplar e com a nossa oração e, sempre que oportuno, com uma correção fraterna e filial ao mesmo tempo.

Para crescermos em amor e veneração pelos sacerdotes, podem ajudar-nos estas palavras que Santa Catarina de Sena coloca na boca do Senhor: "Não quero que diminua a reverência que se deve professar pelos sacerdotes, porque a reverência e o respeito que se lhes manifesta não se dirige a eles, mas a Mim, em virtude do Sangue que eu lhes dei para que o administrem. Se não fosse por isso, deveríeis dedicar-lhes a mesma reverência que aos leigos, e não mais [...]. Não se deve ofendê-los: ofendendo-os, ofende-se a Mim, e não a eles. Por isso proibi e disse que não admito que sejam tocados os meus Cristos"[18].

(1) Ef 1, 3-4; (2) 1 Pe 2, 9; (3) Conc. Vat. II, Const. *Lumen gentium*, 10; (4) cf. Hb 5, 1; (5) São Josemaria Escrivá, *Amar a Igreja*, pp. 80-81; (6) cf. Conc. Vat. II, Decr. *Presbyterorum ordinis*, 12; (7) cf. São Josemaria Escrivá, *op. cit.*, p. 81; (8) João Paulo II, *Homilia*, 2-VII-1980; (9) *ib.*; (10) Mc 6, 7-13; (11) F. Suárez, *El sacerdote y su ministério*, Rialp, Madri, 1969, p. 21; (12) cf. 1 Cor 4, 1; (13) São Josemaria Escrivá, *op. cit.*, p. 92; (14) *ib.*, p. 72; (15) cf. Lc 12, 13; (16) cf. São Josemaria Escrivá, *Sulco*, n. 904; (17) cf. São Josemaria Escrivá, *Caminho*, n. 75; (18) Santa Catarina de Sena, *O diálogo*, 16.

TEMPO COMUM. DÉCIMO QUINTO DOMINGO. CICLO C

126. O BOM SAMARITANO

— O nosso próximo é quem está perto de nós e necessita de ajuda. Aproximá-lo da fé é a primeira consequência da caridade.
— Pecados de omissão na caridade. Jesus, objeto da nossa caridade.
— Caridade prática e eficaz. Diante das necessidades dos outros, as nossas devem ficar em segundo plano.

I. *AMARÁS O PRÓXIMO como a ti mesmo*. O doutor da lei respondeu de forma correta. Jesus confirma: *Respondeste bem; faze isso e viverás*. É o que narra o Evangelho da Missa de hoje[1].

O preceito já existia na Lei judaica, que até o especificava com detalhes concretos e práticos. Por exemplo, lemos no Levítico: *Quando ceifares as messes do teu campo, não cortarás até o chão o que nasceu na superfície da terra, nem apanharás as espigas deixadas. E na tua vinha não colherás os bagos que caem, mas deixarás que os apanhem os pobres e forasteiros*[2]. E, depois de pormenorizar outras manifestações de misericórdia, o livro sagrado diz: *Não procurarás a vingança, nem conservarás a lembrança da injúria dos teus concidadãos. Amarás o teu próximo como a ti mesmo*[3].

É uma longínqua antecipação do que será o mandamento do Senhor. Mas existia uma incerteza quanto ao termo "próximo". Não se sabia com certeza se se referia aos do próprio clã familiar, aos amigos, aos que pertenciam ao povo de Deus... Havia diversas respostas. Por isso, o doutor da lei pergunta ao Senhor: *E quem é o meu próximo?*, com quem devo ter essas mostras de amor e misericórdia?

Jesus responderá com uma belíssima parábola, relatada por São Lucas: *Um homem descia de Jerusalém a Jericó, e caiu nas mãos de uns ladrões que, depois de o terem despojado, cobriram-no de feridas e retiraram-se, deixando-o meio morto*[4]. Este é o meu próximo: um homem, um homem qualquer, alguém que necessita de mim. O Senhor não introduz nenhuma especificação de raça, amizade ou parentesco. O nosso próximo é qualquer pessoa que esteja perto de nós e necessite de ajuda. Nada se diz do seu país, nem da sua cultura, nem da sua condição social: *homo quidam*, um homem qualquer.

No caminho da nossa vida, encontraremos pessoas feridas, despojadas de tudo e meio mortas, da alma e do corpo. A preocupação por ajudar os outros, se estamos unidos ao Senhor, tirar-nos-á do nosso caminho rotineiro, de todo o egoísmo, e dilatará o nosso coração preservando-nos da mesquinhez. Encontraremos pessoas cobertas de dor pela falta de compreensão e de carinho, ou carecidas dos meios materiais mais indispensáveis; feridas por terem sofrido humilhações que vão contra a dignidade humana; despojadas, talvez, dos direitos mais fundamentais: situações de miséria que bradam aos céus. O cristão nunca pode passar ao largo, como fizeram alguns personagens da parábola.

Também encontraremos diariamente esse homem que foi deixado *meio morto* porque não lhe ensinaram as verdades mais elementares da fé, ou porque lhas arrancaram mediante o mau exemplo ou através dos grandes meios modernos de comunicação postos a serviço do mal. Não podemos esquecer em momento algum que o bem supremo do homem é a fé, superior a todos os bens materiais e humanos. "Haverá ocasiões em que, antes de pregar a fé, será necessário aproximar-se do ferido que está à beira do caminho, para curar-lhe as feridas. Certamente. Mas sem nunca excluir a preocupação cristã de comunicar a fé, de educar nela e de propagar o sentido cristão da vida"[5].

II. E A PARÁBOLA CONTINUA: *Aconteceu que passava pelo mesmo caminho um sacerdote, o qual, quando o viu, passou ao largo. Igualmente um levita, chegando perto daquele lugar e vendo-o, passou adiante.*

O Senhor fala-nos aqui dos pecados de *omissão*. Os que passaram ao largo não causaram nenhum novo dano ao homem ferido e abandonado, como acabar de despojá-lo do que lhe restava, insultá-lo etc. Tinham as suas preocupações — talvez coisas importantes — e não quiseram complicações. Deram mais importância aos seus assuntos do que ao homem necessitado. O pecado que cometeram foi esse: *passaram ao largo*.

No entanto, aquele serviço que não prestaram teria merecido do Senhor estas palavras: *Uma boa obra foi a que fez comigo*[6], porque tudo o que fazemos pelos outros, fazemo-lo por Deus. Cristo esperava-nos nessa pessoa necessitada. Ele estava ali. São João Crisóstomo põe nos lábios divinos estas palavras comoventes:

"Não te digo: arruma-me a vida e tira-me da miséria, entrega-me os teus bens [...]. Só te imploro pão e roupa, e um pouco de alívio para a minha fome. Estou preso. Não te peço que me livres. Somente quero que, pelo teu próprio bem, me visites. Com isso ficarei satisfeito e por isso te presentearei com o Céu. Eu te livrei de uma prisão mil vezes mais dura. Mas contento-me com que venhas ver-me de vez em quando.

"Poderia, é verdade, dar-te a tua coroa sem nada disso, mas quero estar-te agradecido e que venhas depois receber o teu prêmio confiadamente. Por isso, Eu, que posso alimentar-me por mim mesmo, prefiro dar voltas ao teu redor, pedindo, e estender a minha mão à tua porta. O meu amor chegou a tanto, que quero que tu me alimentes. Por isso, prefiro, como amigo, a tua mesa; disso me glorio e te mostro ao mundo como meu benfeitor"[7].

Este é o segredo para nos situarmos por cima das diferenças de raça, cultura, ou simplesmente de idade ou caráter: compreender que Jesus é o objeto da nossa caridade. Nos outros, vemo-lo a Ele: "Com razão se pode dizer que é o próprio Cristo quem nos pobres levanta a voz para despertar a caridade dos seus discípulos"[8].

III. O EVANGELHO CONTINUA: *Mas um samaritano que ia de viagem chegou perto dele; e, quando o viu, moveu-se de compaixão. E, aproximando-se, vendou-lhe as feridas, depois de lançar nelas azeite e vinho; e, pondo-o sobre o seu jumento, levou-o a uma estalagem e cuidou dele. E no dia seguinte tirou dois dinheiros, deu-os ao estalajadeiro e disse-lhe: Cuida dele; e quanto gastares a mais, eu to satisfarei quando voltar.*

O samaritano, apesar da grande separação que havia entre judeus e samaritanos, percebeu imediatamente a desgraça e *moveu-se de compaixão*. Há quem esteja cego para qualquer coisa que lhe possa trazer aborrecimentos, e há quem intua prontamente uma pena no coração do próximo. O samaritano não experimenta uma compaixão puramente teórica, ineficaz. Pelo contrário, emprega os meios necessários para prestar uma ajuda concreta e prática. A ação que pratica talvez não chegue a ser um ato heroico, mas é o que era necessário que fizesse. Antes de mais nada *aproximou-se*, que é o que devemos começar por fazer perante o infortúnio ou a necessidade: aproximar-nos, não observar as necessidades alheias de longe, como se não nos dissessem respeito. Depois, teve as atenções que a situação requeria: *cuidou dele*.

Nem sempre se tratará de atos heroicos, difíceis; frequentemente, serão coisas simples, muitas vezes pequenas, "pois essa caridade não deve ser procurada unicamente nos acontecimentos importantes, mas, sobretudo, na vida corrente"[9]: em prestar um pequeno serviço de passagem, em ter uma palavra animadora e bem-humorada para o colega de trabalho que encontramos nessa manhã com cara de poucos amigos, em dizer amavelmente onde fica uma rua ou que horas são, em escutar sem mostrar pressa um colega que nos interrompe o trabalho ou um filho que nos interrompe a leitura do jornal...

Os afazeres do bom samaritano passaram momentaneamente para segundo plano, como também as suas urgências. É o que o Senhor nos pede a todos, e não só em relação às nossas ocupações e ao nosso tempo, como também aos nossos gostos — e, por maioria de razão, aos nossos caprichos —, que devem ceder à mais leve oportunidade de cuidar dos outros.

Jesus conclui o ensinamento com uma palavra cordial dirigida ao doutor: *Vai*, diz-lhe, *e faze tu o mesmo*. Sê o próximo inteligente, ativo e compassivo com todo aquele que precisar de ti. São palavras que nos dirige também a nós ao acabarmos esta meditação. Para podermos vivê-las, recorremos à Santíssima Virgem: "Não existe coração mais humano que o de uma criatura que transborda de sentido sobrenatural. Pensa em Santa Maria, a cheia de graça, Filha de Deus Pai, Mãe de Deus Filho, Esposa de Deus Espírito Santo: no seu Coração cabe a humanidade inteira sem diferenças nem discriminações. — Cada um é seu filho, sua filha"[10].

(1) Cf. Lc 10, 27; (2) Lv 19, 9-10; (3) Lv 19, 18; (4) Lc 10, 25-37; (5) Card. M. Gonzáles Martín, *Libres en la caridad*, Balmes, Barcelona, 1970, p. 58; (6) Mc 14, 6; (7) São João Crisóstomo, *Homilia 15 sobre a Epístola aos Romanos*; (8) Conc. Vat. II, Const. *Gaudium et spes*, 88; (9) *ib.*, 38; (10) São Josemaria Escrivá, *Sulco*, n. 801.

127. OS PAIS E A VOCAÇÃO DOS FILHOS

— Plena liberdade para seguir o Senhor. A vocação é uma honra imensa.
— Deixar a casa paterna, quando chega o momento oportuno, é lei da vida.
— Desejar o que há de melhor para os filhos.

I. *QUEM AMA O SEU PAI ou a sua mãe mais do que a mim não é digno de mim; quem ama o seu filho ou a sua filha mais do que a mim não é digno de mim*, lemos no Evangelho da Missa[1]. Quando decidimos livremente seguir a Deus por completo, entendemos que os outros planos devem ceder: pai, mãe, noivo, noiva... O chamamento de Deus vem em primeiro lugar, e todas as outras coisas devem ficar em segundo plano.

As palavras de Jesus não implicam nenhuma oposição entre o primeiro e o quarto mandamentos, mas assinala a ordem que se deve seguir. Devemos amar a Deus com todas as nossas forças através da peculiar vocação recebida dEle; e também devemos amar e respeitar — na teoria e na prática — os pais que Deus nos deu, com quem temos uma dívida tão grande. Mas o amor aos pais não pode antepor-se ao amor a Deus.

Geralmente, não há razão para que surja uma oposição entre ambos, mas se em algum caso chega a dar-se, será necessário lembrar-se daquelas palavras de Cristo adolescente no Templo de Jerusalém: *Por que me buscáveis? Não sabíeis que devo ocupar-me nas coisas de meu Pai?*[2] É a resposta de Jesus a Maria e a José, que o procuravam angustiados, e que constitui um ensinamento para os filhos e para os pais: para os filhos, porque devem aprender que não se pode antepor o carinho familiar ao amor de Deus, especialmente quando o Senhor pede um seguimento de entrega total; para os pais, porque devem ser conscientes de que os seus filhos são acima de tudo de Deus, e que Ele tem direito a dispor deles, ainda que por vezes isso implique um grande sacrifício para os pais[3].

Triste decisão seria a daquele que fizesse ouvidos surdos a Deus para não causar um desgosto aos pais, e mais triste consolo seria nesse caso o dos pais, pois, como diz São Bernardo, "o seu consolo é a morte do filho"[4]. Dificilmente poderiam causar-lhe maior mal.

Só se pode seguir o Senhor com a liberdade que nasce do desprendimento pleno: com uma liberdade de coração que não se enreda em melancolias e saudades, em frouxos sentimentos que conduzem a uma entrega a Deus pela metade. Nada se ganha com uma decisão a meias, com um coração dividido.

Pode acontecer em alguns casos que a decisão de seguir o Senhor por inteiro não seja compreendida pelos próprios parentes: porque não a entendem, porque tinham forjado outros planos, legítimos, ou porque não querem aceitar a parte de renúncia que lhes cabe. O filho ou filha a quem Deus chama deve contar com isso, e, ainda que a sua correspondência a esse chamamento divino cause dor aos pais, deve compreender que a fidelidade à sua vocação é o maior bem para ele ou para ela e para toda a família. Em qualquer circunstância, sendo muito firme em seguir o seu próprio caminho, tem de querer aos seus pais muito mais do que antes da chamada; deve rezar muito por eles, para que compreendam que "não é um sacrifício, para os pais, que Deus lhes peça os filhos; nem, para aqueles que o Senhor chama, é um sacrifício segui-lo.

"Pelo contrário, é uma honra imensa, um orgulho grande e santo, uma prova de predileção, um carinho particularíssimo, que Deus manifestou num momento concreto, mas que estava na sua mente desde toda a eternidade"[5]. É a maior honra que o Senhor pode conceder a uma família, uma das maiores bênçãos.

II. QUEM ENTREGOU o seu coração por completo ao Senhor, recupera-o mais jovem, mais engrandecido e mais limpo, para amar a todos. O amor aos pais, aos irmãos..., passa então pelo Coração de Cristo e daí sai profundamente enriquecido.

São Tomás sublinha que Tiago e João são louvados por terem seguido o Senhor abandonando o pai, e que não o fizeram porque este os incitasse ao mal, mas porque "consideraram que o seu pai poderia passar a vida de outro modo, seguindo eles o Senhor"[6]. O Mestre passou pela vida deles, chamou-os, e a partir desse momento todas as outras coisas ficaram em segundo plano. No Céu, os pais terão uma glória especial, fruto em boa parte da correspondência dos seus filhos à chamada de Deus: a vocação é um bem e uma bênção para todos.

A vocação é iniciativa divina; Ele sabe muito bem o que é melhor para aquele que foi chamado e para a respectiva família. Muitos pais aceitam incondicionalmente e com alegria a vontade de Deus para os seus filhos, e dão graças quando algum deles é chamado a seguir o Senhor por toda a vida; outros adotam atitudes muito diferentes, alimentadas por vários motivos: lógicos e compreensíveis uns, com laivos de egoísmo outros.

Com a desculpa de que os filhos são muito novos — para seguirem a chamada de Deus, não para tomarem outras decisões que comprometem — ou de que ainda não têm a necessária experiência da vida, deixam-se levar pela grave tentação a que aludia Pio XI: "Mesmo entre aqueles que se orgulham da fé católica, não faltam muitos pais que não se conformam com a vocação dos filhos, e combatem sem escrúpulos a chamada divina com todo o tipo de argumentos, até com meios que podem pôr em perigo, não só a vocação para um estado de vida mais perfeito, mas a própria consciência e a salvação eterna dos que deviam ser-lhes tão queridos"[7].

Esquecem que eles são "colaboradores de Deus", e que é lei da vida que os filhos deixem o lar paterno para formarem por sua vez um novo lar, ou simplesmente que o façam por razões de trabalho, de estudo. E não lhes acontece nenhuma desgraça. E há casos em que são as próprias famílias que fomentam essa separação para o bem dos filhos. Por que hão de pôr obstáculos ao seguimento de Cristo? Ele "jamais separa as almas"[8].

III. OS BONS PAIS sempre desejam o melhor para os seus filhos. São capazes de realizar os maiores sacrifícios pelo bem humano de cada um deles. E, é claro, pelo seu bem espiritual. Sacrificam-se para que cresçam cheios de saúde, para que progridam nos estudos, para que tenham bons amigos, para que vivam conforme o querer de Deus e levem uma vida honrada e cristã. Para isso Deus os chamou ao matrimônio; a educação dos filhos é um querer expresso de Deus nas suas vidas; é de lei natural.

No Evangelho encontramos muitos pedidos em favor dos filhos: uma mulher que segue Jesus com perseverança para que lhe cure a filha[9], um pai que lhe suplica que expulse o demônio que atormenta o seu filho[10], o chefe da sinagoga de Cafarnaum, Jairo, que espera com impaciência o Senhor, porque a sua filha única de doze anos está a ponto de morrer[11]... É exemplar a decisão com que a mãe de Tiago e João se aproxima de Cristo para lhe pedir uma coisa que eles não se atreviam a pedir. Sem pensar em si mesma, aproximou-se de Jesus, *adorou-o e pediu-lhe uma graça*[12]. Quantas mães e quantos pais ao longo dos séculos têm pedido para os seus filhos bens e favores que jamais se atreveriam a pedir para si próprios!

Os pais devem pedir o melhor para os seus filhos, e o melhor é que sigam a chamada divina com que Deus os abençoou. Este é o grande segredo para serem felizes na terra e chegarem ao Céu, onde os espera uma bem-aventurança sem limites e sem fim. Do ponto de vista de cada chamada considerada em si mesma, não há dúvida de que a castidade no celibato por amor a Deus é a vocação mais excelsa de todas. "A Igreja, durante toda a sua história, defendeu sempre a superioridade deste carisma — da virgindade ou celibato — em comparação com o do matrimônio, por causa do vínculo singular que o prende ao Reino de Deus"[13].

Quantas vocações para uma entrega plena não concedeu Deus aos filhos em atenção à generosidade e à oração dos pais! Mais ainda: o Senhor serve-se normalmente dos próprios pais para criar um clima idôneo em que possa vingar e desenvolver-se nos filhos o germe da vocação: "Os cônjuges cristãos — afirma o Concílio Vaticano II — são um para o outro, para os filhos e para os demais familiares, cooperadores da graça e testemunhas da fé. Para os filhos, são eles os primeiros anunciadores e educadores da fé. Formam-nos para a vida cristã e apostólica pela palavra e pelo exemplo. Ajudam-nos com prudência na escolha da vocação e fomentam com todo o esmero a vocação sagrada quando a descobrem neles"[14]. Não podem ir mais longe, pois não lhes compete discernir se os filhos têm ou não vocação; devem unicamente formar-lhes bem a consciência e ajudá-los a descobrir o seu caminho, sem lhes forçar a vontade.

Uma vocação no seio de uma família significa uma especial confiança e predileção do Senhor para com todos. É um privilégio, que é necessário proteger — especialmente mediante a oração — como um grande tesouro. Deus abençoa a mãos cheias o lar em que nasceu uma vocação fiel: "Não é sacrifício entregar os filhos ao serviço de Deus; é honra e alegria"[15].

(1) Mt 10, 34; 11, 1; (2) Lc 2, 49; (3) cf. Sagrada Bíblia, *Santos Evangelhos*, notas a Mt 10, 34-37 e Lc 2, 49; (4) São Bernardo, *Epístola*, 3, 2; (5) São Josemaria Escrivá, *Forja*, n. 18; (6) São Tomás, *Suma*

teológica, II-II, q. 101, a. 4, ad. 1; (7) Pio XI, Enc. *Ad catholici sacerdotii*, 20-XII-1935; (8) cf. São Josemaria Escrivá, *Sulco*, n. 23; (9) Mt 15, 21-28; (10) Mt 17, 14-20; (11) Mt 9, 18-26; (12) Mt 20, 20-21; (13) João Paulo II, Exort. apost. *Familiaris consortio*, 22-XI-1981, n. 16; (14) Conc. Vat. II, Decr. *Apostolicam actuositatem*, 11; (15) São Josemaria Escrivá, *Sulco*, n. 22.

TEMPO COMUM. DÉCIMA QUINTA SEMANA. TERÇA-FEIRA

128. DOR DOS PECADOS

— Apesar dos muitos milagres que o Senhor realizou nelas, algumas cidades não fizeram penitência. O Senhor também passa ao nosso lado.
— Frutos que a contrição produz na alma.
— Pedir o dom da contrição. Obras de penitência.

I. AO ABANDONAR NAZARÉ, Jesus escolheu como lugar de residência a cidade de Cafarnaum, designada em algumas passagens do Evangelho como *a sua cidade*. A partir dela, irradiou a sua pregação pela Galileia e por toda a Palestina. É possível que se hospedasse em casa de Simão e que fizesse dela o centro das suas viagens apostólicas por toda a região. Como também é muito provável que não tenha havido outro lugar onde Jesus fizesse tantos milagres como nessa cidade.

Na margem norte do lago de Genesaré, não muito longe de Cafarnaum, estavam situadas outras duas cidades em que Jesus também realizou *muitíssimos milagres*. Mas, apesar de tantos sinais, de tantas bênçãos, de tanta misericórdia, as pessoas desses lugares não se converteram à passagem de Jesus. O Evangelho da Missa menciona as fortes palavras do Senhor a todas essas cidades que não quiseram arrepender-se dos seus pecados[1]: *Ai de ti, Corozaim! Ai de ti, Betsaida! Porque, se em Tiro e em Sidon se tivessem feito os milagres que se fizeram em vós, há muito tempo que elas teriam feito penitência... E tu, Cafarnaum, elevar-te-ás porventura até o céu? Hás de ser abatida até o inferno, porque se em Sodoma se tivessem feito os milagres que se fizeram em ti, talvez existisse até hoje.*

Tantas graças e tantos milagres! E, no entanto, muitos dos habitantes dessas cidades não mudaram, não se arrependeram dos seus pecados. Chegaram até a revoltar-se contra o Senhor. *Dirumpamus vincula eorum, et proiciamus a nobis iugum ipsorum*[2]: quebremos os preceitos do Senhor e sacudamos de nós o seu doce jugo. Estas palavras do Salmo II têm-se repetido em tantas ocasiões!

São incontáveis os momentos e as situações em que o Senhor parou ao nosso lado a fim de nos curar, de nos abençoar e alentar no caminho do bem. Recebemos dEle muitas atenções, e Ele espera de nós correspondência, um arrependimento sincero das nossas faltas, uma verdadeira detestação do pecado venial deliberado e de tudo aquilo que de uma maneira ou de outra nos separa dEle.

O Senhor ouve-nos sempre, mas de maneira especial quando o procuramos com desejos de mudar, de recuperar o caminho perdido, de começar de novo com *um coração contrito e humilhado*[3]. Esta deve ser a nossa atitude habitual, a de um arrependimento humilde, porque têm sido muitas as ocasiões em que, conscientemente ou não, fomos rebeldes à graça divina e porque a ofensa é tanto maior quanto maiores tenham sido as provas do amor de Deus na nossa vida. E quem é tão cego a ponto de não ver Cristo que lhe bateu carinhosamente à porta uma vez e outra?

II. *DEUS NÃO DESPREZARÁ um coração contrito e humilhado.*

Um coração contrito significa um coração *partido* — como quando uma pedra se parte e se desfaz em pedaços —, e chama-se contrição à dor das faltas e pecados para significar que o coração endurecido pelo pecado de certa maneira se despedaça pela dor de ter ofendido a Deus[4]. Também na linguagem corrente costumamos dizer "partiu-se o meu coração" para exprimir a nossa reação perante uma grande desgraça que comoveu o mais íntimo do nosso ser.

Coisa parecida deve acontecer-nos ao contemplarmos os nossos pecados diante da santidade de Deus e do amor que Ele nos tem. Não é tanto o sentimento de fracasso que qualquer pecado produz numa alma que segue a Deus, mas o pesar de nos termos separado por pouco que seja do Senhor.

O que nos deve levar, portanto, a pedir perdão muitas vezes a Deus é sobretudo o amor, pois são incontáveis os momentos em que não correspondemos como deveríamos ao amor divino que nos cumula de graças. "Lembrou-se o amigo dos seus pecados, e por temor ao inferno quis chorar e não pôde. Pediu lágrimas ao amor, mas a Sabedoria respondeu-lhe que mais frequente e fortemente devia chorar por amor do seu Amado do que por temor das penas do inferno, pois agradam-lhe mais os prantos que são por amor do que as lágrimas que se derramam por temor"[5].

No exame de consciência diário, devemos, pois, ver as nossas faltas sobretudo como ofensa a um Deus que é Pai e nos ama como se fôssemos filhos únicos. Se não relacionamos as nossas faltas e quedas com o amor de Deus, é fácil que nos sobressaltemos ou nos deprimamos por reaparecerem erros ou defeitos que julgávamos ultrapassados; ou que culpemos o ambiente externo ou outras circunstâncias semelhantes pelas nossas fraquezas. Então, não encontraremos motivos para manter essa atitude habitual de contrição, de arrependimento e de reparação pelos pecados, e a alma afastar-se-á do caminho da humildade e não chegará a Deus, que está tão próximo de nós precisamente quando nós nos afastamos.

Nunca estamos "quites" com Deus; pelo contrário, somos como *aquele devedor que não tinha com que pagar*[6]; sempre estaremos precisados de recorrer à misericórdia divina. *Tende piedade de mim, Senhor, porque sou um homem pecador*[7], dizemos com as palavras daquele publicano que, cheio de humildade, conhecia bem a realidade da sua alma diante da santidade de Deus.

Também não podemos reagir diante dos nossos defeitos e pecados como se se tratasse de algo inevitável, quase natural, "pactuando com eles", mas pedindo perdão e recomeçando muitas vezes. Diremos ao Senhor: *Pai, pequei contra o céu e contra ti; já não sou digno de ser chamado teu filho: trata-me como a um dos teus jornaleiros*[8]. E o Senhor, "que está perto dos que têm o coração contrito"[9], escutará sempre a nossa oração.

Jesus passa constantemente pelas nossas vidas, como por aquelas cidades da Galileia, e convida-nos a ir ao seu encontro, abandonando os nossos pecados. Não adiemos essa conversão cheia de amor. *Nunc coepi*: agora começo, uma vez mais, com a tua ajuda, Senhor.

III. *AI DE TI, COROZAIM! Ai de ti, Betsaida!...* O Senhor deve ter pronunciado essas palavras com imensa pena, ao ver que a graça por Ele derramada a mãos cheias não penetrava nos seus habitantes. Seguiam-no uns dias, davam mostras de admiração diante de uma cura, mostravam-se complacentes..., mas no fundo das suas almas seguiam Cristo de longe.

Nós temos de pedir ao Espírito Santo o dom inefável da contrição. Temos de esforçar-nos por fazer muitos atos dessa *dor de amor* que é a essência do arrependimento veraz. E temos de fazê-lo de modo especial quando ofendemos o Senhor nalgum ponto mais importante e sempre que nos aproximamos do sacramento da Confissão, à hora do exame de consciência e também durante o dia. E para que os atos de contrição estejam à flor da pele, será muito proveitoso fazermos ou meditarmos a *Via Sacra* e meditarmos ou lermos a Paixão do Senhor — por exemplo, às sextas-feiras —, e não nos cansarmos *jamais* de considerar o infinito amor que Jesus tem por nós.

A dor sincera dos pecados não traz necessariamente consigo uma dor emocional. Tal como o amor, a dor é um ato da vontade, não um sentimento. Assim como se pode amar a Deus sem experimentar efeitos sensíveis, pode-se ter uma profunda dor dos pecados sem uma reação emotiva. Em contrapartida, é preciso cultivar uma atitude da alma que nos leve a afastar-nos de todas as ocasiões de ofender o Senhor e a praticar obras concretas de penitência pelas vezes em que não fomos fiéis à graça.

Com que obras de penitência podemos desagravar o Senhor e agradar-lhe? Por meio da oração, dos jejuns e das esmolas, pelos pequenos sacrifícios, pela paciência nos desgostos e contrariedades, pela aceitação dos fardos próprios da profissão, e da fadiga que o trabalho traz consigo. Devemos também esmerar-nos em receber o melhor possível a graça da Confissão, aproximando-nos desse sacramento bem preparados e sinceramente arrependidos das nossas faltas e pecados. Não nos esqueçamos de que a contrição reveste a alma de uma particular fortaleza, devolve-lhe a esperança, a paz e a alegria, faz com que o cristão se esqueça de si mesmo e se entregue ao Senhor com mais delicadeza e finura interior.

"Dirige-te a Nossa Senhora e pede-lhe que te faça a dádiva — prova do seu carinho por ti — da contrição, da compunção pelos teus pecados, e pelos pecados de todos os homens e mulheres de todos os tempos, com dor de Amor.

"E, com essa disposição, atreve-te a acrescentar: — Mãe, Vida, Esperança minha, guiai-me com a vossa mão..., e se há agora em mim alguma coisa que desagrade a meu Pai-Deus, concedei-me que o perceba e que, os dois juntos, a arranquemos.

"Continua sem medo: — Ó clementíssima, ó piedosa, ó doce Virgem Santa Maria!, rogai por mim, para que, cumprindo a amabilíssima Vontade do vosso Filho, seja digno de alcançar e gozar das promessas de Nosso Senhor Jesus Cristo"[10].

(1) Mt 11, 20-24; (2) Sl 2, 3; (3) Sl 50, 19; (4) cf. *Catecismo de São Pio X*, nn. 684-685; (5) R. Lúlio, *Livro do Amigo e do Amado*, 341; (6) cf. Mt 18, 25; (7) Lc 5, 8; (8) Lc 15, 18-19; (9) Santo Agostinho, *Tratado sobre o Evangelho de São João*, 15, 25; (10) São Josemaria Escrivá, *Forja*, n. 161.

TEMPO COMUM. DÉCIMA QUINTA SEMANA. QUARTA-FEIRA

129. O NOSSO PAI-DEUS

— Deus está sempre ao nosso lado.
— Imitar Jesus para sermos bons filhos de Deus Pai.
— A filiação divina leva-nos a identificar-nos com Cristo.

I. QUANDO MOISÉS PASTOREAVA o rebanho do seu sogro Jetro perto do Horeb, a montanha santa, Deus apareceu-lhe numa sarça que ardia sem se consumir. Ali recebeu a missão extraordinária da sua vida: tirar o povo eleito da escravidão a que estava submetido pelos egípcios e levá-lo para a Terra Prometida. E como garantia do feliz resultado da tarefa que lhe confiava, o Senhor disse-lhe: *Eu estou contigo*[1]. Moisés não pôde imaginar então até que ponto Deus ia estar com ele e com o seu povo no meio de tantas vicissitudes e provas.

Também nós não sabemos plenamente — pela nossa limitação humana — até que ponto Deus está conosco em todos os momentos da vida. Jesus, perfeito Deus e perfeito Homem, fala-nos constantemente, ao longo do Evangelho, dessa proximidade de Deus e da sua amorosa paternidade em relação aos homens. E só Ele podia fazê-lo, *pois ninguém conhece o Pai senão o Filho e aquele a quem o Filho o quiser revelar*[2], diz-nos o Evangelho da Missa. O Filho conhece o Pai com o mesmo conhecimento que o Pai tem do Filho, numa intimidade infinitamente perfeita. É a identificação de saber e de conhecimento que a unidade da natureza divina implica. Jesus, com essas palavras, declarava a sua divindade.

E como Filho consubstancial com o Pai, manifesta-nos quem é Deus Pai em relação a nós, e como na sua bondade nos concede o Dom do Espírito Santo. Este foi o núcleo da sua revelação aos homens: o mistério da Santíssima Trindade e, com ele e nele, a maravilha da paternidade divina. Na última noite, quando parece resumir na intimidade do Cenáculo o que haviam sido aqueles anos de entrega e de confidências profundas, declara: *Manifestei o teu nome aos que me deste*[3]. "Manifestar o nome" era mostrar o modo de ser, a essência de alguém. Jesus deu-nos a conhecer a intimidade do mistério trinitário de Deus: a sua paternidade, sempre próxima dos homens.

São incontáveis as vezes em que o Senhor dá a Deus o título de *Pai* nos seus diálogos íntimos com Ele e na sua pregação às multidões. Fala detidamente da bondade de Deus Pai: Ele retribui qualquer pequena ação, acolhe tudo o que fazemos de bom, mesmo aquilo que ninguém vê[4]; é tão generoso que reparte os seus bens entre justos e injustos[5]; anda sempre solícito e providente em relação às nossas necessidades[6]. O nome de Pai é citado frequentemente nos Evangelhos, como um estribilho que Jesus gostasse muito de repetir. Deus Pai nunca está longe da nossa vida, como não o está o pai que vê o seu filho pequeno sozinho e em perigo. Se procurarmos agradar-lhe em tudo, sempre o encontraremos ao nosso lado: "Quando amares de verdade a Vontade de Deus, não deixarás de ver, mesmo nos momentos de maior trepidação, que o nosso Pai do Céu está sempre perto, muito perto, a teu lado, com o seu Amor eterno, com o seu carinho infinito"[7].

II. DEUS NÃO É SOMENTE o autor do homem, como o pintor o é do quadro; Deus é pai do homem, e de um modo misterioso e sobrenatural fá-lo *partícipe da natureza divina*[8]. O Pai quis *que nos chamássemos filhos de Deus e que o sejamos de verdade*[9]. Esta realidade não é uma conquista nossa, não é um progresso humano, mas dom divino, dom inefável que devemos considerar e agradecer frequentemente todos os dias.

A filiação divina será o fundamento da nossa alegria e da nossa esperança ao realizarmos as tarefas que o Senhor nos confiou. Aqui estará a nossa segurança perante os temores e angústias que nos podem assaltar: *Pai, meu Pai*, dir-lhe-emos tantas vezes, acariciando esse nome delicado e sonoro, sumarento e forte; *Pai!*, gritaremos nos momentos de alegria e nas situações de perigo. "Chama-o Pai muitas vezes ao dia, e dize-lhe — a sós, no teu coração — que o amas, que o adoras; que sentes o orgulho e a força de ser seu filho"[10].

Deus Pai vê-nos cada vez mais como seus filhos na medida em que nos parecemos mais com Jesus Cristo, que é o Primogênito de muitos irmãos sem deixar de ser o Unigênito do Pai. Seremos, pois, bons filhos de Deus se procurarmos trabalhar como Cristo, se tratarmos com misericórdia os que vamos encontrando nas diversas circunstâncias que compõem o nosso dia, se desagravarmos o Senhor pelos pecados do mundo, se formos agradecidos como Jesus o era; e, de modo especial, se na oração recorrermos ao nosso Pai-Deus como o fazia Jesus Cristo: rompendo frequentemente em ações de graças e atos de louvor ante as contínuas provas de amor que Deus tem conosco. *Dou-te graças, Pai, Senhor do céu e da terra*, lemos no Evangelho de hoje[11]. Obrigado, diremos, porque me aconteceu isto ou aquilo..., porque essa pessoa se aproximou dos sacramentos..., porque me ajudas a levar para a frente a minha família..., porque posso desafogar o meu coração na direção espiritual... Dou-te graças por tudo... Comportamo-nos como bons filhos de Deus quando os nossos pensamentos, os nossos afetos, se dirigem a Deus Pai com muita frequência; não só nos momentos difíceis, mas também no meio da alegria, para louvá-lo e glorificá-lo: *Bendiz, ó minha alma, o Senhor, e todo o meu ser o seu santo nome. Bendiz, ó minha alma, o Senhor, e não te esqueças de nenhum dos seus benefícios*[12].

Devemos procurar olhar para as pessoas como o Mestre o fazia... Que diferente é o mundo visto através do olhar de Cristo! E é o Espírito Santo quem nos compele a assemelhar-nos mais a Cristo. *Porque os que são guiados pelo Espírito de Deus, esses são filhos de Deus*[13]. "Com o Espírito, chega-se a pertencer a Cristo — comenta São João Crisóstomo —, chega-se a possuí-lo, compete-se em honra com os anjos. Com o Espírito, crucifica-se a carne, saboreia-se o encanto de uma vida imortal, tem-se a promessa da ressurreição futura, avança-se rapidamente pelo caminho da virtude"[14]. A filiação divina é o caminho para ir a Deus Pai por Jesus Cristo no Espírito Santo.

III. MEDITAMOS MUITAS VEZES na misericórdia de Deus, que quis tornar-se homem para que o homem de certo modo pudesse fazer-se Deus, isto é, divinizar-se[15], participar de modo real da própria vida de Deus. A graça santificante, que recebemos nos sacramentos e por meio das boas obras, vai-nos identificando com Cristo e fazendo-nos *filhos no Filho*, pois Deus Pai tem um só Filho, e não é possível termos acesso à filiação divina senão em Cristo, unidos e identificados com Ele, como membros do seu Corpo Místico: *Vivo, mas já não sou eu que vivo; é Cristo que vive em mim*[16], escrevia São Paulo aos Gálatas.

Por esta razão, se nos dirigimos ao Pai, é Cristo quem ora em nós; quando renunciamos a alguma coisa por Deus, é Cristo quem está por trás desse espírito de desprendimento; quando queremos aproximar alguém dos sacramentos, o nosso empenho apostólico não é senão um reflexo do zelo de Jesus Cristo pelas almas. Por benevolência divina, os nossos trabalhos e as nossas dores completam os trabalhos e dores que o Senhor sofreu pelo seu Corpo Místico que é a Igreja. Que imenso valor adquirem então o trabalho, a dor, as dificuldades do dia a dia!

Este esforço ascético que, com a ajuda da graça, nos faz identificar-nos cada vez mais com o Senhor, deve levar-nos a ter *os mesmos sentimentos que teve Cristo Jesus*[17]; e à medida que nos identificamos com Ele, vamos crescendo no sentido da filiação divina, somos — para dizê-lo de alguma forma — *mais filhos* de Deus. Na vida humana, não tem sentido sermos "mais filhos ou menos filhos" de um pai da terra: todos o somos por igual; só é possível sermos *bons* ou *maus* filhos. Na vida sobrenatural, à medida que formos mais santos, seremos mais filhos de Deus; ao penetrarmos mais e mais na intimidade divina, chegaremos a ser não só *melhores* filhos, como *mais* filhos. Esta deve ser a grande meta da vida de um cristão: um crescimento contínuo no sentido da sua filiação divina.

A nossa Mãe, Santa Maria, é o modelo perfeito dessa grandeza sublime a que pode chegar a graça divina quando encontra uma correspondência total. A não ser Cristo na sua Santíssima Humanidade, ninguém esteve mais perto de Deus; nem criatura alguma pode chegar a ser filho de Deus na plenitude de sentido em que a Santíssima Virgem foi Filha de Deus Pai.

Peçamos-lhe que infunda nas nossas almas a sede de procurar nos ensinamentos do Espírito Santo o impulso de que precisamos para imitar Jesus: sob o seu influxo, sentiremos a urgência, a necessidade ardente de nos dirigirmos ao Pai a cada momento, mas especialmente na Missa: invocá-lo-emos como *Pai clementíssimo*[18], unindo-nos ao sacrifício do seu Filho; atrever-nos-emos a vê-lo como Pai e a chamá-lo *Abba*, precisamente porque estamos ungidos pelo Espírito do seu Filho, que clama *Abba, Pai*[19]. É o Pai quem nos faz ter fome e sede de Deus e da sua glória, tão patentes no seu Filho Encarnado. E o Pai é glorificado pela nossa crescente semelhança com o seu Filho Unigênito.

(1) Ex 3, 1-6; 9-12; *Primeira leitura* da Missa da quarta-feira da décima quinta semana do Tempo Comum, ano I; (2) Mt 11, 27; (3) Jo 17, 6; (4) cf. Mt 6, 3-4; 17-18; (5) cf. Mt 5, 44-46; (6) cf. Mt 4, 7-8; 25-33; (7) São Josemaria Escrivá, *Forja*, n. 240; (8) 2 Pe 1, 4; (9) 1 Jo 3, 1; (10) São Josemaria Escrivá, *Amigos de Deus*, n. 150; (11) Mt 1, 25-26; (12) Sl 102, 1-4; *Salmo responsorial* da Missa da quarta-feira da décima

quinta semana do Tempo Comum, ano I; (13) Rm 8, 14; (14) São João Crisóstomo, *Comentário à Epístola aos Romanos*, 13; (15) cf. Santo Irineu, *Contra os hereges*, V, pref.; (16) Gl 2, 20; (17) Fl 2, 5; (18) cf. Missal Romano, *Anáfora I*; (19) Gl 4, 6.

130. O JUGO DO SENHOR É SUAVE

— Jesus Cristo liberta-nos das cargas mais pesadas.
— Devemos contar com o peso da dor, das contrariedades e dos obstáculos.
— Espírito esportivo, rijeza e alegria para enfrentar tudo aquilo que contraria ou é menos agradável, o que se opõe aos nossos planos ou produz pesar e dor. Fugir do desalento.

I. *VINDE A MIM todos os que estais fatigados e sobrecarregados* — diz Jesus no Evangelho da Missa[1] —, *e eu vos aliviarei*. O Senhor dirige-se às multidões que o seguem, maltratadas e abatidas como ovelhas sem pastor[2], e liberta-as dos fardos que as afligem. Os fariseus sobrecarregavam-nas de minuciosas práticas insuportáveis[3], e em troca não lhes davam a paz que almejavam nos seus corações.

Os fardos mais pesados dos homens — ensina Santo Agostinho — são os pecados. "Jesus diz aos homens que carregam fardos tão pesados e detestáveis e que suam em vão debaixo deles: *Vinde a mim... e eu vos aliviarei*. Como alivia os sobrecarregados pelos pecados, senão mediante o perdão dos mesmos?"[4] Cada confissão é libertadora, porque os pecados — mesmo os veniais — afogam e oprimem. Saímos desse sacramento restaurados, dispostos a lutar novamente, cheios de paz. "É como se o Senhor dissesse: todos os que andais atormentados, aflitos e carregados sob o fardo dos vossos cuidados e desejos, abandonai-os, vindo a Mim, e Eu vos recrearei, e encontrareis para as vossas almas o descanso que vos foi tirado pelas vossas paixões"[5].

O Senhor, em troca desses fardos do pecado, da soberba, da falta de generosidade..., convida-nos a partilhar do seu próprio jugo. *Tomai sobre vós o meu jugo e aprendei de mim, que sou manso e humilde de coração, e achareis descanso para as vossas almas. Porque o meu jugo é suave e o meu peso leve...* E Santo Agostinho comenta: "Este jugo não é um peso para quem o carrega, mas asas para quem vai voar"[6]. Os compromissos próprios da nossa vocação cristã e aquela parte da Cruz que nos cabe a cada um são um doce peso; e esta amável carga permite-nos remontar até o próprio Deus.

Além disso, junto de Cristo, as dificuldades e os obstáculos adquirem um sentido totalmente diferente. Em vez de serem a "nossa cruz", convertem-se na Cruz de Cristo, com a qual corredimimos, ao mesmo tempo que as nossas faltas se purificam e as nossas virtudes crescem. E, no entanto, levanta-se tantas vezes ao nosso redor a voz de pessoas boas, mas sem uma fé viva, imersas no comodismo, que não entendem o sacrifício. "Esse caminho é muito difícil, disse-te ele. E, ao ouvi-lo, concordaste ufano, lembrando-te de que a Cruz é o sinal certo do caminho verdadeiro... Mas o teu amigo reparou somente na parte áspera da senda, sem ter em conta a promessa de Jesus: «O meu jugo é suave».

"Lembra-lhe isso, porque — quando o souber — talvez se entregue"[7], talvez venha a compreender melhor que ele também foi chamado à santidade.

Devemos proclamar aos quatro ventos que o caminho que segue de perto os passos de Jesus é um caminho cheio de alegria, de otimismo e de paz, ainda que sempre estejamos perto da Cruz. E precisamente dessas tribulações, acolhidas por amor a Deus, tiraremos frutos extraordinários. "Recorda-te — aconselha-nos São Francisco de Sales — de que as abelhas, no tempo em que estão fabricando o mel, comem e sustentam-se de um produto muito amargo; e que de igual maneira nós não podemos fazer atos de maior mansidão e paciência, nem compor o mel das melhores virtudes, senão enquanto comemos o pão da amargura e vivemos no meio das aflições"[8].

II. É DIFÍCIL, talvez impossível, encontrar uma pessoa que não esteja sofrendo alguma dor, doença ou preocupação de um tipo ou de outro. Não deve acontecer com o cristão o que comenta São Gregório Magno: "Há alguns que querem ser humildes, mas sem serem desprezados; querem contentar-se com o que têm, mas sem padecer necessidade; ser castos, mas sem mortificar o corpo; ser pacientes, mas sem que ninguém os ultraje. Quando procuram adquirir virtudes, e ao mesmo tempo fogem dos sacrifícios que as virtudes trazem consigo, assemelham-se aos que, fugindo do campo de batalha, quereriam ganhar a guerra vivendo comodamente na cidade"[9]. Sem dor e sem esforço, não há virtude.

Devemos contar com dificuldades, com preocupações e com penas; numas épocas, manifestar-se-ão de uma forma mais custosa, e em outras, serão mais leves; mas, junto de Cristo, serão sempre suportáveis. Estas contradições — grandes ou pequenas — aceitas e oferecidas a Deus, não oprimem; pelo contrário, preparam a alma para a oração e para ver a Deus nos pequenos acontecimentos da vida. O Senhor não permitirá que nos chegue nenhuma dor, nenhum apuro, que não possamos enfrentar se recorremos a Ele pedindo ajuda. Se alguma vez tropeçamos com uma contrariedade maior, o Senhor nos dará também uma graça maior: "Se Deus te dá a carga, Deus te dará a força"[10].

Enquanto estivermos na terra, devemos contar com as dificuldades como coisa normal. Já São Pedro advertia os primeiros cristãos: *Caríssimos, quando Deus vos provar com o fogo da tribulação, não vos perturbeis como se vos acontecesse alguma coisa de extraordinário*[11]. Não nos surpreendamos; a senda da felicidade e da eficácia passa precisamente pelo caminho da Cruz: todo o ramo que, unido à videira, dá fruto, o Senhor *poda-o para que dê mais fruto*[12].

Mas nunca nos deixa sozinhos; está sempre junto dos seus, especialmente quando mais se faz notar o peso da vida.

III. DO SENHOR só nos chegam bens. Quando Ele permite a dor, a contrariedade, problemas econômicos ou familiares..., é porque deseja para nós um bem ainda mais valioso.

Frequentemente, Deus abençoa os que mais ama com a sua Cruz para que saibam levá-la com garbo humano e sobrenatural. Quando um dia Santa Teresa, já quase no final da vida, se dirigia a uma cidade a fim de iniciar uma nova fundação, encontrou pela frente caminhos impraticáveis e rios que tinham transbordado. Depois de passar a noite, doente e fatigada, numa pousada tão pobre que nem sequer tinha camas[13], decidiu prosseguir viagem, porque o Senhor assim lho pedia. Ele tinha-lhe dito: "Não faças caso destes frios, que Eu sou o verdadeiro calor. O demônio emprega todas as suas forças para impedir essa fundação; emprega-as tu da minha parte para que se faça, e não deixes de ir pessoalmente, que será grande o proveito"[14]. O certo é que, no dia seguinte, a Santa decidiu atravessar o rio Arlanzón numas condições tais que, quando a caravana chegou às margens do rio, não se via senão um imenso lençol de água sobre o qual mal se distinguiam as pranchas flutuantes que formavam a ponte[15]. Os que estavam na margem viram como a carroça onde ela ia oscilava e ficava suspensa à borda da corrente. Teresa pulou, com a água pelos joelhos, mas como estava sem forças, machucou-se. Dirigiu-se então ao Mestre em tom amavelmente queixoso: "Senhor, entre tantas dificuldades, e acontece-me isto!" E Jesus respondeu-lhe: "Teresa, assim trato Eu os meus amigos". E a Santa, cheia de engenho e de amor, respondeu-lhe: "Ah, Senhor, por isso tendes tão poucos!"[16] Depois, todos voltaram a ficar contentes, "porque, em passando o perigo, era recreação falar dele"[17].

O Senhor deseja que enfrentemos as contrariedades com paz, com rijeza, com alegria e confiança nEle, sabendo que nunca "falhou aos seus amigos", especialmente se estes só desejam fazer a Sua vontade. Junto do Sacrário — enquanto dizemos talvez: *Adoro te devote, latens deitas*, adoro-te com devoção, Deus escondido —, verificaremos que, mesmo nos casos aparentemente sem saída, a carga junto de Cristo se torna leve e o seu jugo suave. Ele ajuda-nos a ter paciência e a encarar os obstáculos com espírito esportivo e, sempre que seja possível, com bom humor, como fizeram os santos. Com esta atitude, fazemos um grande bem à nossa alma e à de todos aqueles que vivem perto de nós.

Espírito esportivo e alegria para enfrentarmos tudo o que nos contraria ou nos é menos grato, o que se opõe aos nossos planos ou produz pesar e dor. E também simplicidade e humildade para não inventarmos problemas e dores que na realidade não existem, para deixarmos de lado as desconfianças, para não complicarmos falsamente a vida.

Porque, ainda que os obstáculos sejam reais e se deva contar com eles, corre-se por vezes o risco de exagerá-los, dando-lhes excessiva importância. Pode acontecer de vez em quando que cheguemos a pensar que não fazemos nada de proveito, que tudo vai de mal a pior, que somos ineficazes na ação apostólica, que o ambiente pesa de tal maneira que não adianta ir contra a corrente... É uma visão deformada das coisas, talvez por não contarmos com a verdadeira realidade: somos filhos de Deus, e nunca nos faltará a graça para alcançarmos um bem muito maior.

Junto do Senhor, e com a proteção de Santa Maria, *refugium nostrum et virtus*, nosso refúgio e fortaleza, saberemos matizar e definir aquilo que não vai tão bem, pediremos ajuda ao diretor espiritual, e aquilo que nos parecia tão custoso tornar-se-á fácil de enfrentar. Este espírito otimista, alegre e cheio de fortaleza, é imprescindível para progredirmos no amor de Deus e para levarmos a cabo uma fecunda atividade apostólica. A alma rodeada de dificuldades robustece-se, torna-se generosa e paciente. Nos obstáculos, devemos ver sempre a grande ocasião de nos tornarmos fortes e de amarmos mais.

(1) Mt 11, 28-30; (2) cf. Mt 9, 36; (3) cf. At 15, 10; (4) Santo Agostinho, *Sermão 164*, 4; (5) São João da Cruz, *Subida ao Monte Carmelo*, I, 7, 4; (6) Santo Agostinho, *op. cit.*, 7; (7) São Josemaria Escrivá, *Sulco*, n. 198; (8) São Francisco de Sales, *Introdução à vida devota*, III, 3; (9) São Gregório Magno, *Moralia*, 7, 28, 34; (10) São Josemaria Escrivá, *Forja*, n. 325; (11) 1 Pe 4, 12; (12) cf. Jo 15, 2; (13) Santa Teresa de Jesus, *Fundações*, 27, 12; (14) *ib.*; (15) cf. M. Auclair, *La vida de Santa Teresa de Jesus*, 4ª ed., Palabra, Madri, 1984, pp. 422-423; (16) *ib.*; (17) Santa Teresa de Jesus, *Fundações*, 31, 17.

TEMPO COMUM. DÉCIMA QUINTA SEMANA. SEXTA-FEIRA

131. A PÁSCOA DO SENHOR

— A Páscoa judaica.
— A Última Ceia de Jesus com os seus discípulos. O verdadeiro Cordeiro pascal.
— A Santa Missa, centro da vida interior.

I. A PÁSCOA ERA a festa judaica mais solene; fora instituída por Deus para comemorar a saída do povo judeu do Egito e para evocar anualmente a libertação da escravidão a que tinha estado submetido. O Senhor estabeleceu[1] que todas as famílias imolassem na véspera desta festa um cordeiro de um ano, sem mancha nem defeito algum. Toda a família devia reunir-se para comer essa carne assada ao fogo, com pães ázimos, sem fermento, e com ervas amargas. O pão não fermentado simbolizava a pressa da saída do Egito, sob a perseguição dos exércitos do Faraó; as ervas amargas, a amargura da escravidão padecida ao longo de tantos anos. Teriam de comer depressa, como quem está de passagem, com as roupas cingidas, como quem se prepara para empreender uma longa caminhada.

A festa começava com a ceia pascal, na tarde do dia 14 do mês de Nisán, pouco depois do pôr do sol, e prolongava-se por mais sete dias, em que se continuava a comer pão não fermentado; por esse motivo a semana chamava-se a semana dos *Ázimos*. O fermento era eliminado das casas na própria tarde do dia 14.

Tudo isso era imagem da renovação e da libertação da escravidão do pecado que Cristo operaria nas almas. *Purificai-vos do velho fermento* — dirá São Paulo aos primeiros cristãos de Corinto — *para que sejais uma massa nova, assim como sois ázimos. Porque Cristo, nosso Cordeiro pascal, foi imolado. Celebremos, pois, a festa, não com fermento velho, nem com o fermento da malícia e da perversidade, mas com os ázimos da pureza e da verdade*[2].

Já o cordeiro pascal da festa judaica era promessa e figura do verdadeiro Cordeiro, Jesus Cristo, vítima no sacrifício do Calvário em favor de toda a humanidade[3]. Ele é o verdadeiro Cordeiro que tirou o pecado do mundo, que morrendo destruiu a nossa morte e ressuscitando restaurou a vida[4]. É o Cordeiro que, com o seu sacrifício voluntário, consegue o que se simbolizava nos sacrifícios da antiga Lei: satisfazer pelos pecados dos homens.

O sacrifício de Cristo na Cruz, renovado todas as vezes que se celebra a Santa Missa, permite-nos viver já numa contínua festa. Por isso São Paulo exortava os Coríntios a expurgarem o velho fermento, símbolo do que é velho e do que é impuro, para levarem uma autêntica vida cristã[5]. A Santa Missa, vivida também ao longo do dia, antecipa-nos a glória do Céu. Depois de tantos bens recebidos, "podeis acaso não estar em festa contínua durante os dias da vossa vida terrena? — pergunta São João Crisóstomo. Longe de nós qualquer abatimento pela pobreza, doença ou perseguições que nos afligem. A vida presente é um tempo de festa"[6], uma antecipação do que serão a glória e a felicidade eternas.

II. JESUS MARCOU antecipadamente e com particular relevo a última páscoa que comeria com os seus discípulos[7]: disse que desejara *ardentemente* comê-la com eles[8].

João e Pedro prepararam tudo o que era necessário: os pães ázimos, as verduras amargas, as taças para o vinho e o cordeiro, que devia ser sacrificado no átrio do Templo, nas primeiras horas da tarde. Naquela noite, provavelmente em casa de Maria, mãe de Marcos, teria lugar a instituição da Eucaristia e adiantar-se-ia sacramentalmente o Sacrifício da Nova Aliança que se realizaria no dia seguinte no Calvário. "Celebram-se numa mesma mesa as duas páscoas: a da figura e a da realidade. Assim como os pintores traçam primeiro na mesma tela as linhas do contorno e acrescentam depois as cores, assim fez também Cristo"[9]; utilizando os velhos ritos, estabeleceu a verdadeira Páscoa, a festa por excelência, da qual a anterior era somente uma imagem precursora. As ervas amargas relacionavam-se agora, intimamente, com a amargura da Paixão que se abateria sobre o Senhor no Gólgota.

De uma vez para sempre, com especial simplicidade e gravidade, Jesus substituiu, pois, o antigo rito pelo seu sacrifício redentor. Naquela noite, no Cenáculo, teve lugar o acontecimento de que viveriam os homens de tantas gerações e que constitui o centro da nossa existência. "Ó ditoso lugar — exclama Santo Efrém — no qual o cordeiro da Páscoa sai ao encontro do Cordeiro da verdade...! [...]. Ó ditoso lugar! Nunca foi preparada uma mesa como a tua, nem na casa dos reis, nem no Tabernáculo, nem no *Sancta Sanctorum*"[10].

Com as palavras: *Fazei isto em memória de mim*, o Senhor estabeleceu que esse mistério de amor pudesse repetir-se até o fim dos tempos, concedendo aos apóstolos e aos seus sucessores o poder de realizá-lo[11]. Como devemos estar-lhe agradecidos por participarmos de tantos bens que recebemos na Missa, e de modo particular no momento da Sagrada Comunhão! Temos tão perto de nós o próprio Cristo, que se deu plenamente aos seus discípulos e a todos os homens naquela noite memorável! Agora podemos dizer ao Senhor na intimidade do nosso coração:

"Eu te amo, Senhor Jesus, minha alegria e descanso, com todo o meu coração, com toda a minha mente, com toda a minha alma e com todas as minhas forças; e se vês que não te amo como deveria, ao menos desejo amar-te, e, se não o desejo suficientemente, pelo menos quero desejá-lo desse modo [...]. Ó Corpo sacratíssimo aberto pelas cinco chagas, coloca-te como selo sobre o meu coração e imprime nele a tua caridade! Sela os meus pés, para que saiba seguir os teus passos; sela as minhas mãos, para que realizem sempre boas obras; sela o meu peito, para que arda para sempre em vibrantes atos de amor por Ti. Ó Sangue preciosíssimo, que lavas e purificas todos os homens! Lava a minha alma e põe um sinal no meu rosto, para que não ame a ninguém senão a Ti"[12].

III. NAQUELA ÚLTIMA PÁSCOA, Jesus entregou-se a seu Pai como vítima a ser imolada, como Cordeiro puríssimo. Tanto a Última Ceia como a Santa Missa constituem por isso, juntamente com a oblação oferecida no Calvário, um Sacrifício único e perfeito, porque nos três casos a vítima oferecida é a mesma: Cristo; e o sacerdote é também o mesmo: Cristo[13].

Preparemo-nos para a Santa Missa como se o Senhor nos tivesse convidado pessoalmente para aquela última páscoa que comeu com os seus mais íntimos. Todos os dias devemos ouvir no nosso coração, como dirigidas unicamente a nós, aquelas palavras do Senhor: *Desiderio desideravi hoc Pascha manducare vobiscum...*, "desejei ardentemente comer esta páscoa convosco"[14]. É grande o desejo de Jesus, são muitas as graças que nos prepara.

Conta-se de São João de Ávila que, ao receber a notícia da morte de um sacerdote que acabava de ordenar-se, perguntou imediatamente se tinha celebrado alguma Missa; responderam-lhe que só tinha podido fazê-lo uma vez. E diz-se que o Santo comentou: "De muito terá que prestar contas a Deus". Pensemos hoje, nestes minutos de oração, em como celebramos ou em como participamos do Santo Sacrifício do Altar; como são os desejos, a preparação, o empenho por evitar que outros assuntos ocupem a nossa mente, os atos de fé e de amor nesse tempo, sempre curto, que dura a Santa Missa e a ação de graças depois da Comunhão.

Devemos procurar que a Santa Missa seja a raiz de toda a nossa vida. "Deves lutar por conseguir que o Santo Sacrifício do Altar seja o centro e a raiz da tua vida interior, de modo que todo o teu dia se converta num ato de culto — prolongamento da Missa a que assististe e preparação para a seguinte —, que vai transbordando em jaculatórias, em visitas ao Santíssimo Sacramento, em oferecimento do teu trabalho profissional e da tua vida familiar..."[15]

Se, com a ajuda da graça, nos esforçarmos, a Santa Missa será o *centro* para o qual convergirão todas as nossas práticas de piedade, os deveres familiares e sociais, o trabalho, o apostolado...; converter-se-á também na *fonte* onde recuperaremos diariamente as forças para prosseguir a nossa caminhada; no *cume* para o qual dirigiremos os nossos passos, as nossas obras, os nossos anseios apostólicos, os mais íntimos desejos da alma; será também o *coração* onde aprenderemos a amar os outros, com os seus defeitos, parecidos aos nossos, e com as suas facetas menos agradáveis.

Se cada dia conseguirmos amar um pouco mais a Santa Missa, poderemos dizer ao Senhor depois da ação de graças da Comunhão: "Afasto-me um pouco de Ti, Senhor Jesus, mas não me vou embora sem Ti, que és a consolação, a felicidade e o bem da minha alma [...]. Tudo quanto fizer daqui para a frente, fá-lo-ei em Ti e por Ti, e nada será objeto das minhas palavras e ações internas e externas a não ser Tu, meu Deus e meu amor..."[16]

(1) Ex 12, 1-4; *Primeira leitura* da Missa da sexta-feira da décima quinta semana do Tempo Comum, ano I; (2) 1 Cor 5, 7-8; (3) cf. São Tomás, *Suma teológica*, III, q. 73, a. 6; (4) Missal Romano, *Prefácio pascal I*; (5) cf. Sagrada Bíblia, *Epístolas de São Paulo aos Coríntios*; (6) São João Crisóstomo, *Homilias sobre a Primeira Epístola aos Coríntios*, 5, 7-8; (7) cf. Jo 2, 13-23; 6, 4; 11, 55; 12, 1; (8) cf. Lc 22, 15; (9) São João Crisóstomo, *Sobre a traição de Judas*, 1, 4; (10) Santo Efrém, *Hino*, 3; (11) cf. 1 Cor 11, 24-25; Lc 22, 19; (12) Cardeal J. Bona, *El sacrificio de la Misa*, Rialp, Madri, 1963, pp. 164-165; (13) cf. Ch. Journet, *La Misa*, Rialp, Madri, 1965, p. 89; (14) cf. Lc 22, 15; (15) São Josemaria Escrivá, *Forja*, n. 69; (16) Cardeal J. Bona, *op. cit.*, p. 176.

TEMPO COMUM. DÉCIMA QUINTA SEMANA. SÁBADO

132. NÃO QUEBRARÁ A CANA RACHADA

— A mansidão e a misericórdia de Cristo.
— Jesus nunca dá ninguém por perdido. Ajuda-nos ainda que tenhamos pecado.
— O nosso comportamento para com os outros deve estar cheio de compaixão, de compreensão e de misericórdia.

I. O EVANGELHO DA MISSA mostra-nos Jesus que se afasta da roda dos fariseus, pois estes *reuniram-se em conselho para ver como levá-lo à morte*. Ainda que se tivesse retirado para um lugar mais seguro — talvez a Galileia[1] —, *muitos o seguiram e ele curou-os a todos, e ordenou-lhes que não o descobrissem*[2]. É esta a ocasião em que São Mateus, movido pelo Espírito Santo, se refere ao cumprimento da profecia de Isaías[3] sobre o *Servo de Javé*, na qual se prefigura o Messias, Jesus, com traços bem definidos: *Eis o meu servo, o meu escolhido, em quem a minha alma pôs as suas complacências. Farei repousar sobre ele o meu Espírito e ele anunciará a justiça entre as nações. Não disputará nem vociferará; ninguém o ouvirá gritar nas praças. Não quebrará a cana rachada nem apagará a mecha que fumega.*

O Messias fora profetizado por Isaías, não como um rei conquistador, mas como Aquele que serve e cura. A sua missão caracterizar-se-ia pela mansidão, pela fidelidade e pela misericórdia, conforme descreve o profeta servindo-se de imagens belíssimas. A *cana rachada* e a *mecha fumegante* representam todo o tipo de misérias e sofrimentos a que a humanidade está sujeita. O Messias não acabará de quebrar a cana já rachada; pelo contrário, inclinar-se-á sobre ela, endireitá-la-á com sumo cuidado e devolver-lhe-á a fortaleza e a vida que se esvaem. Do mesmo modo, não apagará a mecha de uma lâmpada que parece extinguir-se, mas empregará todos os meios para que volte a alumiar com uma luz clara e radiante. Esta é a atitude de Jesus em relação aos homens.

Na vida em geral, dizemos às vezes de um doente que a sua doença "não tem remédio", e dá-se por impossível a sua cura. Na vida espiritual, não acontece o mesmo: Jesus é o Médico que nunca dá por irrecuperáveis os que adoeceram da alma. Nem o homem mais endurecido no pecado é jamais abandonado pelo Mestre; também para esse, Jesus Cristo tem um remédio que cura. Em cada homem, Ele sabe ver a capacidade de conversão que existe sempre na alma. A sua paciência e o seu amor nunca dão ninguém por perdido. Podemos nós dar alguém por perdido? E se, por desgraça, nós mesmos nos encontramos alguma vez nessa triste situação, podemos desconfiar de quem disse de Si próprio que veio buscar e salvar o que estava perdido?

Como cana rachada foram Maria Madalena, e o bom ladrão, e a mulher adúltera... O Senhor recuperou Pedro, que estava despedaçado pelas negações da sua mais triste noite, e nem sequer lhe fez prometer que não voltaria a negá-Lo. Limitou-se a perguntar-lhe: *Simão, filho de João, amas-me?* É a pergunta que nos faz a todos, quando não sabemos ser inteiramente fiéis. *Amas-me?* Pensemos hoje como é o nosso amor, como respondemos a essa única pergunta que o Senhor nos faz quando sucumbimos sob o peso das nossas misérias.

II. *NÃO QUEBRARÁ a cana rachada nem apagará a mecha que fumega...*

A misericórdia de Jesus pelos homens não decaiu nem por um instante, apesar das ingratidões, contradições e ódios que encontrou. O amor de Cristo pelos homens é profundo, porque se preocupa acima de tudo pela alma, para conduzi-la com ajudas eficazes à vida eterna; e, ao mesmo tempo, é universal, estende-se a todos. Ele é o Bom Pastor de todas as almas, conhece-as todas e chama-as pelo seu nome[4]. Não deixa nenhuma perdida no monte. Deu a sua vida por cada homem, por cada mulher.

A sua atitude, quando alguém se afasta, é a de lhe dar as ajudas suficientes para que volte, e todos os dias sai ao terraço para ver se o distingue no horizonte. E se alguém o ofendeu mais, empenha-se em atraí-lo ao seu Coração misericordioso. Não quebra a cana rachada, não acaba de parti-la para depois abandoná-la, mas recompõe-na com tanto mais cuidado quanto maior for a sua debilidade.

O que é que diz aos que estão quebrados pelo pecado, aos que já não dão luz porque a chama divina nas suas almas se apagou? *Vinde a mim todos os que estais fatigados e sobrecarregados, e eu vos aliviarei*[5]. "Ele tem piedade da grande miséria a que o pecado os conduziu; leva-os ao arrependimento sem julgá-los com severidade. É o pai do filho pródigo que abraça o filho infelicitado pela sua falta. Perdoa a mulher adúltera prestes a ser lapidada; recebe Madalena arrependida e descobre o mistério de amor que trazia escondido debaixo da sua vida de pecado; fala da vida eterna à Samaritana apesar da sua má conduta; promete o Céu ao bom ladrão. Verdadeiramente, nEle se realizam as palavras de Isaías: *Não quebrará a cana rachada nem apagará a mecha que ainda fumega*"[6].

Nunca ninguém nos amou nem nos amará como Cristo. Ninguém nos compreenderá melhor. Quando os fiéis de Corinto andavam divididos dizendo uns: "Eu sou de Paulo", e outros: "Eu sou de Apolo, eu de Cefas, eu de Cristo", São Paulo escreveu-lhes: *Porventura foi Paulo crucificado por vós?*[7] É o argumento supremo.

Não podemos desesperar nunca. Deus quer que sejamos santos, e põe o seu poder e a sua providência a serviço da sua misericórdia. Por isso, não devemos deixar passar o tempo *olhando para a nossa miséria*, perdendo Deus de vista, deixando que os nossos defeitos nos descoroçoem e sentindo constantemente a tentação de exclamar: "Para que continuar lutando, se pequei tantas vezes, se fui tão desleal com o Senhor?" Não, nós devemos confiar no amor e no poder do nosso Pai-Deus, e no do seu Filho, enviado ao mundo para nos redimir e fortalecer[8].

Que grande bem para a nossa alma se nos sentirmos hoje, diante do Senhor, como uma cana rachada que necessita de muitos cuidados, ou como o pavio de uma débil chama que precisa do azeite do amor divino para brilhar como o Senhor quer! Não percamos nunca a esperança se nos vemos fracos, com defeitos, com misérias. O Senhor não nos abandona; basta que ponhamos em prática os meios convenientes e que não rejeitemos a mão que Ele nos estende.

III. ESTA MANSIDÃO e misericórdia de Jesus pelos fracos apontam-nos o caminho a seguir para levarmos os nossos amigos até Ele, *pois as nações porão a sua esperança no seu nome*[9]. Cristo é a esperança salvadora do mundo.

Não podemos estranhar a ignorância, os erros, a dureza e resistência que tantos homens opõem a Deus. O apreço sincero por todos, a compreensão e a paciência devem ser a nossa atitude para com eles. Pois "quebra a cana rachada aquele que não dá a mão ao pecador nem leva a carga do seu irmão; e apaga a mecha que fumega aquele que despreza, nos que ainda creem um pouco, a pequena centelha da fé"[10].

Os nossos amigos devem encontrar na nossa amizade e nas nossas atitudes um firme apoio para a sua fé. Por isso, devemos aproximar-nos da fraqueza que manifestam: para que se torne fortaleza; devemos vê-los com olhos de misericórdia, como Cristo os vê; com compreensão, com um afeto sincero, aceitando o claro-escuro formado pelas suas misérias e grandezas.

Por um lado, devemos ter presente que "servir os outros, por Cristo, exige que sejamos muito humanos [...]. Temos que compreender a todos, temos que conviver com todos, temos que desculpar a todos, temos que perdoar a todos"[11]. Por outro, "não diremos que o injusto é justo, que a ofensa a Deus não é ofensa a Deus, que o mau é bom. No entanto, perante o mal, não responderemos com outro mal, mas com a doutrina clara e com a ação boa: afogando o mal em abundância de bem (cf. Rm 12, 21). Assim Cristo reinará na nossa alma e nas almas dos que nos rodeiam"[12].

Os frutos desta dupla atitude de compreensão e fortaleza são tão grandes — para a própria pessoa e para os outros — que bem vale a pena o esforço por ver, naqueles com quem convivemos diariamente, as suas almas; por vê-los tão necessitados como os via o Senhor.

Diz um autor dos nossos dias[13] que não é suficiente apreciar os homens brilhantes por serem brilhantes, os bons por serem bons. Devemos apreciar todos os homens por serem homens, todos os homens, o fraco, o ignorante, o que não tem educação, o mais obscuro. E só poderemos chegar a esse ponto se a nossa concepção do que é o homem o fizer objeto de estima. O cristão sabe que todos os homens são imagem de Deus, que têm um espírito imortal e que Cristo morreu por eles.

A consideração frequente desta verdade ajudar-nos-á a não nos afastarmos dos outros, sobretudo quando os seus defeitos, faltas de educação ou mau comportamento se tornarem mais evidentes. Imitando o Senhor, nunca quebraremos uma cana rachada. Como o bom samaritano da parábola, aproximar-nos-emos do ferido e lhes vendaremos as feridas, e lhes aliviaremos a dor com o bálsamo da nossa caridade. E um dia ouviremos dos lábios do Senhor estas doces palavras: o que fizeste a um destes, a Mim o fizeste[14].

Ninguém como Maria conhece o mistério da misericórdia divina. Ela sabe qual foi o seu preço e como foi alto. Neste sentido, chamamo-la também *Mãe de misericórdia... Mãe da divina misericórdia*[15]. A Ela recorremos ao terminarmos a nossa meditação, na certeza de que Maria nos leva sempre a Jesus e nos anima a ser, como o seu Filho, compreensivos e misericordiosos.

(1) Cf. Mc 3, 7; (2) Mt 12, 15-16; (3) Is 42, 1-4; (4) Mt 11, 5; (5) Mt 11, 28; (6) R. Garrigou-Lagrange, *El Salvador*, Rialp, Madri, 1965, p. 322; (7) 1 Cor 1, 13; (8) cf. B. Perquin, *Abba, Padre*, Herder, Barcelona, 1968, p. 89; (9) Mt 12, 21; (10) São Jerônimo, em *Catena aurea*, vol. II, p. 166; (11) São Josemaria Escrivá, *É Cristo que passa*, n. 182; (12) *ib.*; (13) cf. J. Sheed, *Sociedad y sensatez*, Herder, Barcelona, 1963, pp. 37-38; (14) cf. Mt 25, 40; (15) cf. João Paulo II, Enc. *Dives in misericordia*, 30-XI-1980, 9.

TEMPO COMUM. DÉCIMO SEXTO DOMINGO. CICLO A

133. O JOIO DA MÁ DOUTRINA

— Atualidade da parábola do joio.
— Dar boa doutrina, tarefa de todos. Utilizar os meios ao nosso alcance.
— Afogar o mal com a abundância da boa semente. Não deixar de aproveitar nenhuma ocasião.

I. O SENHOR PROPÕE-NOS no Evangelho da Missa a parábola do trigo e do joio[1]. O mundo é o campo em que o Senhor semeia continuamente a semente da sua graça: semente divina que, ao arraigar nas almas, produz frutos de santidade. Com que amor Jesus nos dá a sua graça! Para Ele, cada homem é único, e, para redimi-lo, não vacilou em assumir a nossa natureza humana. Preparou-nos como terra boa e deixou-nos a sua doutrina salvadora. Mas *enquanto os homens dormiam, veio o inimigo, semeou joio no meio do trigo e foi-se*.

O joio é uma planta que nasce geralmente no meio dos cereais e que cresce ao mesmo tempo que eles. É tão parecido com o trigo que se torna muito difícil ao olho experiente do lavrador distingui-lo do trigo antes de se formarem as espigas. Mais tarde, diferencia-se pela sua espiga mais fina e pelo fruto minúsculo; distingue-se sobretudo porque o joio não só é estéril como, além disso, misturado com a farinha boa, contamina o pão e é prejudicial ao homem[2]. Semear joio entre o trigo era um caso de vingança pessoal que se dava não poucas vezes no Oriente. As pragas de joio eram muito temidas pelos camponeses, pois podiam chegar a inutilizar toda a colheita.

Os Santos Padres viram no joio uma imagem da má doutrina, do erro[3], que, sobretudo nos começos, pode confundir-se com a própria verdade, "porque é próprio do demônio misturar o erro com a verdade"[4] e é difícil distingui-los; mas, depois, o erro sempre produz consequências catastróficas no povo de Deus.

A parábola não perdeu atualidade: muitos cristãos dormiram e permitiram que o inimigo semeasse a má semente na mais completa impunidade; surgiram erros sobre quase todas as verdades da fé e da moral. É necessário que vigiemos dia e noite, e não nos deixemos surpreender; que vigiemos para podermos ser fiéis a todas as exigências da vocação cristã, para não deixarmos prosperar o erro, que leva rapidamente à esterilidade e ao afastamento de Deus. É necessário que vigiemos sobretudo o nosso coração, sem falsas desculpas de idade ou de experiência, pois o coração é um traidor, e tem que estar fechado a sete chaves[5].

II. O ERRO E A IGNORÂNCIA produziram muitos estragos. O profeta Oseias, olhando para o seu povo e vendo-o longe da felicidade para a qual estava chamado, escreveu: *O meu povo definha por falta de ciência*[6]. Quantas pessoas não andam metidas na tristeza, no pecado, no desconsolo, na maior das desorientações, por desconhecerem a verdade de Deus! Quantos não se deixam arrastar por modas ou pelas ideias que uns poucos homens situados em lugares de influência impõem, ou são arrastados por falsos raciocínios, com a cumplicidade tão frequente das más paixões!

O inimigo de Deus e das almas sempre lançou mão de todos os meios humanos possíveis. Vemos, por exemplo, que ora se desfiguram umas notícias, ora se silenciam outras; ora se propagam ideias demolidoras sobre o casamento, por meio dos seriados de televisão de grande alcance, ora se ridiculariza o valor da castidade e do celibato; propugna-se o aborto ou a eutanásia, ou semeia-se a desconfiança em relação aos sacramentos e se dá uma visão pagã da vida, como se Cristo não tivesse vindo redimir-nos e lembrar-nos que o Céu nos espera. E tudo isto com uma constância e um empenho incríveis. O *inimigo* não descansa.

Nós, que queremos seguir os passos do Mestre, não vamos ficar calados, como se as coisas fossem irreparáveis e já nada tivesse remédio. Pode-se imprimir um rumo diferente à história, porque não está predestinada para o mal e Deus nos deu a liberdade para que saibamos conduzi-la até Ele.

É uma tarefa de todos: a cada cristão, esteja onde estiver, compete-lhe a missão de tirar os homens da sua ignorância e dos seus erros. Ainda que haja profissões que possam ter uma maior influência na vida pública, todos podemos e devemos semear a boa semente com simpatia, com amabilidade, com oportunidade, na própria família, entre os amigos, entre os colegas de trabalho ou de estudo: esclarecendo os erros com a serenidade e a segurança de quem tem a verdade do seu lado, facilitando aos outros os meios de formação oportunos, como umas palestras de formação religiosa, aconselhando-lhes um bom livro de conteúdo doutrinal sério, animando-os com o exemplo pessoal a comportar-se como bons cristãos.

Muitos sentir-se-ão fortalecidos pela nossa conduta serena e firme, e estimulados por sua vez a enfrentar essa avalanche de má doutrina que parece irreprimível: eles próprios se converterão em focos de luz para muitos que andam na escuridão. E veremos como em tantos casos se cumprirão aquelas palavras dirigidas por Tertuliano ao mundo pagão que rejeitava a doutrina de Jesus Cristo: *Deixam de odiar os que deixam de ignorar*[7].

Devemos tirar o máximo proveito das mil oportunidades que a vida ordinária nos oferece, para semear a boa semente de Cristo: numa viagem, ao ler o jornal, ao falar com os vizinhos, a propósito da educação dos filhos, ao participar nos organismos de classe... Em muitas ocasiões, elas surgirão espontaneamente, como parte da vida; noutras, com a ajuda da graça e com garbo humano, saberemos provocá-las. Assim estaremos a serviço de Cristo; somos a sua voz no mundo. Assim não cairemos no sono, que foi a ocasião que o inimigo aproveitou para semear o joio.

III. A ABUNDÂNCIA DE JOIO só pode ser enfrentada com maior abundância ainda de boa doutrina: vencer o mal com o bem[8], com o exemplo da vida e a coerência da conduta. O Senhor chama-nos para que procuremos a santidade no meio do mundo, no cumprimento dos deveres cotidianos; e esta chamada reclama de nós uma presença ativa nas realidades humanas nobres que de alguma maneira nos dizem respeito. Não basta lamentar-se perante tantos erros e perante meios tão poderosos para difundi-los, sobretudo num momento em que "uma sutil perseguição condena a Igreja a morrer de inanição, expulsando-a da vida pública e, sobretudo, impedindo-a de intervir na educação, na cultura, na vida familiar.

"Não são direitos nossos: são de Deus, e foi Ele que os confiou a nós, os católicos..., para que os exerçamos!"[9]

É hora de sairmos à luz do dia de peito descoberto, com todos os meios, poucos ou muitos, que tenhamos ao nosso alcance, e com a disposição de não deixar de aproveitar uma só ocasião que se nos apresente. Devemos também dizer aos nossos amigos, aos que seguem ou começam a dar os primeiros passos em seguimento do Mestre, que Ele precisa de nós para que tantas pessoas não fiquem sem conhecê-lo e sem amá-lo. Hoje podemos perguntar-nos na nossa oração: o que posso eu fazer — na minha família, no meu trabalho, na escola, no agrupamento social ou esportivo a que pertenço, entre os meus vizinhos... — para que Cristo esteja realmente presente com a sua graça e a sua doutrina nessas pessoas? De que meios posso servir-me com mais proveito para aproximá-los de Deus?

As modas passam, e, quanto àqueles aspectos contrários à doutrina de Jesus Cristo que possam perdurar, nós os mudaremos com empenho, com alegria, com santa persistência humana e sobrenatural. A primeira Leitura da Missa anima-nos a confiar no poder de Deus: *Tu mostras o teu poder àqueles que duvidam de que sejas soberanamente poderoso, e confundes a audácia dos que não te reconhecem*[10]. Nada é inevitável, tudo pode tomar outro rumo, quando há homens e mulheres que amam a Cristo e estão santamente empenhados em fazer com que os costumes estejam mais de acordo com o querer de Deus.

Para isso é necessária a ajuda da graça, que não falta, e é necessário que cada um, cada uma, queira realmente ser instrumento do Senhor no lugar em que está, para mostrar com o seu exemplo e com a sua palavra que a doutrina de Jesus Cristo é a única que pode trazer a felicidade e a alegria ao mundo:

"«Influi tanto o ambiente!», disseste-me. E tive que responder: — Sem dúvida. Por isso é mister que [...] saibais levar convosco, com naturalidade, o vosso próprio ambiente, para dar o «vosso tom» à sociedade em que viveis.

"— E, então, se apreendeste esse espírito, tenho a certeza de que me dirás com o pasmo dos primeiros discípulos ao contemplarem as primícias dos milagres que se operavam por suas mãos em nome de Cristo: «Influímos tanto no ambiente!»"[11]

(1) Mt 13, 24-43; (2) cf. F. Prat, *Jesucristo, su vida, su doctrina, su obra*, 2ª ed., Jus, México, 1948, vol. I, p. 289; (3) cf. São João Crisóstomo, *Homilias sobre o Evangelho de São Mateus*, 47; Santo Agostinho, em *Catena aurea*, vol. II, p. 240; (4) São João Crisóstomo, em *Catena aurea*, vol. II, p. 238; (5) cf. São Josemaria Escrivá, *Caminho*, n. 188; (6) Os 4, 6; (7) Tertuliano, *Ad nationes*, 1, 1; (8) cf. Rm 12, 21; (9) São Josemaria Escrivá, *Sulco*, n. 310; (10) Sb 12, 17; (11) São Josemaria Escrivá, *Caminho*, n. 376.

TEMPO COMUM. DÉCIMO SEXTO DOMINGO. CICLO B

134. NO TEMPO DE DESCANSO

— Santificar a fadiga.
— O descanso do cristão.
— As festas cristãs.

I. NA PRIMEIRA LEITURA[1], diz-nos o profeta Jeremias: *Juntarei o resto das minhas ovelhas [...] e as farei voltar aos seus campos, e elas crescerão e se multiplicarão.* A profecia refere-se à solicitude do Messias para com todos os homens e para com cada um deles. *Ele conduz-me a águas tranquilas e repara as minhas forças*, lemos no Salmo responsorial[2].

O Evangelho[3] mostra a preocupação de Jesus pelos seus discípulos, cansados depois de uma missão apostólica pelas cidades e aldeias vizinhas. *Vinde à parte, a algum lugar solitário, e descansai um pouco*, diz-lhes. E explica o Evangelista que eram tantos os que iam e vinham *que não tinham tempo para comer. Entrando, pois, numa barca, retiraram-se à parte, a um lugar deserto.* "Que coisas não lhes perguntaria e contaria Jesus!"[4]

A nossa vida, que é também serviço a Cristo, à família, à sociedade, está cheia de trabalho e de dedicação aos outros. Por isso não podemos estranhar que nos sintamos cansados ao fim do dia e tenhamos vontade de descansar. Nesses tempos livres, recuperamos as forças para depois voltarmos a servir, e evitamos danos desnecessários à saúde que, entre outras coisas, repercutiriam naqueles que estão ao nosso lado, na qualidade das coisas que oferecemos a Deus: na atenção devida aos filhos, à mulher, ao marido, aos irmãos, aos amigos; na dedicação às nossas tarefas apostólicas; na atenção e formação das pessoas que o Senhor colocou sob os nossos cuidados.

Há ocasiões em que o descanso se torna uma obrigação grave. "A corda não pode suportar uma tensão ininterrupta, e as suas extremidades precisam de afrouxar um pouco, se se quer voltar a retesar o arco sem que se tenha tornado inútil para o arqueiro"[5]. O Senhor quer que, naquilo que depende de nós, nos esforcemos pelos meios ao nosso alcance por estar em boas condições físicas, pois é muito o que Ele espera de todos. "Quanto não nos ama Deus, irmãos — exclama Santo Agostinho —, se chega a dizer que descansa quando nós descansamos"![6]

Mas temos que distrair-nos como bons cristãos, começando antes de mais nada por santificar a própria perda de energias, amando a Deus na fadiga, mesmo que esta se prolongue e, por esta ou aquela circunstância, não nos seja possível interromper a tarefa que nos ocupa. Nessas ocasiões, será especialmente consolador recorrermos ao Senhor, que tantas vezes chegava ao fim do dia extenuado. Ele compreende-nos muito bem.

II. HAVERÁ DIAS, talvez por longas temporadas, em que experimentaremos a dureza de não nos sentirmos bem e de mesmo assim termos que levar adiante os negócios, o lar, o estudo... Essa situação não nos deve desconcertar: é parte da fraqueza humana e muitas vezes sinal de que trabalhamos intensamente. "Chegam dias — confessava Santa Teresa com muita simplicidade — em que uma simples palavra me aflige e em que gostaria de partir deste mundo, porque me parece que tudo me cansa"[7].

Esses momentos também devem ser oferecidos a Deus; o Senhor também está muito próximo nessas circunstâncias, e deseja que tomemos as medidas oportunas em cada caso:

recorrer ao médico, se for necessário, e obedecer às suas indicações; dormir um pouco mais; dar um passeio ou ler um livro entretido... São circunstâncias que o Senhor permite para que aprofundemos no desprendimento da saúde, para que cresçamos em caridade, esforçando-nos por sorrir, ainda que seja custoso ou até muito custoso. O oferecimento a Deus dessas situações pode ser de um valor sobrenatural muito grande, mesmo que o coração pareça seco e sem forças para os atos de piedade.

Vinde... e descansai um pouco, diz-nos o Mestre. No descanso, longe de centrarmos a atenção no nosso eu, também devemos procurar Cristo, porque o Amor não conhece férias. "Em qualquer lugar para onde o homem se dirija, se não se apoia em Deus, sempre achará dor"[8], adverte-nos Santo Agostinho: ao menos a dor de termos deixado o Senhor de lado.

Não devemos empregar os momentos de lazer em não fazer nada. "Descanso significa represar: acumular forças, ideais, planos... Em poucas palavras: mudar de ocupação, para voltar depois — com novos brios — aos afazeres habituais"[9]. Esse tempo deve produzir um enriquecimento interior, consequência de se ter amado a Deus, de se ter cuidado com esmero das normas de piedade, e de se ter vivido também a entrega aos outros, mediante o esquecimento próprio; devem ser momentos do dia, períodos de férias ou fins de semana em que procuramos especialmente tornar a vida mais amável aos que estão ao nosso lado; a alegria e a felicidade que virmos espelhadas nos seus rostos constituirão uma boa parte do nosso descanso.

Atualmente, são muitos os que deixam a sua vida espiritual de lado ao escolherem, imprudentemente, lugares de férias onde o ambiente moral se degradou de tal modo que um bom cristão não pode frequentá-los, se deseja ser coerente. Seria doloroso que uma pessoa que vive habitualmente de olhos postos em Deus aprovasse com a sua presença o triste espetáculo desses ambientes e se expusesse gravemente a ofender o Senhor. Mais grave seria, tratando-se dos pais, se cooperassem para que os seus filhos e as pessoas que dependem deles viessem a sofrer um prejuízo espiritual sério, muitas vezes irreparável: pesar-lhes-iam sobre a consciência os pecados próprios e os dos filhos.

O Senhor poderia dizer a muitos: "Por que continuas a caminhar por estradas difíceis e penosas? O descanso não está onde tu procuras. Fazes bem em procurar o que procuras; mas deves saber que não está onde o procuras. Procuras a vida feliz na região da morte. Não está ali! Como é possível que haja vida feliz onde nem sequer há vida?"[10]

Ainda que em alguns ambientes se tenha esquecido a doutrina moral da cooperação com o mal, nós, que desejamos ser bons cristãos e que muitos outros o sejam, recordá-la-emos, no momento oportuno e com espírito positivo, aos nossos amigos e companheiros. Não esqueçamos que, ainda que o descanso seja um dever, não o é de um modo absoluto, e que o bem da alma, própria ou alheia, está acima do bem corporal.

Num cristão que deseja imprimir unidade à sua vida, Deus não quer um tempo em que repor-se fisicamente signifique para a alma ficar doente, alquebrada ou pelo menos enfraquecida. Além disso, com um pouco de boa vontade, sempre é possível encontrar ou criar lugares e modos em que se venha a descansar tendo a Deus muito perto, no interior da alma em graça, aproveitando o tempo para estreitar laços de amizade e realizar um apostolado fecundo.

III. "OS CRISTÃOS devem cooperar para que as manifestações e atividades culturais coletivas próprias da nossa época se impregnem de espírito humano e cristão"[11].

É tarefa nossa abrir horizontes nobres e gratos a uma sociedade em que muitas pessoas gozam de mais tempo livre devido à tendência das legislações para diminuir a jornada de trabalho, com fins de semana mais longos, mais tempo de férias etc. Devemos ensinar também por toda a parte que as festas têm um sentido essencialmente religioso, e que sem ele ficariam vazias de conteúdo: o Natal, a Semana Santa, os domingos e demais festas do Senhor e da Virgem. Trata-se de um apostolado urgente, pois é cada vez maior o número dos que aproveitam esses dias para evadir-se dos seus deveres cotidianos e, talvez, para afastar-se mais de Deus.

As festas têm uma importância decisiva "para ajudar os cristãos a receber melhor a ação da graça divina e permitir-lhes corresponder a ela mais generosamente"[12]. A Santa Missa é "o coração da festa cristã"[13], e nela temos de oferecer ao Senhor tudo o que compõe o nosso dia. Nada teria sentido se descuidássemos este primeiro dever para com Deus, ou se o relegássemos para uma hora que somente preenchesse um buraco do dia, repleto de outras atividades tidas por mais importantes; isso revelaria ao menos pouco amor de Deus num cristão que deseja ter o Senhor como verdadeiro centro da sua vida. Para Ele deve ser a melhor hora do nosso dia, especialmente se se trata de um domingo ou de outro dia de preceito, ainda que para isso tenhamos que mudar os planos pessoais ou da família. Se formos generosos neste ponto, sentiremos a alegria profunda de quem correspondeu ao amor de seu Pai-Deus.

Por último, não nos esqueçamos de que — como continua o Evangelho da Missa —, quando Jesus se dirigiu numa barca com os seus para um lugar afastado, muitos o viram partir e foram para lá a pé, *e chegaram antes que eles*. Ao desembarcar, Jesus viu uma grande multidão e encheu-se de compaixão, *porque estavam como ovelhas sem pastor, e começou a ensinar-lhes muitas coisas*. Nem Jesus nem os seus discípulos puderam descansar naquele dia. O Senhor ensina-nos aqui com o seu exemplo que as necessidades dos outros estão por cima das nossas. Também nós, em tantas ocasiões do dia, teremos que deixar o descanso para outro momento porque há quem esteja à espera da nossa atenção e dos nossos cuidados. Façamo-lo com a alegria com que o Senhor se ocupou daquela multidão que precisava dEle, deixando de lado os planos que tinha feito. É um bom exemplo de desprendimento que devemos aplicar às nossas vidas.

(1) Jr 23, 1-6; (2) Sl 22, 1-6; (3) Mc 6, 30-34; (4) cf. São Josemaria Escrivá, *Sulco*, n. 470; (5) São Gregório Nazianzeno, *Oração 26*; (6) Santo Agostinho, *Comentário sobre os Salmos*, 131, 12; (7) Santa Teresa, *Caminho de perfeição*, 38, 6; (8) Santo Agostinho, *Confissões*, 4, 10, 15; (9) São Josemaria Escrivá, *op. cit.*, n. 514; (10) Santo Agostinho, *Confissões*, 4, 12, 18; cf. *Comentário sobre os Salmos*, 33, 2; (11) Conc. Vat. II. Const. *Gaudium et spes*, 61; (12) Conferência Episcopal Espanhola, *Las fiestas del calendario cristiano*, 13-XII-1982, I, 5; (13) *ib.*

TEMPO COMUM. DÉCIMO SEXTO DOMINGO. CICLO C

135. O TRABALHO DE MARTA

— O Senhor era bem recebido e atendido em Betânia. Amizade com Jesus.
— Trabalhar sabendo que o Senhor está ao nosso lado. Presença de Deus no trabalho.
— Trabalho e oração.

I. *SENHOR, SE ACHEI GRAÇA diante dos teus olhos, não passes ao largo do teu servo. Mas eu trarei um pouco de água, e lavareis os vossos pés, e descansareis debaixo desta árvore [...], e depois continuareis o vosso caminho; porque para isso viestes ao vosso servo*[1]. São palavras que Abraão dirigiu a Javé quando lhe apareceu com dois anjos, como peregrino, no vale de Mambré, *na hora do maior calor do dia.* Abraão acolheu magnanimamente o Senhor, e o Senhor nunca esqueceu as demonstrações de hospitalidade de Abraão.

O Evangelho da Missa narra a chegada de Jesus com os seus discípulos a casa de uns amigos[2] — Lázaro, por quem o Senhor havia chorado e a quem havia ressuscitado, Marta e Maria[3] — em Betânia. Estava a caminho de Jerusalém e deteve-se nessa aldeia, situada a uns três quilômetros da cidade. Na casa dos três irmãos, que Jesus amava de todo o coração, encontrou Ele a acolhida e o repouso necessários para descansar depois de uma longa jornada; ali sentia-se muito à vontade: tratavam-no bem e sempre o recebiam com alegria e afeto.

Nesse clima de confiança, as duas irmãs movem-se com naturalidade e simplicidade, e manifestam atitudes diversas. *Marta afadigava-se na contínua lida da casa*; devia ser a mais velha (São Lucas diz: *uma mulher por nome Marta recebeu-o em sua casa*), e foi ela quem se ocupou com todo o esmero de atender o Senhor e os que o acompanhavam. O trabalho devia ser abundante; atender um grupo tão numeroso, sobretudo tendo-se apresentado de improviso, não era tarefa fácil. E Marta, que desejava recepcionar dignamente o Senhor, ocupava-se com eficiência em preparar o necessário.

Sabemos que, num determinado momento, perdeu a paz e afligiu-se, sem dúvida por ter-lhe faltado retidão de intenção no princípio. Maria, pelo contrário, estava *sentada aos pés do Senhor, escutando as suas palavras*, alheia aos preparativos do almoço. "Marta, no seu empenho em preparar para o Senhor a refeição, andava ocupada numa multiplicidade de afazeres. Maria, sua irmã, preferiu que fosse o Senhor a dar-lhe de comer. Esqueceu-se de sua irmã e sentou-se aos pés do Senhor, onde, sem fazer nada, escutava as suas palavras"[4].

Nós, com a ajuda da graça, temos que procurar alcançar a harmonia da vida cristã, que se manifesta na unidade de vida — isto é, em unir Marta e Maria —, de forma que o amor de Deus, a santidade pessoal, seja inseparável do impulso apostólico e se manifeste na retidão com que realizamos o nosso trabalho.

II. A IRMÃ MAIS VELHA dirige-se a Jesus com confiança e em certo tom de queixa: *Senhor, não te importa que minha irmã me tenha deixado só com o serviço da casa? Diz-lhe, pois, que me ajude.*

Durante muitos séculos, quis-se apresentar estas duas irmãs como dois modelos de vida contrapostos: em Maria, quis-se representar a contemplação, a vida de união com Deus; em Marta, a vida ativa de trabalho, "mas a vida contemplativa não consiste em estar aos pés de Jesus sem fazer nada: isso seria uma desordem, se não pura e simples poltronice"[5]. Os afazeres de cada um são precisamente o lugar em que encontramos a Deus, "o eixo sobre o qual assenta e gira a nossa chamada à santidade"[6]. Sem um trabalho sério, consciente, prestigioso, seria muito difícil — para não dizer impossível — ter uma vida interior profunda e exercer um apostolado eficaz no meio do mundo.

Durante muito tempo, insistiu-se com demasiada ênfase nas dificuldades que as ocupações terrenas, seculares, podem representar para a vida de oração. No entanto, é aí, no meio desses trabalhos e *através* deles, não *apesar* deles, que Deus convida a maioria dos cristãos a santificar o mundo e a santificar-se nele, com uma vida transbordante de oração que vivifique e dê sentido a essas tarefas[7]. Foi este o ensinamento constante do Fundador do Opus Dei, que ensinou milhares de pessoas a encontrarem a Deus no meio dos seus afazeres diários. Certa vez, dirigindo-se a um grupo numeroso de pessoas, dizia-lhes:

"Devem compreender agora — com uma nova clareza — que Deus os chama a servi-lo *em* e *a partir* das tarefas civis, materiais, seculares da vida humana. Deus espera-nos cada dia no laboratório, na sala de operações de um hospital, no quartel, na cátedra universitária, na fábrica, na oficina, no campo, no seio do lar e em todo o imenso panorama do trabalho. Não esqueçam nunca: há *algo* de santo, de divino, escondido nas situações mais comuns, algo que a cada um de nós compete descobrir [...].

"Não há outro caminho [...]: ou sabemos encontrar o Senhor na nossa vida de todos os dias, ou não o encontraremos nunca. Por isso, posso afirmar que a nossa época precisa devolver à matéria e às instituições aparentemente vulgares o seu sentido nobre e original: pondo-as ao serviço do Reino de Deus, espiritualizando-as, fazendo delas meio e ocasião para o nosso encontro contínuo com Jesus Cristo"[8]. Temos de chegar ao amor de Maria enquanto levamos a cabo o trabalho de Marta.

Jesus respondeu afetuosamente a Marta: *Marta, Marta, tu te afadigas e te inquietas por muitas coisas. Mas uma só é necessária. Maria escolheu a melhor parte, que não lhe será tirada.* Foi como se lhe tivesse dito: Marta, andas ocupada em muitas coisas, mas estás-te esquecendo de Mim; sentes-te vencida pelas muitas tarefas necessárias, mas estás descuidando o essencial: a união com Deus, a santidade pessoal. Essa inquietação e essa azáfama não podem ser boas quando te fazem perder a presença de Deus enquanto trabalhas, embora o trabalho seja em si mesmo bom e necessário.

Jesus não questiona toda a atitude de Marta, como não ajuíza todo o comportamento de Maria. Muda os termos do problema com toda a profundidade e aponta para um aspecto mais essencial: a atitude interna de Marta, que está tão absorvida no seu trabalho e tão preocupada com ele, que quase se esquece do mais importante: a presença de Cristo naquela casa.

Quantas vezes o Senhor poderia dirigir-nos essa mesma censura carinhosa! Planos, trabalhos necessários, que não podem justificar nunca que esqueçamos Jesus nas nossas tarefas, por mais santas que sejam em si, pois, como já se disse, não podemos trocar o "Senhor das coisas" pelas "coisas do Senhor"; não se pode relativizar a importância da oração com a desculpa de que talvez estejamos trabalhando em tarefas apostólicas, de formação, de caridade etc.[9]

III. DEVEMOS ALCANÇAR tal *unidade de vida* que o próprio trabalho nos leve a estar na presença de Deus e, ao mesmo tempo, os momentos expressamente dedicados a falar com o Senhor nos ajudem a trabalhar melhor: "Entre as ocupações temporais e a vida espiritual, entre o trabalho e a oração, não pode existir apenas um «armistício» mais ou menos bem conseguido; tem que dar-se uma plena união, uma fusão sem resíduo. O trabalho alimenta a oração e a oração «embebe» o trabalho. E isto até se chegar ao ponto de o trabalho em si mesmo, enquanto serviço feito ao homem e à sociedade — e, portanto, de acordo com as mais claras exigências do profissionalismo —, se converter em oração agradável a Deus"[10].

Para conseguirmos ter o Senhor presente enquanto trabalhamos, temos que recorrer a expedientes humanos, a "estratagemas" que nos recordem que o nosso trabalho é para Deus e que Ele está perto de nós, contemplando as nossas obras como testemunha excepcional que é da nossa atividade. Trata-se de olhar de vez em quando para o crucifixo que se tem na parede do escritório ou na mesa de trabalho, de dizer uma breve oração ou jaculatória quando se é interrompido pelo telefone, de cumprimentar o Anjo da Guarda da pessoa que nos procura para resolver um assunto etc., etc.

Muitas vezes ajudar-nos-á nesse sentido a consideração de que o Senhor está numa igreja próxima. "Aí, nesse lugar de trabalho, deves conseguir que o teu coração escape para o Senhor, junto ao Sacrário, para lhe dizer, sem fazer coisas estranhas: — Meu Jesus, eu te amo.

"— Não tenhas medo de chamá-lo assim — meu Jesus — e de chamá-lo amiúde"[11].

Todas as ocupações, desempenhadas com retidão de intenção, podem ser ocasião de vivermos cada dia a caridade, a mortificação, o espírito de serviço aos outros, a alegria e o otimismo, a compreensão, a cordialidade, o apostolado de amizade... Numa palavra, o trabalho é o meio com que nos santificamos.

E isto é o que verdadeiramente importa: encontrar Jesus no meio desses afazeres diários, não esquecer em momento algum "o Senhor das coisas"; e menos ainda quando esses afazeres se referem mais diretamente a Ele, pois, do contrário, talvez acabássemos por realizá-los com a atenção posta em nós mesmos, procurando neles somente a nossa realização pessoal, o gosto ou a mera satisfação de um dever cumprido, e deixando de lado a retidão de intenção, esquecendo o Mestre.

Ao terminarmos estes minutos de oração, pedimos à Virgem Maria que nos alcance o espírito de trabalho de Marta e a presença de Deus de Maria, daquela que, sentada aos pés de Jesus, escutava embevecida as suas palavras.

(1) Gn 18, 1-5; *Primeira leitura* da Missa do décimo sexto domingo do Tempo Comum, ciclo C; (2) Lc 10, 38-42; (3) Jo 11, 35; (4) Santo Agostinho, *Sermão 103*, 3; (5) A. del Portillo, *Homilia*, 20-VII-1968, em *Romana*, ano II, n. 3, p. 268; (6) São Josemaria Escrivá, *Amigos de Deus*, n. 62; (7) cf. J. L. Illanes, *A santificação do trabalho*, Quadrante, São Paulo, 1982, pp. 70-72; (8) São Josemaria Escrivá, *Entrevistas com Mons. São Josemaria Escrivá*, 4ª ed., Quadrante, São Paulo, 2016, n. 114; (9) cf. João Paulo II, *Alocução*, 20-VI-1986; (10) A. del Portillo, *Trabajo y oración*, em *Palabra*, maio 1986, p. 30; (11) São Josemaria Escrivá, *Forja*, n. 746.

136. A FÉ E OS MILAGRES

— Necessidade de boas disposições para receber a mensagem de Jesus.
— Querer conhecer a verdade.
— Limpar o coração para poder ver. Deixar-se ajudar nos momentos de escuridão.

I. LEMOS NO EVANGELHO da Missa[1] que se aproximaram de Jesus alguns escribas e fariseus para pedir-lhe um novo milagre que lhes mostrasse definitivamente que Ele era o Messias esperado; queriam que Jesus confirmasse com espetáculo aquilo que pregava com simplicidade. Mas o Senhor responde-lhes anunciando o mistério da sua morte e da sua Ressurreição, e servindo-se para isso da figura de Jonas: *Não se dará a esta geração outro prodígio senão o do profeta Jonas*.

Com essas palavras, Jesus mostra que a sua Ressurreição gloriosa ao terceiro dia (tantos quantos o profeta esteve no ventre do "grande peixe") é a prova decisiva do caráter divino da sua Pessoa, da sua missão e da sua doutrina[2]. Jonas fora enviado à cidade de Nínive, e, pela pregação do profeta, os seus habitantes tinham feito penitência[3]. Jerusalém, no entanto, não quer reconhecer Jesus, de quem Jonas era somente figura e imagem.

O Senhor recorda também que a rainha do meio dia, a rainha de Sabá, visitara Salomão[4] e ficara maravilhada com a sabedoria que Deus havia conferido ao rei de Israel. Jesus também está prefigurado em Salomão, em quem a tradição via o homem sábio por excelência. A censura divina ganha mais força com o exemplo desses pagãos convertidos.

O Senhor conclui dizendo: *Aqui está alguém que é mais do que Jonas..., aqui está alguém que é mais do que Salomão*. Esse *alguém que é mais* é na realidade infinitamente mais, mas Jesus, talvez com uma carinhosa ironia, prefere suavizar essa incomensurável diferença entre Ele e os que o tinham prefigurado, que não passavam de sombra e sinal dAquele que havia de vir[5].

Jesus não fará nesta ocasião mais milagres nem dará outros sinais. Os seus interlocutores não estão dispostos a acreditar, e não o farão por muito que lhes fale e por mais sinais que lhes mostre. Apesar do valor apologético que têm os milagres, se não há boas disposições, até os maiores prodígios podem ser mal interpretados. O que se recebe, *ad modum recipientis recipitur*: as coisas que se recebem tomam a forma do recipiente que as contém, diz o velho adágio. São João diz-nos no seu Evangelho que *alguns, ainda que tivessem visto muitos milagres, não criam nele*[6]. O milagre é apenas um auxílio à razão para que possa crer, mas, se faltam as boas disposições, se a mente se enche de preconceitos, só verá escuridão, mesmo que tenha diante de si a mais clara das luzes.

Nós pedimos a Jesus nestes minutos de oração que nos dê um coração bom para podermos vê-lo no meio dos nossos dias e dos nossos afazeres, e uma mente sem preconceitos para podermos compreender e nunca julgar os nossos irmãos, os homens.

II. PARA OUVIR A VERDADE de Cristo, é necessário escutá-lo, aproximar-se dEle com uma disposição interna límpida, estar aberto com sinceridade de coração à palavra divina.

Não era essa a atitude daqueles fariseus que pediram ao cego de nascença, curado por Jesus, uma nova explicação do milagre: *Que é que te fez ele? Como te abriu os olhos?*

E a resposta do cego deixa a descoberto que o preconceito daqueles homens os impedia de entender a verdade; talvez ouvissem, mas não escutavam. Ele replicou: *Eu já vo-lo disse, e vós já o ouvistes; por que quereis ouvi-lo novamente?*[7]

A mesma coisa acontece com Pilatos. Ouve Jesus dizer-lhe: *Eu nasci e vim ao mundo para dar testemunho da verdade; todo aquele que é da verdade ouve a minha voz.* Então o procurador romano perguntou-lhe: *O que é a verdade?* E como não estava disposto a escutar, *dito isto, tornou a sair para ir ter com os judeus*[8]. Volta as costas ao Senhor, sem lhe dar tempo para uma resposta que no fundo não lhe interessava.

Se tivermos boas disposições, o Senhor, por caminhos muitos diferentes, dar-nos-á abundância e sobreabundância de sinais para continuarmos a ser fiéis ao caminho que empreendemos. Teremos a alegria de poder contemplá-lo em tudo o que nos rodeia: na própria natureza, onde deixou tantos sinais para que o vejamos como Criador; no meio do trabalho; na alegria; na doença...; e, tantas vezes, na intimidade da oração. A história de cada homem está cheia de sinais.

Muitos fariseus não se converteram ao Messias, apesar de o terem tão perto e de serem espectadores de muitos dos seus milagres, porque lhes faltavam boas disposições: o orgulho deixara-os cegos para o essencial. Um dia chegaram a dizer: *Ele expulsa os demônios por meio do príncipe dos demônios*[9]. Muitos homens encontram-se hoje também como que cegos para o sobrenatural por causa da sua soberba, do seu empenho em não retificar juízos carregados de desconfiança, por causa do seu apego às coisas deste mundo e da sua sensualidade.

"Ouvi falar a uns conhecidos sobre os seus aparelhos de rádio. Quase sem perceber, levei o assunto ao terreno espiritual: temos muita tomada de terra, demasiada, e esquecemos a antena da vida interior...

"— Esta é a causa de que sejam tão poucas as almas que mantêm um trato íntimo com Deus: oxalá nunca nos falte a antena do sobrenatural"[10].

III. *AQUI ESTÁ ALGUÉM que é mais do que Jonas, aqui está alguém que é mais do que Salomão*. O próprio Cristo está ao nosso lado! Bate à porta do homem — da sua inteligência e do seu coração — não como um estranho, mas como alguém que nos ama, que deseja comunicar-nos os seus sentimentos e até a sua própria vida, que quer dar solução divina àquilo que nos preocupa ou até nos oprime.

Mas, assim como as ondas de rádio sofrem interferências que impedem uma boa sintonia, também podem apresentar-se obstáculos no campo da fé. Por vezes, as trevas podem afetar pessoas que vêm seguindo o Senhor há muitos anos e que ficam, por culpa própria ou não, desconcertadas ou como que perdidas, deixando de ver a alegria e a beleza da entrega.

Nesses casos, tornam-se necessárias umas perguntas feitas com sinceridade na intimidade da alma: Desejo realmente voltar a ver? Estou disposto a concordar ao menos em que existem razões e acontecimentos que revelam a presença de Deus na minha vida? Deixo-me ajudar? E para isso exponho a minha situação com clareza, sem esconder-me por trás de teorias, sem maquiagens, sem paliativos?

Juntamente com a soberba, que é o principal obstáculo, podem apresentar-se outras dificuldades: o ambiente ávido de comodismo, que tende a rejeitar por princípio tudo o que implica sacrifício e cruz, e que pode armar laços sutis, cheios de razões humanas contrárias ao que Deus pede em determinado momento: um caminho cheio de alegria, mas mais árduo e íngreme que o de um ambiente carregado de hedonismo. Será necessário então um esforço suplementar e mesmo heroico por desprender-se de todo o lastro das paixões, que arrastam para o pó da terra; será necessário purificar o coração dos amores desordenados para cumulá-lo do amor verdadeiro que Cristo oferece, pois dificilmente poderá apreciar a luz quem tem o olhar turvo.

A preguiça é outro obstáculo que pode interpor-se no caminho para Deus. Como todo o amor autêntico, a fé e a vocação implicam uma entrega da pessoa, que o amor nunca considera suficiente. A preguiça costuma traçar uns limites e defender uns direitos mesquinhos que entravam e atrasam a resposta definitiva a essa fé amorosa.

O Senhor pode também ocultar-se à nossa vista para que o procuremos com mais amor, para que cresçamos em humildade e nos deixemos orientar e guiar por quem Ele colocou ao nosso lado para levar a cabo essa missão. Se compreendemos nesses casos que é essa a vontade divina, sempre acabamos, sem exceção alguma, por descobrir o rosto amável de Cristo, mais claramente do que antes, com mais amor.

A palavra "fé" tem na sua raiz um matiz que vem a significar deixar-se conduzir por outra pessoa mais forte do que nós, confiar em que outro nos preste a sua ajuda[11]. Confiamos fundamentalmente em Deus, mas Ele também quer que nos apoiemos nessas pessoas que colocou ao nosso lado para que nos ajudem a ver. Deus dá-nos frequentemente a luz através de outros.

O Senhor passa ao nosso lado com os suficientes pontos de referência para podermos vê-lo e segui-lo. Peçamos à Virgem que nos ajude a purificar o olhar e o coração para que saibamos interpretar corretamente os acontecimentos de cada dia, descobrindo neles a presença de Deus.

Creio, Senhor, mas ajuda-me a crer com mais firmeza; espero, mas faz que espere com mais confiança; amo-te, mas que eu te ame com mais ardor[12].

(1) Mt 12, 38-42; (2) cf. Sagrada Bíblia, *Santos Evangelhos*; (3) Jn 3, 6-9; (4) 1 Rs 10, 1-10; (5) cf. Sagrada Bíblia, *ib.*; (6) Jo 12, 37; (7) Jo 9, 26-27; (8) Jo 18, 38; (9) Mt 9, 34; (10) São Josemaria Escrivá, *Forja*, n. 510; (11) cf. J. Dheilly, *Diccionario bíblico*, Herder, Barcelona, 1970, voz *Fe*, p. 445 e segs.; (12) Missal Romano, *Ação de graças para depois da Missa*, oração do Papa Clemente XI.

TEMPO COMUM. DÉCIMA SEXTA SEMANA. TERÇA-FEIRA

137. A NOVA FAMÍLIA DE JESUS

— A nossa união com Cristo é mais forte do que qualquer vínculo humano. Os laços que resultam do seguimento do Senhor num mesmo caminho são mais fortes que os do sangue.

— Devemos ter o necessário desprendimento e independência para levarmos a bom termo a nossa vocação.

— Maria, Mãe dessa nova família de Jesus que é a Igreja, é também Mãe de cada um de nós.

I. O EVANGELHO DA MISSA[1] mostra-nos Jesus ocupado uma vez mais em pregar. Encontra-se numa casa tão abarrotada de gente que a sua Mãe e outros parentes não podem chegar até Ele e mandam-lhe um recado. *Alguém disse-lhe: a tua mãe e os teus irmãos estão ali fora e procuram-te. Ele, porém, estendeu a mão para os discípulos e disse-lhes: Eis a minha mãe e os meus irmãos. Porque todo aquele que faz a vontade de meu Pai, que está nos céus, esse é meu irmão e irmã e mãe.*

Noutra ocasião, uma mulher do povo, ao escutar as palavras cheias de vida de Jesus, exclamou em louvor de Maria: *Bem-aventurado o ventre que te trouxe e os peitos que te amamentaram.* Mas o Senhor deu a impressão de querer rejeitar o louvor dessa mulher, e respondeu: *Antes bem-aventurados aqueles que ouvem a palavra de Deus e a põem em prática*[2].

O Papa João Paulo II relaciona estas duas cenas com a resposta que Jesus deu a Maria e a José quando o encontraram em Jerusalém, à idade de doze anos, depois de uma busca aflita durante três dias. Naquela ocasião, Jesus disse-lhes, com um amor sem limites e com uma clareza total: *Por que me buscáveis? Não sabíeis que devo ocupar-me nas coisas de meu Pai?*[3] Desde o começo, Jesus dedicou-se *às coisas de seu Pai*. Anunciava o Reino de Deus e, à sua passagem, todas as coisas alcançavam um novo sentido; entre elas, o parentesco. "Nesta nova dimensão, também um vínculo como o da «fraternidade» significa uma coisa diversa da «fraternidade segundo a carne», que provém da origem comum dos mesmos pais. E mesmo a «maternidade» [...] alcança um outro sentido"[4], mais profundo e mais íntimo.

O Senhor ensina-nos repetidamente que, por cima de qualquer vínculo e autoridade humana, mesmo a familiar, está o dever de cumprir a vontade de Deus, as exigências da vocação a que cada qual foi chamado. Diz-nos que segui-lo de perto pela fidelidade à vocação significa compartilhar a sua vida em tal grau de intimidade que daí resulta um vínculo mais forte que o familiar[5]. São Tomás explica-o dizendo que "todo o fiel que cumpre a vontade do Pai, isto é, que lhe obedece, é irmão de Cristo, porque é semelhante Àquele que cumpriu a vontade do Pai. E quem não se limita a obedecer, mas também converte outras pessoas, gera Cristo neles, e assim chega a ser como a Mãe de Cristo"[6].

O vínculo que deriva de se ter o mesmo sangue é muito forte, mas aquele que resulta de se seguir o Senhor por um mesmo caminho é mais forte ainda. Não há nenhuma relação humana, por mais estreita que seja, que se assemelhe à nossa união com Jesus e com aqueles que o seguem.

II. *QUEM É A MINHA MÃE...?* "Será que, com essa pergunta, Cristo se afasta daquela que foi a sua mãe segundo a carne? Quererá deixá-la na sombra desse ocultamento que Ela mesmo escolheu? Se assim pode parecer devido ao sentido literal dessas palavras, devemos observar no entanto que a maternidade nova e diferente de que Jesus fala aos seus discípulos refere-se precisamente a Maria de um modo especialíssimo"[7].

Maria é amada por Jesus de modo absolutamente singular por causa do vínculo de sangue pelo qual Maria é sua Mãe segundo a carne. Mas Jesus ama-a mais e está mais estreitamente ligado a Ela pelos laços da delicada fidelidade que a unem à sua vocação, ao seu perfeito cumprimento da vontade divina. Por isso a Igreja recorda-nos que a Santíssima Virgem "acolheu plenamente as palavras com que o seu Filho — exaltando o Reino por cima das raças e dos vínculos da carne e do sangue — proclamou bem-aventurados os que ouvem e guardam a palavra de Deus, tal como Ela mesmo o fazia fielmente"[8].

A nossa vocação faz-nos amar humana e sobrenaturalmente os pais, os filhos, os irmãos; Deus dilata e afina o nosso coração. Mas, ao mesmo tempo, pede-nos a necessária independência e desprendimento de qualquer laço, para levarmos a cabo o que Ele quer de cada um: que sigamos a chamada única e irrepetível que nos dirigiu, ainda que às vezes, por razões compreensíveis, isso possa causar dor àqueles a quem mais queremos na terra. Não podemos esquecer que Maria e José, que há três dias buscavam o Menino perdido no Templo, não compreenderam a explicação que Jesus lhes deu[9], apesar de Maria ser a *cheia de graça* e José *justo*, plenamente compenetrados com Deus. Puderam entendê-la mais tarde — Maria num grau mais profundo —, à medida que os acontecimentos do seu Filho se iam desenvolvendo. Não nos deve surpreender, portanto, que às vezes os nossos parentes não nos entendam.

Que alegria pertencer com laços tão fortes à nova família de Jesus! Como devemos amar e ajudar os que nos estão fortemente unidos pelos vínculos da fé e da vocação! Então entendemos as palavras da Escritura: *Frater qui adiuvatur a fratre quasi civitas firma*[10], o irmão, ajudado pelo seu irmão, é como uma cidade amuralhada. Nada pode abalar a caridade e a fraternidade bem vividas. "O poder da caridade! — A vossa mútua fraqueza é também apoio que vos mantém erguidos no cumprimento do dever, se viveis a vossa bendita fraternidade: como mutuamente se sustêm, apoiando-se, as cartas do baralho"[11].

III. *TODO AQUELE QUE FAZ a vontade de meu Pai, que está nos céus, esse é meu irmão e irmã e mãe.* Do lugar em que se encontrava, Maria ouviu provavelmente essas palavras, ou talvez alguém lhas tenha repetido a seguir. Ela bem sabia dos laços profundos que a uniam Àquele que queria ver: vínculos resultantes da natureza, e outros, mais profundos ainda, derivados da sua perfeita união com a Santíssima Trindade.

Ela sabia também, de um modo cada vez mais perfeito, que fora chamada desde a eternidade para ser a Mãe dessa nova família que se ia formando em torno de Jesus. Por meio da fé, correspondeu à chamada que Deus lhe dirigia para ser a Mãe do seu Filho, e, "na mesma fé, *descobriu e acolheu a outra dimensão da maternidade*, revelada por Jesus no decorrer da sua missão messiânica. Pode-se afirmar — diz o Papa João Paulo II — que esta dimensão da maternidade era possuída por Maria desde o início, isto é, desde o momento da concepção e do nascimento do Filho. Desde então, Ela foi «aquela que acreditou». Mas, à medida que se ia esclarecendo aos seus olhos e no seu espírito a missão do Filho, Ela própria, como Mãe, *ia-se abrindo* cada vez mais *àquela «novidade» da maternidade* que devia constituir o seu «papel» junto do Filho"[12].

Mais tarde, no Calvário, descerrou-se por completo o véu do mistério da sua maternidade espiritual sobre aqueles que ao longo dos séculos haviam de crer em Jesus: *Eis aí o teu filho*[13], disse-lhe Jesus apontando para João. E nele estávamos representados todos os homens. Essa maternidade estende-se de modo particular a todos os batizados e aos que estão a caminho da fé, porque Maria é Mãe da Igreja inteira[14], da grande família do Senhor que se prolonga através dos tempos.

Existe uma particular correspondência entre o momento da Encarnação do Filho de Deus e o nascimento da Igreja no dia de Pentecostes, e "a pessoa que une esses dois momentos é Maria: *Maria em Nazaré e Maria no Cenáculo de Jerusalém*. Em ambos os casos, a sua presença discreta, mas essencial, indica o caminho do «nascimento do Espírito». Assim, Aquela que esteve presente no mistério de Cristo como Mãe, tornou-se — por vontade do Filho e por obra do Espírito Santo — presente no mistério da Igreja"[15].

A presença de Maria na Igreja é uma presença materna, e assim como numa família a relação de maternidade e de filiação é única e irrepetível, assim a nossa relação com a Mãe do Céu é única e diferente para cada cristão. E da mesma forma que João a *acolheu em sua casa*, cada cristão deve entrar "no raio de ação daquela «caridade materna»"[16].

Maria ama-nos a cada um de nós como se fôssemos o seu único filho, e desvela-se pela nossa santidade e pela nossa salvação como se não tivesse outros filhos na terra. Devemos chamá-la Mãe muitas vezes! E agora, ao terminarmos este tempo de oração, dizemos-lhe na intimidade da nossa alma: Minha Mãe, não me abandones! Ajuda-me a estar sempre junto do teu Filho e a viver muito unido àqueles a quem estou ligado pelos laços da fraternidade sobrenatural, teus filhos também.

(1) Mt 12, 46-50; (2) Lc 11, 27-28; (3) Lc 2, 49; (4) João Paulo II, Enc. *Redemptoris Mater*, 25-III-1987, 20; (5) cf. Sagrada Bíblia, *Santos Evangelhos*, nota a Mc 4, 31-35; (6) São Tomás, *Comentário sobre o Evangelho de São Mateus*, 12, 49-50; (7) João Paulo II, *op. cit.*; (8) Conc. Vat. II, Const. *Lumen gentium*, 58; (9) Lc 2, 50; (10) Prov 18, 19; (11) São Josemaria Escrivá, *Caminho*, n. 462; (12) João Paulo II, *op. cit.*; (13) Jo 19, 26; (14) cf. C. Pozo, *Maria en la obra de la salvación*, BAC, Madri, 1974, pp. 61-62; (15) João Paulo II, *op. cit.*, 24; (16) *ib.*

TEMPO COMUM. DÉCIMA SEXTA SEMANA. QUARTA-FEIRA

138. AS VIRTUDES HUMANAS

— As virtudes humanas compõem o fundamento das sobrenaturais.
— Em Jesus Cristo, todas as virtudes humanas alcançam a sua plenitude.
— Necessidade das virtudes humanas no apostolado.

I. O EVANGELHO DA MISSA[1] mostra-nos como a semente da graça cai em terrenos muito diversos: entre espinhos, no caminho endurecido pela passagem dos transeuntes, no meio de um terreno pedregoso..., em terra boa.

Deus quer que sejamos essa terra bem preparada que acolhe a semente e dá a seu tempo uma boa colheita. E as virtudes naturais constituem no homem o terreno bem preparado que permitirá às virtudes sobrenaturais arraigarem e crescerem com a ajuda da graça. São muitos os que, talvez por ignorância, vivem afastados de Deus, mas cultivam essas disposições nobres e honradas, e por isso estão bem preparados para receber a graça da fé, porque o comportamento humano reto constitui como que o ponto de apoio do edifício sobrenatural.

A vida da graça no cristão não se justapõe à realidade humana, mas penetra-a, enriquece-a e aperfeiçoa-a. "Deste modo explica-se que a Igreja exija dos seus santos o exercício heroico não somente das virtudes teologais, mas também das morais e humanas; e que as pessoas verdadeiramente unidas a Deus pelo exercício das virtudes teologais se aperfeiçoem também do ponto de vista humano e se esmerem nas virtudes da convivência; serão leais, afáveis, corteses, generosas, sinceras, precisamente por terem todos os afetos da alma centrados em Deus"[2].

A ordem sobrenatural não prescinde da ordem natural, e muito menos a destrói, antes pelo contrário "levanta-a e aperfeiçoa-a, e cada uma das ordens presta à outra o seu auxílio, como um complemento proporcionado à sua própria natureza e dignidade, já que ambas procedem de Deus, e Deus não pode deixar de estar de acordo consigo mesmo"[3].

Ainda que a graça possa transformar por si mesma as pessoas, o normal é que requeira as virtudes humanas, pois como poderia arraigar, por exemplo, a virtude cardeal da fortaleza num cristão que não vencesse os pequenos hábitos de comodismo ou de preguiça, que estivesse excessivamente preocupado com o calor ou o frio, que se deixasse dominar habitualmente pelos estados de ânimo? Como poderia viver habitualmente o otimismo cristão, consequência da vida de fé, quem fosse pessimista e mal-humorado no seu relacionamento familiar ou social?

"Nada se deve mutilar da essência ou das qualidades boas da natureza humana. Despersonalizar-se naquilo que o homem tem de bom — que é muito — é o que de mais ruinoso pode fazer um cristão. Desenvolve a tua natureza, a tua atividade humana; desenvolve-a até ao infinito. Tudo o que empequenece, contrai e estreita, tudo o que nos detém pelo medo, não é cristianismo. É preciso empregar outra palavra que não seja despersonalização para designar a total purificação do pecado e das más inclinações que o homem tem de levar a cabo dentro de si, com a ajuda de Deus"[4]. O Senhor quer que tenhamos uma personalidade definida, cada um a sua, que seja resultado do apreço que temos por tudo o que Ele nos deu e do empenho em cultivar esses dons humanos.

A terra bem preparada — as virtudes naturais — permite que a semente divina lance raízes, cresça e se desenvolva com facilidade, sob o impulso da graça e da correspondência pessoal. Por sua vez, o terreno melhora quando a planta cresce. A vida cristã aperfeiçoa as condições humanas, pois dá-lhes uma finalidade mais alta; o homem é tanto mais humano quanto mais cristão.

II. O SENHOR QUER que pratiquemos todas as virtudes naturais: o otimismo, a generosidade, a ordem, a rijeza, a alegria, a cordialidade, a sinceridade, a veracidade... Em primeiro lugar, porque devemos imitá-lo, e Ele é perfeito Deus e Homem perfeito. Nele, todas as virtudes próprias da pessoa chegam à plenitude porque, sendo Deus, manifestou-se profundamente humano.

Jesus "vestia-se conforme o costume da época, tomava os alimentos correntes, comportava-se segundo os costumes do lugar, raça e época a que pertencia. Impunha as mãos, ordenava, aborrecia-se, sorria, chorava, discutia, cansava-se, sentia sono e fadiga, fome e sede, angústia e alegria. E a união, a fusão entre o divino e o humano era tão total, tão perfeita, que todas as suas ações eram ao mesmo tempo divinas e humanas. Era Deus e gostava de chamar-se Filho do Homem"[5].

O próprio Cristo exigiu de todos a perfeição humana contida na lei natural[6], formou os seus discípulos não só nas virtudes sobrenaturais, mas também no comportamento social, na sinceridade, na veracidade, na nobreza[7], instou a que fossem homens de juízo ponderado[8]... Doeu-se pessoalmente com a ingratidão de uns leprosos que tinha curado[9], e com a falta dessas manifestações de cortesia e de urbanidade[10] que são próprias das pessoas educadas. Deu tanta importância às virtudes humanas que chegou a dizer aos seus discípulos: *Se não entendeis das coisas terrenas, como entendereis das celestiais?*[11]

Se procurarmos humanamente ser cada vez mais simples, leais, trabalhadores, compreensivos, equilibrados..., estaremos imitando Cristo, e estaremos preparando-nos para ser a boa terra em que as virtudes sobrenaturais lançam com facilidade as suas raízes. Para isso devemos contemplar muitas vezes a figura do Mestre, as suas palavras, gestos e critérios, e ver nele a plenitude de tudo o que é nobre e reto. Em Jesus temos o ideal humano e divino a que nos devemos parecer.

III. O CRISTÃO que está no meio do mundo é como uma cidade situada no alto de um monte, como a luz sobre o candeeiro. E o seu lado humano é a primeira coisa que os outros veem; o exemplo das pessoas íntegras, leais, honradas, valentes... é o que arrasta. Por isso, as virtudes próprias da pessoa — todas as condições naturais boas — convertem-se em instrumento da graça para aproximar os outros de Deus: o prestígio profissional, a amizade, a simplicidade, a cordialidade..., podem preparar convenientemente as almas para ouvirem com atenção a mensagem de Cristo. As virtudes humanas são, pois, necessárias à prática de um apostolado eficaz. Se os nossos amigos não as veem, dificilmente chegarão a entender as virtudes sobrenaturais. Se um cristão não é veraz nos assuntos correntes, como é que os seus amigos podem confiar nele quando lhes fala de Deus? Como podemos dar a conhecer o verdadeiro rosto de Cristo se falhamos no que é elementar, nas virtudes do caráter e do respeito à palavra dada, na pontualidade, na magnanimidade, na equanimidade, na paciência?

Devemos dar a conhecer que Cristo vive por meio da nossa alegria habitual, da serenidade nas circunstâncias mais difíceis e penosas, do trabalho bem acabado, da sobriedade e da temperança, da pureza no olhar, nas conversas e no trato com pessoas de outro sexo... Uma vocação cristã vivida integralmente deve dar forma a todos os aspectos da existência.

Todos aqueles que de alguma maneira se relacionam conosco devem notar — a maioria das vezes, pelo nosso comportamento — a alegria da graça que palpita no nosso coração. "Temos que conduzir-nos de tal maneira que, ao ver-nos, os outros possam dizer: este é cristão porque não odeia, porque sabe compreender, porque não é fanático, porque está acima dos instintos, porque é sacrificado, porque manifesta sentimentos de paz, porque ama"[12], porque é generoso com o seu tempo, porque não se queixa, porque sabe prescindir do supérfluo e do ostentoso...

O mundo que nos rodeia necessita do testemunho de homens e mulheres que, trazendo Cristo nos seus corações, sejam exemplares. Talvez nunca se tenha falado tanto dos direitos humanos e das conquistas humanas; poucas vezes a humanidade foi tão consciente das suas próprias forças. Mas talvez nunca se tenham deixado tão claramente de lado os valores próprios da pessoa, que são aqueles que possuímos enquanto imagem de Deus.

O mundo espera dos cristãos este ensinamento fundamental: que todos fomos chamados a ser filhos de Deus. E para alcançarmos essa meta, temos de viver em primeiro lugar como homens e mulheres íntegros, desenvolvendo todos os valores naturais que o Senhor nos deu. Assim, com simplicidade, mostraremos ao mundo que, para imitar o Senhor, é necessário que sejamos muito humanos; e que, sendo plenamente humanos, estamos a caminho — porque a graça nunca falta — de ser plenamente filhos de Deus.

(1) Mt 13, 1-9; (2) A. del Portillo, *Escritos sobre el sacerdocio*, Palabra, Madri, 1970, p. 30; (3) Pio XI, Enc. *Divini illius Magistri*, 31-XII-1929; (4) J. Urteaga, *O valor divino do humano*, 2ª ed., Quadrante, São Paulo, 2016, pp. 44-45; (5) F. Suárez, *El sacerdote y su ministério*, p. 131; (6) Mt 5, 21; (7) Mt 5, 37; (8) Jo 9, 1-3; (9) Lc 17, 17-18; (10) Lc 7, 44-46; (11) Jo 3, 12; (12) São Josemaria Escrivá, *É Cristo que passa*, n. 122.

139. CISTERNAS GRETADAS. O PECADO

— O pecado é o maior erro que o homem pode cometer e o único mal verdadeiro.
— Os efeitos do pecado.
— A luta contra os pecados veniais. Amor à Confissão.

I. O POVO JUDEU, depois da sua experiência no deserto, conhecia bem a importância da água. Encontrar água no meio do deserto era como achar um tesouro, e os poços eram mais bem guardados do que as joias, pois deles dependia a vida. A Sagrada Escritura fala de Deus como a *fonte de águas vivas*; o justo é como *uma árvore plantada à beira da água viva*[1], que produz fruto mesmo em tempo de seca[2].

No colóquio com a mulher samaritana, Jesus manifestou que Ele era a fonte capaz de saciar as almas com *água viva*[3]. Na festa dos *Tabernáculos* ou das *Tendas*, em que os judeus recordavam a sua passagem pelo deserto, Jesus apresenta-se como o único que pode saciar a sede das almas. *No último dia* — escreve São João —, *o dia mais solene da festa, estava Jesus em pé, e dizia em voz alta: Se alguém tem sede, venha a mim, e beba. O que crê em mim, como diz a Escritura, do seu seio correrão rios de água viva*[4]. Só Cristo pode acalmar a sede de eternidade que o próprio Deus pôs nos nossos corações, só Ele pode tornar fecunda a nossa vida.

Neste contexto, ressoam-nos hoje com especial vibração as palavras do profeta Jeremias em que fala do abandono do seu povo e, num sentido mais amplo, dos pecados dos homens, dos nossos pecados: *Pasmai, céus; e vós, portas celestes, ficai inconsoláveis... porque o meu povo cometeu dois males: abandonou-me a mim, que sou fonte de água viva, e cavou para si cisternas, cisternas gretadas que não podem reter as águas*[5].

Todo o pecado é uma separação de Deus. Abandona-se por nada a água viva que salta para a vida eterna; é uma tentativa frustrada de acalmar a sede com outras coisas, e é a morte. É o maior equívoco que o homem pode cometer, é o autêntico mal, pois arrebata a graça santificante, a vida de Deus na alma, que é o dom mais precioso que recebemos.

O pecado é sempre "desperdício dos nossos valores mais preciosos. Esta é a verdadeira realidade, mesmo quando parece que precisamente o pecado nos permite obter êxitos. O afastamento do Pai traz consigo uma grande destruição em quem o leva a cabo, em quem viola a vontade divina e dissipa a herança recebida: a dignidade da própria pessoa, a herança da graça"[6].

O pecado transforma a alma num verdadeiro terreno pedregoso onde é impossível que a graça cresça e as virtudes se desenvolvam; converte-a em terra seca, endurecida, cheia de espinhos, como nos mostrava o Evangelho que lemos ontem e que voltaremos a considerar amanhã. O pecado — o abandono da *fonte de águas vivas* para construir *cisternas gretadas* — significa a ruína do homem.

II. FORA DE DEUS, o homem só encontrará infelicidade e morte; o pecado é uma vã tentativa de conservar água numa cisterna fendida. "Ajuda-me a repetir ao ouvido daquele, e do outro..., e de todos: um homem com fé que for pecador, ainda que consiga todas as bem-aventuranças da terra, é necessariamente infeliz e desgraçado.

"É verdade que o motivo que nos há de levar a odiar o pecado — mesmo o venial — e que deve mover a todos, é sobrenatural: que Deus o detesta com toda a sua infinitude, com ódio sumo, eterno e necessário, como mal oposto ao infinito bem... Mas a primeira consideração que te apontei acima pode conduzir-nos a esta última"[7]: a solidão que o pecado deixa na alma deve também levar-nos a lutar contra ele. Não sem razão se disse que, com muita frequência, "o caminho do inferno já é um inferno".

O pecado endurece a alma para as coisas de Deus. No Evangelho da Missa[8], Jesus diz, citando o profeta Isaías: *Ouvireis com os vossos ouvidos e não entendereis; olhareis com os vossos olhos e não vereis. Porque o coração deste povo tornou-se insensível, e os seus ouvidos tornaram-se duros, e fecharam os olhos para não suceder que vejam com os olhos, ouçam com os ouvidos e entendam com o coração...* Basta lançar um olhar ao nosso redor para ver com pena como estas palavras do Senhor são também uma realidade em muitos que perderam o sentido do pecado e estão como que embrutecidos em face das realidades sobrenaturais.

O pecado mortal afasta o homem radicalmente de Deus, porque priva a alma da graça santificante; faz perder todos os méritos adquiridos pelas boas obras já realizadas e impede de receber outros novos; submete de certo modo a pessoa à escravidão do demônio; diminui a inclinação natural para a virtude, de tal maneira que cada vez se torna mais difícil realizar atos bons. Por vezes, afeta também o corpo: causa faltas de paz, mau-humor, desânimo, pouca vontade para o trabalho; provoca uma desordem nas potências e sentimentos; ocasiona um mal para toda a Igreja e para todos os homens e separa-os deles, ainda que externamente não se note: assim como todo o justo que se esforça por amar a Deus eleva o mundo e cada homem, todo o pecado "arrasta consigo a Igreja e, de certa maneira, o mundo inteiro. Por outras palavras, não há nenhum pecado, mesmo o mais íntimo e secreto, o mais estritamente individual, que diga respeito exclusivamente àquele que o comete. Todo o pecado repercute com maior ou menor veemência, com maior ou menor dano, em toda a estrutura eclesial e em toda a família humana"[9].

Todo o pecado está íntima e misteriosamente relacionado com a Paixão de Cristo. Os nossos pecados estiveram presentes e foram a causa de tanta dor; e agora, no que depende de nós, crucificam novamente o Filho de Deus[10]. "Como Ele nos ama! Quanto sacrifício, quantas penas não passou para nos salvar, desde o presépio até à Cruz! O que nos dizem os mistérios dolorosos do Rosário, as estações da *Via Sacra*, a Cruz, os pregos e a lança, as feridas? O Senhor sofreu tudo isso por nós, por cada um de nós, unicamente para nos abrir *o acesso ao Pai* (Ef 2, 18), para nos obter o perdão dos pecados e o direito de possuirmos a vida eterna. Nós, em recompensa, pecamos e desprezamos todos os seus sacrifícios. E a dor mais aguda da agonia em Getsêmani foi esta: Jesus previu com clarividência divina a ingratidão com que lhe iríamos corresponder"[11].

Com a ajuda da misericórdia divina, porque ninguém está confirmado na graça, o cristão que segue de perto o Senhor não cai habitualmente em faltas graves. Mas o conhecimento da nossa debilidade deve levar-nos a evitar com cuidado as ocasiões de pecar, mesmo as mais remotas; a praticar a mortificação dos sentidos; a não confiar na experiência própria, nos anos de entrega a Deus e de uma formação esmerada... E temos de pedir ao Senhor que saibamos detestar toda a falta deliberada, que nos dê finura de consciência para não perdermos o sentido do pecado, essa tremenda realidade que parece alheia a uma boa parte da sociedade a que pertencemos, porque deu as costas a Deus.

Dizemos a Jesus com palavras de João Paulo II: "Ajuda-nos, Senhor, a vencer a nossa indiferença e o nosso torpor! Dá-nos o sentido do pecado. Cria em nós um coração puro e renova na nossa consciência um espírito firme"[12].

III. PARA ARMARMOS uma luta decidida contra o pecado, é necessário que reconheçamos sem desculpas os nossos erros diários, chamando-os pelo seu nome, sem procurar justificações que bloqueariam a contrição e a luta por evitá-los: omissões nos nossos deveres profissionais, na fraternidade, no trato com Deus; juízos negativos sobre os outros; ambições menos nobres ou desordenadas: de ser o centro das atenções, de mandar, de ter mais do que se precisa; movimentos de inveja e mau-humor que se vertem sobre os outros; pouca solicitude na vida familiar...

Tudo isso são verdadeiros pecados, embora veniais, porque a vontade resiste a secundar o querer de Deus, antepondo-lhe o capricho pessoal ou o juízo próprio, ainda que não se chegue a uma ruptura com o Senhor. O empenho por estar cada dia mais perto de Jesus Cristo não se compagina com a fraqueza de admitir coisas que nos separam dEle. Cada falta venial deliberada é um passo atrás no caminho para Deus; é entravar a ação do Espírito Santo na alma.

A água viva que o Senhor nos promete — *Se alguém tem sede, venha a mim e beba...* — não pode ser armazenada em vasilhames quebrados pelo pecado mortal ou rachados pelos pecados veniais. A Confissão restaura a alma, purifica-a e enche-a de graça. Recorramos a este sacramento com contrição verdadeira. Que possamos dizer com o salmista: *Os meus olhos derramaram rios de lágrimas porque não observaram a tua lei*[13].

Pedimos à nossa Mãe Santa Maria, *Refúgio dos pecadores*, que nos conceda a graça de detestar todo o pecado venial e um grande amor ao sacramento da Misericórdia divina. Examinemos, ao terminarmos este tempo de oração, com que frequência recorremos a esse sacramento, com que amor nos aproximamos dele, que empenho pomos em praticar os conselhos recebidos.

(1) Sl 1, 3; (2) Jr 17, 5-8; (3) Jo 4, 10-15; (4) Jo 7, 37-38; (5) Jr 2, 12-13; *Primeira leitura* da Missa quinta-feira da décima sexta semana do TC, ano II; (6) João Paulo II, *Homilia*, 16-III-1980; (7) São Josemaria Escrivá, *Forja*, n. 1024; (8) Mt 13, 10-17; (9) João Paulo II, Exort. apost. *Reconciliatio et paenitentia*, 2-XII-1984, 16; (10) cf. Hb 6, 6; (11) B. Baur, *En la intimidad con Dios*, p. 68; (12) João Paulo II, *Homilia na inauguração do Ano Santo*, 25-III-1983; (13) Sl 118, 136.

TEMPO COMUM. DÉCIMA SEXTA SEMANA. SEXTA-FEIRA

140. A VIRTUDE DA TEMPERANÇA

— Dignidade do corpo e de todas as coisas criadas. Necessidade desta virtude.
— A temperança humaniza o homem e possibilita a sua plenitude. Desprendimento dos bens. Dar exemplo.
— Algumas manifestações de temperança.

I. A IGREJA sempre reconheceu a dignidade do corpo humano e de todas as coisas criadas. No relato da Criação, o autor sagrado mostra como Deus se regozijou com o que tinha feito[1]; depois de ter criado o homem, diz o Gênesis, *Deus viu que era muito bom tudo o que tinha feito*[2], e constituiu-o como cabeça de toda a criação. E com a vinda da Segunda Pessoa da Santíssima Trindade, que assumiu a natureza humana e realizou a redenção do homem e do universo material, tudo o que é humano adquiriu uma particular dignidade.

Não é doutrina cristã a oposição radical entre a alma e o corpo, pois todo o homem, em corpo e alma, está chamado a alcançar a vida eterna. Ninguém como a Igreja ensinou a dignidade e o respeito que se deve ao corpo: *Não sabeis que os vossos membros são templo do Espírito Santo que habita em vós, e que o recebestes de Deus e que portanto não vos pertenceis a vós mesmos? Porque fostes comprados por um grande preço. Glorificai, pois, e trazei a Deus no vosso corpo*[3].

No entanto, por causa da desordem que o pecado introduziu no mundo, o homem tem de esforçar-se e lutar para não se ver prisioneiro e escravo dos bens que Deus criou para ele com o fim de que também através deles pudesse alcançar o Céu. Especialmente nos nossos dias, parece que muitos procuram estabelecer como fim aquilo que Deus estabeleceu como meio, e põem de parte as leis divinas, sem perceber que caem nas garras de um tirano cada vez mais exigente. Desse modo, desfiguram a imagem de Deus que existe em todo o homem e, com ela, a própria dignidade humana. A temperança, pelo contrário, "faz com que o corpo e os nossos sentidos encontrem o lugar exato que lhes corresponde no nosso ser humano"[4], o lugar que Deus lhes determinou.

Os que não estão habituados a negar-se em nada, os que abrem as portas a tudo o que os sentidos lhes pedem, os que procuram em primeiro lugar agradar ao corpo e só se empenham em andar à busca das maiores comodidades, dificilmente poderão ser donos de si mesmos e chegar a Deus. Estão como que embotados para as coisas divinas, e também para muitos valores humanos, que não entendem e para os quais se encontram incapacitados. São mau terreno para que a semente da graça divina lance raízes neles. O próprio Senhor nos diz no Evangelho da Missa que *aquele que recebeu a semente entre espinhos é o que ouve a palavra, mas os cuidados deste século e a sedução das riquezas sufocam a palavra, e ela fica infrutuosa*[5].

Num clima em que o importante é o corpo, a saúde, o aspecto físico, é impossível que a vida cristã ganhe raízes e dê fruto. Os bens convertem-se assim em males, em *duros espinhos* que sufocam o que há de mais nobre no homem e a própria vida eterna, que se inicia já aqui na alma em graça: "Com o corpo pesado e enfartado de mantimentos, muito mal preparado está o ânimo para voar em direção ao alto"[6].

Temos que estar atentos para não nos deixarmos levar por essa ânsia desmedida de bem-estar que está presente em muitos setores do mundo atual, nos quais se pensa que o ápice da vida e do triunfo consiste em ter mais e em ostentar aquilo que se possui. O nosso verdadeiro êxito está em sermos fiéis àquilo que Deus quer de nós e em alcançarmos a vida eterna. Nós sabemos que o nosso coração só pode saciar-se em Deus, pois está feito para a eternidade, e que as coisas terrenas sempre o deixarão insatisfeito, frustrado e triste.

II. A NOSSA MÃE A IGREJA recorda-nos continuamente a necessidade da temperança, que impede que a semente lançada no coração fique sufocada. Temos que estar vigilantes, pois se examinarmos "a orientação que a nossa cultura moderna vai tomando, verificaremos que conduz a um certo hedonismo, à vida fácil, a um certo empenho por eliminar a cruz do nosso horizonte"[7]. E essa tendência ameaça muitos.

A temperança humaniza o homem, porque, se este se abandona à satisfação dos seus instintos, acaba por parecer-se com um trem descarrilado: perde o eixo, sai dos trilhos e fica impossibilitado de prosseguir viagem. Nessas circunstâncias, o que é mais nobre no homem — a inteligência e a vontade — fica submetido ao que o é menos: ao instinto e às paixões.

Viver a virtude da temperança não é repressão, mas moderação, harmonia. É um hábito que se adquire por meio de muitos pequenos atos que disciplinam os prazeres, mesmo os lícitos, e orientam os bens sensíveis para o fim último do homem. Quem vive essa virtude "sabe prescindir do que faz mal à sua alma e apercebe-se de que o sacrifício é apenas aparente, porque, ao viver assim — com sacrifício —, livra-se de muitas escravidões e no íntimo do seu coração consegue saborear todo o amor de Deus. A vida recupera então os matizes que a intemperança esbate. Ficamos em condições de nos preocuparmos com os outros, de compartilhar com todos as coisas pessoais, de nos dedicarmos a tarefas grandes"[8].

Viver bem esta virtude implica andar desprendido dos bens e dar-lhes a importância que têm e não mais; não criar necessidades; não fazer gastos inúteis; ser moderado na comida, na bebida, no descanso; prescindir de caprichos...

O Senhor pede-nos que demos exemplo de temperança no meio do mundo, sem nos deixarmos levar pela falsa naturalidade de querer ser como os outros. Transigir neste ponto seria dificultar ou até impedir a possibilidade de seguir Cristo como um dos seus íntimos. Com a nossa vida, temos de mostrar a muitos que "o homem vale mais pelo que é do que pelo que tem"[9], e temos de fazê-lo com o exemplo de uma vida sóbria e temperada. De modo especial, os pais devem ensinar e ajudar os filhos a crescer "numa justa liberdade diante dos bens materiais, adotando um estilo de vida simples e austero"[10].

III. A VIRTUDE DA TEMPERANÇA tem que impregnar toda a vida do cristão: desde as comodidades do lar até os instrumentos de trabalho e as maneiras de divertir-se. Para descansar, por exemplo, não é necessário — geralmente — fazer grandes gastos nem longas viagens. Dá exemplo de temperança aquele que sabe usar moderadamente da televisão e, em geral, dos instrumentos de conforto que a técnica oferece, sem estar excessivamente pendente do seu próprio bem-estar. Muitos parecem viver exclusivamente para passar a vida rodeados do maior bem-estar possível.

Nos nossos dias, também se pode dizer de certas pessoas que o *seu Deus é o ventre*[11], pela preocupação que põem nos assuntos da comida e da bebida. Pessoa sóbria é aquela que modera o uso dos alimentos: evita comer fora de horas e por capricho; não procura pratos mais requintados neste ou naquele restaurante, entrando em gastos desproporcionados; não consome quantidades excessivas... "Habitualmente, comes mais do que precisas. — E essa fartura, que muitas vezes te produz lassidão e incomodidade física, torna-te incapaz de saborear os bens sobrenaturais e entorpece o teu entendimento. — Que boa virtude, mesmo para a terra, é a temperança!"[12]

Ainda que muitas destas manifestações de gula não sejam pecado grave, no entanto são ofensas a Deus, que debilitam a vontade e acabam por ser uma recusa dessa vida austera, alegre e desprendida que o Senhor pede. São os *espinhos* que afogam a boa semente; levam a uma vida de tibieza e de desinteresse e apatia pelos bens espirituais e especialmente pelos divinos.

A Igreja dá à sobriedade um valor e sentido mais alto quando nos convida a encarar os alimentos como um dom de Deus e aconselha a bênção à mesa e a ação de graças depois das refeições. São Tomás sublinha que, embora a sobriedade e a temperança sejam necessárias a todos, são-no de maneira particular aos jovens, pela sua inclinação para a sensualidade; às mulheres; aos anciãos, que devem dar exemplo; aos ministros da Igreja; e aos governantes, para que possam exercer os seus cargos com sabedoria[13].

A temperança refere-se também à moderação da curiosidade, do falar sem medida, das piadas nas conversas... "Penso — afirmava o Papa João Paulo II — que esta virtude exige também de cada um de nós uma humildade específica em relação aos dons que Deus colocou na natureza humana. Eu diria a «humildade do corpo» e a «do coração»"[14], que tão bem se compaginam com a rejeição da ostentação e da vaidade néscia.

A temperança é uma grande defesa contra a agressividade de um ambiente polarizado nos bens materiais. Além disso, prepara para receber, como *terra boa*, as moções do Espírito Santo e é um meio indispensável para levarmos a cabo um apostolado eficaz no meio do mundo.

(1) Cf. Gn 1, 25; (2) Gn 1, 31; (3) 1 Cor 6, 19-20; (4) João Paulo II, *Sobre a temperança*, 22-XI-1988; (5) Mt 13, 22; (6) São Pedro de Alcântara, *Tratado da oração e da meditação*, II, 3; (7) Paulo VI, *Alocução*, 8-IV-1966; (8) São Josemaria Escrivá, *Amigos de Deus*, n. 84; (9) Conc. Vat. II, Const. *Gaudium et spes*, n. 35; (10) João Paulo II, Exort. apost. *Familiaris consortio*, 22-XI-1981, n. 37; (11) Fl 3, 19; (12) São Josemaria Escrivá, *Caminho*, n. 682; (13) São Tomás, *Suma teológica*, II-II, q. 149, a. 4; João Paulo II, *Sobre a temperança*, 22-XI-1988.

TEMPO COMUM. DÉCIMA SEXTA SEMANA. SÁBADO

141. A NOVA ALIANÇA

— A Aliança do Sinai e a Nova Aliança de Cristo na Cruz.
— A renovação da Aliança: a Santa Missa.
— Amar o Sacrifício do altar.

I. LEMOS NO LIVRO do Êxodo[1] que, quando Moisés desceu do monte Sinai, deu a conhecer ao povo os mandamentos que tinha recebido de Deus. Os israelitas obrigaram-se a cumpri-los e Moisés os pôs por escrito. Na manhã seguinte, edificaram um altar na parte mais baixa da montanha e levantaram doze pedras, em memória das doze tribos de Israel. Imolaram umas vítimas com cujo sangue ratificaram a Aliança que Javé fazia com o seu povo. Mediante esse pacto, os israelitas comprometiam-se a cumprir os preceitos divinos recebidos por Moisés, e Javé, com amor paternal, velaria pelo seu povo, eleito entre todos os povos da terra. O rito realizou-se por meio do sangue, símbolo da fonte da vida. Aspergiu-se o altar, que representava a Deus, e depois de Moisés ter lido em voz alta e solenemente o "livro da Aliança", aspergiu o povo. A aspersão com o sangue expressava essa união especial de Javé com o seu povo[2].

Este acontecimento foi tão importante que seria recordado e renovado em muitas ocasiões[3]. O povo viria a romper o pacto inúmeras vezes, mas Deus não se cansaria de perdoar; e não somente perdoaria como anunciaria constantemente pelos profetas a nova Aliança pela qual manifestaria a sua infinita misericórdia[4].

Pelo Sangue de Cristo, derramado na Cruz, selou-se o pacto definitivo, que unia intimamente a Deus o seu novo povo, a humanidade inteira, chamada a fazer parte da Igreja. O sacrifício do Calvário foi um sacrifício de valor infinito, que estabeleceu umas relações completamente novas e irrevogáveis dos homens com Deus.

"Desejas descobrir [...] o valor deste sangue?, pergunta São João Crisóstomo. Olha de onde brotou e qual é a sua fonte. Começou a brotar da própria Cruz, e a sua fonte foi o lado aberto do Senhor. Porque, depois que Jesus morreu, diz o Evangelho, um dos soldados aproximou-se com a lança e trespassou-lhe o lado, e imediatamente jorrou água e sangue: água como símbolo do Batismo; sangue como figura da Eucaristia. O soldado trespassou-lhe o lado, abriu uma brecha no muro do templo santo, e eu encontro ali o tesouro escondido e alegro-me com a riqueza encontrada"[5].

Encontramos essa riqueza diariamente na Santa Missa, em que o Céu parece unir-se à terra perante o assombro dos próprios anjos, e em que nos unimos com Cristo mediante uma intimidade real e verdadeira; o antigo povo eleito jamais pôde imaginar algo semelhante. "Dulcíssimo Jesus Cristo — dizemos ao Senhor com uma antiga oração para a ação de graças da Missa —, nós te suplicamos que a tua Paixão seja a virtude que me fortaleça, proteja e defenda; as tuas chagas sejam para mim manjar e bebida com as quais me alimente, embriague e deleite; a aspersão do teu sangue purifique-me de todos os meus delitos; a tua morte seja para mim vida permanente; a tua Cruz seja a minha eterna glória..."[6]

II. *VIRÃO DIAS, diz o Senhor, em que eu farei uma nova aliança com a casa de Israel e com a casa de Judá; não como a aliança que fiz com os seus pais no dia em que os tomei pela mão, para os tirar da terra do Egito...*[7]

Na Última Ceia, o Senhor antecipou o que mais tarde levaria a cabo ao morrer. Nessa ação, mostrou aos seus discípulos o que queria fazer e fez na Cruz: entregar o seu Corpo e o seu Sangue por todos. A Última Ceia é a antecipação do sacrifício da Cruz[8]. *Este cálice é a Nova Aliança no meu sangue; fazei isto em memória de mim todas as vezes que o beberdes*[9]. São palavras do Senhor que São Paulo nos transmite na primeira Epístola aos Coríntios, escrita vinte e sete anos depois daquela noite memorável, e que a Igreja guardou como um tesouro.

A palavra *memória, comemoração*, reproduz o sentido da palavra hebraica que se utilizava para designar a essência da Páscoa judaica, como recordação ou memorial da saída do Egito e da Aliança feita por Deus no Sinai[10]. Com esses ritos, os israelitas não se limitavam a recordar um acontecimento passado, mas tinham consciência de que o atualizavam e reviviam, para dele participarem ao longo de todas as gerações. Quando o Senhor mandou aos apóstolos: *Fazei isto em memória de mim*, não lhes disse simplesmente que recordassem aquele momento único da Ceia memorável, mas também que renovassem o seu sacrifício do Calvário, já presente nessa celebração.

Agora, diariamente, em todo o mundo, essa Aliança renova-se sempre que se celebra a Santa Missa. Em cada altar *re-presenta-se*, quer dizer, *torna-se a fazer presente*, de modo misterioso mas real, o mesmo sacrifício de Cristo no Calvário: realiza-se no presente, *aqui e agora*, a obra da nossa Redenção que Cristo realizou *naquele lugar e então*, como se desaparecessem os vinte séculos que nos separam do Calvário. Este caráter de Nova Aliança do Sacrifício Eucarístico manifesta-se especialmente durante a Consagração[11], e nesses instantes temos de expressar, de modo mais consciente, a nossa fé e o nosso amor.

Um autor antigo dava ao sacerdote celebrante um conjunto de recomendações que, devidamente adaptadas, podem ajudar-nos a viver mais intensamente de fé e de amor nesse momento tão grande. Uma vez pronunciadas as palavras que tornam presente Cristo sobre o altar, "deves penetrar com os olhos da fé no que se esconde sob as espécies sacramentais; ao dobrares o joelho, olha com os olhos da fé o exército dos anjos que te rodeia e, com eles, adora Cristo, com uma reverência tão profunda que humilhes o teu coração até ao abismo. Na elevação, contempla Cristo suspenso da Cruz, e pede-lhe que atraia a Si todas as coisas. Faz atos intensíssimos das outras virtudes, ora uns, ora outros, de fé, esperança, adoração, humildade..., dizendo com a mente: «*Jesus, Filho de Deus, tem piedade de mim! Meu Senhor e meu Deus!* Eu te amo, meu Deus, e te adoro com todo o meu coração e com todos os meus sentimentos». Também podes renovar a intenção pela qual celebras e oferecer o que já foi consagrado de acordo com os quatro fins da Missa. Mas, de modo especial, quando levantas o cálice, lembra-te com dor e lágrimas de que o sangue de Cristo foi derramado por ti e de que, com frequência, tu o desprezaste; adora-o como compensação pelos desprezos passados"[12].

III. *QUÃO AMÁVEL é a tua morada, Senhor dos exércitos! A minha alma desfalece e suspira pelos átrios do Senhor*[13]. Com que amor e reverência temos de aproximar-nos da Santa Missa! Ali está o manancial de graças sempre novas a que devem acudir todas as gerações que se vão sucedendo no tempo, a fim de encontrarem a fortaleza de que precisam para percorrerem o longo caminho que leva à eternidade[14]. Ali encontram não só a graça, mas o próprio Autor de toda a graça[15].

Quando nos preparamos para celebrar ou participar do Santo Sacrifício do altar, temos de fazê-lo de um modo tão intenso e tão ativo que nos unamos estreitamente a Jesus Cristo, Sumo Sacerdote, conforme nos indica São Paulo: *Tende nos vossos corações os mesmos sentimentos de Jesus Cristo*[16]; temos de oferecer o Santo Sacrifício juntamente com Ele e por Ele, e com Ele oferecer-nos também nós mesmos[17].

Para chegarmos a essa íntima união com Jesus Cristo na Santa Missa, ser-nos-á de grande ajuda esmerar-nos em participar externamente da Liturgia, mediante uma atitude *consciente, piedosa e ativa.* Prestaremos delicada atenção aos diálogos e às aclamações, faremos atos de fé e de amor nos breves silêncios previstos, procuraremos estar especialmente vigilantes, com a vigilância do amor, no momento da Consagração e ao recebermos Jesus na nossa alma... Não esqueçamos que "não ama a Cristo quem não ama a Santa Missa, quem não se esforça por vivê-la com serenidade e sossego, com devoção e carinho. O amor converte os enamorados em pessoas de sensibilidade fina e delicada; leva-os a descobrir, para que se esmerem em vivê-los, pormenores às vezes insignificantes, mas que trazem a marca de um coração apaixonado. É assim que devemos assistir à Santa Missa. Por isso sempre desconfiei das pessoas empenhadas em ouvir uma Missa curta e atropelada: pareciam-me demonstrar com essa atitude, aliás pouco elegante, não terem percebido ainda o que significa o Sacrifício do altar"[18].

A ação de graças depois da Missa completará esses momentos tão importantes do dia, que terão uma influência decisiva no trabalho, na vida familiar, na alegria com que tratamos os outros, na serenidade e confiança com que vivemos todo o nosso dia. A Missa, assim vivida, nunca será um ato isolado, mas alimento das nossas ações; dar-lhes-á umas características peculiares, as que definem um filho de Deus que vive como tal no meio do mundo, corredimindo com Cristo.

Procuremos encontrar Nossa Senhora na Santa Missa, pois Ela acompanhou o seu Filho nos sofrimentos do Calvário e ofereceu-se com Ele ao Pai. Torna a fazê-lo, ainda que sem dor, em cada Missa, e ao invocarmos a sua ajuda nesses momentos, podemos estar certos de encontrar a melhor forma de participar do Sacrifício de Cristo. Ofereçamos Jesus, e ofereçamo-nos nós mesmos com Ele, por meio de Santa Maria, que de um modo muito especial se encontra presente no Santo Sacrifício. "Pai Santo! Pelo Coração Imaculado de Maria, eu vos ofereço Jesus, vosso Filho muito amado, e me ofereço eu mesmo por Ele, com Ele e nEle, por todas as intenções e em nome de todas as criaturas"[19].

(1) Ex 24, 3-8; *Primeira leitura* da Missa do sábado da décima sexta semana do Tempo Comum, ano I; (2) cf. B. Orchard e outros, *Verbum Dei*, vol. I; (3) cf. 2 Sm 7, 13-16, 28, 69; Js 24, 19-28; (4) cf. Jr 31, 31-34; Ez 16, 60; Is 42, 6; (5) São João Crisóstomo, *Catequeses batismais*, III, 19; (6) *Preces selectae*, Adamas Verlag, Colônia, 1987, p. 20; (7) Jr 31, 31; (8) cf. M. Schmaus, *Teologia dogmática*, vol. VI, p. 244; (9) 1 Cor 11, 25; (10) cf. Sagrada Bíblia, *Epístola de São Paulo aos Corintios*, EUNSA, Pamplona, 1984, nota a 1 Cor 11, 24; (11) cf. B. Orchard e outros, *op. cit.*; (12) Cardeal J. Bona, *El sacrificio de la Misa*, pp. 144-146; (13) Sl 83, 2-3; *Salmo responsorial* da Missa do sábado da décima sexta semana do Tempo Comum, ano II; (14) cf. R. Garrigou--Lagrange, *Las tres edades de la vida interior*, vol. I, p. 131; (15) cf. Paulo VI, Instr. *Eucaristicum mysterium*, 25-III-1967, 4; (16) cf. Fl 2, 5; (17) cf. Pio XII, Enc. *Mediator Dei*, 20-XI-1947; (18) São Josemaria Escrivá, *É Cristo que passa*, n. 92; (19) P. M. Sulamitis, *Oferenda do amor misericordioso*, Salamanca, 1931.

TEMPO COMUM. DÉCIMO SÉTIMO DOMINGO. CICLO A

142. A REDE DE ARRASTÃO

— A rede é imagem da Igreja, em que há justos e pecadores.

— Os filhos manchados pelo pecado pertencem à Igreja, mas não as suas faltas. Não podemos deixar que julguem a nossa Mãe por aquilo que não é: pelos erros dos que não foram fiéis à sua vocação cristã.

— Frutos de santidade.

I. O EVANGELHO DA MISSA[1] apresenta-nos diversas parábolas sobre o Reino dos Céus, entre elas a da rede de arrastão que é lançada ao mar e recolhe todo o tipo de peixes, uns bons e outros maus; no fim, reúnem-se os bons num cesto e lançam-se fora os maus. Esta rede lançada ao mar é imagem da Igreja, em cujo seio há justos e pecadores: até o fim dos tempos, haverá nela santos, como haverá os que abandonaram a casa paterna, dilapidando a herança recebida no Batismo; e uns e outros pertencem a ela, ainda que de modo diverso.

"Enquanto Cristo, *santo, inocente, imaculado* (Hb 7, 26), não conheceu o pecado (cf. 2 Cor 5, 21), mas veio unicamente para expiar os pecados do povo (cf. Hb 2, 17), a Igreja reúne no seu próprio seio os pecadores e, sendo ao mesmo tempo santa e sempre necessitada de purificação, avança sem cessar pelos caminhos da penitência e da renovação"[2].

Os pecadores, apesar dos seus pecados, continuam a pertencer à Igreja em virtude dos valores espirituais que ainda subsistem neles: pelo caráter indelével do Batismo e da Confirmação, pela fé e esperança teologais..., e pela caridade que lhes chega dos outros cristãos que lutam por ser santos. Estão ligados aos que se empenham diariamente em amar mais a Deus, da mesma maneira que um membro doente ou paralítico recebe o influxo de todo o corpo.

A Igreja "continua a viver nos seus filhos que já não possuem a graça. Luta neles contra o mal que os corrói; esforça-se por retê-los no seu seio, por vivificá-los continuamente ao ritmo do seu amor. Conserva-os como se conserva um tesouro enquanto não se é obrigado a abrir mão dele. Não é que queira carregar um peso morto. Simplesmente espera que, à força de paciência, de mansidão, de perdão, o pecador que não se tenha separado totalmente dela volte ao seu seio para viver em plenitude; que o ramo adormecido, pela pouca seiva que nele restava, não seja cortado nem lançado ao fogo eterno, mas tenha tempo para voltar a florescer"[3].

A Igreja não se esquece um só dia de que é Mãe. Pede continuamente pelos seus filhos enfermos, espera-os com uma paciência infinita, empenha-se em ajudá-los com uma caridade sem limites. Devemos fazer chegar até o Senhor as nossas orações, e oferecer o nosso trabalho, dor e fadigas por aqueles que, pertencendo à Igreja, não participam da imensa riqueza da graça, essa torrente de vida que flui sem cessar, principalmente através dos sacramentos. De modo muito particular, devemos pedir todos os dias por aqueles com quem estamos unidos pelos vínculos mais íntimos, a fim de que, se estão doentes, recuperem plenamente a saúde espiritual.

II. AINDA QUE no povo de Deus existam membros afastados da graça santificante e sejam até causa de escândalo para muitos, a Igreja em si está, no entanto, livre de todo o pecado. Pode-se dizer dela, de modo analógico, o que se diz de Cristo: é do alto, não da terra; é de origem divina. Cristo tomou-a "por esposa. Por ela se entregou com o fim de santificá-la (cf. Ef 5, 25-26). Uniu-a a si como seu corpo e enriqueceu-a com o dom do Espírito Santo, para a glória de Deus [...]. Esta santidade da Igreja manifesta-se incessantemente e deve manifestar-se nos frutos da graça que o Espírito Santo produz nos fiéis; exprime-se multiformemente em cada um daqueles que tendem segundo as suas condições de vida à perfeição da caridade, edificando assim os outros"[4].

A Igreja sabe que não é uma invenção deste mundo, nem um poder cultural religioso, nem uma instituição política, nem uma escola científica, mas uma criação do Pai celestial por meio de Jesus Cristo. "Cristo depositou nela o Enviado do Pai, a sua palavra e a sua obra, a sua vida e a sua salvação, e nela os deixou para todas as gerações futuras"[5].

Os pecadores pertencem à Igreja, apesar dos seus pecados; ainda podem voltar à casa paterna, nem que seja no último instante da sua vida. Pelo Batismo, trazem dentro de si uma esperança de reconciliação, que nem os pecados mais graves podem arrancar. O pecado que a Igreja encontra no seu seio não é parte dela; pelo contrário, é o inimigo contra quem terá de lutar até o fim dos tempos, especialmente por meio do sacramento da Confissão. Pertencem a ela os seus filhos manchados pelos pecados, mas não as faltas que tenham cometido. Seria muito triste que nós, seus filhos, deixássemos que se julgasse a Igreja precisamente por aquilo que ela não é.

Como recorda João Paulo II, a Igreja "é Mãe, na qual renascemos para uma vida nova em Deus; uma mãe deve ser amada. Ela é santa no seu Fundador, nos seus meios e na sua doutrina, mas formada por homens pecadores; temos que contribuir para melhorá-la, e ajudá-la a uma fidelidade sempre renovada, que não se consegue com críticas corrosivas"[6].

Quando se fala dos defeitos da Igreja, antigos ou atuais, ou se diz que a Igreja deve purificar-se das suas faltas, esquece-se que essas faltas e erros foram e são cometidos precisamente por pessoas dotadas de responsabilidade pessoal, que não viveram ou não vivem a sua vocação cristã e não levaram ou não levam a cabo a doutrina que Cristo deixou à sua Igreja; esquece-se que Cristo *adquiriu a Igreja para si, por meio do seu sangue*[7], que a purificou desde o começo para que compareça à sua presença *totalmente resplandecente, sem mancha nem ruga ou coisa semelhante, mas santa e imaculada*[8]; que *é a casa de Deus, coluna e sustentáculo da verdade*[9].

"Se amamos a Igreja, nunca surgirá em nós esse interesse mórbido em ventilar, como culpa da Mãe, as misérias de alguns dos filhos. A Igreja, Esposa de Cristo, não tem por que entoar nenhum *mea culpa*. Nós sim [...]. Este é o verdadeiro *mea-culpismo*, o pessoal, e não o que ataca a Igreja, apontando e exagerando os defeitos humanos que, nesta Mãe Santa, resultam da ação dos homens até onde isso é possível aos homens, mas que não chegarão nunca a destruir — nem a tocar sequer — aquilo a que chamamos a santidade original e constitutiva da Igreja"[10].

III. A IGREJA É SANTA e fonte de santidade no mundo. Oferece-nos continuamente os meios de que necessitamos para encontrar a Deus. "Esta piedosa Mãe brilha sem mancha alguma nos sacramentos, com os quais sempre gera pureza; nas santíssimas leis com que manda a todos, e nos conselhos do Evangelho com que nos admoesta; e finalmente nos dons celestiais e carismas com que, inesgotável na sua fecundidade, dá à luz incontáveis exércitos de mártires, virgens e confessores"[11].

A Igreja é fonte de santidade e causa da existência de tantos santos ao longo dos séculos. Primeiro foram os mártires, que deram as suas vidas em testemunho da fé que professavam. Depois, a história da humanidade conheceu o exemplo de muitos homens e mulheres que ofereceram a sua vida, por amor a Deus, para ajudar os seus irmãos em todas as misérias e necessidades. Não há indigência humana que não tenha despertado na Igreja homens e mulheres conscientes de terem sido chamados para resolvê-la, e que chegaram ao heroísmo.

E são muitos, também hoje, os pais e mães de família que dedicam silenciosa e heroicamente a sua vida a levar para diante a família em cumprimento da vocação que receberam de Deus; bem como homens e mulheres que se entregaram inteiramente no meio do mundo ao Senhor, abraçando a virgindade ou o celibato; sendo cidadãos correntes, esses homens e mulheres dão uma especial glória e alegria a Deus, santificando-se nas suas respectivas profissões e exercendo um apostolado eficaz entre os seus companheiros. A Igreja é santa porque todos os seus membros estão chamados à santidade, "quer pertençam à Hierarquia, quer sejam por ela apascentados"[12].

Mas, em último termo, a Igreja é santa em virtude da santidade do seu Fundador e da constante ação do Espírito Santo. A sua santidade é, pois, uma característica permanente e não está condicionada pelo número de cristãos que vivem a sua fé até às últimas consequências. Por isso, mesmo nos momentos mais graves, "se as claudicações ultrapassassem numericamente os atos de coragem, ainda assim permaneceria essa realidade mística — clara, inegável, embora não a percebamos com os sentidos — que é o Corpo de Cristo, o próprio Nosso Senhor, a ação do Espírito Santo, a presença amorosa do Pai"[13].

Peçamos ao Senhor que nós, membros do povo de Deus, do seu Corpo Místico, cresçamos em *santidade pessoal* e sejamos assim bons filhos da Igreja. "São precisos — diz João Paulo II — arautos do Evangelho, peritos em humanidade, que conheçam a fundo o coração do homem de hoje, participem das suas alegrias e esperanças, das suas angústias e tristezas, e ao mesmo tempo sejam contemplativos, enamorados de Deus. Para isto, são precisos novos santos. Os grandes evangelizadores da Europa foram os santos. Devemos suplicar ao Senhor que aumente o espírito de santidade na Igreja e nos envie novos santos para evangelizar o mundo de hoje"[14].

(1) Mt 13, 44-52; (2) Conc. Vat. II, Const. *Lumen gentium*, 8; (3) Ch. Journet, *Teologia da Igreja*, Desclée de Brouwer, Bilbao, 1960, p. 258; (4) Conc. Vat. II, *op. cit.*, 39; (5) M. Schmaus, *Teologia dogmática*, vol. IV; *La Iglesia*, p. 603; (6) João Paulo II, *Homilia em Barcelona*, 7-XI-1982; (7) At, 20, 28; (8) Ef 5, 27; (9) 1 Tm 3, 15; (10) São Josemaria Escrivá, *Amar a Igreja*, p. 33; (11) Pio XII, Enc. *Mystici Corporis*, 29-VI-1943, 30; (12) Conc. Vat. II, *op. cit.*, 39; (13) São Josemaria Escrivá, *op. cit.*, p. 57; (14) João Paulo II, *Discurso ao Simpósio de bispos europeus*, 11-X-1985.

TEMPO COMUM. DÉCIMO SÉTIMO DOMINGO. CICLO B

143. A FIDELIDADE NAS COISAS PEQUENAS

— Jesus sempre se mostra atento às diversas situações humanas e ensina-nos a santificar as realidades da vida corrente.
— Encontramos no cumprimento do dever o lugar, a matéria e o modo de sermos fiéis ao Senhor. O valor das coisas pequenas.
— Deus pede todos os dias a cada um o que está ao alcance das suas forças. Correspondência naquilo que parece de pouca importância.

I. NUM LUGAR AFASTADO, junto do lago de Genesaré, tinha-se reunido em torno de Jesus uma multidão proveniente dos povoados vizinhos. E enquanto o Senhor falava, ninguém pensou no cansaço, nem nas horas que tinham passado sem comer, nem na falta de provisões e na impossibilidade de obtê-las. As palavras de Jesus tinham cativado a todos e ninguém se lembrou da fome nem da hora de regressar. Mas Jesus compreende as nossas necessidades materiais, e por isso compadeceu-se também dos corpos exaustos daqueles que o tinham seguido. E realiza o esplêndido milagre da multiplicação dos pães e dos peixes[1].

E quando todos tinham já matado a fome e estavam entusiasmados pelo milagre que tinham visto com os seus próprios olhos, o Senhor aproveitou a ocasião para dar aos apóstolos — e a nós — uma lição prática sobre o valor das coisas pequenas, da pobreza cristã, da boa administração dos bens que se possuem. *Quando se saciaram, disse aos seus discípulos: Recolhei os pedaços que sobraram, para que não se percam. E eles os recolheram, e encheram doze cestos com os pedaços dos cinco pães de cevada que sobraram aos que tinham comido.* Jesus mostra-nos a sua magnificência, pois todos comeram *quanto quiseram*, mas também a necessidade de evitar o esbanjamento inútil e irresponsável dos bens; dá-nos exemplo não só quando se compadece das multidões e realiza grandes prodígios, como também nestes pequenos detalhes.

A grandeza de alma de Cristo manifesta-se nos grandes prodígios e nas insignificâncias de todos os dias. "Recolher o que sobrou é um modo pedagógico de mostrar-nos o valor das pequenas coisas feitas com amor de Deus: a ordem nos detalhes materiais, a limpeza, o perfeito acabamento das tarefas diárias"[2]. Durante trinta anos da sua vida, Jesus ocupou-se em assuntos aparentemente intranscendentes: serrar troncos para fabricar móveis simples, colar ou pregar bem as peças, fazer que as gavetas abrissem e fechassem sem esforço, e tantas coisas mais do mesmo gênero... E também nesses trabalhos de pouco relevo externo o Filho de Deus estava redimindo a humanidade.

Durante a sua vida pública, o Evangelho mostra-nos com frequência que o Senhor fez o mesmo: permanecia constantemente em diálogo com seu Pai celestial, mas estava atento às coisas materiais e humanas, àquilo que se passava ao seu lado: quando devolve a vida à filha de Jairo, ordena que lhe deem de comer; diante do assombro geral causado pela ressurreição de Lázaro, é Ele quem diz: *Desatai-o e deixai-o ir*[3]; sabe perceber o momento em que os seus discípulos precisam de uma pausa para descansar[4]... Vemo-lo seguir com os cinco sentidos as situações humanas, interessar-se vivamente por resolvê-las, ter sempre presente o lado humano daqueles a quem anunciava os mistérios do Reino de Deus. Não é isso o que nos pede também a nós? Que estejamos verdadeiramente preocupados com as coisas dos outros, que estejamos atentos às coisas da casa, que não vivamos nas nuvens?

II. *RECOLHEI OS PEDAÇOS que sobraram*... Parece um detalhe de pouca monta em comparação com o milagre que o Senhor acaba de realizar, mas Ele não prescinde desse detalhe. Toda a nossa vida está composta praticamente de muitos nadas. E, no entanto, é através desses nadas que se tece uma tupida rede de atos que formam as virtudes humanas e cristãs e que forjam *heroicamente* a santidade no dia a dia. Toda a nossa jornada está cheia de ocasiões de sermos fiéis, de dizermos ao Senhor que o amamos. Que fazemos com elas? "«Obras é que são amores, não as boas razões». Obras, obras! — Propósito: continuarei a dizer-Te muitas vezes que Te amo — quantas não Te terei repetido hoje! —; mas, com a tua graça, será sobretudo a minha conduta, serão as bagatelas de cada dia que — com eloquência muda — hão de clamar diante de Ti, mostrando-Te o meu amor"[5].

A ordem, tanto mental como na execução, tem grande transcendência diante do Senhor, como também a pontualidade, o cuidado na conservação da roupa, dos livros que utilizamos ou dos instrumentos de trabalho, a fuga da rotina que mata o amor à profissão e sobretudo o amor humano; em suma, o querer dar sentido a todos os dias, a todas as horas, quer no trabalho pessoal, quer na convivência humana. Quando permitimos que a rotina e a apatia tomem conta de nós, quando não damos importância àquilo que fazemos porque nos parece que dá na mesma fazer as coisas de um modo ou de outro, a vida torna-se medíocre e desamorada.

O campo das relações humanas é sem dúvida aquele em que também mais nos devemos esmerar no sentido do detalhe. É possível que se apresentem poucas ocasiões, ou talvez nenhuma, de salvarmos os outros com atos heroicos, expondo a vida. No entanto, todos os dias temos oportunidade de dizer uma palavra amável a esse amigo, a esse irmão que notamos estar mais cansado ou preocupado, de pedir as coisas com amabilidade, de ser agradecidos, de evitar conversas ou comentários que semeiem inquietação, de ceder nas nossas opiniões, de evitar a todo o custo o mau-humor, que causa tantos estragos. Podemos esforçar-nos por lançar um tema de conversa quando o silêncio se torna pesado, ou por escutar com interesse a pessoa que nos fala. Às vezes, um pormenor que parece trivial (uma saudação mais efusiva, os cumprimentos que fazemos chegar a um terceiro, uma palavra de incentivo, um favor que não é quase nada) produz nos outros um bem sem proporção com o pouco que nos custou: fá-los sentir-se seguros, considerados, apreciados, estimulados a praticar o bem. Notamos então como que um reflexo de Deus na convivência, na vida familiar, tão diferente dessas situações em que se desencadeiam as invejas, brotam atitudes tensas ou frias, ou se dizem palavras que nunca se deveriam ter dito...

O mesmo acontece com todas as virtudes: a fé pode expressar-se num ato de amor quando passamos perto de um Sacrário no meio do tráfego da cidade ("Jesus, aqui vou eu, amo-te, abençoa-me"); a piedade, num olhar a uma imagem da Virgem (quanto se pode dizer num só olhar!); a fortaleza, em cortar uma conversa impura, em dar a cara por Jesus Cristo, pela Igreja..., em procurar render nessa última hora de trabalho de um dia que nos pareceu mais longo por terem surgido mais problemas ou por termos estado com uma terrível dor de cabeça...

Cristo espera-nos todos os dias com os braços abertos. Neles podemos deixar esforços, sorrisos, constância no trabalho..., muitas coisas pequenas, que Ele sabe apreciar, como certamente apreciou que se tivessem recolhido os doze cestos depois da multiplicação dos pães. São tesouros que o Senhor guarda para a eternidade e que o levarão a dizer-nos quando chegarmos à sua presença: *Vem, servo bom e fiel, porque foste fiel no pouco, eu te darei o muito*[6].

III. DEUS PEDE-NOS em cada momento alguma coisa muito concreta, mas sempre ao alcance das nossas forças.

Depois da primeira correspondência, chegam mais graças para uma segunda, precisamente por termos correspondido à primeira. E assim uma graça maior sucede a outra, e vamo-nos tornando aptos para corresponder a Deus em coisas cada vez mais difíceis.

Pelo contrário, se descumprimos o querer de Deus em coisas que nos parecem sem importância, vamos resvalando por uma pendente que não demorará a precipitar-nos no pecado e na infelicidade: *Quem despreza as pequenas coisas, pouco a pouco cairá nas grandes*[7]. "Foi dura a experiência; não esqueças a lição. — As tuas grandes covardias de agora são — é evidente — paralelas às tuas pequenas covardias diárias. — «Não pudeste» vencer nas coisas grandes, porque «não quiseste» vencer nas coisas pequenas"[8].

Por outro lado, as coisas pequenas não costumam levar à vaidade, que esvazia tantas obras. Quem pensará em aplaudir aquele que cedeu o seu lugar no ônibus, ou que deixou ordenados os seus papéis e livros ao terminar o estudo? Quem louvará uma mãe por sorrir, se é o que todos esperam dela, ou o professor que preparou bem a sua aula, ou o aluno que estudou a matéria da prova, ou o médico que tratou o doente com delicadeza?

E essas coisas pequenas, muitas das quais são meramente humanas, tornam-se divinas pelo *oferecimento de obras* que fazemos todas as manhãs e que depois procuramos renovar durante o dia. O humano e o divino fundem-se então numa íntima e forte unidade de vida, que nos permite ganhar pouco a pouco o Céu, ao preço das coisas humanas de cada dia.

Para alcançarmos essa unidade de vida mediante a fidelidade às pequenas coisas, necessitamos de um grande amor ao Senhor, de um desejo profundo de ser inteiramente dEle, de querer procurar o seu rosto em todas as ocasiões da vida normal. Por sua vez, o cuidado das pequenas coisas alimenta continuamente o nosso amor a Deus.

Nossa Senhora ensinar-nos-á a dar valor ao que parece carecer de importância, a esmerar-nos nos detalhes que podem passar despercebidos aos outros, como passou ao mestre-sala das bodas de Caná que ia faltar vinho: mas não à Virgem nossa Mãe.

(1) Jo 6, 1-15; (2) Sagrada Bíblia, *Santos Evangelhos*, EUNSA, Pamplona, 1983, nota a Mc 6, 42; (3) Jo 11, 44; (4) Mc 6, 31; (5) São Josemaria Escrivá, *Forja*, n. 498; (6) Mt 25, 21; (7) Eclo 19, 1; (8) São Josemaria Escrivá, *Caminho*, n. 828.

TEMPO COMUM. DÉCIMO SÉTIMO DOMINGO. CICLO C

144. APRENDER A PEDIR

— O sentido da nossa filiação divina deve sempre estar presente na nossa oração.
— Pedir bens sobrenaturais, e também bens materiais, se nos ajudam a amar a Deus.
— A súplica de Abraão.

I. JESUS RETIRAVA-SE para orar, com frequência, pela manhã cedo e a lugares afastados[1]. Os seus discípulos foram encontrá-lo muitas vezes entregue a um diálogo cheio de intimidade e ternura com seu Pai do Céu. E um dia, ao terminar a sua oração, *disse-lhe um dos seus discípulos: Senhor, ensina-nos a orar*[2]... É o que nós temos de pedir também: Jesus, ensina-me de que modo relacionar-me contigo, diz-me como e que coisas devo pedir-te... Porque às vezes — mesmo que venhamos cultivando a prática da oração há muitos anos — permanecemos diante de Deus como uma criança que a muito custo arranha meia dúzia de palavras mal aprendidas.

O Senhor ensinou-lhes então o modo de rezar e a oração por excelência: o *Pai-Nosso*. Os seus lábios devem ter pronunciado cada palavra dessa oração universal com um acento incomparável. E fez ver a confiança com que devemos dirigir-nos a Deus ao mostrar-lhe a nossa insuficiência radical, porque essa confiança é o fundamento de toda a verdadeira oração: *Se algum de vós tiver um amigo, e for ter com ele à meia-noite e lhe disser: Amigo, empresta-me três pães, porque um amigo meu acaba de chegar a minha casa de uma viagem, e não tenho nada que oferecer-lhe... Se ele não se levantar para dar-lhos por ser seu amigo, certamente pela sua importunação se levantará e lhe dará quantos pães precisar*.

Uma boa parte das nossas relações com Deus define-se pela oração confiante. Somos filhos de Deus, filhos necessitados, e Ele só deseja dar-nos o que lhe pedimos, e em abundância: *E se algum de vós pedir um peixe a seu pai, porventura dar-lhe-á ele uma serpente? Ou se lhe pedir um ovo, dar-lhe-á porventura um escorpião?*

O próprio Senhor se torna fiador da nossa oração: *Todo aquele que pede, recebe; e aquele que busca, encontra; e a quem bate, abrir-se-lhe-á*. Não podia ser mais categórico. Só partiremos de mãos vazias se nos sentirmos satisfeitos de nós mesmos, se pensarmos que não precisamos de nada, porque nos contentamos com umas metas bem pequenas ou porque pactuamos com defeitos e fraquezas. *Encheu de bens os famintos, e despediu vazios os ricos*[3].

Devemos recorrer ao Senhor no Sacrário como pessoas muito necessitadas diante dAquele que tudo pode: como recorriam a Jesus os leprosos, os cegos, os paralíticos... "Rezar — sublinhava João Paulo II, referindo-se ao texto do Evangelho que comentamos — significa sentir a própria insuficiência através das diversas necessidades que se apresentam ao homem e que fazem parte da sua vida: a mesma necessidade de pão a que se refere Cristo, pondo como exemplo o homem que desperta o seu amigo à meia-noite para lho pedir. Essas necessidades são muito numerosas. A necessidade de pão é, em certo sentido, o símbolo de todas as necessidades [...]"[4].

A humildade de nos sentirmos limitados, pobres, carentes de tantos dons, e a confiança em que Deus é o Pai incomparável que está sempre atento aos seus filhos, são as primeiras disposições com que devemos recorrer diariamente à oração. "Se nós aprendermos no sentido pleno da palavra, na sua plena dimensão, a realidade *Pai*, teremos aprendido tudo [...]. Aprender quem é o Pai quer dizer adquirir a certeza absoluta de que Ele não poderá rejeitar nada. Tudo isto se diz no Evangelho de hoje. Ele não te rejeita nem mesmo quando tudo, material e psicologicamente, parece indicar que o faz. Ele não te rejeita nunca"[5]. Nunca deixa de nos atender. O sentido da nossa filiação divina e a consciência da nossa indigência e fraqueza devem estar sempre presentes no nosso trato com Deus.

II. *TODO AQUELE que pede, recebe; e aquele que busca, encontra; e a quem bate, abrir-se-lhe-á.*

Antes de mais nada, devemos pedir os bens da alma, com desejos firmes de amar cada dia mais o Senhor: desejos autênticos de santidade no meio das circunstâncias em que nos encontramos. Também devemos pedir os bens materiais, na medida em que nos possam servir para alcançar Deus: a saúde, bens econômicos etc.

"Peçamos os bens materiais discretamente — aconselha-nos Santo Agostinho —, e tenhamos a certeza — se os recebemos — de que procedem de quem sabe o que nos convém. Pediste e não recebeste? Confia no Pai; se te conviesse, Ele to teria dado. Julga por ti mesmo. Tu és, diante de Deus, pela tua inexperiência das coisas divinas, como o teu filho diante de ti, com a sua inexperiência das coisas humanas. Aí tens o teu filho chorando o dia inteiro para que lhe dês uma faca ou uma espada. Negas-te a dá-lo e não fazes caso do seu pranto, para não teres que chorá-lo morto. Agora ele geme, aborrece-se e dá murros para que o coloques no teu cavalo; mas não fazes caso dele, pois sabes que, não sabendo montar, será derrubado e perderá a vida. Se lhe recusas esse pouco, é para lhe reservares tudo; negas-lhe agora os seus insignificantes pedidos perigosos para que possa ir crescendo e possua sem perigo toda a fortuna"[6]. Assim faz o Senhor conosco, pois somos como o menino pequeno que muitas vezes não sabe o que pede.

Deus sempre quer o melhor; por isso, a felicidade do homem encontra-se sempre na plena identificação com o querer divino, ainda que humanamente não o pareça; por esse caminho chegar-nos-á a maior das alegrias. Conta o Papa João Paulo II como o impressionou a alegria de um homem que encontrou num hospital de Varsóvia depois da insurreição daquela cidade durante a Segunda Guerra Mundial. Estava gravemente ferido e, no entanto, era notória a sua extraordinária felicidade. "Esse homem chegou à felicidade — comentava o Pontífice — por outro caminho, já que, a julgar visivelmente pelo seu estado físico do ponto de vista médico, não havia motivo para ser tão feliz, sentir-se tão bem e considerar-se escutado por Deus. E, no entanto, tinha sido escutado noutra dimensão da sua humanidade"[7], naquela dimensão em que o querer divino e o querer humano se tornam uma só coisa.

O que devemos pedir e desejar é que se cumpra a vontade de Deus: *Faça-se a tua vontade assim na terra como no céu*. E este é sempre o meio de acertar, o melhor caminho que podíamos ter sonhado, pois é o que foi preparado pelo nosso Pai do Céu. "Diz-Lhe: — Senhor, nada quero fora do que Tu quiseres. Não me dês nem mesmo aquilo que te venho pedindo nestes dias, se me afasta um milímetro da tua Vontade"[8]. Para que hei de querê-lo, se Tu não o queres? *Tu sabes mais*. Faça-se a tua vontade...

III. A PRIMEIRA LEITURA[9] da Missa mostra-nos outro exemplo comovente: a súplica de Abraão, o *amigo de Deus*, em favor daquelas cidades que tanto tinham ofendido o Senhor e que iam ser destruídas. *Perderás tu o justo com o ímpio? Se houver cinquenta justos na cidade, perecerão todos juntos? E não perdoarás aquele lugar por causa de cinquenta justos, se aí os houver?* Abraão tentará salvar as cidades, "regateando" com Deus, em quem confia e de quem se sente verdadeiramente querido. E invoca diante de Deus o *imenso tesouro* que são alguns justos, alguns santos.

O Senhor alegra-se tanto com os justos, com os que o amam e portanto cumprem a sua Vontade, que estará disposto a perdoar milhares de pecadores que cometeram inúmeras ofensas contra Ele, desde que se encontrem cinquenta, quarenta..., dez justos na cidade. O amor e a adoração desses poucos é tão agradável a Deus que será capaz de esquecer as iniquidades daquelas cidades.

É um ensinamento claro para nós, que queremos seguir o Senhor de perto — com obras! — e contar-nos entre os seus amigos íntimos, pois às vezes pode insinuar-se numa alma *a tentação* de perguntar-se: de que adianta esforçar-me por cumprir com fidelidade a vontade de Deus, se são tantos os que o ofendem e os que vivem como se Ele não existisse ou como se não merecesse nenhum interesse? Deus tem outras medidas, muito diferentes das humanas, a respeito da utilidade de uma vida. Um dia, no fim dos tempos, Ele nos fará ver a enorme eficácia, que supera o tempo e a distância, daquela viúva que gastou os seus dias em levar para a frente a família; o valor para toda a Igreja da dor daquele doente que ofereceu diariamente ao Senhor os seus sofrimentos; o "preço" de uma hora de estudo ou de trabalho convertida em oração...

Com uma medida que só a misericórdia divina conhece, *teriam bastado dez justos* para Deus salvar Sodoma e Gomorra. As obras desses justos, colocadas numa balança, teriam pesado mais que todos os pecados daqueles milhares de infelizes pecadores. Nós, quando procuramos ser fiéis ao Senhor, devemos experimentar a alegria de saber que a nossa entrega, apesar dos muitos defeitos que nos afligem, é a alegria de Deus no mundo. Ele está pronto a escutar a nossa oração. E todos os dias devemos pedir pela sociedade que nos rodeia, pois parece afastar-se cada vez mais de Deus. "A oração de Abraão — comenta o Papa João Paulo II — é muito atual nos tempos em que vivemos. É necessária uma oração assim, para que todo o homem justo trate de resgatar o mundo da injustiça"[10].

Terminemos a nossa oração fazendo o propósito de aprender a orar, de aprender a pedir como filhos. Temos de recorrer ao Senhor com muita frequência, pois nos encontramos tão necessitados como aqueles que se juntavam à porta da casa onde Jesus se encontrava[11], esperando receber dEle a saúde da alma e do corpo.

A Virgem nossa Mãe ensinar-nos-á a ser audazes na oração de petição. Pedimos-lhe agora que nos ajude a conseguir com o nosso apostolado que em todos os ambientes — em cada cidade, em cada povoado, em cada lugar de trabalho e em todas as profissões — haja dez, vinte, cinquenta... justos que sejam agradáveis a Deus e nos quais Ele possa apoiar-se.

(1) Cf. Mt 14, 23; Mc 1, 35; Lc 5, 16; 9, 18; (2) Lc 11, 1-13; *Evangelho* da Missa do décimo sétimo domingo do Tempo Comum, ciclo C; (3) Lc 1, 53; (4) João Paulo II, *Homilia*, 27-VII-1980; (5) *ib.*; (6) Santo Agostinho, *Sermão 80*, 2, 7-8; (7) João Paulo II, *op. cit.*; (8) São Josemaria Escrivá, *Forja*, n. 512; (9) Gn 18, 20-32; (10) João Paulo II, *op. cit.*; (11) cf. Mc 1, 33.

TEMPO COMUM. DÉCIMA SÉTIMA SEMANA. SEGUNDA-FEIRA

145. O FERMENTO NA MASSA

— Os cristãos, como o fermento na massa, estão chamados a transformar o mundo por dentro.
— Ser exemplares.
— União com Cristo para sermos apóstolos.

I. O SENHOR ENSINA-NOS no Evangelho da Missa[1] que o Reino de Deus *é semelhante ao fermento que uma mulher toma e mistura em três medidas de farinha até que toda a massa fica fermentada.* As pessoas que escutavam essas palavras do Senhor conheciam bem e estavam familiarizadas com esse fenômeno, pois tinham-no presenciado muitas vezes nos fornos familiares. Um pouco daquele fermento guardado do dia anterior podia transformar uma boa massa de farinha e convertê-la numa grande fornada de pão.

A imagem que o Senhor nos propõe deve levar-nos a considerar em primeiro lugar como é insignificante a quantidade de fermento em comparação com a massa que deve transformar. Sendo tão pouco, o seu poder é muito grande. Isto significa que devemos ser audazes na nossa ação apostólica, porque a força do fermento cristão não é puramente humana: é a força do Espírito Santo que atua na Igreja. O Senhor conta também com as nossas poucas forças e com as nossas fraquezas.

"Porventura o fermento é naturalmente melhor que a massa? Não. Mas é o meio necessário para que a massa se elabore, convertendo-se em alimento comestível e são.

"Ainda que a traços largos, pensai na eficácia do fermento, que serve para fazer o pão, alimento básico, simples, ao alcance de todos. Em muitos lugares, a preparação da fornada é uma verdadeira cerimônia, de que resulta um produto esplêndido, saboroso, que se come com os olhos. Talvez já o tenhais presenciado.

"Escolhem farinha boa; se possível, da melhor. Trabalham a massa na masseira, para misturá-la bem com o fermento, em longo e paciente labor. Depois, um tempo de repouso, imprescindível para que a levedura complete a sua missão, inchando a massa.

"Entretanto, arde o lume no forno, animado pela lenha que se consome. E daquela massa, metida no calor do fogo, sai o pão fresco, esponjoso, de grande qualidade. Resultado impossível de alcançar, se não fosse pela levedura — em pequena quantidade — que se diluiu, que desapareceu no meio dos outros elementos, num trabalho eficiente, mas que não se vê"[2].

Sem essa pequena quantidade de fermento, a massa não passaria de algo inútil, não comestível, imprestável. Nós, na vida diária, podemos ser causa de luz ou de escuridão, de alegria ou de tristeza, fonte de paz ou de inquietação, peso morto que refreia o caminhar dos outros ou fermento que transforma a massa. A nossa passagem pela terra não deixa de ter consequências: ou aproximamos os outros de Cristo ou acabamos por separá-los dEle.

O Senhor escolheu-nos para proclamarmos a sua mensagem por todos os lugares, a fim de lhe levarmos, um a um, os que não o conhecem, como fizeram os primeiros cristãos com os seus amigos, com as suas famílias, com os colegas e vizinhos, enquanto trabalhavam ou descansavam. Para isso, não é necessário que façamos coisas insólitas e surpreendentes, pois "ao perceberem que somos iguais a eles em todas as coisas, os outros sentir-se-ão impelidos a perguntar-nos:

Como se explica a vossa alegria? Donde vos vêm as forças para vencer o egoísmo e o comodismo? Quem vos ensina a viver a compreensão, a reta convivência e a entrega, o serviço aos outros?

"É então o momento de lhes manifestar o segredo divino da existência cristã, de lhes falar de Deus, de Cristo, do Espírito Santo, de Maria; o momento de procurar transmitir, através das nossas pobres palavras, a loucura do amor a Deus que a graça derramou em nossos corações"[3].

Somos fermento na família, no ambiente de trabalho ou de estudo? Manifestamos com a nossa alegria que Cristo vive?

II. TEMOS DE CONSIDERAR também que o fermento só atua quando está em contato com a massa. E assim, sem distinguir-se dela, trabalhando por dentro, transforma-a: "A mulher não se limitou a pôr o fermento, mas além disso escondeu-o na massa. Do mesmo modo tendes de fazer vós quando estais misturados, identificados com as pessoas..., como o fermento que está escondido, mas não desaparece, antes vai transformando pouco a pouco toda a massa até fazê-la adquirir a sua própria qualidade"[4]. Só se nos encontrarmos metidos na entranha do mundo, numa profissão ou ofício, é que poderemos levar novamente a Criação para Deus. E nós fomos chamados para isso por vocação divina.

Os primeiros cristãos, que foram verdadeiro fermento num mundo que se decompunha, conseguiram em pouco tempo que a fé penetrasse nas famílias, no Senado, na milícia e até no palácio imperial: "Somos de ontem e enchemos o mundo e tudo o que é vosso: casas, cidades, ilhas, municípios, assembleias e até os vossos acampamentos, as tribos e as decúrias, os palácios, o senado, o foro"[5].

Sem excentricidades, como fiéis comuns, podemos fazer o mesmo, mostrando aos que nos rodeiam o que significa seguir o Senhor de perto: cumprindo com retidão os nossos deveres e comportando-nos serenamente, como filhos de

Deus. A nossa vida, apesar das suas fraquezas, deve ser um ponto de referência claro que arraste os outros para Cristo. "Por esse caminho chega-se a Deus", é o que os outros devem poder pensar ao verem a nossa vida coerente com a fé que professamos.

As normas usuais da convivência, por exemplo, podem ser para muitos o começo de um regresso para Deus. Com frequência, essas normas não passam de atitudes e gestos externos, e só se praticam por costume ou porque tornam mais fácil o trato social... Para os cristãos, devem ser também fruto de uma verdadeira caridade, manifestações de uma atitude interior de sincero interesse pelos outros. Devem ser reflexo exterior de uma íntima união com Deus.

A temperança do cristão é outra das manifestações mais convincentes e mais atrativas da vida cristã. Onde quer que estejamos, temos que esforçar-nos por dar sempre esse bom exemplo, que fluirá com simplicidade do nosso comportamento; não raras vezes essa atitude discreta, mas delicadamente firme, foi para muitos que a presenciavam o começo de um verdadeiro encontro com Deus.

"Cristo deixou-nos na terra para que sejamos faróis que iluminam, doutores que ensinam; para que cumpramos o nosso dever como o fermento [...]. Nem sequer seria necessário expor a doutrina se a nossa vida fosse tão radiante, não seria necessário recorrer às palavras se as nossas obras dessem tal testemunho. Já não haveria nenhum pagão se nos comportássemos como verdadeiros cristãos"[6].

Neste clima de exemplo, de alegria serena, de ajudas talvez pequenas mas frequentes, de trabalho bem feito, ser-nos-á fácil levar ao Senhor os que convivem ou trabalham conosco. E essa ação apostólica paciente e constante, apoiada na integridade da conduta, é também peça fundamental na busca do nosso destino eterno: "Aquele que devolve ao redil uma ovelha errante garante para si próprio um advogado poderoso diante de Deus"[7].

III. PARA VIBRARMOS, para sermos fermento, é necessário que cresçamos na união com Cristo. Não podemos perder essa força interior que nos dá impulso para levarmos a cabo um apostolado que só pode ter por origem o amor a Deus. Sem essa união, todo o trabalho e todo o esforço convertem-se em agitação estéril e transitória. Sempre houve quem imaginasse presunçosamente que ia transformar o mundo mediante as suas próprias forças; mas não demorou muito a ver a inconsistência dos seus propósitos. Nunca se deixam de cumprir aquelas palavras do Senhor: *Sem Mim, nada podeis fazer*[8].

"Se a levedura não fermenta, apodrece. Pode desaparecer, reavivando a massa; mas pode também desaparecer por se perder, num monumento à ineficácia e ao egoísmo"[9]. O cristão "apodrece" quando se deixa invadir pela tibieza no seu relacionamento com Deus, quando esmorece no cumprimento dos seus deveres religiosos, quando deixa de lutar contra os seus defeitos, um de cada vez, quando se desleixa em robustecer a sua formação religiosa mediante a leitura de livros de doutrina espiritual...; numa palavra, quando só tem tempo para pensar nas "suas coisas", não nas de Deus.

Pelo contrário, cumpre a sua missão de fermento quem procura que a sua fé amorosa se manifeste em atos, quem experimenta a necessidade de alimentar continuamente o seu amor a Deus mediante a oração mental, a recepção frequente dos sacramentos da Confissão e da Eucaristia e o cultivo do espírito de mortificação e penitência nas pequenas situações de cada dia... "É preciso que sejas «homem de Deus», homem de vida interior, homem de oração e de sacrifício. — O teu apostolado deve ser uma superabundância da tua vida «para dentro»"[10].

Para sermos fermento eficaz na nossa vida de todos os dias, temos de olhar para Nossa Senhora, porque "a bem-aventurada Virgem Maria, Rainha dos Apóstolos, é modelo perfeito desta vida espiritual e apostólica. Enquanto levou na terra uma vida igual à de todos, cheia de cuidados familiares e de trabalhos, estava intimamente associada ao

Filho, cooperando de modo absolutamente singular na obra do Salvador"[11].

(1) Mt 13, 31-35; (2) São Josemaria Escrivá, *Amigos de Deus*, n. 257; (3) São Josemaria Escrivá, *É Cristo que passa*, n. 148; (4) São João Crisóstomo, *Homilia sobre São Mateus*, 46, 2; (5) Tertuliano, *Apologético*, 37; (6) São João Crisóstomo, *Homilia 10 sobre a Primeira Epístola a Timóteo*; (7) São Tomás de Villanueva, *Sermão do domingo "in albis"*, 1, c, pp. 900-901; (8) Jo 15, 5; (9) São Josemaria Escrivá, *Amigos de Deus*, n. 258; (10) São Josemaria Escrivá, *Caminho*, n. 961; (11) Conc. Vat. II, Decr. *Apostolicam actuositatem*, 4.

146. OS AMIGOS DE DEUS

— Amizade com Jesus.
— Jesus Cristo, exemplo de amizade verdadeira.
— Fomentar uma amizade cordial e otimista com as pessoas com quem nos relacionamos. Apostolado de amizade.

I. NA LONGA TRAVESSIA pelo deserto, o povo de Deus instalava, fora do lugar onde acampava, a chamada *Tenda da reunião* ou *do encontro*. Tratava-se de um lugar sagrado, santo, um lugar à parte. Quem queria visitar o Senhor saía do acampamento e dirigia-se à *Tenda do encontro*. Para lá se dirigia Moisés, a fim de expor ao Senhor as necessidades do seu povo, e Deus *falava a Moisés cara a cara, como fala um homem com o seu amigo*[1].

Em várias ocasiões, a Sagrada Escritura mostra-nos a Deus como um amigo dos homens. Por sua vez, Abraão é chamado *o amigo de Deus*[2], e o povo apelava com frequência para essa amizade a fim de invocar o perdão e a proteção divina. Além disso, toda a Revelação tendia a formar um povo amigo de Deus, unido a Ele por uma forte Aliança que era renovada continuamente. "O Deus invisível, levado pelo seu grande amor, falou aos homens como a amigos e com eles se entreteve para os convidar à comunhão consigo e recebê-los na sua companhia"[3].

Este desígnio divino teve o seu pleno cumprimento quando, chegada a plenitude dos tempos, o Filho de Deus, a Segunda Pessoa da Santíssima Trindade, se fez homem. Como a amizade implica certa igualdade e comunhão de vida[4], e a distância entre Deus e o homem é infinita, Deus assumiu a natureza humana e o homem tornou-se participante da Divindade mediante a graça santificante[5].

A essência da amizade entre Deus e os homens fundamenta-se na natureza da caridade, que é sobrenatural e *derrama-se nos nossos corações*[6] para que possamos amar a Deus com o mesmo amor com que Ele nos ama. Jesus diz-nos: *Como o Pai me amou, assim também eu vos amei; permanecei no meu amor*[7]. E dirigindo-se ao Pai: *O amor com que tu me amaste esteja neles, e eu neles*[8]. A certeza de que Deus nos ama é a raiz da alegria e da felicidade do cristão: *Vós sois meus amigos...*[9] Que imensa alegria podermos chamar-nos *amigos de Deus*!

Ao longo da sua vida terrena, o Senhor esteve sempre aberto a uma amizade sincera com os que se aproximavam dEle; em muitas ocasiões, foi Ele próprio quem tomou a iniciativa de os atrair a si: assim sucedeu com Zaqueu, com a mulher samaritana..., com tantos outros. Era amigo dos seus discípulos, que se mostravam conscientes desse apreço de que o Senhor os rodeava. Quando não entendiam alguma coisa, aproximavam-se dEle com confiança, como nos mostra o Evangelho da Missa de hoje[10]: *Explica-nos a parábola*, pedem-lhe com toda a naturalidade. E o Senhor leva-os a um lugar à parte e desvenda-lhes de um modo mais íntimo o conteúdo dos seus ensinamentos. Participavam também das alegrias e das preocupações do Mestre, e recebiam dEle alento e ânimo quando precisavam.

Do mesmo modo, o Senhor oferece-nos agora a sua amizade no Sacrário: é onde nos consola, anima e perdoa. No Sacrário, como naquela *Tenda do encontro*, fala com todos, *cara a cara, como um homem fala com o seu amigo*.

Com a grande diferença de que nos nossos templos está presente Deus feito Homem: Jesus, o mesmo que nasceu de Santa Maria e que morreu por nós numa cruz.

"Jesus é teu amigo. — O Amigo. — Com coração de carne como o teu. — Com olhos de olhar amabilíssimo, que choraram por Lázaro...

"— E, tanto, como a Lázaro, te ama a ti"[11].

II. JESUS GOSTAVA de conversar com os que o procuravam ou com os que encontrava pelo caminho. Aproveitava essas ocasiões para chegar ao fundo da alma e elevar o coração a um plano mais alto, e muitas vezes — quando os seus interlocutores se mostravam bem dispostos — até à conversão e à entrega plena.

Também quer falar conosco na intimidade da oração. E para isso temos de estar abertos ao diálogo com Ele, à amizade sincera. "Ele mesmo nos converteu de servos em amigos, como disse claramente: *Sereis meus amigos se cumprirdes o que vos mandei* (Jo 15, 14). Deixou-nos o modelo que devemos imitar. Portanto, temos de compartilhar o desejo do Amigo, revelar-lhe confidencialmente o que temos na alma e não ignorar nada do que Ele tem no coração. Abramos-lhe a nossa alma, e Ele nos abrirá a sua. Com efeito, o Senhor declara: *Chamei-vos amigos porque vos dei a conhecer tudo o que ouvi de meu Pai* (Jo 15, 14). O verdadeiro amigo, portanto, não oculta nada ao amigo; descobre-lhe todo o seu ânimo, assim como Jesus derramava no coração dos apóstolos os mistérios do Pai"[12].

Este é o segredo da verdadeira oração, quer quando recitamos orações vocais, quer sobretudo quando nos recolhemos numa oração mais pessoal, a oração mental. Muitos se perguntam como preencher o tempo que reservam diariamente para essa oração sem palavras. Ao longo da história da espiritualidade cristã, chegaram a formar-se escolas que recomendavam este ou aquele método de discorrer com o pensamento na oração. Todos são bons e de todos se pode aprender muito. Mas o que verdadeiramente importa, como princípio e como resultado final, é compreender que a oração é fundamentalmente um processo de amizade com Deus, com Cristo, perfeito Deus e perfeito homem, que portanto nos ouve e nos compreende infinitamente.

O que interessa acima de tudo é, por conseguinte, estar a sós e conversar com Aquele que sabemos que nos ama, como aconselhava Santa Teresa. Para isso podemos e muitas vezes será prudente servir-nos de um livro que suscite e encaminhe os nossos pensamentos e afetos, ou repassar as verdades de fé contidas no Credo ou tratadas em livros de doutrina; e será imprescindível determo-nos a considerar a vida do Senhor, meditando sobre os textos evangélicos. Não esqueçamos, porém, que, seja por um meio ou por outro, devemos chegar à relação pessoal com Cristo, ao colóquio com Ele, num clima de absoluta confiança e simplicidade: "Escreveste-me: «Orar é falar com Deus. Mas de quê?» — De quê? DEle e de ti: alegrias, tristezas, êxitos e malogros, ambições nobres, preocupações diárias..., fraquezas!; e ações de graças e pedidos; e Amor e desagravo.

"Em duas palavras: conhecê-Lo e conhecer-te — ganhar intimidade!"[13]

III. NÓS, CRISTÃOS, podemos ser homens e mulheres com maior capacidade de amizade, porque o trato habitual com Jesus Cristo nos prepara para saírmos do nosso egoísmo, da preocupação excessiva pelos problemas pessoais, e desse modo estarmos abertos aos que frequentam o nosso trato, ainda que sejam de outra idade ou de outros gostos, cultura ou posição.

A amizade, no entanto, não nasce de um simples encontro ocasional, nem da mútua necessidade de ajuda. Nem sequer a camaradagem, o trabalho em comum ou a própria convivência conduzem necessariamente à amizade. Não são amigas duas pessoas que se encontram todos os dias no elevador, no transporte público ou num escritório. Nem a mútua simpatia é, por si mesma, amizade.

São Tomás afirma[14] que nem todo o amor indica amizade, mas apenas o amor que implica benevolência, quer dizer, que se manifesta em desejar o bem para o outro. Por isso, as possibilidades de amizade crescem quando é maior a ocasião de difundir o bem que se possui: "Só são verdadeiros amigos aqueles que têm alguma coisa a dar e, ao mesmo tempo, a humildade suficiente para receber. Por isso, a amizade é mais própria dos homens virtuosos. O vício compartilhado não produz amizade mas cumplicidade, o que não é o mesmo. Nunca se pode legitimar um mal com uma pretensa amizade"[15]; o mal, o pecado, jamais une na amizade e no amor.

Nós, cristãos, podemos dar aos nossos amigos compreensão, tempo, ânimo e alento nas dificuldades, otimismo e alegria, mas, sobretudo, podemos e devemos dar-lhes o maior bem que possuímos: o próprio Cristo, o *Amigo* por excelência. Por isso a amizade verdadeira conduz ao apostolado, que é o meio de comunicarmos aos outros os imensos bens da fé.

Um amigo fiel é um poderoso protetor; quem o encontra acha um tesouro. Nada vale tanto como um amigo fiel; o seu preço é incalculável[16]. Por isso, a amizade tem de ser protegida e defendida contra o passar do tempo, que leva ao esquecimento, ao distanciamento; contra a inveja, que frequentemente é o que mais a corrompe[17]. Oxalá possamos dizer como aquele homem que terminava assim umas anotações autobiográficas: "Há uma coisa de que posso orgulhar-me: julgo que nunca perdi um amigo".

A um amigo pede-se que seja fiel, que se mantenha firme nas dificuldades, que resista à prova do tempo e das contradições, que saia em defesa do amigo em qualquer situação que se apresente: "Devemos ser fiéis à amizade verdadeira — aconselhava Santo Ambrósio —, porque não há nada mais belo nas relações humanas. Consola muito nesta vida ter um amigo a quem abrir o coração, a quem descobrir a própria intimidade e manifestar as penas da alma; alivia muito ter um amigo fiel que se alegre contigo na prosperidade, compartilhe a tua dor nas adversidades e te sustente nos momentos difíceis"[18].

Fomentemos a amizade cordial e sincera, otimista, com as pessoas com quem nos relacionamos todos os dias: com os vizinhos, com os colegas de trabalho ou de estudo, com essas pessoas de quem recebemos ou a quem prestamos diariamente um serviço exigido pelos afazeres profissionais. De modo especial, sejamos muito amigos do nosso Anjo da Guarda. "Todos precisamos de muita companhia: companhia do Céu e da terra. Sejamos devotos dos Santos Anjos! É muito humana a amizade, mas é também muito divina; tal como a nossa vida, que é divina e humana"[19]. O Anjo da Guarda não se afasta devido aos nossos caprichos e defeitos; conhece as nossas fraquezas e misérias, e talvez por isso nos ame mais[20]. A amizade com o Anjo da Guarda será modelo para a nossa amizade com os homens.

Mas, acima de qualquer outra amizade, devemos tornar forte e entranhada a amizade "com o Grande Amigo, que nunca atraiçoa"[21]. Encontramos o Senhor com suma facilidade; Ele está sempre disposto a receber-nos, a conversar conosco todo o tempo que desejemos. "Ide a qualquer parte do mundo que desejardes, mudai de casa quantas vezes quiserdes, que sempre encontrareis na igreja católica mais próxima o vosso Amigo que está à vossa espera dia após dia"[22]. No convívio com Ele aprendemos de verdade a ser amigos, a estar sempre prontos e abertos a toda a amizade sincera com os homens, que será o caminho natural pelo qual Cristo, nosso Amigo, poderá chegar até o fundo dessas almas.

(1) Ex 33, 11; *Primeira leitura* da Missa da terça-feira da décima sétima semana do TC, ano I; (2) cf. Is 41, 8; (3) Conc. Vat. II, Const. *Dei Verbum*, 2; (4) cf. São Tomás, *Suma teológica*, II-II, q. 23, a. 1; (5) *ib.*; (6) cf. Rm 5, 5; (7) Jo 15, 9; (8) Jo 17, 26; (9) Jo 15, 13-14; (10) Mt 13, 36-43; (11) São Josemaria Escrivá, *Caminho*, n. 422; (12) Santo Ambrósio, *Sobre o ofício dos ministros*, 3, 135; (13) São Josemaria Escrivá, *Caminho*, n. 91; (14) São Tomás, *op. cit.*; (15) J. Abad, *Fidelidad*,

Palabra, Madri, 1987, p. 110; (16) Ecl 6, 14-17; (17) cf. São Basílio, *Homilia sobre a inveja*; (18) Santo Ambrósio, *op. cit.*, 3, 134; (19) São Josemaria Escrivá, *Amigos de Deus*, n. 315; (20) cf. A. Vázquez de Prada, *Estudio sobre la amistad*, Rialp, Madri, 1956, p. 259; (21) cf. São Josemaria Escrivá, *Caminho*, n. 88; (22) R. A. Knox, *Sermões pastorais*, Rialp, Madri, 1963, p. 473.

TEMPO COMUM. DÉCIMA SÉTIMA SEMANA. QUARTA-FEIRA

147. O TESOURO E A PÉROLA PRECIOSA

— A vocação, algo de valor imenso, uma prova muito especial do amor de Deus.
— Deus passa pela vida de cada pessoa em circunstâncias bem determinadas de idade, trabalho etc. Passa e chama.
— Generosidade perante a chamada do Senhor.

I. *O REINO DOS CÉUS é semelhante a um tesouro escondido num campo, o qual, quando um homem o acha, esconde-o e, cheio de alegria pelo que encontrou, vai, vende tudo o que tem e compra aquele campo.* Também *é semelhante a um mercador que busca boas pérolas. E, tendo encontrado uma de grande valor, vai, vende tudo o que tem e compra-a*[1].

Com estas duas parábolas, Jesus revela no Evangelho da Missa o valor supremo do Reino de Deus e qual deve ser a atitude do homem para alcançá-lo. O *tesouro* e a *pérola* têm sido imagens utilizadas tradicionalmente para exprimir a grandeza da vocação, o caminho pessoal para alcançar Cristo nesta vida e depois, para sempre, no Céu.

O *tesouro* significa a abundância de dons que se recebem juntamente com a vocação: graças para vencer os obstáculos, para crescer em fidelidade dia a dia, para o apostolado...; a *pérola* indica a beleza e a maravilha do chamamento divino: não é somente algo de altíssimo valor, mas também o ideal mais belo e perfeito que o homem pode descobrir.

Há uma novidade nesta segunda parábola em relação à do tesouro: a descoberta da pérola foi precedida por uma busca afanosa, ao passo que o tesouro foi encontrado de improviso[2]. Ambas as situações podem dar-se no chamamento divino. Muitos podem ter encontrado a sua vocação quase sem procurá-la; foi um tesouro que os deslumbrou repentinamente. Outros experimentaram uma inquietação íntima, posta por Deus em seus corações, que os levou a procurar a pérola de maior valor; sentiram uma insatisfação em relação às coisas humanas que os impeliu a continuar a busca: *Quid adhuc mihi deest?* Que me falta?[3] Em ambos os casos — um encontro repentino ou a busca prolongada —, tratou-se de algo de altíssimo valor: "uma honra imensa, um orgulho grande e santo, uma prova de predileção, um carinho particularíssimo, que Deus manifestou num momento concreto, mas que estava na sua mente desde toda a eternidade"[4].

II. UMA VEZ DESCOBERTA a pérola ou encontrado o tesouro, é necessário dar mais um passo. A atitude que se deve tomar é idêntica em ambas as parábolas e está descrita nos mesmos termos: *vai, vende tudo o que tem e compra-o.* O desprendimento, a generosidade, é condição indispensável para se entrar na posse do achado. "Escrevias: «[...] Esta passagem do Santo Evangelho caiu na minha alma e lançou raízes. Já a tinha lido muitas vezes, sem captar a sua substância, o seu sabor divino».

"Tudo..., tudo tem que ser vendido pelo homem sensato, para conseguir o tesouro, a pérola preciosa da Glória!"[5] Não há nada de tanto valor!

Mas nem o homem que encontrou o tesouro nem aquele que descobriu a pérola sentem falta do que antes possuíam e que venderam. A riqueza do que acharam é de tal ordem que compensa de longe o que deram em troca, isto é, tudo o que tinham. A mesma coisa acontece com os que descobrem ou encontram o seu caminho pessoal para Deus: abandonam tudo e encontram tudo. O Senhor sublinha na parábola a alegria com que aqueles homens venderam o que possuíam. É razoável pensar que se tratava de coisas que apreciavam: casa, mobília, peças decorativas... Representavam o esforço de anos de trabalho. Mas vendem tudo, sem calculismos, sem pensar demasiado, com alegria.

Deus passa pela vida de cada pessoa em circunstâncias bem determinadas, numa idade concreta, em situações diferentes. Passa e chama uns *na primeira hora*[6], quando têm ainda poucos anos, e pede-lhes as suas ambições, as esperanças e projetos de um futuro que, a essa idade, parece cheio de promessas; a outros, chama-os na maturidade da vida... ou no seu declínio. E a maioria, o Senhor encontra-os no seu trabalho de homens e mulheres correntes no meio do mundo, e deseja que continuem a ser fiéis comuns para que santifiquem esse mundo em cujo cerne se encontram, sem abandonar nenhuma das suas responsabilidades, mas vivendo através delas uma entrega plena e total a Deus.

Em qualquer idade em que se receba a chamada, o Senhor concede uma juventude interior que tudo renova, um entusiasmo de coisas por estrear e de ímpeto apostólico. *Ecce nova facio omnia*[7], diz o Senhor; Eu posso renovar tudo, acabar com a rotina da tua vida, ensinar-te a olhar mais longe e mais alto. Não vale a pena? Não está aí a fonte da alegria que não passa, que já não tem altos e baixos?

Qual a melhor idade para entregar-se a Deus? Aquela em que o Senhor chama. Tanto faz também que se seja solteiro, casado ou viúvo, porque Deus nos quer com tudo o que somos e temos, dentro das nossas circunstâncias particulares. O importante, pois, é ser generoso com Ele no momento e sempre, sem confiar em que haverá outra oportunidade; sem pensar também que já passou o tempo das decisões cheias de audácia e de valentia, que é muito tarde... ou muito cedo. Sempre é tempo para a alegria do encontro divino.

III. EM COMPARAÇÃO com a pérola de grande preço achada pelo mercador — comenta São Gregório Magno —, nada tem valor, e a alma abandona tudo o que tinha adquirido, desfaz-se de tudo o que vinha carregando sobre as costas e considera disforme tudo o que lhe parecia belo na terra, porque somente o resplendor daquela pérola preciosa brilha aos olhos da sua alma[8].

Quem é chamado — seja qual for a sua situação pessoal — deve entregar ao Senhor tudo o que Ele lhe pede: com frequência, tudo o que estiver em condições de dar-lhe. As circunstâncias, no entanto, são diferentes e, portanto, dar tudo nem sempre irá significar materialmente a mesma coisa: uma pessoa casada, por exemplo, não pode nem deve abandonar o que, por vontade de Deus, pertence aos seus: o amor à mulher ou ao marido, a dedicação à família, a educação dos filhos... Para essa pessoa, dar tudo significa viver a vida *de um modo novo*, cumprindo melhor os seus deveres; significa viver heroicamente as suas obrigações familiares; desviver-se no esforço por educar cristã e humanamente os filhos; preocupar-se pelas outras famílias amigas; falar-lhes de Deus com a conduta e com a palavra; encontrar tempo para colaborar em tarefas de apostolado...: "Na vida real de um homem ou de uma mulher casados, que depois descobrem o significado vocacional do seu matrimônio, a «descoberta» aparece sempre como uma dimensão concreta da sua vocação cristã, que é o que há de mais radical"[9].

Mas em qualquer estado ou situação, quando se deseja seguir o Senhor mais de perto, compreende-se que ninguém pode ficar fechado no seu pequeno mundo. Compreende-se que é necessário iluminar a vida dos outros, chegar mais longe, entrar mais a fundo no ambiente em que se vive para transformá-lo, ampliando o círculo de amizades, empenhando-se numa ação apostólica mais intensa e extensa. Isto diz respeito também aos casados, aos doentes, aos de idade avançada, que, dentro dos limites das suas circunstâncias de vida, devem sentir-se responsáveis por um mundo que está às escuras.

Seguir assim os passos de Cristo, numa entrega plena, nunca é fácil. Quem se encontra instalado numa posição mais ou menos estável, quem se considera com a vida já realizada, pode ver que essa tranquilidade conquistada — à qual considera ter pleno direito — corre perigo. E é com isso precisamente que Cristo pede que rompamos: com a rotina, com a mediocridade, com a vulgaridade cômoda.

A vocação sempre exige renúncia e uma mudança profunda na conduta. Implica a entrega a Deus daquilo que se tinha reservado para si, e deixa a descoberto os apegamentos, as fraquezas, os redutos que se supunham intocáveis e que, no entanto, é preciso destruir para adquirir o tesouro sem preço, a pérola incomparável. É o próprio Jesus quem nos procura: *Não fostes vós que me escolhestes, mas eu que vos escolhi*[10]. E se Ele chama, também dá as graças necessárias para segui-lo, no começo da vida, na maturidade e na velhice.

São José, nosso Pai e Senhor, encontrou o *tesouro* da sua vida e a *pérola preciosa* na missão de cuidar de Jesus e de Maria aqui na terra. Peçamos-lhe hoje que nos ajude sempre a viver com plenitude e alegria o que Deus quer de cada um de nós, e que entendamos em todo o momento que nada vale tanto a pena como o cumprimento fiel dos compromissos da nossa vocação.

(1) Mt 13, 44-45; (2) cf. F. M. Moschner, *Las parábolas del Reino de los Cielos*, Rialp, Madri, 1957, p. 11; (3) Mt 19, 20; (4) São Josemaria Escrivá, *Forja*, n. 18; (5) *ib.*, n. 993; (6) cf. Mt 20, 1 e segs.; (7) Ap 2, 2-6; (8) cf. São Gregório Magno, *Homilias sobre os Evangelhos*, 11; (9) P. Rodríguez, *Vocación, trabajo, contemplación*, EUNSA, Pamplona, 1986, p. 31; (10) Jo 15, 16.

TEMPO COMUM. DÉCIMA SÉTIMA SEMANA. QUINTA-FEIRA

148. JESUS PRESENTE NO SACRÁRIO

— Deus vive no meio de nós.
— Presença de Cristo no Sacrário.
— O culto e a devoção a Jesus Sacramentado. O hino *Adoro te devote.*

I. DEUS TINHA REVELADO ao longo do Antigo Testamento a sua intenção de habitar perenemente entre os homens. A chamada *Tenda da reunião* ou *do encontro* foi como que o primeiro templo de Deus no deserto, e sobre ela pousava uma nuvem que era o símbolo da glória de Deus e da sua presença: *Então a nuvem cobriu a tenda do encontro e a glória do Senhor encheu o santuário*[1]. Essa nuvem era o sinal da presença divina[2].

Mais tarde, o Templo de Jerusalém viria a ser o lugar em que os israelitas encontrariam a Deus[3], o lugar pelo qual tinham suspirado no deserto: *Como são desejáveis as tuas moradas, Senhor dos exércitos! A minha alma consome-se e anela pelos átrios do Senhor*[4]. Estar longe do Santuário era estar privado de toda a felicidade verdadeira. *A minha alma tem sede de Deus, do Deus vivo; quando irei e verei o rosto de Deus?*[5]

Chegada a plenitude dos tempos, o Verbo fez-se carne. No momento da Encarnação, o poder do Altíssimo cobriu Nossa Senhora com a sua sombra[6] e a Virgem veio a ser o novo Tabernáculo de Deus: o Verbo de Deus *habitou entre nós*[7].

A palavra grega correspondente a "habitar" que São João emprega "significa etimologicamente «erguer a tenda de campanha» e, daí, habitar num lugar. O leitor atento da Escritura devia, pois, recordar-se espontaneamente do tabernáculo dos tempos da saída do Egito, em que Javé manifestava visivelmente a sua presença no meio do povo de Israel [...].

"Aos sinais da presença de Deus na Tenda do santuário peregrinante no deserto e depois no Templo de Jerusalém, segue-se, pois, a prodigiosa presença de Deus entre nós: Jesus, perfeito Deus e perfeito homem, em quem se cumpre a antiga promessa muito além do que os homens podiam esperar; como se cumprem também as promessas feitas por Isaías acerca do *Emmanuel* ou «Deus conosco» (Is 7, 14)"[8]. Desde então podemos dizer com o mais absoluto respeito pela verdade que Deus vive entre nós. Não é para admirar-nos e agradecer constantemente? Como podemos acostumar-nos a essa realidade inaudita de *um Deus que convive com os homens*?

II. DESDE O MOMENTO da Encarnação, podemos dizer em sentido próprio que Deus *está* conosco, com uma presença pessoal, real, e de uma maneira que é exclusiva de Jesus Cristo: Jesus Cristo, verdadeiro Homem e verdadeiro Deus, está conosco numa proximidade maior do que qualquer outra que se possa imaginar. Jesus é *Deus conosco*. Antes, os israelitas diziam que Deus estava com eles; agora podemos dizê-lo de modo exato, como quando afirmamos que uma coisa que apreciamos com os sentidos está mais perto ou mais longe do lugar em que nos encontramos.

Na Palestina, Cristo deslocava-se, ia de uma cidade para outra, a fim de pregar em outros lugares... *Quando acabou estas parábolas, partiu dali*[9], lemos no Evangelho da Missa. Era Deus que deixava determinado lugar para ir ao encontro de outras pessoas. O sacerdote, quando consagra na Santa Missa, traz-nos Cristo, Deus e Homem, ao altar onde antes não estava na sua Santíssima Humanidade. É uma presença *especial*, que só se dá na Eucaristia e que permanece no Sacrário, no Tabernáculo da Nova Aliança, enquanto durarem as espécies.

Esta presença refere-se de modo direto ao Corpo de Cristo e indiretamente às três Pessoas da Santíssima Trindade: ao Verbo, pela união com a Humanidade de Cristo, e ao Pai e ao Espírito Santo, pela mútua imanência das Pessoas divinas[10]. É, pois, literalmente adequado dizer diante do Sacrário: "Deus está aqui", perto de mim; creio firmemente, Senhor, que estás aí, que me vês, que me ouves...

O Magistério da Igreja, esclarecendo diversos erros, recordou e tornou preciso o alcance da presença eucarística: é uma presença *real*, quer dizer, nem simbólica nem meramente significada ou insinuada por uma imagem; *verdadeira*, não fictícia nem meramente mental ou suposta pela fé ou pela boa vontade de quem contempla as sagradas espécies; e *substancial*, porque, pelo poder conferido por Deus às palavras do sacerdote no momento da Consagração, toda a substância do pão se converte no Corpo do Senhor, e toda a substância do vinho no seu Sangue. Assim, o Corpo e o Sangue adoráveis de Cristo Jesus estão substancialmente presentes, e "na própria realidade, independentemente do nosso espírito, o pão e o vinho deixaram de existir depois da Consagração"[11]; "realizada a transubstanciação, as espécies do pão e do vinho [...] contêm uma nova «realidade», que com razão chamamos *ontológica*, porque sob as referidas espécies já não existe o que antes havia, mas algo completamente diverso [...], e isto não unicamente pelo juízo de fé da Igreja, mas pela realidade objetiva"[12].

Jesus está presente nos nossos Sacrários independentemente de que muitos ou poucos se beneficiem da sua presença inefável. Ele está ali com o seu Corpo, o seu Sangue, a sua Alma e a sua Divindade. Deus feito homem! Não é possível maior proximidade. Podemos dizer de alguma maneira que a presença eucarística de Cristo é o prolongamento sacramental da Encarnação.

Do Sacrário, Jesus convida-nos a fazer confluir para Ele os nossos afetos e súplicas. Na *visita ao Santíssimo* e nos atos de culto da Sagrada Eucaristia, agradecemos este dom de que não somos totalmente conscientes. Vamos até o Sacrário para buscar forças, para dizer a Jesus como notávamos a sua falta, quanto precisamos dEle, pois "a Eucaristia é conservada nos templos e oratórios como centro espiritual da comunidade religiosa ou paroquial; mais ainda, da Igreja universal e de toda a humanidade, já que sob o véu das sagradas espécies contém Cristo, cabeça visível da Igreja, Redentor do mundo, centro de todos os corações, *por quem são todas as coisas e nós com Ele* (1 Cor 8, 6)"[13].

III. A PRÁTICA DA IGREJA de adorar o Senhor presente no Tabernáculo sempre foi constante. Se os israelitas tinham tanta reverência por aquela *Tenda do encontro* no deserto, e mais tarde pelo Templo de Jerusalém, que eram figuras antecipadoras ou imagens da realidade, como não devemos honrar Jesus Cristo, que ficou para sempre conosco no Sacrário?

Nos primeiros séculos da Igreja, a principal razão pela qual se guardavam as sagradas espécies era a de prestar assistência àqueles que se viam impedidos de assistir à Santa Missa, especialmente aos doentes e moribundos, e aos encarcerados por causa da fé. O Sacramento do Senhor era-lhes levado com unção e fervor, para que também eles pudessem comungar. Mais tarde, a fé viva na presença de Cristo não só levou os fiéis a visitarem com frequência o lugar em que o Senhor ficava reservado, como deu origem ao culto do Santíssimo Sacramento. A autoridade da Igreja ratificou-o e enriqueceu-o constantemente: "Os cristãos — declarava o Concílio de Trento — tributam a este Santíssimo Sacramento, ao adorá-lo, o culto de latria que se deve ao Deus verdadeiro, conforme o costume sempre aceito da Igreja católica"[14].

No século XIII, São Tomás compôs um hino que, de uma maneira fiel e piedosa, contém a fé da Igreja na Sagrada

Eucaristia. Nós podemos fazê-lo nosso em muitas ocasiões para alimentarmos a nossa piedade e honrarmos Jesus Sacramentado: *Adoro te devote, latens Deitas*... "Eu te adoro com devoção, Deus escondido, verdadeiramente oculto sob estas aparências. A ti se submete meu coração por completo, e se rende totalmente ao contemplar-te"; acato com humildade e agradecimento — deslumbrado ante o poder de Deus, pasmado ante a sua misericórdia — tudo o que a fé nos ensina. O próprio Deus se entrega, inerme, nas nossas mãos: que grande lição para a minha soberba! E, com a confiança que cresce ao tê-lo aí, tão próximo, pedimos ao Senhor a sua graça para submetermos o nosso eu à sua Vontade...

Junto do Sacrário, aprendemos a amar; nele encontramos as forças necessárias para sermos fiéis. Ele espera-nos sempre e alegra-se quando o procuramos, nem que seja numa breve visita de poucos minutos. Espera os homens tantas vezes maltratados pelas asperezas da vida, e conforta-os com o calor da sua compreensão e do seu amor. Junto do Sacrário, cobram outra força aquelas palavras do Senhor: *Vinde a mim, todos os que estais fatigados e sobrecarregados, e eu vos aliviarei*[15].

(1) Ex 40, 34; *Primeira leitura* da Missa da quinta-feira da décima sétima semana do Tempo Comum, ano I; (2) cf. Nm 12, 5; 1 Rs 8, 10-11; (3) cf. Is 1, 12; Ex 23, 15-17; (4) Sl 83, 2-3; *Salmo responsorial* da Missa da quinta-feira da décima sétima semana do Tempo Comum, ano I; (5) Sl 42, 3; (6) cf. Lc 1, 35; (7) Jo 1, 14; (8) Sagrada Bíblia, *Santos Evangelhos*, EUNSA, Pamplona, 1983, p. 1146; (9) Mt 13, 53; (10) cf. Conc. de Trento, Decr. *De Sanctissima Eucharistia*, cap. XI; (11) Paulo VI, *Credo do povo de Deus*, 25; (12) idem, Enc. *Mysterium fidei*, 3-IX-1965; (13) *ib.*, 69; (14) Conc. de Trento, *Seção XIII*, cap. V, Dz 1643; (15) Mt 11, 28.

149. SEM RESPEITOS HUMANOS

— Valentia para seguir o Senhor em qualquer ambiente e em todas as circunstâncias.
— Vencer os respeitos humanos, parte da virtude da fortaleza.
— Muitas pessoas necessitam do testemunho claro do nosso sentir cristão. Dar exemplo.

I. QUANDO JESUS INICIOU a sua vida pública, muitos vizinhos e parentes tomaram-no por louco[1], e na sua primeira visita a Nazaré, que hoje lemos no Evangelho da Missa[2], os seus conterrâneos negaram-se a ver nEle o que quer que fosse de extraordinário. O comentário que lhes provocou mal dissimula a inveja de que estavam possuídos: *Donde lhe vêm essa sabedoria e esses poderes? Não é este o filho do artesão? E escandalizavam-se dele.*

Desde o princípio, Jesus teve de enfrentar uma onda de maledicências e desprezos, nascidos de egoísmos covardes, porque proclamava a verdade sem respeitos humanos. Essa onda iria aumentando com o decorrer dos anos, até desembocar na torrente de calúnias e na perseguição aberta que lhe causaram a morte. Os seus próprios inimigos reconheceriam em diversas ocasiões: *Mestre, sabemos que és veraz e que ensinas o caminho de Deus segundo a verdade, sem te preocupares com ninguém, porque não fazes acepção de pessoas*[3].

Esta mesma disposição — independência em relação aos juízos e louvores dos homens — é a que o Mestre pede aos seus discípulos. Nós, cristãos, devemos cultivar e defender o devido prestígio profissional, moral e social, adquirido com toda a justiça, porque faz parte da dignidade humana e porque é necessário para levarmos a cabo o trabalho apostólico que devemos realizar no meio das nossas tarefas. Mas não devemos esquecer que em muitas ocasiões a nossa conduta entrará em choque com o comportamento dos que se opõem à moral cristã ou dos que se aburguesaram no seguimento de Cristo.

Nesses casos, devemos repelir o medo de parecer estranhos e, pelo contrário, experimentar o sadio orgulho de viver como discípulos de Cristo. Quem ocultasse a sua condição de cristão num ambiente de costumes pagãos, submeter-se-ia, por covardia, ao respeito humano, e seria merecedor daquelas palavras de Jesus: *Quem me negar diante dos homens, eu também o negarei diante de meu Pai que está nos céus*[4]. O Senhor ensina-nos que a confissão da fé — com todas as suas consequências, em qualquer ambiente — é condição para sermos seus discípulos.

Assim se comportaram muitos fiéis seguidores de Jesus, como José de Arimateia e Nicodemos, que — sendo discípulos ocultos do Senhor — não tiveram inconveniente em expor-se num momento em que humanamente tudo parecia perdido, pois Jesus tinha morrido crucificado. Ao contrário de muitos outros, "são valentes, declarando perante a autoridade, o seu amor a Cristo — «*audacter*» — com audácia, na hora da covardia"[5]. E o mesmo fizeram mais tarde os apóstolos, que se mostraram firmes diante do abuso do Sinédrio e das perseguições dos pagãos, bem convencidos de que a doutrina da Cruz de Cristo *é loucura para os que se perdem, mas, para os que se salvam, isto é, para nós, é força de Deus*[6].

São Paulo, que nunca se envergonhou de pregar o Evangelho, escrevia ao seu discípulo Timóteo: *Deus não nos deu um espírito de temor, mas de fortaleza, de amor e de temperança. Não te envergonhes nunca do testemunho do nosso Senhor*[7]. São palavras que devemos considerar dirigidas a cada um de nós, a fim de que mantenhamos intacta a fidelidade ao Mestre quando as circunstâncias ou o ambiente se mostrarem adversos.

II. A VIDA DO CRISTÃO deve desenvolver-se sem estridências, em clima de normalidade, no lugar em que lhe toca viver, mas com frequência contrastará violentamente com modos de agir tíbios, aburguesados ou indiferentes, e muito mais com tantos comportamentos anticristãos que não raramente são indignos de um ser humano. Nesses casos, não nos deve surpreender que os que atuam à margem dos ensinamentos de Cristo nos julguem injustamente e que exteriorizem esses juízos de uma forma ou de outra.

Normalmente, não se tratará de sofrer violências físicas por causa do Evangelho, mas de suportar murmurações e calúnias, risos trocistas, discriminações no lugar de trabalho, perda de vantagens econômicas ou de amizades superficiais... Às vezes, a situação pode apresentar-se na própria família ou com os amigos, e será necessária então uma boa dose de serenidade e de fortaleza sobrenatural para manter uma atitude coerente com a fé.

É nessas incômodas circunstâncias que pode surgir a tentação de escolher o caminho mais fácil, a fim de evitar nos outros um movimento de rejeição ou de incompreensão; é então que pode infiltrar-se na alma a preocupação de não perder amigos, de não fechar portas pelas quais talvez seja necessário passar algum dia... É a tentação de nos deixarmos levar pelos respeitos humanos, de ocultarmos a nossa identidade, a nossa condição de discípulos de Cristo que querem viver muito perto dEle.

São situações difíceis; porém, o cristão não deve perguntar-se pelo que é mais oportuno, pelo que será bem recebido ou aceito, mas pelo que é melhor, pelo que o Senhor espera dele naquela circunstância concreta. Muitas vezes, os respeitos humanos são consequência do comodismo de não querermos passar um mau bocado, do desejo de agradar sempre ou de não ser exceção dentro de um grupo. E talvez o Senhor espere justamente isso, que sejamos uma exceção, que nos mostremos coerentes com a fé e o amor que trazemos no coração, que manifestemos, nem que seja apenas com o silêncio, com umas poucas palavras, com um gesto, com uma atitude..., as nossas convicções mais profundas. Esta firmeza na fé, que transparece na conduta, é frequentemente, sem o percebermos, a melhor maneira de darmos a conhecer todo o atrativo da fé cristã, e o começo do retorno de muitos à Casa do Pai.

Para muitos que começam a seguir o Senhor, este é um dos principais obstáculos que se apresentam no seu caminho. "Sabeis — pergunta o Cura d'Ars — qual é a primeira tentação que o demônio apresenta a uma pessoa que começou a servir melhor a Deus? É o respeito humano"[8], porque toda a pessoa normal possui um sentido congênito de vergonha que a leva a fugir de situações que a coloquem em evidência diante dos outros. Mas esta será precisamente a nossa maior alegria: expormo-nos por Jesus Cristo, sempre que a ocasião o requeira. Jamais nos arrependeremos de ter sido coerentes com a nossa fé cristã.

III. MUITAS PESSOAS estão ao nosso lado esperando o testemunho claro de um sentir cristão. Quanto bem podemos fazer com a nossa conduta! Como o mundo necessita de cristãos trabalhadores, amáveis, cordiais e firmes na sua fé! Às vezes, ouvimos falar de um "artigo corajoso" porque ataca o magistério do Papa ou porque defende o aborto ou os anticoncepcionais... No entanto, o que é corajoso, na época em que vivemos, é precisamente defender a autoridade do Romano Pontífice no que se refere à fé e à moral, defender o direito à vida de toda a pessoa concebida, ter — se essa é a vontade de Deus — uma família numerosa e, de qualquer modo, nunca fechar as fontes da vida, por mais que nos critiquem ou troçem de nós os médicos, os amigos, a mãe, a sogra ou as cunhadas.

É necessário e urgente obter de Deus a audácia própria dos filhos de Deus para superar os temores. Não podemos permitir que expulsem o Senhor ou que o coloquem entre parênteses na vida social, que homens sectários pretendam relegá-lo ao âmbito da consciência individual, explorando a inoperância de gente boa acovardada.

A tentação de passarmos despercebidos em determinadas situações conflitivas devidas ao Evangelho, não nos deve causar estranheza. O próprio São Pedro, depois de ter sido confirmado como Chefe da Igreja, depois de ter recebido o Espírito Santo, caiu por respeitos humanos em pequenas concessões práticas a um ambiente adverso. Essas transigências foram-lhe apontadas por São Paulo com firmeza e lealdade[9], num episódio que, longe de embaçar a santidade e a unidade da Igreja, demonstrou a perfeita união dos apóstolos, o apreço de São Paulo pela Cabeça visível da Igreja e a grande humildade de São Pedro em retificar.

O Senhor dá-nos exemplo da conduta que devemos seguir. Desde aquele dia em Nazaré, Jesus sabia perfeitamente que muitos estariam em desacordo com Ele, mas nunca se deixou levar pelo desejo de agradar aos homens. Uma só coisa lhe importava: cumprir a vontade do Pai. Nunca deixou de curar, por exemplo, num sábado, embora soubesse que o vigiavam para ver se curava nesse dia[10]. Jesus sabia o que queria, e sabia-o desde o princípio. Em todo o seu ministério, jamais o vemos vacilar, ficar indeciso, e muito menos retroceder, tanto nas suas palavras como no modo de agir.

O Senhor pede aos seus essa mesma vontade firme. "Com isso, infunde nos seus discípulos o seu modo de ser. Está muito longe dEle a precipitação e mais ainda a indecisão, as claudicações e as soluções de compromisso. Todo o seu ser e a sua vida são um «sim» ou um «não». Jesus é sempre o mesmo, sempre disposto, porque, quando fala e quando atua, sempre o faz com plena lucidez de consciência e com toda a sua vontade"[11].

Peçamos a Jesus essa firmeza para nos deixarmos guiar em todas as circunstâncias pelo querer de Deus, que permanece para sempre, e não pela vontade dos homens, que é cambiante, caprichosa e pouco duradoura.

(1) Mc 3, 21; (2) Mt 13, 54-58; (3) Mt 22, 16; (4) Mt 10, 32; (5) cf. São Josemaria Escrivá, *Caminho*, n. 841; (6) 1 Cor 1, 18; (7) 2 Tm 1, 7-8; (8) Cura d'Ars, *Sermão sobre as tentações*; (9) Gl 2, 11-14; (10) Mc 3, 2; (11) cf. K. Adam, *Jesus Cristo*, Quadrante, São Paulo, 1986, pp. 14-15.

TEMPO COMUM. DÉCIMA SÉTIMA SEMANA. SÁBADO

150. SABER FALAR, SABER CALAR-SE

— O silêncio de Jesus.
— Falar quando é necessário, com caridade e fortaleza. Fugir do silêncio culposo.
— Valentia e fortaleza na vida corrente. Coerência com a fé e com a vocação pessoal.

I. DURANTE TRINTA ANOS, Jesus teve uma vida de silêncio; somente Maria e José conheciam o mistério do Filho de Deus. Quando, iniciada a vida pública, retorna um dia à cidade onde havia vivido, os seus conterrâneos admiram-se da sua sabedoria e dos seus milagres, pois só tinham visto nele uma vida exemplar de trabalho.

Durante os três anos do seu ministério público, vemos como se recolhe no silêncio da oração, a sós com seu Pai-Deus, como se afasta do clamor e do fervor superficial da multidão que pretende fazê-lo rei, como realiza os seus milagres sem ostentação, recomendando frequentemente aos que foram curados que não divulguem o favor recebido...

O silêncio de Jesus perante os clamores dos seus inimigos durante a Paixão é comovedor: *Ele permaneceu em silêncio e nada respondeu*[1]. Diante de tantas falsas acusações, aparece indefeso. "Deus nosso Salvador — comenta São Jerônimo —, que redimiu o mundo pela sua misericórdia, deixa-se conduzir à morte como um cordeiro, sem dizer nenhuma palavra; nem se queixa nem se defende. O silêncio de Jesus obtém o perdão da rebeldia e das desculpas de Adão"[2]. Jesus permanece calado durante o processo no pretório e na corte de Herodes, e contemplamo-lo de pé, sem dizer uma única palavra, diante dos inimigos clamorosos e excitados que se servem de falsos testemunhos para tergiversar as suas palavras. Está de pé diante do procurador. *E, sendo acusado pelos príncipes dos sacerdotes e pelos anciãos, não respondeu coisa alguma. Então disse-lhe Pilatos: Não ouves de quantas coisas te acusam? Mas ele não lhe deu resposta alguma, de modo que o procurador ficou extremamente admirado*[3].

O silêncio de Deus diante das paixões humanas, dos pecados que se cometem diariamente na humanidade, não é um silêncio irado, nem de desprezo, mas repleto de paciência e amor. O silêncio do Calvário é o de um Deus que vem redimir todos os homens com o seu sofrimento indizível na Cruz. O silêncio de Jesus no Sacrário é o do amor que espera ser correspondido, é um silêncio paciente, que se mostra magoado se não o visitamos ou o fazemos distraídamente.

O silêncio de Cristo durante a sua vida terrena não é de modo algum vazio interior, mas fortaleza e plenitude. Os que se queixam continuamente dos seus contratempos ou da sua pouca sorte, os que apregoam aos quatro ventos os seus problemas, os que não sabem sofrer silenciosamente uma injúria, os que se sentem urgidos continuamente a dar explicações do que fazem ou deixam de fazer, esperando com ansiedade o louvor ou a aprovação alheia..., todos esses deveriam olhar para Cristo, que permanece em silêncio. Imitamo-lo quando aprendemos a carregar os fardos e incertezas da vida sem espalhafatos estéreis, quando enfrentamos os problemas pessoais sem descarregá-los sobre os ombros alheios, quando respondemos pelos nossos atos sem desculpas nem justificações de nenhum tipo, quando realizamos o nosso trabalho olhando para a perfeição da obra e para a glória de Deus, sem procurar o apreço dos homens...[4]

Iesus autem tacebat. Jesus calava-se. E nós devemos aprender a ficar calados em muitas ocasiões. Às vezes, o orgulho infantil e a vaidade levam-nos a exteriorizar o que deveria ficar dentro da alma. A figura silenciosa de Cristo será um Modelo que deveremos ter sempre presente perante tanta palavra vazia e inútil. O seu exemplo é um motivo e um estímulo para vivermos de olhos postos exclusivamente em Deus. *In silentio et in spe erit fortitudo vestra*, a vossa fortaleza apoiar-se-á no silêncio e na esperança, diz-nos o Espírito Santo pela boca do profeta Isaías[5].

II. MAS JESUS nem sempre permaneceu calado. Porque existe também um silêncio que pode ser colaborador da mentira, um silêncio composto de cumplicidades e de grandes ou pequenas covardias; um silêncio que às vezes nasce do medo das consequências, do receio de comprometer-se, do amor à comodidade, e que fecha os olhos ao que é árduo, para não ter de enfrentá-lo: problemas que se deixam de lado, situações que deveriam ser resolvidas no momento oportuno porque há muita coisa que o tempo não conserta, correções fraternas que nunca se deveriam deixar de fazer..., dentro da própria família, no trabalho, ao superior ou ao inferior, ao amigo e àquele com quem temos maior dificuldade em relacionar-nos.

A palavra de Jesus está sempre cheia de autoridade, e também de força diante da injustiça e da arbitrariedade: *Ai de vós, escribas e fariseus hipócritas, que devorais as casas das viúvas sob pretexto de longas orações...*[6] O Senhor nunca se importou de ir contra a corrente à hora de proclamar a verdade.

São João Batista, cujo martírio lemos hoje no Evangelho da Missa[7], era a *voz que clama no deserto*. E ensina-nos a dizer tudo o que deve ser dito, ainda que às vezes pareça que é falar no deserto, pois o Senhor não permite em nenhuma ocasião que a nossa palavra caia no vazio, e porque é necessário fazer o que deve ser feito, sem excessiva preocupação pelos frutos imediatos. Se cada cristão falasse de acordo com a sua fé, há muito teríamos mudado o mundo.

Não podemos permanecer calados perante infâmias e crimes como o aborto, a degradação do matrimônio e da família, ou perante um ensino que quer empurrar Deus para um canto na consciência dos mais jovens... Não podemos calar-nos perante os ataques a Nossa Senhora, perante as calúnias às instituições da Igreja cuja verdade e retidão conhecemos muito bem... Esse silêncio poderia ser em muitos casos uma verdadeira colaboração com o mal, pois permitiria que se pensasse que "quem cala consente".

Falar quando devemos. Às vezes, no pequeno grupo em que nos desenvolvemos, na conversa que surge espontaneamente entre vários à saída da aula, ou com uns amigos e vizinhos que nos visitam; entre os amigos e clientes..., ao passarmos por um anúncio indecoroso..., e na tribuna, se esse é o nosso lugar na sociedade. Por carta, para agradecer um bom artigo que apareceu num jornal ou para manifestar a nossa discordância com determinada linha editorial.

E sempre com caridade — que é compatível com a fortaleza (não existe caridade sem fortaleza) —, com bons modos, desculpando a ignorância de muitos, ressalvando sempre a intenção, sem agressividade nem formas amargas ou inadequadas, que seriam impróprias de alguém que segue Jesus Cristo de perto... Mas também com a fortaleza com que o Senhor agiu.

III. SE NOS MOMENTOS em que o Batista viu a sua vida em perigo, tivesse ficado calado ou permanecido à margem dos acontecimentos, não teria morrido degolado na prisão de Herodes. Mas João não era assim; não era *como uma cana agitada pelo vento*. Foi coerente com a sua vocação e os seus princípios até o final. Se se tivesse calado, teria vivido alguns anos mais, mas os seus discípulos não teriam sido os primeiros a seguir Jesus, e ele não teria sido aquele que preparou e aplainou os caminhos do Senhor, como

Isaías tinha profetizado. Não teria vivido a sua vocação e, portanto, a sua vida não teria tido sentido.

Jesus, muito provavelmente, não nos pedirá o martírio violento, mas pede-nos sem dúvida essa valentia e fortaleza nas situações comuns da vida ordinária: para desligar um mau programa de televisão, para ter essa conversa apostólica e não adiá-la mais... Sem gastar as energias em queixas ineficazes, que de nada servem, dando doutrina positiva, apresentando soluções..., com otimismo perante o mundo e as coisas boas que nele existem, ressaltando tudo o que é bom: a felicidade de uma família numerosa, a profunda alegria de dedicar a vida à prática do bem, a nobreza do amor limpo que se conserva jovem vivendo santamente a virtude da pureza...

Muitos dos nossos amigos, ao verem que somos coerentes com a nossa fé, que não a dissimulamos nem a escondemos em face de determinados ambientes, ver-se-ão arrastados por esse testemunho sereno a seguir-nos o exemplo, da mesma maneira que muitos se convertiam ao contemplarem o martírio — testemunho de fé — das primeiras gerações de cristãos.

Peçamos hoje a Nossa Senhora que nos ensine a permanecer calados em tantas ocasiões em que devemos fazê-lo, e a falar sempre que seja necessário.

(1) Mc 14, 61; (2) São Jerônimo, *Comentário sobre o Evangelho de São Marcos*; (3) Mt 27, 12-14; (4) F. Suárez, *Las dos caras del silencio*, em Revista *Nuestro tiempo*, nn. 297 e 298; (5) Is 30, 15; (6) Mt 23, 14; (7) Mt 14, 1-12.

TEMPO COMUM. DÉCIMO OITAVO DOMINGO. CICLO A

151. OS BENS MESSIÂNICOS

— Multiplicação dos pães. Jesus cuida daqueles que o seguem.
— Este milagre é, além disso, figura da Sagrada Eucaristia, em que o Senhor se dá como alimento.
— Procurar o Senhor na Comunhão como aquelas multidões que se esqueciam até do indispensável para não o perderem. Preparar cada comunhão como se fosse a única da nossa vida.

I. *DESTE-NOS, SENHOR, o pão do céu, que encerra em si todas as delícias*[1].

O Evangelho da Missa[2] conta-nos que o Senhor se meteu numa barca e se afastou para um lugar solitário. Mas muitos souberam para onde ia e seguiram-no a pé. Ao desembarcar, o Senhor viu a multidão que o procurava *e encheu-se de compaixão por ela e curou os enfermos*. Cura-os sem que lho peçam, porque, para muitos, chegar àquele lugar levando até doentes impossibilitados de andar, era já suficiente expressão de uma fé grande. São Marcos[3] diz-nos que Jesus se deteve longamente doutrinando essa multidão que o seguia, porque estavam *como ovelhas sem pastor*, cheios de confiança nEle.

O Senhor não viu passar o tempo, absorvido em ensinar e atender a todos, e os discípulos, não sem certa inquietação, sentiram-se levados a intervir, porque já era avançada a hora e o lugar era deserto: *Despede essa gente para que, indo às aldeias, compre de comer*, dizem-lhe. Mas Jesus surpreende-os com a sua resposta: *Não têm necessidade de ir; dai-lhes vós de comer*. E os apóstolos fazem o que podem: conseguem cinco pães e dois peixes. É de notar que eram *cinco mil homens, sem contar as mulheres e crianças*. Jesus realizará um milagre portentoso com esses poucos pães e peixes, e com a obediência daqueles que o seguiam.

Depois de mandar que se sentassem na relva, Jesus, *tomando os cinco pães e os dois peixes, levantando os olhos ao céu, pronunciou a bênção e, partindo os pães, deu-os aos discípulos, e os discípulos às turbas*. Todos comeram até ficarem saciados. O Senhor cuida dos seus, dos que o seguem, mesmo nas necessidades materiais quando é necessário, mas procura a nossa colaboração, que sempre é pequena. "Se o ajudares, mesmo que seja com uma ninharia, como fizeram os apóstolos, Ele estará disposto a realizar milagres, a multiplicar os pães, a mudar as vontades, a dar luz às inteligências mais obscurecidas, a fazer — mediante uma graça extraordinária — que sejam capazes de retidão os que nunca o foram. — Tudo isto... e mais, se o ajudares com o que tens"[4].

Então compreenderemos melhor o que São Paulo nos diz na segunda Leitura: *Quem nos separará, pois, do amor de Cristo? A tribulação, a angústia, a fome, a nudez, o perigo, a perseguição, a espada? [...]. De todas estas coisas saímos vencedores por aquele que nos amou. Porque estou certo de que nem a morte, nem a vida, nem os anjos, nem os principados, nem as virtudes, nem as coisas presentes, nem as futuras, nem a força, nem a altura, nem a profundidade, nem outra criatura alguma nos poderá separar do amor de Deus que está em Jesus Cristo Nosso Senhor*[5]. Em Cristo encontramos sempre a nossa fortaleza.

II. O RELATO DO MILAGRE começa com as mesmas palavras e descreve os mesmos gestos com que os Evangelhos e São Paulo nos transmitem a instituição da Eucaristia[6]. Semelhante coincidência faz-nos ver[7] que esse milagre, além de ser uma manifestação da misericórdia divina de Jesus para com os necessitados, era figura da Sagrada Eucaristia, da qual o Senhor falaria pouco depois, na sinagoga de Cafarnaum[8]. Assim o interpretaram muitos Padres da Igreja. O próprio gesto do Senhor ao levantar os olhos para o céu é recordado pela liturgia no *Cânon Romano* da Santa Missa: *Et elevatis oculis in caelum, ad Te Deum Patrem suum omnipotentem*... Ao recordá-lo, preparamo-nos para assistir a um milagre muito maior que o da multiplicação dos pães: a conversão do pão no próprio Corpo de Cristo, que é oferecido sem medida como alimento a todos os homens.

O milagre daquela tarde junto do lago manifestou o poder e o amor de Jesus pelos homens. Poder e amor que hão de possibilitar também, ao longo da história, que o Corpo de Cristo seja encontrado, sob as espécies sacramentais, pelas multidões dos fiéis que o procurarão famintas e necessitadas de consolo. Como diz São Tomás no hino que compôs para a Missa do *Corpus Christi: sumit unus, sumunt mille...*, tomam-no um, tomam-no mil, tomam-no este ou aquele, mas não se esgota quando o tomam...

"O milagre da multiplicação dos pães adquire assim todo o seu significado, sem perder nada da sua realidade. É grande em si mesmo, mas torna-se ainda maior pelo que promete: evoca a imagem do bom pastor que alimenta o seu rebanho. Dir-se-ia que é como um ensaio de uma nova ordem. Multidões inteiras virão tomar parte no festim eucarístico, onde serão alimentadas de uma maneira muito mais milagrosa, com um manjar infinitamente superior"[9].

Esta multidão que se prende ao Senhor revela a forte impressão que a sua Pessoa produzia no povo, pois são tantos os que se dispõem a segui-lo até paragens desérticas, a uma grande distância das vias mais transitadas e das aldeias. Vão sem provisões, não querem perder tempo em procurá-las, pelo receio de perderem de vista o Senhor. Um bom exemplo para quando tivermos alguma dificuldade em visitá-lo ou recebê-lo. Para encontrar o Mestre, vale a pena qualquer sacrifício.

São João indica-nos que o milagre causou um grande entusiasmo naquela multidão que se tinha saciado[10]. "Senhor, se aqueles homens, por um pedaço de pão — embora o milagre da multiplicação tenha sido muito grande —, se entusiasmam e te aclamam, que não deveremos nós fazer pelos muitos dons que nos concedeste, e especialmente porque te entregas a nós sem reservas na Eucaristia?"[11]

Na Comunhão, recebemos Jesus, Filho de Maria, que naquela tarde realizou o grandioso milagre. "Na Hóstia, possuímos o Cristo de todos os mistérios da Redenção: o Cristo de Maria Madalena, do filho pródigo e da Samaritana, o Cristo ressuscitado dos mortos, sentado à direita do Pai [...]. Esta maravilhosa presença de Cristo no meio de nós deveria revolucionar a nossa vida [...]; Ele está aqui, conosco: em cada cidade, em cada povoado [...]"[12]. Espera-nos e sente a nossa falta quando nos atrasamos.

III. *OS OLHOS DE TODOS esperam em Ti, Senhor, / e tu lhes dás o sustento no tempo oportuno; / Tu abres as mãos e sacias com benevolência todos os viventes*, podemos ler no Salmo responsorial[13].

Jesus, realmente presente na Sagrada Eucaristia, dá a este sacramento uma eficácia sobrenatural infinita. Nós, quando desejamos expressar o nosso amor a uma pessoa, damos-lhe algum objeto, fazemos-lhe um favor ou prestamos-lhe ajuda, procuramos estar atentos à pessoa amada..., mas sempre deparamos com um limite: não podemos dar-nos nós mesmos. Jesus Cristo, pelo contrário, pode: dá-se Ele mesmo, unindo-nos a Ele, identificando-nos com Ele.

E nós, que o procuramos com maiores desejos e maiores necessidades que aquelas pessoas que até se esqueceram da comida para não o perderem, encontramo-lo diariamente na Sagrada Comunhão. Ele nos espera a cada um. Não fica na expectativa de que lhe peçamos alguma coisa: antecipa-se e cura-nos das nossas fraquezas, protege-nos contra os perigos, contra as vacilações que pretendem separar-nos dEle, e dá vida ao nosso caminhar. Cada Comunhão é uma fonte de graças, uma nova luz e um novo impulso que, às vezes sem o notarmos, nos dá fortaleza para enfrentarmos com garbo humano e sobrenatural a vida diária, a fim de que os nossos afazeres nos levem até Ele.

A participação destes benefícios depende, no entanto, da qualidade das nossas disposições interiores, porque os sacramentos "produzem um efeito tanto maior quanto mais perfeitas forem as disposições de quem os recebe"[14]. Disposições habituais da alma e do corpo, desejos cada vez maiores de limpeza e de purificação, que nos farão recorrer à Confissão com uma periodicidade certa, ou antes se for necessário ou conveniente. "A piedade eucarística — diz João Paulo II — aproximar-vos-á cada vez mais do Senhor; e pedir-vos-á o oportuno recurso à Confissão sacramental, que leva à Eucaristia, como a Eucaristia leva à Confissão"[15].

Quanto mais se aproxima o momento de comungar, mais vivo se deve fazer o desejo de preparação, de fé e de amor. "Pensaste alguma vez como te prepararias para receber o Senhor, se apenas se pudesse comungar uma vez na vida? — Agradeçamos a Deus a facilidade que temos para nos aproximarmos dEle, mas... temos de agradecer preparando-nos muito bem para recebê-lo"[16], como se fosse a única Comunhão de toda a nossa vida, como se fosse a última. Um dia será a última, e pouco depois nos encontraremos cara a cara com Jesus, com quem estivemos tão intimamente no sacramento. Como nos hão de alegrar então as mostras de fé e de amor que lhe tivermos manifestado!

Aos que alimentastes com este Pão do céu, Senhor, protegei-os com o vosso auxílio e concedei-lhes que alcancem a redenção eterna, pedimos com a liturgia da Missa[17].

(1) Is 55, 1-3; (2) Mt 14, 13-21; (3) Mc 6, 33-34; (4) São Josemaria Escrivá, *Forja*, n. 675; (5) Rm 8, 35; 37-39; (6) cf. Mt 26, 26; Mc 14, 22; Lc 22, 19; 1 Cor 11, 25; (7) cf. Sagrada Bíblia, *Santos Evangelhos*,

nota a Jo 6, 11 e Mc 6, 41; (8) cf. Jo 6, 26-59; (9) M. J. Indart, *Jesus en su mundo*, Herder, Barcelona, 1963, pp. 265-266; (10) Jo 6, 14; (11) São Josemaria Escrivá, *op. cit.*, n. 304; (12) M. M. Philipon, *Os sacramentos da vida cristã*; (13) Sl 144, 15-16; (14) São Pio X, Decr. *Sacra Tridentina Synodus*, 20-XII-1905; (15) João Paulo II, *Alocução*, 31-X-1982; (16) São Josemaria Escrivá, *op. cit.*, n. 828; (17) Oração para depois da Comunhão.

152. O ALIMENTO DA NOVA VIDA

— O maná, símbolo e figura da Sagrada Eucaristia, verdadeiro alimento da alma.
— O *pão da vida.*
— O próprio Cristo se nos dá em cada Comunhão. A sua presença na alma.

I. *DIZ O SENHOR: Eu sou o pão da vida; o que vem a mim não terá jamais fome; e o que crê em mim não terá jamais sede*[1].

Depois do milagre da multiplicação dos pães e dos peixes, a multidão, entusiasmada, procurou novamente Jesus. Quando viram que não o conseguiam encontrar, nem a Ele nem aos seus discípulos, subiram às barcas e foram a Cafarnaum. E seria ali, na sinagoga — indica-nos São João no Evangelho da Missa[2] —, que teria lugar a revelação da Sagrada Eucaristia.

Com o milagre da multiplicação dos pães no dia anterior, Jesus tinha despertado no povo umas esperanças profundamente vivas. Milhares de pessoas saíram de suas casas para vê-lo e ouvi-lo, e o entusiasmo que se apossara delas levou-as a querer proclamá-lo rei. Mas o Senhor afastou-se da multidão.

Quando o encontraram novamente, Jesus disse-lhes: *Em verdade, em verdade vos digo: Vós me buscais, não por terdes visto os milagres, mas porque comestes dos pães e ficastes saciados*. "Buscais-me — comenta Santo Agostinho —

por motivos da carne, não do espírito. Quantos há que procuram Jesus, guiados unicamente pelos seus interesses materiais! [...]. Só se pode procurar Jesus por Jesus"[3].

Com uma valentia admirável, com um amor sem limites, Jesus expõe o dom inefável da Sagrada Eucaristia, em que se dá como alimento. Pouco importa que, ao terminar a revelação, muitos dos que o seguiram com fervor acabem por abandoná-lo. O Senhor não recua: *Trabalhai não pela comida que perece, mas pela que dura até a vida eterna e que o Filho do homem vos dará... Mas eles disseram-lhe: Que devemos nós fazer para praticar as obras de Deus? Jesus respondeu-lhes: A obra de Deus é esta: que acrediteis naquele que Ele enviou.*

E, apesar de que muitos dos presentes tinham visto com os seus próprios olhos o prodígio do dia anterior, disseram-lhe: *Que milagre fazes tu, pois, para que o vejamos e acreditemos em ti? Os nossos pais comeram o maná no deserto, segundo está escrito: Deu-lhes a comer o pão do céu.*

A primeira Leitura da Missa[4] relata como, efetivamente, Deus manifestara a sua Providência em relação àqueles israelitas no deserto, fazendo cair diariamente do céu o maná que os alimentava. Esse pão era símbolo da Sagrada Eucaristia, que o Senhor anunciava agora pela primeira vez naquela pequena cidade junto do lago de Genesaré.

Jesus Cristo é o verdadeiro alimento que nos transforma e nos dá forças para realizarmos a nossa vocação cristã. "Só mediante a Eucaristia é possível viver as virtudes heroicas do cristianismo: a caridade até o perdão dos inimigos, até o amor pelos que nos fazem sofrer, até a doação da própria vida pelo próximo; a castidade em qualquer idade e situação da vida; a paciência, especialmente na dor e quando estranhamos o silêncio de Deus nos dramas da história ou da nossa existência. Por isso — exorta vivamente o Papa João Paulo II —, sede sempre almas eucarísticas para poderdes ser cristãos autênticos"[5].

Com palavras do poeta italiano, pedimos ao Senhor: "Dai-nos hoje o maná de cada dia, / sem o qual por este áspero caminho / retrocede quem mais em caminhar se afana"[6]. Verdadeiramente, a vida sem Cristo converte-se num áspero deserto, em que se está cada vez mais longe da meta.

II. QUANDO OS JUDEUS dizem a Jesus que Moisés lhes deu o pão do céu, Jesus responde-lhes que não foi Moisés, mas seu Pai Celestial. E é Ele quem lhes dá *o verdadeiro pão do céu. Pois o pão de Deus é o que desceu do céu e dá a vida ao mundo.*

"O Senhor apresenta-se de tal forma, que parece superior a Moisés; jamais Moisés teve a audácia de dizer que dava um alimento que não perece, que permanece até a vida eterna. Jesus promete muito mais do que Moisés. Este prometia um reino, uma terra com rios de leite e mel, uma paz temporal, numerosos filhos, saúde corporal e todos os demais bens temporais [...]; prometia saciá-los aqui na terra, mas de manjares que perecem. Cristo, no entanto, promete um manjar que, efetivamente, não perece, mas permanece eternamente"[7].

Os que estavam presentes naquela manhã na sinagoga de Cafarnaum sabiam que o maná — o alimento que os judeus recolhiam diariamente no deserto — era um símbolo dos bens messiânicos, e por isso pedem ao Senhor que realize um portento semelhante. Mas não podiam sequer imaginar que o maná era figura do grande dom messiânico da Sagrada Eucaristia[8].

Jesus diz-lhes que aquele maná não era o pão do céu, porque os que o haviam comido tinham acabado por morrer, e que seu Pai era quem lhes podia dar esse outro pão totalmente excepcional e maravilhoso. Eles disseram-lhe: *Senhor, dá-nos sempre desse pão*. E Jesus respondeu-lhes: *Eu sou o pão da vida; quem vem a mim não terá jamais fome, e quem crê em mim não terá jamais sede.*

O Senhor terá o maior cuidado em deixar bem claro que esse pão é uma realidade. Repete a seguir por oito vezes a palavra *comer*, para que nunca haja a menor dúvida. Ele é realmente o nosso alimento: *O pão que eu darei é a minha carne*. E, portanto, por meio da Sagrada Eucaristia, fazemo-nos "concorpóreos e consanguíneos seus"[9]. A Eucaristia é a suprema realização daquelas palavras da Escritura: *As minhas delícias são estar com os filhos dos homens*[10].

"O maior louco que já houve e haverá é Ele. É possível maior loucura do que entregar-se como Ele se entrega, e àqueles a quem se entrega?

"Porque, na verdade, já teria sido loucura ficar como um Menino indefeso; mas, nesse caso, até mesmo muitos malvados se enterneceriam, sem atrever-se a maltratá-lo. Achou que era pouco: quis aniquilar-se mais e dar-se mais. E fez-se comida, fez-se Pão.

"— Divino Louco! Como é que te tratam os homens?... E eu mesmo?"[11] Examinemo-nos, pensando na próxima Comunhão que faremos. Não pode ser como as anteriores: deve estar mais cheia de amor.

III. QUANDO COMUNGAMOS, o próprio Cristo, todo inteiro — com o seu Corpo, o seu Sangue, a sua Alma e a sua Divindade —, se dá a cada um de nós numa união inefavelmente íntima que nos configura com Ele de um modo real: a nossa vida transforma-se na sua, assimila-se à sua. Cristo, na Comunhão, não somente se acha *conosco*, mas *em* nós.

Ele não está em nós como um amigo está no seu amigo: mediante uma presença espiritual ativada por uma recordação mais ou menos constante. Depois da Comunhão, está verdadeira, real e substancialmente presente na nossa alma. "Eu sou o pão dos fortes — disse o Senhor a Santo Agostinho, e podemos aplicar agora essas palavras à Eucaristia —; crê e então me comerás. Mas não me transformarás na tua própria substância, como acontece ao manjar que alimenta o teu corpo, mas, ao contrário, tu te transformarás em Mim"[12].

Cristo dá-nos a sua vida, diviniza-nos! Derrama sobre a nossa alma necessitada os infinitos méritos da sua Paixão, envia-nos novas forças e auxílios, e introduz-nos no seu coração amantíssimo, para nos transformar segundo os seus sentimentos. A alma é elevada ao plano sobrenatural; as virtudes de Jesus vivificam a alma, e esta fica incorporada a Ele, como membro do seu Corpo Místico. Então podemos dizer de modo pleno: *Já não sou eu que vivo, é Cristo que vive em mim*[13].

Cumprem-se também em cada Comunhão aquelas palavras do Senhor na Última Ceia: *Se alguém me ama* — e recebê-lo com piedade e devoção é o maior sinal de amor —, *guardará os meus mandamentos, e meu Pai o amará, e viremos a ele e nele faremos a nossa morada*[14]. A alma converte-se em templo e sacrário da Santíssima Trindade. E a vida íntima das três divinas Pessoas impregna e transforma o homem, sustentando, fortalecendo e desenvolvendo nele o germe divino recebido no Batismo.

Da Eucaristia brotam todas as graças e todos os frutos de vida eterna — para cada alma e para a humanidade — porque neste sacramento "está contido todo o bem espiritual da Igreja"[15].

Quando nos aproximamos da mesa da Comunhão, podemos dizer: "Senhor, espero em Ti; adoro-te, amo-te, aumenta-me a fé. Sê o apoio da minha debilidade, Tu, que ficaste na Eucaristia, inerme, para remediar a fraqueza das criaturas"[16].

E recorremos a Santa Maria, pois Ela, que durante trinta e três anos pôde gozar da presença visível do seu Filho e o tratou com o maior respeito e amor possíveis, nos dará os seus mesmos sentimentos de adoração e de amor.

(1) Jo 6, 35; *Antífona da Comunhão* da Missa do décimo oitavo domingo do Tempo Comum, ciclo B; (2) Jo 6, 24-35; (3) Santo Agostinho, *Comentário ao Evangelho de São João*, 25, 10; (4) Ex 16, 2-4; 12-15; (5) João Paulo II, *Homilia*, 19-VIII-1979; (6) Dante Alighieri, *A divina comédia. Purgatório*, XI, 13-15; (7) Santo Agostinho, *Comentário ao Evangelho de São João*, 25, 12; (8) cf. Sagrada Bíblia, *Santos Evangelhos*; (9) São Cirilo de Jerusalém, *Catequese*, 22, 1; (10) Pr 8, 31; (11) São Josemaria Escrivá, *Forja*, n. 824; (12) Santo Agostinho, *Confissões*, 7, 10, 16; 7, 18, 24; (13) Gl 2, 20; (14) Jo 14, 23; (15) Conc. Vat. II, Decr. *Presbyterorum ordinis*, 5; (16) São Josemaria Escrivá, *op. cit.*, n. 832.

TEMPO COMUM. DÉCIMO OITAVO DOMINGO. CICLO C

153. SER RICOS EM DEUS

— Somente o Senhor pode satisfazer o nosso coração.
— A nossa vida é curta e bem limitada no tempo: aproveitar as coisas nobres da terra para ganhar o Céu.
— Aproveitar o tempo na presença de Deus. Desprendimento.

I. *SE RESSUSCITASTES com Cristo, buscai as coisas que são do alto, onde Cristo está sentado à direita do Pai; afeiçoai-vos às coisas do alto, não às da terra*[1], exorta-nos São Paulo na segunda Leitura da Missa. Porque os bens desta terra duram pouco e não satisfazem o coração humano, por mais abundantes que sejam.

A vida do homem sobre a terra é breve[2], e a maior parte dela se passa entre dores e fadigas; tudo se dissipa como o vento e mal deixa rasto atrás de si[3]; quando muito, pode-se acumular uma fortuna que bem cedo se terá de passar para as mãos de outros. A que conduzem tantos esforços e fadigas, se não se leva consigo aquilo que se obtém? *Vaidade das vaidades; tudo é vaidade*, recorda-nos outra das leituras da Missa[4].

Perante esse vazio e essa falta de sentido, perante o inconsistente, Deus é a rocha: *Vinde, regozijemo-nos no Senhor, aclamemos a Rocha da nossa salvação; apresentemo-nos diante dEle com louvores, regozijemo-nos com cânticos na sua presença...*[5] Deus dá sentido à vida, ao trabalho, à dor.

No entanto, o coração do homem inclina-se facilmente a procurar as coisas daqui de baixo, tende a apegar-se a elas como se fossem a única coisa que conta e a esquecer-se do que realmente importa. No Evangelho da Missa[6], o Senhor serve-se de uma questão de partilha de herança que lhe propõem, para nos ensinar qual é a verdadeira realidade das coisas à luz do nosso final terreno: *O campo de um homem rico tinha dado abundantes frutos; e ele começou a calcular: Que farei, pois não tenho onde armazenar a colheita? E disse [...]: Demolirei os meus celeiros, fá-los-ei maiores [...] e direi à minha alma: Ó alma, tu tens muitos bens acumulados para longos anos; descansa, come, bebe, regala-te...*

O Senhor ensina-nos que é uma insensatez colocar o coração, feito para a eternidade, na ânsia de riqueza e de bem-estar material, porque nem a felicidade nem a vida verdadeiramente humana se fundamentam neles: *A vida de cada um não depende da abundância dos bens que possui*[7]. O rico lavrador da parábola revela o seu ideal de vida no diálogo que entabula consigo próprio. Vemo-lo seguro de si por ter muitos bens e por basear neles a sua estabilidade e felicidade. Viver é para ele, como para tantas pessoas, desfrutar do máximo que puder: trabalhar pouco, comer, beber, ter uma vida cômoda, dispor de reservas para *longos anos*. Este é o seu ideal.

E como dar segurança a uma vida construída a partir desse sentido puramente material dos dias?: *Armazenarei...* No entanto, tudo o que não se constrói sobre Deus está falsamente construído. A segurança que os bens materiais podem dar é frágil e além disso insuficiente, porque a nossa vida não é plena a não ser com Deus.

Podemos perguntar-nos hoje, neste tempo de oração, onde está o nosso coração, em que se ocupa, com que se preocupa, com que se alegra, com que se entristece, sabendo que o nosso destino definitivo é o Céu, e que, se não o alcançarmos, nada de nada terá valido a pena.

II. NO DIÁLOGO que o rico lavrador sustenta consigo próprio, intervém outro personagem — Deus — que não tinha sido levado em conta, e que com as suas palavras revela que esse homem se enganara miseravelmente à hora de programar o seu modo de viver: *Néscio*, diz-lhe, *esta mesma noite virão pedir-te contas da tua alma; e as coisas que juntaste, para quem serão?* Tudo foi inútil. *Assim é todo aquele que entesoura para si e não é rico para Deus*.

A nossa passagem pela terra é um tempo para merecer; foi o próprio Senhor quem no-lo deu. São Paulo recorda-nos que *não temos aqui morada permanente, mas vamos em busca da futura*[8]. O Senhor virá chamar-nos, pedir-nos contas dos bens que nos deixou em depósito para que os administrássemos criteriosamente: a inteligência, a saúde, os bens materiais, a capacidade de amizade, a possibilidade de tornar felizes os que temos à nossa volta... O Senhor virá uma só vez, talvez quando menos o esperamos, *como o ladrão na noite*[9], *como um relâmpago no céu*[10], e é preciso que nos encontre bem preparados. Apegarmo-nos às coisas daqui da terra, esquecermo-nos de que o nosso fim é o Céu, faria com que deformássemos a perspectiva da nossa vida e vivêssemos de uma maneira néscia. *Néscio* é a palavra que Deus dirige a esse homem que tinha vivido somente para os bens materiais.

Temos que caminhar com os pés na terra, com aspirações e ideais humanos, sabendo prever o futuro para nós mesmos e para aqueles que dependem de nós, como um bom pai e uma boa mãe de família, mas sem esquecer que somos peregrinos, e somente "atores em cena. Ninguém se julgue rei nem rico, porque ao cair o pano todos nos veremos pobres"[11]. Os bens são simples meios para alcançarmos a meta que o Senhor nos marcou. Nunca devem ser o fim dos nossos dias aqui na terra.

Esta mesma noite virão pedir-te contas da tua alma. O tempo é escasso: *esta mesma noite*, e talvez nós estejamos pensando em muitíssimos anos, como se a nossa passagem pela terra houvesse de durar para sempre. Os nossos dias estão numerados e contados; estamos nas mãos de Deus. Dentro de algum tempo — que nunca será tão longo como queríamos —, encontrar-nos-emos cara a cara com o Senhor.

A meditação do nosso final terreno ajuda-nos a aproveitar todas as circunstâncias desta vida para merecer e reparar pelos pecados — *redimentes tempus*, recuperando o tempo perdido[12] —, e a desprender-nos efetivamente daquilo que temos e utilizamos. Um dia qualquer será o nosso último dia. Hoje morreram milhares de pessoas nas circunstâncias mais diversas; nunca imaginaram que já não teriam outros dias para desagravar e para enriquecer um pouco mais de bens eternos o seu alforje. Algumas morreram com o coração posto em assuntos de pouca ou nenhuma importância em relação à sua existência definitiva para além da morte; outros tinham o olhar e o coração colocados nessas mesmas coisas humanas, mas direcionadas para Deus. Estas encontrarão o tesouro maravilhoso que *nem a traça nem a ferrugem*[13] podem destruir.

III. NO MOMENTO DA MORTE, o estado da alma fica fixado para sempre. Depois não é possível nenhuma mudança; o destino que nos espera na eternidade é consequência da atitude que tenhamos tomado na nossa passagem pela terra. *Quando uma árvore cai para o sul ou para o norte, lá onde cai, aí fica*[14]. Daí as frequentes advertências do Senhor para estarmos sempre vigilantes[15], pois a morte não é o final da existência, mas o começo de uma nova vida. O cristão não pode desprezar ou depreciar a existência temporal, pois toda ela deve servir como preparação para a sua existência definitiva com Deus no Céu. Só quem se torna rico diante de Deus, quem acumula tesouros que Deus reconhece como tais é que tira proveito certo destes dias terrenos. Fora isso, o resto é viver de enganos: *O homem passa como uma sombra, e é em vão que se agita; entesoura, sem saber para quem*[16].

Se os bens que temos e utilizamos se orientam para a glória de Deus, saberemos utilizá-los com desprendimento e não nos queixaremos se alguma vez vêm a faltar-nos. Quando o Senhor quer ou permite que nos falte alguma coisa, isso não nos arrebatará a alegria. Saberemos ser felizes na abundância e na escassez, porque os bens não serão nunca o objetivo supremo da vida; e saberemos repartir com os outros o muito ou o pouco que venhamos a possuir e que os outros não possuem.

A consideração da morte ensina-nos também a aproveitar bem os dias, pois o tempo que temos pela frente não é muito longo. "Este mundo, meus filhos, escapa-nos das mãos. Não podemos perder o tempo, que é curto [...]. Compreendo muito bem aquela exclamação de São Paulo aos de Corinto: *Tempus breve est!*, como é breve a duração da nossa passagem pela terra! Para um cristão coerente, estas palavras ressoam no mais íntimo do seu coração como uma censura perante a falta de generosidade, e como um convite constante para que seja leal. Verdadeiramente, é curto o nosso tempo para amar, para dar, para desagravar"[17]. E iremos desaproveitá-lo deixando que o coração se apegue a meia dúzia de bugigangas da terra, que nada valem?

A meditação das verdades eternas é uma ajuda eficaz para darmos à nossa vida o seu verdadeiro sentido. Peçamos a Nossa Senhora que nos faça refletir sobre essas verdades, ponderando-as no coração como Ela o fez, de modo a termos presente o fim da nossa vida no nosso dia a dia e a não desperdiçarmos nenhuma ocasião de ser desprendidos, generosa e alegremente.

(1) Cl 3, 1-5; 9-11; *Segunda leitura* da Missa do décimo oitavo domingo do Tempo Comum, ciclo C; (2) Sb 2, 1; (3) Sl 89, 10; (4) Ecl 1, 2; (5) Sl 94; *Salmo responsorial* da Missa do décimo segundo domingo do Tempo Comum, ciclo C; (6) Lc 12, 15; (7) Lc 12, 15; (8) Hb 13, 14; (9) Mt 25, 43; (10) Mt 24, 27; (11) São João Crisóstomo, *Homilia sobre Lázaro*, 2, 3; (12) Ef 5, 16; (13) Mt 6, 20; (14) Ecl 11, 3; (15) cf. Mt 24, 42-44; Mc 13, 32-37; (16) Sl 39, 7; (17) *Folha informativa* sobre o processo de beatificação do Servo de Deus São Josemaria Escrivá de Balaguer, Fundador do Opus Dei, n. 1, p. 4.

TEMPO COMUM. DÉCIMA OITAVA SEMANA. SEGUNDA-FEIRA

154. O OTIMISMO DO CRISTÃO

— Ser sobrenaturalmente realista é contar sempre com a graça do Senhor.
— O otimismo cristão é consequência da fé.
— Otimismo fundamentado também na Comunhão dos Santos.

I. UMA GRANDE MULTIDÃO seguiu Jesus afastando-se cada vez mais de lugares habitados[1]. Seguem-no sem se preocuparem com as distâncias, porque precisam muito dEle e sentem-se acolhidos. Estão pendentes das palavras que lhes dirige e que dão sentido às suas vidas, e até se esquecem de levar provisões para comer. Não parecem preocupados com isso, nem eles nem Jesus. Mas os discípulos percebem a situação e, ao cair da tarde, aproximam-se do Mestre e dizem-lhe: *Este lugar é deserto, e a hora é já adiantada; despede essa gente, para que, indo às aldeias, compre de comer*. Era uma realidade evidente. Mas Jesus conhece uma realidade mais alta, umas possibilidades que os discípulos mais íntimos parecem ignorar. Por isso, responde-lhes: *Não têm necessidade de ir; dai-lhes vós de comer*. Mas eles, conhecedores da dificuldade em que se encontravam, dizem-lhe: *Não temos aqui senão cinco pães e dois peixes*.

Os discípulos veem a realidade *objetiva*: são conscientes de que, com aqueles alimentos, não podiam dar de comer a uma multidão. O mesmo acontece conosco quando nos pomos a calcular as nossas forças e possibilidades: as dificuldades da vida e do meio ambiente ultrapassam as nossas forças. Mas essa objetividade humana, que por si só nos levaria ao desalento e ao pessimismo, faz-nos esquecer o otimismo radical que é inerente à vocação cristã e que tem outros fundamentos.

A sabedoria popular diz: "Quem deixa a Deus fora das suas contas, não sabe contar"; essas contas não batem, não podem bater, porque se esquece precisamente a parcela de maior importância. Os apóstolos fizeram bem os cálculos, contaram com toda a exatidão os pães e os peixes disponíveis..., mas esqueceram-se de que Jesus, com o seu poder, estava ao lado deles. E esse dado mudava radicalmente a situação; a verdadeira realidade era outra, muito diferente. "Nos empreendimentos de apostolado, está certo — é um dever — que consideres os teus meios terrenos (2 + 2 = 4). Mas não esqueças — nunca! — que tens de contar, felizmente, com outra parcela: Deus + 2 + 2..."[2] Esquecer essa parcela seria falsear a verdadeira situação. Ser sobrenaturalmente realista significa contar com a graça de Deus, que é um "dado" bem real.

O otimismo do cristão não se baseia na ausência de dificuldades, de resistências e de erros pessoais, mas em Deus, que nos diz: *Eu estarei sempre convosco*[3]. Com Ele, podemos tudo; vencemos..., mesmo quando aparentemente fracassamos. A Santa de Ávila repetia, com bom humor e sentido sobrenatural: "Teresa sozinha não pode nada; Teresa e um maravedi, menos ainda; Teresa, um maravedi e Deus podem tudo"[4]. E o mesmo acontece conosco. "Lança para longe de ti essa desesperança que te produz o conhecimento da tua miséria. — É verdade: pelo teu prestígio econômico, és um zero..., pelo teu prestígio social, outro zero..., e outro pelas tuas virtudes, e outro pelo teu talento... Mas à esquerda dessas negações está Cristo... E que cifra incomensurável não resulta!"[5]

Como mudam as forças disponíveis à hora de empreendermos uma iniciativa apostólica ou quando nos decidimos a lutar na vida interior, ou mesmo a enfrentar as realidades da vida humana, apoiados no Senhor!

II. O OTIMISMO DO CRISTÃO é consequência da sua fé, não das circunstâncias. O cristão é consciente de que o Senhor preparou tudo para o seu maior bem, e de que Ele sabe tirar fruto até dos aparentes fracassos, ao mesmo tempo que nos pede que utilizemos todos os meios humanos ao nosso alcance, sem deixar de lado nem um só: os cinco pães e os dois peixes. O milagre virá.

O Senhor faz com que os fracassos na ação apostólica (uma pessoa que resiste ou nos vira as costas, outra que se nega reiteradamente a dar um passo muito pequeno que a pode aproximar de Deus, um filho que se recusa a acompanhar-nos à Missa de domingo...) nos santifiquem e acabem por santificar os outros; nada se perde. O que não pode dar fruto são as omissões e os atrasos, o cruzar os braços porque parece ser pouco o que podemos fazer e grande a resistência do ambiente. Deus quer que ponhamos à sua disposição os poucos pães e peixes que sempre temos, e que confiemos nEle. Uns frutos chegarão em breve prazo; outros, o Senhor os reserva para o momento oportuno, que Ele conhece muito bem; mas sempre chegarão. Temos de convencer-nos de que não somos nada e de que nada podemos por nós mesmos, mas que Jesus está ao nosso lado, e "Ele, a cujo poder e ciência estão submetidas todas as coisas, nos protege através das suas inspirações contra toda a estultícia, ignorância ou dureza de coração"[6].

O otimismo do cristão robustece-se poderosamente através da oração: "Não é um otimismo meloso, nem tampouco uma confiança humana em que tudo dará certo. É um otimismo que mergulha as suas raízes na consciência da liberdade e na certeza do poder da graça; um otimismo que nos leva a ser exigentes conosco próprios, a esforçar-nos por corresponder em cada instante às chamadas de Deus"[7], a estar atentos ao que Ele deseja que realizemos. Não é o otimismo do egoísta, que só procura a sua tranquilidade pessoal e para isso fecha os olhos à realidade e diz: "Tudo se ajeitará", como desculpa para que não o incomodem, ou que se nega a ver os males do próximo para evitar preocupações.

O otimismo radical de quem segue de perto o Senhor não o afasta da realidade. Com os olhos abertos e vigilantes, sabe enfrentá-la, mas nem por isso se deixa atenazar pelo mal que às vezes contempla, nem se enche de tristeza. Sabe que em circunstância nenhuma seu Pai-Deus o abandona, e que Ele sempre tirará frutos surpreendentes daquele terreno — daquelas circunstâncias ou daqueles amigos — onde só podiam crescer cardos e urtigas. O cristão "sabe que a obra boa nunca será destruída, e que, para dar fruto, o grão de trigo deve começar a morrer debaixo da terra; sabe que o sacrifício dos bons nunca é estéril"[8].

III. RONALD KNOX[9] comenta que Jesus não realizou o milagre da multiplicação dos pães e dos peixes em benefício de transeuntes casuais que se tivessem aproximado para ver o que acontecia com aquela multidão, mas para os que o seguiam há vários dias e o procuraram ao perceberem que se ausentara; eram — diz — como uma manifestação da Igreja incipiente. Aqueles cinco mil, sentados no sopé da montanha, estavam unidos entre si por terem seguido o Senhor, por se terem alimentado do mesmo pão — imagem da Sagrada Eucaristia —, saído das mãos de Cristo. "Que símbolo tão natural de fraternidade é uma refeição em comum! Com que facilidade brota a amizade entre os participantes de um banquete ao ar livre!

"Podemos imaginar o que aconteceria depois, quando alguns dos cinco mil se encontrassem casualmente. A amizade suscitaria neles recordações comuns: o lugar onde se tinham sentado uns e outros naquele dia memorável; o temor de que as provisões não fossem suficientes; a alegria que tiveram quando Pedro, João ou Tiago passaram por eles com as mãos cheias de víveres; o assombro ao verem todos saciados e os doze cestos que sobraram"[10].

Nós participamos da mesma mesa, do mesmo Banquete, comemos o mesmo Pão, que se multiplica sem cessar, e através do qual Cristo vem até nós. Os que seguimos o Senhor estamos unidos por um vínculo muito forte, e por nós corre a mesma vida. "Oxalá nos olhemos a nós mesmos como sarmentos vivos de Cristo, a videira, animados e vigorizados pela graça e pela virtude de Cristo!"[11] A *Comunhão dos Santos* ensina-nos que formamos um só Corpo em Cristo e que podemos ajudar-nos eficazmente uns aos outros. Neste preciso momento, alguém está pedindo por nós, alguém nos ajuda com o seu trabalho, com a sua oração ou com a sua dor. Nunca estamos sós. A *Comunhão dos Santos* alimenta continuamente o nosso otimismo.

E comeram todos, e saciaram-se; e do que sobrou recolheram doze cestos cheios de fragmentos. Ora, o número dos que tinham comido era de cinco mil homens, sem contar mulheres e crianças. A generosidade de Jesus — que é a mesma agora, nos nossos dias — incita-nos a recorrer a Ele cheios de esperança, pois são já muitos os dias em que o vimos seguindo.

"Pede-Lhe sem medo, insiste. Lembra-te da cena que o Evangelho nos relata acerca da multiplicação dos pães. — Olha a magnanimidade com que o Senhor responde aos apóstolos: — Quantos pães tendes? Cinco?... Que me pedis?... E Ele dá seis, cem, milhares... Por quê?

"— Porque Cristo vê as nossas necessidades com uma sabedoria divina, e com a sua onipotência pode e chega mais longe do que os nossos desejos.

"O Senhor vai além da nossa pobre lógica e é infinitamente generoso!"[12]

Ele volta a realizar milagres quando pomos à sua disposição o pouco que possuímos. Ele tem outra lógica, que supera os nossos pobres cálculos, sempre pequenos e insuficientes. Que vergonha se alguma vez guardássemos para nós os cinco pães e os dois peixes, enquanto o Senhor esperava que os entregássemos para fazer maravilhas com eles!

(1) Cf. Mt 14, 13-21; (2) São Josemaria Escrivá, *Caminho*, n. 471; (3) cf. Mt 28, 28; (4) A. Ruiz, *Anédoctas teresianas*, 3ª ed., Monte Carmelo, Burgos, 1982, p. 217; (5) São Josemaria Escrivá, *op. cit.*, n. 473; (6) São Tomás, *Suma teológica*, I-II, q. 68, a. 2, ad. 3; (7) São Josemaria Escrivá, *Forja*, n. 659; (8) G. Chevrot, *Jesus e a samaritana*, Quadrante, São Paulo, 2013, p. 131; (9) cf. R. Knox, *Ejercícios para sacerdotes*, Rialp, Madri, 1981, p. 257; (10) *ib.*; (11) B. Baur, *En la intimidad con Dios*, Rialp, Madri, 1963, p. 233; (12) São Josemaria Escrivá, *Forja*, n. 341.

155. HOMENS DE FÉ

— Fé em Cristo. Com Ele, podemos tudo; sem Ele, somos incapazes de dar sequer um passo.
— Quando a fé se torna pequena, as dificuldades agigantam-se.
— Jesus sempre ajuda.

I. LOGO DEPOIS DO MILAGRE da multiplicação dos pães e dos peixes, o próprio Senhor despediu a multidão e ordenou aos seus discípulos que embarcassem[1]. Já devia ter caído o sol. Jesus, depois daquele dia de trabalho, de solicitude pelos que o tinham seguido, sentiu uma imensa necessidade de orar. Subiu a um monte vizinho e ali permaneceu sozinho, noite adentro, em diálogo com seu Pai do Céu.

Do alto do monte, Jesus vê os apóstolos já longe da margem, e percebe o momento em que a barca, batida pelas ondas *porque o vento lhes era contrário*, passou a estar em perigo. Pôde divisar a pobre embarcação no meio do lago, pois era plenilúnio e a Páscoa estava já próxima. *Por volta da quarta vigília da noite*, cerca de três horas da madrugada, antes de o dia despontar, *foi ter com eles caminhando sobre as águas*.

Os discípulos, ao verem a figura nebulosa que se aproximava deles pelo mar, tiveram medo: *É um fantasma*, disseram. E começaram a gritar. Mas Cristo deu-se a conhecer imediatamente: *Tende confiança, sou eu, não temais*. É a atitude com que Cristo se apresenta sempre na vida do cristão: dando alento e serenidade.

Pedro ganha confiança e, levado pelo seu amor, que o faz desejar estar quanto antes com o Mestre, faz-lhe um pedido inesperado: *Senhor, se és tu, manda-me ir até onde estás por sobre as águas*. A audácia do amor não tem limites. E a condescendência de Jesus também é inesgotável. *E ele disse-lhe: Vem*. Pedro, descendo da barca, começou a andar sobre as águas em direção a Jesus.

Foram momentos impressionantes para todos: Pedro trocou a segurança da barca pela da palavra do Senhor. Não ficou aferrado às tábuas da embarcação, mas dirigiu-se para onde Jesus estava, a uns poucos metros dos seus discípulos, que contemplam atônitos o apóstolo por cima das águas embravecidas. Pedro avança sobre as ondas. Sustentam-no a fé e a confiança no seu Mestre; só isso.

Pouco importam o ambiente, as dificuldades que rodeiam a nossa vida, se sabemos avançar cheios de fé e confiança ao encontro de Jesus que nos espera; pouco importa que as ondas sejam muito altas ou o vento forte; pouco importa que não seja do natural do homem caminhar sobre as águas. Se olhamos para Jesus, tudo nos é possível; e esse olhar para Ele é a virtude da piedade. Se pela oração e pelos sacramentos nos mantemos unidos a Jesus, caminharemos com firmeza. Deixar de olhar para Cristo é naufragar, é incapacitar-se para dar um passo, mesmo em terra firme.

II. A FÉ, INICIALMENTE GRANDE, tornou-se pequena depois. Pedro tomou consciência das ondas, dos ventos (São João diz que *eram fortes*), de como era impossível para o homem caminhar sobre as águas; preocupou-se com as dificuldades e esqueceu-se da única coisa que o mantinha à superfície: a palavra do Senhor. Perante os obstáculos, de que agora tomava consciência, a sua fé diminuiu; mas o milagre estava ligado a uma plena confiança em Cristo.

Deus pede às vezes “aparentes impossíveis”, que se tornam realidade quando nos conduzimos com fé, de olhos postos no Senhor. Certa vez, o Fundador do Opus Dei, São Josemaria Escrivá, dizia a uma filha sua que partia para outro país onde encontraria as lógicas dificuldades próprias dos começos de um trabalho apostólico: "Quando te peço uma coisa, filha, não me digas que é impossível, porque já o sei. Mas desde que comecei a Obra, o Senhor pediu-me muitos impossíveis... e foram saindo!"[2] *E foram saindo!*: trabalhos apostólicos em muitos países..., multidões de simples leigos, de todas as condições sociais, que se dispuseram a santificar-se no seu lugar de trabalho, santificando esse mesmo trabalho e santificando os outros através desse trabalho. Dizia-lhes Mons. Escrivá de mil formas diferentes: "São precisos *homens de fé*, e renovar-se-ão os prodígios que lemos na Sagrada Escritura..." E esses prodígios realizam-se todos os dias na terra... Sempre foi assim na história da Igreja.

É Deus quem nos mantém na superfície e nos torna eficazes no meio de "aparentes impossíveis", de um ambiente que não raras vezes é contrário ao ideal cristão. É Ele quem faz que caminhemos sobre as águas, e a condição é sempre a mesma: olhar para Cristo e não deter-se excessivamente a considerar os obstáculos.

São João Crisóstomo, ao comentar este episódio do lago, sublinha que Jesus levou Pedro a saber por experiência própria que toda a sua fortaleza procedia dEle, ao passo que de si mesmo só podia esperar fraqueza e miséria[3]; e acrescenta: "Quando falta a nossa cooperação, cessa também a ajuda de Deus". No momento em que Pedro começou a temer e a duvidar, começou também a afundar-se.

Quando a fé se torna pequena, as dificuldades agigantam-se: "A fé viva depende da capacidade que eu tenha de responder afirmativamente a esse Deus que me chama e quer tratar-me e ser meu amigo, a grande companhia da minha vida. Portanto, se eu lhe digo "sim, aqui estou" [...], se passo a viver ao seu lado, robusteço a minha fé, porque a minha fé alicerça-se em Deus [...]. Pelo contrário, se me distancio de Deus, se o esqueço, se o empurro para a periferia da minha vida, e esta submerge naquilo que é puramente material e humano; se me deixo arrastar pelas evidências imediatas e Deus se desvanece da minha alma, como posso ter uma fé viva? Se não procuro o trato íntimo com Cristo, o que é que resta da minha fé? Por isso, temos de concluir que, em última instância, todos os obstáculos à vida de fé se reduzem na sua gênese a um afastamento de Deus, a um separar-se de Deus, a um deixar de conviver com Ele num trato face a face"[4].

Pedro teria continuado a caminhar firmemente sobre as águas e teria chegado até o Senhor se não tivesse afastado dEle o seu olhar confiante. Todas as tempestades juntas, as de dentro da alma e as do ambiente, nada podem enquanto estivermos bem ancorados na fé e na oração. A nossa fé nunca deve fraquejar, mesmo que as dificuldades sejam enormes e a sua violência pareça esmagar-nos.

"Que importa que tenhas contra ti o mundo inteiro, com todos os seus poderes? Tu... para a frente!

"— Repete as palavras do salmo: «O Senhor é a minha luz e a minha salvação, a quem temerei?... '*Si consistant adversum me castra, non timebit cor meum*' — Ainda que me veja cercado de inimigos, não fraquejará o meu coração»"[5].

III. *E DESCENDO DA BARCA, Pedro caminhava sobre as águas ao encontro de Jesus. Vendo, porém, que o vento era forte, temeu e, começando a afundar-se, gritou: Senhor, salva-me! No mesmo instante, Jesus estendeu-lhe a mão, segurou-o e disse-lhe: Homem de pouca fé, por que duvidaste? E, mal subiram à barca, o vento cessou.*

Nos perigos, nos tropeços, nas dúvidas, é para Cristo que devemos olhar: *Corramos com perseverança para o combate que nos é proposto, pondo os olhos no autor e consumador da fé, Jesus*[6], podemos ler na Epístola aos Hebreus. Cristo deve ser para nós uma figura clara, nítida e bem conhecida. Já o contemplamos tantas vezes que não podemos confundi-lo com um fantasma!, como os discípulos no meio da noite. Os seus traços são inconfundíveis, bem como a sua voz e o seu olhar. Olhou para nós tantas vezes! É nEle que começa e culmina a vida cristã. "Se queres salvar-te — escreve São Tomás de Aquino —, olha para o rosto do teu Cristo"[7]. O nosso trato habitual com Ele na oração e nos sacramentos é a única garantia de podermos conservar-nos de pé, como filhos de Deus, no meio de um mar agitado como o que nos envolve.

Mais ainda, junto de Cristo, os conflitos e trabalhos que encontramos quase todos os dias fortalecem-nos a fé, firmam-nos a esperança e unem-nos mais a Ele. Acontece conosco o mesmo que com "as árvores que crescem em lugares sombreados e livres de ventos: enquanto se desenvolvem externamente com um aspecto próspero, tornam-se fracas e moles, e facilmente são atacadas por qualquer coisa; mas as árvores que vivem nos cumes dos montes mais altos, sacudidas por muitos ventos e constantemente expostas à intempérie e a todas as inclemências, agitadas por fortíssimas tempestades e frequentemente cobertas por neves, tornam-se mais robustas que o ferro"[8].

Pedro deixou de olhar para Cristo, e afundou-se. Mas soube recorrer imediatamente Àquele a quem tudo está submetido: *Senhor, salva-me!*, gritou com todas as suas forças quando se sentiu perdido. E Jesus, com um carinho infinito, estendeu-lhe a mão e retirou-o das águas. Se vemos que submergimos, que as dificuldades ou a tentação são superiores à nossa capacidade de resistência, recorramos a Cristo: *Senhor, salva-me!* E Cristo estender-nos-á a sua mão poderosa e segura, e passaremos incólumes por todos os perigos e tribulações.

O Senhor tem sempre a sua mão estendida, para que nos agarremos a ela. Nunca permite que nos afundemos, se fazemos o pouco que está ao nosso alcance. Além disso, colocou ao nosso lado um Anjo da Guarda, para que nos proteja de todas as adversidades e seja uma ajuda poderosa no nosso caminho para o Céu. Procuremos a sua amizade, recorramos a ele com frequência ao longo do dia, peçamos-lhe ajuda nas coisas grandes e pequenas, e alcançaremos a fortaleza de que necessitamos para vencer.

(1) Cf. Mt 14, 22-36; (2) P. Berglar, *Opus Dei*, Rialp, Madri, 1987, p. 270; (3) cf. São João Crisóstomo, *Homilias sobre o Evangelho de São Mateus*, 50; (4) P. Rodríguez, *Fe y vida de fe*, EUNSA, Pamplona, 1974, p. 128; (5) São Josemaria Escrivá, *Caminho*, n. 482; (6) Hb 12, 1-2; (7) São Tomás, *Comentário à Carta aos Hebreus*, 12, 1-2; (8) São João Crisóstomo, Homilia *De gloria in tribulationibus*.

TEMPO COMUM. DÉCIMA OITAVA SEMANA. QUARTA-FEIRA

156. A VIRTUDE DA HUMILDADE

— A humildade da mulher cananeia.
— Caráter ativo da humildade.
— O caminho da humildade.

I. SÃO MATEUS NARRA no Evangelho da Missa[1] que Jesus se retirou com os seus discípulos para a terra dos gentios, na região de Tiro e Sidon. Ali, aproximou-se deles uma mulher, que implorava aos brados: *Senhor, filho de Davi, tem piedade de mim! Minha filha é cruelmente atormentada pelo demônio*. Jesus ouviu-a, mas não respondeu nada. Santo Agostinho comenta que não lhe fez caso precisamente porque sabia o que lhe reservava: não se calou para negar-lhe um benefício, mas para que ela o merecesse com a sua perseverança humilde[2].

A mulher deve ter insistido durante um bom tempo, porque a certa altura os discípulos, cansados de tanta persistência, disseram ao Mestre: *Atende-a e despede-a, porque vem gritando atrás de nós*. O Senhor explicou então à mulher que Ele tinha vindo para pregar em primeiro lugar aos judeus. Mas a mulher, apesar da negativa, aproximou-se e prostrou-se aos pés dEle dizendo-lhe: *Senhor, ajuda-me!*

Diante dessa insistência, o Senhor repetiu as mesmas razões com uma imagem que a cananeia captou imediatamente: *Não é bom tomar o pão dos filhos e lançá-lo aos cães*. Voltou a dizer-lhe que fora enviado antes de mais nada aos filhos de Israel e que não devia dar preferência aos pagãos. O gesto amável e acolhedor de Jesus, o tom das suas palavras, excluíam com certeza qualquer acento mais duro que pudesse ferir. Seja como for, a verdade é que as palavras de Jesus aumentaram a confiança da mulher, que disse com grande humildade: *Assim é, Senhor, mas também os cachorrinhos comem das migalhas que caem da mesa dos seus donos*.

Reconheceu a verdade da sua situação, "confessou que eram seus senhores aqueles que Jesus havia chamado filhos"[3]. O próprio Santo Agostinho sublinha que aquela mulher "foi transformada pela humildade" e mereceu sentar-se à mesa com os filhos[4]. Conquistou o coração de Deus, recebeu o dom que pedia e um grande elogio do Mestre: *Ó mulher, grande é a tua fé! Seja-te feito como queres. E desde aquela hora a sua filha ficou sã*. Mais tarde, seria certamente uma das primeiras mulheres provenientes da gentilidade a abraçar a fé, e conservaria sempre no seu coração o agradecimento e o amor ao Senhor.

Nós, que estamos longe de igualar a fé e a humildade desta mulher, pedimos com fervor ao Mestre:

"Jesus bom: se tenho de ser apóstolo, é preciso que me faças muito humilde.

"O sol envolve em luz tudo quanto toca: Senhor, invade-me com a tua claridade, endeusa-me: que eu me identifique com a tua Vontade adorável, para me converter no instrumento que desejas... Dá-me a tua loucura de humilhação: a que te levou a nascer pobre, ao trabalho sem brilho, à infâmia de morrer costurado com ferros a um lenho, ao aniquilamento do Sacrário.

"— Que eu me conheça: que me conheça e que Te conheça. Assim, jamais perderei de vista o meu nada"[5].

II. CONTA-SE DE SANTO ANTÃO que Deus lhe permitiu ver o mundo repleto de armadilhas preparadas pelo demônio para fazer cair os homens. O santo, depois dessa visão, ficou assombrado e perguntou: "Senhor, quem poderá escapar de tantas armadilhas?" E ouviu uma voz que lhe respondia: "Antão, quem for humilde; pois Deus dá aos humildes a graça necessária, ao passo que os soberbos vão caindo em todos os laços que o demônio lhes prepara; mas às pessoas humildes, o demônio não se atreve a atacá-las".

Nós, se queremos servir o Senhor, temos de desejar e pedir-lhe com insistência a virtude da humildade. E desejá-la-emos de verdade se tivermos sempre presente que o pecado capital oposto, a soberba, é o que há de mais contrário à vocação que recebemos do Senhor, o que mais prejudica a vida familiar, a amizade, o que mais se opõe à verdadeira felicidade... É o principal ponto de apoio com que o demônio conta para tentar destruir a obra que o Espírito Santo procura edificar incessantemente na nossa alma.

Mas a virtude da humildade não consiste somente em afastar os movimentos da soberba, do egoísmo e do orgulho. Com efeito, nem Jesus nem a sua Santíssima Mãe experimentaram movimento algum de soberba, e no entanto, tiveram a virtude da humildade em grau sumo. A palavra *humildade* deriva de *humus*, terra; *humilde*, na sua etimologia, significa inclinado para a terra. A virtude da humildade consiste, pois, em inclinar-se diante de Deus e de tudo o que há de Deus nas criaturas[6]. Na prática, leva-nos a reconhecer a nossa inferioridade, a nossa pequenez e indigência perante Deus. Os santos sentem uma alegria muito grande em aniquilar-se diante de Deus e em reconhecer que só Ele é grande, e que, em comparação com a dEle, todas as grandezas humanas são ocas e não passam de mentiras.

A humildade baseia-se na verdade[7], sobretudo na grande verdade de que a distância entre a criatura e o Criador é infinita. Por isso, temos de persuadir-nos de que todo o bem que há em nós vem de Deus, de que todo o bem que fazemos foi sugerido e impulsionado por Ele, e de que Ele nos deu a graça necessária para realizá-lo. Não somos capazes de dizer sequer uma única jaculatória senão sob o impulso e a graça do Espírito Santo[8]; as deficiências, o pecado e os egoísmos, esses são nossos. "Estas misérias são inferiores ao próprio nada, porque são uma desordem e reduzem a nossa alma a um estado de abjeção verdadeiramente deplorável"[9]. A graça, pelo contrário, faz com que os próprios anjos se assombrem ao contemplarem uma alma que resplandece sob a ação desse dom divino.

A mulher cananeia não se sentiu humilhada com a comparação de que Jesus se serviu para indicar-lhe a diferença que havia entre os judeus e os pagãos; era humilde e sabia qual o lugar que lhe competia em relação ao povo eleito; e porque era humilde, não teve inconveniente em perseverar e prostrar-se diante de Jesus, apesar de ter sido aparentemente repelida...

III. "À PERGUNTA: «Como hei de chegar à humildade?» corresponde a resposta imediata: «Pela graça de Deus» [...]. Somente a graça divina nos pode dar a visão clara da nossa própria condição e a consciência da grandeza de Deus que dá origem à humildade"[10]. Por isso, temos que desejá-la e pedi-la incessantemente, convencidos de que, com essa virtude, amaremos a Deus e seremos capazes de grandes empreendimentos, apesar das nossas fraquezas...

Além de sermos almas de oração, temos de saber aceitar as humilhações, normalmente pequenas, que surgem diariamente por motivos tão diversos: na execução do nosso trabalho, na convivência com os outros, ao notarmos as fraquezas e os erros em que caímos, sejam grandes ou pequenos. Conta-se de São Tomás de Aquino que, um dia, alguém o advertiu de um suposto erro de gramática que teria cometido enquanto lia; corrigiu-o conforme lhe indicavam. Depois, os seus companheiros perguntaram-lhe por que o fizera, se sabia perfeitamente que o texto, tal como o tinha lido, era correto. O Santo respondeu: "Diante de Deus, é preferível um erro de gramática a outro de obediência e humildade". Percorremos o caminho da humildade quando nos lembramos de que "não és humilde quando te humilhas, mas quando te humilham e o aceitas por Cristo"[11].

Quem é humilde não necessita de pensar em louvores e elogios para cumprir as suas tarefas, porque a sua esperança está posta no Senhor; e Ele é, de modo real e verdadeiro, a fonte de todos os seus bens e a sua felicidade: é Ele quem dá sentido a tudo o que faz. "Uma das razões pelas quais os homens são tão propensos a louvar-se, a sobrestimar o seu valor e os seus poderes, a ressentir-se de qualquer coisa que tenda a rebaixá-los aos seus próprios olhos ou aos olhos dos outros, é não verem outra esperança para a sua felicidade que eles mesmos. É por isso que se mostram frequentemente tão suscetíveis quando são criticados, tão grosseiros com os que os contradizem, tão insistentes em "dizer a última palavra", tão ávidos de ser conhecidos, tão ansiosos de louvores, tão decididos a governar o seu ambiente. Apoiam-se em si mesmos como o náufrago se agarra a uma palha. E a vida prossegue, e cada vez estão mais longe da felicidade..."[12]

Quem luta por ser humilde não anda à busca de elogios nem de louvores; e se lhe chegam, procura encaminhá-los imediatamente para a glória de Deus, que é o Autor de todo o bem. A humildade manifesta-se não tanto no autodesprezo como no esquecimento próprio, mediante o reconhecimento alegre de que não temos nada que não tenhamos recebido de Deus: para Ele toda a glória.

Aprenderemos a ser humildes se meditarmos na Paixão do Senhor, se considerarmos a sua grandeza diante de tanta humilhação, se tivermos presente que se deixou levar ao Calvário *como cordeiro ao matadouro*, conforme fora profetizado[13]; se pensarmos na sua humilhação ao permanecer nos nossos Sacrários, onde nos espera para nos levantar o ânimo depois de um desgosto causado talvez pela nossa soberba...

E aprenderemos também a ser humildes se prestarmos atenção a Maria, a *Escrava do Senhor*, aquela que sabia não lhe caber mérito algum, mas ao Todo-Poderoso, pois Ele *manifestou o poder do seu braço e dispersou os que se orgulhavam com os pensamentos do seu coração*[14]. Recorreremos por último a São José, que empregou toda a sua vida em servir a Jesus e a Maria, numa dedicação silenciosa.

(1) Mt 15, 21-28; (2) cf. Santo Agostinho, *Sermão 154 A*, 4; (3) idem, *Sermão 60 A*, 2-4; (4) *ib.*; (5) São Josemaria Escrivá, *Sulco*, n. 273; (6) cf. R. Garrigou-Lagrange, *Las tres edades de la vida interior*, vol. II; (7) Santa Teresa, *Moradas*, VI, 10; (8) cf. 1 Cor 12, 3; (9) R. Garrigou--Lagrange, *op. cit.*, vol. II, p. 674; (10) E. Boylan, *Amor sublime*, vol. II, p. 81; (11) São Josemaria Escrivá, *Caminho*, n. 594; (12) E. Boylan, *op. cit.*, p. 82; (13) Is 53, 7; (14) Lc 1, 51.

157. TU ÉS O CRISTO

— *Tu és o Cristo, o Filho do Deus vivo*: confessar assim a divindade de Cristo.
— Cristo, perfeito Deus e perfeito Homem.
— Cristo: *Caminho, Verdade e Vida*.

I. JESUS ENCONTRA-SE em Cesareia de Filipe, nos confins do território judeu. Subitamente, pergunta aos seus discípulos: *Quem dizem os homens que é o Filho do homem?*[1] Os apóstolos referem-lhe as opiniões que corriam: *Uns dizem que é João Batista, outros que é Elias, outros que é Jeremias ou algum dos profetas*. Muitos dos que ouviam a pregação de Jesus tinham-no em alta conta, mas não sabiam quem Ele era na realidade. O Mestre fixa agora os olhos nos apóstolos e pergunta-lhes em tom amável: *E vós, quem dizeis que eu sou?* Parece exigir dos seus, dos que o seguem mais de perto, uma confissão de fé clara e sem paliativos; eles não devem limitar-se a seguir uma opinião pública superficial e cambiante: devem conhecer e proclamar Aquele por quem deixaram tudo para viver uma vida nova.

Pedro responde categoricamente: *Tu és o Cristo, o Filho do Deus vivo*. É uma afirmação clara da divindade de Jesus, como o confirmam as palavras que o Senhor pronuncia a seguir: *Bem-aventurado és, Simão, filho de João, porque não foram a carne e o sangue que to revelaram, mas meu*

Pai que está nos céus. Pedro deve ter ficado profundamente comovido com as palavras do Mestre.

Também hoje há opiniões discordantes e errôneas a respeito de Jesus, pois é grande a ignorância acerca da sua Pessoa e missão. Apesar de vinte séculos de pregação e de apostolado da Igreja, muitas mentes não descobriram a verdadeira identidade de Jesus, que vive no meio de nós e nos pergunta: *E vós, quem dizeis que eu sou?* Nós, ajudados pela graça de Deus, que nunca falta, temos de proclamar com firmeza, com a firmeza sobrenatural da fé: Tu és o meu Deus e o meu Rei, perfeito Deus e Homem perfeito, "centro do cosmos e da história"[2], centro da minha vida e razão de ser de todas as minhas obras.

Nos duros momentos da Paixão, quando Jesus estiver prestes a consumar a sua missão na terra, o Sumo Sacerdote perguntar-lhe-á: *És tu o Messias, o Filho de Deus bendito?* E Jesus declarará: *Eu o sou. E vereis o Filho do homem sentado à direita do poder de Deus, e vir sobre as nuvens do céu*[3].

Nessa resposta, o Senhor não só dá testemunho de ser o Messias esperado, mas esclarece a transcendência divina do seu messianismo, ao aplicar a si próprio a profecia do Filho do Homem do profeta Daniel[4]. Serve-se das expressões mais fortes de todas as passagens bíblicas para declarar a divindade da sua Pessoa. Então condenam-no como blasfemo.

Só a luz da fé sobrenatural nos permite saber que Jesus Cristo é infinitamente superior a qualquer criatura: Ele é o "Filho único de Deus, nascido do Pai antes de todos os séculos: Deus de Deus, luz da luz, Deus verdadeiro de Deus verdadeiro, gerado, não criado, consubstancial ao Pai, por quem todas as coisas foram feitas; e que por nós, homens, e para a nossa salvação desceu dos céus, e se encarnou pelo Espírito Santo no seio da Virgem Maria, e se fez homem..."[5] Saiu do Pai[6], mas continua em plena comunhão com Ele, porque tem a mesma natureza divina. Será Ele quem, junto com o Pai, enviará o Espírito Santo[7], pois tem e possui como próprio tudo o que é do Pai[8].

Apresenta-se como supremo Legislador: *Ouvistes o que foi dito aos antigos... Mas eu vos digo...*[9] Na Antiga Lei, dizia-se: *Assim falou Javé*, mas Jesus não fala nem ordena em nome de ninguém: *Eu vos digo...* É em seu próprio nome que proclama um ensinamento divino e estabelece uns preceitos que se prendem com o que há de mais essencial no homem. Exerce o poder de perdoar os pecados, qualquer pecado[10], um poder que, como todos os judeus sabiam, é próprio e exclusivo de Deus. E não só absolve pessoalmente, mas dá o poder das chaves — o poder de governar e de perdoar — a Pedro e aos demais apóstolos, bem como aos seus sucessores[11]. Promete apresentar-se no fim do mundo como único juiz dos vivos e dos mortos[12]. Nunca houve ninguém que se arrogasse tais prerrogativas.

Jesus exigiu — exige — dos seus discípulos uma fé inquebrantável na sua Pessoa, uma fé que chegue ao ponto de fazê-los tomar a Cruz sobre os seus ombros: *Quem não toma a sua cruz e me segue não é digno de mim*[13]; a atitude que nos pede em relação ao seu Pai celestial, exige-a também em relação a si mesmo: uma fé sem fissuras, um amor sem medida[14].

Nós, que queremos segui-lo muito de perto, dizemos-lhe com Pedro, quando estamos diante do Sacrário: *Senhor, Tu és o Cristo, o Filho do Deus vivo*. Verdadeiramente, "quem encontra Jesus encontra um bom tesouro, aquele que com efeito é bom acima de todo o bem. E quem perde Jesus perde muito, e mais que o mundo inteiro. Aquele que vive sem Jesus é paupérrimo, e riquíssimo quem com Ele vive"[15]. Não o deixemos nunca; fortaleçamos o nosso amor com muitos atos de fé, com a audácia em dar a conhecer em qualquer ambiente a nossa fé e o nosso amor por Cristo vivo.

II. DEPOIS DE TANTO TEMPO, Jesus continua a ser para muitos, que ainda não possuem o dom sobrenatural da fé ou vivem apoltronados na tibieza, uma figura evanescente, inconcreta. Nós também podíamos responder hoje a Jesus como os apóstolos lhe responderam naquele dia em Cesareia de Filipe: uns dizem que foste um homem de grandes ideais, outros... Verdadeiramente, continuam a ser atuais as palavras de João Batista: *No meio de vós está quem vós não conheceis*[16].

Somente o dom divino da fé nos permite proclamar, unidos ao Magistério da Igreja: "Cremos em Nosso Senhor Jesus Cristo, que é o Filho de Deus. Ele é o Verbo eterno, nascido do Pai antes de todos os séculos e consubstancial ao Pai..."[17] Cremos que em Jesus Cristo existem duas naturezas: uma divina e outra humana, diferentes e inseparáveis, e uma única Pessoa, a Segunda Pessoa da Santíssima Trindade, que é incriada e eterna, que se encarnou por obra do Espírito Santo no seio da Virgem Maria.

Jesus é também Homem perfeito. Nasce na maior indigência, aclamado pelos anjos do Céu; passa fome e sede; cansa-se e às vezes tem de reclinar-se sobre uma pedra ou sentar-se à beira de um poço; sente-se tão esgotado que dorme enquanto navega com uns pescadores; chora junto do sepulcro do amigo Lázaro; tem medo e pavor da morte, antes de sofrer os ultrajes da crucifixão.

E essa Santíssima Humanidade de Jesus, igual à nossa menos no pecado, fez-se caminho para o Pai. Ele vive hoje — *Por que procurais entre os mortos aquele que vive?*[18] — e continua a ser o mesmo. "*Iesus Christus heri et hodie; ipse et in saecula* (Hb 13, 8). Quanto gosto de recordá-lo: Jesus Cristo, o mesmo que foi ontem para os apóstolos e para as multidões que o procuravam, vive hoje para nós e viverá pelos séculos. Somos nós, os homens, quem às vezes não consegue descobrir o seu rosto, perenemente atual, porque olhamos com olhos cansados ou turvos"[19]; com um olhar pouco penetrante porque nos falta amor.

III. A VIDA CRISTÃ consiste em amar a Cristo, em imitá-lo, em servi-lo... E o coração tem um lugar importante nesse seguimento. De tal maneira é assim que, quando por tibieza ou por uma oculta soberba se descura a piedade, o trato de amizade com Jesus, torna-se impossível continuar a seguir o Senhor. Seguir Cristo de perto é ser seu amigo, é ter a experiência viva de que Ele é o único amigo que nunca falha, que nunca atraiçoa nem desilude.

Santo Agostinho, depois de inúmeras tentativas vãs de seguir o Senhor, conta-nos qual foi um dos elementos-chave do seu longo processo de conversão: "Andava à procura da força idônea para gozar de Vós e não a encontrava, até que abracei o Mediador entre Deus e os homens: o Homem Cristo Jesus, que é sobre todas as coisas bendito pelos séculos, que nos chama e nos diz: *Eu sou o Caminho, a Verdade e a Vida* (Jo 14, 6)"[20]. Amar o Homem Cristo Jesus!

Jesus Cristo é o único *Caminho*. Ninguém pode ir ao Pai a não ser por Ele[21]. Só por Ele, com Ele e nEle podemos alcançar o nosso destino sobrenatural. A Igreja no-lo recorda todos os dias na Santa Missa: *Por Ele, com Ele e nEle, a Ti, Deus Pai Todo-Poderoso, toda a honra e toda a glória, na unidade do Espírito Santo...* Unicamente por meio de Cristo, seu Filho muito amado, é que o Pai aceita o nosso amor e a nossa homenagem.

Cristo é também a *Verdade*. A verdade absoluta e total, Sabedoria incriada, que se nos revela na sua Santíssima Humanidade. Sem Cristo, a nossa vida é uma grande mentira. Com Ele, tem a segurança de quem sabe que não pode deixar de acertar.

E é a nossa *Vida*. O Antigo Testamento narra que Moisés, por indicação de Deus, *ergueu o braço e feriu a rocha por duas vezes, e brotou água tão abundante que todo o povo sedento pôde beber*[22]. Aquela água era figura da Vida que brota abundantemente de Cristo e que saltará até a vida eterna[23]. É a água da graça, da vida sobrenatural, que brota de Cristo, especialmente através dos sacramentos. Toda a graça que possuímos, a de toda a humanidade caída e reparada, é graça de Deus através de Cristo. Esta graça é-nos comunicada de muitas maneiras; mas o seu manancial é único: o próprio Cristo, a sua Santíssima

Humanidade unida à Pessoa do Verbo, a Segunda Pessoa da Santíssima Trindade.

Quando o Senhor nos perguntar na intimidade do nosso coração: "E tu, quem dizes que Eu sou?", saibamos responder-lhe com a fé de Pedro: *Tu és o Cristo, o Filho do Deus vivo, o Caminho, a Verdade e a Vida...*, Aquele sem o qual a minha vida está completamente perdida.

(1) Mt 16, 13-23; (2) João Paulo II, Enc. *Redemptor hominis*, 4-III-1979, 1; (3) Mc 14, 61-62; (4) cf. Dn 7, 13-14; (5) Missal Romano, *Credo niceno-constantinopolitano*; (6) cf. Jo 8, 42; (7) cf. Jo 15, 26; (8) cf. Jo 16, 11-15; (9) Mt 5, 21-48; (10) cf. Mt 11, 28; (11) cf. Mt 18, 18; (12) cf. Mc 15, 62; (13) Mt 18, 32; (14) cf. K. Adam, *Jesus Cristo*, pp. 15-16; (15) T. Kempis, *Imitação de Cristo*, II, 8, 2; (16) Jo 1, 26; (17) Paulo VI, *Credo do povo de Deus*, 30-VI-1968; (18) cf. Lc 24, 5; (19) São Josemaria Escrivá, *Amigos de Deus*, n. 127; (20) Santo Agostinho, *Confissões*, 7, 18; (21) cf. Jo 14, 6; (22) Nm 20, 1-13; cf. *Primeira leitura* da Missa da quinta-feira da décima oitava semana do Tempo Comum, ano I; (23) cf. Jo 4, 14; 7, 38.

TEMPO COMUM. DÉCIMA OITAVA SEMANA. SEXTA-FEIRA

158. O AMOR E A CRUZ

— A maior demonstração de amor.
— O sentido e os frutos da dor.
— Sacrifícios procurados voluntariamente.

I. UM DIA, JESUS CHAMOU os seus discípulos e estes, deixando tudo, seguiram-no. Passaram a acompanhar o Mestre pelos caminhos da Palestina, percorrendo cidades e aldeias, compartilhando com Ele alegrias, fadigas, fome, cansaço... Houve ocasiões em que expuseram a vida e a honra por Jesus. Mas essa companhia externa foi-se convertendo pouco a pouco num seguimento interior, dando lugar a uma transformação das suas almas. Era um seguimento mais profundo, que requeria algo mais do que o desprendimento ou mesmo o abandono efetivo da casa, do lar, da família, dos bens... Assim o manifestou o Senhor, como lemos no Evangelho da Missa de hoje[1]: *Se alguém quiser vir após mim, negue-se a si mesmo, tome a sua cruz e siga-me.*

Negar-se a si mesmo significa renunciar a ser o centro de si mesmo. O único centro do verdadeiro discípulo só pode ser Cristo, a quem se dirigem constantemente os seus pensamentos, anseios e afazeres cotidianos, que se convertem numa verdadeira oferenda ao Senhor.

Tomar a cruz significa que se está disposto a morrer. Aquele que abraça o madeiro e o coloca sobre os seus ombros aceita plenamente o seu destino, sabe que a sua vida terminará nessa Cruz. Toma uma decisão inabalável de imitar o Senhor até o fim, sem limite algum; propõe-se identificar a sua vontade com a de Cristo, mesmo que isso signifique acompanhá-lo até o Calvário.

Temos de considerar frequentemente que a Paixão e a Morte na Cruz são a máxima expressão da entrega de Cristo ao Pai e do seu amor por nós. Certamente, o menor ato de amor de Jesus Cristo, a mais pequena das suas obras, já desde menino, tinha um valor meritório infinito para obter para todos os homens a graça da redenção, a vida eterna e todas as ajudas necessárias para a alcançarem. Mas, apesar disso, o Senhor quis sofrer todos os horrores da Paixão e da Morte na Cruz para nos mostrar quanto amava o Pai, quanto nos amava a cada um de nós.

O Espírito Santo deixou-nos escrito por meio de São João que *Deus amou de tal modo o mundo que lhe deu o seu Filho Unigênito*[2]. Jesus entregou voluntariamente a sua vida por amor de nós, *pois ninguém tem maior amor do que aquele que dá a vida pelos seus amigos*[3]. E manifestou aos seus discípulos toda a urgência com que desejava fazê-lo: *Tenho de receber um batismo; e como me sinto ansioso até que se cumpra!*[4]

Jesus Cristo revela as ânsias irreprimíveis com que desejava entregar a sua vida por amor. E se queremos segui-lo, não já externamente, mas profundamente, identificando-nos com Ele, como é que podemos rejeitar a Cruz, o sacrifício, que está tão intimamente relacionado com o amor e com a entrega? Seguir o Senhor de perto levar-nos-á à abnegação mais completa, à plenitude do amor, à alegria mais intensa. A abnegação limpa, purifica, clarifica e diviniza a alma. "Ter a Cruz é ter a alegria: é ter-te a Ti, Senhor!"[5]

II. CONTA-SE DE UMA ALMA santa que, ao ver como todos os acontecimentos lhe eram contrários e que a uma prova se sucedia outra, e a uma calamidade um desastre ainda maior, voltou-se com ternura para o Senhor e perguntou-lhe: *Mas, Senhor, que foi que Te fiz?*, e ouviu no seu coração estas palavras: *Amaste-me*. E encheu-se de uma grande paz e alegria[6].

Na nossa vida, teremos penas, como todos os homens. "Se vierem contradições, fica certo de que são uma prova do amor de Pai que o Senhor tem por ti"[7]. São ocasiões inigualáveis para olhar com amor para um crucifixo e contemplar a figura de Cristo, para compreender que Ele, do alto da Cruz, nos está dizendo: "A ti, amo-te mais", "de ti, espero mais". Talvez tenhamos motivos para dizer-lhe: "Senhor, que foi que Te fiz?" E Ele nos responderá silenciosamente que nos ama e que nos pede uma entrega sem limites à sua santa vontade, que tem uma "lógica" diferente da lógica humana. Chega o momento da aceitação e do abandono, e então compreendemos todo o bem que recebemos e como devemos dar graças ao Senhor![8]

Muitas vezes, no entanto, encontramos a Cruz em questões sem importância, como é uma dor de cabeça inoportuna, uma entrevista a que a outra pessoa não comparece nem se justifica, a pressa com que temos de resolver um assunto ou concluir um trabalho porque o prazo se esgota, uma pequena humilhação que não esperávamos, e por aí afora... O Senhor também nos espera nessas coisas do dia a dia. E não pensemos que isso não é a Cruz de Cristo por carecer de importância. Não é verdade que, muitas vezes, é mais difícil vencer sem queixas estéreis, sem mau humor, sem rebeldia, essas pequenas contrariedades do que as grandes? Não parecem exigir heroicidade, e sucumbimos por nos apanharem desprevenidos e, no fundo, porque esquecemos que o amor não distingue as coisas pequenas das grandes. Diz *Caminho*: "Quantos se deixariam cravar numa cruz perante o olhar atônito de milhares de espectadores, e não sabem sofrer cristãmente as alfinetadas de cada dia! — Pensa então no que será mais heroico"[9]. E mais adiante, ao tratar da infância espiritual: "Uma picadela. — E outra. — Aguenta-as, faz favor! Não vês que és tão pequeno que só podes oferecer na tua vida — no teu pequeno caminho — essas pequenas cruzes?

"Além disso, repara: uma cruz sobre outra — uma picadela e outra..., que grande montão!

"— No fim, menino, soubeste fazer uma coisa muito grande: Amar"[10].

A dor, abraçada com amor e por amor, tem imensos frutos: satisfaz pelos nossos pecados, "aprofunda e reforça o nosso caráter e a nossa personalidade. Dá-nos uma compreensão e uma simpatia pelo nosso próximo que não se pode adquirir de outra maneira. Abre-nos de verdade a vida interior do próprio Cristo, e ao fazê-lo une-nos mais estreitamente a Ele. Com frequência, o sofrimento profundo é também um ponto decisivo nas nossas vidas e conduz ao princípio de um novo fervor e de uma nova esperança"[11], a uma nova maneira, mais profunda e mais completa, de entender a própria existência.

III. *SE ALGUÉM QUISER vir após mim...* Não desejamos outra coisa no mundo a não ser seguir Cristo de perto; não amamos nenhuma outra coisa, nem a própria vida, mais do que esta: identificar-nos com Ele, tornar próprios os seus desejos e os sentimentos que teve aqui na terra. Estamos junto dEle não só quando tudo nos corre bem, mas também quando aceitamos com paciência as adversidades, contentes de poder acompanhar o Senhor no seu caminho para a Cruz[12].

Mas se nos limitássemos apenas a esperar as tribulações, as contrariedades, a dor que não podemos evitar, faltaria generosidade ao nosso amor. Cairíamos na atitude de quem quer contentar-se com o mínimo. "Seria atuar com uma disposição remissa, que bem poderia expressar-se com estas palavras: «Mortificação? Bastantes dissabores tem já a vida! Eu tenho preocupações suficientes!» No entanto, a vida interior necessita tanto da mortificação, que temos de procurá-la ativamente. A mortificação que nos vem trazida pela vida e pelas suas circunstâncias é importante e valiosa, mas não pode ser uma desculpa para recusarmos uma generosa expiação voluntária, que será sinal de um verdadeiro espírito de penitência: *Eu te oferecerei um sacrifício voluntário, celebrarei o teu nome, Senhor, porque és bom!* (Sl 53, 8)"[13].

A Igreja propõe-nos um dia preciso na semana, a sexta-feira, para que examinemos o sentido penitencial da nossa vida à luz da Paixão de Cristo. Nesse dia, muitos cristãos consideram com mais vagar os mistérios dolorosos da vida do Senhor, ou praticam o piedoso exercício da *Via-Sacra*, ou meditam a Paixão do Senhor... É um bom dia para que examinemos como enfrentamos habitualmente as contrariedades, e com que generosidade, fruto do amor, procuramos essa mortificação voluntária que é complemento indispensável do espírito de amor à Cruz. São sacrifícios pequenos que nem por isso deixam de custar: ser cordiais com todos sem exceção, vencer os estados de ânimo que nos levariam a ser bruscos ou azedos no trato, sorrir quando temos vontade de ficar sérios, cuidar da pontualidade no trabalho ou no estudo, comer um pouco menos do que mais gostamos e um pouco mais do que nos apetece menos, manter habitualmente ordenada a mesa de trabalho, o armário, a estante de livros, o quarto..., mortificar a curiosidade, cuidar de andar pela rua com os sentidos recolhidos, não queixar-se do calor, do frio ou do excesso de trânsito...

Mas dor e sofrimento não significam tristeza. A Cruz, levada junto com Cristo, enche a alma de paz e de uma profunda alegria no meio das tribulações e dos pequenos sacrifícios. A vida dos santos está cheia de alegria. É um júbilo que o mundo não conhece, e que tem as suas raízes em Deus.

Ao terminarmos hoje estes minutos de oração sobre as palavras de Jesus: *Se alguém quiser vir após mim, negue-se a si mesmo, tome a sua cruz e siga-me*, podemos dizer-lhe na intimidade da nossa oração:

"Dá-me, Jesus, uma Cruz sem cireneus. Digo mal: a tua graça, a tua ajuda far-me-á falta, como para tudo o mais; sê Tu o meu Cireneu. Contigo, meu Deus, não há prova que me assuste...

"— Mas, e se a Cruz fosse o tédio, a tristeza? — Eu te digo, Senhor, que, Contigo, estaria alegremente triste"[14]. "Se eu não Te perco, Senhor, para mim não haverá pena que seja pena"[15].

(1) Mt 16, 24-25; (2) Jo 3, 16; (3) Jo 15, 13; (4) Lc 12, 50; (5) São Josemaria Escrivá, *Forja*, n. 766; (6) cf. R. Garrigou-Lagrange, *O Salvador*, p. 311; (7) São Josemaria Escrivá, *op. cit.*, n. 815; (8) cf. J. Tissot, *La vida interior*, p. 239; (9) São Josemaria Escrivá, *Caminho*, n. 204; (10) São Josemaria Escrivá, *op. cit.*, n. 885; (11) E. Boylan, *Amor Sublime*, vol. II, p. 119; (12) cf. Paulo VI, Const. *Paenitemini*, 17-II-1966, 1; (13) R. M. Balbin, *Sacrificio y alegria*, 2ª ed., Rialp, Madri, 1975, p. 130; (14) São Josemaria Escrivá, *Forja*, n. 252; (15) *ib.*, n. 253.

159. O PODER DA FÉ

— A fé é capaz de transportar montanhas. Diariamente acontecem na Igreja os maiores milagres.
— Quanto maiores os obstáculos, maiores as graças.
— Fé com obras.

I. DENTRE UMA IMENSA MULTIDÃO que esperava Jesus, destacou-se um homem que, *lançando-se de joelhos diante dele, disse-lhe: Senhor, tem piedade do meu filho...*[1] É uma oração humilde a deste pai, como se pode inferir dos seus atos e das suas palavras. Não apela para o poder de Cristo, mas para a sua compaixão; não faz valer os seus méritos nem oferece nada: acolhe-se à misericórdia de Jesus.

Recorrer ao Coração misericordioso de Cristo significa ser sempre ouvido: o filho ficará curado, coisa que os apóstolos não tinham conseguido anteriormente. Mais tarde, *a sós*, os discípulos perguntaram ao Senhor por que tinham eles fracassado em curar o garoto endemoninhado. *E Jesus disse-lhes: Por causa da vossa incredulidade. Porque na verdade vos digo que, se tiverdes fé como um grão de mostarda, direis a este monte: Vai daqui para acolá, e ele irá, e nada vos será impossível*[2].

Quando a fé é profunda, participamos da onipotência de Deus, a tal ponto que Jesus chega a dizer em outro momento: *Aquele que crê em mim fará também as obras que eu faço, e fará outras ainda maiores, porque eu vou para o Pai. Tudo o que pedirdes ao Pai em meu nome, eu o farei, para que o Pai seja glorificado no Filho. Se me pedirdes alguma coisa em meu nome, eu a farei*[3]. E Santo Agostinho comenta: "Aquele que crê em Mim não será maior do que Eu; mas Eu farei coisas ainda maiores do que as que agora faço; farei mais por meio daquele que crê em Mim do que aquilo que agora faço por Mim mesmo"[4].

Nesta passagem do Evangelho da Missa, o Senhor, empregando uma expressão proverbial, diz aos apóstolos que, se tiverem fé, poderão "transportar montanhas" de um lugar para outro; e a palavra do Senhor cumpre-se todos os dias no seio da Igreja de um modo superior. Alguns Santos Padres sublinham que o ato de "transportar uma montanha" realiza-se sempre que alguém, com a ajuda da graça, chega aonde as forças humanas não conseguem chegar. Assim acontece na obra da nossa santificação pessoal, que o Espírito Santo vai levando a cabo na alma. É um ato mais sublime do que transportar uma montanha e que se opera todos os dias em tantas almas santas, ainda que passe desapercebido aos olhos da maioria.

Os apóstolos e muitos santos ao longo dos séculos fizeram admiráveis milagres de natureza física; mas os maiores milagres e os mais importantes foram, são e serão os das almas que, tendo estado imersas na morte do pecado e da ignorância, ou na mediocridade espiritual, renascem e crescem na nova vida dos filhos de Deus[5]. "«*Si habueritis fidem, sicut granum sinapis!*» Se tivésseis uma fé do tamanho de um grãozinho de mostarda!...

"— Que promessas não encerra esta exclamação do Mestre!"[6] Promessas para a vida sobrenatural da nossa alma, para o apostolado, para tudo aquilo de que precisamos...

II. *SENHOR, por que não pudemos nós expulsá-lo?* Por que não pudemos fazer o bem em teu nome? São Marcos[7], bem como muitos manuscritos que incluem o texto de São Mateus, acrescentam estas palavras do Senhor: *Esta espécie* (de demônios) *não se pode expulsar senão mediante a oração e o jejum.*

Os apóstolos não puderam libertar esse endemoninhado porque lhes faltou a fé que era necessária, uma fé que deveria ter-se traduzido em oração e sacrifício. Nós também encontramos pessoas que necessitam desses remédios sobrenaturais para saírem da prostração do pecado, da ignorância religiosa... Acontece com as almas algo de semelhante ao que se passa com os metais, que se fundem a diversas temperaturas. Há casos em que a dureza interior dos corações necessita de meios sobrenaturais tanto mais fortes quanto mais incrustados estiverem no mal. Não deixemos as almas imobilizadas no pecado por falta de *oração e jejum.*

Uma fé do tamanho de um grão de mostarda é capaz de transportar montanhas, ensina-nos o Senhor. Peçamos muitas vezes, ao longo do dia de hoje, essa fé que se traduz depois em abundância de meios sobrenaturais e humanos. *Esta é a vitória que vence o mundo: a nossa fé*[8] "Diante dela caem as montanhas, os obstáculos mais formidáveis que possamos encontrar no caminho, porque o nosso Deus não perde batalhas. Caminhai, pois, *in nomine Domini*, com alegria e segurança no nome do Senhor. Sem pessimismos! Se surgem dificuldades, surge também em maior abundância a graça de Deus; se surgem mais dificuldades, o Céu envia mais graça de Deus; se surgem muitas dificuldades, chega-nos muita graça de Deus. A ajuda divina é proporcional aos obstáculos que o mundo e o demônio podem opor ao trabalho apostólico. Por isso, atrever-me-ia até a dizer que convém que haja dificuldades, porque desse modo teremos mais ajuda de Deus: *Onde abundou o pecado, superabundou a graça* (Rm 5, 20)"[9].

Os maiores obstáculos a esses milagres que o Senhor também quer realizar agora nas almas, com a nossa colaboração, podem provir sobretudo de nós mesmos: porque, com a nossa visão humana, podemos estreitar o horizonte que Deus abre continuamente na alma dos nossos amigos, parentes, colegas de trabalho ou de estudo. No trabalho apostólico, não podemos dar ninguém por impossível; como tantas vezes demonstraram os santos, a palavra *impossível* não existe na alma que vive de fé verdadeira. "Deus é o mesmo de sempre. — O que falta são homens de fé; e renovar-se-ão os prodígios que lemos na Santa Escritura.

"— «*Ecce non est abbreviata manus Domini*». — O braço de Deus, o seu poder, não encolheu!"[10] Continua a realizar hoje as maravilhas de sempre.

III. "JESUS CRISTO ESTABELECE esta condição: que vivamos da fé, porque depois seremos capazes de remover montanhas. E há tantas coisas por remover... no mundo e, primeiro, no nosso coração! Tantos obstáculos à graça! Portanto, fé. Fé com obras, fé com sacrifício, fé com humildade, porque a fé nos converte em criaturas onipotentes: *E tudo o que na oração pedirdes com fé, alcançá-lo-eis* (Mt 21, 22)"[11].

A fé deve traduzir-se em obras na vida corrente. *Sede, pois, realizadores da palavra, e não ouvintes somente*[12], exorta-nos o apóstolo São Tiago. Não basta assentir à doutrina, é necessário viver as verdades que contém, praticá-las. A fé deve gerar uma vida de fé, que é manifestação da amizade com Jesus Cristo. Temos de ir a Deus com a vida, com as obras, com as penas e as alegrias..., com tudo![13]

Com frequência, as dificuldades procedem ou agigantam-se pela falta de fé: porque valorizamos excessivamente as circunstâncias do ambiente em que nos movemos, ou porque damos demasiada importância a considerações de prudência humana, que podem proceder de uma insuficiente retidão de intenção. "Não há coisa alguma, por mais fácil que seja, que a nossa tibieza não apresente como difícil e pesada; como não há nada que seja difícil e penoso que o nosso fervor e a nossa determinação não tornem fácil e leve"[14].

A vida de fé produz um sadio "complexo de superioridade", que nasce de uma profunda humildade pessoal. É que a fé "não é própria dos soberbos, mas dos humildes", recorda Santo Agostinho[15]: corresponde à convicção profunda de saber que a eficácia vem de Deus e não de nós mesmos. Esta confiança leva o cristão a enfrentar os obstáculos que encontra na sua alma e no apostolado com moral de vitória, ainda que por vezes os frutos tardem a chegar.

Com a oração e a mortificação, com a nossa alegria habitual, podemos realizar grandes milagres nas almas. Seremos capazes de "transportar montanhas", de remover barreiras que pareciam insuperáveis, de aproximar os nossos amigos do sacramento da Confissão, de pôr no caminho do Senhor pessoas que iam na direção oposta.

A nossa Mãe Santa Maria ensinar-nos-á a encher-nos de fé, de amor e de audácia diante das tarefas que Deus nos indicou no meio do mundo, pois Ela é "o bom instrumento que se identifica por inteiro com a missão recebida. Uma vez conhecidos os planos de Deus, Santa Maria torna-os coisa própria; não são algo alheio a Ela. Compromete plenamente na realização cabal desses projetos o seu entendimento, a sua vontade e as suas energias. Em nenhum momento a Santíssima Virgem nos aparece como uma espécie de marionete inerme: nem quando empreende a viagem às montanhas da Judeia para visitar Isabel; nem quando, exercendo verdadeiramente o seu papel de Mãe, procura e encontra o Menino Jesus no templo de Jerusalém; nem quando provoca o primeiro milagre do Senhor, nem quando se situa — sem necessidade de que a convocassem — ao pé da Cruz em que o seu Filho morre... É Ela que livremente, ao dizer *Faça-se*, põe em jogo toda a sua personalidade a serviço do cumprimento da missão recebida: uma tarefa que de modo algum lhe é estranha; os interesses de Deus são os interesses pessoais de Santa Maria. Não é que algum objetivo pessoal lhe dificultasse os planos do Senhor: é que, além disso, esses objetivos pessoais eram exatamente os planos divinos"[16].

(1) Mt 17, 14-20; (2) Mt 17, 19; (3) Jo 14, 12-14; (4) Santo Agostinho, *Tratado sobre o Evangelho de São João*, 72, 1; (5) cf. Sagrada Bíblia, *Santos Evangelhos*, EUNSA, Pamplona, 1983; (6) São Josemaria

Escrivá, *Caminho*, n. 585; (7) Mc 9, 29; (8) 1 Jo 5, 4; (9) A. del Portillo, *Carta pastoral*, 31-V-1987, n. 22; (10) São Josemaria Escrivá, *op. cit.*, n. 586; (11) São Josemaria Escrivá, *Amigos de Deus*, n. 203; (12) Tg 1, 22; (13) cf. P. Rodríguez, *Fe y vida de fe*, p. 173; (14) São João Crisóstomo, *De compunctione*, 1, 5; (15) Santo Agostinho, cit. em *Catena aurea*, vol. VI, p. 297; (16) J. M. Pero-Sanz, *La hora sexta*, Rialp, Madri, 1978, p. 292.

Direção geral
Renata Ferlin Sugai

Direção editorial
Hugo Langone

Produção editorial
Juliana Amato
Gabriela Haeitmann
Ronaldo Vasconcelos
Daniel Araújo

Capa
Gabriela Haeitmann

Diagramação
Sérgio Ramalho

ESTE LIVRO ACABOU DE SE IMPRIMIR
A 13 DE MAIO DE 2023,
EM PAPEL IVORY SLIM 65 g/m².